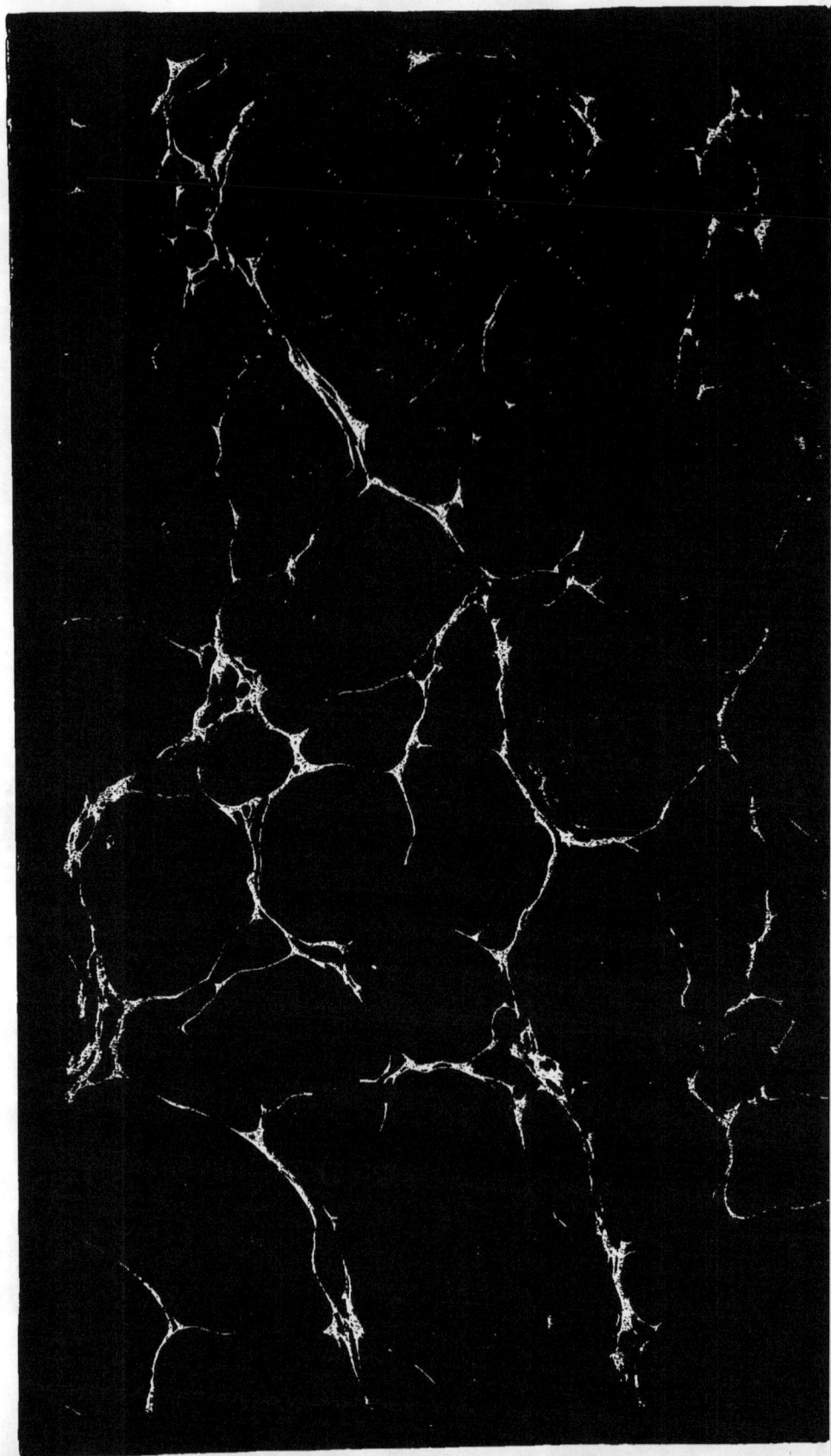

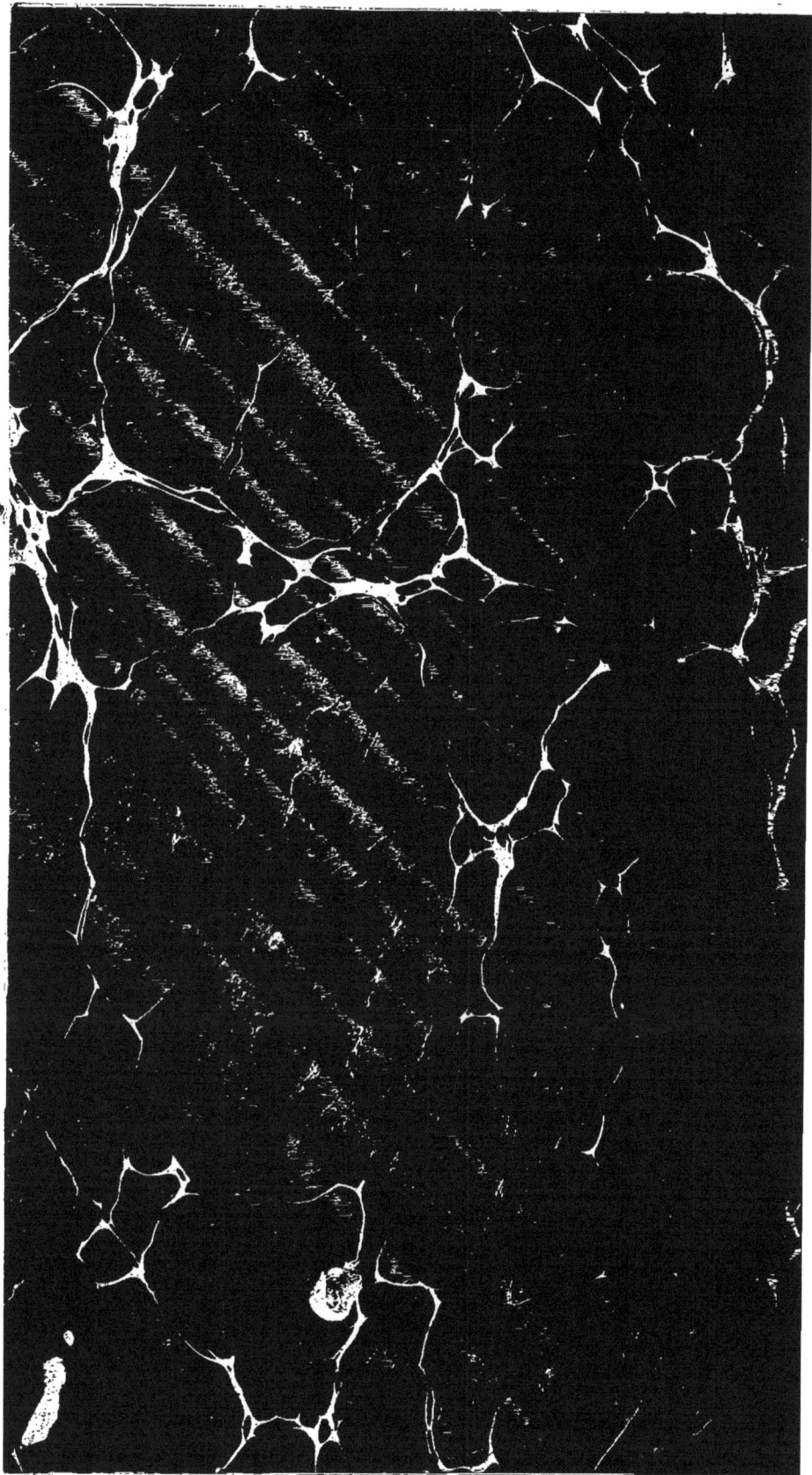

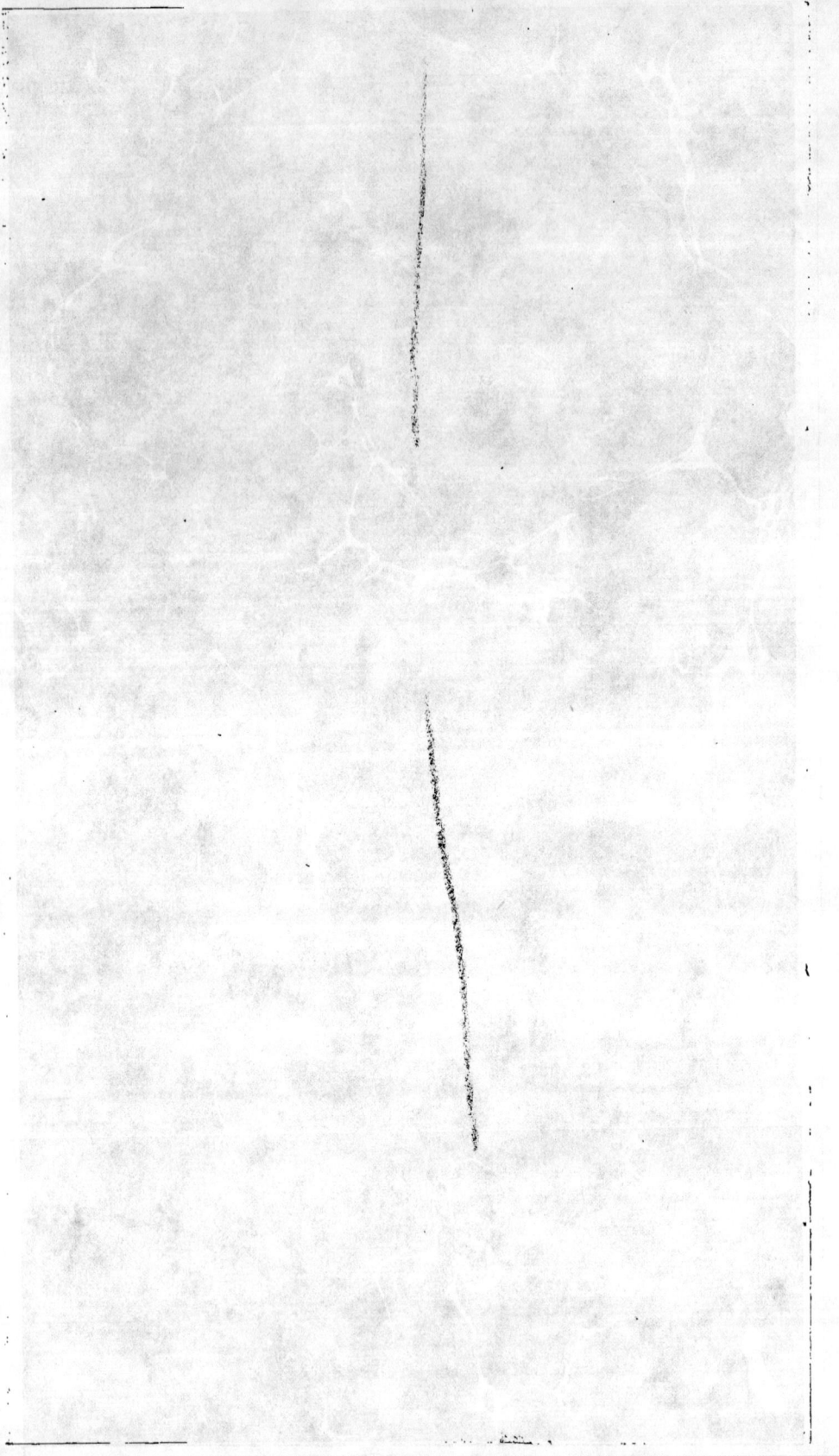

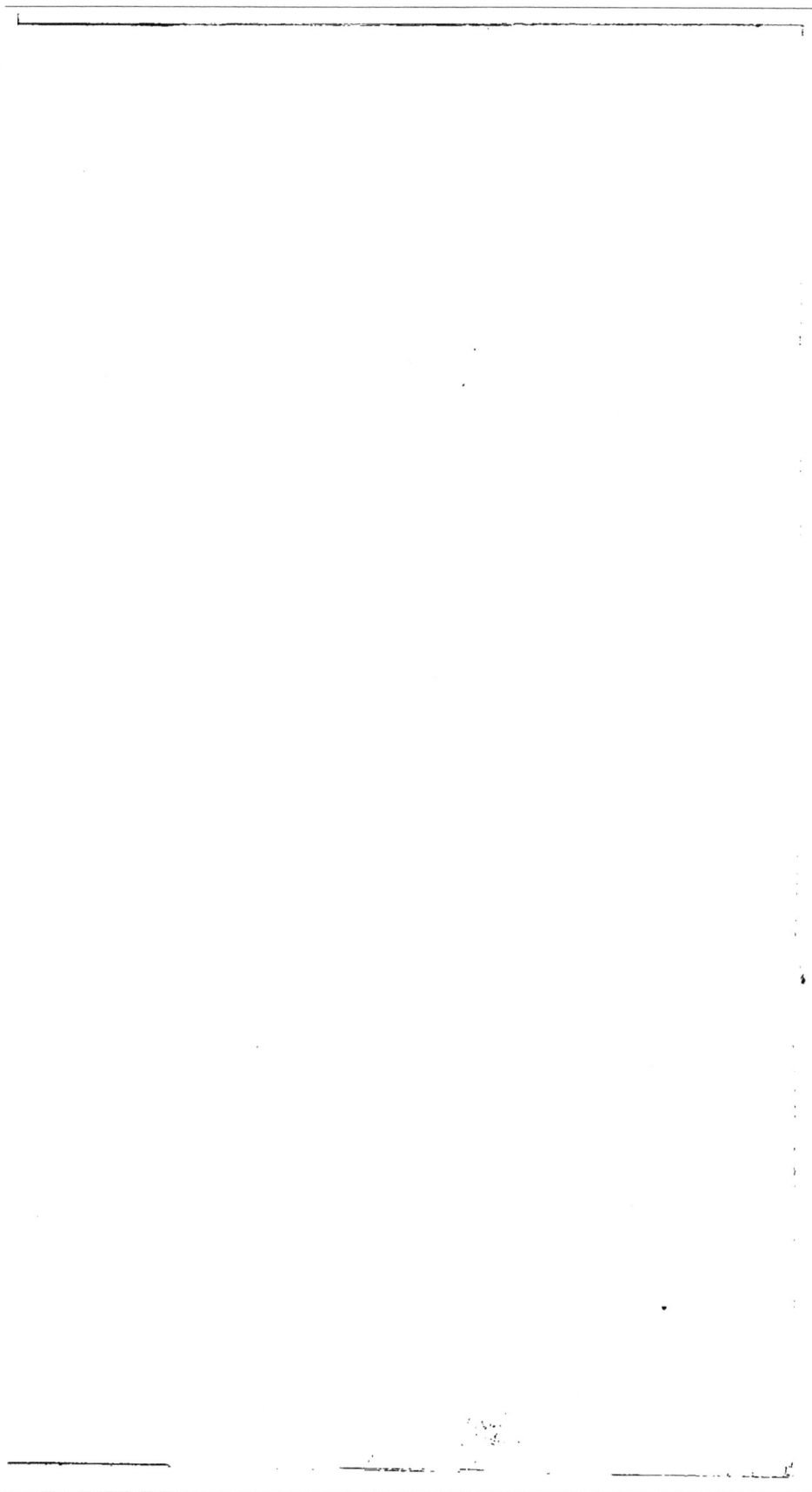

COMMENTAIRE ANALYTIQUE

DU

CODE NAPOLÉON

RENFERMANT LES PRINCIPES GÉNÉRAUX DU DROIT,

LES MOTIFS DE CHAQUE ARTICLE,
LES SOLUTIONS MOTIVÉES DES QUESTIONS,
LES OPINIONS DES AUTEURS ET LA JURISPRUDENCE DES TRIBUNAUX.
LES LOIS SUR LES IRRIGATIONS ET LE DRAINAGE,
LA LOI DU 23 MARS 1855 SUR LA TRANSCRIPTION,
SONT APPLIQUÉES A CHACUN DES ARTICLES QU'ELLES CONCERNENT;

PAR

M. F. VUILLAUME,

AVOCAT, DOCTEUR EN DROIT.

LA DÉDICACE DE CET OUVRAGE A ÉTÉ ACCEPTÉE PAR M. BUGNET,
professeur à l'École de droit de Paris.

UN FORT VOLUME IN-8°. — PRIX : 9 FRANCS.

Ce seul volume, dans lequel le Code civil entier est expliqué, fruit des travaux de l'auteur pendant trente ans, en qualité de répétiteur, facilitera les recherches à toutes les personnes qui s'occupent de la théorie et de la pratique du droit, et en le relisant, avec les articles cités, les étudiants rédigeront facilement un résumé du cours qu'ils auront suivi.

CHEZ L'ÉDITEUR, RUE DES MAÇONS-SORBONNE, 13;

COTILLON, LIBRAIRE, | DURAND, LIBRAIRE,
AU COIN DE LA RUE SOUFFLOT, 23; | RUE DES GRÉS, 7;

CHEZ L'AUTEUR, RUE DE LILLE, 105.

Paris — Imprimé par E. Thunot et Ce, rue Racine, 26.

1856

COMMENTAIRE ANALYTIQUE

DU

CODE NAPOLÉON.

Paris. — Imprimé par E. Thunot et Cie, 26, rue Racine.

COMMENTAIRE ANALYTIQUE

DU

CODE NAPOLÉON

RENFERMANT LES PRINCIPES GÉNÉRAUX DU DROIT,

LES MOTIFS DE CHAQUE ARTICLE,

LES SOLUTIONS MOTIVÉES DES QUESTIONS AUXQUELLES IL DONNE LIEU,

LES OPINIONS DES AUTEURS QUI LES ONT TRAITÉES ET APPROFONDIES

ET LA JURISPRUDENCE;

PAR

 M. F. VUILLAUME,

AVOCAT,

DOCTEUR ET RÉPÉTITEUR EN DROIT.

UN FORT VOLUME IN-8°. — PRIX : 9 FRANCS.

A PARIS,

CHEZ L'ÉDITEUR, RUE DES MAÇONS-SORBONNE, 13;

COTILLON, LIBRAIRE,   DURAND, LIBRAIRE,

AU COIN DE LA RUE SOUFFLOT, 23;   RUE DES GRÈS, 7;

CHEZ L'AUTEUR, RUE DE LILLE, 105.

—

1855

A MONSIEUR BUGNET,

PROFESSEUR A LA FACULTÉ DE DROIT DE PARIS,

Témoignage d'affection et de reconnaissance,

Au professeur dévoué dont la méthode d'enseignement, d'une logique simple et claire, fait non-seulement bien comprendre, mais aimer la science et l'étude du Droit.

Hommage d'estime et de considération.

F. VUILLAUME.

AVERTISSEMENT.

Mon intention n'est pas de faire une préface ; je veux seulement dire aux jeunes gens : Étudiez les textes pour acquérir des connaissances exactes en droit et passer de bons examens. Ce commentaire, extraordinairement concis, aura pour effet d'engager les élèves à suivre les cours publics, pour y entendre l'exposition plus étendue des principes et un examen, une discussion approfondie des difficultés du droit, par les maîtres de la science, et des cours particuliers qui les mettent en rapport direct avec un professeur expérimenté qui sache poser, discuter et résoudre nettement les questions qu'il adresse. Il fera ainsi disparaître les doutes et les idées inexactes qui pourraient exister dans l'esprit des étudiants sur les explications données dans un cours public, et qui n'auraient pas été entendues ou bien comprises. Ils apprennent aussi de cette manière à parler le langage des lois, et acquièrent quelquefois des connaissances plus positives et plus sûres, qu'ils énonceront avec plus de certitude et d'assurance, sur les principes et les difficultés dont le répétiteur leur demande le développement et la solution.

Il facilitera leurs recherches et leur rappellera les principaux arguments exposés par le professeur sur les théories compliquées ; en le relisant *avec les articles cités*, ils rédigeront facilement un résumé satisfaisant du cours qu'ils auront suivi.

J'ose espérer que mon travail, sans doute incomplet, pourra être utile à d'autres personnes qui s'occupent de la théorie et de la pratique du droit.

Les lois sur les irrigations et le drainage, la loi du 23 mars 1855, sur la transcription, sont appliquées à chacun des articles qu'elles concernent.

COMMENTAIRE

DU

CODE NAPOLÉON.

TITRE PRÉLIMINAIRE.

DE LA PUBLICATION, DES EFFETS ET DE L'APPLICATION DES LOIS EN GÉNÉRAL.

Le droit est une réunion de préceptes coordonnés entre eux, formant un tout scientifique qui sert à distinguer le juste de l'injuste.

Les règles dont se compose le droit se nomment lois.

Le droit se divise en droit naturel et en droit positif.

Le droit naturel est cette portion de la morale que la raison inspire et qui règle les rapports des hommes réunis en société.

Le droit positif est celui qui est établi et formulé par un gouvernement.

Il se divise en droit public et en droit privé.

Le premier règle les rapports des nations entre elles (droit international) ou les rapports du gouvernement avec les citoyens (droit politique).

Le second règle les intérêts des particuliers entre eux; il se divise en droit écrit et droit non écrit.

Le Code civil est une collection de lois qui établissent les principes fondamentaux du droit privé; il règle l'état et la capacité des personnes, le droit de propriété et le droit de créance.

Un arrêté des consuls nomma, en 1800, Tronchet, Portalis, Bigot-Préameneu et Malleville pour rédiger un projet de code. Il fut soumis aux observations du tribunal de cassation et des tribunaux d'appel; il fut ensuite discuté au Conseil d'État, sous la présidence du premier consul Bonaparte; il fut proposé au Corps législatif par les consuls, discuté par le Tribunat, assemblée de cent membres. Un conseiller d'État (l'orateur du gouvernement) soutenait les propositions devant le Corps législatif; puis un tribun (l'orateur du tribunat) les soutenait ou les attaquait. Le Corps législatif, assemblée de trois cents membres, votait, sans discussion, sur la loi proposée.

Trente-sept lois votées séparément forment les divers titres du Code civil. La loi du 30 ventôse an XII (21 mars 1804) les réunit en un seul corps de lois.

ART. 1.—La loi est une règle de conduite prescrite par l'autorité législative ou par les coutumes, qui nous oblige à faire certaines choses et qui nous en défend d'autres; elle n'est exécutoire qu'après les délais fixés à compter de sa promulgation.

La promulgation est l'acte par lequel le chef du gouvernement et du pouvoir exécutif atteste au corps social l'existence de la loi et enjoint aux agents de l'autorité publique de tenir la main à son exécution (Voyez l'ordonnance du 27 novembre 1816 et celle du 18 janvier 1817).

La publication est le moyen employé pour faire réellement connaître la loi au public.

La jurisprudence qui, dans la législation romaine, était la connaissance acquise du droit, est aujourd'hui la série de décisions uniformes sur une question.

2.—Cet article proclame la non-rétroactivité des lois. Ce principe sage, simple et évident en apparence donne lieu à de nombreuses difficultés dans l'application.

Il peut être considéré sous cinq rapports principaux :

Relativement aux crimes ou délits ;

Relativement aux conventions et aux preuves ;

Relativement à la capacité des personnes ;

Relativement à la disponibilité ;

Relativement à la forme des actes.

D'abord, en matière pénale on applique la loi qui existe au moment du jugement lorsqu'elle prononce une peine plus douce. Le législateur a jugé la peine excessive ; c'est une exception fondée sur des considérations d'humanité.

2° La validité des contrats se règle par la loi sous l'empire de laquelle le contrat a été fait.

3° Il en est de même quant aux moyens de preuve, ce sont ceux qui existent au moment où l'obligation a été contractée.

4° La capacité des personnes reste dans le domaine du législateur, qui peut la modifier à son gré et atteindre le but d'utilité publique qu'il se propose. Ainsi l'âge requis pour se marier pourra être reculé ; il en est de même de l'époque de la majorité, et le majeur redeviendra mineur. Mais les mariages contractés, les actes passés sous l'empire de la loi ancienne conserveront leur validité, parce qu'ils ont constitué des *droits acquis.*

5° Quant à la quotité de biens dont une personne peut disposer à titre gratuit, il faut distinguer les donations des testaments. La quotité disponible sera déterminée par la loi en vigueur au jour du contrat de donation, et dans les testaments, par la loi qui existera au décès. Cependant voy. Marcadé.

La donation des biens à venir, appelée, sous l'empire des coutumes, *institution contractuelle,* participe tout à la fois de la nature des donations et de celle des testaments. Comme la donation, elle est irrévocable : le donateur ne peut pas donner à d'autres ces biens. D'un autre côté, elle n'a d'effet, comme le testament, qu'à la mort du disposant, qui continue d'être propriétaire pendant sa vie. Mais de ce que cette espèce de donation est irrévocable en un sens, il s'ensuit qu'elle attribue au donataire un droit acquis, dont une loi postérieure ne pourrait le priver sans opérer un effet rétroactif.

Quant à la forme extérieure des testaments, elle doit être déterminée par la loi du jour de la confection, et non du décès.

3. — Même les étrangers, en mettant le pied sur le sol français, ils invoquent, pour les protéger dans leur personne et leur propriété, les lois de police; ils doivent donc les respecter et s'y soumettre.

Il faut excepter les agents diplomatiques des puissances étrangères, qui ne sont pas justiciables des tribunaux français. Ils représentent la nation qui les a délégués, et ne sont pas considérés comme de simples particuliers.

Les lois sont personnelles ou réelles.

Les premières, appelées *statut personnel*, règlent l'état et la capacité des personnes, leur condition dans la famille et dans la société : c'est la loi du domicile.

Les dernières, appelées *statut réel*, se rapportent aux biens, à leur division en meubles et immeubles; elles indiquent les droits et les charges dont ils sont susceptibles, et elles organisent les modes de les acquérir et de les transmettre : c'est la loi de la situation, afin de ne pas porter atteinte à la souveraineté nationale.

Un étranger possède des meubles en France; par quelle loi sont-ils régis? Voyez cette question approfondie dans M. Demolombe et dans Marcadé.

4. — Les juges qui refusent de juger commettent un délit qu'on appelle *déni de justice*. Le juge devra donc toujours prononcer en matière civile, en suppléant à la loi par des inductions tirées de la loi elle-même, ou par analogie, ou en invoquant la jurisprudence des tribunaux, la doctrine des auteurs, les décisions des jurisconsultes romains, ou en se décidant d'après ses lumières, les principes de la raison et de l'équité. (Voy. l'art. 185 du Code pénal.) En matière pénale, le silence de la loi doit amener l'absolution de l'accusé. (Voy. 1 et 4 Cod. pén., 229 et 364 inst. crim.)

On distingue l'interprétation doctrinale, l'interprétation judiciaire et l'interprétation législative.

La première, fruit de l'étude et de l'intelligence, n'a d'autre autorité que celle de la raison.

La seconde est obligatoire, mais seulement dans la cause et pour les parties.

La troisième est obligatoire pour tous ; c'est une loi par laquelle le législateur explique le sens d'une loi antérieure.

La nécessité de mettre un terme aux débats judiciaires a fait admettre, après plusieurs variations dans la législation, qu'à la suite de deux cassations, par le même motif, le point de droit jugé par la Cour de cassation devrait servir de règle pour le jugement de l'affaire renvoyée devant une troisième cour ou un troisième tribunal. (Voy. la loi du 1er avril 1837.) Elle a ainsi sagement établi que le législateur ne devait pas intervenir dans la décision des questions pendantes devant les tribunaux.

5. — De tels actes seraient *inconstitutionnels*, puisqu'ils confondraient le pouvoir législatif et le pouvoir judiciaire ; *impraticables*, car, si chaque Cour pouvait prononcer par voie de disposition générale et réglementaire, il en résulterait inévitablement une foule de dispositions contradictoires sur les mêmes points, de sorte que nous serions privés des avantages d'une législation uniforme.

6. — Le législateur n'a point déterminé quelles sont les lois qui intéressent l'ordre public et les bonnes mœurs. Il s'en est rapporté aux traditions de la science, au tact individuel des jurisconsultes et des magistrats. Ce qui est constant, c'est que, outre les lois constitutionnelles, administratives, pénales et de police, on doit encore considérer comme intéressant l'ordre public, les règles concernant l'état et la capacité des personnes, celles de disposer par actes entre-vifs ou testamentaires, etc.

LIVRE PREMIER.
DES PERSONNES.

TITRE PREMIER.
DE LA JOUISSANCE ET DE LA PRIVATION DES DROITS CIVILS.

CHAPITRE PREMIER.
DE LA JOUISSANCE DES DROITS CIVILS.

7. — On entend par personne, l'homme considéré avec les droits qu'il peut exercer et les obligations qu'il doit remplir dans la société et dans la famille.

On divise les droits en civils et politiques.

On appelle droits civils les avantages accordés par la loi civile et les facultés qui s'exercent dans les rapports des personnes privées entre elles : tels sont les droits de succéder, de disposer ou de recevoir par donation entre-vifs ou testamentaire, etc. Ils sont attachés à la qualité de Français.

Les droits civiques ou politiques sont : la part attribuée à un homme dans l'exercice de la puissance publique. Tels sont les droits d'être juré, électeur, député, de remplir certaines fonctions publiques, etc.

Ils sont attachés à la qualité de citoyen.

8. — « *Jouira des droits civils.* » Il faut distinguer la jouissance de l'exercice. Le mineur et la femme mariée jouissent de tous leurs droits civils, mais ils ne les exercent pas.

9. — (Voy. les lois du 22-25 mars, du 22-29 janv. 1849, du 7 et 12 fév. 1851, qui modifient cet article.)

10. — M. Proudhon pense que l'enfant né en France de parents *qui n'ont plus de patrie*, est Français; c'est aussi l'avis de M. Valette. L'opinion contraire ne serait-elle pas plus conforme au texte et aux principes? Cet article ne déclare *Français* que l'enfant né *d'un Français*. Donc l'enfant né de cet homme, qui est toujours un étranger, ne peut invoquer que le bénéfice de l'article 9.

11. — L'assemblée Constituante, pensant que *la France devait ouvrir son sein à tous les peuples de la terre*, supprima d'abord le droit qu'avait l'État de succéder aux étrangers morts en France ; elle décida ensuite que tous les étrangers succéderaient à leurs parents français ou étrangers, et pourraient même recevoir à titre gratuit.

Cet exemple ne fut pas imité, et lors de la promulgation du code civil, le législateur établit la réciprocité.

Mais, une loi du 14 juillet 1819 a donné aux étrangers la capacité de succéder et de recevoir à titre gratuit.

12. — « *La condition de son mari.* » Par son mariage, elle manifeste d'une manière évidente la volonté de devenir Française ; mais, il ne faudrait pas étendre cette solution à celle qui aurait épousé un étranger devenu Français à une époque postérieure à son mariage. Il ne peut pas dépendre de son mari de lui enlever sa qualité d'étrangère ; en suivant son mari, elle remplit un devoir, ce qui ne doit lui faire perdre aucun droit.

13. — « *Jouira de tous les droits civils.* » Il existe néanmoins plusieurs différences entre lui et le Français. Par exemple, le droit de se marier à tel âge, d'être majeur, etc. Ces droits constituent la capacité de la personne qui reste soumise aux lois personnelles de son pays.

Le Français tenant la jouissance des droits civils de la loi seule, un acte du gouvernement ne peut les lui enlever. Il n'en est pas de même à l'égard de l'étranger.

14 et **15.** — Le Code permet au Français d'appeler les étrangers à plaider en France pour l'exécution de leurs obligations, quelle que soit leur cause ; il déroge ainsi à la maxime : *Actor sequitur forum rei.*

Mais devant quel tribunal l'étranger qui n'a ni domicile ni résidence pourra-t-il être cité ? C'est probablement le tribunal du demandeur (Voy. Marcadé).

Le texte est muet, lorsque l'étranger s'est d'abord obligé envers un étranger, et que le Français est devenu créancier en vertu d'une cession. Si c'est un effet négociable, l'étranger est censé avoir accepté d'avance toutes les cessions et s'être soumis à leurs conséquences, il peut être poursuivi devant les tribunaux français. Il est douteux que l'on puisse faire le même raisonnement pour une créance ordinaire et qui ne pourrait être cédée par un simple endossement. Cependant, la loi française doit protection au Français, dans tous ses biens et dans tous ses droits.

16. — Cette caution, qui est appelée improprement par les auteurs *judicatum solvi*, peut être exigée de l'étranger demandeur principal ou intervenant devant une juridiction civile ou criminelle.

« *Autre que celle de commerce.* » Cette exception s'explique, à raison de la modicité des frais, et surtout de la rapidité de la procédure commerciale, qui doit être dégagée de toutes entraves. Il y a encore exception :

2° Quand l'étranger possède en France des immeubles;

3° Lorsqu'il consigne la somme déterminée par le tribunal;

4° Quand les traités entre deux nations dispensent de cette caution;

5° Quand ces traités permettent d'exécuter les jugements rendus en France dans le pays de cet étranger;

6° Quand l'étranger demande l'exécution d'un titre paré;

7° Peut-être quand il est autorisé par le gouvernement à établir son domicile en France.

CHAPITRE II.

DE LA PRIVATION DES DROITS CIVILS.

17, 19, 20, 21. — Depuis la loi du 14 juillet 1819 cette section a peu d'importance, et les articles qu'elle renferme ne demandent pas d'explication.

Cinq causes font perdre la qualité de Français. La naturalisation acquise en pays étranger. La *dénization* est, en Angleterre, une autorisation accordée par le roi d'établir son domicile, et en vertu de laquelle on jouit des mêmes libertés et priviléges que les Anglais. Elle s'obtient par lettres patentes du roi, tandis que la naturalisation proprement dite exige un bill du parlement; elle ne donne pas plus la qualité d'Anglais que chez nous l'autorisation de l'article 13 ne donne la qualité de Français.

19 et suiv.—La mort civile, peine illogique et contraire à la morale, a été abolie par la loi du 3 juin 1854. (Voy. cette loi, dont l'explication appartient surtout au Code pénal.)

TITRE II.

DES ACTES DE L'ÉTAT CIVIL.

CHAPITRE PREMIER.

DISPOSITIONS GÉNÉRALES.

Le mot *acte* désigne, dans le langage du droit, un écrit rédigé pour constater un fait.

Les actes de l'état civil sont donc des écrits dressés par les officiers publics compétents, qui servent à constater la position que chacun occupe dans la famille, dans la société, et les droits civils qui en résultent.

L'état est donc une réunion de qualités déterminées par la loi, et desquelles découlent, dans l'ordre politique et civil, certains droits et certains devoirs.

Avant la révolution de 89, les ministres du culte catholique, qui consacraient par des cérémonies religieuses la naissance, le mariage et la mort, constataient ces événements dans des registres qui servirent aux particuliers pour établir leur filiation, leur mariage et leurs droits héréditaires. Le premier monument de la législation sur cette matière est l'ordonnance de 1539. Plus tard, les ordonnances de 1667 et 1736 organisèrent la tenue des registres de l'état civil par les membres du clergé catholique. En

accordant la foi civile à ces actes, on mettait tous les citoyens'dans la nécessité d'y avoir recours. Mais les secta-
teurs des cultes dissidents se trouvaient ainsi privés des
droits civils, et compromettaient l'état de leurs enfants, en
contractant des mariages frappés de nullité par la législation. Même avant la révolution, on demandait que l'état
civil fût indépendant de la diversité des opinions religieuses ; cette indépendance fut regardée par l'Assemblée
nationale comme principe constitutionnel et décrétée le 20
septembre 1792.

Après des modifications successives, la loi du 8 pluviôse
an 8 attribua aux maires et adjoints les fonctions d'officiers de l'état civil.

Les actes de l'état civil sont les actes de naissance, de
mariage et de décès : on peut y ajouter les actes d'adoption
et de reconnaissance d'enfant naturel. Trois personnes concourent ordinairement à la rédaction des actes de l'état
civil. L'*officier public, les déclarants et les témoins*, et, dans
certains cas, la présence *des parties*, quand l'acte les concerne directement, comme les époux dans le mariage. *Les
déclarants,* quand ils viennent demander la constatation du
fait qu'ils énoncent, comme les personnes qui ont assisté
à un accouchement ; *les témoins*, quand ils assistent à la rédaction de l'acte, pour certifier avec l'officier public l'existence de la déclaration.

34. — Ces diverses mentions, même celle de l'heure, ce
qui est rarement requis par la loi, peuvent être précieuses :
en cas d'inscription de faux, pour prouver qu'une des
personnes indiquées à l'acte n'a pu y être présente ; en
matière de substitution, de recrutement, lorsque la mère
est accouchée de deux jumeaux.

35. — « *Ne pourront rien insérer, etc., que ce qui doit être déclaré.* » Cet article contient une grande amélioration lorsqu'en
prohibant toute énonciation du chef des officiers de l'état
civil, il a soin d'exprimer qu'ils ne peuvent écrire que ce

qui *doit être déclaré* par les comparants. C'est surtout dans les actes de naissances, et quelquefois dans les actes de décès que certaines énonciations sont spécialement défendues. (Voy. 57 et 85.) Ex. : si l'enfant qui est presenté est né de parents qu'on lui dit mariés, il le déclarera ; s'il est né hors mariage d'un père qui l'avoue, il le déclarera. S'il ne l'avoue pas, l'acte de naissance ne fera point mention du père ; car ce qui doit être déclaré c'est un père certain, ce n'est pas un père qui se cache et dont la loi ne permet point la recherche. (Voy. 340.)

36. — « *De comparaître en personne.* » Par exemple, pour la reconnaissance d'un enfant naturel, la loi exige que la procuration soit spéciale et authentique, c'est-à-dire notariée.

Le mariage ne paraît pas être l'un de ces cas, puisque, suivant l'art. 75, l'officier de l'état civil reçoit de chacune des parties la déclaration qu'elles veulent se prendre pour mari et femme. (Delv. et M. Durant. contre Merlin.) Sauf les princes, on ne voit pas que personne se marie par procuration.

37. — « *Du sexe masculin ; âgés de vingt et un ans.* » Les témoins concourent, avec l'officier de l'état civil, à imprimer à l'acte son caractère d'authenticité ; ils participent, dès lors, à l'exercice de la puissance publique. C'est une prérogative dont ne jouissent pas les femmes ; mais elles peuvent être déclarantes.

Entre ces témoins et ceux des actes notariés, il existe des différences importantes : 1° les témoins ne peuvent être parents ni alliés du notaire, ni des parties contractantes ; la loi a voulu éviter le soupçon de faux dans les conventions : dans les actes de l'état civil, pas de défenses pour la parenté des témoins avec l'officier public, et permission expresse aux parties de choisir des témoins parents ou autres. Les témoins du notaire doivent être citoyens français, sachant signer, et domiciliés dans l'arrondissement communal où l'acte sera passé. Aucune de ces condi-

tions n'est exigée pour les témoins de l'état civil. La loi
n'exige même pas qu'ils soient français. Elle ne pouvait
rejeter leur témoignage sans s'exposer à repousser des
amis ou des membres de la famille, ayant plus d'intérêt
que tous autres à la vérité des déclarations.

38 et 39. — Le but de la lecture est de faire connaître
aux parties que leurs déclarations ont été exactement
écrites. On exige qu'il en soit fait mention, afin que l'officier civil ne puisse la négliger. C'est d'ailleurs une sanction
de l'acte, car cette mention le rendrait coupable du crime
de faux, si elle était mensongère.

40. — « *Sur un ou plusieurs registres.* » La loi a laissé à
l'administration le soin de décider si deux registres suffisent, ou s'il en faut six, c'est-à-dire deux pour chaque
espèce d'actes, ce qui dépend de la population des communes. Pour mieux assurer la conservation de ces actes,
la loi veut qu'ils soient inscrits sur des registres tenus
doubles et gardés dans des dépôts séparés.

41. — Les registres cotés par première et dernière, et pa-
raphés sur chaque feuille par le juge, sont mis à l'abri des
suppressions ou intercalations de feuillets.

42. — « *Approuvés et signés.* » Cette disposition est bien
préférable à celle de la loi du 25 ventôse an XI, dont l'art. 15
laisse l'option de signer ou de parapher les renvois, c'est-
à-dire d'y apposer seulement les lettres initiales du nom.
En cas d'inscription de faux, la vérification devient souvent
presque impossible, et si les renvois contiennent des énonciations de nature à modifier la convention primitive, il
peut en résulter des abus et des fraudes.

45. — Cet article proclame la publicité des registres de
l'état civil. Ils intéressent la société entière; de là naît
l'obligation pour les dépositaires, qui sont les maires et les
greffiers, d'en délivrer des extraits, c'est-à-dire une copie
entière à toute personne, tandis que les parties intéressées,
leurs héritiers ou ayants cause, peuvent seuls prendre

connaissance des actes reçus par les notaires. (Voy. l'art. 23 de la loi du 25 ventôse an XI.) Ces extraits, délivrés *conformes* et *légalisés* par le président du Tribunal ou par le juge qui le remplace, font foi jusqu'à *inscription de faux*. Mais, ne faut-il pas distinguer les faits attestés par l'officier de l'état civil de ceux déclarés par les parties comparantes? Il faut adopter l'affirmative. Si l'on prétend que le contenu de l'acte n'est pas conforme à la déclaration des parties, on doit s'inscrire en faux; on attaque la véracité de l'officier public; il se serait rendu coupable du crime de *faux*; si l'on soutient que la déclaration des parties n'est pas conforme à la vérité, comme la mission de l'officier public s'est bornée à constater cette déclaration dans l'acte, et que les comparants n'ont aucun caractère public, la preuve contraire est admise sans *inscription de faux*. (Voy. à ce sujet les art. 145 et 149, combinés avec 146 et 147, 345 et 363 Code pén.)

Il est évident que les énonciations étrangères à l'objet, au but spécial de l'acte, ne peuvent faire aucune foi. Ainsi l'énonciation de légitimité insérée dans un acte de naissance ne prouvera pas cette légitimité qui est l'effet civil du mariage.

La légalisation est un certificat donné au bas d'un extrait pour attester que la signature est véritable et que le signataire est investi des fonctions qui lui donnent qualité pour délivrer cet extrait.

46. — La preuve testimoniale est admissible toutes les fois qu'il n'a pas été possible de se procurer une preuve littérale (voy. 1348), ce qui a lieu en matière d'état civil lorsqu'il n'a pas existé de registres ou qu'ils sont perdus, ou lorsqu'un ou plusieurs feuillets sont absents, ce qui équivaut à l'absence du registre entier pour les actes qui y sont inscrits. Cette preuve se fait soit par des *titres*, soit par des *témoins*.

Dès que cette preuve est acquise, les naissances, mariages

et décès peuvent être constatés par témoins et par les registres et papiers domestiques émanés des père et mère, *pourvu qu'ils soient décédés*, parce que s'ils vivaient, ils pourraient facilement créer ou supprimer des titres favorables ou contraires selon le besoin de la cause. (Voy. notre art. 323 et suiv.)

Ici les parents ne peuvent être reprochés, comme dans l'enquête ordinaire, ce sont les meilleurs témoins, les plus capables et les mieux instruits pour fournir des renseignements.

47 et 48. — Les agents diplomatiques et les consuls remplissent les fonctions d'officiers de l'état civil à l'égard des *Français*, ils n'ont aucune juridiction relative à l'état civil des étrangers. Ainsi, deux Français en pays étranger peuvent se marier devant les agents diplomatiques ou les consuls; mais si l'un des contractants est étranger, les agents français cessent d'être compétents. (Voy. notre art. 170.) Le mariage doit être contracté suivant l'usage du pays, c'est l'application de la maxime *locus regit actum*.

49. — Les mentions faites en marge ont pour objet principal d'indiquer auprès d'un acte qui contenait une erreur ou une omission l'existence de l'acte rectificatif, le registre et le feuillet où il est inscrit. (Voy. l'art. 104.) Elles ont encore pour objet de faciliter la recherche des actes qui ont entre eux quelque corrélation. (Voy. l'art. 62.)

50. — « *De la part des fonctionnaires.* » Ce sont les maires et adjoints, et les greffiers.

51 et 52. — La sanction de la loi ne consiste pas dans la nullité des actes irréguliers; il eût été trop rigoureux de faire dépendre l'état des citoyens de la malveillance ou de la négligence des officiers de l'état civil. Elle prononce des peines. (Voy. les art. 145, 146 et 147 du Code pén.)

53 et 54. — Les poursuites ont lieu devant le tribunal civil dont le jugement est toujours sujet à appel.

CHAPITRE II.

DES ACTES DE NAISSANCE.

55. — « *Dans les trois jours.* » On a dissimulé les naissances, tantôt par des motifs religieux ou politiques, et souvent pour soustraire les enfants à la conscription militaire.

L'acte de naissance a pour objet de constater l'époque de la naissance et la filiation de l'enfant.

« *L'enfant lui sera présenté,* » afin qu'il puisse se convaincre de son existence et de son sexe.

Après les trois jours, la déclaration ne peut plus être admise par l'officier public ; c'est aux tribunaux qu'il appartient de statuer sur la rectification des actes de l'état civil et sur les omissions qui y ont été faites. Si des déclarations tardives étaient admises, on pourrait introduire des étrangers dans une famille et y occasionner des désordres.

M. Demante pense que cette doctrine ne doit pas être suivie à la rigueur, quoique son exactitude soit incontestable, parce qu'il serait à craindre que, pour éviter les frais d'un jugement, on ne se dispensât de la déclaration. (Voy. n° 100 *bis*, II.)

56. — « *A défaut du père.* » La loi charge le père d'abord de cette obligation. En quelque lieu que la femme accouche, si le mari est présent, il doit faire la déclaration ; la personne étrangère est dégagée de ce devoir.

Le code ne dit plus le mari, mais le père : ce qui comprend le père de l'enfant naturel, quand il l'a reconnu avant ou dans l'acte.

L'art. 346 du Code pénal prononce un emprisonnement de six jours à six mois et une amende de 16 fr. à 300 fr. contre celui qui aura contrevenu à cette disposition.

57. — « *Des père et mère.* » Le nom de la mère naturelle doit-il être inséré dans l'acte lorsqu'il est déclaré par l'une des personnes désignées dans l'art. 56 ? (Aff. voy. Proudhon et Valette, Toullier, Duranton, Merlin ; Coin de Lisle,

Zachariæ.) Ces auteurs disent : « 1° La maternité est un fait certain, la recherche en est permise; 2° la déclaration du nom de la mère peut être utile à l'enfant pour lui faciliter les recherches de son état civil; 3° les registres de l'état civil prouvent les naissances de tous les enfants. »

M. Demolombe, dans son traité logique et approfondi sur le Code civil, pense que l'officier de l'état civil ne doit pas indiquer le nom de la femme non mariée qui ne reconnaît pas l'enfant.

L'acte de naissance n'a pas pour objet de prouver la filiation naturelle. Donc la déclaration qui la désigne est en dehors du but de l'acte et de la preuve qu'il est destiné à produire. Cela résulte : 1° de l'art. 319, d'après lequel l'acte de naissance ne fait preuve que de la filiation des enfants légitimes; 2° de l'art. 336, d'après lequel la reconnaissance du père sans l'indication et l'aveu de la mère n'a d'effet qu'à l'égard du père; 3° des art. 62, 331 et 334, qui admettent seulement comme preuve de la filiation naturelle un acte de reconnaissance.

Il pense que l'opinion contraire, loin de prévenir les infanticides, aurait pour résultat de les multiplier, puisque la femme qui voudrait cacher sa honte ne le pourrait plus sans commettre un crime. Il faut ajouter que ces sortes de déclarations peuvent imputer la maternité à des femmes vertueuses, dont la réputation et l'honneur seraient à la merci du premier venu. Je partage cette doctrine.

CHAPITRE III.
DES ACTES DE MARIAGE.

Nous renvoyons le commentaire des articles 63 à 76 au titre du Mariage.

CHAPITRE IV.
DES ACTES DE DÉCÈS.

77 et 78. — Cet article a un double objet : d'empêcher la supposition du décès et d'écarter les dangers d'une précipitation funeste. Le législateur, pénétré de ces graves dangers, a porté une disposition qui les empêche, mais il n'a pas pensé à déterminer un délai avant l'expiration duquel la déclaration dût être faite ; il n'a pas entendu sans doute déroger à la loi du 20 septembre 1792, qui exige que cette déclaration soit faite dans les vingt-quatre heures.

78 et 79. — L'acte de décès est rédigé sur la déclaration de deux personnes qui cumulent les rôles de comparants et de témoins. Ils doivent être pris parmi ceux qui sont censés le mieux connaître le défunt. C'est le motif pour lequel la loi indique de préférence les parents ou voisins ou la personne chez laquelle le décès a eu lieu.

Cet article n'exige pas la mention de l'époque du décès, et cependant il est utile et même indispensable en droit d'en connaître le jour et l'heure ; car si deux personnes héritières l'une de l'autre viennent à mourir, celle qui aura survécu, même d'un instant, transmettra les deux hérédités à ses successeurs. (Voy. 725.) La légitimité d'un enfant dépend du jour du décès du mari de la mère.

80 et 84. — Ces deux articles, qu'il faut rapprocher, s'occupent des décès qui peuvent avoir lieu dans les hôpitaux civils ou militaires, dans les prisons, dans les maisons publiques, ce qui comprend les colléges, les séminaires, les institutions et écoles qui ont des élèves internes.

81, 82, 83, 85. — Ces articles s'appliquent à tous les cas de mort violente ; ils prescrivent les précautions à prendre avant l'inhumation.

« *Il ne sera fait sur les registres aucune mention.* » Le repos des familles rendait nécessaire cette mesure de bienfaisance. La raison et la philosophie n'ont pas encore assez gravé dans les esprits cette maxime si juste que, le crime étant personnel à l'individu qui l'a commis, ne doit avoir aucune influence morale sur les autres parents.

86 et 87. — Ces articles appliquent aux décès sur mer

les dispositions établies pour les naissances par les art. 60 et 61, qui n'ont pas besoin de commentaire.

Un cas extraordinaire de décès non prévu par le code est celui d'un enfant mort avant que sa naissance ait été enregistrée. Un décret du 4 juillet 1806 défend à l'officier de l'état civil d'exprimer que cet enfant est *décédé*, car ce serait préjuger la question de savoir s'il a vécu ou non, question souvent importante que les tribunaux seuls peuvent décider. L'officier de l'état civil doit déclarer que l'enfant lui a été présenté *sans vie*.

Un autre cas extraordinaire de décès est celui où des ouvriers employés aux mines ont péri dans leurs travaux et sans que l'on puisse retrouver leurs corps. Ce cas est prévu par un décret du 3 janvier 1813.

Un dernier cas est celui où des personnes seraient consumées dans un incendie, englouties dans un naufrage, et il y a analogie entre ce cas et celui d'ouvriers qui ont péri dans les mines. Il faut donc appliquer les mêmes dispositions. C'est l'avis de MM. Demolombe, Demante et de Marcadé.

CHAPITRE V.

DES ACTES DE L'ÉTAT CIVIL CONCERNANT LES MILITAIRES HORS DE L'EMPIRE.

88. — En France, les militaires sont soumis aux règles du droit commun pour constater leur état; ils sont citoyens, et le premier consul a dit au Conseil d'État : « *Là où est le drapeau, là est la France.* » Il fit décider que l'armée aurait en pays étranger ses officiers d'état civil. Ce sont aujourd'hui les majors et les intendants militaires.

Mais les militaires et autres personnes employées dans les armées pourraient-ils aussi faire dresser les actes de leur état civil par les officiers publics étrangers et dans les formes voulues par les lois du pays, d'après la maxime : *Locus regit actum*, suivant les articles 47 et 170 ? Question controversée.

Pour la négative on invoque : 1° le texte de l'art. 88 ; 2° le motif du chapitre 5, que le soldat sous son drapeau est toujours en France et que la maxime *locus regit actum* ne lui est pas applicable ; 3° on invoque une décision ministérielle et l'intérêt de la discipline. (Voy. Merl., Dur., Valette sur Proudhon, Zachariæ.)

Ces motifs sont graves. Cependant l'on peut soutenir que l'art. 88 n'est pas prohibitif, mais seulement facultatif. La qualité prééminente de citoyen français accompagne le militaire aux armées ; donc la loi civile de son pays doit l'y suivre et le protéger.

Le soldat français peut, en pays étranger, comme le français ordinaire, s'adresser aux officiers de l'état civil étrangers pour constater son état. Sa qualité de militaire ne peut pas être une cause d'exclusion ; elle doit être la source d'une faveur. On ne peut donc pas lui interdire le droit commun. C'est la pensée raisonnable qui paraît avoir dicté au premier consul cette maxime : *là où est le drapeau là est la France!* et les dispositions du chapitre V.—(Voy. art. 47 et 170. Marcadé fait plusieurs distinctions.)

Dans tous les cas, la jurisprudence paraît s'être écartée de la rigueur de cette opinion pour les actes de mariage.

92 et **93.** — Cet article accorde dix jours pour déclarer les naissances, parce qu'elles peuvent survenir dans des cas pressants et durant les embarras de la guerre. Les actes de mariage, au contraire, doivent être envoyés sans délai à l'officier de l'état civil pour plusieurs motifs : 1° parce que l'on ne se marie ordinairement que dans les moments de calme et de paix ; 2° parce que l'état des deux contractants est changé : la femme est devenue incapable de s'obliger sans autorisation (voy. 217), et les biens du mari sont frappés d'hypothèque légale.

96. — Dans la déclaration du décès des militaires, les erreurs sont faciles. Un soldat peut tomber loin de ses camarades ; le désordre des batailles, les prompts déplacements font que l'on ne peut donner beaucoup d'attention à celui qui succombe. De plus, celui qui rédige l'acte n'est pas tenu de se transporter près du cadavre et de constater son identité, voilà pourquoi on exige trois témoins.

CHAPITRE VI.

DE LA RECTIFICATION DES ACTES DE L'ÉTAT CIVIL.

99. — Rectifier un acte, c'est redresser une erreur pour y substituer la vérité.

Cette rectification peut être demandée 1° lorsque l'acte renferme des énonciations incomplètes ; 2° lorsqu'il contient des faits qui ne doivent pas y être relatés, comme une paternité adultérine ou incestueuse ; 3° dans les cas d'altérations faites après coup, ou de fausses désignations dans les noms et prénoms.

Aucune rectification ne peut être ordonnée que par le tribunal sur la demande des parties intéressées, et dans deux cas seulement, à celle du ministère public ; mais le tribunal ne peut jamais prononcer qu'après avoir entendu les conclusions du procureur impérial. (Voy. art. 83 du Cod. de proc.)

« *Par le tribunal compétent.* » La loi ne le désigne pas. Marcadé soutient que c'est toujours le tribunal du lieu où les actes ont été passés ou déposés, que la demande soit principale ou incidente. D'autres jurisconsultes distinguent, ils disent : lorsque les parties sont en instance, et que la demande en rectification est formée incidemment, la cause principale attire à elle la cause incidente.

« *Être opposé aux parties intéressées.* » En règle générale, lorsqu'un jugement dans lequel on n'a été ni partie, ni appelé, ni représenté, blesse nos droits, nous pouvons l'attaquer par la tierce opposition. (Voy. 474 Cod. de proc.)

D'après l'article 100, le jugement de rectification ne peut, dans aucun cas, être opposé aux tiers ; ils n'ont donc pas besoin d'y former tierce opposition ni d'en appeler. *Res inter alios judicata neque nocet*, etc. (Voy. 1351.)

L'application de cette règle en matière d'état, donnera quelquefois lieu à des résultats singuliers ; démontrons cela par un exemple. Pierre Durand meurt, laissant deux enfants légitimes, Gaston et Maurice. Charles demande la rectification de son acte de naissance dans lequel il est inscrit comme né de père et mère inconnus, et il prétend qu'il est l'enfant légitime de Pierre Durand. Il engage le procès avec Gaston en possession des biens de l'hérédité ; Maurice est absent. Le tribunal reconnaît sa filiation légitime et ordonne la rectification ; ainsi Charles est réputé enfant légitime de Pierre Durand, dont il obtient la moitié de la succession.

Maurice, qui n'a été ni partie, ni appelé, ni représenté dans l'instance, demande la moitié de la succession de son père, en prétendant que Charles est étranger à la famille ; il engage un procès avec lui et obtient gain de cause ; il résulte de ce second jugement, que Charles qui, en vertu du premier jugement, est réputé enfant légitime de Pierre Durand, est un étranger dans ses rapports avec Maurice. Donc, si nous supposons la succession de 24,000 fr. Maurice n'ayant qu'un frère légitime, prend la moitié de la succession, 12,000 fr. ; Gaston, qui en a deux, prend un tiers, 8,000 fr. ; Charles, la moitié d'un tiers ou un sixième, 4,000 fr. ; il n'est, pour ainsi parler, qu'un demi-frère ; cette manière de partager est contestable.

TITRE TROISIÈME.

DU DOMICILE.

102. — Le domicile consiste dans les relations morales de l'homme *avec le lieu* où il a fixé le siége administratif de ses affaires.

Le domicile politique est de droit lié au domicile civil ; mais il peut en être séparé.

Autrefois, les successions étaient déférées en vertu du statut du domicile ; et comme les nombreuses coutumes qui partageaient le territoire français différaient sur les sujets les plus graves, sur l'époque de la majorité, sur les régimes matrimoniaux, sur la faculté de disposer, à titre gratuit, sur la dévolution des biens *ab intestat*, etc., il était très-important de connaître le domicile d'une personne. Aujourd'hui, que nous jouissons d'une législation uniforme, ce n'est plus qu'une question de compétence ; 2, 59, 68 Cod. de proc. pour fixer le lieu de l'ouverture des successions, celui du mariage, de l'interdiction, de l'absence, pour nommer un tuteur. Nous trouvons un avantage attaché au domicile dans l'art. 105 du Code forestier, relatif aux coupes des bois communaux destinés à être partagés en nature, entre les habitants.

De tout Français. Quid des étrangers ? Ceux qui peuvent invoquer l'art. 13, ont un véritable domicile, les autres une simple résidence.

On distingue le domicile civil : il est d'origine ou postérieurement acquis, et le domicile spécial ou d'élection. Le domicile d'origine pour l'enfant légitime est celui de son père ; ou de sa mère, lorsque le père est mort : pour l'enfant naturel, celui du père qui l'a reconnu, ou de la mère dont il suit la condition, s'il n'a été reconnu que par elle. Si, non reconnu, celui de son tuteur ; s'il n'a pas de tuteur, le lieu où il est placé ; jusqu'à ce que, émancipé ou majeur, il puisse s'en choisir un.

Peut-on avoir plusieurs domiciles ?

L'unité de domicile semble résulter des textes du Code : 1° de l'art. 102, qui place le domicile au lieu du principal établissement.

Des art. 103 et 104, qui subordonnent l'acquisition d'un nouveau domicile à l'abandon du domicile antérieur ; de l'art. 110, qui détermine le lieu de l'ouverture de la succession par celui du domicile ; et par tous les autres textes qui admettent la distinction du domicile civil et du domicile politique, du domicile et de la résidence, du domicile réel et du domicile d'élection ; mais ils ne reconnaissent jamais le concours de deux domiciles réels. Cette doctrine est exacte en théorie ; mais, en fait, la même personne peut avoir deux établissements d'une importance égale. Si des tiers ont été induits en erreur, par cette circonstance, ils pourront soutenir, pour la validité de leurs poursuites, pour lacompétence du tribunal qu'ils ont saisi, etc. , que cette personne doit être considérée comme domiciliée dans cet endroit. C'est une question de bonne foi que les tribunaux devraient apprécier. (Voy. MM. Demolombe et Marcadé.)

Peut-on n'avoir aucun domicile ? Nous ne le pensons pas. L'art. 102 suppose que tout Français a un domicile. Le mineur a, jusqu'à sa majorité ou son émancipation, le domicile de ses père et mère ou tuteur, art. 108, 406, etc. ; mais, en fait, on peut avoir un domicile qui ne soit pas connu. (Voy. 69-8° du Cod. de proc. , et 270 du Cod. pén. ; voy. Toull. , Proud., Duranton.) La résidence actuelle remplace le domicile à l'égard des comédiens ambulants, des marchands colporteurs, etc. ; et si la résidence même n'était pas assez fixe et déterminée, l'art. 69-8° Cod. de proc. indique comment l'exploit doit être fait ; et, en matière personnelle, le demandeur pourrait assigner devant le tribunal de son domicile, comme cela a lieu à l'égard des étrangers qui n'ont ni domicile ni résiden e connus en France. (Voy. M. Demol.)

103, 104, 105. — Les principales circonstances qui, à défaut de déclaration expresse, peuvent indiquer l'intention de changer son domicile, sont : que la personne s'est fait inscrire sur les rôles de la garde nationale, qu'elle participe aux avantages et aux charges de la commune (Voy. 105 Cod. forest.), qu'elle y paye sa contribution personnelle, qu'elle a reconnu, en matière personnelle, la compétence des tribunaux de la localité, et surtout si, dans un acte, elle a déclaré y être domiciliée.

106. — « *Temporaire*. » Député, maire.

« *Révocable*. » Procureur impérial, préfet, sous-préfet, juge de paix.

107. — « *Conférées à vie*. » L'acceptation de ces fonctions, fixée par la prestation du serment, qui la rend irrévocable, emporte translation immédiate du domicile, indépendamment de l'habitation.

108. — « *N'a point d'autre domicile*. » Cet article est général, absolu, il ne fait aucune distinction. Aucune convention des époux ne pourrait même autoriser la femme à se choisir un domicile séparé. Le mari est le chef de l'association conjugale, c'est un effet de la puissance maritale, elle est d'ordre public. (Voy. art. 6, 214, 1388.) Le domicile est une nécessité civile, un droit créé par la loi dont personne ne peut disposer, s'il n'a toute sa capacité civile; or la femme, séparée de corps, ne peut faire aucune aliénation sans l'autorisation de son mari. (Voy. 215, 217.) Elle ne peut donc avoir qu'une habitation et une résidence séparées. (Merl., vº *Domicile*, Locré, Dalloz, Zach., M. Taullier, arr. de Colmar.) Un grand nombre d'auteurs sont d'un avis contraire. (Voy. M. Dur., Proudh. et Valette, Delv. et Toullier, M. Demante.)

109. — Les domestiques et les ouvriers qui restent chez leurs maîtres ont la faculté de changer leur domicile; mais lorsqu'ils habitent dans la maison du maître, la loi présume, d'une manière absolue, qu'ils y ont fixé leur principal établissement.

Néanmoins, le mineur non émancipé qui sert ou travaille chez autrui conserve son domicile légal chez son tuteur; il en est de même de la femme mariée, elle est toujours domiciliée chez son mari.

110. — Il faut observer sur cet article : 1º que s'il n'y a qu'un héritier, comme il n'y a pas lieu à partage, les demandes devront être portées devant le tribunal de cet héritier en matière personnelle ; 2° s'il s'agit de matière réelle, devant le tribunal de la situation ; en matière réelle mobilière, devant le tribunal de l'ouverture de la succession. (Voy. notre art. 822.)

111. — La loi donne aux parties le droit de désigner un domicile qui est attributif de juridiction, *ratione personæ*, pour y faire les poursuites nécessaires à l'exécution d'un contrat.

Ce domicile diffère du domicile civil ordinaire 1° en ce qu'il n'est que spécial et relatif à l'exécution de l'obligation pour laquelle il a été choisi, tandis que l'autre est général ; 2° en ce qu'étant l'effet d'une convention, il passe activement et passivement aux héritiers, tandis que le domicile ordinaire s'éteint avec la personne. (Voy. 1122, 724, 2156.)

« *Pourront être faites.* » La faculté que donne la loi d'agir au domicile réel, lorsqu'il existe un domicile élu, suppose une élection faite par le demandeur dans son intérêt seul ; alors, il peut renoncer à son droit ; mais, si l'élection est faite dans l'intérêt commun, il ne serait permis d'agir qu'au domicile élu.

Si le domicile a été élu au domicile réel de l'un des contractants, il subsiste même après le changement du domicile réel et après la mort des parties.

Il est certain que le domicile d'élection peut être changé en le notifiant à l'autre partie, pourvu que la nouvelle élection soit faite dans la *même commune.* Le mandat donné à une personne est révoqué. On choisit un nouveau mandataire, on ne change rien à la compétence du tribunal, etc. (Voy. 2003.)

La loi, pour éviter des lenteurs et des frais, et pour faciliter les poursuites, impose, dans un grand nombre de cas, la nécessité de faire cette élection de domicile. (Voy. Code Nap. 176, 2148, 1°, etc., et Code de procéd.)

TITRE IV.

DES ABSENTS.

CHAPITRE Ier.

DE LA PRÉSOMPTION D'ABSENCE.

112. — Dans le langage du droit, on entend par absent celui qui a disparu de son domicile et de sa résidence, et dont on n'a pas de nouvelles.

La théorie de l'absence comprend trois périodes :

La première, appelée *présomption d'absence*, commence au moment de la disparition ou des dernières nouvelles. Elle dure *cinq* ou *onze* ans. On doit penser néanmoins que les circonstances qui ont précédé, accompagné ou suivi le départ, peuvent seules déterminer le délai, plus ou moins long, après lequel le non-présent devient présumé absent.

La seconde période commence par le jugement qui déclare l'absence. En principe elle dure trente ans ; elle donne lieu à un envoi en possession provisoire des biens de l'absent. Elle peut finir avant trente ans, soit par le retour de l'absent, soit par la réception de ses nouvelles, soit par son décès, soit par le laps de cent années révolues depuis sa naissance.

La troisième période donne lieu à *l'envoi en possession définitif.*

« *S'il y a nécessité.* » Pour que le tribunal puisse adopter une mesure quelconque, il faut : 1° que la personne soit présumée absente ; 2° qu'elle n'ait pas laissé de procureur fondé (voy. cependant 122) ; 3° qu'il y ait nécessité de pourvoir à l'administration.

Quel est le tribunal qui doit statuer? Tribunal du domicile sur la présomption d'absence ; nécessité et choix de la mesure, tribunal de la situation ; ou bien encore, si mesure générale, par exemple, nomination d'un curateur, tribunal du domicile ; mesures locales, réparations urgentes, tribunal de la situation.

« *Des parties intéressées.* » Ce sont les personnes qui ont un intérêt né et actuel. Exemple : les créanciers, les co-associés, le propriétaire à l'égard de son fermier ou locataire absent, *et vice versâ,* l'époux présent, etc.; mais un intérêt éventuel, comme celui des héritiers, ne suffirait pas. Ils peuvent, en tout cas, s'adresser au ministère public. (Voy. aussi 859 Code de procéd.) M. Valette, dans ses notes sur Proudhon, range les héritiers présomptifs dans la classe des *parties intéressées.*

113. — « *Dans les inventaires, comptes, partages et liquidations.* » La loi fait allusion aux successions ouvertes au moment de la disparition. Pour celles ouvertes à une époque postérieure, le présumé absent peut être intéressé à les faire constater par un inventaire, pour fonder ses réclamations ultérieures; mais il peut en être privé provisoirement par ses cohéritiers ou par les héritiers du degré subséquent, qui nieraient son existence.

Ces termes s'appliquent aussi aux sociétés dont le présumé absent était membre et qui sont dissoutes par son départ, ou bien encore au cas où l'acte de société exige le concours commun des associés pour la gestion. L'associé présent a intérêt à obtenir l'autorisation de gérer seul.

114. — « *De veiller aux intérêts,* etc., et *il sera entendu.* » Le ministère public a donc un double devoir à remplir à l'égard des présumés absents; il peut provoquer ou requérir d'office des mesures conservatoires, interrompre des prescriptions, prendre ou renouveler des inscriptions hypothécaires, etc., et il prend des conclusions dans toutes les demandes qui les concernent; il joue le rôle de partie jointe et de partie principale sous certaines restrictions.

CHAPITRE II.

DE LA DÉCLARATION D'ABSENCE.

115. — C'est le tribunal du domicile qui est compétent pour déclarer l'absence.

Si l'absent n'a pas laissé de procuration, c'est après quatre ans qu'on peut poursuivre la déclaration d'absence ; s'il a laissé un mandataire, c'est après dix ans. (Voy. 121.)

« *Des parties intéressées.* » Ce ne sont pas les mêmes personnes que dans l'article 112 ; ces termes comprennent ici toutes les personnes qui avaient des droits subordonnés à la condition du décès de l'absent, au moment de sa disparition ou de ses dernières nouvelles.

La déclaration peut être demandée après quatre ou dix ans, à compter de la date et non de la réception des nouvelles. Ce point est controversé. (Voy. Marcadé.) M. Duranton est d'une opinion contraire avec Delvincourt.

116, 117, 118. — « *Ordonnera qu'une enquête.* » Une enquête est une audition de témoins qui déposent sur des faits affirmés par l'une des parties et contredits par l'autre. Ici c'est le ministère public qui est défendeur à l'enquête ; il aura donc le droit de faire une contre-enquête tendant à prouver le contraire de ce que l'enquête a pour but d'établir.

Il faut remarquer que cette enquête n'est pas soumise à toutes les règles ordinaires consacrées par les art. 252 et suiv. du Code de pr. Les reproches de témoins fondés sur des rapports de parenté, d'alliance ou d'amitié, ne sauraient être admis, etc. (Voy. M. Duranton.)

Le tribunal ne pourrait pas statuer sur la demande en déclaration d'absence sans ordonner d'enquête, seul moyen légal de constater l'absence pour la prononcer ; mais il pourrait la rejeter. Une lettre récente de l'absent rend l'enquête inutile.

119. — Il y a un an d'intervalle entre le jugement préparatoire qui a ordonné l'enquête et le jugement définitif de déclaration d'absence. L'un et l'autre doivent être rendus publics : c'est un double avertissement, un double appel fait à l'absent.

CHAPITRE III.

DES EFFETS DE L'ABSENCE.

SECTION PREMIÈRE.

DES EFFETS DE L'ABSENCE, RELATIVEMENT AUX BIENS QUE L'ABSENT POSSÉDAIT AU JOUR DE SA DISPARITION.

120. — La déclaration d'absence donne lieu à l'envoi en possession provisoire des biens que l'absent possédait *au moment de sa disparition*, et au profit des héritiers les plus proches à *cette époque*. Exemple : l'absent a deux cousins germains au moment de sa disparition. A l'époque de la déclaration d'absence l'un est décédé laissant un enfant. Dans le premier cas, les deux cousins succéderaient, et celui qui serait mort dans le temps intermédiaire aurait transmis ses droits à son enfant; dans le second, cet enfant serait exclu.

121 et 122. — La personne qui ne disparaît de son domicile, qu'après avoir confié ses affaires à un mandataire, a prévu une absence plus ou moins prolongée. La régularité de sa position rend son retour probable. Ce n'est donc qu'après de longues années que des présomptions de mort légitiment la demande en déclaration d'absence.

Cet article ne distingue pas si la procuration est limitée ou illimitée, mais il faut qu'elle soit générale, donnée pour administrer la masse des biens et non une affaire spéciale. Cette distinction peut résulter de ces termes : « *il sera pourvu à l'administration* DES BIENS; » la procuration, pour un objet déterminé, ne prouverait point chez l'absent la pensée d'un retour éloigné.

123. — Après la déclaration d'absence, il y a présomp-

tion de mort. En conséquence, toutes les personnes qui
ont des droits subordonnés à la condition du décès pourront les exercer. Ainsi les donataires de biens à venir
(Voy. 1082), un donateur avec clause de retour, le propriétaire d'un bien dont l'absent a l'usufruit, peuvent provoquer la déclaration d'absence (Voy. 115) et entrer en
possession provisoire de leurs droits; et si les héritiers
présomptifs, connaissant l'existence des legs, ne deman-
daient pas la déclaration d'absence, comme ils ne peuvent
pas paralyser par leur volonté les droits des légataires,
ceux-ci pourront s'adresser au ministère public qui fera
ordonner l'ouverture du testament.

En cas d'inaction de la part de l'héritier présomptif, ses
créanciers peuvent demander que l'envoi soit prononcé à
leur profit. Du chef de leur débiteur, ce n'est pas un droit
purement personnel, c'est une ouverture de succession provisoire. (Voy. 1166 et plus spécialement 788 : controversé;
Voy. Demol.)

Les fruits que les biens de l'absent ont produits depuis
sa disparition ou ses dernières nouvelles sont compris dans
l'envoi en possession provisoire; ils ont été capitalisés au
nom et dans l'intérêt de l'absent. Les envoyés en possession en auront seulement une partie des revenus comme
des autres biens.

« *A la charge de donner caution.* » La solvabilité de cette
caution doit être débattue avec le ministère public, et
comme elle est légale, c'est par l'art. 2040 et 2041 que
doivent être déterminées les conditions qu'elle doit remplir. L'art. 602 ne devrait-il pas être appliqué par analogie? C'est mon opinion, surtout si d'autres garanties ne
peuvent pas être fournies; dans le cas contraire, le jugement de déclaration d'absence serait sans effet.

124. — La communauté de biens entre époux est une
société particulière que le mari administre seul et qui
lui reste tout entière avec ses charges, si la femme ou

ses héritiers répudient les conséquences de sa gestion. (Voy. 1453.)

Malgré la déclaration d'absence et la présomption de mort de l'absent, la loi ne dissout pas nécessairement la communauté, parce qu'une dissolution même provisoire pourrait entraîner des conséquences fâcheuses et ruiner des opérations avantageusement commencées. Cet article s'en rapporte donc à l'époux, mais *seulement commun en biens*, et suivant le parti qu'il prend, la communauté continue comme si l'absent vivait encore ou se dissout comme s'il était mort. Le régime de communauté seul empêche l'envoi en possession provisoire, parce que seul il offre un intérêt à l'un et à l'autre conjoint à la continuation de la communauté soit légale, soit conventionnelle.

« *Prendre ou conserver.* » Le premier terme s'applique à la femme; le second au mari.

« *Tous ses droits légaux.* » 1° Propres mobiliers et immobiliers; 2° le prix de ceux aliénés sans remploi; 3° indemnité à l'occasion des propres; 4° sa part dans la communauté, si elle accepte; 5° sa nourriture et son logement pendant les trois mois et quarante jours. (Voy. 1465, 1470, 1474.)

« *Et conventionnels.* » 1° préciput; 2° reprise des objets apportés en communauté lorsque la femme l'a stipulé (Voy. 1514); 3° les donations à elle faites par son mari.

« *De donner caution pour les choses susceptibles de restitution.* » A la différence de l'envoyé en possession provisoire, le mari et la femme ne sont pas tenus de fournir caution pour la sûreté de leur administration.

Les choses susceptibles d'être restituées sont : pour le mari, la donation qui lui a été faite par sa femme en cas de survie.

Pour la femme : 1° si elle a accepté, elle doit tout rendre à la masse. Si elle a renoncé, elle doit remettre au mari de retour ses reprises. (Voy. 1515.)

« *Conservera le droit d'y renoncer ensuite.* » La loi s'est expliqué pour prévenir cette objection : la faculté donnée à la femme de renoncer à la communauté est fondée sur la considération qu'étant restée étrangère à l'administration, elle ne doit pas en supporter les charges. Mais quand elle a opté pour la continuation de la communauté, elle a été chargée de l'administration ; donc, *cessante causa, cessat effectus :* elle ne peut plus renoncer. C'est la conséquence que rejette cet article.

125. — « *Ne sera qu'un dépôt.* » Ce terme est peu exact ; le dépôt n'emporte que l'obligation de garder et de restituer. C'est plutôt un mandat légal et salarié, puisque les envoyés en possession ont l'administration des biens dont ils sont comptables ; et ils sont intéressés sous un double rapport, 1° en ce qu'ils ont une partie des fruits ; 2° en ce qu'il est à présumer que les améliorations résultant d'une bonne administration leur profiteront en définitive.

126. — Trois mesures sont prescrites : 1° l'inventaire, qui est toujours obligatoire ; 2° la vente des meubles qui sont sujets à dépérir ou dispendieux à conserver, ce qui est laissé à l'arbitrage des tribunaux ; mais en cas de vente, il faut placer l'argent (Voy. 1067) ; 3° constatation de l'état des immeubles, ce qui est facultatif pour les envoyés en possession.

127. — On peut donner pour motif de cet article qu'il accorde les fruits à titre de salaire et pour engager les envoyés à se charger de l'administration qui entraîne des soins et une responsabilité, avec la nécessité de fournir caution et de rendre compte.

La raison principale est celle qui fait accorder au possesseur de bonne foi les fruits perçus sur la chose d'autrui. (Voy. 138 et 549.) Les envoyés vont se croire propriétaires et augmenter leurs dépenses dans la proportion de ce qu'ils voient leurs revenus s'accroître ; et si après plusieurs années on les forçait à restituer tous ces revenus, on opérerait subitement leur ruine. C'est ce que n'a pas voulu le législateur; il a légitimé l'acquisition de la plus grande partie des revenus.

Pour connaître la part des fruits qui doivent être restitués à l'absent, il faut distinguer trois époques :

1° L'absent reparaît avant quinze ans depuis sa disparition, on lui rend le *cinquième;* après quinze ans, le *dixième;* après trente ans d'*absence*, à compter de la disparition (Voy. M. Demolombe), on ne lui doit aucune restitution de fruits. Marcadé est d'une opinion contraire.

127.—La loi paraît assimiler l'administrateur légal aux envoyés en possession provisoire, quant à l'acquisition définitive des fruits. Cependant, il existe entre eux des différences importantes : de quelque manière que finisse l'envoi provisoire, ceux qui l'ont obtenu, gardent les fruits dans les proportions fixées par cet article.

Au contraire, 1° quand l'administration de l'époux présent finit par la preuve de l'existence de l'absent, la communauté n'a pas cessé d'exister, c'est à elle qu'appartiennent tous les fruits perçus pendant l'administration légale. (Voy. 1401, 2°.) C'est comme s'il n'y avait pas eu d'absence;

2° Quand l'administration légale finit par la preuve du décès de l'absent, dès ce moment, la communauté est dissoute, les fruits perçus avant le décès, tombent dans la communauté, ceux recueillis depuis, jusqu'au moment où l'administration légale cesse, appartiennent à l'époux administrateur dans les proportions indiquées;

3° Si l'administration légale finit par le laps de trente ans ou de cent ans depuis la naissance de l'absent, il est réputé mort du jour de sa disparition, donc la communauté est dissoute depuis la même époque, et, par conséquent, les fruits perçus ne peuvent pas être attribués à cette communauté qui sera partagée dans l'état où elle était au moment de la disparition. Les revenus seront donc conservés par l'époux qui les a recueillis;

3

5° Si l'administration légale cesse par la mort de l'é-
poux présent et que l'absent n'ait pas donné de ses nouvelles depuis sa disparition, la dissolution de la communauté remonte à cette époque, et les héritiers de l'époux
présent, prendront provisoirement la portion de revenus
attribuée par cet article, sauf à la rendre, pour partie, s'il
est prouvé postérieurement que l'absent n'est mort qu'à
tel ou tel moment de l'administration légale;

5° Nous appliquons les mêmes règles si la communauté
est dissoute par la renonciation de l'époux présent à la
communauté, ou par sa déclaration d'absence.

La restitution des fruits ne doit avoir lieu que déduc-
tions faites des charges qui les diminuent, des frais de
labours et semences, des contributions et des réparations
d'entretien.

128. — « *Ne pourront aliéner ni hypothéquer les immeubles de l'absent.* » Donc on peut conclure, *à contrario*,
qu'ils pourront aliéner les meubles. Cette conclusion est
certaine quand le tribunal l'a ordonné. (Voy. 126 § 2.) Il
en est de même des meubles qui se consomment par l'u-
sage ou qui se détériorent et se déprécient par le temps.
La faculté de les aliéner est dans les limites d'une large
administration. (Voy. 1449.) D'ailleurs les aliénations
quelconques de meubles corporels seront le plus souvent
protégées par les art. 2279 combiné avec 1141.

« *Ni hypothéquer.* » Les immeubles de l'absent peuvent
être hypothéqués en vertu d'un jugement (Voy. 2126),
pour les causes que le tribunal appréciera (Voy. 457).
Nous parlons d'une hypothèque conventionnelle, quant à
l'hypothèque judiciaire, elle résulte, sans aucun doute,
des jugements rendus contre l'absent, représenté par les
envoyés en possession. (Voy. 134 et 2123.) Il ne faut pas refuser non plus aux créanciers munis d'un titre exécutoire
le droit de poursuivre l'expropriation forcée.

Quant aux aliénations volontaires faites par les envoyés

en possession provisoire, elles sont nulles à l'égard de l'absent ou des autres personnes à qui les biens pourraient appartenir, selon les circonstances. Leur validité est soumise à une condition. (Voy. 1184.)

129.—Plusieurs événements donnent lieu à la troisième période de l'absence qui est l'envoi en possession définitif. Il peut être prononcé lorsqu'il s'est écoulé trente ans depuis l'envoi provisoire, ou depuis que l'administration légale a été prise par le conjoint commun en biens, ou lorsqu'il s'est écoulé cent ans depuis la naissance de l'absent; dans ce cas, il a atteint le terme le plus long que la loi puisse assigner à la vie humaine.

Dans cette période, il n'y a ni inventaire à faire ni caution à donner, leur libération est complète pour l'avenir et pour le passé; elles ont acquis la prescription, c'est l'opinion de MM. Duranton et Demolombe. Ne peut-on pas répondre que l'envoyé en possession cautionne tous les faits isolés de sa gestion, et qu'il ne peut opposer la prescription à l'absent; qu'en conséquence, il n'est libéré que pour l'avenir? Des auteurs sont de cet avis.

130.— « *De son décès prouvé.* » Les héritiers qui prouvent le décès sont préférés à ceux qui jouissaient des biens en vertu d'une conjecture qui est démentie; mais ces derniers conservent les fruits en vertu de 127.

Cette décision s'applique sans difficulté pendant la durée de l'envoi provisoire; il en est de même, à notre avis, pendant l'envoi définitif, ce qui a été contesté. Les effets produits par l'absence ne sont donc que du provisoire.

Cet article s'applique aux héritiers légitimes et aux légataires; en conséquence, en apprenant la mort de l'absent, si l'on découvre un testament, il est certain que les légataires, ou s'ils étaient morts, leurs représentants auraient le droit de réclamer les biens, pourvu que les légataires aient survécu au testateur, autrement le legs serait caduc, et qu'on fût encore dans les trente ans de la mort de l'absent.

131 et **132.** — « *Dans l'état où ils se trouveront.* » Donc les envoyés en possession ne sont soumis à aucune indemnité pour les détériorations qui ne leur ont pas profité.

L'absent de retour doit respecter toutes les aliénations soit à titre onéreux, soit même à titre gratuit. Quant aux répétitions qu'il peut exercer, elles varient suivant que l'aliénation a été faite à titre onéreux ou à titre gratuit. En cas de vente, on lui doit le prix ; en cas d'échange, l'immeuble reçu en échange ou en remploi. (Voy. 1407 et 1559.)

En cas de donation, le donateur ne doit que ce dont il est devenu plus riche : par exemple, un père dote sa fille avec les biens de l'absent, en les donnant il conserve les siens propres ; il s'enrichit, *quatenus propriæ pecuniæ pepercit.* Il devra donc restituer, non la valeur des biens donnés, mais celle des biens qu'il aurait constitués s'il n'avait compté que sur son patrimoine. Dans les donations ordinaires, il ne doit rien.

133. — Par une faveur spéciale, les descendants de l'absent peuvent demander la restitution des biens pendant trente ans, à compter de l'envoi en possession définitif.

Les descendants du premier degré obtiendront toujours cette restitution, soit comme héritiers en prouvant la mort et en intentant l'action en pétition d'hérédité, soit comme présomptif héritier ayant droit à l'envoi en possession. Les descendants d'un degré ultérieur, les petits-enfants, peuvent n'avoir pas été conçus du vivant de l'absent, et manquer ainsi à la première condition pour succéder (Voy. l'art. 725), ou ils peuvent n'être pas en ordre de succéder, et sans pouvoir invoquer le bénéfice de la représentation, parce que leur père aurait survécu à l'absent.

134. — « *Que contre ceux, etc.* » Et le jugement rendu

sur les poursuites, aura force de chose jugée soit contre l'absent soit à son profit. (Nonobstant 1351.)

Réciproquement, les envoyés en possession et l'administrateur légal, peuvent exercer les actions de l'absent. (Voy. 817.)

SECTION II.

DES EFFETS DE L'ABSENCE, RELATIVEMENT AUX DROITS ÉVENTUELS QUI PEUVENT COMPÉTER A L'ABSENT.

135 et **136**. — Cet article s'applique, par exemple, à un droit de survie déféré à un époux par contrat de mariage, à un legs, à un droit de retour établi par la loi, ou par la convention, au profit d'un donateur ascendant ou étranger. (Voy. 747 et 951.)

L'art. 136 applique ce principe général aux successions.

« *Dont l'existence ne sera pas reconnue.* » M. Duranton et Toullier soutiennent que l'existence de l'absent ne peut pas être immédiatement méconnue, le texte ne distingue pas entre l'absence déclarée et l'absence présumée, et les termes de la loi qui ont été substitués au mot absent qui se trouvait dans le projet du code, révèlent l'intention du législateur.

L'art. 136 exclut-il les enfants de l'absent, de la succession de leur aïeul ou de leur oncle? M. Proudhon raisonne ainsi sur cette question : ou les enfants de l'absent veulent venir à la succession de l'aïeul ou de l'oncle par *représentation*, ou ils veulent y venir comme exerçant les droits recueillis et à eux transmis. Dans le premier cas, ils devraient prouver que leur père est mort avant l'ouverture de la succession, car, on ne représente pas les personnes qui ont survécu au défunt. Dans le second cas, ils devraient prouver que leur père existait au moment de l'ouverture de la succession : ce n'est qu'autant qu'il existait alors, qu'il a recueilli et qu'il a transmis sa part; or les enfants ne peuvent faire ni l'une ni l'autre preuve, donc, ils sont exclus.

A ce raisonnement on répond : ou l'absent vivait à l'époque de l'ouverture de la succession, ou il était mort : s'il vivait, il a recueilli et transmis ses droits à ses enfants ; s'il était mort, il n'a pas succédé ; mais ses enfants le représentent. Ils peuvent avoir intérêt à invoquer la représentation, parce qu'ils ne sont tenus que des dettes, dont sont grevés les biens recueillis, autrement, ils seraient grevés des dettes de leur père qui les aurait recueillis et transmis avec ses dettes personnelles, et celles de l'absent. (Voy. nos art. 782, 742 et 744.)

137. — « *Des actions en pétition d'hérédité et d'autres droits.* » Cet article réserve à l'absent le droit de réclamer une succession qui aurait été dévolue à d'autres en vertu de 136. Il lui donne aussi la faculté de réclamer des droits de survie, de retour, des legs, etc.

« *Pour la prescription.* » 1° Acquisition de la propriété par la possession continuée pendant un certain temps, 2° extinction d'une obligation par l'inaction du créancier continuée pendant un certain temps. (Voy. 2262.)

La question grave et difficile de savoir si les aliénations des biens échus à l'absent, faites par les héritiers apparents sont valables, sera traitée au titre des successions. (Voy. notre art. 771.)

138. — Les distinctions faites par le droit romain, relatives à la restitution, entre les fruits perçus seulement ou consommés, entre les fruits produits par une universalité susceptible d'accroissement ou de décroissement, ou sur des choses déterminées, sont rejetées par cet article. C'est une application spéciale des art. 549 et 550.

SECTION III.

DES EFFETS DE L'ABSENCE, RELATIVEMENT AU MARIAGE.

139. — Cet article donne lieu à plusieurs questions et à plusieurs interprétations. Voici le résumé de ma doctrine :

L'incertitude qui existe sur la vie ou sur la mort de l'absent *présumé* ou déclaré, ne peut être invoquée comme cause de nullité du mariage contracté par l'époux présent, et quand l'absence a cessé, l'absent est seul recevable, dans un intérêt privé et pécuniaire, à attaquer le second mariage : les collatéraux et même les enfants du premier lit ne sont point recevables. Mais si la preuve de l'existence est rapportée, on ne voit pas pourquoi on se serait écarté de 184 : 1° il y a scandale ; 2° c'est faire violence à la conscience des deux époux qui ne doivent pas être contraints à continuer un commerce adultérin ; c'est établir une confusion de droits inexplicable, le premier mariage subsistant toujours et le second, puisque la dissolution du premier n'a pas eu lieu et la nullité du second prononcée. Il semble donc que l'application de 139 cesse avec l'incertitude de l'existence de l'absent ; j'en conclus que les nouveaux époux ont le droit de faire rompre leur union par la justice, et de se séparer. Le ministère public peut et doit agir dans l'intérêt de la morale publique, et de la dignité du mariage pour éviter le scandale d'une bigamie et d'un adultère flagrants, à faire condamner les nouveaux époux à se séparer. (Voy. MM. Duranton et Demante. Zachariæ est d'une opinion contraire.)

Si le second mariage avait été contracté de bonne foi, on devrait appliquer les art. 201 et 202 du Code.

140. — Le droit de demander l'envoi en possession appartient aux enfants naturels avant l'époux survivant (Voy. 758 et 767). Si la loi n'en parle pas, c'est que le rang des enfants naturels parmi les successibles, n'était pas encore fixé.

CHAPITRE IV.

DE LA SURVEILLANCE DES ENFANTS MINEURS DU PÈRE QUI A DISPARU.

141. — « *La mère en aura la surveillance, etc.* » Elle est donc investie de la puissance paternelle ; mais, comme le mariage n'est pas dissous, elle n'est pas tutrice, on ne lui nomme pas de subrogé tuteur. Elle a les droits de correction, mais elle devra se conformer à l'art. 381. Après la période de présomption d'absence, elle profitera de l'usufruit légal des biens de ses enfants, puisque les droits subordonnés à la condition du décès de l'absent peuvent être exercée par tous les intéressés.

142, 143. — « *Sera dévolue par le conseil de famille*, etc. » Les ascendants sont tuteurs de droit (Voy. 402). Lorsque le titre de l'absence fut adopté, on ne savait pas encore quel principe présiderait à la tutelle des ascendants.

La loi veut qu'il n'y ait lieu à la tutelle que six mois après la disparition du père, afin que des tiers ne puissent pas s'immiscer immédiatement dans les affaires d'une famille.

« *Issus d'un mariage précédent.* » Le législateur n'a pas voulu les confier aux soins d'un beau-père ou d'une marâtre ; on leur nomme un tuteur.

Tableau de la législation exceptionnelle relative aux militaires absents.

1° Loi du 11 ventôse an 2, mesures à prendre en cas d'ouverture des successions au profit des militaires.

2° Loi du 16 fructidor an 2, qui applique la loi précédente aux citoyens attachés au service de l'armée.

3° Loi du 16 brumaire an 5, mesures à prendre pour la conservation des biens des militaires et employés aux armées. Elle suspend la prescription, arrête l'expropriation, etc., jusqu'à l'expiration des délais fixés à partir de la paix.

4° La loi du 21 décembre 1814 fixe l'expiration des délais.

5° La loi du 13 janvier 1817 précédée de l'ordonnance du 3 juillet 1816. Elle fixe la manière d'obtenir la déclaration d'absence des militaires qui ont servi depuis le 21 avril 1794, jusqu'au 20 novembre 1815; les délais sont moins longs, les formes moins dispendieuses, mode particulier de constater le décès.

Ces diverses lois ne sont pas abrogées par le Code. Tous les doutes sont levés à cet égard, par le décret du 16 mars 1807, qui ordonne la publication de ces trois lois, dans les départements au delà des Alpes. (Voy. M. Demante.)

TITRE V.

DU MARIAGE.

CHAPITRE PREMIER.

DES QUALITÉS ET CONDITIONS REQUISES POUR POUVOIR CONTRACTER MARIAGE.

Le mariage est l'union légitime de l'homme et de la femme pour vivre dans une société indissoluble et indivisible, avec promesse de secours, d'assistance et de fidélité réciproques.

144 et **145.** — Le législateur, par une espèce de présomption, a fixé un âge pour tous, afin d'éviter des recherches incertaines et scandaleuses. Le mariage étant perpétuel dans sa fin, entraînant des conséquences graves, exige aussi une certaine maturité d'esprit.

146. — « *Lorsqu'il n'y a pas de consentement,* » la promesse de mariage est-elle valable? Question délicate. D'un côté, on allègue la liberté des conventions et leur effet général (voy. 1134); que la liberté du mariage n'est pas détruite, puisque c'est une obligation de faire, qui se réduit à des dommages-intérêts. Les fiançailles qui, autrefois, n'étaient qu'une promesse de mariage, formaient engagement. (Voy. Pothier, n° 30.) Elles donnaient lieu à des dommages-intérêts, à raison des dépenses, de la perte du temps et même de l'affront souffert. Poth. n° 53. (Voy. Toullier.)

D'un autre côté on peut dire : que donner effet aux promesses de mariage c'est gêner la liberté de ce contrat le plus important de la vie, puisqu'on ne serait pas libre de ne pas se marier sans encourir la peine des dommages-intérêts judiciaires ou conventionnels. Cependant si l'inexécution de cette promesse a causé un dommage pécuniaire, on pourra accorder à la personne lésée une indemnité en vertu du principe consacré par 1382.

Le mariage contracté par un interdit judiciaire est nul et non existant. (Voy. 502.)

147. — La polygamie simultanée est proscrite par cet article, et la loi pénale sanctionne la loi civile. (Voy. 340 Code pén.)

148 et 149. — Motifs : l'enfant à tout âge doit honneur et respect à ses père et mère, 371. D'un autre côté, l'amour éclairé des parents peut opposer un frein salutaire aux passions qui, souvent, emportent vers un engagement imprudent. Ces considérations, jointes à l'intérêt moral des familles, réclamaient des garanties. La volonté des parents doit donc concourir avec la volonté personnelle des enfants.

Le terme de la majorité ordinaire a été reculé pour les fils et resté le même pour les filles, parce que la possibilité de s'établir commence et finit plutôt pour elles. Elles sont plutôt nubiles et plutôt vieillies. (Voy. Marcadé.)

« *Le consentement du père suffit,* » mais la mère doit être consultée, et si son consentement n'avait pas été demandé, elle pourrait former opposition au mariage.

« *S'il y a dissentiment entre les deux lignes,* » l'enfant a le père et la mère de son père et le père et la mère de sa mère, quatre ascendants ; à cause de la faveur due au mariage, le consentement de l'un des grands pères l'emportera sur le refus des trois autres.

S'il n'y a pas d'ascendants ou s'ils se trouvent tous dans l'impossibilité de manifester leur volonté, les mineurs de 21 ans devront obtenir le consentement du conseil de famille. Au-dessus de cet âge, le consentement de tous autres parents que les ascendants n'est pas nécessaire. (Voy. 160.) La loi ne devait pas donner à des collatéraux le droit d'empêcher le mariage d'un majeur, parce qu'ils pourraient avoir pour mobile un intérêt personnel.

Le consentement des ascendants ou du conseil de famille doit s'appliquer à une personne déterminée. Une autorisation générale serait nulle, comme une abdication de la puissance paternelle, ou une renonciation à un droit d'ordre public.

« *S'ils sont dans l'impossibilité*, etc.» Elle résulte de l'interdiction soit judiciaire, soit légale, ou de l'absence. Dans ce dernier cas, les mesures à prendre sont prescrites par l'art. 155.

152 et 153. — Il est un âge où les enfants doivent être libres et indépendants; d'autre part, ils doivent toujours honneur et respect à leur père et mère. (Voy. 371.) Pour concilier ces droits et ces devoirs, la loi exige que les enfants demandent respectueusement le conseil des ascendants, la fille lorsqu'elle est âgée de 21 ans, le fils de 25 ans accomplis.

154. — « *Notifié par un notaire.* » La loi exclut le ministère acerbe des huissiers. Celui des notaires a paru plus propre à garantir que le consentement sera demandé avec le respect dû à l'ascendant, que des motifs et des réflexions sages pourraient déterminer à l'accorder.

156 et 157. — « *Soit énoncé dans l'acte.* » Ces articles n'ont pas voulu punir une simple omission, mais une faute qui consiste à célébrer, *sans le consentement* des ascendants ou du conseil de famille, un mariage que la loi subordonne au

consentement. (Voy., pour faire cesser vos doutes, l'art.
193 du Code pén.)

158, 159 et **160.** — Voy. le Code sur ces articles.

« *Qui lui sera nommé* » par un conseil de famille composé
de personnes ayant eu des relations d'amitié avec le père
ou la mère, ou peut-être par le tribunal. (Voy. Marcadé
pour la première opinion ; MM. Ducaurroy, Bonnier et
Roustain pour la seconde.)

161. — Voy. nos art. 734 et suiv.

« La famille, disait Portalis, est le sanctuaire des mœurs.
Et l'espérance du mariage entre des êtres qui vivent sous
le même toit et qui sont déjà invités par tant de motifs à se
rapprocher et à s'unir, pourrait allumer des désirs criminels et entretenir des désordres qui souilleraient la maison
paternelle, en banniraient l'innocence, et poursuivraient
ainsi la vertu jusque dans son dernier asile. »

Y a-t-il alliance entre celui qui a vécu en mauvais commerce avec une femme et les enfants de celle-ci ? S'il n'y
a pas eu reconnaissance, la négative doit être adoptée.
Même en la supposant, ne peut-on pas dire : que le concubinage n'étant pas légal, ne peut produire une affinité
légale. Cependant, s'il y avait eu mariage, quoiqu'annulé,
nous pensons qu'il y aurait sinon affinité, au moins raisons de morale et d'honnêteté publique, pour empêcher
d'épouser le fils ou la fille. Par identité de motifs, un fils
ne pourrait pas épouser la concubine de son père, ni une
fille celui qui aurait eu des rapports intimes avec sa mère,
en supposant que le commerce illicite soit constaté par la
naissance d'enfants légalement reconnus.

162 et **163.** — (Voy. la loi du 14 avril 1832.)

CHAPITRE II.

DES FORMALITÉS RELATIVES A LA CÉLÉBRATION DU MARIAGE.

165 et **74.** — Ces articles exigent la publicité de la célébration, et la compétence de l'officier civil.

La publicité résulte des publications, de la célébration dans la maison commune, de l'intervention de l'officier de l'état civil, de la présence des témoins, du libre accès laissé au public. (Voy. 175 et 191.)

C'est par l'officier de l'état civil du domicile de l'une des deux parties, et dans sa commune, qu'il doit être procédé au mariage : un officier de l'état civil perd cette qualité quand il est hors de la commune pour laquelle cette qualité lui est attribuée, ce n'est plus qu'un simple particulier.

170. — Le mariage célébré en pays étranger, entre un Français et une Française, peut l'être dans les formes et conditions voulues par les lois étrangères, en vertu de cette maxime *locus regit actum*, ou devant les agents diplomatiques français. Si un Français épouse une étrangère, d'après les formalités voulues dans le pays. Parce que l'agent diplomatique est sans caractère public à l'égard de l'une des parties. (Voy. nos art. 47 et 48.)

« *Pourvu qu'il ait été précédé* , etc. » La loi semble en faire dépendre la validité du mariage. Cette question est diversement jugée. Marcadé soutient avec force la nullité, en se fondant sur ce que les publications sont le seul moyen de publicité du mariage célébré en pays étranger, et le mariage clandestin est nul (Voy. 191); tandis qu'elles ne sont que l'un des éléments de la publicité du mariage célébré en France. Plusieurs auteurs pour et arrêts conformes.

D'autres jurisconsultes soutiennent que le mariage n'est pas nul, et que la sanction de cette condition, qui n'a pas été remplie, c'est que les époux sont passibles de la peine

établie par l'article 193, c'est-à-dire d'une amende proportionnée à leur fortune, et aucun texte de loi ne prononce
la nullité; et lorsqu'il s'agit de mariage, elle ne doivent
pas se suppléer. Cette conséquence résulte de la manière
dont les auteurs et la jurisprudence ont appliqué les articles 64, 65 et 228.

171. — Le Code n'indique pas les conséquences d'une
transcription tardive ni même celles du défaut de transcription. Rien dans le texte ni dans l'esprit de la loi n'autorise à penser qu'il y a nullité. Cette disposition ne doit
pas être dépourvue de sanction. Le mariage ne pourra être
opposé aux tiers qui auraient intérêt à le méconnaître.
Exemple : Un créancier qui aurait pris inscription sur les
immeubles du mari après trois mois, pourrait contester à
la femme la priorité de son hypothèque légale, qui ne devrait prendre rang que du jour de la transcription, si elle
n'a pas été faite dans les trois mois du retour en France.
MM. Ducaurroy, Bonier et Roustain sont d'une opinion
contraire; ils soutiennent avec M. Demolombe que cet
article est purement réglementaire. Si des tiers prétendent
que le défaut de transcription leur a causé un préjudice,
les tribunaux apprécieront les dommages-intérêts, en vertu
des articles 1382 et 1383.

CHAPITRE III.

DES OPPOSITIONS AU MARIAGE.

L'opposition est l'acte par lequel certaines personnes apportent un empêchement indéfini ou momentané à un mariage.

172. — « *A la personne engagée par mariage.* » Donc il
ne suffit pas d'une promesse de mariage constatée par acte
authentique ou privé avec ou sans dédit. L'existence même
d'un mariage célébré devant un prêtre ne donnerait aucun
droit d'opposition à la personne non civilement mariée.

Elle peut donner lieu à des dommages-intérêts, non en vertu de 1142 et suivants, mais en vertu de 1382.

173. — « *A défaut du père.* » Tant que le père est vivant et capable de manifester sa volonté, l'opposition de la mère n'est donc pas recevable.

Le législateur veut que les ascendants puissent former opposition au mariage de leurs descendants, quoiqu'ils n'auraient pas un motif légal d'empêcher ce mariage; les retards occasionnés par cette opposition offrent une dernière ressource à l'influence morale des ascendants.

174. — Les alliés ne sont pas compris dans cet article; et comme le droit de former opposition à un mariage est restreint dans des limites étroites, ce serait violer la loi que de le reconnaître à des personnes à qui elle ne l'a pas formellement accordé. On ne doit pas admettre non plus l'opposition des neveux et nièces au mariage de leurs oncles et tantes; il n'y a pas réciprocité, ils sont *loco parentum.*

Le législateur a moins de confiance dans les collatéraux que dans les ascendants, puisqu'il n'accorde aux premiers le droit de former opposition que dans deux cas déterminés, et que ce droit n'est accordé qu'à certains collatéraux.

Dans le premier cas, l'officier de l'état civil ne procéderait pas au mariage, même sans opposition, s'il savait que l'enfant est mineur; mais il peut être trompé, on peut lui présenter un faux acte de naissance ou un faux consentement du conseil de famille. C'est dans ces circonstances que l'opposition sera utile.

175. — « Ou *curatelle.* » Ce mot, dans la pensée du tribunat et du conseil d'État, s'entendait du curateur à l'interdiction; parce qu'en discutant les premiers titres du Code, on supposait que les interdits seraient en curatelle comme dans l'ancien droit. Mais voyez 505 et 509.

176. — L'opposition doit désigner : 1° la qualité de

l'opposant, afin que le premier venu, par esprit de vexa-
tion, ne puisse pas empêcher pendant un temps le mariage contre le vœu de la loi. (Voy. 66, 67.)

2° Ses motifs, s'il n'est ascendant : l'affection que les
ascendants ont pour leur descendants donne lieu de présumer qu'ils ont en vue le véritable intérêt de l'époux. Ils
ont d'ailleurs souvent eux-mêmes un intérêt moral ou pécuniaire à empêcher ou au moins à retarder le mariage.

3° Élection de domicile. Autrement les époux pourraient
se trouver contraints de plaider devant un juge éloigné
pour obtenir main-levée de l'opposition.

CHAPITRE IV.

DES DEMANDES EN NULLITÉ DE MARIAGE.

Il est important de distinguer un acte nul d'un acte simplement annulable.

L'acte nul est celui qui n'a pas d'existence réelle, légale,
et qui n'est susceptible d'aucune ratification postérieure.
Toutes les personnes ayant intérêt peuvent l'attaquer sans
être obligées d'agir dans un délai déterminé. Si les faits sont
déniés et que l'on veuille faire produire à cet acte nul des
effets qui soient préjudiciables, il faut recourir au pouvoir
judiciaire ; mais ceux à qui on opposera un acte nul seront
toujours recevables à en contester la validité.

Il en est autrement lorsqu'un acte est simplement annulable. L'action en nullité ou rescision ne peut être exercée
que par certaines personnes et dans un délai déterminé, à
l'expiration duquel la convention devient inattaquable.
Elle est susceptible d'une ratification expresse et tacite.

Les principales causes qui entraînent la nullité de droit
sont : le défaut absolu de consentement (voy. 146), qu'il
ne faut pas confondre avec le consentement vicieux donné
par erreur ou par crainte (voy. 180), la bigamie (art. 147),
la parenté ou l'alliance (161, 163), le défaut d'âge (144),

le défaut de publicité du mariage, et l'incompétence de l'officier public. (Voy. 191.)

Les nullités sont d'ordre public et absolues, d'intérêt privé et relatives. Les premières peuvent être invoquées par toutes personnes intéressées et même par le ministère public ; les secondes seulement par certaines personnes.

180. — Les vices du consentement sont la violence, l'erreur et le dol (Voy. 1109). Mais le mariage est un contrat dont la stabilité est d'ordre public ; aussi le dol seul, indépendamment de l'erreur qu'il peut produire, n'est pas une cause de nullité de mariage. Le consentement, en cette matière, n'est donc vicié que par le défaut de liberté qui résultera soit de la crainte, soit de l'erreur dans la personne.

En ce qui concerne la violence, il faut d'abord appliquer les règles générales des contrats ordinaires. (Voy. les art. 1111, 1112 et 1113.) Il faut surtout avoir égard à l'âge, au sexe, à la condition sociale et même à l'éducation des personnes pour apprécier les actes de violence.

L'erreur est une seconde cause de nullité de mariage.

Elle est de deux espèces : l'erreur sur la personne et l'erreur sur les qualités accidentelles.

La personne est physique ou sociale.

L'erreur sur la personne physique entraîne la nullité du mariage, tout le monde est d'accord, mais les précautions dont le législateur entoure la solennité des mariages rendent la substitution d'une personne à une autre si difficile, que l'on ne doit pas croire qu'il n'ait porté sa pensée que sur un cas aussi extraordinaire, lorsqu'il a déclaré que l'erreur serait une cause de nullité de mariage.

La loi voulant que l'époux trompé puisse proposer la nullité de son mariage pendant six mois, à dater non du jour de sa célébration, mais *depuis que l'erreur a été par lui reconnue*, suppose que le législateur a eu en vue l'erreur sur la personne civile ou sociale, parce qu'il ne faudrait qu'un instant pour reconnaître la substitution d'une personne physique à une autre. En conséquence, nous admettrions l'action en nullité d'un mariage dans lequel l'une des parties, à l'aide de titres mensongers, se serait fait passer pour fils ou fille d'une personne déterminément connue, à laquelle elle serait étrangère. Dans ce cas, il y a évidemment erreur sur les qualités constitutives de la personne sociale. Hors de ce cas, l'erreur sur les qualités physiques ou morales, sur la fortune, sur la bonne réputation, ne sont point des causes de nullité.

Cependant, l'erreur sur une qualité, qui, comme la castration ou une imperfection des organes sexuels, rendrait impossible la fin principale du mariage, me paraîtrait substantielle, entraînant nullité.

Peut-être aussi la condamnation à une peine infamante pourrait être considérée comme changeant la personne civile et emportant nullité.

L'erreur sur un caractère qui ne permettrait pas au conjoint trompé de concilier avec sa conscience l'état et les devoirs du mariage, par exemple, comme si une catholique épouse à son insu un prêtre, devrait entraîner la nullité. (Voy. M. Demante.)

181. — La cohabitation continuée pendant six mois depuis la cessation de l'erreur ou de la violence, est peut-être la seule ratification tacite permise par la loi ; mais une ratification expresse avec les conditions voulues par l'article 1338, devrait produire le même effet. La loi est muette à cet égard, mais ce n'est pas un motif suffisant pour ne point appliquer une règle de droit commun. Quelques auteurs ne partagent pas cette doctrine. (Voy. Marcadé.)

182. — Cet article indique la cause d'une seconde nullité relative : c'est le défaut de consentement des parents dans les cas où il est *nécessaire*. L'annulation du mariage ne peut être demandée que par les parents dont *le consentement était requis*, ou par le contractant qui devait être protégé. En prenant les expressions du Code dans un sens limitatif, il faudrait dire : que si le père ne demande pas la nullité, la mère ne peut pas agir, et à son défaut les ascendants, etc.; c'est l'opinion de Marcadé. Il la fonde principalement sur cette raison, que l'autorité seule du père a été méconnue. D'autres jurisconsultes disent que c'est dans un intérêt de famille que cette action est confiée aux ascendants; qu'en conséquence, elle doit passer, après la mort de l'ascendant le plus proche, aux ascendants plus éloignés, dans l'ordre où leur consentement aurait été nécessaire, et après eux au conseil de famille. Les termes du Code signifient seulement, qu'il ne s'agit pas ici d'une nullité absolue qui puisse être invoquée par tout intéressé. (Voy. MM. Ducaurroy, Bonnier et Roustain.)

183. — « *Depuis qu'il a atteint l'âge compétent.* » Cet âge varie pour l'homme de vingt et un à vingt-cinq ans, selon qu'il a ou non des ascendants; mais si dans l'intervalle de vingt et un à vingt-cinq ans le dernier ascendant vient à mourir, le délai d'une année commencera à courir à compter du décès.

184. — Cet article indique les causes des nullités absolues; elles sont au nombre de cinq : 1° le défaut de publicité (voy. 144, 184, 185 et 186); 2° l'existence d'un premier mariage valable (voy. art. 147, 188 et 189); 3° la parenté des époux au degré prohibé (voy. 161, 162 et 163.); 4° le défaut de publicité du mariage ; 5° l'incompétence de l'officier de l'état civil. (Voy. 191.)

L'action en nullité appartient à toute personne ayant un intérêt moral ou pécuniaire.

Le ministère public, représentant légal de la société blessée par l'atteinte que ces mariages portent aux bonnes mœurs, est chargé d'en faire prononcer la nullité.

185. — « *A conçu avant l'échéance de six mois.* » Le législateur a dû penser que quand les circonstances prouvent chez la femme une puberté réelle plus avancée que la puberté légale, c'est une raison suffisante de ne pas attaquer le mariage. La loi ne peut prétendre à la prérogative d'être plus sage que la nature.

186. — Le consentement donné au mariage ne produirait pas une fin de non-recevoir, s'il était le résultat d'une erreur sur l'âge véritable ou s'il n'avait pas été librement donné.

187. — Le refus de l'action pendant la vie des deux époux pourrait bien n'être fondé, dans la pensée du législateur, que sur l'absence d'intérêt né et actuel. C'est l'opinion de M. Demante. Si donc, dans un cas particulier, cet intérêt existait avant la mort, par exemple : des enfants du premier lit, appelés à la succession d'un frère germain, pourraient peut-être demander la nullité du second mariage de leur père ou mère, pour écarter de cette succession les enfants du second lit comme illégitimes; cette action pourrait-elle se concilier avec l'honneur et le respect qu'ils doivent à leurs père et mère? Ne serait-il pas moins odieux et surtout plus sûr de prévenir le ministère public?

189. — (Voyez notre art. 139.)

190 et **191.** — « *Et qui n'a point été célébré*, etc. » La conjonctive a été substituée à la disjonctive dans la discussion; mais le sens est resté disjonctif. Il y a deux causes distinctes de nullité : la clandestinité et l'incompétence de l'officier de l'état civil.

192 et **193.** — « *Ceux sous la puissance desquels elles ont agi.* » Aucun des membres du conseil de famille n'engage individuellement sa responsabilité, et le conseil est un être moral qui ne peut encourir aucune responsabilité pécuniaire. Les expressions du code ne s'appliquent pas davantage au tuteur *ad hoc* des enfants naturels.

194. — « *Inscrit sur les registres de l'état civil.* » Cet acte alors fait preuve complète du mariage. Mais pourrait-on refuser à l'acte inscrit sur une feuille volante la force d'un commencement de preuve par écrit ? M. Demante ne le pense pas, et il autoriserait les juges à admettre d'autres documents. Marcadé et M. Duranton ne partagent pas cet avis. (Voy. aussi M. Demolombe.)

Le second moyen consiste à prouver par témoins dans les cas prévus par l'art. 46.

Le troisième, lorsque la preuve du mariage ayant été détruite par un fait coupable, se trouve ensuite acquise par le résultat d'une procédure criminelle. (Voy. l'art. 198.)

195 et **196.** — « *Ne pourra dispenser les prétendus époux.* » La possession d'État résulte du fait même des parties qui vivent publiquement comme mari et femme. Elle n'a donc rien de concluant ; elle est souvent mensongère, et par conséquent elle assurerait au concubinage les effets d'un mariage légitime.

197. — « *Tous deux décédés.* » Le motif essentiel de cet article, c'est l'impossibilité où l'enfant peut se trouver d'obtenir des renseignements sur le lieu où le mariage de ses père et mère a été célébré.

La démence ou l'absence des père et mère ou du survivant doit-elle être assimilée au décès ?

Pour la négative, on dit : La preuve de la célébration d'un mariage ne peut résulter que d'un acte inscrit sur les registres de l'état civil (Voy. 194). Ce principe doit être maintenu toutes les fois qu'on ne se trouve pas dans un cas d'exception prévu par la loi. Or l'art. 197 ne s'applique qu'au cas où les père et mère sont *tous deux décédés*.

Pour l'affirmative, on répond que la démence ou l'absence des père et mère ou du survivant met l'enfant dans l'impossibilité d'obtenir d'eux les renseignements nécessaires pour prouver leur mariage. Donc l'art. 197 doit être applicable. Le législateur a prévu le cas le plus fréquent et n'a pas voulu porter une disposition restrictive. (Voy.

Marcadé , M. Demolombe , M. Valette sur Proudhon ,
M. Duranton.)

Je ne dispenserais pas l'enfant de la représentation de
l'acte de mariage, lorsqu'il se trouverait en opposition
d'intérêts avec le survivant de ses père et mère : quoique
dans ce cas sa position fût digne de faveur, la lettre de
l'article 197 est contre lui ; il en est de même du motif,
il n'y a pas impossibilité de s'instruire du lieu où les père
et mère se sont mariés.

198. — L'officier public , en rédigeant l'acte , a mis des
noms et des qualifications qui ne sont pas ceux des parties ; ou il a rédigé l'acte sur une feuille volante ; ou , au
moyen de changements de lettres, il semble ne pas s'appliquer aux époux ; ou il a été raturé ou supprimé par la
lacération du feuillet qui le contenait. Dans ces divers cas,
le jugement qui interviendra au correctionnel (Voy. 192,
Code pén.) ou au criminel, en constatant le délit ou le
crime, établira le fait de la célébration.

« *Tous les effets civils*, » ces mots ne doivent pas être pris
à la lettre : ils signifient seulement que le jugement fera
preuve légale de la célébration, il n'a pas plus d'efficacité
que l'acte lui-même ; le mariage peut être nul pour d'autres
causes.

199. — « *L'action criminelle.* » Le Code s'exprime d'une
manière inexacte. Évidemment les personnes intéressées
ne peuvent avoir qu'un intérêt privé, et, par conséquent,
une action *civile*. Cette action sera intentée par tous ceux
qui auront intérêt à faire reconnaître la validité du mariage, pourvu que les époux ou l'un d'eux soient décédés ; s'ils existent, ils ont seuls un intérêt né et actuel.
(Voy. 187.)

« *Sans avoir découvert la fraude.* » Ce qui veut dire, sans
doute, sans avoir intenté l'action.

« *Et par le procureur impérial.* » Qu'il ne faut pas mettre

sur la même ligne que les parties intéressées. Il peut et doit
agir dès qu'il a connaissance des faits.

200. — « *L'action sera dirigée au civil par le ministère
public.* » Cette disposition déroge à la distinction entre
l'action publique et l'action civile. Mais le ministère public
n'exercera l'action civile *qu'en leur présence* et *sur leur dénonciation.* Le motif de cette dérogation est de prévenir des
fraudes. Les défendeurs pourraient peut-être se laisser
condamner par collusion, pour procurer aux demandeurs
la preuve judiciaire d'un mariage qui n'aurait pas été célébré.

La loi comprend ici, sous la dénomination d'officiers
publics, l'officier de l'état civil et le greffier du tribunal en
sa qualité de dépositaire des registres.

201 et 202. — On appelle mariage putatif le mariage
nul qui a été contracté de bonne foi par les époux ou par
l'un d'eux.

« *Produit les effets civils.* » Ainsi, les enfants succéderont
à leurs père et mère et les père et mère aux enfants. Les
donations, les gains de survie, le préciput, s'exécuteront
comme dans le cas d'un mariage légitime, etc., etc., seront
conservés à l'époux de bonne foi et non à l'autre. Les
effets généraux du mariage sont produits. (Voy. 476, 214,
203 et 212, 312 et 745, 371 et suivants, 334, etc.)

La femme a une hypothèque légale pour lui assurer la
restitution de sa dot, si elle est de bonne foi. Elle peut la
répéter, malgré sa mauvaise foi, parce que nos lois ne la
donnent pas en dédommagement à l'homme qu'elle a
trompé, mais elle n'a qu'une créance ordinaire non garantie par une hypothèque. Elle n'aura pas d'aliments, d'habitation, d'habits de deuil à réclamer.

CHAPITRE V.

DES OBLIGATIONS QUI NAISSENT DU MARIAGE.

203. — Le mot *élever* comprend l'éducation morale et une instruction proportionnée à la position sociale des enfants, et il ne doit pas être pris littéralement en ce qui concerne l'obligation de fournir des aliments. Car, après avoir élevé leurs enfants, les père et mère leur doivent encore des aliments lorsqu'ils sont dans le besoin. Cette obligation subsiste quoique les enfants aient reçu des sommes destinées à fonder un établissement et qu'ils auraient dissipées. Il en serait de même lorsqu'ils auraient quitté la maison paternelle et qu'ils se seraient mariés sans le consentement de leurs ascendants. Les aliments sont une conséquence nécessaire de l'existence. C'est tout à la fois un précepte de morale, de raison naturelle et d'humanité. On soutient que la demande d'aliments peut être écartée lorsqu'il est constaté, d'une part, que le dénûment dont excipe le demandeur a pour cause son inconduite, et, d'autre part, qu'il est en état de pourvoir à sa subsistance par son travail et son industrie.

204. — Dans les pays de droit écrit, les filles avaient une action pour demander une dot au père de famille. Dans les pays de coutume, on appliquait la maxime *ne dote qui ne veut.* Le Code a suivi cette maxime pour ne pas trop affaiblir la puissance paternelle. De là cette conséquence : l'obligation de nourrir, entretenir et élever nos enfants est civilement obligatoire, celle de les établir par mariage ou autrement est purement morale ou naturelle, elle est abandonnée à la tendresse et à la conscience des parents.

205. — La dette alimentaire existe avec réciprocité entre ascendants et descendants.

Entre alliés, à titre d'ascendants et de descendants. Elle n'a pas lieu en ligne collatérale ; il n'existe même entre frères et sœurs que des devoirs d'affection et de conscience.

Le Code n'indique pas l'ordre dans lequel les parents ou alliés doivent acquitter la dette alimentaire.

Il nous paraît juste que ceux qui ont l'espoir de succéder soit de leur chef, soit par représentation, en cas de prospérité, fournissent des aliments en cas d'adversité. *Ubi est successionis emolumentum, ibi onus alimentorum esse debet.*

206 et 207. — Le mari est le gendre des père et mère de sa femme, et la femme est la bru ou la belle-fille des père et mère de son mari. Ils sont réciproquement obligés de se fournir des aliments, parce qu'ils sont respectivement *loco parentum et liberorum.* Mais ces aliments ne sont pas dus au delà du premier degré.

La veuve qui s'est remariée n'a plus de droits contre son gendre ou sa bru, parce qu'elle change de nom en passant dans une autre famille, et son nouveau mari est tenu de lui fournir des aliments.

L'extinction de son droit n'entraîne pas l'extinction de son obligation envers son gendre ou sa bru.

Faut-il donner une solution analogue quand la bru, ayant des enfants d'un premier mariage, convole en secondes noces, et dire, parce qu'il y a mêmes motifs, que son droit est éteint et que son devoir subsiste ? Ou bien soutenir que, dans le silence de la loi, les aliments sont favorables ; que, d'ailleurs, le mariage de la belle-fille plus jeune doit être vu d'un moins mauvais œil ? Marcadé admet la réciprocité, c'est-à-dire la déchéance de la bru.

208 et 209. — La quotité des aliments est déterminée par les besoins du créancier et l'excédant des ressources du débiteur sur ses propres besoins. Il est évident que le nécessaire à l'existence est susceptible d'appréciations diverses. Il faut distinguer deux sortes de nécessaire, a dit Portalis, l'absolu et le relatif. L'absolu est réglé par les besoins indispensables de la vie ; le relatif par l'état et les circonstances ; de là les différences avec une dette alimentaire conventionnelle. Celle-ci est fixe, cessible, et due

pour le passé; l'autre, variable, incessible, et due seulement pour l'avenir. Mais si des dettes avaient été contractées pour aliments, le débiteur devrait les payer. L'insolvabilité de l'un des héritiers du débiteur ne peut augmenter
la portion des autres. *Secus* dans la dette légale.

Les personnes qui ont droit aux aliments ne jouissent
pas du bénéfice de compétence; c'est la faculté accordée au
débiteur de retenir sur ce qu'il doit au crédi-rentier ce
qui lui est nécessaire pour vivre. Il n'est pas rappelé dans
nos lois.

La dette alimentaire n'est ni solidaire ni indivisible; elle
n'est pas solidaire : la solidarité ne se présume pas; elle
n'a lieu que quand la convention ou la loi l'a dit expressément; et le débiteur peut demander un délai pour mettre
en cause les autres débiteurs, ce qui n'a pas lieu dans la
dette solidaire. Elle n'est pas indivisible, puisqu'elle est limitée par la fortune même du débiteur, qui ne doit contribuer aux aliments que dans la proportion de ce qu'il
possède, de sorte que entre plusieurs débiteurs il y aura
des parts, et le plus souvent des parts *inégales*. Or parmi
les débiteurs un seul est en état de la fournir; il la devra
en entier, mais en vertu de l'art. 208 qui ne fait naître la
dette que contre celui qui est en état de l'acquitter. Ce
n'est pas un effet de l'indivisibilité. (Voy. Marcadé.)

Le droit aux aliments ne passe pas aux héritiers du
créancier; mais l'obligation de les payer passe aux héritiers ou aux légataires du débiteur.

210 et 211. — Les aliments se fournissent au moyen
d'une pension en argent. Mais, par exception, le tribunal
ne devra contraindre les père et mère à la payer qu'autant
que la vie commune offrirait des inconvénients graves;
pour les autres parents ou alliés, la pension en argent est
obligatoire, hors le seul cas d'impossibilité de la fournir.

CHAPITRE VI.

DES DROITS ET DES DEVOIRS RESPECTIFS DES ÉPOUX.

212. — Cet article énumère trois devoirs distincts. Le *secours* consiste dans la prestation en nature ou en argent de ce qui est nécessaire à la vie. L'*assistance* dans des *soins personnels.* La fidélité est commandée d'une manière absolue par le droit naturel qui défend de violer la foi jurée. Mais la loi positive établit des différences entre l'infidélité du mari et celle de la femme. (Voy. Code civ. art. 306, et Code pén. art. 336, 337, 338, 339, 324 et 326.)

213. — Le mari est destiné par la nature à être le chef de l'association conjugale; de là l'obligation de protéger sa femme, et pour celle-ci le devoir d'obéissance et de soumission.

214. — Cet article attribue au mari deux droits : 1° celui d'exiger que la femme habite avec lui; 2° celui de choisir la résidence commune, même en pays étranger. Quelles sont les garanties d'exécution des devoirs imposés à la femme? Le mari peut lui refuser des aliments, saisir ses revenus et peut-être la faire condamner à des dommages-intérêts (1142). Peut-il employer la force publique? Les tribunaux devront l'autoriser, si ce moyen rigoureux ne doit pas être dépourvu de toute efficacité, si, par exemple, la femme est trop faible pour s'affranchir par elle-même des influences qui sont exercées sur elle. Il ne faut pas confondre l'emploi de la force publique avec la contrainte par corps. Celle-là se borne à conduire la femme dans un lieu où elle jouira de tous ses droits. Si l'on ne permet pas l'usage de ce moyen, la femme peut, par sa volonté, créer une nouvelle séparation de corps subversive des droits privés du mari, et des droits généraux de la société. Pour l'opinion contraire, on dit qu'outre le scandale, ce moyen ne produit pas d'effet stable, qu'il est odieux surtout entre mari et femme; qu'il répugne à la décence publique; qu'il est

propre à semer la haine entre deux époux momentanément
divisés, mais qui peuvent se réunir; illusoire, s'il ne se
transforme en un véritable attentat à la liberté individuelle.
D'ailleurs la loi ne l'a pas expressément établi.

Le mari est obligé de recevoir sa femme et de lui fournir
tout ce qui est nécessaire aux besoins de la vie, selon sa
fortune et sa position sociale.

215. — « *Ester : stare in judicio.* » Être partie dans un
procès, comme demandeur ou comme défendeur. L'autorisation nécessaire n'a pas besoin d'être expresse. Il suffit
que le mari comparaisse avec la femme en constituant
avoué. Si la femme se marie pendant le procès, il faut distinguer si l'affaire est en état ou non. Voy. 342-345 C. pr.

L'autorisation de plaider en première instance ne comprend pas celle de défendre à un appel ou de l'interjeter,
de former et de soutenir un pourvoi en cassation. Si un
jugement est obtenu contre une femme mariée non autorisée; si c'est en première instance, le délai de l'appel n'a
pas couru; la femme dûment autorisée peut appeler.

Si le jugement est en dernier ressort, il faut distinguer
si la nullité résultant du défaut d'autorisation a été invoquée ou opposée. Si le tribunal a passé outre, il y a contravention à la loi et ouverture en cassation. Si la nullité
n'a été ni invoquée ni opposée, il y a violation de forme
et ouverture de requête civile. Quant au mari ou à ses héritiers, ils pourront toujours former tierce opposition au
jugement.

216. — Le motif de cette exception est que le mari ne
peut pas arrêter l'action de la loi, s'interposer entre la société qui poursuit un délit et l'auteur de ce délit. D'ailleurs,
la nécessité de la défense dispense la femme de toutes formalités. Alors les condamnations prononcées contre elle
pour amendes et dommages-intérêts ne peuvent s'exécuter
que sur la nue propriété de ses biens personnels (art. 1424).

217. — L'incapacité de *contracter* de la femme mariée

a son fondement dans le devoir de soumission qui lui est imposé et dans le devoir pour le mari de protéger sa faiblesse et son inexpérience, ce qu'elle a reconnu en prenant un protecteur et un guide par le mariage.

L'autorisation consiste dans l'approbation que donne le mari à l'engagement *contracté* par la femme. Elle est expresse ou tacite, générale ou particulière. Ce sont les actes importants de la vie, tels qu'aliéner et acquérir à titre gratuit ou onéreux, que la femme ne peut faire sans le concours ou le consentement par écrit de son mari. Mais elle est valablement obligée par des délits ou quasi-délits, et sous certains rapports, au moins, par le quasi-contrat de gestion d'affaires.

La règle que la femme ne peut contracter sans autorisation est soumise à des exceptions :

1° Elle peut faire des actes conservatoires (1238, 1241, 1312, 939, 171, 940, 2139, 226, 905, 1096, 1449, 1536).

218. — L'autorisation de la justice est supplétive de celle du mari.

219. — Postérieurement à la publication du Code civil, cet article a été modifié par l'article 861 du Code de procédure qui ne permet plus à la femme de citer *directement* son mari. La femme, après avoir fait constater le refus du mari au moyen d'une sommation, doit présenter requête au président du tribunal pour obtenir de citer son mari en la chambre du conseil, et le tribunal, sur les conclusions du ministère public, rend le jugement qui statue sur la demande de la femme.

220. — La faveur que mérite le commerce a fait déclarer la femme indépendante de l'autorité maritale pour ce qui concerne les opérations commerciales. Elle peut donc vendre, acheter, endosser des lettres de change et billets à ordre ; elle peut même hypothéquer et aliéner ses immeubles autres que ceux constitués en dot sous le régime dotal (art. 4 et 5 C. com.).

Le juge ne peut pas donner à la femme l'autorisation de faire le commerce au refus du mari. On ne répète pas dans l'article 220 ce que l'on a dit dans les deux précédents ; il n'y a pas ici nécessité de protéger la femme contre le refus arbitraire du mari ; il doit être juge de l'utilité qu'il y a pour elle et pour lui de faire le commerce.

En s'obligeant pour ce qui concerne son négoce, elle oblige aussi son mari, s'il y a communauté entre eux ; profitant des bénéfices, il doit en supporter les charges. Mais en vertu de cette obligation formelle, il n'est pas contraignable par corps ; son engagement n'est pas commercial. Ce moyen rigoureux d'exécution ne peut être exercé que contre celui qui s'y est expressément soumis et en vertu d'une loi. Il est de droit étroit. D'ailleurs il ne serait pas prudent de laisser à la femme la faculté d'engager la liberté du mari à l'aide d'obligations peut-être simulées, cela pourrait être contraire à la morale publique.

Les obligations contractées par la femme marchande publique sont-elles de plein droit réputées commerciales lorsqu'une cause étrangère à son commerce ne s'y trouve pas énoncée? Cette question sera traitée à l'occasion de l'article 487.

221, 222, 224.—Le mari, pour des causes diverses, peut se trouver dans l'impossibilité, soit physique, soit légale, d'autoriser sa femme. C'est dans ce cas qu'elle doit avoir recours à la justice. La loi applique cette règle : 1° au cas de condamnation du mari à une peine criminelle ; 2° au cas d'interdiction ou d'absence ; 3° au cas de minorité ; 4° au cas de demande en séparation de corps ou de biens (865 et 868 C. de pr.) ; 5° et même si le mari est trop éloigné pour donner son autorisation aussi promptement que les circonstances l'exigent.

223. — Une autorisation générale est sans efficacité pour les actes d'aliénation, quand même elle serait renfermée dans le contrat de mariage ; mais elle est irrévocable comme toute autre convention matrimoniale : donnée pendant le mariage, ce n'est qu'un mandat très-licite.

225. — La théorie de la loi sur la nécessité de l'autorisation du mari ou de justice trouve sa sanction dans cet article.

Les actes faits par la femme seule ne sont frappés que d'une nullité relative ; elle peut être invoquée par la femme, parce qu'elle n'a pas été protégée ; par le mari pendant le mariage, parce que son autorité a été méconnue. Mais c'est un droit personnel qui ne passe point à ses héritiers, à moins qu'ils n'y aient un intérêt pécuniaire, tandis que ce droit passe toujours aux héritiers et ayant cause de la femme.

226. — Cet article déroge à plusieurs coutumes, en accordant à la femme la faculté de tester sans l'autorisation de son mari. Les dispositions testamentaires, essentiellement révocables, ne produisent d'effet qu'au décès, époque à laquelle il n'y a plus de mariage, et par conséquent plus de puissance maritale.

Il ne faut étendre cette faculté ni aux obligations contractées par la femme, et dont elle différerait l'exécution jusqu'à sa mort, ni aux donations de biens à venir.

CHAPITRE VII.

DE LA DISSOLUTION DU MARIAGE.

227. — « *Par le divorce.* » La loi du 8 mai 1816 abolit la faculté de divorcer.

« *Par la condamnation devenue définitive.* » Ce n'est pas la condamnation qui produit la dissolution du mariage, c'est la mort civile, qui ne peut pas précéder l'exécution.

Lorsque la condamnation est prononcée par contumace, le mariage est dissous à l'expiration des cinq ans qui suivent l'exécution par effigie. L'art. 27 le veut ainsi. Le mot *définitive* n'est pas synonyme d'irrévocable ; il a fait allusion au délai de cinq ans, afin d'empêcher que le conjoint ne crût avoir la faculté de se remarier dans l'intervalle.

CHAPITRE VIII.

DES MARIAGES SUBSÉQUENTS.

La veuve ne peut se remarier qu'après dix mois révolus depuis la dissolution du mariage précédent. Il est possible qu'elle soit enceinte au moment où son mari meurt ; il est convenable et utile qu'elle laisse écouler, avant un nouveau mariage, l'intervalle de la gestation la plus longue.

Si le mariage a eu lieu contre cette prohibition, auquel des deux maris appartiendra l'enfant né plus de cent quatre-vingts jours après le second mariage, et moins de trois cents jours après la dissolution du premier ? Il faut être disposé à attribuer l'enfant au second mari, car la femme a dû avoir des raisons graves pour convoler à de nouvelles noces, en portant atteinte aux convenances, au respect qu'elle doit à la mémoire de son premier mari, et en rendant incertaine la paternité.

Il est généralement admis que cet article ne renferme qu'un empêchement prohibitif qui n'entraîne pas la nullité du mariage ; l'art. 194 du Code pénal punit d'une amende de 16 fr. à 300 fr. l'officier de l'état civil qui aura contrevenu à cette disposition de la loi.

TITRE VI.

DU DIVORCE.

Chapitres I, II, III, IV abrogés.

CHAPITRE V.

DE LA SÉPARATION DE CORPS.

La séparation de corps est une désunion imparfaite qui relâche les liens du mariage sans les rompre, et au moyen de laquelle chaque époux a le droit de se choisir une habitation séparée.

306. — Le législateur du Code a mis sur la même ligne le divorce et la séparation de corps, qui ne produisent pas les mêmes effets, pour respecter les principes religieux d'une grande partie de la nation.

La séparation de corps peut être demandée : 1° pour adultère quelconque de la femme, à cause des conséquences graves qu'il peut avoir, 229 ; pour adultère du mari, lorsqu'il *a tenu* sa *concubine* dans la maison *commune*. Ces termes indiquent des relations intimes plus ou moins prolongées avec une femme que l'on élève au rang de l'épouse légitime dans la maison que la femme habite ou peut légalement habiter. Des rapports intimes du mari avec une femme étrangère ou employée dans la maison conjugale, ne suffiraient pas pour constituer l'adultère légal et motiver une demande en séparation de corps, à moins que, d'après les circonstances, il n'y ait injure grave.

2° Les emportements et les violences extrêmes qui peuvent compromettre la vie ou la santé sont des *excès*.

Les mauvais traitements, les violences moins graves qui, sans exposer à un danger physique, rendent la vie commune insupportable, sont *des sévices*.

Les paroles, les écrits et les actions de nature à compromettre l'honneur et la réputation sont des *injures graves*.

Les tribunaux ont un pouvoir discrétionnaire pour apprécier ces causes de séparation. Ils ont égard au caractère et aux mœurs des époux, à leur naissance, à leur éducation et à leur position sociale.

3° *La condamnation de l'un des époux*, pendant le mariage,

à la déportation ou à une peine infamante temporaire, lorsque l'arrêt qui l'a prononcée n'est plus susceptible d'être réformé par une voie légale, au moment où la demande en séparation de corps est jugée. Il en serait ainsi quand même le condamné aurait été gracié ou aurait subi sa peine avant la demande ; la grâce et l'expiation de la peine n'effacent pas l'infamie, comme la réhabilitation. (Voy. Marcadé et M. Duranton, sur la question de savoir si une condamnation antérieure au mariage est une cause de séparation de corps.)

307. — « *Sera intentée, instruite et jugée de la même manière*, etc., » Différences ; les époux sont appelés, par une ordonnance du président, à comparaître devant lui. (876 C. de proc.) Ils doivent s'y présenter en personne et sans l'assistance d'aucun conseil, ce qui remplace la citation en conciliation devant le juge de paix.

Quant à l'enquête, comme les faits qui donnent lieu à la séparation de corps se passent presque toujours dans l'intérieur de la famille, il faut admettre le témoignage des parents ascendants et collatéraux et celui des domestiques. (Voy. 251 et Cod. de proc. 285.)

La femme peut sans autorisation, adresser au président la requête qui doit précéder la demande.

L'aveu des parties et leur serment ne sont pas admis en matière de séparation de corps.

Le jugement doit être publié et affiché, art. 872 et 880 du Code de procéd., pour empêcher le mari d'abuser de la bonne foi des tiers par un crédit non mérité, sa fortune personnelle répondant seule de ses engagements.

308. — Cet article investit le tribunal de première instance d'une juridiction pénale exceptionnelle ; on peut dire qu'il admet en faveur du mari une exception au principe qui autorise le ministère public à poursuivre les délits. Cette exception est fondée sur ce que la connaissance du délit d'adultère de la femme, est plus fâcheuse pour beaucoup de maris que son impunité. Il faut donc laisser à l'époux offensé, la faculté de cacher son affront.

Depuis le Code pénal, le mari peut, sans demander la séparation de corps, dénoncer l'adultère de la femme, s'il n'a lui-même entretenu une concubine dans la maison commune (art. 336 Code pénal), c'est alors le tribunal correctionnel qui prononce l'emprisonnement de trois mois à deux ans. (Art. 337 et Code crim. 179.)

309. — Cet article établit une exception au principe qui attribue au pouvoir judiciaire le droit de prononcer des peines obligatoires pour le condamné. Son motif est : qu'il est possible que l'affection du mari l'emporte sur son ressentiment. Il peut aussi se repentir d'avoir fait une poursuite publique et vouloir en cacher les conséquences. Voyez aussi 337, 2' Code pénal.

310. — Depuis la loi du 8 mai 1816, cet article n'a plus d'application.

311. — Il faut distinguer la séparation de biens qui est la conséquence de la séparation de corps, et la séparation de biens que la femme a demandée par action principale. Dans ce dernier cas, elle produira son effet du jour de la demande ; la dot est mise en péril ; il faut éviter que le mari ne consomme la ruine de la femme, pendant l'instance, par une mauvaise ou frauduleuse administration.

Dans le premier, elle ne les produira qu'à compter du jugement de séparation de corps. Il n'est plus question d'intérêts pécuniaires ; c'est la cessation de la vie commune qui entraîne la séparation de biens qui en est une conséquence, un effet. Or l'effet ne peut pas précéder la cause.

Les donations que l'un des époux a faites *par contrat de mariage*, à celui contre qui la séparation a été prononcée, sont révoquées par le fait même du jugement de séparation.

Motifs principaux de cette opinion très-controversée en doctrine et en jurisprudence :

1° L'action en divorce et en séparation de corps sont

placées sur la même ligne; dans l'esprit du Code Napoléon l'époux offensé doit avoir une option libre et n'éprouver aucune contrainte à choisir l'une plutôt que l'autre, puisque la séparation de corps a été ajoutée au titre même du divorce pour respecter les principes religieux de l'époux offensé et lui donner la faculté de cesser la vie commune sans blesser le principe de l'indissolubilité du mariage; or cette liberté n'existerait pas, si son intérêt le forçait, contre sa conscience, à recourir à la voie du divorce pour obtenir la révocation des libéralités qu'il aurait faites à l'autre époux.

2° Les causes de la séparation de corps sont les mêmes que celles du divorce : elles doivent donc produire les mêmes effets; les mêmes torts doivent entraîner les mêmes déchéances.

3° Aux termes de l'article 1518, l'époux qui a obtenu la séparation de corps conserve ses droits au préciput; donc celui contre lequel elle a été prononcée les perd. Si la séparation de corps le dépouille du préciput, s'il n'est pas réciproque, c'est une donation quant au fond, puisque *certains* héritiers du prédécédé peuvent en demander la réduction : s'il est réciproque, c'est une clause conventionnelle : il y a un argument *à fortiori*, dit M. Valette dans ses notes sur Proudhon; si l'époux coupable doit perdre le bénéfice d'une convention à titre onéreux, comment conserverait-il celui d'une pure libéralité, qui est un acte plus spontané, plus individuel, et qui n'a pour cause que la bienveillance?

Loin d'admettre l'objection que la révocation des libéralités serait un obstacle au rapprochement des époux, il est, à mon avis, bien plus vrai de penser que la perspective d'une révocation de plein droit sera d'abord une garantie contre les séparations; que le devoir moral, appuyé de l'intérêt pécuniaire, sera mieux rempli, et l'époux coupable étant intéressé à faire cesser cet état, mettrait tous ses soins à obtenir une réconciliation afin de rétablir ses droits.

En supposant que les donations ne soient pas révoquées de plein droit, soit en vertu de 299, soit de 955 et 1518, je pense que la révocation pourra être prononcée par action séparée pour cause d'ingratitudes, nonobstant 959. (Voy. notre commentaire.)

TITRE VII.

DE LA PATERNITÉ ET DE LA FILIATION.

CHAPITRE PREMIER.

DE LA FILIATION DES ENFANTS LÉGITIMES OU NÉS DANS LE MARIAGE.

Ou nés. Ce titre est inexact; ce n'est pas seulement l'enfant *né* dans le mariage qui est réputé légitime, c'est surtout celui qui est conçu en mariage, lors même qu'il serait né après la dissolution.

312. — La paternité, la maternité et la filiation sont des corrélatifs inséparables qui consistent dans les liens naturels et civils qui unissent les descendants à leur père et mère, et réciproquement.

La loi reconnaît trois espèces de filiation.

1° La filiation légitime ou légitimée.

2° La filiation naturelle simple, adultérine et incestueuse.

3° La filiation adoptive.

On appelle légitime, l'enfant engendré par deux personnes mariées ensemble.

Les rapports de père à enfant sont la source de plusieurs droits et obligations; tels que les droits de succession réciproques, la puissance paternelle, l'obligation de fournir des aliments.

313. — Cette présomption fondée sur la probabilité de

cohabitation entre les époux, et sur celle de la vertu de la
mère, n'admet la preuve du contraire que dans deux cas.

La première cause qui donne au mari l'action en désaveu, c'est l'impossibilité physique de cohabiter avec sa
femme pendant les cent-vingt jours qui ont couru depuis
le trois-centième jusqu'au cent-quatre-vingtième avant la
naissance et dans lesquels il faut placer la conception.

Continuation de **312**. — Cette impossibilité peut résulter soit de la séparation des deux époux, telle qu'ils n'aient
pu se réunir pendant les cent-vingt jours, ce qui est laissé
à l'appréciation des tribunaux ; soit d'un accident tel
qu'une mutilation ou une maladie tellement grave, que
l'impuissance de cohabitation dure au moins pendant ce
délai.

Quant à l'époque de la conception, c'est un secret de la
nature, elle est incertaine ; la loi ne pouvait la déterminer
que d'une manière approximative en indiquant le temps le
plus court et le plus long de la gestation. Ce temps se
compte *de die ad diem*. (Voyez une explication plus approfondie de cet article dans les Commentaires de Marcadé,
Ducaurroy, MM. Bonnier et Roustain.)

313. — La seconde cause de désaveu contre l'enfant
conçu pendant le mariage, le seul que cet article protége
d'une manière absolue, c'est l'adultère de la femme accompagné du recel de la naissance de l'enfant ; ces deux
circonstances autorisent seulement le mari à prouver qu'il
n'en est pas le père, ce qu'il fera, en démontrant les relations criminelles de sa femme et les impossibilités morales
de toute relation intime de sa part avec elle. Il ne peut
alléguer son impuissance naturelle, *l'incertitude de la
preuve en égalerait le scandale*.

Une nouvelle cause de désaveu résulte de la séparation
de corps prononcée, ou même seulement demandée ; en
vertu de la loi du 6 décembre 1850, et comme une réunion de faits suffirait pour détruire les inductions tirées

d'une habitation séparée, ces faits rendraient l'action en désaveu non recevable. (V. M. Demante.)

314. — L'enfant conçu avant, mais né pendant le mariage est légitime jusqu'à désaveu qui est péremptoire; la loi n'a pas voulu enlever au mari le droit de pardonner une faute antérieure à son union. La seule preuve que le mari aura à fournir, se tirera de la date de la naissance comparée à celle du mariage.

Cet article énumère trois cas d'exception; dans les deux premiers, il faut croire que la paternité appartient au mari.

Dans le troisième, on peut penser que l'enfant a été conçu pendant le mariage, et qu'il est né avant le terme ordinaire. D'ailleurs, puisque l'enfant n'est pas viable, on ne doit pas permettre au mari de révéler la faute de la mère sans intérêt pour lui.

315. — « *Pourra être contestée.* » La loi paraît supposer une contestation possible, lorsqu'elle aurait dû proclamer l'illégitimité.

On ne croit pas généralement qu'elle ait voulu laisser aux juges le droit de décider, d'après les circonstances, que la gestation a pu durer plus de trois cents jours. Il est plus rationnel d'admettre que si personne ayant intérêt ne rompt le silence, l'enfant vivra à l'ombre de la légitimité. Les parents qui connaissent les circonstances particulières qui ont accompagné la grossesse, les mœurs irréprochables de la mère, seront juges de la question de savoir si la nature s'est écartée de ses règles ordinaires. Mais leur dénégation de légitimité est péremptoire. (Voy. cependant M. Demante.)

316. — Cet article prévoit trois cas : 1° le mari est sur les lieux, il a un mois pour réclamer; 2° il est non présent, le délai est de deux mois du jour du retour; 3° la naissance lui a été cachée, il a deux mois du jour où il a connu l'accouchement. Il faut en conclure que si le mari est atteint de folie ou d'une maladie grave, le délai ne doit courir que du moment où l'on peut raisonnablement penser qu'il a eu connaissance de l'accouchement.

317. — *Les héritiers* légitimes venant à la succession ont seuls le droit d'intenter l'action en désaveu. La loi paraît exiger un intérêt pécuniaire et de famille.

318. — Cet acte extrajudiciaire formé le dernier jour du délai fixé par les art. 316 et 317, est un moyen pour le mari et ses héritiers de se procurer un nouveau délai d'un mois, en le faisant suivre d'une assignation en désaveu. La demande est formée contre l'enfant qui est représenté par un tuteur spécial nécessaire pendant le mariage, et utile même quand il existe un autre tuteur. La mère est mise en cause, parce que cette action porte atteinte à son honneur.

CHAPITRE II.

DES PREUVES DE LA FILIATION DES ENFANTS LÉGITIMES.

319. — Le Code admet trois genres de preuves pour démontrer la filiation légitime.

1° L'acte de naissance inscrit sur les registres et non sur feuille volante.

2° La possession d'État.

3° La preuve testimoniale sous certaines conditions.

L'acte de naissance ne prouve pas à lui seul la filiation; chacun peut se faire délivrer des extraits des registres de l'état civil. L'acte de naissance prouve l'accouchement de telle femme et non l'identité de la personne qui le produit. La preuve testimoniale est toujours admissible pour prouver l'identité.

L'acte de naissance peut ne pas renfermer toutes les énonciations requises par la loi; si par exemple, la mère est désignée par son nom de femme mariée, sans attribuer la paternité au mari, cette omission paraît sans importance, à cause de la présomption établie par l'art. 312. Cette présomption devrait être admise même, quand l'enfant est attribué à un autre père ou à un père inconnu, quand la mère est désignée sous son nom de fille ou comme veuve. Le but de l'acte de naissance est de prouver l'accouchement et non la paternité qui est la conséquence forcée de la maternité de la femme.

320 et 321. — « *A défaut de ce titre.* » Si l'acte de naissance n'est pas représenté, s'il est supprimé, perdu, s'il n'a jamais existé, s'il est inexact et irrégulier, la possession d'état suffira pour établir la filiation. Les trois mots : *nomen, tractatus, fama*, résument d'une manière énonciative les circonstances énumérées par l'art. 321.

322. — L'acte de naissance prouve l'accouchement, la possession d'état démontre l'identité ; donc leur réunion constitue la preuve la plus solide de la filiation ; elle rend la fraude trop invraisemblable pour qu'il soit permis de la supposer ; c'est pourquoi l'état qui en résulte ne peut être contesté ni par lui-même ni par autrui.

323. — Ces deux articles indiquent le troisième moyen offert à un enfant pour prouver sa filiation légitime. C'est la preuve testimoniale ; mais comme ce genre de preuve ne présente pas toujours une garantie suffisante, parce qu'il est facile, quand on a un grand intérêt, de suborner des témoins, la loi prend des mesures pour en prévenir l'abus ; elle exige, comme condition préalable, un commencement de preuve écrite ou des indices graves résultant de faits constants et reconnus avant le procès. On donne pour exemple une possession d'état momentanée, le cas où l'enfant serait né à une époque qui coïnciderait avec l'accouchement de la mère, si elle ne représente pas son enfant.

324. — Il n'est pas nécessaire que les père et mère soient *décédés*, il ne s'agit ici que d'un commencement de preuve et non d'une preuve entière, comme dans l'art. 46.

Il faut aussi que ces titres émanent de personnes qui

soient à l'abri de tout soupçon de collision, à cause de leur intérêt opposé à celui de l'enfant.

325. — « *Par tous les moyens*. » Lorsque l'enfant aura prouvé la maternité, il ne sera pas irrésistiblement protégé par la présomption de paternité établie dans l'art. 312. Ses adversaires pourront prouver, non-seulement par les causes limitées qui servent de base au désaveu ordinaire, mais par de simples impossibilités morales, qu'il n'est pas l'enfant du mari de la mère. (Voy. M. Valette, dans ses notes sur Proudhon et M. Demante.)

326. — Le crime de suppression d'état donne lieu à une action publique et à une action civile. Par de sages dérogations aux règles du droit commun, l'action civile en réclamation d'état ne peut être portée que devant les tribunaux civils : 1° le ministère public ne peut agir pendant le procès au civil ; 2° il est même généralement admis que le silence de l'enfant suspend l'action publique.

327. — Cette prévoyance de la loi ne permet pas d'éluder la règle que la filiation ne peut se prouver par témoins qu'autant qu'elle est rendue déjà vraisemblable par un commencement de preuve par écrit, ce qui diminue le danger de la preuve testimoniale dans une matière aussi grave, et maintient la sécurité dans les familles.

Les exceptions des art. 326 et 327 ne sont relatives qu'à la filiation. L'art. 198 permet d'arriver à la preuve d'un mariage par une procédure criminelle. Cette différence s'explique par la nature des choses. La célébration d'un mariage est un fait solennel et public, l'imposture de témoins corrompus serait facilement découverte. Il en est tout autrement de la naissance d'un enfant, de l'accouchement d'une femme, qui est un fait secret, et surtout de l'identité du réclamant.

328. — L'état d'une personne est composé d'éléments moraux, de qualités auxquelles se rattachent des droits et des obligations ; il est lié à l'ordre public ; il n'est donc pas dans le commerce; la prescription suppose l'abandon tacite d'un droit, et la position qu'un homme occupe dans la famille et dans la société ne peut être abdiquée. (Voy. art. 6, 2045 et Code de proc. 1004.) On ne pourrait même céder d'*avance* les droits éventuels qui y sont attachés (art. 1130).

Mais sous le rapport des avantages pécuniaires, les actions en pétition d'hérédité peuvent être prescrites contre lui ou en sa faveur.

329 et **330.** — L'enfant qui meurt après vingt-six ans ne transmet point l'action en réclamation d'état à ses héritiers; l'intérêt moral des héritiers est bien plus faible que celui de l'enfant; l'intérêt pécuniaire domine : c'est le motif pour lequel on a limité à leur égard l'exercice de l'action. D'ailleurs, un silence de cinq années gardé par l'enfant depuis sa majorité montre qu'il a peu de confiance dans son droit, et le besoin de soustraire la famille à des poursuites dictées par l'intérêt personnel ont dû faire admettre cette déchéance.

Il est rationnel d'accorder aux légataires et aux donataires universels ou à titre universel les mêmes droits qu'aux héritiers légitimes; mais il faut les refuser aux créanciers du vivant de l'enfant. Après son décès, arrivé avant l'expiration des cinq ans, ils pourront invoquer le principe de l'art. 1166.

Lorsque l'action appartient aux héritiers de l'enfant, ils ne peuvent la perdre que par la prescription de trente ans (art. 2262).

Les descendants de l'enfant doivent-ils être assimilés à l'enfant lui-même (art. 328) ou à ses héritiers (art. 329 et 330)? Nous décidons qu'il a un droit personnel en réclamation d'état, même en renonçant à la succession de son père. (Voy. M. Marcadé.)

Le désistement et la péremption ne constituent pas de la part du demandeur une renonciation à son droit, mais seulement à la procédure; il peut donc renouveler son action, et ses héritiers pourront la reprendre eux-mêmes, pourvu qu'il soit décédé avant vingt-six ans accomplis.

CHAPITRE III.

DES ENFANTS NATURELS.

L'enfant naturel est celui qui est né de deux personnes non mariées ensemble.

Les enfants naturels se divisent en incestueux, adultérins, et naturels proprement dits.

L'enfant incestueux est celui qui est né de deux personnes parentes au degré prohibé pour le mariage.

L'enfant adultérin est celui que l'on a d'un autre que son conjoint.

L'enfant naturel proprement dit est celui qui naît d'un simple concubinage, sans inceste ni adultère.

SECTION PREMIÈRE.

DE LA LÉGITIMATION DES ENFANTS NATURELS.

La légitimation est un bienfait de la loi par lequel on élève, au rang d'enfants légitimes, des enfants naturels simples, en leur accordant les avantages qui sont attachés à cette qualité.

331. — Ces enfants sont légitimés par le mariage subséquent de leurs père et mère, s'ils ont été reconnus dans l'acte de célébration ou auparavant; la loi a voulu encourager les personnes qui vivent en concubinage à réparer leur faute en régularisant leur état et celui de leurs enfants.

Elle refuse cette faveur aux enfants incestueux et adultérins; leur origine atteste des délits graves. Le législateur a craint d'affaiblir la sanction qui doit les réprimer, en laissant l'espoir d'en détruire les conséquences fâcheuses.

Lorsque des parents ou alliés se marient avec les dispenses permises, leur mariage peut-il légitimer les enfants

nés ou conçus avant sa célébration ? Nous adoptons la négative.

L'art. 331 défend la légitimation des enfants incestueux ;
si cette prohibition ne s'appliquait pas aux enfants nés de
parents ou alliés qui se sont mariés avec dispenses, elle n'aurait point d'objet. La loi a voulu, dans l'intérêt des bonnes
mœurs, pour le repos et l'honneur des familles, que la tache
originelle des enfants fût indélébile, pour mettre un frein
aux rapports incestueux, en retirant aux parents et alliés
l'espoir de légitimer plus tard les enfants nés de leur
crime. Depuis la loi du 16 avril 1832, cet article s'applique
au mariage entre le beau-frère et la belle-sœur. Cette loi
n'a pas eu pour motif la légitimation des enfants préexis-
tants, leur sort est irrévocablement fixé par l'époque de la
conception. Il pourra donc y avoir dans la même famille,
issus du même père et de la même mère, des enfants légitimes et des enfants incestueux. Le mariage que l'adultère
a précédé offre le même spectacle. Une pensée de haute
moralité sociale le veut ainsi. Cependant *dura lex*.

La légitimation peut résulter d'un mariage putatif. Les
rédacteurs du Code ont supprimé les expressions qui exi-
geaient un mariage *valablement contracté*. Ce mariage intéresse non-seulement les enfants innocents, mais les époux
de bonne foi (201 et 202). N'ont-ils pas eu la pensée de les
légitimer ? Pourquoi les frustrer de leur espoir ?

332. — La légitimation d'un enfant naturel décédé
avant le mariage de ses père et mère est admise dans l'intérêt des enfants *légitimes* qui le représentent (art. 739
et 740).

333. — « *Nés de ce mariage.* » La légitimation commence
donc avec le mariage et n'a point d'effet rétroactif. Il faut
conclure de ce principe que les enfants légitimes issus d'un
mariage intermédiaire, quoique moins âgés, conserveraient leur droit d'aînesse et les prérogatives qui pourraient
y être attachées, et que les enfants légitimés n'ont aucun

droit sur les successions de leurs parents ouvertes dans l'intervalle et avant le mariage.

SECTION II.

DE LA RECONNAISSANCE DES ENFANTS NATURELS.

La reconnaissance est l'aveu volontaire ou forcé d'une paternité ou d'une maternité naturelles. La reconnaissance forcée résulte d'un jugement.

334. — La reconnaissance volontaire peut être faite dans l'acte de naissance, ou à une époque postérieure, devant l'officier de l'état civil. Elle peut aussi être reçue par un notaire. Elle peut encore être authentiquement constatée sur le registre d'audience, dans les cas d'interrogatoire sur faits et articles, ou d'aveu judiciaire, ou dans le procès-verbal de conciliation dressé en justice de paix, dans un testament notarié et non olographe ni même mystique.

La reconnaissance non authentique ne peut pas même motiver une demande alimentaire de la part de l'enfant. Ce point est controversé. La loi impose l'obligation d'un acte authentique d'une manière absolue, et la filiation est indivisible. Si elle est prouvée, il doit jouir de tous les droits attachés à ce titre. Si elle ne l'est pas, il ne peut en réclamer aucun. La forme authentique, la présence du notaire et des témoins, garantissent que la reconnaissance est sérieuse et libre; qu'elle n'est pas le résultat d'une intrigue, d'une surprise, d'une captation.

La reconnaissance peut se faire par mandataire, soit devant l'officier de l'état civil, soit devant notaire. Dans ce dernier cas, il faut aussi une procuration spéciale et authentique (art. 36, Loi 21 juin 1843).

« *Lorsqu'elle ne l'aura pas été,* » etc. N'en concluez pas qu'un père n'ait pas le droit de reconnaître un enfant pendant la grossesse de la mère. L'art. 334 statue sur le *quod plerumque fit.* Il n'est pas restrictif (Arg. de 332). Il ne faut pas réduire à l'impossibilité de réparer sa faute celui qui meurt avant la naissance de son enfant (Arg. de 725 et 906.)

La reconnaissance peut aussi avoir lieu après le décès de l'enfant, s'il laisse des descendants légitimes. Elle leur profite alors comme la légitimation. Arg. de 332.

La reconnaissance faite par un mineur est-elle valable ? Les auteurs et les arrêts sont pour l'affirmative. C'est le fait de paternité qui produit l'obligation. Il satisfait à un devoir naturel. Comment refuser à celui qui est moralement tenu de ses obligations, le pouvoir de les reconnaître légalement ? Il faut assimiler cette obligation à celles qui naissent d'un délit pour lesquelles les mineurs ne sont pas restituables. (Voy. 1310.)

Pour la négative, on peut dire que le mineur obéit à une impulsion étrangère ; il est victime de la séduction, le jouet d'une intrigue ; on abuse de son inexpérience, de sa faiblesse ; on trompe sa crédulité.

Dans un âge où il ne peut souscrire valablement un billet pour prouver l'obligation la plus minime, il serait jugé capable de conférer son nom et des droits considérables sur ses biens. L'acte de reconnaissance prouve qu'il s'est déclaré le père de l'enfant, et non sa paternité. Où est la preuve que cette déclaration soit vraie ? On dit que le mineur s'est rendu coupable d'un délit : c'est une pétition de principe ; est-il l'auteur du délit ?

335. — Le but évident de cet article est de prévenir et d'empêcher des déclarations honteuses qui révèlent l'inceste et l'adultère ; qui portent la désolation dans les familles et causent des scandales publics. Il faut chercher à en éteindre le souvenir plutôt que d'en conserver l'existence en les consignant dans des registres publics.

Il semble résulter des articles 335 et 342 que la loi méconnaît toute filiation adultérine ou incestueuse. D'un autre côté, l'article 762 suppose que l'existence d'enfants adultérins ou incestueux peut être légalement prouvée, puisqu'il leur accorde des aliments. Comment concilier ces diverses dispositions? La cour de cassation dit que l'article 762 n'entend parler que d'une filiation adultérine ou incestueuse établie, abstraction faite de toute reconnaissance volontaire ou de toute recherche proprement dite, par exemple en cas de désaveu par le mari ou ses héritiers, (312); dans le cas de contestation de légitimité (art. 315); et dans celui de mariage annulé pour cause de bigamie ou d'inceste (Voy. art. 147, 161 et suiv.); peut-être même en cas de reconnaissance nulle, inscrite sur les registres de l'état civil (Voy. Marcadé et M. Valette dans ses notes sur Proudhon).

336. — « *Sans l'aveu de la mère.* » Cet aveu peut résulter de soins donnés à l'enfant et autres circonstances. Réciproquement, la reconnaissance de la mère avec indication du père et sans son aveu, n'a d'effet qu'à l'égard de la mère.

337. — L'époux étranger serait trompé dans ses espérances, si les avantages que le mariage doit produire pour lui et ses enfants étaient diminués par le concours imprévu d'un enfant naturel.

Donc celui-ci ne recueillera pas au préjudice des enfants du mariage la portion de biens fixée par l'art. 757; il n'empêchera pas le conjoint survivant de profiter des donations et des conventions matrimoniales; il sera exclu de la succession de l'époux qui l'a reconnu par l'autre époux, (art. 767). Cela n'aurait pas lieu si celui-ci était lui-même exclu par d'autres parents qui n'excluent pas l'enfant naturel (767).

Si la filiation est judiciairement constatée pendant le mariage, produira-t-elle les effets d'une reconnaissance antérieure au mariage? C'est une question discutée et approfondie par Marcadé.

Cet article parle de la reconnaissance faite *pendant le mariage*; il ne peut pas s'appliquer à l'enfant reconnu *avant*, quoique son existence aurait été cachée à l'autre époux:

l'enfant a acquis des droits en vertu d'une reconnaissance valable, aucun fait postérieur ne peut y porter atteinte.

Cet article ne s'applique pas non plus à l'enfant reconnu après la dissolution du mariage ; il ne peut pas être défendu au père de reconnaître un enfant quand il peut le légitimer en épousant sa mère.

338. — Le législateur a cru devoir poser ce principe pour exclure le système de la législation intermédiaire qui attribuait aux enfants naturels les mêmes droits qu'aux enfants légitimes, et celui de l'ancienne législation qui ne leur en accordait aucun. L'inégalité établie entre eux a pour but de prévenir le concubinage, par la crainte de ne pouvoir transmettre ses biens aux enfants qui en proviendraient.

339. — La loi n'a pas défini ni limité les causes de contestation, elle n'a pas fixé la qualité des personnes qui peuvent contester la reconnaissance ; cette contestation peut porter sur la forme de l'acte et sur la sincérité ou la vérité du fait de filiation. Quant à l'intérêt, base de toute action, il peut être pécuniaire ou moral. L'enfant reconnu, l'autre parent, ceux qui ont des droits pécuniaires éventuels à exercer, les héritiers de l'auteur de la reconnaissance et non l'auteur lui-même, peuvent contester cette reconnaissance.

Si un enfant est reconnu par plusieurs pères ou mères, chaque reconnaissance peut être contestée. La priorité de la date n'est pas une raison logique de préférence. Il faudra donc chercher la vérité dans les circonstances que, dans ce conflit, les juges devront peser avec maturité, et toutes choses égales, ils se détermineront par l'intérêt de l'enfant.

340. — La recherche de la paternité *naturelle* est interdite. Ce principe repose sur l'incertitude des preuves et sur le scandale qui en résulterait. La paternité naturelle est un fait mystérieux : il n'existe pour la reconnaître ni signe matériel ni signe légal. La règle contraire, admise dans d'ancienne jurisprudence, permit à des hommes audacieux de s'introduire, par des moyens frauduleux, dans des familles honorables ; le code a mis fin à ces honteuses spéculations.

La recherche de la paternité naturelle est admise par exception, en cas d'enlèvement, par violence ou par séduction.

Lorsque la conception pourra se placer dans le temps pendant lequel a duré l'enlèvement, la paternité n'est point par cela même prouvée ; les juges peuvent seulement, suivant les circonstances, attribuer ou non la paternité au ravisseur.

Pour déterminer la coïncidence de la conception avec l'époque de l'enlèvement, il est naturel d'appliquer les présomptions établies par les art. 312, 314 et 315.

La plupart des auteurs comprennent le cas de viol dans cette exception ; cependant, dans une matière aussi grave, il est difficile d'étendre une exception. D'ailleurs, à la différence du viol, l'enlèvement suppose la durée d'un certain temps, et si malgré sa coïncidence avec la conception, il n'emporte pas nécessairement la déclaration de paternité, je crois devoir décider, dans le silence de la loi, que le viol sans déplacement ne suffit pas pour en permettre la recherche.

341. — La recherche de la maternité est admise. La grossesse et l'accouchement sont des signes apparents et faciles à constater, qui peuvent conduire à la preuve certaine de la maternité. La crainte du scandale n'a pas paru un motif suffisant pour en interdire la recherche.

L'objet de la preuve que l'enfant doit faire est complexe ; l'accouchement de sa prétendue mère et son identité. En exigeant un commencement de preuve par écrit de l'identité, la loi exige implicitement un commencement de preuve de l'accouchement ; ces deux faits sont inséparables. La vraisemblance de l'accouchement et de l'identité acquise, l'enfant complète la preuve par témoins. L'intérêt des familles exigeait la garantie d'un commencement de preuve par écrit pour rendre, dans cette matière importante et délicate, la preuve testimoniale admissible et en diminuer le danger. Ce commencement de preuve par écrit doit émaner directement de la mère et non d'un tiers.

Des indices, quelque graves, constants et nombreux qu'ils fussent, ne pourraient suppléer au commencement de preuve.

Il faut appliquer à la filiation naturelle les art. 326, 327, 328, 329 et 330.

Les parties intéressées peuvent, pour faire appliquer à l'enfant les incapacités attachées à sa qualité (voy. l'article 908), faire valoir contre lui la reconnaissance qu'il conteste, ou, à défaut de reconnaissance, rechercher contre lui soit la paternité en cas d'enlèvement, soit la maternité sous les conditions établies par la loi.

La possession d'état fait-elle légalement preuve pour l'un et pour l'autre des parents naturels? Ce moyen est-il autorisé par la loi, comme pour la filiation légitime? MM. Demolombe et Marcadé soutiennent, l'un l'affirmative, l'autre la négative, avec talent et une grande force de logique, dans leurs ouvrages et dans la *Revue critique de Législation et de Jurisprudence*. Nous adoptons l'opinion de Marcadé.

TITRE VIII.

DE L'ADOPTION ET DE LA TUTELLE OFFICIEUSE.

CHAPITRE PREMIER.

DE L'ADOPTION.

SECTION PREMIÈRE.
DE L'ADOPTION ET DE SES EFFETS.

L'adoption est un acte solennel par lequel l'adopté, sans changer de famille, acquiert les droits de filiation civile à l'égard de l'adoptant seulement.

Son but est de consoler, par une paternité fictive, ceux qui sont privés des douceurs d'une paternité réelle.

On distingue trois espèces d'adoption, l'adoption ordinaire, rémunératoire et testamentaire.

343. — « *De plus de cinquante ans*, » parce qu'à cet âge, il est peu probable qu'on ait des enfants, et la société n'invite plus au mariage.

« *Au moins quinze ans.* » Vestige de la maxime *adoptio naturam imitatur*, et sans cette condition, la protection légale qui doit résulter de l'adoption perdrait toute sa dignité. (*Exposé des motifs.*)

« *Ni descendants légitimes.* » Des enfants naturels ou adoptifs ne sont donc pas un obstacle à l'adoption.

L'enfant légitime conçu au moment de l'adoption y mettrait obstacle.

Si l'adoptant se marie à une époque postérieure à l'adoption, et que des enfants naturels, conçus antérieurement, soient légitimés par un mariage, l'adoption subsiste ; la légitimation n'opère pas d'effet rétroactif. (333).

344. — Les convenances exigent que l'un des époux ne puisse adopter sans le consentement de l'autre, surtout si l'adoptant et l'adopté sont de sexe différent. Cependant, il peut adopter seul, par testament, s'il est tuteur officieux. D'ailleurs, le conjoint qui consent ne contracte aucune obligation.

345. — « *Pendant six ans.* » Il faut, dit Proudhon, que l'expérience des bienfaits d'un côté et de la reconnaissance de l'autre, garantissent, dans le père et l'enfant adoptifs, un attachement mutuel, correspondant aux titres honorables de père et d'enfant. Elle ne doit point être l'effet d'un premier mouvement ou d'un sentiment d'humeur envers des parents, mais le résultat d'une volonté réfléchie.

« *Dans sa minorité.* » Le législateur a voulu encourager, par la perspective d'une adoption future, les soins donnés à l'enfance, et préparer de très-bonne heure les relations étroites qui doivent être formées par le contrat d'adoption. (M. Valette.)

La loi se montre moins sévère dans les conditions qu'elle impose pour l'adoption rémunératoire, à cause de la reconnaissance que doit avoir l'adoptant. Cet article n'est pas limitatif; il faut assimiler aux cas prévus tous ceux où une personne, en exposant sa vie, a sauvé celle d'une autre.

346. — Cet article a de l'analogie avec les articles 148 à 153, relatifs au mariage. Il y a cependant des différences :

1° Les filles de vingt et un à vingt-cinq ans sont tenues de demander le consentement de leur père et mère. En cas de dissentiment, le consentement du père ne suffit pas. L'adoption ne mérite pas la même faveur que le mariage.

La loi n'exige pas le consentement des aïeuls; elle n'exige qu'un seul acte respectueux adressé aux père et mère, et non aux ascendants.

Ces conditions ne sont pas les seules : l'adoptant et l'adopté doivent jouir des droits civils; de là la conséquence que le mort civilement et l'étranger qui ne jouiraient pas des droits civils en France ne peuvent adopter, à moins qu'il n'existe entre le pays de cet étranger et la France des traités autorisant l'adoption. Celui qui se trouve frappé d'interdiction légale ou judiciaire ne peut adopter. Un Français peut adopter un étranger. Les effets de l'adoption ne la rendent pas incompatible avec la qualité d'étranger. Elle ne lui enlève pas sa nationalité, elle ne le fait pas même sortir de sa famille naturelle; on ne peut pas lui reprocher d'introduire un Français de plus en France sans remplir les conditions de la naturalisation.

347, 348, 349 et 350. — L'adoption établit, entre l'adoptant et l'adopté, certains rapports de paternité et de filiation dont les effets se réduisent à la transmission du nom, à certaines prohibitions de mariage, à l'obligation de fournir des aliments, aux droits de succession, de l'adopté et de ses descendants légitimes à l'adoptant, par représentation ou même de leur chef.

« *Sur la succession de l'adoptant les mêmes droits.* » Donc :

1° Il succède à l'adoptant à l'exclusion de ses ascendants et de ses collatéraux ;

2° Il succède avec les enfants légitimes de l'adoptant ;

3° Il a droit à une réserve ; conséquemment il réduit l'enfant naturel reconnu à la portion déterminée par l'article 757 ; il réduit les donations entre-vifs postérieures et même antérieures à l'adoption. (Voy. 921 et 922.) Mais faut-il conclure de là que l'adoption doive opérer la révocation des donations faites par l'adoptant? La négative est admise par la plupart des auteurs, parce que 1° aucune loi ne déclare les donations révoquées par l'effet d'une adoption postérieure, et que l'article 960 n'attache cet effet qu'à la naissance d'un enfant légitime ou légitimé. La réduction n'est utile qu'aux héritiers à réserve, qui seuls peuvent la demander. La révocation aurait lieu, au contraire, dans l'intérêt du donateur, qui, par conséquent, pourrait se faire de l'adoption un moyen de révoquer ses donations. Voyez cependant cette question approfondie, dans le sens contraire, par Marcadé.

Remarquons seulement que les enfants adoptifs succèdent à l'adoptant, et que, *pour lui*, ils sont représentés par leurs descendants. Locré, Grenier et Favart n'admettent pas cette proposition. Proudhon, Malpel, Toullier et M. Duranton l'ont soutenue. Elle est confirmée par un arrêt de cassation, 1822, et des arrêts de Cours impériales.

L'enfant naturel peut-il être adopté par les père et mère qui l'ont reconnu? Nous soutenons l'affirmative par les motifs suivants :

1° Toutes les conditions requises par la loi peuvent être remplies, donc elle est légale ;

2° L'adoption est de droit commun : la loi ne la défend ni directement ni indirectement; l'article qui la prohibait a été supprimé, donc elle est permise ;

3° La loi autorise la légitimation des enfants naturels, qui donne des droits plus étendus que l'adoption ; comment celle-ci, qui produit des effets plus restreints, serait-elle contraire à son esprit?

4° On oppose l'art. 908. Mais, d'abord, l'enfant naturel ne reçoit rien ni par donations entre-vifs ni par testament. On pourrait donc soutenir que cet article ne lui est pas applicable; 2° l'enfant naturel a un titre nouveau, il est fils adoptif ayant les mêmes droits que l'enfant légitime dans la succession de l'adoptant. Ce n'est donc pas à titre d'enfant naturel qu'il reçoit au delà de ce qui est réglé au titre des successions (757).

5° Si l'on craint que l'espoir d'élever un jour l'enfant naturel au rang d'enfant légitime par l'adoption, n'éloigne le citoyen du mariage et ne favorise le désordre des mœurs, on répond d'abord, que la légitimation lui donne beaucoup plus de droits, et cependant elle est permise ; ensuite, l'âge que l'on exige chez l'adoptant, l'intervention des magistrats, des conditions et des formalités nombreuses et gênantes rendent l'adoption trop difficile pour détourner du mariage, moyen, à la vérité, plus complet de réparer sa faute, mais qui n'est pas toujours possible. D'ailleurs, les tribunaux sont investis d'un pouvoir discrétionnaire; ils devront apprécier les circonstances, sanctionner ou repousser une adoption, selon qu'ils la jugeraient ou non digne de faveur.

6° En prohibant l'adoption des enfants naturels, on pourrait compromettre leur état. Car les père et mère ne les reconnaîtraient pas afin de pouvoir les adopter, et ils pourraient être surpris par la mort sans les avoir adoptés ni reconnus, injustice envers des innocents qui émanerait indirectement du législateur. La jurisprudence se fixe de plus en plus en faveur de cette doctrine. Pour l'opinion contraire, voyez Marcadé.

351 et 352. — Deux conditions sont requises pour que l'adoptant puisse reprendre les biens donnés après la mort soit de l'enfant adoptif, soit de ses descendants : 1° il faut que le défunt ne laisse pas de postérité légitime ; 2° que les biens existent encore en nature.

L'adoptant doit succéder, comme l'ascendant donateur (747), au prix qui peut être dû des biens donnés et aux actions en reprises, telles que les actions en révocation, en rescision, en réméré ou retrait conventionnel. Les biens donnés ne sont pas sortis du patrimoine du donateur d'une manière irrévocable.

« *Retourneront à l'adoptant,* etc. ». Ce retour n'est point une résolution du titre auquel le défunt possédait les biens. C'est une véritable succession qui oblige à contribuer aux dettes et à respecter les droits des tiers, tels que servitudes et hypothèques (747).

SECTION II.

DES FORMES DE L'ADOPTION.

353. — Le juge de paix reçoit le consentement des parties, ce qui constitue le contrat d'adoption d'une manière authentique à cause de l'importance de l'adoption et de la perpétuité de ses effets. La validité de ce contrat reste soumise à l'homologation des tribunaux et à une inscription sur les registres de l'état civil.

354. — Le juge de paix du domicile de l'adoptant, contrairement à ce qui a lieu dans la tutelle, et les juges de ce domicile, sont compétents, parce qu'ils sont plus en position de faire les vérifications exigées par la loi.

L'inobservation du délai de dix jours n'est pas un obstacle à l'adoption et n'en entraîne pas la nullité.

355 et 356. — Le tribunal ne prononce qu'après avoir entendu le procureur impérial, parce que l'adoption intéresse l'ordre public. Sa décision ne doit pas être motivée ; le refus d'homologation pourrait être fondé sur des motifs peu honorables et porter atteinte à la considération de l'adoptant. Il ne fallait pas non plus motiver l'admission, pour qu'on ne pût tirer de fâcheuses conséquences du silence gardé en cas de rejet. C'est pour la même raison que le tribunal statue en la chambre du conseil après s'être procuré officieusement, et par des renseignements individuels, la preuve des bonnes mœurs de l'adoptant.

La décision du tribunal doit toujours être secrète, parce qu'elle n'est que provisoire et qu'une publicité pourrait être au moins imprudente.

357. — « *Dans le mois.* » Ce délai n'est pas de rigueur.

« *En conséquence il y a lieu ou il n'y a pas lieu.* » Il peut arriver que l'homologation accordée par le tribunal soit refusée par la cour et réciproquement, puisque le jugement doit être soumis, sans distinction, à la juridiction supérieure.

« *Sans énoncer les motifs.* » Les magistrats sont ici appréciateurs d'une question d'opportunité et de moralité. Ils ne doivent pas compte de leur décision.

358. — Si l'arrêt de la cour admet l'adoption, il est prononcé à l'audience et affiché. S'il la repousse, il doit rester secret. La publicité pourrait nuire à la réputation de celui qui voulait adopter.

359. — « *Dans les trois mois.* » Ce délai est de rigueur.

360. — « *Reçu par le juge de paix et porté devant les tribunaux.* » Il faut donc que la justice soit déjà saisie, quand l'adoptant vient à mourir, pour que sa mort ne paralyse pas le projet d'adoption.

Les héritiers de l'adoptant peuvent attaquer l'adoption lorsqu'elle est contraire à la loi. Mais par quelle voie agiront-ils ?

Ils ne peuvent se pourvoir en cassation, car ils n'ont pas été parties. Le même motif les empêche de se pourvoir devant la cour impériale par requête civile. Ils ne peuvent pas la saisir par action principale; cela serait contraire à l'ordre des juridictions. Peuvent-ils recourir à la tierce opposition ?

L'adoption est un contrat que le jugement et l'arrêt approuvent. Ce n'est donc pas un arrêt, c'est un contrat dont on doit demander la nullité par action principale devant le tribunal où l'adopté a son domicile.

CHAPITRE II.

DE LA TUTELLE OFFICIEUSE.

La tutelle officieuse est un contrat de bienfaisance par lequel une personne s'oblige à nourrir et à élever gratuitement un mineur, à administrer ses biens, à l'adopter à sa majorité ou à lui donner des secours s'il n'est pas, sans sa faute, en état de gagner sa vie.

361. — La tutelle officieuse a pour but de préparer l'adoption. Voilà pourquoi la loi demande plusieurs des conditions requises pour cette dernière.

« *Des père et mère*, etc. » La loi ne s'explique pas sur le dissentiment qui pourrait exister entre le père et la mère. On peut en conclure que le consentement du père, qui suffit pour le mariage (art. 149), est insuffisant pour la tutelle officieuse comme pour l'adoption.

Cette institution, créée par les auteurs du Code, n'a pas reçu souvent son application. Celui qui veut faire du bien à un mineur préférera disposer à son profit par testament, et lui donner des soins sans titre légal, mais aussi sans contracter d'obligations. La bienfaisance perd son prix quand elle peut être imposée.

362. — La loi exige, comme pour l'adoption, le consentement des deux époux, à cause des relations toutes personnelles qui vont s'établir entre le tuteur et le pupille, et pour prévenir des dissentiments qui pourraient troubler l'union conjugale.

363. — C'est une véritable tutelle. La compétence du juge de paix est déterminée par le domicile de l'enfant (art. 406).

364. — « *Indépendamment de toutes stipulations particulières.* » Ces stipulations sont de véritables libéralités, réductibles à la portion disponible.

365. — « *Passera au tuteur officieux.* » C'est une tutelle ; il y a obligation de rendre compte. On doit nommer un subrogé-tuteur ; il y aura une hypothèque légale accordée au pupille sur les biens de ce tuteur.

Cependant l'on peut dire qu'aucune disposition de ce titre ne prescrit d'en nommer un ; que c'est une tutelle particulière qui offre par sa nature de suffisantes garanties ; que la surveillance d'un subrogé-tuteur aurait pu paraître incommode aux personnes disposées à former ce contrat et à les en détourner. (Voy. Marcadé et M. Duranton.)

366. — « *Après cinq ans révolus.* » La loi exige trois conditions pour que l'adoption testamentaire ait lieu : 1° cinq années de soin à la date du testament : ce bienfait doit être le résultat d'une affection éclairée ; 2° que le tuteur n'ait pas d'enfants légitimes au moment de son décès ; 3° qu'il décède avant la majorité du pupille.

TITRE IX.

DE LA PUISSANCE PATERNELLE.

La puissance paternelle est un droit fondé sur la nature et confirmé par la loi qui donne aux pères et mères, pendant un certain temps et sous certaines conditions, la direction de la personne, l'administration et la jouissance des biens de leurs enfants.

371. — Le principe de morale proclamé par cet article

produit des conséquences pratiques en législation civile et pénale. (Voy. art. 148, 151, 2 et 3, 346 Code Nap. ; 380, 13 et 229, 312, 317 et 323 Code pén.)

La contrainte par corps n'est jamais prononcée entre ascendants et descendants, même entre frères et sœurs et entre époux.

La loi du 17 avril 1832 décide cette question, qui pouvait être douteuse avant sa promulgation.

372. — Il faut se rappeler que l'autorité paternelle existe même sur les enfants émancipés jusqu'à l'âge de vingt-cinq ans pour l'adoption (art. 346), et pour le mariage du fils seulement (art. 148). Dans ce dernier cas, à défaut de père et mère, la puissance paternelle est exercée par les ascendants.

373. — Cet article n'accorde l'exercice de la puissance paternelle à la mère que subsidiairement. Cependant, en cas d'absence du père (art. 140), d'interdiction judiciaire ou légale (art. 502 Code civ. et 29 Code pén.), cet exercice appartiendrait à la mère.

374. — Le père, en vertu de son autorité et du droit de surveillance, ainsi que la mère dans le cas où elle exerce la puissance paternelle, peuvent empêcher l'enfant de quitter la maison paternelle. Néanmoins, celui-ci peut s'enrôler *volontairement*, non après dix-huit ans comme le permet cet article, mais après vingt ans accomplis (art. 32 de la loi du 21 mars 1832). La faveur due au service militaire a fait admettre cette exception.

375, 376, 377, 378. — Ce droit se concilie très-bien avec le pouvoir des pères et mères, qui est tout de protection. Il a pour but de détruire des inclinations mauvaises.

Il s'exerce par voie d'*autorité* et par voie de *réquisition*.

Lorsque l'enfant a moins de seize ans commencés, le père a le droit absolu de le faire emprisonner. Mais comme il ne peut pas disposer de la force publique, il doit demander un ordre d'arrestation et faire ouvrir les portes de la prison au président du tribunal.

Si l'enfant a plus de seize ans, le père ne peut que requérir l'emprisonnement de son fils sans pouvoir l'exiger.

Dans l'un et l'autre cas, il n'y aura que l'ordre d'arrestation qui n'énoncera aucun motif. Ce serait aller directement contre le but de la loi que de perpétuer des erreurs de jeunesse par des moyens de publicité.

Il existe trois cas exceptionnels dans lesquels le père ne peut agir que par voie de réquisition quoique l'enfant ait moins de seize ans :

1° S'il est remarié. La loi ne suppose plus au père la même affection et la même impartialité pour les enfants du premier mariage, et elle redoute l'influence d'une belle-mère.

Si le père perd sa seconde femme, nous ne pensons pas qu'il recouvre le droit que lui a fait perdre son mariage.

2° Lorsque l'enfant exerce un état, une détention irréfléchie ou sans motifs graves, pourrait exposer un enfant qui a un état à le perdre, et l'on peut dire que cette exception protège l'enfant doué d'une industrie précoce ; c'est un hommage rendu au travail.

3° Lorsqu'il a des biens personnels : peut-on dire qu'il doit moins dépendre de son père, parce qu'il lui est moins à charge, et que sa qualité de propriétaire, qui le rattache à son pays par des intérêts plus nombreux, qui le rend passible des charges publiques, lui mérite une protection sociale particulière.

On a craint au conseil d'État que le père par des menaces n'obtînt des sacrifices pécuniaires de son fils ; ils seraient nuls pour cause d'incapacité ; mais en fait, il pourrait peut-être arriver que l'enfant se crût lié par ses engagements. Il pourrait d'ailleurs souscrire des billets dont la date restée en blanc serait fixée à la majorité.

Le droit d'appeler au président de la Cour, de la décision du président du tribunal., n'appartient-il qu'à l'enfant ayant des biens personnels ou exerçant un état? Dans tous les autres cas de détention par voie de réquisition, l'ordre du président reste-t-il inattaquable? (Voyez Marcadé, Demante, Ducaurróy, Bonnier et Roustain.)

379. — Cet article ne parle que du père, mais il est évident que la mère est tenue des mêmes obligations.

Il faut aussi appliquer à la mère la disposition qui permet d'abréger la durée de la détention.

Et au tuteur dans le cas de l'article 468.

381. — « *Et non remariée.* » Donc la mère remariée est privée du droit de correction à l'égard des enfants de son premier mariage, parce qu'elle rentre sous la domination de son nouveau mari. Cependant, si elle a été maintenue dans la tutelle, elle pourra exercer le droit de correction, comme tutrice, en se conformant à l'art. 468.

« *Avec le concours des deux plus proches parents.* » Le législateur a considéré la mère comme plus faible et plus prompte à s'alarmer et moins capable d'apprécier certains torts de jeunesse ; c'est pour ce motif que la loi exige le concours des deux plus proches parents paternels; elle n'admettrait pas des amis ni même des alliés. Sa réquisition reste subordonnée à l'appréciation du président qui devra user d'une plus grande circonspection.

383. — Quatre articles de la puissance paternelle relatifs au droit de correction, sont déclarés par la loi communs aux pères et mères des enfants naturels : *légalement reconnus.* Il était utile de le dire : mais le principe de morale proclamé par l'art. 371 comprend tous les enfants, et l'autorité paternelle dispensait de prononcer par une disposition expresse l'application aux enfants naturels des articles 372 et 374.

Il y a plus de difficulté à l'égard des articles 380, 381, 382. Le silence du législateur doit-il les rendre non-applicables aux enfants naturels? nous ne le pensons pas. Il ne faut pas s'attacher à l'énumération faite dans cet article, mais à l'intention du législateur qui a seulement voulu refuser au père et mère naturels, l'usufruit légal sur les biens de leurs enfants. (Voyez Marcadé, Ducaurroy, Bonnier et Roustain.)

384. — Cette jouissance légale indemnise les parents de leurs soins et de leurs dépenses pour l'éducation des enfants. Elle a son origine dans la garde noble que certaines coutumes accordaient aux pères et mères nobles sur les biens de leurs enfants mineurs.

Cette jouissance finit à l'émancipation; ce droit n'a plus de cause lorsque le mineur administre par lui-même, ou à l'âge de 18 ans, quoique la puissance paternelle dure jusqu'à la majorité. On a peut-être craint qu'un intérêt pécuniaire ne portât les pères et mères à refuser leur consentement au mariage de leurs enfants; ou bien la loi a voulu que l'enfant eût quelques revenus capitalisés disponibles à l'époque de sa majorité.

Si l'enfant meurt avant dix-huit ans, l'usufruit s'éteint, nonobstant 620 : cet article s'applique à l'usufruit résultant de la volonté de l'homme.

« *Durant le mariage.* » Donc l'usufruit légal n'appartient pas au père et mère des enfants naturels.

1° Tout est dans cet article en rapport avec les enfants nés du mariage. 2° C'est un droit exceptionnel et l'art. 383 ne le leur donne pas, il ne leur donne que les droits de correction. 3° Les enfants naturels n'ont pas les mêmes droits sur la succession de leurs père et mère; il est juste que ceux-ci n'aient pas les mêmes droits sur leurs biens. 4° L'enfant naturel ne peut pas forcer ses père et mère à le reconnaître; il serait injuste qu'un père qui n'aurait pas voulu d'abord reconnaître son enfant, pût tout à coup envahir une partie de son patrimoine par une reconnaissance postérieure à la fortune acquise et sans doute frauduleuse.

5° Le législateur n'a pas dû être disposé à donner à la paternité naturelle une récompense pécuniaire.

L'usufruit dont il s'agit dans cet article a un caractère particulier, il a une destination, un but à atteindre ; c'est de nourrir, entretenir et élever les enfants. J'en conclus qu'il ne peut être ni aliéné, ni hypothéqué, ni saisi par les créanciers de l'usufruitier.

385. — La première disposition de cet article soumet la jouissance légale des père et mère aux charges de l'usufruit ordinaire. Les principales sont, les réparations d'entretien, le payement des contributions, celui des arrérages et des intérêts corrélatifs à l'usufruit. (Voyez 610 et 612.)

Les arrérages sont les revenus annuels d'un capital aliéné à titre de rente et non exigible.

Les intérêts sont les produits d'un capital exigible.

Pour donner un sens au paragraphe 3 de cet article, il faut l'entendre des arrérages et intérêts échus avant l'ouverture du droit de jouissance. Autrement, il serait inutile, les rédacteurs du code paraissent avoir suivi les principes des Coutumes sur la garde noble.

Une charge spéciale de l'usufruit légal, c'est la nourriture, l'entretien et l'éducation des enfants, mais cette obligation n'existera pour les père et mère que dans le cas où les revenus des biens de l'enfant, dont ils auront la jouissance, seraient insuffisants. Dans ce cas, l'imputation des dépenses doit-elle se faire sur les biens des père et mère d'abord ; ou faut-il établir une proportion entre ces biens et ceux de l'enfant dont ils n'ont pas la jouissance. Voyez Marcadé et Demante.

Les frais funéraires dont la loi charge l'usufruitier sont ceux des personnes auxquelles l'enfant a succédé. Ceux de l'enfant sont une charge de sa succession ; ils doivent être supportés par les héritiers qui peuvent être autres que les père et mère ; d'ailleurs à la mort de l'enfant, il n'y a plus d'usufruit.

386. — « *Le divorce aurait été prononcé.* » Il ne faut pas appliquer cette déchéance au cas de séparation de corps, parce qu'il n'y a pas même raison ; et si elle existait, dans le silence de la loi, en matière rigoureuse et pénale, on ne doit pas raisonner par analogie.

« *Dans le cas d'un second mariage* » elle ne peut porter dans une autre famille les revenus des enfants du premier lit. Ce motif ne s'appliquant pas au père qui reste toujours le chef, il conserve ces revenus, malgré un nouveau mariage.

Si la mère remariée redevient veuve, je ne pense pas que l'usufruit renaisse en sa faveur. L'influence du second mari peut continuer dans sa famille après sa mort.

Si la mère contracte des relations coupables, et même donne le jour à des enfants naturels, elle ne sera pas privée de l'usufruit légal. Il serait sans doute moral de prononcer sa déchéance ; mais la loi civile est muette, et, en matière pénale, on ne raisonne pas par analogie, qui, d'ailleurs, n'existe pas. La veuve n'entre pas dans une nouvelle famille, et ne se trouve en droit sous la puissance de personne. Peut-être aussi la loi n'a pas voulu que l'inconduite d'une mère devînt pour des enfants la source d'une réclamation intéressée.

La déchéance de l'usufruit légal est encourue par un second mariage nul, contracté de bonne ou de mauvaise foi. Le consentement et le fait matériel auxquels est attachée la déchéance, existent de la part de la mère. Cependant si le mariage a été contracté par violence, en réalité elle n'a pas consenti, donc elle ne doit pas être punie. (Voy. M. Demante et Marcadé.)

387. — « *Par un travail et une industrie séparés.* » Cet article a pour motif la faveur particulière due au travail et à l'industrie précoce de l'enfant. La jouissance de leurs produits est un encouragement. Mais il faut supposer que l'enfant a exercé un état ou une profession pour son compte *séparé*.

« *Sous la condition* expresse, etc. » Il est permis à tout

7

donateur ou testateur d'apposer à sa libéralité telle condition que bon lui semble. Il pouvait ne rien donner. Donc, etc.
Mais pourrait-il priver le père de l'administration des biens
de ses enfants? On dit que ce serait porter atteinte à l'autorité, à la puissance paternelle, aux principes moraux dont
elle se compose; ce serait une disposition contraire à
l'ordre public, 1388, qui devrait être réputée non écrite,
art. 900. On peut répondre que cela était permis dans le
droit romain, où la puissance paternelle avait plus de force
que chez nous. C'est une question de fait plutôt que de
droit. Sa solution paraît abandonnée au pouvoir discrétionnaire des tribunaux, qui doivent prendre en considération
l'intérêt du mineur. Arg. de 444.

L'un des père et mère pourrait-il, par disposition entre-
vifs ou testamentaire, enlever à l'autre l'usufruit de la
réserve? Nég.

L'enfant la tient de la loi et non de la volonté de
l'homme. Il doit donc subir les charges que la loi lui impose en la lui transmettant. Voici les principaux arguments
pour soutenir l'affirmative :

La libéralité qui excède la portion disponible n'est que
réductible, et la réduction ne peut être demandée qu'au
décès et par les héritiers à réserve, 921 ; donc les père et
mère ne peuvent pas la réclamer. En rétorquant contre les
enfants une disposition introduite en leur faveur, on viole
l'art. 921. La réserve ne peut pas être une précaution prise
par le législateur contre ceux qu'il veut favoriser.

Le réservataire a deux titres : celui d'héritier légitime et
celui de légataire universel ; en choisissant ce dernier, il
arrive à la réserve sans le secours de la loi ; il ne la tient
que de la disposition du défunt.

D'ailleurs si la donation est acceptée sans aucune protestation par le père ou la mère, comme administrateur ou
tuteur, cette acceptation pourrait lui être opposée comme
une renonciation tacite au droit d'usufruit.

TITRE X.

DE LA MINORITÉ, DE LA TUTELLE ET DE L'ÉMANCIPATION.

CHAPITRE PREMIER.

DE LA MINORITÉ.

388. — La loi range les hommes en deux classes : celle des mineurs et celle des majeurs. Le mineur est l'individu de l'un ou de l'autre sexe qui n'a pas atteint l'âge de vingt et un ans accomplis. Il est sous la puissance paternelle ou sous l'autorité d'un tuteur. La minorité se compte par jour, comme les années de la prescription ordinaire, et non par heures. La minorité est favorable. (Voy. cep. M. Marcadé.)

La tutelle est une autorité donnée par la loi ou par la volonté de l'homme, qui consiste à diriger la personne d'un incapable mineur ou majeur, et à le *représenter dans tous les actes civils.*

Il y a quatre espèces de tutelle :

1° Celle du survivant des père et mère ; il la tient de la nature et de la loi.

2° Celle qui est déférée par le dernier mourant des père et mère.

3° La tutelle des ascendants.

4° Celle déférée par le conseil de famille.

CHAPITRE II.

DE LA TUTELLE.

SECTION PREMIÈRE.

DE LA TUTELLE DES PÈRE ET MÈRE.

389. — La qualification *d'administrateur* donnée par cet article au père, *durant le mariage*, est *importante*. Il faut en conclure qu'il n'est pas tuteur, qu'on ne lui nomme pas de subrogé-tuteur ; il suffira d'en nommer un dans les cas où le père sera partie dans le même acte que son enfant. *Nemo potest auctor fieri in rem suam.* Que ses biens ne sont pas grevés d'hypothèque légale. La loi se confie à l'influence que la mère peut, par une surveillance active, exercer sur les volontés du père. On peut ajouter que le mineur n'ayant point encore succédé à ses père et mère, n'aura pas ordinairement une grande fortune à administrer.

Cette administration n'est pas une tutelle.

1° La tutelle a été présentée par l'orateur du gouvernement, comme une protection plus spéciale de la loi, pour un mineur qui *perd un de ses protecteurs naturels.*

2° L'art. 390 dit expressément qu'elle ne commence qu'au décès.

3° L'art. 389 n'existait pas dans la première rédaction ; il a été ajouté sur la demande du tribunat, et l'on a évité d'employer le mot tuteur qui est dans l'article suivant.

On peut ajouter : que si la qualité de père n'a pas paru donner assez de garanties après le décès de la mère, c'est qu'il fallait prendre plus de précautions pour conserver au pupille la succession maternelle.

D'ailleurs, comme les biens du père sont déjà grevés de l'hypothèque légale accordée à la femme, si on les eût encore soumis à l'hypothèque légale en faveur du mineur, on eût apporté des entraves à la circulation des biens et trop limité le crédit du mari.

Le père peut être privé de cette administration par le conseil de famille, pour cause d'inconduite notoire, d'infidélité ou d'incapacité. Arg. de 444.

« *Dont il n'a pas la jouissance.* » Dans les cas prévus par 384, 386, 387, 618, 622, 730, 1442 Cod. Nap., 334 et 335 C. pén.

La tutelle déférée de plein droit au survivant des père et mère légitimes, appartient-elle aux père et mère naturels ? Pour l'affirmative on dit : la loi accorde la puissance paternelle aux père et mère sur leurs enfants naturels légalement reconnus, art. 383. Comment douter qu'ils n'aient l'administration de leurs biens ; comment alors leur refuser la tutelle, qui n'est que la puissance paternelle sous un autre nom, avec la double garantie du subrogé-tuteur et de l'hypothèque légale ? Pour la négative, la loi garde à cet égard un silence absolu. Or il n'y a de tutelle légitime que celle qui est écrite dans la loi. Ce n'est pas le cas de la tutelle testamentaire ; donc il y a lieu à la tutelle dative, la plus rassurante peut-être pour les intérêts du mineur.

390. — « *De plein droit.* » Il n'est pas besoin d'assembler le conseil de famille pour la lui déférer.

Cet article fixant le commencement de la tutelle à la dissolution du mariage, il faut en conclure qu'il n'y a pas tutelle en cas de disparition du père, en cas d'interdiction et en cas de séparation de corps obtenue contre lui.

391 et 392. — « *Un conseil spécial.* » La mère peut être inhabile et incapable de supporter le fardeau de la tutelle. Le père peut alors lui nommer par testament, par devant notaire ou devant le juge de paix assisté de son greffier, un homme expérimenté qui la dirigera dans l'administration des biens et sans l'avis duquel elle ne pourra faire aucun des actes qu'il aura spécifiés. Les actes relatifs à la puissance paternelle ne sont soumis à aucune modification.

393. — Lorsqu'il n'existe pas d'autres enfants mineurs, celui dont la veuve est enceinte peut venir au monde mort ou non viable, ce qui rend la propriété des biens du père incertaine ; d'un autre côté, elle pourrait simuler une grossesse et même un accouchement ; c'est pour remédier à ce double inconvénient, que l'on nomme un curateur à l'enfant conçu. Il faut donc remarquer que ce curateur doit être pris dans la ligne paternelle, et que la mère ne peut voter dans son élection (art. 423).

394. — « *N'est point tenue*, etc. » Elle peut reconnaître spontanément qu'elle manque de l'expérience et de l'habileté nécessaires pour gérer le patrimoine de ses enfants. Ce n'est donc que par l'affection qu'elle sera censée leur porter, qu'elle renoncera à la tutelle. Mais elle devra administrer provisoirement pour que les intérêts du mineur ne soient pas compromis par son refus.

395 et 396. — On a craint que la puissance maritale à laquelle la mère va se soumettre, ne l'empêchât de protéger les intérêts de son enfant mineur, si le nouveau mari ne lui portait pas d'affection. En conséquence, elle est tenue de convoquer le conseil de famille pour délibérer sur la question de savoir si la tutelle doit lui être conservée.

A défaut de cette convocation, son mariage lui fait perdre la tutelle *de plein droit.* Elle est responsable de la gestion qu'elle continue sans mandat légal ; et son nouveau mari est *solidairement* responsable avec elle de toutes les suites de son administration *antérieure* et *postérieure* au mariage. Ses biens ne sont pas grevés d'une hypothèque légale ; il n'est pas cotuteur. Cette décision rigoureuse a pour motif l'influence que le mari a sans doute exercée sur la détermination de la mère, et la comparaison de l'art. 395 avec celui-ci. Dans le cas de ce dernier article, les immeubles du mari sont certainement grevés d'une hypothèque légale. 2121, il est cotuteur. (Voy. sur ces deux articles, MM. Demante, Ducaurroy, Bonnier et Roustain).

SECTION II.

DE LA TUTELLE DÉFÉRÉE PAR LE PÈRE OU LA MÈRE.

397. — « *Le droit individuel.* » Par opposition au droit *collectif* qui appartient au conseil de famille. Ce droit est fondé sur l'affection présumée des père et mère et sur leur connaissance probable de la personne qui convient pour défendre les intérêts de l'enfant. Le tuteur nommé ne pourra entrer en fonctions qu'après le décès *du dernier mourant,* c'est pour ce motif qu'on peut l'appeler tutelle testamentaire.

398 et 399. — Le dernier *mourant* peut constater le choix qu'il fait d'un tuteur par testament, par déclaration devant le juge de paix assisté de son greffier ou devant notaire; ce droit n'appartient pas toujours au dernier mourant, ou ne lui appartient que sauf confirmation. Le choix pourrait être le résultat d'une influence suspecte. Cette confirmation serait peut-être inutile, si, à l'époque où la mère a usé de son droit, son mari était mort; son choix, dans ce cas, serait libre et personnel.

400. — Si les père et mère sont incapables, exclus ou destitués, il est certain qu'ils ne peuvent déléguer une mission dont ils sont incapables ou indignes.

401. — Le choix du père n'est pas plus obligatoire que celui du conseil de famille. On peut invoquer les mêmes excuses dans les deux cas.

SECTION III.

DE LA TUTELLE DES ASCENDANTS.

402, 403, 404. — Les motifs de ces articles sont : que les ascendants reportent sur leurs descendants l'affection qu'ils avaient pour leurs enfants et veulent leur transmettre leurs biens. La prédilection de la loi pour la ligne paternelle est une conséquence de l'organisation de la famille; le pupille en porte les noms, ce qui fait présumer qu'ils attachent plus d'importance à la conservation de son patrimoine, et qu'ils ont plus d'affection pour lui.

La tutelle légitime ne peut avoir lieu que dans les cas déterminés par la loi; elle est dangereuse, puisqu'elle a lieu sans connaissance de cause; et rien d'ailleurs n'empêche de nommer un ascendant, s'il le mérite. En nous attachant aux termes du code; point de tutelle des ascendants.

1° Si le survivant des père et mère est excusé, ou s'il n'accepte pas.

2° S'il est exclus ou si la mère remariée n'est pas maintenue; si le tuteur choisi par le dernier mourant, est excusé ou exclu, peut-être même, s'il est mort.

SECTION IV.

DE LA TUTELLE DÉFÉRÉE PAR LE CONSEIL DE FAMILLE.

405. — Le conseil de famille doit nommer un tuteur au mineur qui n'en a point de légitime ni de testamentaire. Il ne peut rester sans protection, puisqu'il est jugé incapable aux yeux de la loi civile, de diriger sa personne et d'administrer ses biens. Or, les parents ou amis qui composent le conseil de famille, sont plus aptes à lui choisir un tuteur que les magistrats auxquels le mineur est le plus souvent inconnu.

406. — Le juge de paix du domicile du mineur a le droit de convoquer d'office le conseil de famille pour nommer un tuteur. Toute personne peut dénoncer à ce magistrat la circonstance qui rend cette nomination nécessaire, et tout parent peut le *requérir* de faire la convocation du conseil.

C'est devant le juge de paix du lieu où la tutelle a été déférée la première fois, que le conseil de famille devra toujours se réunir, autrement, il serait facile au tuteur de se soustraire à la surveillance des parents, et de livrer le mineur à des conseils étrangers et indifférents pour ses intérêts.

407. — La loi adopte un nombre impair pour éviter les inconvénients d'un partage d'opinions, ensuite, pour contre-balancer l'influence d'une ligne sur l'autre. Donc les parents ou alliés d'une ligne ne doivent jamais être complétés par des parents ou alliés de l'autre ligne. Le juge de paix devra appeler des amis du père, s'il y a insuffisance de parents paternels, et des amis de la mère, s'il y a insuffisance de parents maternels.

408, 409, 410. — Les frères germains du mineur et les maris des sœurs germaines même après la mort de celles-ci, *lorsqu'il existe des enfants,* sont tous appelés au conseil. Si le nombre légal est atteint, on y adjoint seulement les ascendants et les *ascendantes veuves.*

412. — Le mandat doit être spécial : la loi n'exige pas qu'il soit authentique. Il ne doit pas être impératif, il faut que le représentant puisse voter sous des impressions présentes et spontanées.

Il ne peut représenter qu'un seul membre; autrement, le vœu de la loi, qui exige un certain nombre de personnes pour composer le conseil de famille, serait facilement éludé.

413. — Le juge de paix prononce sans appel, mais si c'est par défaut, l'opposition est admise; des excuses peuvent être présentées qui pourront faire révoquer la sentence.

414. — L'amende est impossible, s'il n'y a pas eu citation régulière. Dans le cas d'absence d'un membre ou pour toute autre cause, le juge de paix peut *proroger* l'assemblée à un jour fixé ou l'*ajourner* au jour qui sera indiqué par une nouvelle convocation.

415. — Les délibérations du conseil de famille doivent être prises à la majorité *absolue.* Pour y parvenir, on appliquera l'art. 117 du Code de procédure. Voyez, en outre, la théorie adoptée par M. Demante. Voyez aussi 883 du Code de procédure.

416. — Le juge de paix offre plus de garanties pour remplir les fonctions de président. Le privilége de la voix prépondérante, en cas de partage, peut se justifier en disant qu'on a voulu mettre un terme aux délibérations en amenant un résultat.

417. — Le conseil de famille, qui nomme le tuteur, nommera le protuteur au pupille qui possédera des biens dans les colonies ou en pays étranger. La gestion du protuteur est indépendante ; donc c'est un tuteur dont les biens sont grevés d'hypothèque légale.

418. — L'administration du tuteur et sa responsabilité commencent du jour où il a connu le fait qui donne lieu à la tutelle.

419. — La tutelle est une charge de confiance toute personnelle. Elle finit à la mort du tuteur ; mais sa succession reste grevée des obligations qu'il a contractées, et, pour ne pas laisser le pupille sans protecteur, la loi impose aux héritiers *majeurs présents* et *capables* le devoir de faire les actes urgents de la tutelle jusqu'à la nomination d'un nouveau tuteur, qu'ils peuvent provoquer comme parties intéressées.

La loi ne s'est pas prononcé sur les conséquences que peuvent avoir les irrégularités dans la composition, la convocation ou la délibération du conseil de famille ; c'est une question abandonnée au pouvoir discrétionnaire des tribunaux. Ils apprécieront l'importance plus ou moins grande des préceptes violés dans leur rapport avec le but qui les a fait établir, c'est-à-dire avec l'intérêt du mineur ; ils devront rechercher si le mineur a éprouvé ou non quelque préjudice par suite de l'inobservation de la loi.

SECTION V.

DU SUBROGÉ TUTEUR.

Dans toute tutelle il y a un subrogé tuteur. Ce principe s'applique à la tutelle officieuse et à la protutelle.

420 et 422. — Le subrogé tuteur est choisi par le conseil de famille, immédiatement après la nomination du tuteur dans la tutelle dative. Il est le surveillant du tuteur quand ses intérêts sont en opposition avec ceux du mineur. Il doit faire pourvoir à son remplacement ou à sa destitution, 424, 446 et 448. Il doit représenter le mineur dans les actes où celui-ci contracte avec le mineur, 450. Il doit faire les actes conservatoires, art. 1442 et 2137.

421. — Les tuteurs légitimes et testamentaires doivent faire convoquer le conseil de famille pour nommer un subrogé tuteur, sous peine de destitution en cas de dol.

429. — Le vote intéressé du tuteur pourrait ne pas être impartial.

« *Sauf le cas de frères germains.* » Le sens de ces mots est que l'on peut toujours conférer à un frère germain l'une des deux fonctions, en conférant l'autre même à un parent.

424 et 425. — La tutelle ne finit que par la mort, l'émancipation ou la majorité. La mort du tuteur, ses excuses ou sa destitution ne font pas cesser la tutelle : elle devient seulement vacante. Alors le subrogé tuteur doit requérir le juge de paix de convoquer le conseil de famille pour nommer un nouveau tuteur, afin que le pupille ne reste pas sans protection.

426. — Le subrogé tuteur peut être dispensé ou destitué pour les mêmes causes que le tuteur : on lui applique les mêmes causes d'incapacité ou d'exclusion.

« *Ne pourra provoquer.* » On a craint qu'un tuteur peu scrupuleux ne voulût se débarrasser d'un surveillant actif et vigilant.

SECTION VI.

DES CAUSES QUI DISPENSENT DE LA TUTELLE.

La tutelle est une charge publique que personne ne peut refuser, si ce n'est dans les cas exceptionnels déterminés par la loi.

Les causes de dispenses sont énumérées dans les art. 427 à 442. Elles n'ont pas besoin de commentaires.

Il en est de même des causes d'incapacité, d'exclusion et destitution de la tutelle.

SECTION VIII.

DE L'ADMINISTRATION DU TUTEUR.

450. — « *Et le représentera dans tous les actes civils.* » Ce sont ces termes qui caractérisent ses fonctions et qui établissent la différence avec celles du tuteur en droit romain.

Le mineur n'agit pas avec l'assistance du tuteur; celui-ci est son représentant légal.

Tantôt il peut agir seul, tantôt avec l'autorisation du conseil de famille ou seulement avec l'homologation du tribunal.

« *Il ne peut ni acheter,* etc. » Le tuteur aurait intérêt à acquérir à vil prix les biens qu'il est tenu de vendre le plus avantageusement possible; il pourrait donner de faux renseignements sur leur état et leurs produits et écarter, de cette manière, les enchérisseurs au détriment du pupille.

« *Ni accepter la cession d'un droit,* etc. » Il serait intéressé à faire revivre, à son profit peut-être, une créance éteinte et à faire disparaître des quittances ou des reconnaissances qui pourraient paralyser en tout ou partie l'exercice de ses droits, ou au moins rendre contestables les prétentions du cédant.

Néanmoins, si le tuteur est devenu cessionnaire de créance contre son pupille, comme il l'aura libéré envers son créancier, il aura, au moins, en équité, le droit de réclamer non la totalité de la créance, mais le montant de ce qu'il aura payé pour l'obtenir. Personne ne doit s'enrichir aux dépens d'autrui. C'est l'exercice de l'action *negotiorum gestorum* ou *de in rem verso.*

Il faut même décider que le tuteur, en payant les créanciers de son pupille, peut être légalement ou conventionnellement subrogé dans leurs droits, art. 1251. Il ne fait pas un acte de commerce, ce n'est pas par cupidité et pour s'enrichir qu'il est devenu créancier, c'est un prêt fait au pupille pour lui éviter des poursuites.

Les jurisconsultes qui soutiennent que le cédant perd ses droits de créance et le cessionnaire tout recours, fondent cette opinion trop rigoureuse sur la Novelle 72.

Cette prohibition ne formerait pas non plus obstacle à la transmission d'un droit ou d'une créance par succession, ou même par legs, au tuteur envers son pupille.

Du reste, cet article, renfermant une disposition pénale, ne doit pas être étendu à un autre cas que celui qu'il prévoit. (Voy. M. Demante et Marcadé.)

La loi n'impose aucune obligation au tuteur pour faire ou constater les baux des biens de son pupille. Il doit observer pour leur renouvellement les art. 1429 et 1430. Il y a même raison.

Mais le tuteur ne pourrait pas, comme le mari, passer ou renouveler des baux dont l'exécution commencerait à la majorité du mineur.

Le tuteur n'est pas rigoureusement obligé de mettre des affiches pour affermer les biens du mineur, ni de les laisser au plus offrant et dernier enchérisseur.

451. — L'obligation de faire inventaire est imposée au tuteur qui tient son titre de la loi ou de la volonté du dernier mourant des père et mère comme à celui qui les tient du conseil de famille. Cet acte est destiné à constater ce que le tuteur reçoit; le patrimoine qu'il doit administrer et dont il devra rendre compte : c'est donc un état descriptif et estimatif du mobilier, mentionnant les titres de propriété ou de créance, et les dettes.

Le tuteur peut-il être dispensé de faire inventaire par le donateur ou testateur? Quelques jurisconsultes distinguent : si le mineur est héritier à réserve ou non du disposant ; dans le premier cas l'inventaire est indispensable, parce qu'on ne pourrait pas savoir si le testateur n'a pas porté atteinte à la réserve. D'autres soutiennent que dans tous les cas il faut faire inventaire : la loi l'exige, ses termes sont impératifs ; la clause qui dispenserait de l'accomplissement de cette formalité serait contraire à l'ordre public et à la morale. C'est pour mettre obstacle aux soustractions frauduleuses et prévenir des débats qui ne pourraient manquer d'avoir lieu à la fin de la tutelle. L'existence d'un inventaire est corrélative à l'obligation de rendre compte, c'est la base nécessaire pour le critiquer et le vérifier (Voy. Proudhon). Pour l'opinion contraire, Voy. Marcadé et M. Duranton.

Le survivant des père et mère n'est pas tenu de faire dans les dix jours l'inventaire de la communauté : l'art. 1442 ne prescrit aucun délai spécial ; les termes de 451 semblent ne s'appliquer qu'au tuteur datif, dans les dix jours de sa *nomination*.

Si le tuteur est créancier du mineur, il doit le déclarer immédiatement, avant la confection de l'inventaire, sous peine de déchéance, qui cependant n'est attachée qu'à la réquisition du notaire. Devant être dépositaire des titres et papiers du mineur, la loi ne veut pas que, par la suppression de ses quittances, le tuteur puisse faire revivre des créances éteintes et qui sont présumées telles, s'il ne les a déclarées dès le principe : la loi est sévère, parce que l'intérêt, dans ce cas, pourrait l'emporter sur l'amour du devoir.

Cette disposition rigoureuse ne s'applique pas au subrogé-tuteur, qui n'est pas saisi des titres, et qui par conséquent ne peut les supprimer.

452. — Les meubles dont il s'agit dans cet article sont les meubles corporels sujets à dépérissement ou dépréciation et dont la conservation serait nuisible au mineur. Il ne faut pas entendre le mot *meubles* dans le sens des art. 533 et suivants du Code, il est mis ici par opposition à 457. Il est évident que cette expression ne comprend pas non plus les créances et les rentes ; il serait au moins inu-

tile de les vendre pour en établir de nouvelles. La loi veut que cette sage mesure s'accomplisse dans le mois, sous peine de dommages-intérêts pour le préjudice que la négligence du tuteur aurait occasionnée à son pupille.

453. — Cette obligation n'est pas imposée aux pères et mères tant qu'ils ont la jouissance légale des biens de leurs enfants, parce que celui qui a le droit de jouir de la chose a la faculté de la conserver en nature ; mais ils doivent les faire estimer *à leurs frais*, à juste valeur et sans *crue*, afin de rendre, à la cessation de l'usufruit, le prix estimatif des objets qu'ils ne pourraient représenter en nature.

Ne pourrait-on pas soutenir que les père et mère devraient supporter la perte arrivée même par cas fortuit ou par vétusté ?

Le texte est impératif et général. Le tuteur étranger en serait passible. La position du mineur ne doit pas être plus mauvaise parce qu'il a son père pour tuteur : la loi fait retomber sur eux les frais de l'estimation ; s'ils ont voulu les conserver en nature pour en jouir, ce doit être à leurs risques et périls. Le principe de 1302 souffre des exceptions. Il existe en effet plusieurs cas dans lesquels l'estimation d'une chose la met aux risques du débiteur ou détenteur chargés de la rendre au propriétaire (Voy. 1822-1883 ; Voy. surtout 950. Proudhon, *Traité de l'usufr.*). Pour l'opinion contraire, Voy. M. Demante et Marcadé.

454. — C'est au conseil de famille à apprécier la dépense annuelle du mineur, sauf l'exception admise dans la tutelle des père et mère, qui est fondée sur la puissance paternelle et sur leur sollicitude pour leurs enfants. Par le même acte, le tuteur peut être autorisé à se faire aider par un ou plusieurs administrateurs salariés, si la fortune du pupille et la multiplicité de ses affaires l'exigent ; ce sont des mandataires qui gèrent sous la responsabilité du tuteur ; leurs biens ne sont pas grevés d'hypothèque légale.

455. — Il importe que l'excédant des recettes sur les

dépenses devienne productif pour le mineur ; c'est pourquoi le conseil de famille doit déterminer la somme à laquelle commencera pour le tuteur l'obligation de faire un emploi : cet article lui accorde six mois à compter de la clôture de l'inventaire (art. 1065) pour faire le placement des capitaux existants à l'ouverture de la tutelle, de l'excédant des revenus périodiques sur les dépenses légitimes, du prix du mobilier vendu, et même des capitaux recouvrés pendant la tutelle, quoique dans un cas analogue la loi n'accorde qu'un délai de trois mois (art. 1066).

S'il est prouvé que pendant les six mois le tuteur a employé la somme à son usage, il en doit personnellement l'intérêt (art. 1996). Si nul emploi n'est fait dans les six mois, le tuteur doit les intérêts à compter de l'expiration de ce délai. Si l'emploi est fait avant, il est comptable des intérêts à compter de l'emploi (art. 1996).

Si le tuteur est le débiteur de son pupille, il lui doit les intérêts de la somme due à compter de l'échéance, lors même qu'elle n'en produirait pas : *nam debuit a semetipso exigere*, à moins qu'il ne prouve que la somme a été versée dans la caisse du mineur ; l'intérêt ne courrait alors qu'à dater de l'expiration des six mois.

456. — Les acquisitions d'immeubles faites par le tuteur au nom de son pupille ne peuvent être répudiées par celui-ci à sa majorité, je suppose que le tuteur n'a commis ni faute ni fraudes. 1° Il représente le mineur dans les actes civils (art. 450). Lorsque le législateur a cru devoir modifier son pouvoir par la nécessité d'obtenir l'autorisation du conseil de famille et la sanction de l'autorité judiciaire, il s'en est expliqué formellement, tel que dans les dispositions relatives à la vente des immeubles, à leur soumission au droit d'hypothèque, aux partages, aux emprunts, aux actions immobilières, aux transactions. 2° En le chargeant de faire emploi des capitaux du mineur, il ne lui défend pas d'acheter seul des immeubles, il ne lui ordonne pas

non plus d'en acheter avec l'autorisation du conseil de famille.

457 et 458. — Le tuteur est chargé d'administrer et de conserver le patrimoine du pupille. Or vendre, *échanger*, emprunter, hypothéquer, constituer des servitudes ne sont pas des actes d'administration. C'est pourquoi la loi exige l'autorisation du conseil de famille, homologuée par le tribunal en la chambre du conseil pour éviter une publicité qui pourrait être nuisible aux intérêts du mineur; et ces divers actes doivent être légitimés par une nécessité absolue ou un avantage évident. Le conseil de famille détermine les conditions de l'emprunt ou de la vente et désigne les immeubles qu'il convient de vendre ou d'hypothéquer.

459. — Les formes établies par le Code Napoléon et par le Code de procédure, art. 953 et suivants, ont été simplifiées par la loi du 2 juin 1851, parce qu'elles entraînaient des frais considérables.

460. — La licitation est l'adjudication faite aux enchères d'un immeuble appartenant à plusieurs par indivis et qui n'est pas susceptible de division sans perte.

Personne n'est contraint à rester dans l'indivision, art. 815. Le conseil de famille ne pourrait donc pas mettre obstacle au partage ou à la vente d'un immeuble provoqués par les copropriétaires; c'est le motif pour lequel les art. 457 et 458 restent sans application.

Lorsqu'un mineur est copropriétaire, la licitation est nécessairement faite en justice et les étrangers y sont forcément admis.

461 et 462. — La loi exige que le tuteur accepte, sous bénéfice d'inventaire, une succession échue au mineur ou y renonce avec l'autorisation du conseil de famille. Mais, pourquoi renoncer, puisque l'effet du bénéfice d'inventaire est de ne pas confondre les biens du défunt avec le patrimoine de l'héritier et de ne pas obliger ce dernier au payement des dettes *ultra vires* ? C'est que l'acceptation, même bénéficiaire, soumet au rapport, 843 ; elle entraîne, d'ailleurs, une administration onéreuse et une responsabilité auxquelles on ne doit pas soumettre le tuteur, si le passif excède l'actif dans la succession. Il peut exister aussi des raisons morales qui demandent qu'on rejette le titre d'héritier. Les biens ont pu être acquis par des moyens qui nuiraient à l'avenir du mineur.

Une succession répudiée au nom du mineur et qui n'a été acceptée par personne peut être reprise par le tuteur autorisé ou par le mineur devenu majeur, sans porter atteinte aux droits acquis à des tiers durant la vacance.

L'art. 790 accorde aux majeurs la faculté de revenir contre leur renonciation pendant trente ans et réserve aux tiers leurs droits acquis par prescription.

L'art. 462 est rédigé différemment, sans doute parce que la prescription n'a pas couru au profit des tiers durant la vacance.

L'acceptation remonte au jour de l'ouverture de la succession et la prescription ne court pas contre les mineurs. M. Duranton est d'une opinion contraire.

463. — La donation peut renfermer des charges expresses qui la rendent onéreuse, et le donataire subira la chance de fournir un jour des aliments au donateur, art. 955. Il importe aussi de savoir si les motifs qui ont déterminé cette libéralité sont honorables.

Les père, mère et autres ascendants même non tuteurs peuvent accepter une donation sans autorisation du conseil de famille, 935. (Voy. M. Demante.)

464. — « *Aux droits immobiliers.* » Donc le tuteur peut intenter une action mobilière, c'est-à-dire celle qui a pour objet un meuble, 526, et y acquiescer sans autorisation.

Si le tuteur intentait seul une action immobilière, par exemple, une action en revendication, une action confessoire relative à un usufruit ou à une servitude réelle, il pourrait être repoussé par une fin de non-recevoir, parce que la partie adverse se trouverait engagée par le jugement qui a pour cause le quasi-contrat judiciaire sans qu'il y eût réciprocité, 1125.

Nous pensons que le tuteur n'a pas besoin de l'autorisation du conseil de famille pour continuer ou reprendre une action immobilière et pour interjeter appel du jugement.

Le tuteur peut aussi intenter seul les actions possessoires quoiqu'elles s'appliquent à des immeubles ; elles doivent être rangées au nombre des actes conservatoires et de pure administration.

465. — Le tuteur doit être autorisé pour provoquer le partage, parce que, en réalité, c'est un échange, un acte d'aliénation ; parce que l'indivision peut n'être pas nuisible aux intérêts du mineur. Mais quand la demande en partage est formée, le conseil de famille n'a pas à délibérer, puisque nul n'est tenu de rester dans l'indivision. (Voy. 815.)

466. — « *Par experts nommés par le tribunal.* » Quand les parties sont capables, elles peuvent choisir elles-mêmes les experts, art. 824. (Voy. M. Valette sur Proudhon.)

« *Que comme provisionnel.* » Quand des formes spéciales sont prescrites pour protéger les intérêts des incapables, leur inobservation entraîne la nullité relative des actes, art. 1125 et 225. Cependant cet article et 840, rédigés dans un sens absolu, paraissent dire qu'il est provisionnel pour tous les copartageants et que tous pourront provoquer le partage définitif. Laquelle de ces deux opinions est vraie ? Je réponds que personne n'est présumé vouloir violer la loi, qu'en conséquence les cohéritiers sont censés avoir voulu faire un partage de possession et de jouissance, ce qui est permis au tuteur, sans formes particulières, pour éviter des estimations, des comptes nombreux et difficiles à la fin de la tutelle. Mais si la volonté

connue des copartageánts a été de faire un partage définitif, alors l'art. 1125 reçoit son application et les parties
capables n'en pourront demander un autre. (Voy. Marcadé
et M. Demante.)

467. — La transaction est un contrat par lequel les
parties terminent une contestation née ou préviennent une
contestation à naître par une réciprocité de sacrifices ; elle
diffère du désistement, de l'acquiescement et du compromis. Le désistement est l'acte par lequel le demandeur
renonce à l'action qu'il a intentée contre le défendeur ; l'acquiescement est le consentement donné par le défendeur de
satisfaire aux prétentions du demandeur. Il reconnaît l'existence des droits de son adversaire ; dans les transactions
il sacrifie peut-être des droits véritables, aussi l'art. 464
permet au tuteur l'acquiescement pour les droits immobiliers avec l'autorisation du conseil de famille, et sans cette
autorisation celui des droits mobiliers, cet article ne permet
la transaction, qu'avec l'autorisation du conseil, l'avis de
trois jurisconsultes et l'homologation du tribunal sur les
conclusions du ministère public.

Le compromis est la convention par laquelle on remet à
des tiers la décision d'une contestation. C'est un acte plus
grave que la transaction, puisqu'on laisse à l'arbitrage de
tierces personnes des difficultés que dans la transaction, on
discute par soi-même. Par le compromis on peut tout
perdre ; on retire quelque chose dans la transaction, aussi
aucun article ne permet au tuteur de compromettre. Voyez
art. 1989.

468. — Le tuteur ne peut exercer le droit de correction
qu'avec l'autorisation du conseil de famille et par voie de
réquisition.

Si la tutelle appartient au père survivant ou à la mère
survivante non remariée, comme ils ont la puissance paternelle, ils peuvent exercer le droit de correction sans autorisation du conseil.

SECTION IX.

DES COMPTES DE LA TUTELLE.

469. — Tout tuteur, même le père et la mère, doit rendre compte de sa gestion, parce que la qualité de comptable est inhérente à celle d'administrateur des biens d'autrui.

Le compte est un état détaillé des recettes et des dépenses balancées, et appuyées de pièces justificatives.

La dispense de rendre compte serait nulle comme contraire aux lois et à l'essence de la tutelle, art. 900.

470. — *« Autre que le père et la mère. »* Quand ils tiennent leur titre de la loi, ils sont dispensés de fournir des états de situation.

S'ils sont nommés ou confirmés par le conseil de famille, il peut leur imposer des mesures conservatoires.

471. — Quand la tutelle finit à la majorité, c'est au majeur que le compte est rendu ; à l'émancipation, le compte est reçu par le mineur assisté de son curateur. A sa mort le compte est reçu par ses héritiers ; dans ces trois cas, aux frais du mineur, mais le tuteur les avance parce qu'il détient les fonds.

Si la reddition de compte a lieu par suite d'une destitution du tuteur pour inconduite ou infidélité dans sa gestion, il doit en supporter les frais, puisqu'ils sont nécessités par sa faute.

« Suffisamment justifiée. » Il n'est pas nécessaire que toute dépense soit justifiée par écrit. La loi abandonne à l'appréciation des tribunaux les justifications qui seront invoquées : toute dépense dont le but aura été utile doit être allouée dans le compte, quoique le tuteur aurait dépassé les crédits fixés par le conseil de famille, et qu'elle excéderait les revenus du pupille ; la raison et la justice ne demandent au tuteur qu'une bonne administration.

472. — Le pupille devenu majeur cédant à l'impatience

de jouir de sa fortune, à la reconnaissance qu'il doit aux soins de son tuteur, à l'influence et à l'ascendant qu'il a acquis sur lui, pourrait faire des transactions et des traités désavantageux sur le compte qu'il doit lui rendre. Afin de prévenir le dol qu'il serait facile de pratiquer dans une négociation où l'un doit avoir une connaissance positive des faits, tandis que l'autre peut les ignorer, la loi exige pour la validité du traité, les conditions énumérées dans cet article.

La prévoyance de la loi peut être paralysée par l'antidate du récépissé, mais le législateur n'a pas cru devoir prémunir le majeur à cet égard, parce qu'il n'a pas supposé qu'il aiderait lui-même à se priver de garanties.

Les motifs qui ont fait restreindre la faculté de transiger sur le compte de tutelle, ont donné naissance à l'art. 907.

473. — Application pure et simple des principes de la procédure et du droit commun. La loi s'en est expliquée, à cause du projet discuté au conseil d'État et qui a été repoussé.

474. — Le pupille peut être empêché par la déférence, le respect et la reconnaissance, de faire au tuteur une sommation ou une demande en justice; par exception à l'art. 1153, tout reliquat dû par le tuteur porte intérêt du jour de la clôture du compte. Si au contraire le tuteur est créancier, le mineur lui doit des intérêts du jour de la simple *sommation* de payer : des égards particuliers ne l'empêchent pas d'exiger ce qui lui est dû.

475. — La tutelle est une charge onéreuse dont il ne faut pas prolonger les embarras. La loi a voulu assurer au tuteur sa tranquillité et celle de ses héritiers en paralysant les recherches et les poursuites tardives du majeur, par une prescription courte: ce qui était d'autant plus nécessaire, que les éléments d'un compte de tutelle reposent souvent sur des pièces nombreuses et fugitives qui peuvent facilement disparaître; en conséquence la loi a dit : «*Toute*

action du mineur contre son tuteur relativement aux faits de la tutelle, se prescrit par dix ans. »

La durée de l'action du tuteur en reddition de compte, n'est point mesurée sur celle du mineur ; elle ne s'éteint que par le laps de trente ans. On a dû prendre en considération les devoirs pénibles que le tuteur a remplis pour restreindre la durée de sa responsabilité, mais c'est la prescription ordinaire qu'il faut appliquer au payement du reliquat ; les exceptions doivent être restreintes. (Voyez Duranton, voy. cependant Proudhon et Toullier.)

CHAPITRE III.

DE L'ÉMANCIPATION.

L'émancipation est l'acte par lequel le mineur, en sortant de la puissance paternelle ou de la tutelle, acquiert le droit de se gouverner lui-même et d'administrer ses biens sous les conditions déterminées par la loi.

476. — L'émancipation est tacite ou expresse : la première résulte du mariage. Si c'est l'homme, il acquiert la puissance maritale et paternelle qui ne peut s'exercer sans indépendance ; si c'est la femme, la subordination à laquelle elle est soumise est encore moins compatible avec l'autorité d'un père ou d'un tuteur.

L'émancipation du mineur subsiste après la dissolution du mariage ; s'il est père, il est tuteur ; il ne peut pas être lui-même en tutelle ; s'il n'a pas d'enfants, le consentement donné à son mariage fait supposer qu'il a été jugé digne, par sa raison et son intelligence précoces, de l'émancipation, qui d'ailleurs, dans ce dernier cas, peut lui être retirée, s'il abuse de sa capacité.

477 et 478. — Le droit d'émancipation directe et expresse est confié au père, à la mère, et, à leur défaut, au conseil de famille.

« *Ou à défaut du père.* » Ce droit appartient à la mère

lorsque le père est mort, interdit, absent ou indigne. (Voy. art. 141, art. 2, C. comm. Voy. cependant M. Valette sur Proudhon.)

Le droit d'émanciper appartient aux père et mère des enfants naturels. La loi leur accorde les droits de la puissance paternelle (art. 383) d'où dérive celui de l'émancipation. Je pense que l'émancipation conférée par la mère dans les cas d'interdiction, d'absence ou d'indignité du père, met un terme à l'usufruit légal. Voici les motifs principaux de cette opinion : 1° 384, cet article lui impose, pour limite absolue, l'émancipation ; 2° l'émancipation a pour but d'attribuer au mineur le droit d'administrer ses biens et de jouir de ses revenus. Maintenir la jouissance du père, c'est empêcher la jouissance du fils, c'est nier les effets de l'émancipation ; 3° c'est la mère qui doit, dans ces cas divers, consentir au mariage du mineur ; le mariage produira l'émancipation, et celle-ci l'extinction de l'usufruit légal.

Lorsque c'est le père ou la mère qui émancipent l'enfant, il suffit qu'il ait quinze ans révolus ; l'intérêt pécuniaire s'unit aux affections de la nature pour garantir que l'émancipation lui est avantageuse.

Le conseil de famille n'offre pas les mêmes garanties ; il ne peut émanciper qu'à dix-huit ans accomplis. La loi a dû craindre d'ailleurs que le tuteur ne cherchât, dans une émancipation prématurée et inopportune, le moyen de se décharger du fardeau de la tutelle.

479. — Si le tuteur gère mal les biens du pupille, ou cherche à s'enrichir à son détriment, il ne provoquera pas sans doute l'émancipation. Le conseil de famille sera convoqué par certains parents ou alliés. La loi ne donne pas expressément au juge de paix le droit de le convoquer d'office. Le peut-il comme dans d'autres cas ? (Voy. 406, 421, 446.)

Le mineur peut-il demander lui-même son émancipation ?

Je ne vois pas qu'il puisse agir juridiquement sans son tuteur. Le juge de paix n'est forcé de convoquer le conseil de famille qu'à la réquisition du tuteur ou des parents et alliés au quatrième degré. Le mineur ne peut qu'agir officieusement près de son tuteur ou de ses parents et alliés pour les déterminer à user de leur initiative.

480. — « *Assisté.* » Cette expression indique que les actes postérieurs à l'émancipation sont passés au nom du mineur. Le curateur ne le représente pas comme le tuteur, il l'assiste simplement, et ses biens ne sont pas grevés d'hypothèque légale.

Avec l'assistance d'*un* curateur nommé par le conseil de famille, le mineur émancipé peut recevoir son compte de tutelle, même à l'amiable, la loi n'exige pas l'intervention de la justice.

Le curateur est datif; mais, par exception, le mari est considéré comme curateur de sa femme (art. 212, 213 et 2208). Cela est convenable et moral : le contraire serait d'ailleurs incompatible avec l'autorité maritale. Il est également admis que les père et mère sont, de droit, curateurs de leur enfant émancipé. Personne n'a plus de titres à cette fonction, et leur qualité leur fait un devoir de s'en charger. (Voy. Marcadé.)

481. — La capacité du mineur émancipé varie selon l'importance des actes auxquels il se livre.

1° Il est des actes que le mineur émancipé peut faire seul;

2° D'autres qu'il peut faire avec l'assistance de son curateur;

3° D'autres plus graves pour lesquels il doit remplir les formalités exigées du mineur non émancipé;

4° D'autres qui lui sont interdits.

Le mineur émancipé est réputé majeur pour les actes de pure administration; par conséquent, il ne peut se faire restituer que dans les cas où le majeur le pourrait lui-même, c'est-à-dire pour cause d'erreur, de violence et de dol.

482. — Le mineur émancipé a besoin de l'assistance de son curateur; mais elle lui suffit :

1° Pour recevoir son compte de tutelle ;

2° Pour recevoir un capital mobilier dont il doit surveiller l'emploi ;

3° Intenter une action ayant pour objet un meuble ;

4° Aliéner une inscription de rente de 50 francs. (Loi du 24 mars 1806.)

L'assistance du curateur paraît suffire à l'émancipé pour intenter une action immobilière, pour provoquer un partage ou accepter une donation. Les articles 482, 840 et 935 sont précis. Leurs dispositions, combinées avec les art. 463 et 483 seraient en opposition si on les expliquait autrement. L'idée dominante du législateur, en imposant au mineur émancipé, pour les actes qui excèdent sa capacité, les mêmes formes qu'au mineur (484), a, je crois, porté principalement sur les aliénations et les hypothèques. Les trois articles cités sont trop formels pour qu'on n'y voie pas de règles spéciales : *In toto jure, generi per speciem derogatur.*

483. — « *Sous aucun prétexte.* » Quoiqu'il s'agirait d'un acte d'administration, pas même jusqu'à concurrence de ses revenus. La loi ne distingue pas, avec raison; car en lui conférant ce droit, il pourrait emprunter à plusieurs personnes des sommes qui, séparées, seraient minimes, mais qui, réunies, seraient considérables, et alors elles porteraient atteinte à son patrimoine; ou bien il se ferait restituer contre ses engagements, et tromperait les tiers. On peut ajouter que ce serait offrir imprudemment au mineur la faculté de dépenser d'avance ses revenus, qu'il ménagerait davantage s'il les recevait par parties, à des échéances distinctes.

484. — « *Ni aliéner ses immeubles,* » lors même qu'ils auraient été acquis avec ses économies.

Cet article ne dit pas que le mineur émancipé ne peut hypothéquer ses immeubles. Néanmoins il n'en faut pas conclure qu'en contractant dans les limites de sa capacité, la loi lui accorde ce droit.

1° Le débiteur, en hypothéquant ses biens, diminue son crédit;

2° Le législateur met sur la même ligne l'hypothèque et l'aliénation (2124). Il est vrai que le mineur émancipé pour cause de commerce a le droit d'hypothéquer ses immeubles sans avoir celui de les aliéner; mais c'est une exception motivée par les exigences du commerce : il faut éviter d'induire le public en erreur sur la capacité de celui qui exerce publiquement cette profession;

3° Il n'admet d'hypothèques sur les biens des mineurs que pour les causes et dans les formes établies par la loi (2126);

4° Elle défend au mineur tous actes autres que ceux de pure administration.

485. — « *Pourra*, etc, *en suivant les mêmes formes*, etc. » Je pense néanmoins qu'à défaut du père qui aura conféré l'émancipation, elle pourra être retirée par la mère et qu'à défaut de celle-ci elle pourra l'être par le conseil de famille.

Le mineur pourra aussi être privé du bénéfice de l'émancipation tacite s'il est veuf et sans enfants. La cause du retrait consiste dans l'abus qu'il fait de sa demi-capacité, et qui prouve qu'il n'a pas l'habileté nécessaire pour administrer son patrimoine. J'en conclus, quoique la loi paraisse subordonner à la réduction la faculté de révoquer l'émancipation, qu'il peut être privé de ce bénéfice, quoique ses engagements n'aient pas été réduits à cause de la bonne foi des tiers. C'est leur excès qui motive la révocation.

« *Du bénéfice de l'émancipation.* » Il résulte de ces termes que le mineur rentre ou sous la puissance paternelle ou en tutelle. Il en résulte encore que le père ou la mère recouvrent la jouissance légale, puisqu'ils sont rétablis dans l'exercice de la puissance paternelle, qu'ils ont droit à l'indemnité que la loi leur accorde comme compensation des soins qu'ils donnent à l'administration dont le poids retombe de nouveau sur eux, et que d'un autre côté l'enfant se trouve privé de tout bénéfice attaché à l'émancipation.

486. — « *Jusqu'à sa majorité.* » Si le mineur se marie, l'émancipation résultant de plein droit du mariage, il en profitera. Si c'est la femme, elle se trouve sous la protection de son mari, sa capacité est restreinte. Si c'est le mari, il a pu acquérir de l'expérience, et le sentiment de sa nouvelle position peut donner plus de poids et de fixité à ses idées.

487. — Les engagements du mineur commerçant ne pourront jamais être réduits; s'ils attestent sa mauvaise gestion et l'abus qu'il ferait de sa capacité juridique, la faculté de faire le commerce ou l'émancipation pourrait lui être retirée.

Les obligations contractées par les mineurs autorisés à faire le commerce, sont-elles de plein droit réputées commerciales lorsqu'une cause étrangère à leur commerce ne s'y trouve pas énoncée? Il faut admettre une distinction : tous engagements contractés sous une forme commerciale, tels que lettre de change, billets à domicile, billets à ordre, mandats et *peut-être* simples billets, seront réputés souscrits pour faits de commerce, présomption qui fait retomber le fardeau de la preuve du contraire sur l'incapable; ce principe peut résulter de l'art. 638 du Code de commerce qui est absolu, et de l'art. 114 qui n'annule que les promesses souscrites par les mineurs *non commerçants*.

S'il s'agit d'une obligation notariée, mode d'engagement qui n'est pas ordinaire et peu usité dans le commerce, la présomption doit cesser et le mineur, en se retranchant derrière son incapacité qui est de droit commun, pourra invoquer l'art. 1315.

Cette question s'élève à l'égard de la femme commerçante; elle doit être décidée comme pour le mineur. (Voy. M. Demante et M. Molinier, *Traité de Droit comm.*, n° 179.)

TITRE ONZIÈME.

DE LA MAJORITÉ, DE L'INTERDICTION ET DU CONSEIL JUDICIAIRE.

CHAPITRE PREMIER.

DE LA MAJORITÉ.

488. — La majorité des Français est fixée à vingt et un ans accomplis; à cet âge, l'homme est capable de tous les actes de la vie civile, sauf les restrictions portées au titre du mariage et de l'adoption, 148 et 346.

Pour éviter de grandes difficultés et nécessairement beaucoup d'arbitraire, afin d'établir ensuite une règle uniforme pour la majorité des enfants qui sont nés le même jour, et pour la validité de leurs actes, et nous mettre en harmonie avec les règles de la prescription, art. 2260, nous décidons que la majorité doit se calculer par jours.

CHAPITRE II.

DE L'INTERDICTION.

Le majeur peut, à raison de la faiblesse ou du dérangement de ses facultés morales, être hors d'état de se diriger lui-même, des penchants désordonnés à la dissipation pourraient l'entraîner à sa ruine. La loi vient à son secours en permettant de l'interdire ou de le soumettre à la surveillance d'un conseil.

489. — L'interdiction est l'état d'un individu qui par jugement est déclaré incapable des actes de la vie civile et privé de la direction de sa personne et de l'administration de ses biens pour des causes limitatives, l'imbécillité, la démence et la fureur.

L'imbécillité provient d'une faiblesse d'organes ; la démence, d'une exaltation, d'un dérangement dans les idées.

La fureur est une démence poussée au plus haut degré, qui porte à des mouvements dangereux pour tous.

Le mineur ne peut-il pas être interdit? Oui : 1° S'il est émancipé ou commerçant, il est réputé majeur à l'égard des actes de son administration et de son commerce (481, 487).

2° Des tiers peuvent épier le moment de sa majorité pour le faire contracter et s'enrichir de sa ruine, ou bien encore pour valider un billet postdaté, ou dont la date, laissée en blanc, est mise à l'époque de la majorité.

3° Les art. 174 et 175 combinés font supposer que le mineur peut être interdit.

4° Son interdiction est utile pour l'empêcher de tester et de se marier.

On objecte 489, mais il ne traite que des cas ordinaires.

Pour la négative on répond :

Le majeur qui, etc.; donc les mineurs ne peuvent pas l'être.

Mais le mineur peut tester, etc., ou demandera la nullité de son testament en vertu de l'art. 901. Si le mineur est émancipé ou commerçant, s'il abuse de sa capacité, l'émancipation et la qualité de commerçant ne sont pas irrévocables. S'il est furieux, on le placera dans un établissement à ce destiné, de manière à éviter tout danger pour l'ordre public.

Les prévisions de la loi couvrent le mineur et la société d'une protection suffisante. Donc son interdiction n'est pas nécessaire.

490. — Il y a solidarité d'honneur, d'affection et d'intérêt entre les membres de la même famille et les époux vivant ensemble ; ils sont plus à même que tous autres de constater la folie. Ce sont les motifs pour lesquels ils peuvent provoquer l'interdiction. ·

Les alliés qui ne portent pas le même nom et qui ne succèdent pas ne peuvent exercer ce droit.

491. — Dans le cas de fureur, si l'interdiction n'est provoquée ni par les parents, ni par l'époux, elle doit l'être par le ministère public.

La loi du 30 juin 1838 prescrit de placer dans un établissement d'aliénés toute personne, *même non interdite*, dont l'état compromettrait l'ordre public et la sûreté des personnes.

Dans les cas d'imbécillité et de démence, si la famille garde le silence, le ministère public doit respecter une réserve qui ne peut compromettre que des intérêts privés.

Cependant s'il n'y a ni conjoint ni parents connus, cet abandon autorise la demande du ministère public.

492. — C'est le tribunal du domicile. Art. 59 C. proc.

493. — Le législateur a établi une procédure spéciale en matière d'interdiction, au lieu de former sa demande par un exploit d'ajournement (59, 61 et 68 C. de proc.). Elle est formée par une requête dans laquelle les faits sont articulés et les témoins indiqués. Cette requête est présentée au président du tribunal avec les pièces justificatives. Il en ordonne la communication au ministère public, et commet un juge pour faire un rapport.

494. — Cet article impose au tribunal l'obligation de consulter la famille dont les membres peuvent mieux que personne vérifier le dérangement des facultés intellectuelles du défendeur. Il peut, d'ailleurs, rejeter la demande avant l'accomplissement de cette formalité.

495. — « *Cependant l'époux*, etc. » Le conjoint et les enfants du défendeur, quoiqu'ils aient provoqué son interdiction, pourront être admis au conseil avec *voix consultative*, tandis que les autres parents, qui ont provoqué l'interdiction, ne peuvent y être appelés que pour donner de simples renseignements.

Nota. L'époux ou l'épouse et les enfants ne sont privés de voix *délibérative* dans le conseil que lorsqu'ils ont provoqué l'interdiction. (Voy. Valette sur Proudh., Delv. et Dur.)

496 et **497**. — « *Un administrateur provisoire*, etc., » qui ne peut faire que des actes conservatoires et d'urgence. Ses biens ne sont pas grevés d'hypothèque légale.

498. — « *Qu'à l'audience publique*. » Le législateur a cru devoir s'expliquer à cet égard à cause de l'art. 496, qui veut que le défendeur soit interrogé dans la chambre du conseil. Mais le motif de cette disposition ne se rencontre plus lors du jugement définitif. Si l'interdiction est prononcée, il importe de faire connaître aux tiers l'incapacité de l'interdit. Si elle est rejetée, il est utile de dissiper les soupçons que l'on a pu concevoir sur son état.

499. — La sage disposition de cet article évite au tribunal l'alternative de prononcer la mesure rigoureuse de l'interdiction ou de la rejeter ; elle lui laisse la faculté de nommer un conseil sans l'assistance duquel le défendeur ne pourra plus faire les actes importants de la vie civile. Cette précaution lui conservera la jouissance de ses revenus et l'empêchera de marcher à sa ruine.

500. — « *Interroger de nouveau*, etc. » L'interrogatoire est facultatif, et la présence du ministère public n'est pas nécessaire (art. 894, Cod. de procéd.).

501. — Les actes de l'interdit étant annulables, il est loyal et juste de faire connaître aux tiers le changement qu'il vient de subir dans son état civil, afin qu'ils sachent que les positions des parties contractantes ne seraient plus égales (art. 1125).

502. — « *Seront nuls de droit*. » Ces termes ne signifient pas que cette nullité n'a pas besoin d'être prononcée dans un délai déterminé, qu'elle peut être demandée par les deux parties, que le contrat n'est point susceptible de ratification expresse ou tacite, autrement ils seraient en contradiction avec les art. 1115, 1125, 1304 et 1338, mais que la nullité en doit être prononcée, par cela seul qu'il y a eu interdiction, sans que l'interdit ait besoin d'alléguer aucune lésion et sans qu'il soit nécessaire d'examiner si l'acte a été fait dans un intervalle lucide.

Si le jugement d'interdiction n'a pas reçu la publicité voulue par la loi, les actes de l'interdit n'en sont pas moins nuls ; la négligence des personnes chargées de faire la publication, ne doit pas priver l'interdit du droit qui le protége. L'infirmité constatée, l'incapacité doit s'ensuivre ; mais les tiers qui auront ignoré l'interdiction auront une action en dommages-intérêts contre qui de droit.

503. — « *Pourront être annulés.* » Pour que cette nullité soit prononcée il faut qu'il y ait eu interdiction, ou qu'au moment où l'acte a été passé, la cause de l'interdiction ait été notoire. Cet article établit une espèce de présomption qui fait retomber la preuve de la capacité sur le défendeur ; autrement l'art. 1108 serait suffisant pour entraîner la nullité. Le tiers ne serait pas recevable à prouver qu'il ignorait ce que tout le monde savait. La notoriété de cet état permet d'imputer une faute à ceux qui ont contracté avant l'interdiction : une personne non interdite pourrait attaquer par elle-même les actes qu'elle a souscrits pendant sa folie. Le consentement est un élément essentiel de la validité des conventions (art. 1108), mais la preuve qu'elle n'avait pas sa raison retombe sur elle.

Cet article ne parle que des actes antérieurs à l'*interdiction*, tandis que le précédent, sur les actes postérieurs, est commun aux deux cas d'*interdiction* et de *conseil judiciaire*. Les rédacteurs du Code ont voulu que les actes antérieurs à la nomination du conseil judiciaire fussent toujours inattaquables. Cette différence est justifiée par les causes de l'interdiction et de la nomination du conseil.

504. — Proudhon, après l'orateur du tribunat, donne pour motif de cet article qu'il n'est plus possible de résoudre avec certitude le problème de l'incapacité d'une personne décédée. Ce motif n'est pas admissible, puisque les actes du défunt peuvent être attaqués pour cause de démence, lorsque son interdiction a seulement été provoquée de son vivant.

Cette prohibition s'explique par le désir de prévenir des procès nombreux et difficiles à juger, et comme ayant pour but de punir la négligence des héritiers dont le devoir était de provoquer à temps l'interdiction de leur auteur (art. 489 et 490).

Si la demande a été rejetée, les héritiers seraient recevables, d'après le droit commun, à prouver le défaut de consentement, c'est-à-dire la démence de leur auteur.

Une question importante est celle de savoir si cet article s'applique à la donation et au testament d'une personne décédée, dont l'interdiction n'a été ni prononcée ni même provoquée.

Pour l'affirmative on argumente des termes généraux de l'art. 504, *les actes;* or la loi définit ainsi les donations et les testaments (art. 893 et 894). On ajoute que l'art. 901 ne contient rien de plus que l'art. 1108, qui déclare en principe le consentement nécessaire pour la validité d'une convention, et que, cependant, on ne peut contester l'application de l'art. 504 aux contrats à titre onéreux.

Il nous semble qu'il faut admettre, avec la jurisprudence et la plupart des auteurs, que cet article ne s'applique pas aux donations et aux testaments. On peut expliquer facilement cette dérogation à l'art. 504; en effet, les facultés intellectuelles se dérangent souvent aux approches de la mort, la maladie, la vieillesse les affaiblit; ce sont ces moments que des personnes avides épient pour proposer au malade, non des contrats commutatifs ou à titre onéreux, mais pour lui extorquer et arracher des libéralités. Il est d'ailleurs rationnel de penser que plus une personne est exposée à être entraînée par des moyens de suggestion et de captation à faire des actes qui la dépouillent sans compensation, plus les moyens d'en obtenir la nullité doivent être faciles et nombreux; c'est le but du législateur dans l'art. 901. (Voyez M. Valette dans ses notes sur Proudhon.)

505. — « *S'il n'y a pas d'appel.* » Si le jugement est passé en force de chose jugée, afin de ne pas convoquer inutilement le conseil de famille et de ne pas nommer un tuteur à une personne qui sera peut-être reconnue saine d'esprit.

506. — Le mari est son protecteur naturel, il lui doit secours et assistance, et son autorité pourrait difficilement se concilier avec celle d'un tuteur étranger. Cet article ne recevrait pas son application si les liens du mariage étaient relâchés par la séparation de corps.

507. — Le conseil de famille peut choisir la femme pour être tutrice de son mari interdit. Son affection, unie à l'obligation qu'elle s'est imposée de l'assister et de le secourir, suppléent à son inexpérience.

508. — Il ne serait pas juste que le tuteur collatéral ou étranger fût chargé trop longtemps du poids d'une tutelle qui n'a pas de terme fixe. Après dix ans, il peut obtenir son remplacement. On excepte les époux et les parents directs, pour qui la direction de la personne et l'administration des biens sont l'accomplissement d'un devoir.

509. — Cette assimilation est inexacte sous plusieurs rapports. (Voy. 502 et 1305.) Le mineur peut tester après seize ans; il peut se marier; il est de droit le tuteur de ses enfants, membre du conseil de famille.

510. — « *Selon les caractères de sa maladie et l'état de sa fortune.* » Si c'est une folie paisible, il peut être soigné chez lui; s'il a des instants de fureur, il est prudent de le placer dans un établissement destiné au traitement des aliénés ; s'il n'a pas de fortune, il faudra le placer dans un hospice.

511. — Cet article n'est pas limitatif. S'il s'agit d'un établissement autre qu'un mariage, les droits de la famille sont les mêmes.

512. — L'interdit qui a recouvré la raison doit reprendre l'exercice de ses droits. C'est l'application de la maxime *cessante causâ*, etc. ; mais un jugement est nécessaire pour constater sa nouvelle capacité. (Voy. comme complément de cette matière la loi du 30 juin 1838.)

CHAPITRE III.

DU CONSEIL JUDICIAIRE.

513. — L'état de l'individu soumis a un conseil judiciaire est le même que celui du mineur émancipé. Il a de plus de ne pas retomber sous l'autorité du conseil de famille, et s'il veut faire ce dont seul il n'est pas capable, l'assentiment de son conseil est suffisant.

C'est du jour même du jugement que celui auquel le conseil est donné cesse de pouvoir, saus son assistance, faire les actes énumérés dans cet article.

Cette disposition, comme celles qui compriment la liberté naturelle, doit être interprétée dans un sens restrictif. N'établissant qu'une incapacité limitée, elle laisse celui qu'elle frappe capable des autres actes de la vie civile.

Il peut disposer de ses biens par testament, il peut se marier, mais il ne peut faire de libéralités à son conjoint. Sa femme acquerra une hypothèque légale pour assurer la restitution de sa dot, elle est une conséquence essentielle du mariage. Mais le prodigue ne pourrait par sa seule volonté contracter expressément ou tacitement une association qui emporterait virtuellement l'aliénation d'une partie de sa fortune. En se mariant sans contrat, la communauté serait réduite aux acquêts. (Voy. MM. Demante, Marcadé et Valette sur Proudhon.)

Le prodigue peut-il acheter a crédit? Non, si l'on s'en tient à la lettre de l'art. 513; car, acheter sans payer, c'est emprunter du vendeur le prix qu'on lui doit. Cependant, s'il ne s'agissait que d'objets modiques et nécessaires, cette exception, opposée par le prodigue ou ses ayants cause, pourrait être rejetée. Mais elle devrait être accueillie si les créances étaient considérables, le vendeur aurait à se reprocher une imprudence. L'appréciation des circonstances et des causes de cette nature est laissée à la prudence et à la conscience des juges.

Le prodige pourra seul se prévaloir des nullités des engagements qu'il aura souscrits (art. 1125, 1304).

514. — Faut-il accorder ce droit au ministère public? Plusieurs jurisconsultes le décident ainsi en invoquant l'art. 494. D'autres soutiennent que dans ce cas le ministère public ne peut pas s'immiscer dans le gouvernement des familles. Le prodigue n'est ni *furieux* ni *imbécile*.

515. — « *Sur les conclusions*, etc. » Le tribunal est libre d'adopter une opinion contraire. On exige qu'elles soient entendues, parce que la société est intéressée à ce qu'on ne frappe pas d'interdiction où d'une demi-interdiction des personnes qui ne sont pas réellement atteintes de folie ou qui ne sont pas animées de mauvaises passions et privées tout à fait de jugement.

LIVRE DEUXIÈME.

DES BIENS ET DES DIFFÉRENTES MODIFICATIONS DE LA PROPRIÉTÉ.

TITRE PREMIER.

DE LA DISTINCTION DES BIENS.

516. — Les biens sont les choses susceptibles d'une propriété publique ou privée; ce sont les éléments constitutifs du patrimoine d'une personne.

Leur distinction en meubles ou immeubles offre une grande importance dans la pratique. Exemples :

1° Les immeubles sont susceptibles d'hypothèques (2118 et 2119).

2° Les formalités de la saisie des immeubles sont plus compliquées et entraînent des délais plus longs que celles des meubles.

3° La prescription des immeubles s'opère par une possession plus ou moins prolongée. Quant aux meubles, elle est instantanée, la possession suffit (2279, 2262 et 2265).

4° Le tuteur et la femme mariée séparée de biens, peuvent aliéner, sans formalités, les meubles et non les immeubles (456, 467 et 1449).

5° Les meubles tombent dans la communauté, les immeubles restent propres à chacun des époux.

6° Les droits de mutation sont plus forts pour les immeubles que pour les meubles.

7° La vente des immeubles est rescindable pour cause de lésion au profit du vendeur.

8° En matière réelle immobilière, la compétence des tribunaux est déterminée par la situation de l'immeuble; en matière mobilière, par le domicile du défendeur (59 Code de procédure).

9° Si, dans un testament, il y a deux légataires à titre universel, l'un des meubles et l'autre des immeubles, cette distinction est nécessaire pour connaître ce qui appartient à chacun d'eux.

CHAPITRE PREMIER.

DES IMMEUBLES.

517. — On entend par immeuble, ce qui ne peut changer ni être changé de place. Néanmoins, certaines choses mobilières reçoivent de la loi un caractère immobilier en se rattachant par leur destination ou leur incorporation à un immeuble. La loi attribue aussi la qualité d'immeubles à certains droits qui, par leur nature, ne peuvent rentrer ni dans la catégorie des meubles ni dans celle des immeubles, puisqu'ils sont incorporels; mais pour rendre complète cette division des biens, on les a fait rentrer dans l'une ou l'autre, selon leur objet mobilier ou immobilier. De là les trois espèces d'immeubles.

518 et **519.** — « *Et faisant partie du bâtiment.* » Il faut entendre cet article comme s'il avait dit : « Et *ceux* qui font partie du bâtiment. » (Voy. 531, par arg. *à contrario.*) Le concours des deux circonstances n'est pas nécessaire.

520. — Les grains et les fruits ne sont mobilisés que par le fait de leur séparation ; donc, si une partie de la récolte est coupée, cette partie seule est meuble.

521. — Par application du principe précédent, la disposition de cet article paraîtrait superflue, à moins que le législateur n'ait voulu faire entendre que les bois ne perdent point leur qualité d'immeubles par cela même qu'ils sont mis en coupes réglées et que l'époque de la coupe est arrivée. Il y a entre les bois, mis en coupes réglées ou non, des différences importantes. Exemples :

1° L'usufruitier jouit des bois mis en coupes réglées.

2° Il en est de même de la communauté sur les propres des époux.

3° Le créancier hypothécaire ne peut empêcher son débiteur de faire une coupe réglée dans la forêt hypothéquée, ni prétendre qu'il a diminué les sûretés qu'il lui avait données. Donc les art. 1188 et 2131 sont inapplicables.

Les coupes ordinaires peuvent, comme fruits, être valablement vendues par le mineur émancipé, par celui qui est sous l'assistance d'un conseil, par la femme séparée de biens et par le tuteur. Il est permis de les saisir. Mais, par une sage prévoyance de la loi, la *saisie-brandon* ne peut être faite que dans les six semaines qui précèdent l'époque ordinaire de la maturité des récoltes ou celle marquée pour les coupes. L'intérêt des créanciers le veut ainsi. Il ne faut pas décourager le propriétaire dans un temps où les fruits ont encore besoin de culture.

Au contraire, une futaie non mise en coupe réglée ne peut être saisie principalement, mais seulement avec le fonds et immobilièrement.

La vente des fruits pendants est mobilière. Ce ne sont pas les fruits, considérés comme faisant partie du sol, mais la faculté d'acquérir des choses qui seront mobilières au moment de l'acquisition, qui est cédée. C'est le but du contrat qu'il faut considérer (art. 626 du Code de procédure). Donc l'action de l'acheteur doit être portée au tribunal du domicile et non de la situation, et entre deux acheteurs successifs, le premier mis en possession de bonne foi doit être préféré. (Voy. 1141.)

Les commissaires-priseurs, les greffiers et les huissiers ont ces ventes dans leurs attributions, avec la concurrence des notaires.

522. — Le fermier paye une rétribution en argent ou en

denrées. Le métayer ou colon partiaire livre une partie aliquote des fruits naturels au propriétaire.

« *Sont censés immeubles.* » Le législateur n'a pas voulu que les créanciers du propriétaire pussent venir saisir et vendre séparément, et avec les formes plus rapides de la saisie mobilière, les animaux et autres objets servant à l'exploitation d'un immeuble qui serait exposé à rester sans culture.

523. — Les tuyaux placés dans un fonds pour enlever des eaux incommodes et insalubres, sont immeubles par leur nature ; mais ceux placés dans un fonds où naît une source et dans un fonds intermédiaire (*jure servitutis*) pour amener les eaux dans une maison au service de laquelle elles sont nécessaires, sont immeubles par destination.

524. — Le principe qui constitue l'immobilisation par destination, c'est le placement, par le propriétaire, à perpétuelle demeure, à cause de la faveur que mérite l'agriculture ou dans le but de protéger l'industrie. Cet article n'est que démonstratif. Ainsi, les échalas, les machines et les décorations d'un théâtre, les agrès et outils servant à l'exploitation des mines, les chevaux attachés aux travaux intérieurs, etc., sont immeubles. C'est aux tribunaux à apprécier la destination des objets nombreux que la loi n'a pas énumérés.

525. — Nouvelle catégorie d'objets que la loi immobilise. Ceux physiquement attachés au fonds à perpétuelle demeure, sans se préoccuper d'intérêt agricole ou industriel.

Les glaces sont immeubles, lors même qu'elles ne sont point attachées à un parquet faisant corps avec la boiserie, s'il résulte de la disposition matérielle des lieux une présomption que le propriétaire les y a mises à perpétuelle demeure. Par exemple, lorsque la partie du mur que les glaces recouvrent se trouve nue, non revêtue de la même tapisserie ou peinture que le reste de l'appartement ; si les murs sont partout revêtus des mêmes tentures, peintures ou papiers, et que le propriétaire les ait placées pour tirer un loyer plus avantageux, je décide qu'elles ne sont pas acquises avec la maison à l'acquéreur, sans clause expresse.

Les statues sont immeubles, non-seulement quand elles se trouvent dans une niche, mais aussi placées sur un piédestal mis dans le mur en le construisant ou sur les colonnes extérieures d'un édifice.

Les immeubles par destination sont un accessoire du fonds auquel ils ont été attachés ; donc ils se trouvent compris dans le legs (1018), dans la donation (1064), dans la vente de ce fonds (1615).

En vertu de ce principe, ils sont frappés des mêmes hypothèques (2118) et compris dans l'expropriation forcée du sol, dont le prix doit être distribué aux créanciers hypothécaires.

526. — Il faut ajouter l'usage et l'habitation des choses immobilières, l'emphytéose, si l'on admet l'existence d'un droit réel d'emphytéose ; le droit du fermier, si l'on admettait que le bail confère un droit réel de jouissance. Les servitudes n'existent que sur des fonds de terre et des édifices ; elles sont toujours immeubles.

Le terme *revendication* est trop restreint ; les créances et les actions personnelles qui en résultent sont meubles ou immeubles, suivant leur objet. C'est l'application de cette maxime ancienne : *Actio quæ tendit ad mobile est mobilis, ad immobile, immobilis.* Les actions en rescision pour lésion et en réméré, celles qui ont pour objet un immeuble indéterminé, sont immobilières.

Il existe une quatrième classe d'immeubles qu'on peut appeler immeubles par la détermination de la loi : ce sont les actions de la Banque de France, les actions des canaux d'Orléans et de Loing, les rentes sur l'État, qui peuvent être immobilisées.

CHAPITRE II.

DES MEUBLES.

527. — Les choses sont fongibles ou non fongibles. Les premières sont celles qui, dans l'intention et le but des parties, peuvent être remplacées par d'autres de même espèce et qualité ; les autres, celles que les parties ont considérées comme corps certains. Pour expliquer plusieurs articles du Code, je crois que l'on peut dire que le caractère de fongibilité que les choses tiennent de leur nature peut s'effacer par une volonté expresse et même tacite des parties, comme les choses non fongibles par leur nature peuvent le devenir si telle est l'intention des contractants. La règle est que, dans le silence du contrat et en l'absence de toute preuve ou présomption contraires, chaque chose suit sa nature ; qu'ainsi les choses fongibles par elles-mêmes donnent lieu au prêt de consommation, et les choses qui ne sont pas naturellement fongibles, au prêt à usage.

528. — Inutile.

531. — Superflu.

532. — Lorsque des matériaux sont momentanément détachés d'un édifice qui a besoin de réparations, ils conservent leur caractère d'immeubles. Il en est de même si un accident n'a amené qu'une destruction partielle de l'édifice, lorsque le propriétaire a l'intention de le rétablir dans son premier état.

529. — « *Par la détermination de la loi,* » on aurait pu dire par l'objet auquel ils s'appliquent.

« *Des sommes exigibles* » immédiatement, ou à un terme convenu, par opposition au capital d'une rente.

« *Les actions ou intérêts.* » On appelle *action* le droit éventuel d'exiger une quote-part du capital social et des bénéfices, sans engager sa responsabilité au delà.

On appelle *intérêts* le droit éventuel d'exiger un dividende du capital et des bénéfices sociaux, avec une responsabilité solidaire pour tous les engagements de la société. De là il faut tirer cette conséquence que l'action est cessible et que l'intérêt ne l'est pas.

Après la dissolution de la société, la personne morale, propriétaire des immeubles qui composent le fonds social, n'existe plus. Chacun exerce les droits que lui donne son action ou son intérêt sur les biens meubles et immeubles de la compagnie. Un partage s'effectue, des copartageants reçoivent un lot composé de meubles ou d'immeubles, et comme l'effet du partage remonte au jour de la dissolution (art. 883), le droit de chaque associé a été meuble ou immeuble, suivant la nature des objets composant son lot.

De cette théorie de la loi qui attribue la propriété des immeubles à l'être moral appelé société, d'après laquelle les associés ne sont que créanciers, il résulte qu'ils ne pourraient ni aliéner ni hypothéquer une part d'immeubles corrélative à leur mise ; que leurs créanciers personnels ne pourraient pas les saisir, ni acquérir hypothèque sur eux.

530. — « *Les rentes.* » La rente est une créance non exigible, mais essentiellement rachetable quand elle est perpétuelle, non rachetable quand elle est viagère, produisant un revenu annuel appelé arrérages. Il y avait, avant le Code, des rentes foncières, créées comme condition de la cession à titre onéreux ou gratuit d'un immeuble, c'était un droit réel immobilier réservé sur le fonds aliéné et qui le suivait, comme une servitude, dans les mains de tout propriétaire. Elles n'étaient pas rachetables ; le débiteur ne pouvait s'en libérer que par l'abandon du fonds, appelé *déguerpissement.*

La rente constituée est celle qui est établie sur un capital qui est ou n'est pas le prix d'un immeuble. Aujourd'hui toutes les rentes sont mobilières, toutes sont rachetables. Les différences qui, à notre avis, existent encore entre les rentes autrefois foncières et les rentes constituées, sont :

1° Que le créancier peut fixer le prix du rachat à un taux plus ou moins élevé dans la rente foncière, pourvu que la condition imposée ne soit pas tellement onéreuse qu'elle rende le rachat impossible ; dans la rente constituée, le prix du rachat ne doit consister que dans le capital même qui a été fixé ou fourni. Si la convention ne renferme ni désignation de capital ni fixation du prix de rachat, il faut l'établir aujourd'hui sur le taux des arrérages au 5 p. 100 (loi du 7 septembre 1807).

2° Le cédant a le privilége du vendeur pour assurer le remboursement du capital en cas de non-payement des arrérages pendant une année (art. 2103).

3° Il a la résolution du contrat (art. 1184 et 1654).

4° Il peut interdire le remboursement pendant trente ans, tandis que le crédi-rentier, en vertu d'un capital qui n'est pas le prix d'un immeuble, ne peut l'interdire que pendant dix ans. (Voy. art. 1911.) Si l'acheteur s'oblige au service d'une rente constituée sur un capital qui est le prix de la vente, j'accorderai aussi au vendeur la faculté d'interdire le remboursement pendant trente ans. Des conditions onéreuses imposées et qui pourraient entraîner la ruine du débiteur, ne sont pas à craindre entre un vendeur et un acheteur comme entre un capitaliste et un homme pressé par le besoin ou par des créanciers; mais je lui refuse le privilége du vendeur et l'action résolutoire, parce qu'il y a novation dans sa créance. La rente a pris la place d'un capital qui était le prix direct et immédiat du fonds aliéné.

Le débiteur peut être contraint au rachat dès qu'il doit deux années consécutives d'arrérages sans mise en demeure s'il doit les payer chez le créancier, et après mise en demeure s'il doit les payer chez lui.

Lorsque le débiteur est mort laissant plusieurs héritiers, dont les uns servent régulièrement leur part dans les arrérages et dont les autres négligent de les acquitter, les créanciers ne peuvent exiger le remboursement que contre ces derniers et seulement dans la proportion de leur part héréditaire (Voy. cependant M. Troplong, sur l'art. 1911. — Voy. les art. 870 et 1220.)

Le débiteur peut encore être forcé au rachat s'il manque à fournir les sûretés promises par le contrat, ou si, les ayant fournies, il les a diminuées, par exemple en coupant le bois de futaie hypothéqué lorsqu'il n'est pas aménagé.

533. — « Le mot MEUBLE *employé seul,* » dans les dispositions de la loi ou de l'homme, dans un contrat ou dans un testament, comprend tous les meubles autres que ceux énumérés limitativement dans cet article.

Lorsqu'il est précédé ou suivi d'une autre addition ou désignation, il prend le sens spécial que lui attribue la nature de l'expression qui l'accompagne dans un sens restreint comme le mot *meublants,* ou dans un sens extensif, comme *tous* les meubles ou effets mobiliers.

Lorsque le mot *meuble* est en opposition au mot *immeuble,* dans un testament, par exemple, dans lequel on lègue ses meubles à l'un et ses immeubles à l'autre, le legs des meubles comprend tout ce qui n'est pas immeuble. Le législateur a voulu interpréter l'intention des parties; si leur volonté contraire est manifeste, elle doit l'emporter sur l'interprétation de la loi.

534. — « Les mots *meubles meublants* » n'expriment que ce qui sert à l'usage et à l'ornement des appartements. D'après cette distinction, ils comprennent ou non les tableaux, les statues, les porcelaines, etc.

535, 536. — La vente ou le don d'une maison avec tout ce qui s'y trouve est plus large que la vente ou le don d'une maison meublée.

Le mot *don* comprend la donation entre-vifs et le testament, comme le mot *vente* comprend toutes les aliénations à titre onéreux, l'échange, etc.

CHAPITRE III.

DES BIENS DANS LEURS RAPPORTS AVEC CEUX QUI LES POSSÈDENT.

On distingue plusieurs espèces de domaines : le domaine public, le domaine de l'État, le domaine de la couronne, le domaine des communes, le domaine des établissements publics, le domaine des particuliers ; cette matière appartenant en grande partie au droit public et administratif, nos explications seront courtes.

538. — Le domaine public s'applique aux choses affectées par une destination spéciale à un usage, à un service public. Elles sont inaliénables et imprescriptibles.

538. — La même autorité qui a voulu placer hors du commerce et rendre inaliénable un fonds en l'affectant à un service public, peut le replacer dans la classe des héritages ordinaires en supprimant le service public auquel il est destiné. Alors l'inaliénabilité cesse avec sa cause. Un décret émanant de l'autorité compétente n'est pas nécessaire pour ordonner la rentrée du sol dans le commerce. Il suffit que le service public auquel il était destiné soit anéanti, exemple tiré d'une route abandonnée.

Le domaine de l'État comprend les choses mobilières et immobilières que l'État possède comme un particulier possède son patrimoine. (Voy. 539, 541.)

Les lais et relais de la mer sont aujourd'hui aliénables par l'État et prescriptibles au profit des particuliers. C'est une modification aussi sage qu'évidente (art. 41 de la loi du 16 septembre 1807).

Le domaine de la couronne est composé des biens de l'État qui ont une destination spéciale. Le souverain en est usufruitier. Ses obligations ne sont pas les mêmes que celles d'un usufruitier ordinaire ; il est dispensé de donner caution, il peut faire des baux de dix-huit ans. Les propriétés de la couronne ne sont pas soumises à l'impôt, et ces biens sont inaliénables et imprescriptibles.

Le département constitue une personne civile qui a des propriétés. Les unes sont dans le domaine public départemental, elles sont inaliénables et imprescriptibles tant qu'elles conservent leur affectation à un usage public.

Les autres sont dans le domaine privé du département.

Le domaine communal se divise aussi en domaine public et privé.

Les biens composant le premier sont hors du commerce, comme les églises, places publiques, théâtres, marchés, hôpitaux, etc.

Le domaine privé de la commune renferme trois classes distinctes de propriétés : 1° les biens patrimoniaux ; 2° les revenus fournis par l'octroi et les centimes addiionnels ; 3° les biens grevés d'un droit d'usage et de servitude qui prennent plus particulièrement le nom de biens communaux.

Il existe des documents particuliers sur le domaine des corporations et établissements publics. (Voy. la loi des 2 janvier 1817 et 24 mai 1825, sur l'existence des communautés religieuses des femmes.)

543. — On distingue des droits personnels, ce sont les créances susceptibles de transmission héréditaire ; il ne faut pas les confondre avec certains droits que l'on appelle personnels, parce qu'ils s'éteignent à la mort de la personne en faveur de laquelle ils sont établis, comme l'usufruit, la rente viagère, ni avec ceux exclusivement attachés à la personne, comme le droit de demander la séparation de corps ou de biens. (Voy. 1166.)

Les droits civils sont principaux ou accessoires. Cet article ne s'occupe que des principaux, ce sont : le droit de propriété, les servitudes ; il faut y ajouter le droit de possession.

TITRE II.

DE LA PROPRIÉTÉ.

544. — « *Prohibé par la loi ou par les règlements.* » C'est ainsi qu'on ne peut planter des arbres sur son terrain ou établir des vues sur l'héritage de son voisin sans observer les distances légales (674 et 678), construire des ateliers et manufactures insalubres ou incommodes, sans se conformer au décret du 15 octobre 1810, etc.

545. — Le tribunal prononce l'expropriation après que la cause d'utilité publique a été constatée. (Loi du 8 mars 1810, 7 juillet 1833 et 3 mai 1841.)

L'indemnité à payer aux ayant droit est fixée, soit par une convention amiable, entre eux et l'administration, soit par un jury de propriétaires.

546. — L'acquisition de tous les produits d'une chose, et de ce qui s'y unit accessoirement, s'appelle droit d'accession.

CHAPITRE PREMIER.

DU DROIT D'ACCESSION SUR CE QUI EST PRODUIT PAR LA CHOSE.

547. — Les fruits se divisent en fruits naturels et fruits civils.

Les premiers sont les produits spontanés de la terre ou à l'aide de la culture de l'homme.

Les seconds ne sont pas produits directement par la chose, mais perçus à son occasion, en vertu d'un principe d'équité reconnu et sanctionné par la loi.

La distinction des fruits en naturels et industriels est de pure doctrine, mais celle des fruits en naturels et civils est importante, puisque les uns ne s'acquièrent que par la perception, les autres jour par jour. (Voy. 586.)

548. — Le propriétaire ne doit pas s'enrichir aux dépens du possesseur, et : *non sunt fructus nisi deductis impensis.*

Le possesseur auquel on doit une indemnité, n'est pas
tenu d'imputer sur cette indemnité les fruits qu'il a perçus
de bonne foi, et je pense qu'il peut retenir le fonds reven-
diqué jusqu'à ce qu'il soit remboursé. (Voy. 867, 1763,
1749, 1948.) S'il n'a pas le droit de rétention parce que le
propriétaire est rentré en possession avant la perception
des fruits, il aura sans doute un privilége. (2102, alin. 3.)

549. — L'acquisition des fruits par le possesseur de
bonne foi, a lieu même par le possesseur d'une universalité. La maxime *fructus augent hereditatem*, ne reçoit plus
son application dans notre Droit. (Voy. 138.)

Cet avantage accordé à la bonne foi, est fondé sur l'é-
quité. L'homme calcule ses dépenses d'après des ressources qu'il croit légitimes. Il ne doit pas être permis au propriétaire qui a toléré la jouissance passible du possesseur,
d'opérer sa ruine par la réclamation de fruits accumulés
pendant un grand nombre d'années.

« *Fait les fruits siens.* » La bonne foi n'a besoin que de
mobiliser pour acquérir. Dès que les fruits sont coupés,
ils constituent entre les mains du possesseur une propriété
définitive.

Il faut être de bonne foi au moment de chaque perception. Chaque perception est un fait isolé, individuel,
indépendant des faits de perception antérieure. J'en
conclus que l'héritier du possesseur de mauvaise foi peut
gagner les fruits s'il est de bonne foi. La prescription, au
contraire, repose sur une possession permanente, dont le
caractère est déterminé par les circonstances qui ont accompagné son établissement.

550. — « *D'un titre translatif de propriété.* » C'est un
titre légitime de transmission, un fait juridique qui nous
fait croire que nous sommes propriétaires. Comme une
vente, une donation, un échange émanant *a non Domino*
ou d'un propriétaire dont on ignore, par erreur de fait,
l'incapacité.

CHAPITRE II.

DU DROIT D'ACCESSION SUR CE QUI S'UNIT ET S'INCORPORE A LA CHOSE.

SECTION PREMIÈRE.

DU DROIT D'ACCESSION RELATIVEMENT AUX CHOSES IMMOBILIÈRES.

551 et **552.** — La terre renferme des matières qui, par leur importance, se rattachent à la fortune publique. La loi devait les soustraire à l'exploitation inhabile d'un propriétaire, ou empêcher qu'elles restassent enfouies dans le sol, dont le possesseur, privé de moyens d'action, ne peut ou ne pense pas à les extraire. Le législateur a donc apporté ici une limite à l'exercice du droit de propriété.

Les lois de 1810 et de 1838, sur les mines, concilient dans leur système l'intérêt des propriétaires du sol, des exploitants et de la société. Leur développement appartient au droit administratif.

553. — Il faut considérer l'accession opérée par le seul fait de la mise en terre des plantations à perpétuelle demeure. Le droit actuel ne rappelle pas l'exception du droit romain, et avec raison.

La loi établit, en faveur du propriétaire qui a cessé de posséder momentanément, une double présomption qui le dispense de toute preuve, soit quant à la propriété des édifices, soit quant aux frais de construction.

554. — La loi n'a pas permis au propriétaire de faire démolir, peut-être par esprit de malveillance, une construction utile. Tous les genres de compensation lui étant assurés, il peut réclamer la valeur de ses matériaux, et des dommages-intérêts, *s'il y a lieu.* Si par exemple ces matériaux étaient destinés à une autre construction qui devait être terminée dans un délai fatal, sous peine d'encourir une clause pénale.

555. — Un tiers a élevé des constructions sur le fonds d'autrui, le code applique la maxime *quod solo inœdifica-*

tur, solo cedit. Mais quelle indemnité accordera-t-on au constructeur ? Cet article fait une distinction : s'il est de *mauvaise foi*, il peut être forcé à démolir. Si le propriétaire ne l'exige pas, il devra lui rembourser la valeur des matériaux et le prix de la main-d'œuvre.

Si de bonne foi, le propriétaire choisira l'obligation la moins lourde, il remboursera le prix des matériaux et de la main-d'œuvre, où ce dont le fonds est augmenté de valeur, mais il ne pourra pas exiger la suppression des travaux. Il suffit qu'il ne s'enrichisse pas aux dépens du constructeur. Par cette alternative, le Code rend hommage au droit de propriété et à la bonne foi.

S'il s'agit des dépenses nécessaires, l'équité exige que le possesseur, même de mauvaise foi, en reçoive le remboursement intégral. Cet article doit, à notre avis, être appliqué au fermier et même à l'usufruitier. (Voy. 599, où cette question sera sommairement traitée.)

Celui qui a employé les matériaux d'autrui à construire sur un fonds qui ne lui appartient pas, a seul droit à l'indemnité. Mais celui à qui ils appartenaient peut faire saisir-arrêter, entre les mains du maître du sol, l'indemnité due au constructeur ou la réclamer du chef de ce dernier, en vertu de la subrogation judiciaire sur laquelle d'ailleurs la saisie-arrêt est fondée. (Voy. 1166.)

Il est admis généralement que le constructeur de bonne foi peut retenir la possession du fonds jusqu'au remboursement de ce qui lui est dû par le propriétaire. (Arg. de 867, 1673, 1948, qui révèlent l'esprit de la loi relatif au droit de rétention.)

556 et 557. — L'action des eaux donne lieu au droit d'accession. Les principes que trace la loi se rapportent à l'alluvion, aux relais, à l'avulsion, aux îles et au lit abandonné.

L'alluvion, les lais et relais appartiennent aux riverains, soit parce qu'il serait souvent difficile de distinguer le terrain qu'un accroissement imperceptible apporte à la rive, soit plutôt comme compensation du préjudice qu'occasionne le voisinage d'un cours d'eau. On peut dire encore que ce droit est légitimé par l'égalité des chances qu'un cours d'eau impose aux propriétaires de ses rives.

Comment les atterrissements qui se forment naturellement aux bords des rivières doivent-ils être partagés entre les propriétaires des fonds aboutissants? (Voy. sur cette importante question Proudhon, Dom. publ., t. 4, p. 249.)

559. — « *Vers un champ inférieur.* » Il n'est donc pas nécessaire que la portion détachée du fonds supérieur se trouve unie à l'héritage inférieur par superposition visible de terrain. Il suffit que la réunion paraisse faite en tout ou en partie par une adjonction latérale. Mais s'il y a *superposition*, le propriétaire doit non-seulement la réclamer dans l'année, mais l'enlever, autrement il y aurait dépossession du propriétaire du fonds recouvert.

561 et **563.** — A qui appartient le lit des petites rivières?

Aux riverains :

1° L'art. 538 ne range pas ces rivières dans le domaine de l'État.

2° Les art. 560 et 561 attribuent les îles, par droit *d'accession*, à l'État dans les rivières navigables ; c'est donc aux riverains dans les autres rivières.

3° Depuis le Code, les riverains payent la contribution foncière jusqu'au milieu de la rivière. (Voy. Marcadé.)

A l'État :

1° L'État a succédé à la propriété des seigneurs.

2° La loi du 1er janvier 1790 donne au pouvoir exécutif l'administration des rivières sans distinction.

3° Quand le gouvernement veut rendre navigable une petite rivière, il n'emploie pas les formalités de l'expropriation.

4° Si les îles, atterrissements et terrains d'alluvion appartiennent aux riverains, le Code civil ne les leur attribue que par droit d'accession.

5° En cas de changement de cours, le lit abandonné n'appartient pas aux riverains, mais est donné à titre d'indemnité aux propriétaires des fonds nouvellement occupés.

6° Un propriétaire riverain ne peut établir une usine sans l'autorisation du gouvernement.

7° En autorisant la construction, l'État peut stipuler qu'il ne sera dû aucune indemnité en cas de démolition.

8° Il est évident que les riverains n'ont pas le droit de jouir et de disposer à volonté du cours et du lit des rivières, droits qui sont les attributs de la propriété. Donc.

SECTION II.

DU DROIT D'ACCESSION RELATIVEMENT AUX CHOSES MOBILIÈRES.

565. — On traite dans cette section de l'*adjonction*, de la *spécification* et du *mélange*.

Dans la spécification, l'opinion des Sabiniens a prévalu, mais elle est modifiée par l'art. 570.

L'adjonction est définie dans l'art. 566. Dans la simple adjonction, les deux choses unies ont conservé leur existence concrète, tandis que dans la spécification, les éléments employés pour la formation de la nouvelle espèce se trouvent modifiés. Dans la composition d'une bague, par la réunion d'une pierre et d'un anneau, il y a simplement *adjonction*, la fonte d'une statue de bronze s'opère par *spécification*.

Mélange deux espèces : *commixtion* mélange de corps secs ; confusion de deux choses liquides.

Deux natures de règles président aux jugements des questions que l'accession industrielle peut soulever.

S'il s'agit d'un cas prévu par le législateur, le magistrat doit appliquer la décision portée par la loi. Si l'on se trouve hors des prévisions légales, on peut sans doute chercher des analogies dans les hypothèses du Code, mais il n'y a rien d'obligatoire pour le juge qui peut ne consulter que sa raison et l'équité naturelle. L'art. 565, deuxième alinéa, nous explique que les décisions renfermées dans le Code depuis l'art. 566 inclusivement jusqu'à 577, sont des prescriptions impératives ou de simples enseignements.

TITRE III.

DE L'USUFRUIT, DE L'USAGE ET DE L'HABITATION.

CHAPITRE PREMIER.

DE L'USUFRUIT.

578. — L'usufruit est le droit *réel* de jouir, *à titre de servitude* et temporairement, des choses dont un autre a la propriété, comme le propriétaire lui-même, mais à la charge d'en conserver la substance.

« *Droit réel.* » Première différence avec le droit résultant du bail ; lorsqu'il a pour objet un immeuble, il est susceptible d'hypothèque. (Voy. 2118.) Autre différence avec le bail.

« *De jouir.* » Donc la possession de la chose appartient à l'usufruitier, qui en perçoit par lui-même les revenus ; en cela le legs *d'usufruit* diffère essentiellement du legs *des revenus* du fonds dont l'héritier jouit et n'a qu'une pension à payer.

L'usufruit est un droit purement personnel, parce qu'il consiste dans la faculté de jouir qui s'éteint avec la personne qui en use. Autre différence avec le bail qui passe aux héritiers.

« *A titre de servitude.* » Conséquences : l'usufruitier prend les choses dans l'état où elles sont (art. 600) ; il est tenu des réparations d'entretien (art. 605) ; il ne peut exiger que le propriétaire reconstruise ce qui est tombé de vétusté ou qui a été détruit par cas fortuit (607). Ce sont des dif-

férences remarquables entre l'usufruitier et le fermier ou
locataire.

« *Temporairement.* » S'il pouvait être perpétuel, le droit
de propriété deviendrait inutile : *nulla utilitas erit proprie-
tatis, semper abscedente usufructu.*

« *Dont un autre a la propriété.* » La jouissance du propriétaire n'est pas un usufruit, c'est un attribut du droit
de propriété : *Nemini res sua servit, sed jure dominii prodest.*

« *Comme le propriétaire lui-même.* » Pour démontrer que
les droits de l'usufruitier ne se bornent pas à la perception
des fruits de la chose, qu'ils s'étendent à tous les émoluments qui en tiennent lieu, à tous les avantages qui peuvent
résulter de sa possession ; d'un autre côté, il doit conserver
les droits du propriétaire, exercer les servitudes actives
pour en prévenir la perte par prescription, renouveler les
inscriptions hypothécaires, etc. (Voy. 582-595 à 598.)

« *A la charge d'en conserver la substance.* » L'usufruitier
a la faculté de percevoir les fruits, ce qui comprend *fructus*
et *usus*, mais non celle de disposer de la chose et de la détruire *abusus* : c'est le droit de celui qui a la pleine propriété.

Qualités que l'on doit reconnaître dans l'usufruitier :

1° Il est propriétaire et possesseur de son droit. Donc,
il a les actions possessoires et peut acquérir le droit d'usufruit par prescription, 526, 2262 et 2265. (Voy. 690.)

2° Il est détenteur à titre précaire du fonds dont il jouit :
donc il ne peut l'acquérir par prescription (2236).

3° Il est gardien de la chose et doit veiller à sa conservation (art. 614).

4° Il est mandataire pour les actes dans l'exécution desquels ses intérêts sont liés avec ceux du propriétaire : il
est ce que l'on appelle en droit *procurator in rem suam*,
qualité qu'il joint au mandat tacite du propriétaire.

579. — L'usufruit légal est celui que la loi a créé indépendamment de toute disposition de l'homme. Tel est celui

qui est établi par l'art. 754 du Code; telle est la jouissance accordée par l'art. 384 aux père et mère sur les biens de leurs enfants mineurs de 18 ans et non émancipés; celle accordée au mari sur les biens de sa femme, sous le régime de la communauté, exclusif de communauté, et sous le régime dotal pour les biens dotaux.

L'usufruit peut être établi par la volonté de l'homme, soit par convention, à titre onéreux ou gratuit, soit par testament. Il ne peut plus être établi par sentence du juge comme cela avait lieu en droit romain dans certaines actions. Si la chose ne peut être commodément partagée, il y a lieu à licitation (827) ou à retour des lots (833); d'ailleurs chez nous le partage ou la licitation entre cohéritiers sont déclaratifs (883).

Il est utile de distinguer l'usufruit légal de celui résultant de la volonté de l'homme. Le premier est soumis à des règles particulières que nous expliquerons sous les articles qui le concernent. (Voy. d'abord notre art. 384.)

580. — La constitution d'usufruit peut avoir lieu purement et simplement, ou sous condition suspensive (1168 et 1181) ou résolutoire (1183): avec ou sans charges; à partir d'un certain jour *ex die*, ou jusqu'à une certaine époque, *ad diem*.

Il suit de cet article qu'un usufruit peut être donné ou légué à deux personnes successivement, en déclarant que l'une d'elles en jouira pendant un temps déterminé ou même jusqu'à son décès, puisque chaque donataire ou légataire tiendra directement son droit du donateur ou du testateur, le droit d'usufruit étant intransmissible par voie d'hérédité, mais il faut appliquer l'art. 906.

581. — L'usufruit peut être établi sur une universalité comme sur des objets individuels. (Voy. 754, 384, 1400, 1530, 1549, 612, 1003-1010.)

Lorsqu'il est établi sur des choses qui, par leur nature ou d'après le but et l'intention des parties, doivent se consommer par l'usage : ce n'est pas un usufruit proprement dit, puisqu'il transfère la propriété des objets sur lesquels il porte ; le quasi-usufruitier n'est pas obligé de les rendre dans leur individualité.

SECTION PREMIÈRE.

DES DROITS DE L'USUFRUITIER.

582 et **583.** — L'usufruitier a le droit de percevoir tous les fruits de la chose soumise à l'usufruit.

Les fruits sont naturels ou civils.

584. — Les fruits civils sont ceux qui ne sont pas le produit de la chose, mais qui sont perçus à son occasion en vertu d'un principe d'équité sanctionné par la loi civile : il faut se rappeler cette définition.

La distinction des fruits en naturels et civils est importante : les premiers s'acquièrent par la perception ; les seconds, jour par jour. Conséquence à tirer de ces principes : si l'usufruitier vient à mourir avant la perception des fruits naturels et industriels, il ne transmet rien à ses héritiers. Si ce sont des fruits civils, il leur transmet un droit proportionnel au temps qui s'est écoulé pendant la dernière année.

Le Code fait une innovation en rangeant le prix des baux à ferme dans la classe des fruits civils.

585. — « *Sans récompense de part ni d'autre*, etc. » Cet article déroge aux règles du droit commun (art. 548), sans doute pour éviter les expertises et les estimations qu'il aurait fallu faire au commencement et à la fin de l'usufruit. On peut dire aussi que l'usufruitier prend les choses dans l'état où elles sont à l'ouverture de son droit, par la volonté du propriétaire, que d'ailleurs il y a compensation de chances.

Si le prix des semences et les frais de labours étaient dus au moment de l'ouverture de l'usufruit ou de sa fin, le tiers créancier conserverait son privilége sur les fruits de la récolte, sauf dans le premier cas le recours de l'usufruitier contre le propriétaire, et dans le second, le recours du propriétaire contre l'usufruitier ou ses héritiers.

La maxime : *non sunt fructus insi deductis impensis*, reçoit son application, lorsque le mari a la jouissance des biens de sa femme. (Voyez notre art. 1403.)

586. — L'usufruitier devient créancier *jour par jour*, des fruits civils, de manière que chaque jour de jouissance lui attribue la 365ᵉ partie de la redevance annuelle, et s'il mourait même avant le terme fixé pour le payement, il transmettrait ses droits à ses héritiers.

587. — L'usufruitier n'a pas l'alternative ; le Code n'a point voulu s'écarter des anciens principes et du droit romain ; en conséquence, s'il y a eu estimation au commencement de l'usufruit, on doit la rendre ; sinon, des choses de même quantité, qualité et valeur intrinsèque et non vénale à l'extinction du Droit. (Voy. Marcadé. — Voy. cependant Proudhon.)

Pour décider si l'usufruitier d'un fonds de commerce en devient propriétaire, de sorte que ses créanciers puissent le faire saisir et vendre ; il faut examiner le titre et voir si les contractants ont considéré ce fonds comme chose fongible ou comme être moral ; dans le doute, ce dernier sentiment doit être adopté, et alors, les créanciers de l'usufruitier n'ont que le droit de faire saisir les gains résultant des ventes, etc.

588. — Le législateur a tranché la controverse qui existait sur l'usufruit d'une rente viagère. Le Code considère les arrérages comme des fruits et cependant l'usufruitier absorbe chaque année la substance de la rente et sans être tenu à aucune restitution.

La disposition de cet article s'applique par identité de raison à l'usufruitier d'un usufruit. (Voy. 1568).

589. — L'usufruitier doit se servir et jouir de ces choses en bon père de famille d'après la volonté et l'intention présumées du propriétaire, et il ne sera tenu de les rendre, à la fin de l'usufruit, que dans l'état où elles se trouveront, non détériorées par sa faute ou par une jouissance abusive.

Si elles n'existent plus, il sera tenu de prouver qu'elles ont été détruites par cas fortuit ou force majeure.

590 et **591.** — Les bois taillis et les futaies mises en coupes réglées sont considérés comme fruits. En conséquence, l'usufruitier a droit au produit de ces bois ; mais il est tenu de se conformer rigoureusement pour l'ordre, le mode et la quotité des coupes, à l'aménagement et à l'usage constant des propriétaires, sans indemnité en sa faveur ou de ses héritiers pour les coupes qu'il n'aurait pas faites et qu'il aurait pu faire pendant sa jouissance, à moins qu'il n'en ait été empêché par le fait du propriétaire ou même par force majeure : les droits attribués à l'un entraînent nécessairement pour l'autre l'obligation de ne rien faire qui puisse en gêner l'exercice.

Il faut remarquer que, soit dans la crainte des avantages indirects qui pourraient plus facilement excéder la portion disponible, soit parce que la jouissance du mari est à titre onéreux, ou bien encore parce que le mari et la femme sont en société et que l'un des associés ne doit pas s'enrichir aux dépens des autres, il est dû indemnité. (Voy. notre art. 1403.)

592. — A défaut d'aménagement, les futaies sont plutôt considérées comme des capitaux mis en réserve que comme des fruits. L'usufruitier peut seulement employer, pour faire les réparations usufructuaires, les arbres arrachés ou brisés par accident ; il peut même en faire abattre, mais à la charge d'en constater préalablement la nécessité avec le propriétaire.

L'omission de cette formalité pourrait être excusée par l'urgence et par l'évidence de la nécessité, constatée depuis l'abatis.

593. — « *Des échalas pour les vignes.* » Cela doit s'en-

tendre des vignes qui font partie de l'usufruit, l'auteur de
la disposition étant censé avoir accordé la faculté d'user de
la chose comme il en usait ou pouvait en user lui-même.

594. — Nous pensons qu'il ne s'agit dans cet article
que des arbres fruitiers qui sont plantés et cultivés de main
d'hommes et non des arbres fruitiers qui croissent dans les
forêts.

595. — L'usufruitier peut donner à ferme ou à loyer.
Pour la durée et le renouvellement des baux, il faut suivre
les art. 1429 et 1430 du Code.

Il peut aussi vendre ou céder son droit à titre gratuit;
mais si, dans une vente de récoltes ou de coupes de bois
aménagés, l'usufruit s'éteint avant la récolte ou la coupe,
quelques jurisconsultes soutiennent que la vente est un acte
d'administration qui rentre, comme le bail, dans les attributions de l'usufruitier; le propriétaire doit donc l'exécuter, en laissant à l'acheteur l'exploitation de la forêt,
mais en recevant le prix de la vente; d'autres jurisconsultes, dont nous adoptons l'opinion, soutiennent que
l'aliénation est conditionnelle, nécessairement subordonnée à l'existence de l'usufruit. L'usufruitier n'acquiert de
droits sur les fruits naturels que par la perception, il ne
peut pas transformer son droit conditionnel en un droit
pur et absolu; il ne peut céder plus de droits qu'il n'en a
lui-même, ou bien il faudrait, en exécutant une aliénation
faite par l'usufruitier sur une récolte ou des arbres que la
loi déclare appartenir au propriétaire, admettre comme
valable la vente de la chose d'autrui. (Voy. Proudhon et
Marcadé.)

L'usufruitier peut céder non-seulement l'exercice, mais
le droit d'usufruit lui-même. L'usufruit cédé peut être hypothéqué; mais sa durée dépend toujours de la vie ou de la
mort du cédant.

596. — L'alluvion est un accroissement insensible qui
s'unit au fonds primitif et qui ne peut pas être exactement

reconnu : donc l'usufruitier en profite ; mais il ne jouirait pas de l'île formée en face du fonds soumis à son droit, ni de la portion reconnaissable de terrain que la force subite des eaux y aurait adjointe, parce qu'ils sont parfaitement distincts l'un et l'autre de l'immeuble soumis à l'usufruit. Il faut interpréter d'une manière restrictive tout ce qui concerne les servitudes. Je lui accorderais cependant, à titre d'indemnité, la jouissance du lit abandonné, si le fleuve ou la rivière avait envahi le fonds soumis à son droit.

597. — L'usufruitier a le droit de jouir des servitudes actives attachées au fonds ; il doit les exercer sous peine d'indemnité envers le propriétaire en cas de perte par le non usage : il a l'usage des cours d'eau, la jouissance des droits de chasse et de pêche, etc.

« *De tous les droits.* » Il a les actions possessoires, la complainte, la réintégrande et la dénonciation de nouvel œuvre.

Il peut aussi exercer les actions pétitoires relatives aux servitudes, que l'on nomme confessoires et négatoires.

Le nu-propriétaire profite des jugements rendus en faveur de l'usufruitier chargé de veiller à la conservation de ses droits, mais ceux obtenus contre lui ne nuisent pas au propriétaire qui est censé avoir donné mandat à l'usufruitier d'améliorer sa position et non de la rendre pire.

598. — Les produits des mines, carrières et tourbières ne sont au nombre des fruits, et par conséquent n'appartient à l'usufruitier, que quand une exploitation antérieure à l'ouverture du droit d'usufruit a fixé au fonds cette nouvelle destination.

D'après la loi de 1810, l'acte de concession confère une propriété transmissible, de sorte que l'usufruitier n'est plus tenu d'obtenir l'autorisation du gouvernement.

. En raisonnant par analogie de l'art. 592, nous pensons que l'usufruitier pourrait ouvrir une carrière pour en extraire les matériaux nécessaires aux réparations d'entretien, tirer des ardoises pour le rétablissement partiel des couvertures, ouvrir des marnières pour en extraire la marne nécessaire à l'usage du fonds dont il a l'usufruit.

Le trésor n'est pas un fruit; l'usufruitier ne peut donc avoir droit qu'à une moitié, comme inventeur (art. 716).

599. — « *Par son fait.* » Ces expressions doivent être entendues en ce sens que l'un ne peut, sans motif légitime, porter atteinte à la jouissance de l'autre.

« *Aucune indemnité pour les améliorations.* » Le législateur a voulu prévenir les difficultés qui pourraient s'élever sur le règlement de l'indemnité. D'ailleurs, les avantages que l'usufruitier a retirés de ces améliorations peuvent avoir compensé ses dépenses; puis l'article lui permet d'enlever les glaces, tableaux et autres ornements qu'il aurait fait placer, etc.

Si l'usufruitier a fait des constructions importantes sur le fonds, il a droit à une indemnité en vertu de ce principe d'équité : *Nemo locupletari debet detrimento alterius*, appliqué par l'art. 555 au constructeur de mauvaise foi, la présomption de libéralité n'est pas admise. (Voir la discussion approfondie de cette question très-controversée dans le commentaire de Marcadé sur l'art. 555.)

Ce que nous décidons pour l'usufruitier s'applique à plus forte raison au fermier qui a construit sur le fonds du propriétaire.

L'usufruitier auquel on reproche des dégradations peut les compenser jusqu'à due concurrence, avec les améliorations qu'il aurait faites.

SECTION II.

DES OBLIGATIONS DE L'USUFRUITIER.

600. — « *Dans l'état où elles sont.* » C'est une servitude, il ne peut exiger que le propriétaire les livre en bon état: différence avec le fermier ou locataire, qui, avant d'entrer

en jouissance, peuvent forcer le propriétaire à faire toutes
les réparations.

Un donateur ou un testateur peut, en constituant un
usufruit, dispenser l'usufruitier de faire inventaire, mais
cette dispense resterait sans effet à l'égard d'un héritier à
réserve, parce qu'elle pourrait porter atteinte à ses droits;
cette dispense ou prohibition n'empêcherait pas d'ailleurs
les héritiers de faire un inventaire à leurs frais.

M. Proudhon soutient que dans tous les cas, le donateur
ou testateur ne peut dispenser l'usufruitier de faire inventaire. Ce serait une clause contraire à la morale.

« *Un inventaire des meubles et un état des immeubles.* » Il
faut remarquer que la description du patrimoine mobilier
se nomme *inventaire*, et que celle du patrimoine immobilier
est appelée *état*.

601. — « *Il donne caution.* » Il présente une personne
qui s'engage envers le propriétaire. Il ne pourrait pas offrir
une hypothèque sur des immeubles libres, qui ne donnerait pas la même garantie qu'un cautionnement, où il y a,
de plus que la sûreté réelle, un engagement personnel.

M. Proudhon soutient que la caution usufructuaire ne
peut être remplacée ni par des sûretés hypothécaires, ni
même par un gage, nonobstant 2041 ; il se fonde sur cette
règle, *illud potissimum habetur quod ad speciem directum est*:
quand l'usufruitier ne trouve pas de caution, la loi veut
que l'on ait recours au bail ou au séquestre, et autres
moyens de garantie. Il est naturel d'adopter la disposition
qui est particulière et spéciale pour le cas.d'usufruit plutôt
que la règle générale. La caution doit surveiller l'administration de l'usufruitier; il vaut mieux prévenir le mal que
de le réparer quand il est fait.

Si l'usufruit est établi sur des meubles et des maisons,
la caution doit être donnée pour garantir la valeur intégrale; s'il est établi sur des fonds de terre, elle doit seulement être donnée pour garantir des dégradations qui pour-

raient être commises. Cette distinction est fondée sur le raisonnement, l'équité et la nature des choses.

« *Cependant les père et mère*, etc. » Ces diverses exceptions ne peuvent être étendues ; ainsi le vendeur ou le donateur, avec la réserve de la nue propriété, peuvent exiger une caution. (Voy. aussi 754.)

602. — « *Donnés à ferme.* » C'est à l'usufruitier que la jouissance de la propriété appartient ; c'est pour lui que le fermier doit cultiver, c'est à lui qu'il doit payer les fermages, c'est à l'usufruitier qu'il importe de louer le domaine à sa juste valeur ; donc c'est à lui à choisir le fermier.

602. — « *Ou mis en séquestre.* » Le mot *séquestre* s'applique à la chose ou à la personne : appliqué à la chose, c'est l'établissement d'un gardien administrateur ; appliqué à la personne, c'est l'administrateur lui-même qu'on appelle aussi séquestre. La mise en séquestre des biens grevés d'un usufruit consiste donc dans un dépôt que l'on en fait entre les mains d'un administrateur chargé de les régir, de les louer, et de verser entre les mains de l'usufruitier tout ce qui peut lui rester de revenus après avoir pourvu aux réparations et acquitté toutes autres charges usufructuaires.

603. — « *Suivant les circonstances.* » Les juges pourront ordonner, si le nu-propriétaire s'y oppose, en prenant en considération les garanties morales qu'offrira l'usufruitier, le besoin qu'il aura de certains meubles, la fortune du propriétaire, qu'une partie de ces meubles, nécessaire pour son usage, lui soit livrée sous la condition de faire le serment de la conserver et de la restituer non détériorée par son dol ou par sa faute.

604. — « *Qu l'usufruit a été ouvert.* » Ces mots sont trop absolus. Si l'usufruit est constitué par legs, l'usufruitier n'a droit aux fruits qu'à compter de sa demande en délivrance ; ils ne font point exception à l'article 1014 : ils sont pris par opposition au jour où la caution est fournie.

Ainsi, ni le retard que peut mettre l'usufruitier à présenter sa caution, ni l'impossibilité où il pourrait être de la fournir, ni même son refus de donner cette garantie, ne sauraient le priver d'une partie des fruits auxquels il peut avoir droit.

605. — Les réparations d'entretien sont annuelles; elles doivent donc être une charge des fruits. L'usufruitier est tenu de les faire. Les grosses réparations sont souvent imprévues et ne se présentent qu'à des périodes de temps éloignées, aussi *demeurent-elles* à la charge du propriétaire; mais si l'usufruitier les fait, l'art. 599 ne lui est point applicable, il obtiendra à titre d'indemnité, à la fin de sa jouissance, la plus-value de la chose soumise à son droit.

606. — « *Toutes les autres*, etc. » La loi désigne limitativement, dans cet article, les grosses réparations, pour éviter une foule de procès peu importants. Nous croyons que cette limitation ne concerne que les bâtiments ordinaires, et non les navires et les différentes espèces d'usines et manufactures avec leurs immeubles par destination.

607. — Cet article est une conséquence de la nature réelle du droit d'usufruit, qui, d'ailleurs, est une servitude. A ces deux titres il n'astreint à rien faire.

Il n'y a aucune difficulté pour les grosses réparations, qui, d'après l'art. 605, *demeurent* à la charge du propriétaire.

C'est aussi en vertu du même principe que le propriétaire n'est pas tenu de reconstruire ce qui est tombé de vétusté ou qui a été détruit par cas fortuit.

En cas de reconstruction d'une maison par l'usufruitier, il aurait droit à une indemnité, comme ayant fait une grosse réparation, si la maison fait partie d'un domaine sujet à usufruit; si, au contraire, elle est le seul objet de l'usufruit, c'est la question soulevée par la combinaison de 599 et 555.

608. — L'usufruitier est soumis aux charges annuelles et périodiques. Cet article fait l'application de ce principe aux contributions, qui sont la portion de revenu que le particulier donne à l'État pour subvenir à ses besoins. Lorsque les fermiers ou les locataires sont chargés de payer les impôts, c'est en l'acquit du propriétaire; ils ne figurent pas en nom sur les rôles comme l'usufruitier.

« *Et autres,* » telles que l'entretien et la réparation des chemins, les réquisitions extraordinaires en cas d'occupation militaire, etc.

L'art. 530 a supprimé les rentes foncières. Elles ne sont plus, comme dans l'ancienne législation, une charge de l'immeuble; elles ne peuvent plus l'affecter qu'à titre d'hypothèques; par conséquent l'usufruitier du fonds n'est pas tenu d'en payer les arrérages. (Voy. cependant Proudhon, t. IV, Usufruit, n° 1834.)

609. — La conséquence de cet article est que, quand le capital diminue, le revenu doit subir une diminution proportionnelle. Donc si le propriétaire avance le capital d'un emprunt forcé, ou des 45 centimes de 1848, l'usufruitier devra, pendant la durée de son droit, lui tenir compte des intérêts représentatifs de la jouissance. Si l'usufruitier fait l'avance, il en aura la répétition sans intérêts à la fin de l'usufruit. Si tous deux sont hors d'état de satisfaire à ces charges, il faudra vendre une portion des biens sujets à usufruit, et l'on arrivera au même résultat.

610. — Tout légataire d'usufruit est un légataire à titre particulier. Il faut donc dire légataire de l'usufruit de l'universalité des biens, ou d'une quote-part de la succession, ou de l'usufruit soit des meubles, soit des immeubles, ou d'une quote-part des meubles ou des immeubles (art. 1010).

Les arrérages des rentes étant des prestations annuelles, les débiteurs les prélèvent sur leurs revenus. Donc le légataire de l'usufruit doit acquitter la rente viagère, et à plus forte raison la rente perpétuelle dans la proportion de sa jouissance.

611. — Le légataire particulier n'est pas tenu au payement des dettes (art. 871). Il ne peut donc être poursuivi que comme détenteur de l'immeuble hypothéqué ; alors il a le choix ou de délaisser, de subir l'expropriation, ou de payer (2168 et 2169) ; mais il est subrogé aux droits du créancier contre l'héritier débiteur (874).

612. — Le légataire en usufruit de tout ou partie des biens contribuera au payement des dettes d'après les règles exposées relativement aux charges établies sur la propriété (609).

« *On estime la valeur du fonds sujet à usufruit.* » Cette estimation est nécessaire lorsque l'usufruit, au lieu de porter en tout ou en partie sur l'universalité des biens, s'applique seulement à tout ou partie des meubles ou des immeubles. (Voy. 1010.) On estime alors la valeur corrélative des meubles et des immeubles ; on calcule quelle est la portion de dettes qui doit être à la charge du mobilier et des immeubles ; c'est à cette portion des dettes que l'usufruitier contribue.

613. — Pour savoir si l'usufruitier doit supporter les frais du procès, il faut d'abord distinguer si l'usufruit a été établi à titre gratuit ou à titre onéreux. Dans le premier cas, si le procès ne concerne que la jouissance, il supporte seul les frais ; si la nue propriété, c'est le propriétaire ; si la pleine propriété, le propriétaire et l'usufruitier supportent les frais proportionnellement et suivant la nature de son droit.

Si le droit est établi à titre onéreux, l'usufruitier a un recours en garantie contre ceux qui l'ont constitué ; il peut même éviter la condamnation en appelant son garant et en se faisant mettre hors de cause : c'est une garantie formelle (art. 182, Code de procéd.).

614. — L'usufruitier possède pour lui-même le droit

d'usufruit; il peut donc agir en son nom, soit par une action possessoire, la *complainte*, la *réintégrande* ou la *dénonciation de nouvel œuvre*, pour se faire maintenir ou réintégrer dans la possession, soit au moyen d'une espèce d'action pétitoire qu'on appelle *confessoire* en matière de servitude pour en faire reconnaître l'existence.

Quant à la propriété, l'usufruitier possède à titre précaire; il doit, comme le fermier, dénoncer au propriétaire toute usurpation commise sur le fonds. Il n'a pas qualité pour intenter l'action pétitoire.

La décision intervenue au profit du nu-propriétaire ou contre lui aura force de chose jugée à l'égard de l'usufruitier, puisque celui-ci n'est que l'ayant cause du nu-propriétaire. Quant aux jugements obtenus par l'usufruitier et en sa faveur, ils profiteront au propriétaire, dont il a géré utilement les affaires. Mais s'il a été condamné, c'est *res inter alios judicata*, 1351. L'usufruitier n'a mandat que pour conserver la chose.

« *Sans sa faute.* » C'est l'application de l'art. 1302.

615 et **616.** — « *Lui rendre compte des cuirs* » ou de leur valeur, s'il en a profité.

« *Jusqu'à concurrence du croît* » présent et futur, et non passé, qui appartient irrévocablement à l'usufruitier. (Voyez la loi 70, § 4, *De usufructu.*) L'opinion contraire pourrait être dangereuse. En effet, la perte totale du troupeau étant pour le propriétaire, l'usufruitier aurait intérêt à faire périr les têtes qui resteraient, afin de conserver les produits qu'il aurait perçus.

Il doit aussi remplacer les vieilles têtes par de nouvelles; c'est le fait d'un bon administrateur.

SECTION III.

COMMENT L'USUFRUIT PREND FIN.

617. — L'abolition de la mort civile a rétabli l'harmonie entre cet article et 1982.

« *Par l'expiration du temps pour lequel il a été accordé.* »
Si l'usufruitier mourait avant l'époque fixée, l'usufruit
serait éteint. C'est un droit essentiellement personnel.

« *Par la consolidation,* etc. » Dans le droit romain, c'était
la réunion de la nue propriété à l'usufruit. Le Code ne
distingue pas. La consolidation dépendant de la volonté
des parties, ne porte aucune atteinte aux droits réels
accordés par l'usufruitier, et dans le cas inverse, le propriétaire acquéreur ou adjudicataire de l'usufruit est aussi
soumis à l'exercice des droits réels.

Par la résolution du droit de celui qui a constitué
l'usufruit. *Resoluto jure dantis, resolvitur jus accipientis*
(art. 2125).

« *Par le non-usage,* etc. » La loi exige trente ans de non-
usage pour que l'usufruitier perde son droit sur un fonds
qui n'est possédé par personne ; mais un tiers qui aurait
titre et bonne foi acquerrait un simple usufruit par dix
ou vingt ans, comme il acquerrait la pleine propriété
(art. 2265).

618. — La déchéance de l'usufruitier peut être prononcée en justice pour dégradations ou pour négligence préjudiciable au propriétaire.

Les créanciers peuvent user du droit d'intervention
dans l'instance et offrir la réparation des dégradations et
des sûretés pour l'avenir. Les juges ont la faculté de remplacer l'usufruit par une créance de la valeur totale ou
partielle de ce droit, payable par année, ou d'en prononcer l'extinction absolue sans indemnité.

619. — L'usufruit accordé à une personne morale telle
qu'une commune, un hospice, ne dure que trente ans. Le
législateur a préféré la durée moyenne au terme extrême
de la vie humaine. Il en est autrement d'un droit d'usage,
parce qu'il ne rendrait pas la propriété inutile entre les
mains du maître.

620. — « *Jusqu'à cette époque.* » C'est-à-dire jusqu'à l'époque à laquelle le tiers aurait atteint l'âge fixé, s'il eût vécu.

621. — L'aliénation de la chose sujette à usufruit ne l'éteint pas, à moins d'une renonciation formelle. La présence de l'usufruitier à l'acte et sa signature n'entraîneraient pas la perte de son droit.

622. — Cet article est l'application de 1167. Les créanciers peuvent attaquer la renonciation faite par l'usufruitier leur débiteur par l'action révocatoire paulienne.

Cette renonciation à l'usufruit doit être transcrite pour être efficace à l'égard des tiers. (Voy. art. 2-2° de la loi nouvelle, 23 mars 1855.)

623 et 624. — Il faut distinguer si l'usufruit est établi sur un bâtiment objet principal du droit ou sur un domaine dont fait partie ce bâtiment. Dans le premier cas, la chute du bâtiment éteint l'usufruit; il survit dans le second.

Il en serait autrement d'un legs de propriété. Le légataire peut exiger la délivrance du sol et des matériaux.

Il suffit, pour l'extinction du droit d'usufruit, que la chose perdant sa forme substantielle ne soit plus en état de remplir sa destination.

Si l'usufruitier reconstruit la maison détruite sans sa faute, ses droits seraient réglés par l'art. 555. L'usufruit ne renaîtrait pas. Si par sa faute, et qu'il la reconstruise, il pourra exercer de nouveau son droit d'usufruit. Si la reconstruction est faite par le propriétaire, l'usufruit ne revit pas (art. 607).

Si l'immeuble détruit était assuré par le propriétaire, l'usufruitier n'aurait pas le droit de jouir des revenus de l'indemnité.

CHAPITRE II.

DE L'USAGE ET DE L'HABITATION.

Le droit d'usage n'est, dans le Code, qu'un droit d'usufruit restreint aux besoins de l'usager.

625. — « *De la même manière.* » Ce texte n'est pas exact, car il n'y a pas de droit d'usage où d'habitation légale. L'art. 1465 n'établit qu'une obligation, une dette d'aliments qui n'est passible d'aucune charge. Le droit d'usage ne s'éteint pas non plus de la même manière que l'usufruit.

Il peut y avoir lieu au droit d'accroissement entre deux colégataires d'usufruit et non entre deux colégataires d'un droit d'usage ; ces derniers ne pourraient profiter de la caducité que jusqu'à concurrence de leurs besoins.

Il ne faut pas confondre le droit d'usage réel, qui est un service foncier, avec le droit d'usage éminemment personnel dont nous nous occupons.

Le droit d'usage établi au profit d'une commune sur des fonds situés dans son territoire et appartenant à des partiliers ou à l'État, est un bien communal spécialement régi par les lois administratives.

626 et 627. — « *On ne peut en jouir sans donner préalablement caution*, etc. » D'abord pour le mobilier, ensuite pour les immeubles dont l'usager est mis en possession, ce qui doit avoir lieu lorsque les objets grevés ne produisent qu'une quantité de fruits suffisants pour satisfaire aux besoins de l'usager ; dans ce cas, il a les actions possessoires. Il faut lui appliquer l'art. 601.

Le défaut de caution, lorsqu'il est obligé d'en fournir une, donnerait peut-être lieu aux mêmes mesures qu'en cas d'usufruit, lorsqu'elles sont possibles.

628, 629, 630. — « *Par le titre*, » c'est-à-dire le contrat ou le testament. « *Et ceux de sa famille.* » Je pense que la loi comprend la femme, les enfants légitimes, adoptifs et naturels, au moins ceux reconnus avant la concession du droit, mais non les ascendants et collatéraux, même quand ils vivraient avec l'usager.

631. — L'usage diffère de l'usufruit sous ce rapport. Le cessionnaire pourrait avoir des besoins plus étendus que le cédant. Les créanciers ne peuvent pas le saisir ; il n'est pas susceptible d'hypothèque.

632, 633, 634. — Ces trois articles appliquent à l'usage des maisons les règles indiquées pour l'usage des autres biens. La nature du droit est la même.

635. — Il n'y a aucune disposition dans la loi sur les améliorations que l'usager aurait faites au fonds ; d'où il faut conclure qu'il peut répéter la plus-value, parce que la règle générale est que personne ne doit s'enrichir aux dépens d'autrui, et qu'en conséquence elle doit recevoir son application dans tous les cas qui n'en ont pas été formellement exceptés. Il ne faut pas comparer la cause de l'usager à celle de l'usufruitier ; le premier a des droits moins importants que le second.

636. — « *Par des lois particulières.* » Ces lois nombreuses sont remplacées par le Code forestier, promulgué le 31 juillet 1827.

TITRE IV.

DES SERVITUDES OU SERVICES FONCIERS.

637. — « *Une charge :* » pour le fonds servant et un *droit* pour le fonds dominant.

« *Pour l'usage et l'utilité,* » quelquefois même l'agrément.

« *A un autre propriétaire : Nemini res sua servit.* » La servitude est un droit réel immobilier qui suit l'immeuble dans quelques mains qu'il passe ; c'est une première différence avec l'obligation qui est contractée au profit d'une personne, ou imposée à une personne, tandis que la servitude est établie au profit d'un immeuble, ou imposée à un immeuble.

L'exécution d'une obligation ne peut être réclamée que par la personne au profit de laquelle elle a été contractée, ou par ses représentants ; la servitude peut être exercée par tout possesseur du fonds au profit duquel elle a été établie.

638. — « *Prééminence*. » Il n'y a plus de fiefs, plus de biens nobles et de biens roturiers, depuis l'Assemblée constituante.

639. — « *Conventions*. » Expression inexacte qu'il faut remplacer par celles-ci : « *Par la volonté de l'homme*, » comme il est dit dans l'art. 579; car les servitudes s'établissent aussi par testament, par prescription et par la destination du père de famille; mais elles n'existent à l'égard des tiers que par la transcription de l'acte entre-vifs qui les établit. (Voy. l'art. 2 de la loi du 3 mars 1855.)

CHAPITRE PREMIER.

DES SERVITUDES QUI DÉRIVENT DE LA SITUATION DES LIEUX.

640. — « *Naturellement et sans que la main de l'homme*, etc. » Telles sont les eaux pluviales, les eaux de source, et celles qui découlent des terres par infiltration. Cette disposition ne s'applique pas aux eaux de ménage, de fabriques, ou autres semblables; elle ne s'étend pas non plus aux eaux qui découlent des toits ou des égouts dans lesquels elles auraient été recueillies; dans tous ces cas on retrouve la main de l'homme.

Les eaux pluviales ne sont pas prescriptibles de la part du propriétaire du fonds inférieur contre le propriétaire du fonds supérieur; leur usage appartient au premier occupant.

641. — « *Peut en user à sa volonté*, » lui donner une destination agricole ou industrielle, en supprimer le cours ou retenir l'eau sur son fonds, et même couper les veines qui alimentent le puits ou la fontaine du propriétaire du fonds inférieur; c'est l'exercice de son droit de propriété.

Depuis la loi de 1845, qui favorise et étend le droit d'irrigation, je doute que la disposition absolue de ces eaux de manière à en occasionner la perte au préjudice d'autres fonds qui pourraient en profiter, appartienne au propriétaire de la source.

642. — « *Et terminer des ouvrages apparents.* » Il faut que les ouvrages soient *terminés* pour que la prescription commence à courir.

La loi exige des travaux *apparents;* il faut que la possession soit publique, et qu'elle révèle l'intention d'acquérir un droit.

C'est une question controversée que celle de savoir si les ouvrages doivent être faits sur le fonds où naît la source. Je pense qu'ils doivent être au moins adossés au fonds supérieur. Pour acquérir une servitude, il faut faire quelque chose *jure servitutis*, il faut exercer une servitude : *tantum præscriptum, quantum possessum.* Les travaux exécutés sur un fonds inférieur ne prouvent pas l'intention d'acquérir un droit, puisqu'ils ne forment point obstacle au libre usage que le propriétaire de la source fait de ses eaux, qu'il laisse couler sur le fonds inférieur par simple tolérance. Il peut d'ailleurs ne pas connaître ces travaux, dont l'interruption nécessiterait pour lui des frais de justice.

« *Destinés à faciliter la chute et le cours,* etc. » Pour faciliter la chute de l'eau, il faut que les travaux anticipent sur le fonds supérieur. La chute est le passage de l'eau d'un fonds à l'autre. Exécutés sur le fonds inférieur, ils ne faciliteraient que le cours de l'eau et non la chute. (Voy. Pardessus et M. Duranton. Pour l'opinion contraire approfondie, voy. Marcadé).

643. — « *N'en ont pas acquis ou prescrit l'usage.* » Marcadé fait observer que ces expressions sont inexactes : les habitants ne peuvent pas acquérir le droit au cours d'eau, puisqu'ils l'ont en vertu de la loi. Ce qu'ils doivent acquérir, soit par prescription, soit par un acte de contradiction au droit du propriétaire, c'est la libération de l'indemnité.

Cette prescription libératoire courra sans qu'ils aient fait les travaux exigés par l'art. 642, à partir du jour où la communauté s'est servie habituellement de l'eau qui lui était réellement nécessaire. Proudhon soutient l'opinion contraire dans son *Traité du domaine public*, tome IV, n° 1389.

644. — Les propriétaires riverains des rivières non navigables ou flottables ont sur le courant des droits dont l'étendue varie suivant que l'eau borde ou traverse leurs héritages. Celui dont l'eau borde seulement le terrain peut faire des saignées, des canaux d'irrigation, de manière cependant à ne pas nuire au propriétaire de l'autre rive. Celui, au contraire, dont l'eau traverse le fonds, peut en changer le cours, la faire serpenter dans toute l'étendue de sa propriété.

Cet article ne s'applique pas aux riverains des canaux creusés de main d'homme : c'est une propriété privée ; ils ne sont pas riverains.

644 et 645. — « *Celui dont la propriété borde une eau courante.* » La loi du 29 avril 1845 protége et favorise l'irrigation, parce que répartie avec intelligence sur le sol, elle y apporte la fécondité. En conséquence, elle a établi une servitude légale, comme dans le cas d'enclave (voy. l'art. 682), en accordant un droit de passage sur les fonds intermédiaires à celui dont les champs seraient privés d'un élément d'amélioration par l'impossibilité d'y amener les eaux.

L'indemnité accordée au propriétaire du fonds traversé doit être la représentation entière des inconvénients actuels ou éventuels que l'établissement de l'aqueduc peut lui causer.

Cette loi n'a pas modifié les règles du Code sur la jouissance et le partage des eaux ; elle a seulement établi une servitude de passage pour les faire arriver sur le fonds qu'un propriétaire veut irriguer ; mais le propriétaire qui a des fonds éloignés à arroser ne peut conduire sur ces fonds que les eaux dont il aurait le droit de disposer relativement à sa propriété riveraine. Il ne pourrait donc pas céder sa part à un non-riverain.

Elle s'applique aux eaux de toute nature : 1° aux eaux de sources, de pluie, à celles recueillies dans des réservoirs et à celles qui jaillissent du sol par des sondages de puits artésiens. Elles appartiennent en toute propriété à celui sur le sol duquel elles naissent ou sont fixées ; 2° aux eaux des petites rivières qui ne sont ni navigables ni flottables : il n'y a qu'un droit d'usage réglé par les art. 644 et 645 ; 3° à celles dont on jouit à titre de simple concessionnaire : ce sont les eaux qu'on obtient la permission de dériver des fleuves ou des rivières navigables et flottables.

Les contestations qui s'élèveront entre les propriétaires seront jugées ou par les tribunaux, s'il existe des titres qui accordent un droit exclusif sur un cours d'eau, ou par l'autorité administrative à laquelle appartient la police des rivières, qui intervient d'office ou sur la réclamation des riverains, et fait des règlements pour accorder à chacun la part d'eau qui lui est due.

La loi du 5 mai 1841 a établi le droit d'expropriation pour les grands canaux.

Le drainage est l'opération qui consiste à placer dans un champ des séries régulières de tuyaux qui enlèvent l'humidité par le sous-sol.

Il est facultatif ; mais les tiers sont tenus de le souffrir. C'est une servitude qui donne lieu à une indemnité préalable.

Les travaux exécutés pour dériver et faire passer des eaux à une propriété non riveraine peuvent être utilisés par le propriétaire grevé de la servitude et par tout autre (voy. l'art. 2 de la loi du 10 juin 1854), ce qui n'a pas été prévu par la loi du 29 avril 1845. Ces propriétaires supporteront dans les dépenses une part *proportionnelle à leur intérêt.*

La loi de 1847, qui s'est expliquée sur des cas analogues, oblige les nouveaux bénéficiaires à contribuer *pour moitié.* Ces deux lois établissent donc des règles différentes quant à l'indemnité.

Les contestations auxquelles peuvent donner lieu l'établissement et l'exercice de la servitude, la fixation du parcours des eaux, l'exécution des travaux de drainage ou d'asséchement, etc., etc., sont de la compétence du juge de paix. C'est l'art. 5 de la loi du 10 juin 1854 qui apporte cette notable innovation à l'ordre des juridictions civiles. De droit commun, les contestations relatives aux servitudes sont jugées par les tribunaux de première instance et les cours d'appel.

646. — Le bornage est l'acte par lequel deux propriétaires indiquent, par des signes visibles appelés *bornes,* les limites de leurs propriétés contiguës.

L'action en bornage peut être intentée par toute personne qui possède *pro suo*, propriétaire, usufruitier, possesseur de bonne foi, sauf au défendeur à mettre en cause le propriétaire, afin d'éviter toute difficulté pour l'avenir.

L'action en bornage sera portée devant le tribunal de première instance ou devant le juge de paix de la situation du fonds, suivant que la propriété sera ou non contestée.

Le déplacement de bornes donne lieu à une action possessoire.

Il peut aussi donner lieu à une action correctionnelle (art. 456, C. p.). La loi nouvelle sur les justices de paix paraît attribuer au juge de paix l'*action en bornage* et celle en *déplacement de bornes.*

« *Frais communs.* » La loi du 28 septembre 1791 disait que le bornage aurait lieu à *moitié frais* : le Code dit à *frais communs.* Ces termes sont-ils synonymes? Pour le prix et le placement des bornes, oui; pour les frais de mesurage des propriétés, cela est douteux.

647 et **648**. — Le Code a cru devoir consacrer expressément la faculté de se clore à cause des droits de vaine pâture et de parcours.

« *Perd son droit au parcours et vaine pâture.* » La vaine pâture est le droit réciproque que les habitants d'une même commune ont d'envoyer leurs bestiaux paître sur les fonds les uns des autres aux époques déterminées par la loi et l'usage, lorsque les terres, sans semence et sans fruits, ne sont pas en défens.

Ce droit prend le nom de *parcours*, d'*entre-cours* ou de *marchage*, lorsqu'il est établi entre les habitants de deux ou plusieurs communes.

Tout propriétaire peut s'affranchir par la clôture de ces droits, même fondés sur des titres.

Le droit de vaine pâture entre deux particuliers est une servitude conventionnelle, dont l'un ne pourrait se libérer par la clôture de son fonds.

CHAPITRE II.

DES SERVITUDES ÉTABLIES PAR LA LOI.

649, 650, 651, 652. — « *L'utilité publique ou communale,* » c'est-à-dire de l'État ou des communes; elles ont pour objet le chemin de halage et marchepied le long des rivières navigables ou flottables; la construction ou réparation des chemins publics ou communaux, c'est-à-dire des routes impériales, départementales et des chemins vicinaux. Les lois et règlements qui concernent cette espèce de servitude appartiennent au droit administratif.

Ces articles ne sont pas limitatifs. (Voy. l'art. 682 relatif à un fonds enclavé, les art. 1ᵉʳ de la loi du 29 avril 1845 et du 11 juillet 1847, et de la loi du 10 juin 1854 sur le libre écoulement des eaux provenant du drainage.)

SECTION PREMIÈRE.

DU MUR ET DU FOSSÉ MITOYEN.

La mitoyenneté est la propriété appartenant à plusieurs sur des parties distinctes d'un même mur. Il y a communauté d'une chose lorsque, dans la totalité, elle appartient à plusieurs personnes sans qu'on puisse isoler les parties qui appartiennent à l'une ou à l'autre.

Les parties peuvent invoquer l'art. 815 dans ce dernier cas; elles ne le peuvent pas dans le premier.

« *Entre bâtiments.* » Si le mur séparait un bâtiment et une cour ou un enclos, le juge pourrait ne pas déclarer le mur mitoyen.

653. — « *Jusqu'à l'héberge,* » c'est-à-dire jusqu'au point le plus élevé du bâtiment moins élevé que l'autre.

« *Entre cours et jardins.* » Entre deux cours, entre deux jardins, ou entre une cour et un jardin, chaque voisin a un égal intérêt à se clore.

La loi n'indique comme faisant cesser la présomption de mitoyenneté des murs que les titres ou les marques du contraire; mais une possession exclusive, constituant une contradiction formelle avec le titre ou les marques de mitoyenneté, doit être admise suivant le droit commun, soit comme base des actions possessoires, soit comme fondement de la prescription. La partie adverse pourra paralyser l'effet du jugement rendu au possessoire par la preuve de mitoyenneté au moyen de titres ou des présomptions spéciales établies par la loi.

654. — Les signes et marques de non-mitoyenneté, placés en construisant le mur et même après, au su du voisin depuis plus de trente ans, doivent-ils être considérés comme suffisants pour faire admettre une propriété exclusive s'il existe un titre contraire? Je penche pour la négative, soutenue par MM. Duranton et Marcadé, combattue par Delvincourt et Pardessus.

Les signes indiqués par l'art. 654 sont-ils les seuls? Cette disposition est-elle limitative? Cela est douteux pour les murs construits depuis la promulgation du Code; mais les signes anciens conservent toute leur valeur dans un mur antérieur à la loi nouvelle. *Non ad facta præterita revocatur*, art. 2 du Code.

655 et 656. — Les charges de la mitoyenneté sont relatives à la réparation et reconstruction du mur. Chaque propriétaire supporte une fraction des dépenses égale à la fraction qu'il a dans la propriété; mais comme celui qui n'est tenu qu'à cause de la chose qu'il possède, peut, en l'abandonnant, se soustraire aux charges réelles, il peut donc s'en affranchir par l'abandon de la mitoyenneté, pourvu qu'il n'ait pas nécessité par son fait les réparations, ou que le mur ne soutienne pas un bâtiment qui lui appartienne.

Après l'abandon de la mitoyenneté par l'un des copropriétaires, si l'autre reste dans l'inaction et laisse tomber le mur en ruines, celui qui a fait l'abandon peut réclamer la moitié du sol et des matériaux.

Il me semble résulter du principe de la clôture forcée que l'un des voisins ne pourrait pas se soustraire à la nécessité de réparer ou de reconstruire le mur existant. La faculté d'abandon se concilie difficilement avec le droit de contraindre à construire et à réparer. Les habitants des villes et faubourgs ont besoin de plus de sécurité. La clôture est pour ainsi dire d'ordre public; c'est une *obligation* imposée par les lois de police à laquelle on ne peut pas se soustraire.

657. — En vertu du droit de copropriété, chacun des voisins peut faire bâtir contre un mur mitoyen, y placer des poutres et solives, *par tolérance*, dans toute l'épaisseur du mur.

Le droit de bâtir n'est pas limitatif: l'art. 662 dit en termes généraux que l'un des voisins peut pratiquer dans le mur des *enfoncements* et y appuyer des *ouvrages*.

« *Sans le consentement de l'autre.* » Le consentement ou l'intervention de la justice me paraissent devoir être exigés dans le cas de l'art. 657, qui autorise à bâtir et à placer des poutres. Autrement les dispositions du Code présenteraient une contradiction de principes. On ne concevrait pas en effet, pourquoi le législateur se serait montré plus sévère à l'égard de travaux qui n'ont que peu d'importance qu'à l'égard de constructions qui compromettent davantage les droits du copropriétaire. Il y a un *à fortiori* à invoquer, cela est cependant controversé.

658. — Le copropriétaire peut faire exhausser, sans le consentement de l'autre, le mur mitoyen ; mais il doit faire seul la dépense de l'exhaussement, car il acquiert seul la partie exhaussée, et comme la *surcharge* peut nécessiter des réparations plus fréquentes, il devra payer une indemnité suivant la valeur de l'exhaussement.

Il peut pratiquer des jours dans la partie exhaussée.

659. — Le mur mitoyen peut ne pas être en état de supporter l'exhaussement, surtout parce qu'il n'a pas une épaisseur suffisante ; celui qui veut l'exhausser doit le reconstruire en entier à ses frais, en prenant sur son terrain l'excédant d'épaisseur, et il ne doit aucune indemnité pour la surcharge.

Mais si la reconstruction cause un autre dommage au voisin, par exemple si elle entraîne la destruction de peintures, de berceaux, de treillages, etc., l'équité paraît exiger des dommages-intérêts.

660. — « *La moitié de la dépense,* etc. » Lorsqu'on achète la mitoyenneté d'un mur, il faut rembourser la moitié de la valeur actuelle de la maçonnerie et la moitié de la valeur du terrain sur lequel le mur est bâti ; en cas d'exhaussement, au contraire, c'est la moitié de ce qu'il a coûté. La loi suppose sans doute que l'exhaussement est rendu mitoyen peu de temps après qu'il a eu lieu, et elle ne veut pas permettre la spéculation d'un propriétaire qui, ayant intérêt à l'exhaussement, le laisserait construire par le voisin dans le but de profiter immédiatement de la différence qui pourrait exister entre la valeur de la construction et la dépense.

661. — « *Joignant un mur.* » Si le mur n'est pas construit sur la ligne séparative des deux héritages, sans doute pour faire tomber l'égoût du toit des deux côtés, ou pour se réserver, en vue des réparations à faire, un espace que l'on appelait, sous l'empire de certaines coutumes, le *tour d'échelle*, la mitoyenneté ne pourra être acquise qu'à l'amiable : c'est une disposition exorbitante qui ne doit pas être étendue. (Voy. cependant Marcadé.)

662. — « *Ne peut pratiquer.* » Le voisin du propriétaire exclusif d'un mur peut toujours acquérir la mitoyenneté, et une fois acquise, faire boucher les jours existants précédemment, aussi bien qu'empêcher l'ouverture de nouveaux jours. (Voy. cependant Toullier.)

663. — « *Chacun peut contraindre.* » Chacun, dans les villes et faubourgs, peut contraindre son voisin à établir un mur de clôture ou à réparer celui qui existe. Nous avons dit, sous l'art. 656, qui pose un principe général applicable aux campagnes, que dans les villes et faubourgs, l'un des copropriétaires ne peut se soustraire à la construction d'un mur ou aux réparations en abandonnant la mitoyenneté. Autrement le but de l'article, qui est de procurer aux habitants plus de sûreté, serait manqué. On peut ajouter que cela était constant sous la coutume de Paris dont cet article est tiré : qu'il est d'ordre public, et qu'il y a obligation de la chose imposée par les lois de police, dans l'intérêt général du propriétaire. (Voy. cependant Marcadé et Toullier.)

664. — Cet article, en ce qui concerne les réparations à faire à l'escalier, s'écarte des principes de la logique et de l'équité ; mais le législateur a voulu éviter sans doute des calculs compliqués et peut-être tenir compte de la valeur des étages.

La loi garde le silence sur les impôts. L'impôt foncier et celui de la porte cochère ou de l'allée commune sont supportés par tous proportionnellement, celui des portes et fenêtres par le propriétaire de l'étage où ces ouvertures sont pratiquées.

665. — Cet article n'est que l'application de 703, 704 et 706.

666, 667, 668, 669. — A la différence des murs de séparation, dans les champs tout fossé est réputé mitoyen par cela seul qu'il se trouve entre deux héritages clos ou non clos.

La loi n'indique qu'une seule marque de non-mitoyenneté : c'est le rejet de la terre d'un seul côté. Cependant l'un des voisins ne serait pas réputé propriétaire exclusif du fossé à l'instant même où il aurait placé le rejet sur son sol ; l'autre voisin pourra, pendant l'année, intenter l'action possessoire et faire ordonner par le juge de paix que la terre sera enlevée ou répartie sur les deux bords. Ce qui fait supposer que le propriétaire de l'autre côté n'avait pas droit aux terres retirées du fossé et qu'il n'était point tenu de les recevoir.

Après l'année, le voisin dépossédé par ce fait devra se pourvoir au pétitoire et prouver la mitoyenneté, soit par titre, *soit par l'état primitif des lieux*. Elle ne sera perdue qu'après trente ans.

On peut se soustraire à l'entretien du fossé en renonçant à la mitoyenneté.

L'un des voisins ne pourrait forcer le propriétaire exclusif du fossé à lui en vendre la mitoyenneté. La loi consacre ce genre d'expropriation à l'égard des murs seulement. Une telle dérogation au droit de propriété est exorbitante ; il ne faut pas l'étendre par analogie.

670. — La présomption de mitoyenneté de la haie cède,

comme celle du mur et du fossé, au titre et à la possession contraires, possession de dix, vingt ou trente ans, selon les cas, pour acquérir la propriété exclusive de la haie (Voy. 2262 et 2265), possession annale pour donner lieu à l'action possessoire. Mais la possession annale fait-elle présumer l'acquisition de la propriété exclusive de manière à rejeter la preuve sur la partie adverse, preuve qui ne pourra être faite que par titre ou par une possession suffisante pour prescrire, et non par la présomption de mitoyenneté? C'est une question douteuse. (Voy. Marcadé et M. Demante, et d'autre part MM. Dur., Duc., Bon et Roust.)

671. — Il n'est permis de *planter* et même d'avoir des arbres qui croissent spontanément ou par l'effet d'un semis naturel, qui peuvent projeter leur ombre sur l'héritage d'autrui et en épuiser le sol, qu'à la distance prescrite par les règlements particuliers ou les usages constants et reconnus. A leur défaut, la distance est réglée par le Code.

La suppression des arbres plantés à une distance illégale ne peut plus être demandée s'ils ont trente ans d'existence. S'il y a destination du père de famille (voy. 694), on considérerait le droit de maintenir les arbres comme l'effet d'une convention tacite entre les contractants.

M. Duranton est d'une opinion contraire. La prescription commence à courir, dans ce cas, du jour de la plantation, à moins que celle-ci n'ait eu lieu d'une manière clandestine.

La prescription ne s'applique pas aux branches qui existeraient depuis plus de trente ans.

Si le propriétaire les abat ou s'ils viennent à périr, peut-il les remplacer par d'autres de même essence? Pour la négative on dit : On ne prescrit que ce que l'on a possédé. *Tantum præscriptum quantum possessum.* Or, le propriétaire a possédé individuellement tels arbres plantés à une distance moindre que celle prescrite par la loi. Ce droit est temporaire, limité, comme la durée des arbres.

Pour l'affirmative on répond : Toute servitude s'éteint par le non-usage pendant trente ans (art. 706). Or le propriétaire du fonds servant a, pendant trente années, laissé subsister cet acte de protestation. Donc son droit est éteint, et le voisin a acquis une servitude consistant à souffrir des plantations faites à la même distance, mais seulement dans le même lieu. Le droit acquis n'est pas de conserver les arbres existants, mais le droit d'en avoir. Les arbres sont la manifestation, l'exercice d'un droit, de la servitude acquise. Ce principe et son application sont écrits dans l'art. 665 du Code (Voy. Marcadé pour la négative).

672. — Le copropriétaire ou le propriétaire exclusif de l'arbre pourra venir ramasser sur le fonds du voisin les fruits qui lui appartiennent ou au moins exiger qu'ils soient ramassés pour lui être remis, sauf à payer une indemnité ou un salaire. Cette solution satisfait l'équité et maintient les rapports de bon voisinage.

L'art. 150 du Code forestier, sans distinguer entre les bois de l'État, des communes et des particuliers, dispense de l'élagage les arbres de lisière ayant plus de trente ans. Cette exception s'explique par un motif d'intérêt général. L'ébranchage pourrait détériorer ou même faire périr de vieux arbres et souvent les rendre impropres à l'usage auquel ils sont destinés.

673. — Par un motif d'intérêt commun et par la faveur due à l'agriculture, chacun des propriétaires a le droit de requérir que les arbres mitoyens soient abattus.

Il en serait de même s'ils avaient été plantés sans haie, pour servir de bornes. Un propriétaire ne doit pas être plus forcé à souffrir du voisinage des grands arbres quand ils servent de bornes que quand ils se trouvent dans une haie mitoyenne.

SECTION II.
DE LA DISTANCE ET DES OUVRAGES INTERMÉDIAIRES REQUIS POUR CERTAINES CONSTRUCTIONS.

674. — La nécessité de respecter l'intérêt général et l'intérêt privé a donné lieu à l'art. 674 du code Nap.

Il n'est pas limitatif.

A défaut de règlements ou d'usages, les tribunaux ordonneront les précautions qu'ils jugeront utiles.

Les unes sont relatives à l'intérêt public, les autres à l'intérêt privé. On ne peut renoncer aux premières, mais on le peut aux secondes.

Du reste, lors même que les précautions prescrites par les règlements, les usages ou les tribunaux, ont été prises, s'il y a eu dommage causé, celui qui en est victime a droit à une indemnité (1382 et 1383).

SECTION III.
DES VUES SUR LA PROPRIÉTÉ DE SON VOISIN.

675 et **676.** — Il ne faut pas confondre les *jours* avec les *vues.*

.Les *jours* donnent seulement passage à la lumière.

Les *vues* permettent d'apercevoir les objets extérieurs.

Les vues droites sont celles percées dans un mur parallèle à la ligne séparative des deux héritages, qui permettent de regarder en face de soi.

Les vues obliques sont celles percées dans un mur placé sur le côté et perpendiculaire à la ligne séparative.

La loi prescrit les distances qui doivent les séparer des fonds dont elles procurent l'aspect.

677. — La distance qui a été calculée à partir du parement extérieur du mur non mitoyen paraît, à certains auteurs, incomplète, si le voisin achète la mitoyenneté de ce mur; néanmoins il ne peut, à mon avis, exiger la suppression des vues. Un fait qui a été légalement accompli ne peut pas devenir illégitime par l'exercice ultérieur d'un droit. J'admets cette proposition, lors même que je partagerais l'opinion des jurisconsultes qui placent au bord du mur, au lieu du milieu, le point à partir duquel doit se calculer la distance.

Mais je pense que le voisin qui acquiert la mitoyenneté, conformément aux art. 660 et 661, peut faire boucher les jours antérieurement acquis, même sans construction. Cette décision est cependant rigoureuse.

678 et **679**. — Il n'y a aucune distance à observer lorsqu'il existe, entre les vues et l'héritage voisin, un mur qui dépasse la hauteur où elles sont placées. Mais si ce mur s'écroule, s'il est démoli ou abaissé, les vues doivent être reculées; cela est vrai, quelque longue qu'ait été la durée inoffensive. Nulle prescription ne peut être invoquée contre celui qui étant sans intérêt, était aussi sans action.

680. — La distance exigée n'est pas non plus obligatoire quand les deux fonds sont séparés par une rue ou par un chemin public; il importe à la sûreté générale que des fenêtres puissent être ouvertes sur une voie destinée à l'usage de tous les citoyens. Celui qui a acquis par titre, par la destination du père de famille ou par prescription, le droit d'avoir des vues à une distance moindre que la distance légale, peut empêcher le voisin d'élever des constructions sur la ligne séparative de son héritage, pour rendre ces vues inutiles. Le voisin ne peut bâtir qu'à la distance fixée par la loi. Cette doctrine est très-controversée en ce qui concerne la prescription, et la jurisprudence a varié. (Voyez Marcadé.)

SECTION IV.

DE L'ÉGOUT DES TOITS.

681. — La loi défend, dans cet article, de *faire verser* les eaux de son toit sur le fonds de son voisin : ce qui ne veut pas dire que les eaux tombées ne doivent jamais y arriver, si la pente du terrain les y conduit.

Un propriétaire ne peut pas faire avancer son toit sur l'héritage voisin, lors même qu'il y placerait des gouttières destinées à recevoir les eaux et à les détourner sur son propre fonds ou sur la voie publique; une portion du terrain voisin serait couverte; ce serait une atteinte au droit de propriété.

La propriété du terrain laissé pour recevoir les eaux peut-elle être prescrite par le propriétaire du sol qui est en dehors du toit ou de la gouttière? Question délicate et très-controversée. (Voy. Coulon, t. IV, pag. 455.)

SECTION V.
DU DROIT DU PASSAGE.

682. — Le propriétaire d'un fonds qui est sans issue sur la voie publique peut réclamer, pour l'exploitation de sa propriété, un passage sur les fonds de ses voisins. Cette servitude se justifie par la faveur que mérite l'agriculture.

683 et 684. — « *Régulièrement.* » Si le passage ne peut devenir praticable par le point le plus court, qu'au moyen de dépenses considérables, on a le droit de le réclamer à un autre propriétaire dont le fonds offre un trajet plus long mais moins difficile et moins dispendieux, en observant de fixer le passage dans l'endroit *le moins dommageable* à celui sur le fonds duquel il est accordé.

Ces règles ne recevraient pas leur application si les deux fonds avaient appartenu au même propriétaire. La servitude de passage serait établie par une espèce de destination du père de famille, et sans indemnité. Il en serait de même si le passage est réclamé par un acheteur contre son vendeur, ou un légataire contre l'héritier. On est tenu de délivrer la chose vendue ou léguée avec ses accessoires et tout ce qui est destiné à son usage perpétuel (art. 1018 et 1615).

685. — L'action en payement de l'indemnité se prescrit

par trente ans. Mais si le propriétaire du fonds enclavé s'abstient de passer pendant ce laps de temps, il ne perd pas son droit. Il n'y a pas de prescription possible contre une nécessité fondée sur l'intérêt public.

CHAPITRE III.

DES SERVITUDES ÉTABLIES PAR LE FAIT DE L'HOMME.

SECTION PREMIÈRE.

DES DIVERSES ESPÈCES DE SERVITUDES QUI PEUVENT ÊTRE ÉTABLIES SUR LES BIENS.

686. — La loi n'a pas énuméré les servitudes que l'homme peut établir. Les besoins de l'agriculture, la situation des lieux, la volonté du propriétaire sont l'origine de servitudes innombrables. Elle laisse une liberté entière à laquelle seulement elle apporte trois restrictions. Il faut qu'elles ne soient imposées :

1° Ni à la personne ;

2° Ni en faveur de la personne ;

3° Elle proscrit celles contraires à l'ordre public.

La servitude est un démembrement de la propriété ; donc, pour créer une servitude sur un fonds, il faut en être propriétaire, capable de l'aliéner.

L'usufruitier, le fermier, le simple possesseur d'un immeuble peuvent acquérir par prescription une servitude à cet immeuble ; ils possèdent pour le propriétaire ; mais ils ne pourraient pas l'acquérir par l'effet direct d'une convention (art. 1121). Cette convention établirait un avantage tout personnel et qui finirait avec leur possession. Si le droit de tirer un service de la chose est accordé à une personne désignée, c'est un droit d'usage ou de jouissance, et non une servitude réelle.

Proudhon soutient que l'usufruitier peut établir une servitude active, parce qu'il a mandat de propriétaire pour améliorer la condition du fonds dont il a l'usufruit.

La servitude établie par un copropriétaire, sur un immeuble indivis, aura tout son effet s'il devient sa propriété exclusive. Le partage, et *la licitation dans ce cas*, sont déclaratifs (883).

Ceux qui n'ont qu'un droit de propriété résoluble, comme le donataire, le grevé de substitution, l'acquéreur avec la faculté de retrait conventionnel, peuvent bien établir des servitudes, mais *resoluto jux dantis, resolvitur jus accipientis.*

La loi nouvelle de 1855 exige la transcription de tout acte constitutif de servitude, pour produire son effet à l'égard des tiers.

687. — Cet article divise les servitudes en rurales et urbaines. Cette division était surtout importante dans l'ancien Droit romain, parce que les unes étaient *res mancipi;* elles ne s'acquéraient et ne se perdaient pas de la même manière que les autres. Aujourd'hui cette distinction est inutile.

688 et **689.** — La loi indique deux divisions des servitudes importantes dans ces articles. Et en combinant la distinction des servitudes positives et négatives avec celles du Code, nous en ferons, avec MM. Ducaurroy, Bonnier et Roustain, quatre catégories :

1° Continues et apparentes, comme un droit de vue;

2° Continues non apparentes, comme les servitudes négatives;

3° Apparentes mais discontinues, droit de passage qui se manifeste par une porte pratiquée dans un mur;

4° Discontinues et non apparentes, comme les droits de puisage et de pacage.

Nous avons dit que la division des servitudes en continues et apparentes, et en discontinues apparentes ou non, a une grande importance. En effet : 1° les premières ne s'acquièrent pas de la même manière que les secondes; 2° elles donnent lieu à l'action possessoire; 3° la prescription, comme moyen de s'en libérer, ne commence pas à courir de la même époque.

SECTION II.

COMMENT S'ÉTABLISSENT LES SERVITUDES.

690. — Les servitudes continues et apparentes s'acquièrent par titre, par la destination du père de famille et par la possession de trente ans.

« *Par titre*, » par une convention entre deux propriétaires, par donation entre-vifs ou testamentaire.

« *Le titre* » est un fait juridique de nature à établir un droit, comme une vente, un legs.

Ou bien c'est l'écrit qui sert à prouver le fait constitutif du droit.

La donation et le testament supposent toujours un écrit dans les formes exigées par la loi.

Le seul consentement des parties suffit pour le contrat à titre onéreux par lequel on établirait une servitude.

Un grand nombre de jurisconsultes soutient que les servitudes continues et apparentes peuvent s'acquérir par la prescription de dix ou vingt ans. Voici leur raisonnement :

« Celui qui possède de bonne foi et par juste titre un *immeuble* (art. 2265), etc. Or la servitude est un immeuble (526) : donc on peut l'acquérir par la prescription de dix ou vingt ans. »

Le raisonnement des auteurs qui soutiennent l'opinion contraire n'est pas moins rigoureux :

« Les règles de la prescription sur d'autres objets que ceux mentionnés dans le présent titre, sont expliquées dans les titres qui leur sont propres. » 2264.

Or l'art. 690, qui est spécial pour les servitudes, statue qu'elles s'acquièrent par la possession de trente ans : donc, etc.

690. — Je préfère cette dernière opinion, soit parce que l'art. 690 est au siége de la matière des servitudes, soit surtout parce que la prescription de la propriété ou même d'un usufruit suppose la privation de toute jouissance de la part du propriétaire, et par conséquent abandon de son droit ou reconnaissance de celui du possesseur. La quasi-possession d'une servitude, au contraire, est présumée s'exercer par tolérance, à titre de bon voisinage et de familiarité, sans qu'il en résulte de préjudice pour le fonds servant, dont le propriétaire peut n'avoir pas d'intérêt actuel à agir. Il est donc rationnel d'exiger une possession plus longue, puisqu'elle est moins importante et moins onéreuse pour le propriétaire, et de soutenir que les servitudes ne peuvent s'acquérir que par la possession de trente ans. (Voy. MM. Demante et Marcadé.)

691. — L'exercice d'une servitude discontinue peut être considéré comme le résultat d'une tolérance, d'une complaisance de la part du propriétaire du fonds servant (art. 2232).

Celui d'une servitude non apparente peut avoir lieu à son insu.

Les conditions requises par l'art. 2229 ne se rencontrent pas : la publicité et la continuité. Il faut *un juste titre*. Cette possession qui résulte d'actes interrompus, ayant un caractère incertain, plus ou moins mélangé de tolérance et de précarité, et par conséquent plus ou moins équivoque, n'a pas paru aux yeux du législateur propre à fonder la prescription. La *possession même immémoriale ne suffirait pas.* Cependant, ne faisons pas opérer à la loi un effet rétroactif et respectons les servitudes acquises de cette manière avant la promulgation du Code. Mais l'éloignement du temps rendra bientôt impossible la preuve de cette possession. •

Les actions réelles relatives aux servitudes se nomment confessoires et négatoires.

La bonne foi jointe au titre *putatif*, émanée *a non Domino*, ne rend pas prescriptibles les servitudes discontinues et les servitudes continues non apparentes. Il est douteux même que la possession annale appuyée sur un titre pareil puisse procurer l'avantage de l'action possessoire; car elle peut toujours être considérée comme précaire, attendu que le titre est parfaitement étranger au propriétaire. Il n'en serait pas de même si le titre émanait du propriétaire lui-même.

692 et 693. — Celui qui invoque la destination du père de famille comme cause légitime d'une servitude, doit prouver que les immeubles aujourd'hui divisés ont appartenu au même propriétaire qui a mis les choses dans leur état actuel.

Cette double preuve peut être faite par témoins.

694. — Cet article ne se réfère pas à la destination du père de famille. Il suppose qu'une servitude existait entre deux fonds qui, aujourd'hui, sont réunis dans la même main; la servitude est éteinte par confusion, *nemini res sua servit*. Le propriétaire dispose de l'un des héritages sans faire mention dans le titre, de la servitude seulement *apparente*; il décide qu'*elle continue d'exister* sur le fonds aliéné ou en faveur du fonds aliéné. (Voy. Marcadé.)

Il faut examiner l'opinion de M. Demante et celle de M. Duranton qui diffèrent de celle-ci et entre elles. (Voyez Pardessus, n° 280.)

695. — « *A l'égard de celles qui ne peuvent s'acquérir que par titre.* » Le législateur a seulement voulu faire entendre que l'acte récognitif est indispensable pour cette espèce de servitudes, tandis que l'acte primordial peut être remplacé par la prescription à l'égard des servitudes continues et apparentes. Cet acte ne doit pas nécessairement réunir les conditions requises par les art. 1337 et 1338 du Code Napoléon. (Voy. M. Demante.)

696. — C'est l'application de l'axiome « qui veut la fin veut les moyens. »

SECTION III.

DES DROITS DU PROPRIÉTAIRE DU FONDS AUQUEL LA SERVITUDE EST DUE.

697. — Cet article n'est que l'application du principe que nous venons de rappeler.

698. — Les servitudes ne consistent pas à faire, mais à souffrir l'exercice d'un droit.

699. — Puisque c'est une charge imposée au fonds, et non une obligation attachée à la personne, elle passerait à tout successeur. Le propriétaire grevé a la faculté de se libérer en abandonnant le *fonds asservi*, je veux dire la *portion de terrain affectée* à l'exercice de la servitude, sauf à fournir un autre passage, si un accident vient à détruire celui qui est établi (Voy. Marcadé).

L'assimilation de la servitude à l'hypothèque n'est pas exacte : cette dernière est *tota in toto*, etc. Le plus souvent la servitude repose sur une partie distincte de l'héritage, comme le droit de passage ou d'aqueducs. D'après l'intention des parties, l'un n'a pas voulu assujettir tout son immeuble et l'autre acquérir un droit sur l'ensemble indivisible de cet immeuble, c'est donc la *partie assujettie du fonds* qu'il faut abandonner.

Le titre d'établissement de la servitude. Il en serait de même si, *par un titre postérieur*, les travaux eussent été mis à la charge du propriétaire du fonds servant; les termes de la loi ne sont que démonstratifs ou explicatifs. Le nouvel acte confirme l'établissement de la servitude; c'est comme s'il l'établissait.

700. — Il faut conclure de cet article que la division des fonds entre lesquels la servitude existe, ne change rien à leurs droits actifs et passifs. S'il s'agit d'une servitude s'exerçant sur toute l'étendue du fonds, un droit de pacage, par exemple, toutes les parties en resteront affectées. Si c'est une servitude qui ne s'exerce que sur une partie du fonds, comme un droit de passage, le lot dans lequel il se trouvera sera grevé de la servitude.

701 et **702**. — Ces deux textes ne peuvent donner lieu qu'à des questions de fait abandonnées au pouvoir discrétionnaire des tribunaux.

« *Suivant son titre*. » Cette règle n'est pas applicable lorsque la servitude est établie par prescription ou par destination du père de famille. C'est la possession et la disposition des choses par le propriétaire qui doivent servir à fixer les limites du droit.

SECTION IV.

COMMENT LES SERVITUDES S'ÉTEIGNENT.

703 et **704**. — Le texte indique seulement trois modes d'extinction :

1° L'impossibilité d'user de la servitude.

2° La confusion , 705.

3° Le non-usage pendant le temps déterminé.

4° On peut y ajouter la résolution ou rescision du droit de celui qui a concédé la servitude.

5° La remise de la servitude par le propriétaire du fonds dominant. L'arrivée du terme ou l'événement de la condition. Elle s'éteint aussi par l'expropriation pour cause d'utilité publique de l'héritage servant si sa nouvelle destination est incompatible avec les servitudes dont il est grevé.

« *Elles revivent*, » par exemple, si la source qui était tarie reparaît, la servitude se continuera, pourvu que cela ait lieu dans les trente ans. Après trente ans, elle serait irrévocablement éteinte. La liberté des héritages, la consolidation et la sûreté des propriétés, des procès nombreux, après un temps indéfini à éviter, déterminent à adopter cette opinion. Malgré les termes de l'art. 704 *pour faire présumer l'extinction* et la maxime *Contra non valentem agere non currit præscriptio* : on peut d'ailleurs conserver son droit par des actes interruptifs de prescription. (Voy. MM. Demante. Toullier et Marcadé soutiennent l'opinion contraire).

706 et **707.** — La loi est plus favorable à l'extinction des servitudes qu'à leur acquisition. La prescription, en effet, ne peut faire acquérir que les servitudes continues et apparentes. Au contraire, elles s'éteignent toutes par le non-usage. La loi consacre des différences quant au point de départ de la prescription entre les servitudes continues et les servitudes discontinues. Pour celles-ci, les trente ans courent du jour où l'on a cessé d'en jouir. Pour les servitudes continues, un acte contraire peut seul servir de base à la prescription. Ainsi, la prescription contre une servitude de vue commence le jour où le voisin ou même le propriétaire de la maison a bouché les fenêtres.

Le tiers acquéreur du fonds servant peut, s'il est de bonne foi, en prescrire la libération par une possession de dix ou vingt ans, depuis la transcription de son titre (2180 et 2265). L'art. 706 qui exige un non-usage pendant trente ans, règle les rapports du *stipulant* et du *promettant*, et non les droits d'un tiers acquéreur ; voilà comment on peut concilier cette opinion avec les art. 2264 et 706. (Voy. Marcadé.)

708. — « *Et de la même manière.* » Le sens de cet article est que toutes les servitudes continues ou discontinues apparentes ou non, peuvent être diminuées ou anéanties par la prescription, et que les servitudes continues et apparentes peuvent seules être augmentées par ce moyen. Cette doctrine peut être bien éclaircie par des exemples : mon voisin m'a accordé le droit d'ouvrir deux fenêtres sur son jardin ; je n'en ai ouvert qu'une ou trois. Dans le premier cas, après trente ans, j'aurais perdu le droit d'ouvrir la seconde, et dans le second cas, j'aurai acquis le droit de conserver la troisième.

Si mon titre me donne le droit de puiser de l'eau à certaines heures du jour et que j'en ai puisé pendant trente ans à des heures différentes, j'ai perdu le droit qui m'avait été accordé, et je n'ai pas acquis celui que j'ai exercé.

709 et 710. — « *Par indivis.* » Le propriétaire du fonds dominant est mort laissant plusieurs héritiers ; l'exercice de la servitude par l'un d'eux la conserve pour tous. **La servitude est due à tout héritage.** Or, pendant l'indivision, chacun des copropriétaires a son droit épars sur l'héritage entier ; donc il use de la servitude entière et la conserve pour tous. Et si la prescription est suspendue contre l'un d'eux qui est mineur ou interdit, la servitude continuera d'exister en faveur de tous, malgré le non-usage pendant trente ans. La servitude est indivisible. L'indivision est la seule cause de la décision de cet article ; car, si le fonds était divisé entre les propriétaires, la part de chacun serait un héritage particulier à qui la même servitude serait due séparément ; par conséquent, la prescription, quoique suspendue à l'égard de la portion échue au mineur, pourrait courir contre les portions des majeurs.

LIVRE TROISIÈME.

DES DIFFÉRENTES MANIÈRES DONT ON ACQUIERT LA PROPRIÉTÉ.

DISPOSITIONS GÉNÉRALES.

711 et 712. — Les modes d'acquérir la propriété sont primitifs ou dérivés. *Primitifs :* l'occupation et quelquefois l'accession. *Dérivés :* ce sont les successions légitimes ou testamentaires, l'accession, la prescription, la loi, la tradition, et enfin *certains contrats ;* ce que veut dire cette formule inexacte *par l'effet des obligations « de certains contrats, »* tels que vente, échange, donation, lorsqu'ils ont pour objet des corps certains ; lorsqu'ils ont pour objet des choses indéterminées, elles ne sont acquises que par la tradition. (Voy. 938, 1138 et 1583.)

Cette division est de pure doctrine.

La loi du 23 mars 1855 exige que tout acte entre-vifs qui aura pour objet de faire passer la propriété d'un immeuble ou d'un démembrement de cette propriété, d'une main dans une autre, et même les actes renfermant des charges qui en diminueraient notablement la valeur, devront être transcrits sur les registres publics des conservateurs des hypothèques ; de sorte que, à compter du 1er janvier 1856, la translation de la propriété et de ses démembrements, de droits réels et même de certains droits personnels, n'aura lieu à l'égard des tiers que par la transcription.

Les modes d'acquisition de la propriété sont universels, à titre universel et à titre particulier. Cette division est importante, parce que les héritiers qui continuent la personne du défunt, sont tenus au payement de ses dettes même *ultra vires*, s'ils sont réguliers; s'ils sont successeurs irréguliers, ou légataires universels ou à titre universel, ils n'en sont tenus qu'en vertu de la maxime : *Non sunt bona nisi deducto œre alieno*, tandis que les légataires particuliers ou autres ayants cause, tels que acheteur et donataire, n'en sont point tenus.

Une troisième division fort utile est celle des modes d'acquérir à titre gratuit et à titre onéreux.

Les premiers sont sujets à rapport, réductibles, révocables pour ingratitude et survenance d'enfants. Ils sont soumis à des formalités particulières; ils exigent dans le disposant une capacité plus complète, etc.

715. — « *Lois particulières.* » Loi du 3 mai 1844, sur la chasse.

Loi du 15 avril 1829, sur la pêche fluviale.

Ordonnance de 1681, liv. 5, sur la pêche maritime.

717. — « *Effets jetés.* » Trouvés par hasard, ils appartiennent pour deux tiers à l'État; pour un tiers à l'inventeur, faute de réclamation du propriétaire dans l'année.

« *Objets rejetés.* » Si ce sont des effets jetés et trouvés par hasard sur la grève, ils appartiennent à l'État, faute de réclamation dans l'année. Quant aux choses provenant originairement de la mer, comme l'ambre, le corail, le poisson, elles appartiennent pour un tiers à l'inventeur. Il en acquerrait la totalité, s'il les tirait directement de la mer.

« *Plantes.* » Comme le varech. Le droit de les récolter appartient à la commune dans le territoire de laquelle elles se trouvent; si elles sont détachées, elles appartiennent au premier occupant.

« *Des choses perdues.* » L'État devient propriétaire, après deux ans, des objets laissés dans les bureaux de voitures publiques et de douanes, et après huit ans, des sommes déposées à la poste. Loi du 31 janvier 1833.

716.— Notre Code n'exige pas que le dépôt soit ancien. Il suffit que la chose soit cachée ou enfouie, que personne ne puisse justifier son droit de propriété, et qu'elle ait été découverte par le pur effet du hasard.

L'usufruitier n'a droit à aucune portion du.trésor comme usufruitier. Il en est de même du mari, si le trésor est trouvé sur un fonds appartenant à sa femme. Si l'un des époux trouve un trésor sur le fonds de la communauté, elle l'a en entier.

Les ouvriers qui découvrent un trésor par l'effet du hasard ont droit à la moitié.

Il en est autrement, si le propriétaire du fonds les a spécialement employés à chercher les choses enfouies.

Si l'on a *cherché* et trouvé un trésor dans le fonds d'autrui, on n'y a aucun droit.

La loi n'a pas voulu favoriser les dégradations sur le terrain d'autrui, sous prétexte d'en tirer des choses précieuses.

TITRE PREMIER.

DES SUCCESSIONS.

La succession est la dévolution des droits actifs et passifs d'une personne défunte à une autre personne qu'on appelle ordinairement son héritier.

L'hérédité est la masse des biens qui composent le droit de succession.

CHAPITRE PREMIER.

DE L'OUVERTURE DES SUCCESSIONS ET DE LA SAISINE DES HÉRITIERS.

718 et 719. — La succession s'ouvre par la mort naturelle; ce n'est qu'un fait à constater.

720, 721, 723. — Si les circonstances du fait ne peuvent jeter aucune lumière sur la question de survie, on s'en réfère aux présomptions établies par la loi, et qui sont tirées de la force de l'âge et du sexe.

Elle exige d'abord que plusieurs personnes aient péri dans *un même événement;* ces dispositions ne seraient donc pas applicables entre deux parents décédés le même jour, par une cause quelconque qui les aurait frappés *isolément.* Dans ce cas, en effet, l'âge et le sexe ne sont d'aucune considération.

Le Code exige ensuite que les personnes soient *respectivement* appelées à la succession l'une de l'autre.

Les termes de la loi sont restrictifs, et en matière exceptionnelle et de simple conjecture, il ne faut pas raisonner d'un cas prévu à un cas imprévu, quand il y aurait analogie ou même motif. La règle est dans les art. 135 et 136.

S'appliqueraient-elles aux successions testamentaires, aux donations de biens à venir, au préciput, aux donations de biens présents, avec clause de retour? Nous adoptons la négative.

1° Il n'y a de présomptions légales que celles qui sont écrites dans la loi. Or, elles ne sont pas rappelées au chapitre des testaments, des donations par contrats de mariage, du préciput, etc., donc elles sont étrangères au testateur et au légataire, etc., donc ils restent tous sous l'empire du Droit commun, c'est au demandeur à prouver le fait qui sert de fondement à sa demande. Il faut ajouter que toute disposition testamentaire est caduque, si celui en faveur de qui elle est faite n'a pas survécu au testateur (art. 1039). Le principe général est dans 135. Il est impossible de concilier les opinions diverses des auteurs qui n'admettent pas cette doctrine. Le Code s'attache à la présomption de survie qui ouvre les successions dans l'ordre de la nature, dans trois cas: 1° lorsque les *commorientes* ont plus de soixante ans; 2° lorsqu'ils ont moins de quinze ans; 3° lorsqu'ils sont entre quinze et soixante ans.

A. ces trois hypothèses prévues il en faut joindre deux autres:

1° Lorsque l'un a plus de quinze ans et l'autre plus de soixante ans. La présomption de survie serait en faveur du plus jeune s'il avait moins de quinze ans; elle existe, à plus forte raison, pour lui lorsqu'il est dans la force de l'âge.

2° Si le plus jeune a moins de quinze ans, le plus âgé se trouve entre quinze et soixante; celui-ci, dans la force de l'âge, est présumé avoir survécu. Ces solutions résultent implicitement des règles établies par le Code.

Le droit d'invoquer les présomptions de survie n'est pas purement personnel aux héritiers légitimes des personnes décédées; il appartient aux donataires et légataires, et même à leurs créanciers (art. 1166).

723 et 724. — Le Code divise les héritiers légitimes en réguliers et en successeurs irréguliers. Cette distinction est importante, parce que les uns ont la saisine.

La saisine est l'investiture légale et immédiate des droits actifs et passifs du défunt. Dès que la succession est ouverte, l'héritier régulier est propriétaire, possesseur, créancier ou débiteur; il a l'exercice actif et est soumis à l'exercice passif de ces droits; mais s'il n'a pas encore pris qualité, il peut opposer une exception dilatoire (art. 793 et suiv.).

Les héritiers réguliers continuent la personne du défunt; ils sont donc tenus, comme lui, de ses dettes, c'est-à-dire *ultra vires*.

Les successeurs irréguliers succèdent aux biens, mais ils ne représentent pas le défunt. S'ils doivent payer ses dettes, c'est en vertu de la maxime : *Non sunt bona nisi deducto œre alieno*. Ils n'en sont tenus que dans la limite des biens qu'ils recueillent, et ils peuvent se soustraire à l'action des créanciers en faisant l'abandon de ces biens. Les héritiers réguliers n'auraient cette faculté qu'en acceptant sous bénéfice d'inventaire.

Les successeurs irréguliers, après l'envoi en possession,

peuvent joindre la possession du défunt à la leur, soit
pour prescrire, soit pour intenter les actions possessoires.

CHAPITRE II.

DES QUALITÉS REQUISES POUR SUCCÉDER.

725. — On nomme *incapable* celui qui ne réunit pas,
au moment de l'ouverture de la succession, les qualités
auxquelles la loi a subordonné le droit de succéder.

Trois choses sont à prouver pour attribuer à un enfant
le droit de succéder : l'une, qu'il était *conçu* au moment
de l'ouverture de la succession ; l'autre, qu'il est né *vivant ;*
la troisième, qu'il est né *viable.*

L'existence de l'enfant conçu a réellement commencé au
moment de sa conception (Voy. 906). Mais comment établir qu'un enfant est conçu à l'ouverture de la succession ? La preuve dépend de la durée de la grossesse, avec
cette distinction : si la question de succession se lie à la
question de légitimité, il faut appliquer les présomptions
établies dans les articles 312 et 315 ; sinon, elle est laissée
à l'arbitrage des juges, qui se décideront d'après le rapport des médecins. Les présomptions de légitimité ne sont
pas rappelées au titre des successions ; il n'y a pas même
utilité sociale. Donc les tribunaux ne sont pas forcés de les
appliquer.

On n'admet pas à succéder l'enfant qui naît non viable.
Le législateur n'a pas pu considérer comme existant un être
privé des qualités physiques nécessaires à la vie.

726. — Par cette disposition, le Code appliquait en
matière de succession le principe de réciprocité. Mais la
loi du 14 juillet 1819 a abrogé l'art. 726 en accordant aux
étrangers le droit de succéder en France de la même manière que les Français. Seulement, quand le défunt laisse
des biens hors du territoire, les Français cohéritiers de

l'étranger peuvent prélever sur les immeubles et les meubles existant en France une valeur égale à celle dont ils seraient exclus par la loi étrangère.

727. — On appelle *indigne* celui qui, pour peine de sa conduite envers le défunt ou sa mémoire, a été, par jugement, déclaré déchu du droit de lui succéder.

Les cas d'indignité sont : 1° condamnation pour meurtre ou tentative de meurtre sur la personne du défunt ; 2° imputation au défunt, jugée calomnieuse, d'un crime emportant la peine de mort ; 3° défaut de dénonciation à la justice du meurtre du défunt.

Les successions sont déférées d'après l'affection présumée du défunt. Or, il est impossible de supposer qu'il ait voulu laisser ses biens à son meurtrier, à son calomniateur et à celui qui néglige de le venger. Mais les déchéances doivent être restreintes : donc un héritier ne peut être exclu pour un crime non mentionné dans l'art. 727.

L'indignité doit résulter d'une *condamnation* ; donc si l'action criminelle est prescrite, si l'accusé meurt même pendant les débats, il n'y a pas de condamnation et par conséquent pas d'indignité.

Si la condamnation a pour cause un homicide commis involontairement, elle ne produit pas d'indignité ; la loi a voulu punir le crime et non la maladresse ou l'imprudence.

Si le meurtrier est déclaré excusable (voy. 321 ; 322, 324 et 325 C. pén.), peut-il être déclaré indigne? La question est controversée. Pour la négative, on peut dire que le fait du coupable n'offre plus le même caractère de criminalité, parce que sa volonté n'a pas été libre, mais provoquée, entraînée, dominée. C'est pourquoi la loi pénale n'inflige que des peines correctionnelles. La loi civile doit aussi se relâcher de sa sévérité. Pour l'affirmative, on dit : le fait excusable n'est pas moins un crime ; la modération dans la peine ne l'empêche pas d'être condamné. L'opinion contraire serait dangereuse et opposée à la morale publique.

Dangereuse, en ce que la perspective d'une riche succession engagerait peut-être trop fortement le présomptif héritier à céder à des mouvements de colère provoqués par le parent dont il convoite l'héritage.

Opposée à la morale publique, qui ne permet pas qu'un meurtrier s'enrichisse des biens de sa victime.

Mais pas d'indignité, lorsque l'accusé était en démence au moment de l'action ou en cas de légitime défense, ou mineur de seize ans ayant agi sans discernement.

La prescription de la peine, sa commutation, la grâce n'effacent pas l'indignité.

Une accusation : la loi aurait dû dire *dénonciation* ou plainte. Le ministère public seul accuse.

Capitale, c'est-à-dire qui entraînerait, si elle était fondée sur un fait vrai, une condamnation à mort.

3° *L'héritier majeur.* Le mineur ne saurait peut-être apprécier l'obligation qu'une circonstance aussi grave lui impose. Le mineur devenu majeur subira-t-il la sanction rigoureuse de la loi? Cela est douteux.

Il existe des différences importantes entre l'incapable et l'indigne.

1° L'incapacité est de droit et absolue; l'indignité est relative et doit être prononcée par un jugement. L'indigne a été saisi ; en conséquence, les droits qu'il a accordés soit à titre onéreux, soit même à titre gratuit, doivent être respectés. L'indignité est une peine, elle ne doit être infligée qu'au coupable. L'art. 958 le décide ainsi à l'égard des acquéreurs du donataire ingrat. Au contraire, l'incapable n'ayant aucun droit, n'a pu en transmettre.

728. — Le législateur n'a pas voulu violenter les affections de famille pour un intérêt pécuniaire. L'honneur de cette famille, la morale et l'honnêteté publique commandent cette réserve à l'héritier. Mais la force même des choses pourra le mettre dans l'alternative ou de se laisser déclarer indigne ou de dénoncer son parent! Il pourra éviter cette fâcheuse position en dénonçant le meurtre et non le meurtrier. Il suffit de provoquer les investigations de la justice. L'héritier aura la faculté de garder le silence sans encourir l'indignité lorsque le meurtrier sera connu sans qu'il ait été forcé de le désigner lui-même. Cette disposition sera encore utilement invoquée après la mort du meurtrier ou lorsque la prescription aura éteint l'action publique.

Il faut remarquer que ces mots *ni à ses alliés au même degré*, doivent être placés à la fin de l'article.

Si une personne est déclarée indigne, et que l'on découvre ensuite que le meurtrier est son parent, elle peut se faire relever de l'indignité par la voie de l'appel ou par la requête civile, s'il y a eu mauvaise foi ou dol de la part des héritiers.

729. — « *Tous les fruits, etc.* » On ne distingue pas s'il les a perçus de bonne ou de mauvaise foi, ce qui est possible dans le troisième cas de l'art. 727, tant que l'héritier n'a pas découvert le meurtre du défunt ; ce n'est pas en vertu de la maxime *fructus augent hœreditatem*, qui ne reçoit plus son application dans notre droit. (Voy. art. 138). C'est un accessoire, une aggravation de la peine à laquelle il est condamné. D'ailleurs, il pouvait tout conserver en satisfaisant à un devoir ; il ne l'a pas voulu, la loi le punit, il doit se l'imputer.

730. — Les enfants de celui qui est mort avant le défunt après s'être placé dans un cas d'indignité, peuvent-ils le représenter? La disposition précise de cet article paraît les exclure, puisqu'il ne les admet qu'autant qu'ils viennent *sans le secours de la représentation*. Ces mots sont inutiles si on les entend de l'hypothèse où l'indigne a survécu, puisque l'article 744 défend de représenter les personnes vivantes.

Pour l'affirmative, on peut dire que l'équité et le double but du législateur, l'égalité entre les membres de la même famille, et la division des propriétés, s'opposent à une solution négative. et à ce que des enfants soient punis pour la faute de leur père; 2° que si cet article déclare que pour succéder, les enfants de l'indigne doivent venir de leur chef et sans le secours de la représentation, c'est qu'on suppose l'indigne survivant, et que l'art. 730 correspond à 744, qui ne permet pas la représentation des personnes vivantes. Ce n'est pas le seul exemple d'une disposition redondante et inutile dans le Code; 3° le représentant ne tient pas son droit du représenté; c'est à sa propre indignité qu'il faut s'attacher et non à celle de son auteur; 4° la place est vacante; 5° on peut représenter le mort civilement qui n'a pas de droits. Comment d'ailleurs prononcer une déchéance contre un mort seulement pour dépouiller ses héritiers?

Le Code n'ayant pas fixé de délai particulier pour intenter cette action, et ne s'agissant point d'une action en nullité ou en rescision de contrat, cette action dure trente ans (2252). C'est une sorte de pétition d'hérédité.

CHAPITRE III.

DES DIVERS ORDRES DE SUCCESSION RÉGULIÈRE.

SECTION PREMIÈRE.

DISPOSITIONS GÉNÉRALES.

731. — Les héritiers réguliers se divisent en quatre classes : 1° les descendants; 2° les père et mère en concours avec les frères et sœurs et leurs descendants; 3° les autres ascendants; 4° les collatéraux jusqu'au douzième degré inclusivement. La division de cet article est donc inexacte.

732. — La loi ne considère ni la *nature* des biens, s'ils sont meubles ou immeubles, ni l'*origine*, s'ils proviennent de la ligne paternelle ou maternelle, s'ils sont propres ou acquêts, pour en régler la dévolution.

Il existe des exceptions au principe qui défend de rechercher l'origine des biens, dans les art. 747, 351, 352 et 766.

733. — En rejetant la règle *paterna paternis*, etc., le législateur a voulu éviter les difficultés pratiques, les recherches difficiles et coûteuses qu'il fallait faire pour vérifier l'origine des immeubles; il divise les biens d'une succession échue à des ascendants et à des collatéraux en deux parts égales.

Les parents germains, c'est-à-dire à la fois paternels et maternels, ne jouissent plus du *privilège du double lieu*, ils n'excluent plus les parents consanguins ou utérins; mais ils prennent part dans les deux lignes, c'est-à-dire une part double des autres parents.

734, 735, 736, 737, 738. — La parenté est le lien juridique existant entre personnes qui descendent les unes des autres ou d'un auteur commun.

L'alliance consiste dans les liens civils qui unissent l'un des époux aux parents de l'autre.

Le degré est l'intervalle qui sépare deux parents. La suite des degrés forme la ligne, qui se divise en ligne directe et en ligne collatérale. On compte autant de degrés qu'il y a d'intervalles entre les parents. Ainsi, le père est au premier degré avec son fils, etc. En collatérale, on compte les intervalles qui existent entre un parent et l'auteur commun, et ceux qui existent en descendant de celui-ci au parent avec lequel on veut établir sa parenté. Ainsi, deux frères sont au deuxième degré, etc.

SECTION II.

DE LA REPRÉSENTATION.

739. — La représentation est une disposition de la loi en vertu de laquelle les descendants remontent aux degrés de leurs ascendants morts avant le *de cujus* pour exercer les droits que ceux-ci auraient eus si la succession se fût ouverte pendant leur vie.

La représentation a été admise parce qu'elle est conforme aux affections présumées du défunt. Elle a en outre, pour motif, l'égalité entre les membres de la même famille et la division des propriétés.

740 et 741. — « *En degrés égaux.* » Elle n'a alors pour objet que d'amener le partage par souches, de forcer au rapport des donations faites au représenté, et de donner lieu au droit d'accroissement de la part abandonnée au profit de ceux qui sont dans la même souche que le renonçant.

742 et 743. — La représentation n'a pas lieu en ligne collatérale, si ce n'est en faveur des descendants de frères ou sœurs du *défunt.* Supposons un oncle avec deux neveux, cousins germains. L'un de ces derniers meurt. L'oncle, qui est au troisième degré, lui succède seul, à l'exclusion du cousin germain qui reste au quatrième; il ne peut invoquer le bénéfice de la représentation, parce qu'elle est limitée en ligne collatérale aux descendants des frères et sœurs *du défunt*, et il est descendant d'un oncle.

744. — « *Les personnes vivantes.* » (Voy. l'art. 136 sur la question de savoir si l'on peut représenter un absent.)

« *A la succession duquel on a renoncé.* » Il n'est donc pas nécessaire d'être héritier d'une personne pour la représenter : il suffit d'être son descendant. Mon père meurt, je renonce à sa succession; je pourrai le représenter dans la succession de mon grand-père lorsqu'elle sera ouverte. C'est une des différences qui existent entre la représentation et la transmission.

Une autre différence, c'est que la représentation est une faveur de la loi qui n'existe qu'au profit de certaines personnes. La transmission profite à quiconque succède à celui qui meurt après avoir été saisi, héritier légitime ou légataire.

Celui qui succède par représentation ne doit supporter

que les charges de la succession qu'il recueille, s'il renonce à celle du représenté.

Celui qui succède par transmission doit supporter les charges de la succession transmise et les charges qui grèvent celui qui la transmet.

SECTION III.
DES SUCCESSIONS DÉFÉRÉES AUX DESCENDANTS.

La suppression des droits d'aînesse et de masculinité est confirmée par cet article. — Les descendants succèdent à l'exclusion de tous autres parents, même plus proches en degré.

« *Tous au premier degré et appelés*, etc. » Ces termes sont inexacts. A quelque degré que se trouvent les descendants, ils partagent par tête s'ils viennent de leur chef.

SECTION IV.
DES SUCCESSIONS DÉFÉRÉES AUX ASCENDANTS.

746. — La division par moitié entre les ascendants paternels et maternels, et l'attribution exclusive de chaque moitié au plus proche dans sa ligne, sont la conséquence de la fente des biens et du principe que les ascendants ne succèdent jamais par représentation.

747. — Cet article est la source de nombreux développements et de nombreuses questions.

Le droit qu'il établit a pour but d'épargner aux ascendants le regret de perdre les biens qu'ils ont donnés, après avoir eu la douleur de perdre les descendants qui les avaient reçus. *Ne et filiœ amissœ et pecuniœ damnum sentiret* (loi 6, *de jure dotium*). D'ailleurs, en décrétant le retour des biens donnés, la loi encourage la bienfaisance des ascendants.

Cette succession est *anomale*.

1° Elle a lieu *in re singulari*.

2° Elle est basée sur une recherche de l'origine des biens (732).

3° Elle ne se règle pas sur la proximité du degré.

Ce droit, qu'on appelle ordinairement *retour légal*, n'est pas de même nature que le retour conventionnel permis par la loi dans les art. 951 et 952. Dans celui-ci, les aliénations faites par le donataire, les charges créées par lui sont résolues, tandis que le premier s'exerce seulement sur les choses qui existent en nature dans les biens du donataire. C'est un droit de succession. Mais spéciale, elle peut se réunir à la succession ordinaire ou exister sans elle ; ainsi le père qui empêche l'aïeul de succéder, ne lui enlève pas la succession particulière réglée par cet article. L'aïeul héritier du donataire peut renoncer à la succession ordinaire et reprendre les choses données, à la charge par lui de payer les dettes dans la proportion de la valeur des biens qu'il reprend, comparés à ceux de la succession ordinaire.

« *Sans postérité* » légitime, légitimée, adoptive et même *naturelle*, mais pour une partie seulement, corrélative à celle qu'elle prend dans la succession. (Voy. 757.)

Les descendants qui sont indignes de succéder et ceux qui renoncent à la succession, sont considérés comme s'ils n'existaient pas et ne font point obstacle au droit de retour.

L'ascendant donateur privé du droit de retour à la mort du donataire, laissant un ou des enfants, l'aura-t-il ensuite si ces enfants viennent à mourir avant lui ? D'après l'esprit et le motif de la loi, et sans doute l'intention du donateur, il faudrait décider l'affirmative. Mais le texte de l'article résiste à cette opinion. Le donataire n'est pas décédé *sans postérité*.

1° Il n'y a plus de biens *donnés;* il n'y a plus que des objets transmis par voie de succession.

2° Si le législateur eût voulu étendre le retour légal à ce cas, il l'aurait déclaré, comme il l'a fait dans l'art. 352.

3° L'art. 951 permet de stipuler le droit de retour en cas de prédécès du donataire et de ses descendants. Si le donateur n'a pas fait cette réserve, c'est qu'il ne l'a pas voulu ; s'il a manqué de prévoyance, *vigilantibus jura succurrunt*.

Le droit accordé aux ascendants est d'une nature exceptionnelle ; il constitue une dérogation au système général des successions ; il doit donc être renfermé dans les limites tracées par le texte de la loi.

« *Se retrouvent en nature*. » Donc si les objets donnés ont été aliénés par actes entre-vifs, à titre gratuit ou onéreux, si le donataire en a disposé par testament, les nouveaux possesseurs et les légataires ne peuvent être inquiétés.

Si les immeubles donnés sont grevés d'hypothèque, l'ascendant doit acquitter l'intégralité de la dette hypothécaire ; mais il a un recours contre les autres héritiers, si le montant de la dette excède la part pour laquelle il doit contribuer dans le passif total de la succession.

La loi n'a rien réglé relativement aux impenses nécessaires et aux améliorations : nous pensons que les art. 864 et 862 doivent recevoir ici leur application.

« *Au prix qui peut en être dû*. » Ces termes prouvent que toutes les fois qu'il y a confusion de la valeur des biens donnés avec le patrimoine particulier du donataire, le droit de réversion ne peut plus être exercé. Donc il n'a pas lieu si le prix a été payé, lors même qu'il existerait une somme égale dans l'hérédité. Cependant si le prix était dans un sac cacheté avec l'étiquette : prix de tel immeuble, je le soumettrais au droit de retour. Il en serait de même de l'immeuble échangé ou acquis en remploi ; mais je n'y soumettrais pas les biens aliénés définitivement par le donataire et qui se retrouvent dans la succession, parce qu'il les a acquis de nouveau par achat ou autrement. Ces biens n'ont plus leur qualité primitive de biens donnés ; leur prix a été confondu dans le patrimoine du donateur. Il faut qu'il soit certain que les objets donnés sont dans la succession du donataire, par l'effet de la donation faite par l'ascendant.

« *A l'action en reprise.* » C'est le droit pour le donateur d'exercer le retrait conventionnel des biens qu'il a donnés et que le donataire a vendus avec faculté de *réméré* ; de poursuivre la résolution, la nullité ou la rescision de toute aliénation à titre gratuit ou onéreux.

Cette disposition s'applique aussi aux reprises de la dot.

Nous avons dit que le retour légal est un droit de succession. Il en résulte qu'on ne peut pas y renoncer avant qu'il ne soit ouvert. Toute clause dans l'acte de donation, pour en interdire l'usage, serait nulle.

748, 749, 751. — On voit par ces deux articles que certains collatéraux excluent tous les ascendants autres que les père et mère.

Un arrière-petit-neveu du défunt écarterait les grand-père et grand-mère, et prendrait moitié à lui seul en concourant avec les père et mère, et les trois quarts, en concourant avec un seul, même en venant *de son chef* à la succession.

SECTION V.
DES SUCCESSIONS COLLATÉRALES.

750. — Cet article comprend les trois classes de frères, puisqu'il ne distingue pas.

751. — « *Ou leurs représentants.* » Il faut soutenir que ce terme est inexact ; le rédacteur a seulement voulu varier ses expressions. Dans les articles 746, 748, 749 et 750, 1° on lit *descendants d'eux.*

753. — La combinaison de cet article avec 904 ne présente pas de difficulté, s'il n'y a qu'une espèce d'héritiers, soit descendants ou ascendants ; mais il en existe une, s'il y a concours d'ascendants et de collatéraux. Exemple : un mineur possède 24,000 francs ; il meurt, laissant pour héritiers un aïeul paternel, un collatéral éloigné dans la ligne maternelle et un légataire universel. La réserve de l'ascendant est du quart, 6,000 fr. ; restent 18,000 francs, portion dont un majeur aurait pu disposer ; le mineur pourra donc disposer de 9,000 francs ; mais comment seront partagés les 9,000 francs restant ? Par moitié entre les lignes paternelle et maternelle, conformément aux art. 746 et 753. Ainsi, le légataire aura 9,000 francs, l'aïeul paternel 4,500, et le cousin maternel 4,500. Ces calculs paraissent évidents à Toullier. (T. 5, n° 117.) Cependant Grenier en fait d'autres. (Voy. *Traité des Don.*, t. 2, p. 296.)

754 et 755. — Le survivant des père et mère est tenu de toutes les obligations de l'usufruitier ; il doit fournir caution, etc., etc.

CHAPITRE IV.

DES SUCCESSIONS IRRÉGULIÈRES.

SECTION PREMIÈRE.

DES DROITS DES ENFANTS NATURELS SUR LES BIENS DE LEUR PÈRE OU MÈRE, ET DE LA SUCCESSION AUX ENFANTS NATURELS DÉCÉDÉS SANS POSTÉRITÉ.

756. — « *Ne sont point héritiers.* » Par honneur pour le mariage et pour éloigner la pensée des unions illicites, la loi refuse aux enfants naturels la qualité d'héritiers : donc, ils n'ont pas la saisine, ce qui n'empêche pas que la propriété des biens ne leur passe immédiatement ; ils sont successeurs aux biens, sans continuer la personne du défunt : en conséquence, ils ne sont pas tenus au payement des dettes *ultra vires*.

Par un sentiment d'humanité, le Code leur accorde une succession irrégulière ; à ce titre ils ont une partie des droits et des charges de l'héritier régulier. Ils ont un droit réel, *jus in re* sur la succession ; ils sont copropriétaires ; ils peuvent assister à l'inventaire, au partage, réclamer leur part en nature, intenter l'action en revendication contre les tiers détenteurs ; il est de leur intérêt de demander promptement l'envoi en possession (art. 724, 1011).

757. — Dans cet article, la loi montre l'enfant naturel en concours avec des descendants légitimes, avec des ascendants, des frères ou des sœurs; avec des collatéraux autres que frères et sœurs, et enfin seul successible.

Pour trouver la part de succession afférente aux enfants naturels lorsqu'ils sont en concours avec des enfants légitimes, il faut d'abord compter tous les enfants comme légitimes, faire un nombre de portions égal à celui de tous ces enfants, et ensuite réduire au tiers autant de ces portions qu'il y a d'enfants naturels. On peut simplifier ainsi l'opération : multiplier par trois le nombre des enfants légitimes et naturels; le chiffre résultant de la multiplication indique la part de l'enfant naturel. S'il y a deux enfants, l'un légitime et l'autre naturel, ce dernier aura un sixième. S'il y en a trois, un neuvième. Si quatre, un douzième, etc. (Voy. le Traité approfondi et complet de Loiseau, p. 624 et 625.)

Lorsque l'enfant naturel est appelé à la succession avec des ascendants, des frères ou des sœurs du défunt, sa part est de la moitié de ce qu'il aurait recueilli s'il eût été légitime, c'est-à-dire la moitié de toute la succession. La part de l'enfant naturel est la même, lorsqu'il concourt avec des descendants de frères et sœurs du défunt, sans distinguer s'ils viennent de leur chef ou par représentation, s'ils sont en concours avec des oncles et tantes, ou tous neveux et nièces. (Voy. Loiseau, *Traité des enf. nat.*, p. 648 et suiv.)

La part de l'enfant naturel est augmentée ou diminuée, selon le degré de faveur due aux héritiers réguliers. S'il est en concours avec des ascendants et des collatéraux autres que frères et sœurs et *descendants d'eux*, il aura moitié dans la première ligne et les trois quarts dans l'autre. (Voy. Marcadé.)

Il faut accorder une réserve à l'enfant naturel, et pour l'obtenir il a l'action en réduction des donations entre

vifs ou testamentaires faites à son préjudice. Cette opinion
est fondée sur cette idée que le législateur lui ayant accordé
une quote-part de la portion héréditaire qu'il aurait eue
s'il eût été légitime, doit lui assurer une fraction de la
réserve qu'il aurait eue à ce dernier titre (art. 757 et 922
combinés). Elle sera fixée au tiers, à la moitié ou aux
trois quarts de ce qu'il aurait eu s'il eût été légitime:
donc, il profite du droit d'accroissement (786) et du rapport, nonobstant 843 et 857. Tout ce que l'on peut prétendre, c'est qu'il ne pourrait exiger le rapport en nature
par argument tiré de ce qu'il n'est tenu que d'une imputation, mais cette imputation produira les mêmes effets
que le rapport à l'égard des meubles.

759. — « *Les droits fixés.* » Cet article ne concerne que
les enfants ou descendants légitimes. Les enfants naturels
d'un enfant naturel n'ont aucun droit sur les biens des
parents de leur père et mère (art. 756). (Voy. Loiseau,
p. 643 de son *Traité sur les enf. nat.*, édition revue par son
fils, procureur général à la cour impériale de Besançon.)

760. — Les enfants naturels ou leurs descendants ne
peuvent rien recevoir directement ou indirectement par
donation entre-vifs ou par testament, au delà de ce qui
leur est accordé par la loi (art. 908). De là la nécessité de
l'imputation.

On peut dispenser du rapport, on ne peut pas dispenser
de l'imputation. Celle-ci se fait toujours en moins prenant,
comme le rapport à l'égard des meubles, l'une et l'autre
d'après leur valeur à l'époque de la donation. Le rapport
des immeubles a généralement lieu en nature, et s'il a lieu
en moins prenant, c'est d'après leur valeur au moment de
l'ouverture de la succession (860). L'immeuble donné à
l'enfant naturel périt pour lui, parce qu'il en est devenu
incommutable propriétaire; l'héritier donataire n'a qu'une
propriété résoluble: en conséquence, les immeubles don-

nés qui périssent par cas fortuit sont une perte de la succession (art. 855).

761. — « *Lorsqu'ils ont reçu.* » Pour que cette réduction ait lieu, plusieurs conditions sont requises : il faut qu'elle ne soit que de la moitié ; il faut une déclaration expresse, il faut que l'enfant ait reçu du vivant de ses père et mère. La donation entre-vifs n'est parfaite que par l'acceptation du donataire (art. 932). La donation faite à l'enfant naturel doit donc être acceptée par lui.

Le législateur, dans cet article, ne s'est pas uniquement occupé des intérêts du père et de la mère, il a pris aussi en considération les intérêts de l'enfant ; il a voulu pourvoir à ses besoins par un établissement avantageux ; et c'est afin de déterminer le père ou la mère à lui donner par anticipation, qu'il lui est permis de donner moins. Cette transaction est utile à l'enfant, qu'elle fait jouir plus tôt d'un capital même restreint, et à la famille du donateur, à qui elle évite la présence d'un successeur qui pourrait lui être odieuse. Cette convention, interdite par les art. 791 et 1130, est permise par exception, entre les parents et leurs enfants naturels.

Ce n'est que sur la portion d'hérédité que les art. 757 et 758 déterminent, et non sur la réserve, que l'on peut opérer la réduction de moitié par un don actuel qui apporte sa compensation.

762, 763 et **764.** — Nous avons expliqué sous les art. 335 et 342, comment la filiation des enfants adultérins ou incestueux peut être constatée.

765. — « *Décédé sans postérité.* » S'il laisse des descendants, il faut appliquer le principe de 745, s'ils sont légitimes ; celui de 757, s'ils sont, les uns légitimes, les autres naturels, et 758 s'ils sont tous naturels.

S'il a laissé des descendants et son père ou sa mère, les descendants *naturels* succèdent seuls. Le père naturel est moins favorable que le père légitime qui aurait la moitié. C'est pour ce motif que la loi ne distingue pas.

Lorsque le défunt a laissé son père ou sa mère naturel et des petits-fils *légitimes*, ceux-ci ont la faculté d'exercer les droits que la loi assigne à leur père (art. 759). S'ils sont naturels, ils n'ont aucun droit sur les biens des parents de leur père ou mère (art. 756).

Si l'enfant légitime d'un fils naturel meurt sans postérité, le grand-père naturel est exclus de sa succession, aucun texte ne lui accorde le droit de succéder aux descendants de son enfant.

Si le père et la mère succèdent à leur enfant naturel, l'un, donateur, n'a pas le droit de reprendre à l'exclusion de l'autre, les biens donnés retrouvés en nature dans la succession ; les textes n'accordent pas aux ascendants naturels le droit que l'art. 747 accorde aux ascendants légitimes, et ce dernier article étant une exception au droit commun qui défend de rechercher l'origine des biens pour en régler la dévolution, on ne peut pas l'étendre à un cas imprévu.

« *Qui l'a reconnu.* » La reconnaissance posthume n'est sans doute pas valable ; elle est présumée dictée par un intérêt pécuniaire, et non par une affection paternelle ; le principe de réciprocité suffirait pour l'exclure.

766. — La succession de l'enfant naturel mort après les père et mère qui l'ont reconnu, se divise en deux parts : l'une, composée des biens qu'il a reçus de ses père et mère et qui se retrouvent en nature, du prix de ces biens et des actions en reprise, passent aux enfants légitimes des père et mère, parce qu'ils les auraient trouvés dans leur succession s'ils n'avaient pas été donnés ; le surplus passe aux enfants naturels ou à leurs descendants.

L'hérédité de l'enfant naturel, reconnu tant par son père que par sa mère, est, en cas de prédécès de l'un ou de l'autre, déférée tout entière au survivant d'entre eux, à l'exclusion des frères et sœurs naturels, dont les droits ne s'ouvrent, d'après cet article, que quand le père et la mère

sont tous deux prédécédés. (Voy. Loiseau, page 630.
Voy., en sens contraire, Belost-Jolimont sur Chabot.)

Le droit de réversion au profit des frères et sœurs légitimes est établi dans les mêmes termes que celui accordé
aux ascendants par l'art. 747. Il est susceptible des mêmes
explications.

La disposition de cet article ne doit pas être restreinte
aux biens compris dans une donation, elle doit s'étendre à
ceux que l'enfant naturel aurait obtenus de la succession
de son père ou de sa mère. C'est, pour les enfants légitimes et leurs descendants, la compensation de la perte que
leur avait fait éprouver l'enfant naturel en prenant une
portion de l'hérédité de leur père et mère.

La loi paraît appeler sans distinction tous les frères naturels germains, consanguins et utérins. Il ne faut pas
suivre les règles établies par l'article 733, c'est-à-dire diviser la succession en deux portions égales, et faire prendre
part aux germains dans les deux lignes. C'est dans l'intérêt
des familles que le système de la *fente* a été établi en principe général. Les auteurs du Code n'ont pas voulu l'appliquer aux frères et sœurs naturels, puisqu'il n'y a pas de
liens de famille entre eux. Il faut ajouter qu'un article du
projet portait qu'on appliquerait en ce cas la règle des
successions régulières, et cet article fut supprimé.

SECTION II.
DES DROITS DU CONJOINT SURVIVANT ET DE L'ÉTAT.

767. — « *Non divorcé.* » Le texte n'excepte que le conjoint non divorcé; il faut en tirer la conséquence que
l'époux séparé de corps est appelé à la succession quoique
les mêmes causes donnent lieu à la séparation de corps ou
au divorce; et il ne faut pas distinguer entre l'époux qui a
demandé la séparation et celui dont la conduite a motivé
cette demande.

Si même le mariage est *putatif*, l'époux de bonne foi

succède (art. 201 et 202). En conférant cet article avec
765 et 766, il résulte que le conjoint n'est appelé qu'à défaut de tous les parents naturels.

768. — L'État recueille les successions auxquelles personne n'a le droit de se présenter, parce que ce qui n'appartient à aucun particulier appartient au corps social qui
représente l'universalité des citoyens. Jouissant pour l'avantage commun, il prévient les désordres qu'entraîneraient
les prétentions de ceux qui s'efforceraient d'être les premiers occupants d'une succession vacante. Ce sont les
termes d'un discours du tribun Siméon.

Un avis du Conseil d'État, approuvé le 3 novembre 1809,
règle, en cas de déshérence, le droit des hospices sur les
effets mobiliers appartenant au défunt dont le traitement
et l'entretien ont été gratuits.

769. — L'apposition des scellés et l'inventaire ont pour
but de conserver les biens aux héritiers légitimes ou testamentaires qui peuvent se présenter dans les trente ans, à
partir de l'ouverture de la succession, et de déterminer
dans quelles limites ils seront tenus envers les créanciers.
Après ce délai, la possession des successeurs irréguliers devient définitive, l'action en pétition d'hérédité est prescrite.

770. — Pour obtenir l'envoi en possession, les successeurs irréguliers ne sont pas tenus de prouver qu'il
n'existe pas d'héritiers réguliers; cette preuve serait négative, et par conséquent difficile à faire, si elle n'est pas
impossible. Les publications et affiches, les renseignements
pris sans doute par le tribunal et le ministère public qui
donne ses conclusions, sont suffisants pour prévenir les
héritiers; s'ils ne répondent pas, leur silence peut faire au
moins douter de leur existence et autoriser l'envoi en possession des successeurs irréguliers qui acquièrent, dès l'instant du décès, la propriété de l'hérédité qui leur est dévolue, et qui la transmettent, par le seul fait de leur survie
au *de cujus*.

771. — « *Pour en assurer la restitution.* » Si les meubles ou immeubles ont été aliénés avant ou après les trois ans, pourront-ils être revendiqués ? Les meubles ne peuvent pas l'être contre le possesseur de bonne foi. (Art. 2279 et 1441.) On peut revendiquer les immeubles, sauf pour l'acquéreur à invoquer les effets de la possession de bonne foi, c'est-à-dire l'acquisition des fruits (art. 549) et la prescription de dix ou vingt ans (Art. 2265. Voy. Vazeille, p. 128).

Nous décidons ainsi que les aliénations faites par l'héritier apparent sont nulles. Voici les principaux motifs de cette solution.

1° L'héritier régulier a la saisine ; le successeur irrégulier doit sans doute demander l'envoi en possession, mais il est propriétaire. Or, personne ne peut être dépouillé de sa propriété sans son fait ;

2° La vente de la chose d'autrui est nulle ; l'héritier ou successeur apparent aliène, par le fait, des biens qui appartiennent à l'héritier véritable : donc les aliénations sont nulles ;

3° Le vendeur ne transmet à l'acquéreur que la propriété et les droits qu'il avait lui-même sur la chose vendue (art. 2125 et 2182). Or, l'héritier apparent n'était pas propriétaire, donc il n'a pu transmettre de propriété, comme celui qui n'a qu'une propriété résoluble la transmet soumise à la même condition. Le Code a souvent fait l'application de ces principes dans les art. 865, aux rapports ; 930, à la réduction ; 954, 963 et 966, à la révocation des donations pour inexécution des conditions, et survenance d'enfants ; au réméré, art. 1664 ; à la rescision pour lésion, 1681 ;

4° Celui qui vend une hérédité doit garantir sa qualité d'héritier, donc celui qui achète peut être évincé, et il ne peut l'être que par les véritables héritiers. La conséquence que les aliénations totales ou partielles faites par l'héritier apparent sont nulles, me paraît évidente ;

5° Tout ce que le législateur du Code a pu faire pour l'acheteur de bonne foi, c'est de lui attribuer les fruits et la prérogative de devenir propriétaire pour dix ou vingt ans au lieu de trente ans.

On oppose l'art. 1240, mais j'en tirerais plutôt un argument favorable. Le débiteur est forcé de payer, il n'a pas le droit de contester au possesseur de l'hérédité sa qualité d'héritier, par conséquent la loi serait injuste si elle déclarait nuls les payements qu'il aurait faits. Au contraire, l'acheteur n'est pas forcé d'acheter. Il peut et doit prendre tous les renseignements possibles sur la qualité de la personne avec laquelle il contracte; il ne doit pas ignorer sa capacité. La loi rend hommage à sa bonne foi en lui accordant les fruits et en lui facilitant la faculté de devenir propriétaire par une possession moins longue. Tous les auteurs ont approfondi cette question. (Voy. Toullier et Merlin, Duranton et M. Troplong.)

772. — Si le successeur irrégulier a négligé les mesures conservatrices, il serait peut-être rigoureux de le considérer comme possesseur de mauvaise foi. En cette qualité il serait comptable de tous les fruits qu'il aurait perçus ou même négligé de percevoir. Il répondrait de toutes les pertes qui ne seraient pas accidentelles ou de force majeure; des dégradations qu'il aurait commises ou qui résulteraient du défaut de réparations; et il pourrait répéter les impenses, les nécessaires, en totalité; les utiles, seulement jusqu'à concurrence de l'augmentation de valeurs.

CHAPITRE V.

DE L'ACCEPTATION ET DE LA RÉPUDIATION DES SUCCESSIONS.

SECTION PREMIÈRE.

DE L'ACCEPTATION.

L'acceptation est l'acte par lequel le successible se prive de la faculté de renoncer, en manifestant expressément ou tacitement la volonté d'exercer les droits et de supporter les charges de l'hérédité.

774. — On peut accepter purement et simplement, et *non sous condition;* ou sous bénéfice d'inventaire.

Ce dernier mode d'acceptation est exigé lorsque l'héritier est mineur ou interdit (voy. 461 et 509), ou lorsque les héritiers d'un héritier venant par transmission à une succession, ne s'accordent pas pour l'accepter ou la répudier. (Voy. 782.)

775. — La saisine n'est pas une attribution définitive de la qualité d'héritier; subordonnée à l'acceptation ou à la renonciation, elle n'existe que conditionnellement. La raison de mettre en doute cette double faculté peut venir du droit romain, qui interdisait la répudiation aux esclaves institués par leurs maîtres, et aux fils de famille, soit institués par le père de famille, soit lui succédant *ab intestat.*

« *Qui lui est échue.* » Donc l'acceptation ou la répudiation d'une succession non ouverte sont nulles.

776. — Le mari peut, dans son intérêt, accepter la succession refusée par sa femme. Si la succession tombe dans la communauté, s'il a l'usufruit légal des biens dotaux, s'il en est le donataire, il se fera autoriser en justice à accepter, mais à ses risques personnels : il ne serait pas juste que la femme souffrît un préjudice de ce qu'elle n'a pas voulu faire.

777. — Cette proposition est évidente à cause de la saisine. S'il la rejette, il est censé n'avoir jamais été héritier; s'il la confirme sur sa tête, elle opère un effet rétroactif au jour de l'ouverture de la succession. Cependant cet article devient utile dans le cas où le successible a renoncé, et revient ensuite contre sa renonciation, ou lorsqu'un parent plus proche renonce. Il faut en conclure aussi que l'acceptation ne peut avoir lieu *ex die.* L'utilité pratique de cette disposition se révèle encore à l'égard des successeurs irréguliers.

Autres conséquences : cet héritier profite des bénéfices survenus avant son acceptation, mais il est tenu de supporter les pertes. Les fruits et les revenus des biens de la succession lui appartiennent, à moins qu'on n'invoque contre lui l'art. 138.

778 et 779. — Les actes qui n'ont pour objet que la conservation et la surveillance des biens de la succession, n'entraînent pas l'acceptation. Ainsi faire apposer les scellés et faire inventaire, renouveler des inscriptions hypothécaires (2259), faire des réparations urgentes et nécessaires, et même vendre des objets périssables (796), ces actes sont censés faits peut-être en vue d'une acceptation future et dans l'intérêt des créanciers. Il est laissé à l'arbitrage des tribunaux de rechercher dans ces divers actes et d'apprécier l'intention du successible. Mais un acte qui a nécessairement pour cause la qualité d'héritier, emporte acceptation; malgré une protestation contraire; elle est démentie par le fait qui l'emporte sur elle.

780. — La vente des droits successifs d'un ou plusieurs objets déterminés, est un acte de propriété; il emporte acceptation de l'hérédité, sauf, dans le premier cas, le recours de l'héritier contre l'acquéreur.

La renonciation gratuite, au profit d'une partie des cohéritiers, est une donation. Or, on ne peut donner que ce dont on est propriétaire; donc cette renonciation produit l'acceptation de l'hérédité.

La renonciation moyennant un prix, au profit de tous ou de quelques-uns des cohéritiers, est une vente.

Elle n'est véritable renonciation que quand elle est gratuite et au profit de tous.

Il existe des différences entre la donation et la renonciation gratuite au profit de tous les cohéritiers.

La donation est sujette à rapport, à réduction, à révocation pour ingratitude et pour survenance d'enfants; elle

acquiert au donateur la reconnaissance et des aliments de
la part du donataire. Le donateur est passible des dettes.
Les cohéritiers prennent, dans la portion donnée, des parts
viriles, quoiqu'ils auraient des parts inégales dans la succession, parce que leur titre est la donation. En cas de
renonciation, au contraire, ils prennent des parts propor-
tionnelles à leurs portions héréditaires.

781 et **782**. — Dans le cas prévu par ces articles, les
héritiers légitimes ou testamentaires, les successeurs irréguliers du défunt saisi de la succession avant sa mort,
viennent la prendre par *transmission*. Mais comme le défunt
ne pouvait lui-même accepter ou renoncer pour partie, il
faut que ses héritiers, qui ne sont que la continuation de
sa personne, s'accordent sur l'un des trois partis qui leur
sont offerts. En cas de résolutions différentes, l'acceptation bénéficiaire a paru le parti le plus convenable qu'on
pût leur imposer ; il concilie tous les intérêts en répondant
aux craintes des uns et en conservant les espérances des
autres. Il est un cas cependant où l'acceptation bénéficiaire peut être préjudiciable : c'est lorsqu'elle oblige à un
rapport qu'on éviterait par une renonciation. Si le rapport
est dû, il rétablit l'égalité entre des cohéritiers ; la loi ne
mérite pas de reproches.

783. — Les vices du consentement sont l'erreur, la violence, le dol et la lésion. L'erreur qui tombe sur les forces
de l'hérédité se confond avec la lésion ; le législateur n'a-
vait pas à s'en occuper spécialement.

Mais lorsque l'acceptation de l'héritier majeur ou mineur, pur et simple ou bénéficiaire, a été surprise par des
manœuvres frauduleuses pratiquées envers lui, ou même
par un dol négatif, c'est-à-dire des réticences portant sur
des aliénations de biens, l'ont déterminé à accepter une
succession, ce qu'il n'aurait pas fait spontanément, cette
acceptation peut être révoquée. Le dol, dans ce cas, est *in
rem* ; qu'il soit pratiqué par des parties intéressées ou par

un tiers, il est restitué envers créanciers légataires et co-héritiers; l'art. 1116 n'est pas applicable. Dans une convention il est juste de ne pas rendre les parties qui ont contracté de bonne foi, responsables du dol commis par un tiers, sauf un recours en dommages-intérêts contre lui. Chaque partie a le droit de compter sur l'exécution de l'obligation contractée; l'acceptation d'une succession, au contraire, est l'œuvre de la volonté unique de l'héritier; les créanciers ne devaient pas compter sur sa fortune personnelle, puisqu'il pouvait renoncer. La révocation aura donc lieu à l'égard de tous. Si le testament eût été connu, l'habile à succéder n'aurait accepté vis-à-vis de personne; il est donc conforme à la raison et d'une justice rigoureuse qu'il soit replacé dans la position indivisible où l'erreur l'a jeté.

Si l'acceptation est le résultat de la violence, celui qui l'exerce est de mauvaise foi *et metus in se dolum recipit;* c'est une cause de rescision plus énergique que le dol; malgré le silence apparent du Code, elle doit produire les mêmes effets.

La lésion de plus de moitié provenant de la découverte d'un testament inconnu au moment de l'acceptation est une autre cause de restitution. Mais en supposant, ce que je pense, que l'héritier n'est pas tenu au payement des legs *ultra vires,* comment un testament qui renferme l'institution d'un légataire universel, ou à titre universel et même à titre particulier, peut-il porter un préjudice à cet héritier? La découverte de dettes considérables n'est pas une cause de révocation. Le remède, pour se prémunir, est dans le bénéfice d'inventaire; cependant, l'héritier aurait quelque intérêt à réclamer, s'il était soumis à la loi du rapport. En second lieu, si, après avoir payé les dettes connues, il acquittait les legs avec ce qui lui resterait de l'hérédité, et qu'ensuite il découvrît de nouveaux créanciers qu'il serait forcé de payer de ses deniers sans recours utile contre les signataires qui seraient insolvables. Ces explications sont-elles satisfaisantes? il est permis d'en douter.

Si cet article n'était pas conçu dans un sens aussi restrictif, j'admettrais volontiers l'opinion de quelques jurisconsultes qui soutiennent que la découverte d'une donation autorise l'héritier à demander la rescision de son acceptation. Il y a un *à fortiori* : le testament est un acte secret; le successible ne doit accepter qu'après de minutieuses recherches; la donation, au contraire, doit être rendue publique par la transcription, seul moyen de la faire connaître. Dès que l'héritier a fait compulser le registre à ce destiné, il accepte la succession avec la certitude qu'il n'existe pas de donation, parce qu'il ne doit pas supposer que le donataire ait été rebelle aux dispositions de la loi qui lui impose l'obligation de transcrire, art. 939. Il n'a aucune négligence à se reprocher; il peut donc se faire restituer contre son acceptation, surtout si on lui refuse la faculté d'opposer le défaut de transcription, art. 941, et la ressource de 1382; on pourrait dire alors que la loi consacrerait une immoralité, parce qu'elle tendrait aux tiers un piége qu'ils ne pourraient éviter.

SECTION II.

DE LA RENONCIATION AUX SUCCESSIONS.

784. — La renonciation est une déclaration par laquelle l'héritier abdique ses droits héréditaires, et s'affranchit de l'obligation de répondre sur son propre patrimoine des dettes et charges de l'hérédité.

La loi exige aujourd'hui que la renonciation soit faite au greffe pour prévenir les autres successibles, et afin que les créanciers puissent apprendre qu'ils ont perdu le droit de poursuivre un habile à succéder et acquis celui d'en poursuivre un autre, ou bien de faire nommer un curateur à la succession vacante.

785. — Cet article est une conséquence de la saisine qui confère la qualité d'héritier sous une condition résolutoire.

L'héritier renonçant ne peut réclamer les fruits échus ou perçus depuis le décès; ses dettes et ses créances envers le défunt revivent. La confusion n'existe plus.

786. — « *Accroît à ses cohéritiers,* » s'ils sont de la même ligne.

« *Elle est dévolue au degré subséquent,* » ce qui n'est pas toujours vrai. Il faut dire que la part du renonçant est dévolue à ceux qui y auraient eu droit si le renonçant n'avait pas existé.

L'accroissement est-il à la fois un droit et une obligation?

Quelques auteurs distinguent. La renonciation pouvant être prévue, ceux qui ont accepté la succession n'ont à se plaindre d'aucune surprise lorsqu'ils ont une part plus forte que celle qui leur était déférée : il n'en est pas ainsi lorsque l'un des héritiers se fait restituer contre son acceptation en vertu de l'art. 783. Cette distinction est conforme à l'équité, mais elle ne découle d'aucun texte.

787. — Application de l'art. 744.

788 et **790.** — Les créanciers de l'héritier peuvent faire annuler la renonciation faite à leur préjudice en exerçant ses droits jusqu'à concurrence de ce qui leur est dû. (Voy. 1166.) Cet article reçoit son application dans deux hypothèses : 1° lorsque le successible garde le silence ; 2° lorsqu'il a renoncé à une succession restée vacante. Le simple intérêt ou un préjudice quelconque suffit pour motiver cette subrogation dans *les droits* de leur débiteur ; nous reconnaissons toutefois qu'ils ne sont pas, comme l'héritier, propriétaires des biens composant sa part. Leur demande d'autorisation pour accepter peut se faire par requête au tribunal où la succession est ouverte, ou d'une manière plus efficace par exploit d'ajournement.

Pour être autorisé à accepter, il faut avoir une créance antérieure à la renonciation ; la répudiation n'a pas pu se faire au préjudice de créanciers qui n'existaient pas, et les créanciers qui ne sont pas munis de titres ayant date certaine n'existent pas pour les tiers.

Mais si les cohéritiers ou les héritiers du degré subséquent ont accepté, ils ont un droit acquis; l'héritier débiteur ne peut plus revenir contre sa renonciation.(Voy. 790.) Mais les créanciers pourront, en leur nom personnel, attaquer la renonciation faite au préjudice de leurs droits. (Voy. l'art. 1167 qui renferme le principe de l'action révocatoire paulienne.)

En ce qui concerne la prescription, voy. l'art. 462.

Les créanciers peuvent aussi attaquer l'acceptation. La loi ne s'est expliquée qu'à l'égard de la renonciation, parce qu'elle introduit un droit nouveau. Dans le Droit romain, origine de l'action paulienne, on ne pouvait faire rescinder que les actes qui diminuaient le patrimoine et non ceux par lesquels on manquait d'acquérir.

Si la renonciation au profit de tous les cohéritiers ou de quelques-uns d'entre eux est gratuite, dans le premier cas, c'est une renonciation pure et simple; dans le second cas, une donation. Le *consilium fraudis* n'est pas exigé de la part des cohéritiers ou du donataire, *certant de lucro captando*. Si le renonçant a mis un prix à sa renonciation, c'est une vente; il faut appliquer les principes de l'action révocatoire paulienne, 1167, *certant de damno vitando*.

789. — Les commentateurs ne sont pas d'accord sur le sens de cet article. Ils proposent plusieurs systèmes que le plan et le but de ce commentaire ne me permettent pas d'exposer et de discuter. Je résume brièvement celui que j'adopte. L'idée principale qui ressort de l'art. 789 est qu'après trente ans le droit d'option est éteint, et la position de l'héritier qui a gardé le silence est fixée. Quelle est cette position? L'héritier régulier est saisi de la succession dès le moment du décès. (Voy. 724.) La renonciation à une succession ne se présume pas, art. 784. Le successible peut être poursuivi comme héritier, après les trois mois et quarante jours accordés pour faire inventaire et délibérer, art. 794. Pendant trente ans, il pouvait rejeter la saisine qui reposait sur sa tête, il ne l'a pas fait; elle devient irrévocable : il est forcément héritier.

Si, au contraire, il est dessaisi de la succession par une renonciation, il est privé de la faculté d'accepter par l'effet de la prescription de trente ans, qui, à notre avis, ne commence à courir que du jour où l'héritier a connu l'ouverture de la succession, parce que l'on ne prescrit pas ordinairement une faculté ou une option contre quelqu'un qui ne peut pas l'exercer. Dans l'opinion contraire, il faudrait accorder à l'héritier, pour éviter des inconvénients graves et une injustice, le droit d'accepter sous bénéfice d'inventaire après les trente ans, à compter de l'ouverture de la succession.

Si le renonçant est mineur, en ce qui concerne la prescription, voy. le commentaire de l'art. 462.

791. — Le Code confirme une loi du 15 avril 1791, en prohibant expressément, *même par contrat de mariage*, toute convention relative à la succession d'une personne vivante. (Voy. 1130 et 1600.) Le législateur a craint que la renonciation ne fût pas l'œuvre d'une volonté libre et qui souvent avait lieu *ne pater pejus faceret*. Elle établissait l'inégalité dans les partages entre les enfants, ce qui était contraire à la nature, qui leur donne des droits égaux, et à l'ordre public.

792. — Le détournement ou le recel d'objets appartenant à une succession est considéré comme un acte du propriétaire et entraîne la qualité d'héritier pur et simple, en le privant de toute part dans les objets qu'il a soustraits.

Si c'est après sa renonciation et l'acceptation faite par d'autres, l'héritier commet un vol.

Le mineur appelé à une succession ne peut l'accepter que sous bénéfice d'inventaire (art. 461 et 484). Donc le détournement ou le recel commis par lui ne pourraient ni

le rendre héritier, s'il ne l'était pas, ni changer sa qualité
d'héritier bénéficiaire en celle d'héritier pur et simple ; s'il
était *doli capax*, qu'il eût agi avec discernement, il serait
puni par la perte de son droit sur les objets soustraits,
parce qu'il n'est pas restituable contre les obligations résultant de ses délits. (Voy. 1310.) Mais il ne serait pas
déclaré héritier pur et simple, autrement il serait passible
de réparations dont l'importance pourrait excéder de beaucoup le préjudice causé, ce qui ne serait pas logique, car
la conséquence ne serait pas renfermée dans les prémices.

SECTION III.

DU BÉNÉFICE D'INVENTAIRE, DE SES EFFETS, ET DES OBLIGATIONS DE L'HÉRITIER BÉNÉFICIAIRE.

793. — Le bénéfice d'inventaire est une faveur de la loi
qui consiste à n'être pas tenu des dettes et charges de la
succession au delà de l'actif du défunt, à séparer son patrimoine propre de l'hérédité, et à pouvoir abandonner les
biens de cette dernière pour se soustraire à une administration onéreuse et à toute comptabilité.

Le testateur peut prohiber l'inventaire à son héritier s'il
n'a pas de réserve.

L'inventaire est indispensable pour constater les forces
de l'hérédité et pour mesurer sur elles les charges de l'héritier.

794. — L'inventaire, aux termes de cet article, doit
présenter trois caractères : il faut qu'il soit *fidèle, exact* et
régulier, le second est exigé d'une manière moins rigoureuse que les deux autres. L'inexactitude, qui n'exclut
pas la bonne foi, ne fait pas perdre le bénéfice d'inventaire ;
seulement, l'héritier serait tenu, au delà des biens compris dans l'inventaire inexact, sur ceux qui seraient prou-
vés appartenir à la succession (804).

L'acceptation sous bénéfice d'inventaire ne peut pas être
tacite comme l'acceptation pure et simple.

795, 797, 174, C. de proc. — L'héritier a trois mois pour faire inventaire, à partir du décès si l'héritier est immédiat, ou du jour de la renonciation pour l'héritier du degré subséquent. Pendant ce temps, les créanciers doivent suspendre leurs poursuites ; ils peuvent seulement faire des actes conservatoires, tels que des protêts, des saisies, prendre ou renouveler des inscriptions hypothécaires.

796. — On ne peut considérer comme acceptant le successible qui vend des objets-susceptibles de dépérir ou dispendieux à conserver, avec l'autorisation du juge, l'intervention d'un officier public et les mesures de publicité préalables. Ces officiers publics sont les commissaires-priseurs, les notaires, les huissiers et les greffiers. (Voy. lois des 21-26 juillet 1790, 17 septembre 1793, arrêtés 12 fructidor an IV, 27 nivôse an V, 27 ventôse an IX, ordonnance du 26 juin 1816.)

798 et 799. — Soit que l'héritier présomptif renonce, soit qu'il accepte sous bénéfice d'inventaire, les frais faits légitimement pendant les trois mois et quarante jours, sont à la charge de la succession ; hors de ces délais légaux, il supporte tous ceux résultant des poursuites dirigées contre lui, excepté dans les trois cas prévus par cet article.

800. — Lorsqu'un jugement passé en force de chose jugée, c'est-à-dire qui n'est plus susceptible d'être attaqué par opposition ou par appel, a condamné un successible comme héritier pur et simple, il peut encore accepter sous bénéfice d'inventaire ou même renoncer à l'égard de tous autres, en vertu du principe *res inter alios judicata*, consacré par l'art. 1351, d'après lequel un jugement ne peut avoir d'effet qu'entre ceux qui y ont été parties, principe auquel on ne pourrait admettre une exception qu'autant qu'elle serait expresse dans la loi, et quoique la qualité d'héritier serait indivisible, ses effets ne le sont pas. L'état des personnes paraît aussi indivisible, et cependant le jugement obtenu par ou contre un intéressé ne nuit point aux autres.

On s'appuie sur ce brocard de droit : *in judicio quasi contrahimus*. Mais c'est la volonté manifestée par l'héritier qui emporte acceptation, et le jugement qui le condamne est loin de prouver son intention d'accepter l'hérédité ; il sera forcé de payer le créancier qui l'a poursuivi ; mais il n'a pas voulu être héritier, il pourra donc renoncer vis-à-vis des autres créanciers et légataires. (Voy. pour d'autres opinions, Marcadé et M. Valette, *Revue étrangère*, t. IX, p. 257.)

801. — En recélant ou en omettant sciemment des effets qu'il croit faire partie de la succession, l'héritier fait acte d'héritier pur et simple. Cet article n'est que l'application à l'héritier bénéficiaire du principe posé dans l'art. 792.

802. — L'acceptation pure et simple confond les droits actifs et passifs du défunt et de l'héritier ; ils s'éteignent par la confusion. (Voy. 1300.)

L'acceptation bénéficiaire empêche toute confusion et maintient la distinction des deux patrimoines. De là ces conséquences pratiques : l'héritier peut revendiquer des fonds qui lui appartenaient et que le défunt a vendus sans mandat, il agit hypothécairement contre les tiers détenteurs des fonds que le défunt son débiteur lui avait hypothéqués ; il poursuit des cautions qui avaient répondu de la dette du défunt envers lui ; mais ces tiers ont droit à la distribution des valeurs de la succession.

« *En abandonnant tous les biens.* » Cet abandon n'est pas une renonciation ; car la combinaison des art. 774 et 783 ne permettent pas de supposer, sans un texte formel, qu'une renonciation puisse encore avoir lieu après une acceptation bénéficiaire : il s'ensuit, 1° que la succession ne peut être prise par les cohéritiers du bénéficiaire ou par les héritiers du degré subséquent ; 2° que l'héritier bénéficiaire est tenu au rapport et profite du rapport fait par ses cohéritiers (857) ;

3° que si après liquidation il reste des biens, ils appartiennent à l'héritier bénéficiaire. La loi le suppose en maintenant les hypothèques créées par le tiers détenteur qui a délaissé. (Voy. 2177.)

Dans les biens que l'héritier bénéficiaire est tenu d'abandonner pour se soustraire à une administration onéreuse et à toute comptabilité, on ne comprend pas, 1° ceux qui lui ont été donnés entre-vifs, quoiqu'il en doive le rapport à ses cohéritiers ; 2° la part qu'il prend dans les rapports faits par ses cohéritiers ; 3° les biens qu'il retire par l'effet de la réduction des libéralités qui excèdent la portion disponible. D'une part, l'art. 857 dispose que le rapport n'est dû ni aux légataires, ni aux créanciers ; d'un autre côté, l'art. 921 leur refuse l'avantage de la réduction pour ne l'accorder qu'aux héritiers à réserve. Ces biens donnés étaient hors de la succession, et ils n'y restent en totalité ou en partie qu'en faveur des héritiers, afin de compléter leur réserve ou de rétablir l'égalité entre eux.

803 et **804.** — L'héritier bénéficiaire est tenu d'administrer les biens de la succession, mais sa condition diffère de celle d'un administrateur ordinaire. 1° C'est sa chose qu'il administre : s'il fait des actes qui excèdent les bornes d'une administration, ils ne sont pas nuls, seulement ils entraînent la déchéance du bénéfice d'inventaire. (Voy. 989, C. proc.) 2° Il n'est pas salarié, et il est intéressé à bien gérer, soit comme propriétaire, soit comme *procurator in rem suam* ; c'est pourquoi il n'est tenu que des fautes graves, même *in concreto*, par exception aux principes du Code. (Voy. 804.) Mais s'il avait laissé prescrire des créances ou des servitudes actives, s'il a fait des dégradations, s'il n'a pas cultivé ou affermé les biens, s'il a laissé devenir insolvables des débiteurs, etc., dans tous les cas où il y a faute *non excusable*, il doit indemnité à la succession.

805 et **806.** — « *Il ne peut vendre les meubles.* » Il faut

prendre ces mots dans la plus large acception, et par opposition au mot immeuble.

Voyez, pour les formes de la vente, les art. 617 et suiv.
du Code de procédure.

L'héritier bénéficiaire n'est pas forcé de vendre les meubles; s'il les conserve en nature, il est tenu de la diminution de valeur qui a pour cause sa négligence, appréciée
d'après l'art. 804.

Il peut transférer sans autorisation les rentes sur l'État
au-dessous de cinquante francs.

Voyez, pour les formes des ventes d'immeubles, les
art. 987 et 988 du Code de proc.

L'héritier bénéficiaire est le mandataire légal chargé des
intérêts des créanciers et des légataires; il les représente;
donc ils ne peuvent pas poursuivre en leur nom la vente
des biens meubles et immeubles de la succession, ni former
tierce opposition aux jugements rendus contre l'héritier
bénéficiaire.

Ils ont la faculté de se faire subroger aux droits de l'héritier négligent, ou d'intervenir dans les contestations soulevées ou soutenues par lui.

« *D'en déléguer le prix.* » La délégation paraît inutile aujourd'hui. (Voy. l'art. 991 du Code de proc.) L'acquéreur
peut payer les créanciers hypothécaires, ou il y a lieu à
une distribution judiciaire du prix.

« *Qui se sont fait connaître.* » Vestige de l'ancien droit.
Les créanciers hypothécaires sont connus par leur inscription. (Art. 2134-2166, C. civ., et 834, C. de proc.)

L'héritier bénéficiaire ne peut pas se rendre adjudicataire des biens qu'il est chargé de vendre. Il pourrait écarter les enchérisseurs en donnant de faux renseignements.
Il ne faut pas mettre son intérêt en opposition avec son devoir. (Voy. 1596.)

807. — L'héritier pourrait dissiper l'argent ou détériorer et déprécier le mobilier de manière à rendre la succes-

sion insolvable; de là l'obligation de donner caution si l'un des créanciers ou légataires l'exige. S'il ne la donne pas, il perd le droit de recevoir le prix du mobilier vendu, et la portion du prix des immeubles qui reste libre après le payement des créanciers hypothécaires; le dépôt en est fait à la caisse des consignations. (Voy. les art. 992, 993, 994 du Code de proc.) Cette caution pourrait être remplacée par un gage (voy. 2041), et même par une hypothèque.

Le Code n'a pas réglé le droit de concours des créanciers hypothécaires dans les deux ordres; mais ce règlement existe pour la faillite, qui a de l'analogie avec la succession bénéficiaire. Les règles faites pour une situation peuvent s'appliquer à l'autre. (Voy. les art. 552 et suiv. du Code comm.)

808 et 809. — Les créanciers qui se présentent avant l'apurement du compte et le payement du reliquat ont un recours à exercer contre les créanciers payés et les légataires. L'article n'exclut les créanciers non opposants que lorsqu'ils se présentent après l'apurement du compte, etc. Il décide donc implicitement que les créanciers qui se présentent avant la même époque ont un recours à exercer contre d'autres que les légataires. L'équité et la saine raison le veulent ainsi. Autrement, le droit de chacun serait le prix de la course ou de la collusion de l'héritier avec tel ou tel créancier. Dans un malheur commun, il faut une perte commune. D'ailleurs c'est une disposition rigoureuse par laquelle on punit l'extrême négligence des créanciers; on ne doit pas l'étendre à un cas imprévu. Lorsque l'héritier bénéficiaire a payé malgré des oppositions, les créanciers opposants ont un recours à exercer contre les légataires *qui certant de lucro captando*, et contre l'héritier qui a dépassé ses pouvoirs, et, en cas d'insolvabilité, contre les créanciers déjà payés. Le créancier opposant n'a aucune négligence à se reprocher.

SECTION IV.

DES SUCCESSIONS VACANTES.

811, 812, 813, 814. — Une succession est en déshérence lorsque, à défaut d'héritiers réguliers, de successeurs irréguliers et d'héritiers institués, elle est déférée à l'État.

Les héritiers réguliers ayant la saisine sont soumis à l'action des créanciers et autres intéressés. La succession ne doit donc être réputée vacante qu'autant qu'ils ont renoncé s'ils sont connus.

Les successeurs irréguliers n'ayant pas la saisine ne sont soumis à l'action des créanciers que quand ils se sont fait envoyer en possession.

Lorsque les successibles connus ont renoncé, s'il ne se présente d'ailleurs ni héritiers institués, ni successeurs irréguliers, les parties intéressées peuvent provoquer la nomination d'un curateur sans être tenues d'agir contre les héritiers des degrés subséquents; c'est à ceux-ci à se présenter pour réclamer la succession.

Le procureur impérial peut demander la nomination d'un curateur, soit parce que, d'une part, il est chargé de veiller aux intérêts des absents qui pourraient être appelés à recueillir l'hérédité, et que, d'autre part, l'état se trouve lui-même intéressé à la conservation de cette succession, à cause de son droit de déshérence.

Il existe des différences entre les attributions du curateur et celles de l'héritier bénéficiaire : 1° le numéraire qui se trouve dans la succession, les deniers provenant du recouvrement des créances, de la vente des biens meubles et immeubles doivent être versés à la caisse des consignations; 2° le curateur est obligé à vendre les meubles, et par conséquent non tenu de donner caution (807); 3° sa gestion n'est pas gratuite. Il est d'ailleurs libre d'accepter le mandat. Il est tenu des fautes ordinaires. Ses actes ne sont valables qu'autant qu'il n'a pas excédé ses pouvoirs et qu'il a rempli les formalités voulues.

CHAPITRE VI.

DU PARTAGE ET DES RAPPORTS.

SECTION PREMIÈRE.

DE L'ACTION EN PARTAGE, ET DE SA FORME.

815. — L'indivision est une source de contestations; elle met des entraves au droit de propriété, arrête les progrès de l'agriculture; de là le principe formulé dans l'art. 815.

Le partage est l'acte qui fait cesser l'indivision en déterminant les biens auxquels chaque héritier est censé avoir succédé seul au défunt. Ce n'est, en *réalité*, qu'un échange que chaque cohéritier fait de son droit indivis contre un ou plusieurs objets déterminés de la succession. C'est sous ce point de vue qu'il était considéré par le droit romain comme translatif de propriété. Chez nous, à cause d'inconvénients graves, il est, *par une fiction*, déclaratif de propriété. (Voy. 883.)

Le principe que nul ne peut être contraint à demeurer dans l'indivision souffre des exceptions : la mitoyenneté ne doit pas cesser par la volonté de l'un des co-propriétaires du mur ou du fossé mitoyens. Il en est de même d'un vestibule commun à plusieurs habitations, de l'escalier d'une maison dont les différents étages appartiennent à plusieurs propriétaires.

Il ne paraît pas que la suspension du partage pendant cinq ans puisse être imposée aux héritiers par le testateur. Les cohéritiers s'y soumettent librement et en connaissance de cause, par leur convention. Ils ont dû prévoir les difficultés et les inconvénients que peut entraîner l'indivision. Ils savent s'ils pourront vivre en bonne harmonie pendant quelques années. Au contraire, le testateur leur ferait subir forcément cet état, qui renfermerait les dangers que l'article 815 a prévus et voulu prévenir. La loi n'a fait d'ex-

ception au principe général que pour la convention entre
cohéritiers, et les exceptions ne s'étendent pas, même
quand il y a analogie parfaite. La prohibition du partage
serait donc réputée non écrite, comme contraire à la loi.
(Voy. art. 900.)

La convention qui suspendrait le partage au delà de
cinq ans n'est pas entièrement nulle. Par arg. de l'art. 1660
et dans l'esprit même de l'art. 815, il n'y a nullité que
pour l'excédent.

Si la convention de vivre dans l'indivision a été renouvelée avant l'expiration des cinq ans, le nouveau délai
court du jour de la date du renouvellement.

Il ne faut pas conclure de cet article que l'on ne puisse,
en s'associant, fixer un terme même de plus de cinq ans,
avant l'expiration duquel la société ne pourra être dissoute. Une pareille clause est supposée valable dans les
art. 1844, 1865 et 1871. Une société que l'on contracte
spontanément et après avoir examiné les qualités et la
position des coassociés, diffère d'une communauté qui a
lieu sans convention.

816. — « *Ou possession suffisante.* » Dans les cas où l'un
ou plusieurs des cohéritiers auraient aliéné des immeubles
de la succession, les tiers ayant titre et bonne foi prescri-
raient par dix ou vingt ans (voy. 2265), sauf l'action des
autres cohéritiers contre eux, pour obtenir des dommages-
intérêts, action dont la durée serait de trente ans, parce
qu'il s'agirait alors d'une prescription comme moyen de se
libérer (2262).

L'art. 2279 ne s'applique pas aux universalités, mais à
des corps certains; c'est donc la prescription trentenaire
qui est applicable, même dans une succession toute mobi-
bière, *sapit quid immobile.*

817. — Le tuteur peut répondre à une demande en partage sans l'autorisation du conseil de famille. (Voy. 465,
509.)

L'assistance du curateur seul suffit au mineur émancipé, même pour former la demande en partage.

Il peut intenter une action immobilière. (Voy. 482.) L'art. 840 déclare définitifs les partages faits par les mineurs émancipés, *assistés de leurs curateurs*, sans exiger plus. (Voy. encore 935, alin. 2.) Il est vrai que l'art. 484-1°, lui interdit de faire aucun acte autre que ceux de pure administration, sans observer les formes prescrites au mineur non émancipé; mais c'est un texte général auquel dérogent évidemment les articles précités, *specialia generalibus derogant*. D'ailleurs, l'intervention de la justice offre des garanties suffisantes. (Voy. 838.)

Cet article ne parle que des envoyés en possession; mais il faut l'appliquer à l'administrateur légal.

La loi omet aussi le cas de présomption d'absence : il est réglé par l'art. 113.

818. — Le partage est conventionnel ou judiciaire, définitif ou provisionnel.

L'action en partage définitif appartient au mari seul, lorsque la succession échue à sa femme tombe dans la communauté (1421); l'action appartient à la femme et au mari conjointement, lorsque les biens ne tombent pas en communauté; s'il en a la jouissance, il peut demander un partage provisionnel, ce qui a lieu sous le régime de la communauté légale ou conventionnelle, et sous le régime exclusif de communauté. Mais, sous le régime dotal, le mari peut-il provoquer le partage définitif d'une succession immobilière faisant partie de la dot de sa femme? Pour l'affirmative on s'appuie sur l'art. 1549, et l'on pense que d'après l'art. 1558 il pourra toujours au moins provoquer le partage avec permission de justice, et sans le concours de sa femme. Il résulte, en effet, de la combinaison des art. 1558 et 1569, que le mari peut seul procéder à la licitation de l'immeuble dotal, ce qui est conforme à l'art. 1549, *nec obstat* 818, qui ne donne au mari le droit

de procéder seul que pour les biens qui tombent en communauté. Le législateur n'a pas pensé au régime dotal sur
l'adoption duquel il y avait incertitude. L'article est d'ailleurs pris dans Pothier, qui n'écrivait que pour les pays
de communauté.

Pour la négative on invoque la loi 2 au code *de fundo
dotali*, suivie dans l'ancien droit français, et qui n'est pas
en opposition avec 1549.

L'art. 818 est général ; il paraît décider la question, car
si le législateur ne prévoyait pas que le régime dotal serait
adopté comme régime légal, il a pu penser que les parties
pourraient établir pour règles dans leur contrat les principes qui le constituent.

Des auteurs enseignent que l'autorisation du mari n'est
pas nécessaire à la femme séparée de biens pour le partage
d'une succession mobilière, puisque l'art. 1449 lui donne
la libre disposition de son mobilier. Pour procéder à un
partage en justice, l'autorisation du mari lui serait indispensable. (Voy. l'art. 215.)

819. — Le partage peut être fait à l'amiable et même
par acte sous seing-privé lorsque les héritiers sont présents,
majeurs, non interdits et d'accord entre eux. (Voy. aussi
les art. 823 C. civ., et 985 C. de proc.) Il en est de même
si un héritier *non présent* a laissé un mandataire, s'il
existe des envoyés en possession *définitive* des biens d'un
absent.

Il doit être fait en justice : 1° lorsqu'il y a des mineurs,
des interdits ; 2° lorsqu'il y a des non-présents sans mandataires des absents dans les deux premières périodes de
l'absence ; 3° lorsque tous les héritiers étant présents et
capables, l'un d'eux refuse de consentir au partage, ou
s'il s'élève des contestations. (Voy. 823.)

L'apposition des scellés est une mesure conservatoire qui
a pour but d'empêcher que les objets mobiliers d'une succession ne soient détournés au préjudice des héritiers, des

créanciers et des légataires. (Voy. 911 du Cod. de proc.)

820 et 821. — Au nombre des parties intéressées qui peuvent requérir l'apposition des scellés, sont les créanciers munis d'un titre exécutoire ou d'une permission du juge de paix ou du président du tribunal. Mais lorsqu'ils ont été apposés, tout créancier peut y former opposition, c'est-à-dire empêcher que les scellés soient levés hors de sa présence, et cela sans titre exécutoire ni permission du juge. Le motif de cette différence est que l'apposition des scellés est un obstacle à l'exercice des droits des héritiers et entraîne des frais, tandis que l'opposition à la levée des scellés ne leur porte aucun préjudice, si ce n'est de prolonger momentanément un mal devenu inévitable mais sans nouveaux frais.

822. — Le tribunal du lieu de l'ouverture de la succession (art. 110) ne serait plus compétent si la plus grande partie de l'hérédité étant partagée, il ne restait plus que quelques biens indivis; il y aurait lieu à l'action *communi dividundo* portée au tribunal du domicile, et non à l'action *familiœ erciscundœ*.

S'il n'y a qu'un seul héritier, il pourrait être assigné devant le tribunal de son domicile : il n'y a pas partage. (Voyez pour le complément de notre disposition, l'art. 59, sixième alin. du Cod. de proc.) Ses termes *jusqu'au partage inclusivement*, ont été maintenus par inadvertance; ils ne doivent pas empêcher d'attribuer au tribunal le droit de connaître par exception des demandes relatives à la garantie des lots, de celles en rescision de partage et de celles relatives à l'exécution des dispositions testamentaires.

823. — Il n'est ici question que de contestations sur la nécessité ou la forme du partage. La procédure sommaire serait insuffisante s'il s'agissait de la qualité même d'héritier ou d'un droit de propriété, de rapports, de prélèvements de legs, etc. On doit les instruire et les juger selon les règles ordinaires de la procédure.

824. — Le tribunal peut supprimer l'expertise préalable, même quand il y a des mineurs. (Voy. l'art. 970-2° du Code de proc.) On réduira le nombre de trois experts à un seul. (Voy. 971-1° et la loi du 2 juin 1841.)

825. — « *Juste prix et sans crue.* » Le Code s'en est expliqué pour proscrire l'ancien usage suivi sous l'empire de certaines coutumes. Ceux qui estimaient les meubles étaient garants de leur estimation; c'est pourquoi ils la faisaient au-dessous de la juste valeur; aujourd'hui cette responsabilité ayant cessé, les meubles sont estimés à juste prix et par conséquent sans ajouter une fraction qui était ordinairement un quart, qu'on appelait *crue.*

826 et 827. — Si les immeubles ne peuvent pas se partager commodément ou même sans inconvénients, ils sont adjugés sur licitation devant un juge ou devant un notaire commis par le tribunal. (Voy. l'art. 970 du Code de proc.)

« *Si la majorité des cohéritiers.* » Quelques auteurs ne font pas résulter la détermination du parti à prendre de l'avis exprimé par le plus grand nombre. Ils la tirent du vœu de ceux qui prennent la plus grande part dans la succession. Cependant la loi ne demande pas ici, comme pour le concordat, la *majorité en somme*, elle veut la *majorité des cohéritiers.*

J'admets que l'on compte par souche et non par tête les voix de ceux qui viennent à l'hérédité par représentation.

828. — Le renvoi des copartageants devant un notaire (voy. 976 C. de proc.) fait supposer que les héritiers ont des comptes à liquider, des rapports ou des prélèvements à effectuer (voy. 830) ou des *fournissements* à faire; cette expression, un peu obscure à cause de sa généralité, comprend les recettes et les dépenses que des cohéritiers peuvent avoir faites pour la succession, et les dommages qu'ils auraient causés par leur faute. Si un cohéritier n'a reçu que sa part, et en son nom personnel, des créances de la succession, il n'est pas tenu d'en faire le rapport à ses cohéritiers, l'art. 1849 ne concerne que les associés qui ne doivent agir que dans l'intérêt commun.

829 et **830**. — Renvoi à la section des rapports.

831. — Le nombre des lots est déterminé par le nombre de souches copartageantes, lorsque les héritiers succèdent par représentation. (Voy. 743.) Lorsqu'ils succèdent de leur chef et par portions égales, on forme autant de lots que de têtes. S'ils succèdent pour des parts inégales, par exemple le père en concours avec deux frères du défunt, on divisera la succession en quatre lots pour former la part du père, et les trois autres sont réunies pour être divisées en deux lots égaux qui sont tirés au sort.

832. — Les créances se divisent de plein droit. (Voy. 870 et 1220.) Mais cette division peut présenter des inconvénients; aussi les cohéritiers sont autorisés à les comprendre dans le partage et à mettre dans chaque lot une créance entière. Dans ce cas, il y a une cession qui doit être signifiée aux débiteurs ou acceptée dans un acte authentique. (Voy. 1690.) Autrement elle ne produirait d'effet qu'entre les parties, et les payements divisés faits à chacun des cohéritiers seraient inattaquables.

833. — Le partage n'est pas un titre d'acquisition; en conséquence il ne donne pas ouverture à un droit proportionnel de mutation; mais la soulte qu'un copartageant donne en argent, ou en livrant des biens qui ne viennent pas de la succession, est passible du droit fixé pour la vente ou l'échange.

Le payement de cette soulte est garanti par un privilége sur les immeubles de la succession. (Voy. 2103-3° et 2109.)

834. — Il ne faut pas que l'opposition d'un des cohéritiers puisse paralyser le partage.

La loi ne s'oppose point à ce que des cohéritiers majeurs et capables fassent volontairement entre eux des lots d'attribution. (Voy. 849.) Mais s'il existe des mineurs, etc., les dispositions de cet article et de l'art. 834 ne sont pas facultatives. Pour choisir le mode de partage par *attribution*, il faut l'autorisation du conseil de famille dans les formes prescrites par l'art. 467 pour une transaction.

835, 836, 837. — Les réclamations se font soit dèvant le notaire liquidateur qui en fait mention dans son procès-verbal, soit devant le juge-commissaire sur le rapport duquel le tribunal prononce. (Voy. les art. 977 et suiv. du Code de proc.) La Cour de cassation a jugé qu'une demande d'intérêts faite par un cohéritier devant ce juge commis, pour un capital qui n'en produirait pas, est considérée comme judiciaire, et fait courir ces intérêts conformément à l'art. 1153.

838 et 839. — Les mineurs, les interdits, les absents déclarés et présumés, et les non présents, méritent une protection particulière ; afin de mettre leurs intérêts à l'abri de la fraude ou de l'erreur, la loi exige que le partage soit fait en justice, et si des immeubles ne peuvent être commodément partagés, il y a lieu à licitation devant le tribunal, représenté par le juge, et les étrangers y sont forcément admis pour assurer une vente plus avantageuse.

Si toutes les parties sont majeures, capables et présentes, la licitation peut être faite devant un notaire dont elles conviennent, et toutes d'accord, elles peuvent exclure les étrangers des enchères.

Les frais qu'entraînent le partage et la licitation judiciaires sont à la charge de la succession.

840. — Si le tuteur et le mineur émancipé seuls font un partage provisionnel, ils ont voulu éviter des discussions, des comptes, des expertises et des restitutions de fruits et d'impenses. Ce n'est qu'une division de la possession, de la jouissance et non de la propriété. C'est un acte d'administration ; il est régulier, même à l'égard des incapables.

S'ils ont voulu faire un partage définitif de propriété sans remplir les formalités requises, il est frappé d'une nullité *relative*, et il ne deviendra définitif que si, dans les trente ans utiles à la prescription, un nouveau partage n'a pas été réclamé. Le mineur a, pour former sa demande, trente ans après sa majorité. L'art. 1304 n'est pas applicable. (Voy. aussi 466.)

Le partage fait en justice sur la demande du mineur émancipé, assisté de son curateur seul, est valable. La femme mineure peut aussi, avec l'autorisation de son mari qui est son curateur, faire en justice un partage définitif.

841. — La faculté accordée par cet article se nomme *retrait successoral.* Elle a pour but d'empêcher un non-successible de s'immiscer dans les secrets des familles, et d'apporter, par cupidité ou par envie de nuire, le trouble dans les partages.

Pour expliquer ces mots *successible* et *cohéritier*, il faut s'attacher à cette idée simple : que toute personne venant *jure suo* au partage de la succession, héritier régulier, successeur irrégulier, légataire universel et à titre universel et non légataire particulier, peut écarter celui qui ne pourrait y assister qu'en vertu de la cession des droits d'un successible.

La cession faite par un héritier appartenant à l'une des deux lignes donne ouverture au droit de tous les parents qui succèdent, même dans l'autre ligne ; les parents paternels et maternels doivent tous concourir au premier partage qui divise la succession en deux parts. Chacun d'eux a intérêt à en écarter les étrangers.

Lorsque le retrait successoral a été exercé par l'une des parties intéressées, les autres ne peuvent plus la contraindre à mettre son acquisition en commun. Elles avaient la même faculté : pourquoi ne l'ont-elles pas exercée ?

La loi permet le retrait en remboursant le *prix* de la *cession ;* elle suppose qu'elle est faite à titre onéreux. Ainsi une cession gratuite ne donnerait pas lieu au rachat.

Si le prix qui figure au contrat de vente est augmenté

pour éluder la loi, il est laissé à l'arbitrage du juge de fixer le prix réel.

Si la vente est déguisée sous la forme d'une donation, si le cédant donne au cessionnaire mandat de le représenter au partage en laissant secrète la cession, dans ces différents cas il y a fraude, dont la preuve est toujours admissible. (Voy. 1353.)

842. — La production des titres est d'une grande utilité dans les procès qui s'élèvent sur des questions de propriété. Les titres doivent donc être remis à celui des copartageants à qui les biens sont échus; autrement la délivrance ne serait pas complète. (Voy. 1605.)

SECTION II.

DES RAPPORTS.

Le rapport a son origine dans le droit romain : le préteur obligeait l'enfant émancipé à faire le rapport à l'hérédité du père de famille commun, des biens qu'il avait acquis depuis son émancipation. De l'idée d'un apport à faire par les enfants émancipés, on arriva à celle d'un rapport à effectuer par les enfants avantagés.

843. — C'est la réunion *réelle* ou *fictive* à la masse de la succession des biens qui en ont été séparés par donation entre-vifs directe ou indirecte, au profit des héritiers légitimes.

Il a pour but de rétablir l'égalité entre les héritiers admis au partage d'une même hérédité.

Les rédacteurs du Code ont appliqué indifféremment le mot *rapport* à la défense faite aux héritiers légataires de réclamer les objets à eux légués, et à l'obligation imposée aux héritiers donataires de remettre en commun les objets à eux donnés. (Voy. 843.)

« *Tout héritier même bénéficiaire.* » Ce bénéfice ne modifie en rien la position des héritiers entre eux, c'est seulement envers les créanciers.

« *Venant à une succession.* » Le Code ne consacre pas les principes de certaines coutumes et de la loi de nivôse, qui ne permettaient pas d'éviter le rapport en renonçant à la succession.

« *Ou indirectement.* » Il faut donc soumettre à la loi du rapport toutes donations, même déguisées sous la forme d'un contrat à titre onéreux ou faites à personnes interposées. Il faut reconnaître qu'il n'y a plus dans notre droit de formules sacramentelles, que ces termes *par préciput* et *hors part* peuvent être remplacés par des équivalents ; mais la loi paraît exiger une dispense *expresse* de rapport.

Les questions de savoir si une donation déguisée sous la forme d'un contrat à titre onéreux est valable, et si elle est sujette au rapport, sont d'une grande importance et très-controversées. Jurisconsultes et arrêts nombreux pour et contre.

En la supposant valable, question que nous analyserons au titre des donations, pour soutenir qu'elle n'est pas sujette à rapport, on dit que l'article 843 ne s'applique qu'aux donations dont le but caché est d'échapper à des prohibitions formelles, telles que les donations faites à un enfant incestueux ou adultérin. (Voy. les art. 911 et 1099.) Alors il y a fraude à réprimer ; mais quand cette libéralité déguisée s'adresse à un successible qui aurait pu être donataire par un acte solennel et dispensé du rapport, comme il n'y a plus de formules sacramentelles dans nos lois, que tous les termes peuvent être remplacés par des équivalents, que c'est à la volonté du donateur qu'il faut s'attacher ; quand il a choisi pour faire une donation à une personne capable de recevoir directement, un contrat qui de sa nature n'est pas soumis au rapport, il a voulu évidemment en dispenser le donataire.

On invoque aussi l'art. 918. D'après cette disposition, la valeur qui excède la quotité disponible devant seule être rapportée, par suite de réduction, il est évident que la quotité disponible peut être retenue par préciput.

Pour l'affirmative on répond 1° que l'article 843 est général et précis ; on doit entendre ces mots *reçus indirectement*, comme le législateur les a lui-même entendus dans les art. 1099 et 911, pour en conclure l'obligation du cohéritier donataire au rapport ; 2° que le disposant a pu avoir recours à un contrat à titre onéreux pour éviter la jalousie des autres héritiers, et pour ne pas encourir lui-même de son vivant la haine de ses parents : on repousse l'art. 918 comme établissant une règle spéciale et pour un cas particulier.

Les moyens principaux d'avantager indirectement une personne sont : l'interposition d'un tiers, le déguisement de la donation sous la forme d'un contrat onéreux, la remise d'une dette ou la renonciation à un avantage, à une succession, à une communauté, par exemple pour en faire profiter celui que l'on veut gratifier ; un prêt sans intérêt, le cautionnement d'une dette que l'on a payée pour l'un des héritiers. Tous ces avantages directs et indirects sont-ils soumis à la loi du rapport ? Ce sont des questions très-controversées en théorie et en jurisprudence.

Lorsqu'un failli est appelé à la succession de son créancier, doit-il le rapport à ses cohéritiers de la somme qui lui a été remise par le concordat ? Je distingue : si le prêt résulte d'un contrat à titre onéreux, qu'il ait été consenti plutôt à l'avantage du prêteur qu'à celui de l'emprunteur, il n'est tenu de rapporter les sommes prêtées que dans les limites du dividende fixé par le concordat ; lorsque le prêt est un contrat de bienfaisance, à titre gratuit, et dans le seul intérêt de l'emprunteur : dans ce cas ce n'est pas le remboursement d'une dette à un créancier, mais le rapport fait par un héritier à son cohéritier d'une véritable donation qu'il a reçue. Cette opinion a l'avantage de rétablir l'égalité entre les cohéritiers. Controversé.

844. — Lorsque le donateur ou testateur a disposé par

préciput d'une quotité plus forte que celle qui existe au décès pour former la portion disponible, la disposition n'est valable que jusqu'à concurrence de cette portion, et l'excédant est sujet à *réduction* ou ne peut être *réclamé*.

845. — L'héritier qui renonce devient étranger à la succession : donc la donation qu'il a reçue est, comme celle faite à un étranger, imputable sur la portion disponible.

Nous examinerons, sous l'art. 924, s'il peut, en renonçant, retenir, outre cette quotité, tout ou partie de sa part héréditaire.

846. — Par cet article on voit que la loi tient à maintenir l'égalité entre les héritiers ; elle veut que le rapport soit fait par tout donataire venant à la succession, lors même qu'il n'aurait pas été successible au moment de la donation, qu'elle transforme en avancement d'hoirie.

847. — Pour donner un sens à cette disposition, il faut la combiner avec les art. 911 et 1100. Dans le système du Code, les enfants ne sont réputés personnes interposées que lorsque leur père est incapable de recevoir directement. Le Code ne suppose point cette incapacité dans la matière : le père est héritier, mais il n'est pas donataire, donc la dispense du rapport qu'on lui accorde est inutile.

848. — Un petit-fils vient, *de son chef*, à la succession de son aïeul, il ne rapporte pas le don fait à son père, soit qu'il accepte la succession de son père, soit qu'il y renonce : s'il vient par *représentation*, il rapporte le don fait à son père, lors même qu'il aurait renoncé à sa succession.

Il ne faut pas confondre la réduction avec le rapport ; l'héritier du donataire prédécédé devra toujours subir le retranchement si la donation excède la quotité disponible.

Le petit-fils étant héritier de son aïeul, doit aussi rapporter les donations qui lui ont été faites personnellement. (Voy 843.) Cette solution est équitable et établit l'égalité entre les cohéritiers. (Voy. Marcadé pour l'opinion contraire.)

Des arrière-petits-fils, lorsque leur père et leur aïeul sont prédécédés, doivent rapporter à la succession de leur bisaïeul ce qui leur a été donné à eux-mêmes, et comme représentant de leur aïeul ce qui lui a été donné par le défunt; mais je ne pense pas qu'ils soient tenus de rapporter les libéralités faites à leur père, ce n'est pas lui qu'ils représentent.

Si le père renonce à la succession de son fils décédé sans postérité et conserve un don qu'il en a reçu, l'aïeul paternel qui succède à son petit-fils ne doit pas aux héritiers maternels le rapport du don fait à son fils, parce que c'est de son *chef* et non par *représentation* de son fils donataire qu'il vient à la succession de son petit-fils. La représentation n'a pas lieu en ligne directe ascendante. (Voy. 741 C. civ.)

849. — Le don fait au conjoint du successible, n'est jamais soumis à la loi du rapport, lors même que ce successible en profiterait, parce qu'il serait tombé dans la communauté, ou en vertu d'une disposition de son conjoint. Les cohéritiers n'ont pas le droit de s'en plaindre, puisque le don pouvait être fait directement et qu'il ne peut pas excéder la portion disponible.

850. — Le but du rapport est de rétablir l'égalité entre les cohéritiers: donc il ne doit avoir lieu qu'à la succession du donateur. Il ne pouvait y avoir raison de douter que quand le donataire vient à la succession de l'héritier du donateur; ainsi le petit-fils, donataire de son aïeul, n'est pas tenu de rapporter à la succession de son père ce qu'il a reçu de son aïeul.

Si une donation d'immeubles, de l'universalité ou d'une quotité du mobilier de la communauté est faite par le mari seul au profit des enfants, le mari est censé disposer comme chef de la communauté, et la donation est réputée faite conjointement par lui et sa femme; conséquemment, le rapport en est dû pour moitié à la succession du mari, et pour moitié à celle de la femme, si elle accepte la communauté.

Lorsque le mari et la femme *donnent* conjointement des effets de la communauté, le rapport des objets donnés est dû pour moitié à la succession de chacun d'eux, soit que la femme accepte la communauté, soit qu'elle y renonce ; dans ce dernier cas seulement, n'ayant plus rien, par l'effet de sa renonciation, dans les biens qu'elle avait donnés pour moitié, elle doit récompense de cette moitié à son mari ou à sa succession.

851 : — « *Pour l'établissement d'un des cohéritiers.* » Par exemple les biens qui constituent la dot, les sommes avancées pour acheter un fonds de commerce, une charge d'avoué ou de notaire et les instruments ou les livres pour exercer son art ou sa profession, sont soumis au rapport.

« *Ou pour le payement de ses dettes.* » Établissons d'abord ce principe, que le donataire héritier ne peut pas être obligé plus rigoureusement envers ses cohéritiers qu'envers ses créanciers. De là ces conséquences : il ne doit pas le rapport du montant des dettes de jeu acquittées par le père de famille. Celui-ci l'a fait *honoris causâ*, dans l'intérêt de toute la famille : il ne doit pas le rapport des dettes qu'il a *contractées* étant mineur. Cependant, s'il est *doli capax*, n'étant pas restituable contre les obligations résultant de ses délits ou quasi-délits (voy. art. 1310), il devra rapporter le montant des dommages-intérêts auxquels il aurait pu être condamné.

Si les dettes ont été contractées par un majeur, et que la somme payée ait été prélevée sur les revenus du père de famille, elle n'est pas rapportable, *lautiùs vixisset*.

Le successible doit le rapport des sommes employées pour le libérer du service militaire ; c'est une dette personnelle, à moins que le remplacement n'ait été fait dans l'intérêt commun de la famille ; je suppose que le remplacé est majeur, et que tout a été réglé avec son consentement.

Cette exception n'est pas admise par la cour de cassation.

Lorsque le défunt a payé une dette valablement contractée par un successible, il importe de savoir s'il a voulu faire un prêt ou un avancement d'hoirie : dans ce dernier cas, si le successible renonce à la succession, il ne doit pas le rapport. Dans le premier cas, le renonçant est tenu de rembourser à la succession, la somme payée pour lui. S'il y a avancement d'hoirie, le rapport n'est dû qu'aux cohéritiers ; s'il y a eu prêt, les créanciers et les légataires profiteront de la somme remboursée.

852. — Les motifs de cette disposition sont : que ces dépenses, ordinairement prélevées sur les revenus, ne diminuent pas la succession et n'augmentent pas le patrimoine du successible ; que d'ailleurs, pour les ascendants, c'est un devoir que la loi civile, d'accord avec la loi naturelle, leur impose. (Voy. 203.)

Les dépenses que fait un collatéral pour l'entretien de son parent successible sont comme une pension en avancement d'hoirie qui cesse à l'ouverture de la succession et dont les prestations ne sont pas sujettes à rapport.

Quant aux frais d'apprentissage, le législateur a voulu éviter les difficultés d'appréciation.

Les frais d'éducation comprennent l'achat des livres nécessaires aux études ; mais une bibliothèque acquise au successible serait sujette à rapport.

Les dépenses faites pour obtenir les grades de licencié, de docteur, soit en droit, soit en médecine, font partie des frais d'éducation et ne sont pas sujettes à rapport.

853. — Un père vend à juste prix un immeuble à l'un de ses enfants : cet immeuble acquiert ensuite une valeur vénale plus considérable, l'acquéreur profite de l'accroissement sans être tenu au rapport.

854. — Cet article renferme la même idée que le précédent, exprimée par une formule différente.

« *Faites sans fraude.* » C'est-à-dire sans avantages indirects, la fraude se rencontrerait dans la participation accordée à des profits déjà obtenus, dans la reconnaissance d'une mise dé fonds que l'héritier n'aurait pas faite, dans la dissimulation d'une partie de celle de son associé, dans une part des bénéfices non proportionnée à l'apport. L'avantage indirect reconnu s'imputerait sur la portion disponible et serait peut-être, comme donation déguisée, dispensé du rapport; l'excédant seulement serait sujet à réduction.

« *Par un acte authentique.* » Ce qui est exigé, parce que la minute pourra toujours être consultée par les personnes ayant intérêt à en examiner les clauses, afin de découvrir les avantages indirects qu'elles pourraient renfermer. L'acte sous seing privé, quoique ayant date certaine, pourrait être supprimé.

855. — La règle de cet article s'appliquerait-elle si l'immeuble avait péri par cas fortuit, non entre les mains de l'héritier donataire, mais dans celles d'un tiers acquéreur? Plusieurs jurisconsultes répondent affirmativement, ils en donnent pour raison, que l'immeuble qui a ainsi péri sans aucune faute ni de l'héritier ni de son acquéreur, ayant également dû périr entre les mains du défunt, la succession ne fait aucune perte.

D'autres jurisconsultes soutiennent que si l'héritier a aliéné à titre onéreux, il doit rapporter le prix qu'il a reçu, parce qu'il lui vient indirectement du défunt, et qu'il l'a reçu pour l'immeuble soumis au rapport. Ils font d'ailleurs remarquer que le défunt aurait bien pu vendre et laisser le prix dans sa succession.

Marcadé pense que l'on peut trouver dans les principes adoptés par le Code une solution plus sûre à la question proposée.

Le donataire ne devient débiteur du rapport que quand il est héritier, et cette qualité lui est acquise à l'ouverture de la succession (Voy. 724 et 777.) Or la loi, dans les art. 859 et 860 donne à cette dette un objet différent, selon que l'immeuble se trouve encore, au moment de l'ouverture, dans les mains de l'héritier ou dans celles d'un tiers acquéreur. Dans le premier cas, c'est l'immeuble qui est dû; dans le dernier cas, c'est la valeur au moment où la succession est ouverte. Il suit de là que, pour résoudre la question proposée, il importe de distinguer si c'est avant ou après l'ouverture de la succession, que l'aliénation ou la perte de l'immeuble ont eu lieu.

Quand l'immeuble a été aliéné avant l'ouverture, mais qu'à cette époque il n'était pas encore détruit, l'héritier est devenu débiteur de sa valeur au moment de l'ouverture; en conséquence, sa dette qui a pour objet une somme d'argent, devra toujours être rapportée, nonobstant la perte postérieure de l'immeuble.

Si, au contraire, il a été aliéné du vivant du donateur, et qu'il ait péri avant sa mort, comme l'héritier ne doit alors, d'après l'art. 860, que la valeur qu'avait l'immeuble à l'époque de l'ouverture, il paraît évident qu'il ne doit aucun rapport.

Actuellement, si l'immeuble existait encore dans les mains de l'héritier lors de l'ouverture, et n'a été aliéné qu'après, l'héritier s'est trouvé débiteur de l'immeuble lui-même, et sa perte a éteint son obligation. (Voy. 1302; voy. M. Bugnet sur Pothier, t. Ier, p. 516 et suiv., et Marcadé.) Si l'aliénation a eu lieu pour cause d'utilité publique, ou sur licitation provoquée contre l'héritier, il ne doit que le prix qu'il a retiré de l'aliénation.

L'héritier donataire ne serait pas tenu de rapporter l'indemnité qu'il aurait reçue d'une compagnie d'assurances pour la maison qu'il aurait assurée. Cette indemnité, payée en cas de sinistre, n'est pas le prix de la maison incendiée, mais l'équivalent de la chance aléatoire que court l'assuré seul en payant une prime annuelle.

856. — Pour fixer les droits du donataire aux fruits

naturels et civils, il faut appliquer les règles établies au titre de l'usufruit.

Les fruits sont dus à compter de l'ouverture et non du jour de la demande seulement. Si au lieu d'un capital dont on percevrait les revenus, le père constitue en dot une rente annuelle en se reportant aux principes de l'usufruit d'une rente viagère (voy. 588), et de celui constitué en dot (voy. 1568), ce n'est pas une succession de fruits ou d'arrérages donnés comme capitaux, mais un droit de jouissance dont les fruits ou arrérages sont le produit; en conséquence, c'est le droit seulement qui est sujet à rapport. En décidant le contraire, on pourrait établir une inégalité choquante et injuste entre les cohéritiers dont l'un aurait reçu un capital et l'autre des revenus annuels, et qui serait évidemment contraire à la volonté du père de famille.

857. — Le rapport a pour but de rétablir l'égalité entre les cohéritiers. Le légataire même à titre universel n'y a aucun droit, quand même il serait héritier *ab intestat.*

Quant aux créanciers, s'ils sont postérieurs à la donation, ils n'ont pas dû prendre pour garantie de leur remboursement les biens qui étaient sortis du patrimoine de leur débiteur par une aliénation valable. S'ils sont antérieurs, ils pourront attaquer les donations faites en fraude de leurs droits, en vertu de l'action révocatoire paulienne. (Voy. 1167.)

Les créanciers personnels des héritiers peuvent exercer les droits et actions de leurs débiteurs, et par conséquent se présenter au partage et demander le rapport. (Voy. l'art. 1166.) Les créanciers du défunt jouiront de la même faculté si les héritiers deviennent leurs débiteurs en acceptant purement et simplement la succession, et si la donation n'est pas transcrite, ils pourront opposer le défaut de transcription. (Voy. 941.)

858 et 859. — Le rapport est réel ou fictif. Il se fait en nature ou en moins prenant; toujours en moins prenant à l'égard des meubles, en nature à l'égard des immeubles, excepté dans deux cas :

1° Lorsque l'immeuble donné a été aliéné à titre gratuit ou onéreux avant l'ouverture de la succession. Les cohéritiers se doivent des égards. En évinçant les tiers acquéreurs, on ferait naître des recours en garantie, de longues procédures, et l'on entraverait la circulation des biens.

2° Cette seconde exception se justifie d'elle-même ; il n'y a pas de raison pour demander le rapport en nature.

860. — « *A l'époque de l'ouverture.* » Il faut que les cohéritiers aient l'équivalent de ce qu'ils auraient en cas de rapport en nature.

Si l'immeuble a été aliéné pour cause d'utilité publique, ou repris par suite d'une convention de retrait conventionnel, *réméré*, le donataire ne devrait apporter que l'indemnité ou le prix qu'il aurait reçus.

Le rapport en moins prenant des immeubles diffère de celui des meubles, notamment en ce qu'il se fait au taux de la valeur de l'immeuble donné à l'époque de l'ouverture de la succession.

861, 862, 863, 864. — On distingue trois classes d'impenses :

1° *Nécessaires*, sans lesquelles la chose tomberait en ruine ou se détériorerait ; on tient compte de la totalité au donataire, lors même que l'immeuble donné n'existerait plus ;

2° *Utiles*, qui augmentent la valeur de l'immeuble ; on tient compte au donataire de la plus-value ;

3° *Voluptuaires*, qui servent à l'ornement et à l'embellissement du fonds sans augmenter sa valeur. On n'en tient pas compte au donataire.

Il ne peut rien réclamer non plus pour les dépenses d'entretien qui sont une charge des fruits, ni pour l'augmentation de valeur survenue par une cause à laquelle il est étranger, ni pour des améliorations dont l'effet n'existerait plus à l'ouverture de la succession.

Une juste réciprocité oblige le donataire à tenir compte des dégradations ou détériorations qui proviennent de son fait ou de sa négligence.

Le donataire a le droit de rétention pour garantir le remboursement des impenses nécessaires et utiles (Voy. 867.)

865. — Le donataire n'est propriétaire que sous une condition résolutoire; le rapport en nature a pour effet de résoudre toutes les charges créées par lui, hypothèque, usufruit et servitude, en vertu de la maxime *resoluto jure dantis, resolvitur jus accipientis,* et surtout dans l'intérêt des cohéritiers, afin que les immeubles qui peuvent tomber dans leurs lots ne se trouvent pas grevés des hypothèques et autres droits réels consentis par leurs cohéritiers. L'aliénation seule de l'immeuble n'est pas révoquée; des droits partiels et souvent temporaires ont paru moins importants que la propriété et mériter moins d'égards; les recours auxquels leur résolution donne lieu sont moins rigoureux que ceux d'un acquéreur évincé. On a voulu, de plus, favoriser le commerce et l'agriculture.

Si l'immeuble donné tombe dans le lot de l'héritier donataire, les charges continuent de subsister. Il a été propriétaire jusqu'au décès en vertu de la donation, depuis le décès en vertu du partage déclaratif (voy. 883) qui continue et confirme sa propriété exclusive. Cette solution a l'avantage de prévenir tout concert frauduleux entre les cohéritiers aux dépens des créanciers, ce qui aurait lieu si le rapport se faisait en nature quand les circonstances permettraient de le faire en moins prenant. (Voy. 859.)

866. — Cet article suppose un immeuble donné avec dispense de rapport, dont la valeur excède la portion disponible. C'est donc d'une réduction qu'il s'agit.

« *A un successible.* » Donc si la donation est faite à un étranger, à un parent qui n'est pas appelé à succéder, où

même à un héritier qui renonce pour s'en tenir à la donation, si le retranchement ne peut s'opérer commodément,
la licitation est le moyen qu'offre le droit commun pour
satisfaire aux intérêts de tous.

Si ce qui excède la portion disponible est exactement de
moitié, il paraît conforme à l'esprit du Code de laisser l'héritier en possession de la totalité. L'éviction pourrait causer un préjudice au donataire.

868. — Cette disposition est juste. Les meubles se détériorent par le temps et par l'usage. Si le donataire les rap-
portait en nature ou en moins prenant leur valeur actuelle,
il rapporterait moins qu'il n'a reçu.

La valeur sujette à rapport est déterminée par l'état estimatif qui doit être annexé à l'acte de donation (voy. 948),
et en cas de dons manuels, par experts.

Il faut comprendre sous cette dénomination de mobilier
tout ce qui n'est pas immeuble, et, par conséquent, y comprendre le mobilier par la détermination de la loi.

SECTION III.

DU PAYEMENT DES DETTES.

870 et 871. — Pour connaître la position des héritiers,
il faut distinguer la *contribution* aux dettes et *l'obligation* de
les payer.

La part que les représentants du défunt doivent supporter dans les charges qu'il a laissées, forme leur *contribution*.
La part pour laquelle ils peuvent être poursuivis par les
créanciers détermine leur *obligation*.

Ces deux articles règlent la *contribution*. Il en résulte
que tout héritier ou successeur universel, ou à titre universel, doit contribuer aux dettes proportionnellement à sa
part *héréditaire* dans l'actif de la succession.

872. — Cet article prévoit une hypothèse particulière.
Sans la précaution qu'il conseille de prendre, celui au lot

duquel tomberaient les immeubles frappés d'hypothèques spéciale ou générale, serait exposé à servir seul la rente, sauf un recours à chaque échéance contre ses cohéritiers.

Mais il est possible que les cohéritiers ne veuillent ou ne puissent pas effectuer le remboursement du capital de la rente. Elle peut, d'ailleurs, ne pas être actuellement rachetable, puisque d'après l'art. 530 on peut en interdire le remboursement pendant trente ans, et pendant dix ans d'après l'art. 1911.

L'article ne s'applique pas aux rentes viagères : elles ne sont pas remboursables.

Les héritiers n'auraient pas la même faculté pour une créance ordinaire, parce qu'une fois payée et les recours exercés, ils ne peuvent se renouveler, les actions ne se produisant qu'une fois ; tandis que dans les rentes il pouvait y avoir, chaque année et à perpétuité, des actions personnelles et récursoires à exercer.

873. — Quelques jurisconsultes pensent que cette disposition est un vestige du droit coutumier, sous l'empire duquel la portion héréditaire n'étant pas connue dès l'ouverture de la succession, les diverses classes d'héritiers aux meubles, aux immeubles, aux biens paternels et maternels, etc., acquittaient les dettes de la succession pour une part virile ou égale, *pro numero virorum*, ce qui peut se présenter encore aujourd'hui. (Voy. les art. 351 et 352, 747, 766 et 1010.)

D'autres pensent qu'en parlant de la *part virile* les auteurs du Code ont voulu dire *part héréditaire*. C'est ainsi que l'art. 1475 confond ces deux expressions. Il faut donc décider que chaque héritier est toujours tenu personnellement envers les créanciers de la part dont il est saisi, comme représentant du défunt.

874. — L'art. 1020 ne fait pas d'exception à la règle des art. 871 et 874. Le législateur a prévu le cas où une hypothèque serait établie pour une créance éventuelle, conditionnelle ou à terme, et il a voulu que l'héritier qui doit acquitter le legs ne fût pas obligé de dégager la chose léguée au moment de la délivrance. Mais si le légataire particulier paye la dette hypothécaire, il a son recours contre les héritiers, à moins qu'il n'en ait été expressément et personnellement chargé par le testateur, et il est subrogé légalement aux droits du créancier (1251-3°).

875. — L'héritier ou le successeur à titre universel qui paye toute la dette hypothécaire ne peut répéter contre chacun des autres cohéritiers ou successeurs que leur part héréditaire, lors même qu'il aurait stipulé la subrogation dans les droits du créancier, soit pour éviter un circuit d'actions, soit à cause des rapports de bienveillance qui doivent exister entre des cohéritiers assimilés en ce point à des associés, soit enfin et *surtout* à cause de la garantie que les copartageants se doivent respectivement de ce qui est tombé dans leurs lots. (Voy. 884.)

La loi réserve les droits de l'héritier bénéficiaire. (Voy. 802 et 1251-4°.) Si le cohéritier a vendu le fonds hypothéqué, l'acquéreur peut exercer son recours, pour le remboursement de toute la somme qu'il a payée, contre chacun des cohéritiers qui posséderaient dans leurs lots des immeubles hypothéqués à la même dette. Il tire son droit de subrogation de l'art. 1251, § 2. Il en est de même du légataire particulier à titre de préciput, qui paye en entier la dette hypothéquée sur un immeuble compris dans son legs; c'est comme légataire qu'il exerce son recours en déduisant sa part comme héritier. (Voy. 874.) Cette opinion est contestée par Delvincourt et Vaseille.

876. — « *Dans la dette hypothécaire.* » Le législateur n'a pas voulu que l'héritier poursuivi le premier, fût victime des insolvabilités de ses cohéritiers tant *antérieures* que *postérieures* au payement, pourvu qu'il n'ait pas négligé d'exercer son recours.

L'art. 1214 établit la même règle pour le codébiteur

d'une dette solidaire ; il faudrait aussi l'appliquer au co-héritier qui a payé la dette indivisible.

Quand la dette n'est pas *hypothécaire*, l'insolvabilité retombe sur le créancier.

877. — Cet article a fait cesser l'usage frustratoire qui existait sous l'empire des coutumes. On ne pouvait poursuivre les héritiers en payement des dettes de la succession qu'après avoir obtenu un jugement qui déclarât exécutoire contre eux les titres qui l'étaient contre le défunt. Le principe qui oblige l'héritier au payement des dettes du défunt, dont il continue la personne, rend exécutoires contre lui les titres qui l'étaient contre son auteur ; mais il faut qu'il soit averti par la signification de ces titres, dont il pourrait ignorer l'existence.

Des premiers termes de l'article il ne résulte pas que les titres hypothécaires des créanciers de la succession emportent hypothèque de plein droit sur les immeubles propres de l'héritier. Cela n'est pas possible pour les hypothèques conventionnelles. C'est une question douteuse pour l'hypothèque générale. (Voy. M. Duranton et Delv.)

On n'a pas contre les héritiers tous les moyens de poursuites et d'exécution qu'on avait contre le défunt ; la contrainte par corps ne peut s'étendre sur eux ; ils ne répondent que civilement de ses crimes et délits ; l'action publique s'éteint par la mort du coupable. Les amendes sont des peines, et après la mort de celui qui les a encourues, on n'a point d'action pour les faire prononcer contre ses héritiers.

878. — La séparation des patrimoines est un *bénéfice* légal en vertu duquel tout créancier d'une succession et tout légataire est autorisé à faire cesser la confusion juridique du patrimoine du défunt avec celui de l'héritier, afin de se soustraire au préjudice que cette confusion aurait pu lui occasionner.

Ce droit a pour cause ce motif : que les créanciers

prennent pour garantie de leur remboursement les biens
de leur débiteur (voy. 2092), et ils ont intérêt à l'exercer
lorsque l'héritier a plus de dettes que de biens.

La séparation des patrimoines a pour but d'assurer aux
créanciers du défunt le payement de leurs créances. Quand
ils sont désintéressés, le surplus sert à payer les créanciers
de l'héritier. Mais, en sens inverse, les créanciers du défunt peuvent-ils se faire payer sur les biens de l'héritier,
soit en concurrence, soit après ses créanciers personnels?
Cette question a divisé les jurisconsultes romains et divise
les jurisconsultes français. Paul et Ulpien refusaient aux
créanciers de la succession tout droit sur les biens de l'héritier. Ils ont voulu, disent-ils, abandonner leurs droits
contre lui en demandant la séparation, *recesserunt a persona
hœredis;* cette opinion ne doit pas être admise. En usant du
bénéfice ou du privilége que la loi leur accorde, ils ne
peuvent pas être présumés renoncer à un droit acquis contre
l'héritier par son acceptation pure et simple; il est donc
vrai qu'ils doivent être payés de ce qui leur reste dû sur les
biens de l'héritier au moins après ses créanciers personnels. Ce n'est qu'une juste réciprocité; c'était la décision
du jurisconsulte Papinien, adoptée par Domat, Lebrun et
Pothier. Mais ne doivent-ils pas être payés sur les biens de
l'héritier même, concurremment avec ses propres créanciers? La séparation des patrimoines a été introduite en
faveur des créanciers du défunt; elle ne doit pas être
rétorquée contre eux; en la demandant, ils ont voulu jouir
du privilége que la loi leur accorde. (Voy. 2111.) Ils n'ont
certainement pas eu l'intention de libérer l'héritier de l'obligation qu'il a contractée envers eux en acceptant purement
et simplement la succession; ils ont voulu être préférés
sur des biens qu'ils ont pris pour garantie de leur remboursement, et sur lesquels les créanciers de l'héritier
n'ont pas dû compter. Ces derniers ne peuvent pas demander cette séparation; on en conclut qu'ils ne doivent pas

en profiter par voie d'exception. Les créanciers du défunt sont devenus les créanciers des héritiers qui, ayant accepté purement et simplement la succession, ne doivent pas jouir, sous certains rapports, des avantages du bénéfice d'inventaire; la séparation ne détruit pas leur saisine; ils restent donc obligés au payement des dettes héréditaires sur leurs biens. Cette opinion s'appuie sur de nombreuses autorités. (Voy. surtout M. Mourlon, *Examen critique du commentaire des priviléges de M. Troplong.*)

879. — Lorsqu'il y a *novation*. Celle dont parle cet article existe indépendamment du concours des conditions exigées en matière de novation ordinaire, §§ 1271 et suiv. Ce terme est employé *secundum subjectam materiam*, c'est sous le seul rapport de la conservation ou de la perte du droit de demander la séparation des patrimoines. Il n'y a ni changement de dettes, ni changement de créancier, ni même changement de débiteur.

Les créanciers seraient censés avoir accepté l'héritier pour débiteur, s'ils ont consenti à recevoir de lui des hypothèques, des cautions, s'ils lui ont accordé des délais, changé le mode de payement, etc., mais non s'ils ont reçu de lui les intérêts ou arrérages de leurs créances. C'est une question d'interprétation de volonté.

880. — La loi présume qu'après trois ans à compter de l'ouverture de la succession, les biens mobiliers de l'hérédité seront confondus avec ceux de l'héritier, et qu'il ne serait guère possible de distinguer les uns des autres.

Si les meubles ont été aliénés, le tiers de bonne foi invoquera l'art. 2279; si de mauvaise foi, il invoquera l'esprit de la loi, qui est de n'accorder aucun droit de suite.

Pour conserver ce privilége sur les immeubles de la succession restés dans les mains des héritiers, les créanciers et légataires doivent prendre inscription dans les six mois, à compter de l'ouverture de la succession (2444). S'ils ont été aliénés, c'est dans la quinzaine de la transcription faite par le tiers acquéreur qu'ils doivent s'inscrire (834 C. de proc.). Mais si après ce délai le prix est encore dû, ils pourront le saisir pour se payer ; le droit de préférence survit au droit de suite.

La loi nouvelle sur la transcription abroge les art. 834 et 835 du C. de proc. : en conséquence, si l'inscription n'a pas été prise avant l'aliénation, les créanciers du défunt perdent leur droit de suite contre le tiers acquéreur.

881. — « *Ne sont point admis.* » Parce qu'ils ne peuvent empêcher leur débiteur de contracter de nouvelles dettes. Mais s'il était constaté que les héritiers ont accepté une succession onéreuse en fraude de leurs créanciers, ceux-ci pourraient faire annuler l'acceptation par l'action révocatoire pauliénne. (Voy. l'art. 1167, dont les termes sont généraux.)

Les créanciers d'un copartageant ont intérêt à intervenir au partage pour empêcher l'attribution d'un lot plus faible à leur débiteur, ou composé de meubles et d'argent qui échapperaient facilement à leurs poursuites, au lieu de lui donner sa part dans les immeubles.

882. — Cet article n'est peut-être pas applicable, s'il y a fraude imputable à tous les copartageants ; la fin de non-recevoir qui y est établie peut être opposée dans le cas où le débiteur *seul* aurait usé de fraude envers ses créanciers, dans un acte de partage avec d'autres cohéritiers qui auraient agi de bonne foi. Cette distinction n'est pas dans la lettre de cet article, mais elle est dans son esprit ; ce n'est en effet qu'en considération des copartageants de bonne foi que l'art. 882 établit sa règle exceptionnelle. Si tous ont agi frauduleusement, par exemple, ils ont hâté le partage pour rendre toute intervention impossible, l'art. 1167 paraît applicable.

SECTION IV.

DES EFFETS DU PARTAGE ET DE LA GARANTIE DES LOTS.

883. — Nous avons dit, sur l'art. 815, que le partage n'est pas, dans notre droit, *translatif*, mais seulement *déclaratif* de propriété : il constate rétroactivement et jusqu'au décès, en faveur de chaque copartageant, la propriété du lot qui lui échoit, et exclut tout droit sur les lots des autres cohéritiers. Il résulte de ce principe que si, pendant l'indivision, l'un des héritiers a établi des charges, telles qu'hypothèques et servitudes sur un immeuble, et même s'il en a aliéné sa portion indéterminée, qu'il ne lui soit pas attribué par le partage, ces aliénations partielles s'évanouissent, puisqu'il est censé n'avoir jamais été propriétaire.

La licitation produit les mêmes effets que le partage quand l'un des copartageants se rend adjudicataire : si c'est un étranger, c'est une vente faite par chaque héritier de sa part indivise; les immeubles sont transmis à l'acquéreur avec les charges qui pèsent sur eux, et comme il est acheteur, les héritiers ont contre lui, soit l'action en résolution de la vente, soit le privilége du vendeur, pour assurer le recouvrement du prix de l'adjudication. (Voy. 2108 et 2109, 1599 et 885.)

Le jugement d'adjudication doit être transcrit par l'étranger adjudicataire. (Voy. l'art. 1er-4º de la loi nouvelle.)

L'effet déclaratif du partage est-il applicable aux créances? (Voy. sur cette question la discussion remarquable de MM. Ducaurroy, Bonnier et Roustain.) Malgré une jurisprudence récente, ces jurisconsultes persistent à penser que l'effet déclaratif du partage n'est pas applicable aux créances, et que la clause contenant *transport* doit être notifiée au débiteur. (Voy. 1220, 1690, 832, 1290, qui sont les bases de leur discussion.)

884. — La loi voulant maintenir l'égalité entre les cohéritiers, déclare qu'ils sont garants les uns envers les autres des troubles *de droit* et des évictions qui ont une *cause antérieure* au partage. Si donc un cohéritier subit une expropriation pour cause d'utilité publique, s'il est forcé d'accorder un passage à un voisin dont le fonds est enclavé, ou de vendre la mitoyenneté, ici il n'a aucune garantie à exercer; mais s'il trouve dans son lot un immeuble que le défunt avait vendu, donné ou échangé, par un acte ignoré, son recours sera légitime.

L'éviction est l'abandon que le possesseur est obligé de faire de tout ou partie de la chose possédée par suite d'une action réelle intentée contre lui.

Le trouble *de droit* provient d'un acte qui a pour but d'empêcher la jouissance du possesseur, et exercé par suite d'un droit réel prétendu sur la chose.

Cette obligation de garantie est différente de celle qu'un vendeur contracte envers son acheteur. Le vendeur est tenu au delà du prix, de tous les dommages-intérêts que l'acheteur souffre de l'éviction, à cause des augmentations intrinsèques ou extrinsèques survenues à la chose; les copartageants sont seulement tenus de lui faire raison de la somme pour laquelle la chose a été donnée en partage.

La garantie n'a pas lieu si l'espèce d'éviction a été prévue dans le partage. La présomption est que dans l'estimation des immeubles on a tenu compte des chances d'éviction, ou de la moins-value résultant de servitudes légales ou établies d'une manière apparente par le fait de l'homme: l'héritier n'a qu'une action en rescision pour cause de lésion de plus du quart.

885. — Il n'y aurait pas de justice à n'accorder toujours qu'une indemnité en argent; la loi veut rétablir l'égalité ou la proportion que l'éviction a détruite: l'indemnité sera donc quelquefois fournie par un retranchement de fonds sur les autres lots; on pourra même, dans certains cas, être obligé de faire un nouveau partage.

Le cohéritier évincé jouit, en vertu de 2103, d'un privilége sur les immeubles échus aux lots de ses cohéritiers pour le payement de l'indemnité qui lui est due ; mais cette hypothèque privilégiée ne peut être exercée contre chaque cohéritier que jusqu'à concurrence de la part d'indemnité dont il est personnellement tenu. La disposition de cet article est en harmonie avec 875.

886. — L'attribution d'une rente à l'un des cohéritiers constitue un transport de créance qui n'est pas entièrement régi par les règles ordinaires. Les copartageants sont garants de la solvabilité du débiteur à l'époque du partage. Le vendeur d'une créance exigible doit seulement garantir l'existence de la créance, et non la solvabilité du débiteur. La loi considère l'acheteur d'une créance comme un spéculateur qui a dû faire entrer dans ses calculs les chances d'insolvabilité du débiteur : le copartageant est étranger à toute spéculation, et le principe d'égalité veut qu'il lui soit tenu compte de l'insolvabilité du débiteur de la rente ou de la créance placée dans son lot.

Dans la vente d'une rente, chacun des vendeurs n'est tenu envers l'acheteur, en cas d'éviction, que pour sa part, malgré l'insolvabilité de ses covendeurs ; c'est le contraire dans le partage à raison de l'égalité qui doit exister entre copartageants.

La prescription de cinq ans ne doit pas être étendue aux créances dont le capital est exigible, elles ne se prescrivent que par trente ans, à dater du partage.

SECTION V.

DE LA RESCISION EN MATIÈRE DE PARTAGE.

887. — L'erreur est, comme la violence et le dol, une cause d'annulation des contrats (Voy. 1109 et suiv.) Cependant la loi ne fait pas de l'erreur une cause spéciale de nullité des partages. Pour justifier cette omission apparente, les auteurs disent : si l'erreur tombe sur la valeur

ou sur la quotité de la portion que devait avoir un cohéritier, ou elle est la suite d'un dol, ou elle se confond avec
la lésion. Si elle tombe sur l'omission d'objets qui devaient
être compris dans le partage, elle donne lieu à un supplément de partage. Si l'on a compris dans la masse des objets
qui ne faisaient pas partie de la succession, le cohéritier
évincé aura l'action en garantie, etc. Il n'était donc pas
utile de la mettre au nombre des vices qui annulent ce
contrat.

L'erreur de droit comme l'erreur de fait peut entraîner
la nullité des partages; l'art. 1109 ne fait pas de distinction, et quand le législateur a voulu en faire, il les a faites
dans l'aveu judiciaire (voy. l'art. 1356), et dans les transactions. (Voy. 2052.) Un oncle du défunt fait concourir
avec lui dans la succession un autre neveu cousin germain
du *de cujus*, cette erreur de droit entraînera la nullité du
partage.

L'héritier qui éprouve une éviction qui lui enlève plus
du quart de sa portion, a le choix entre deux actions :
l'une en garantie, et l'autre en rescision. La première dure
trente ans, sauf le cas prévu par l'art. 886 ; la seconde dix
ans. Celle-là a pour objet une somme d'argent ; celle-ci
rétablit l'indivision et nécessite un nouveau partage.

En matière de garantie, l'indemnité se règle d'après la
valeur au *moment de l'éviction*. (Voy. 885.) Dans le cas de
rescision, c'est au moment *du partage*.

La lésion vicie les ventes comme les partages ; mais elle
vicie le partage des meubles comme celui des immeubles ;
elle vicie le partage amiable et judiciaire. La lésion de plus
du quart suffit en matière de partage. Il faut la lésion de
plus des sept douzièmes dans les ventes d'immeubles.
L'action dure dix ans dans les partages et deux ans dans
les ventes. (Voy. les art. 1684, 1674 et 1676.)

888. — L'égalité entre copartageants est considérée
comme d'ordre public. C'est pourquoi le partage est res-

cindable pour lésion de plus du quart seulement. La loi
n'a pas dû permettre de soustraire ce contrat à la rescision
pour lésion en le déguisant sous une autre forme.

889. — Il n'y a aucune contradiction entre l'art. 888 et
l'art. 889, qui refuse l'action en rescision en cas de vente
de droits successifs. Les deux hypothèses prévues ne sont
pas les mêmes. Dans l'une, un héritier vend à son cohéritier sa moitié indivise dans tels ou tels meubles ou immeubles déterminés composant la succession : c'est un partage
fait sous la forme d'une vente ordinaire, et la rescision
doit être admise en faveur des deux parties ; mais si elles
ont entendu acheter ou vendre leurs *droits successifs* dans
la moitié de la succession, sans désignation de tels et tels
biens, il y a contrat aléatoire à cause de l'incertitude sur
la consistance des biens et sur la quotité des dettes ; les
héritiers se sont soumis volontairement et légalement à
toutes les chances possibles de gain et de perte, il n'y a
pas lieu à rescision si le contrat a eu lieu sans dol.

891. — Le supplément de la portion héréditaire doit
être donné en entier, et non sous la déduction d'un dixième,
comme dans la vente. (Voy. 1681.) Le partage n'est pas
un acte de spéculation.

On décide généralement que le défendeur à la demande
en rescision d'un partage pour dol ou violence ne peut pas
jouir de la faculté d'offrir le supplément en numéraire ou
en nature.

892. — Le cohéritier qui a aliéné en tout ou partie les
objets compris dans son lot, est présumé renoncer aux
moyens résultant de la violence ou du dol qu'il avait d'attaquer cet acte et le ratifier, soit parce qu'il ne peut plus
remettre les choses dans leur premier état, soit parce qu'il
reconnaît qu'il n'avait pas de motifs suffisants pour en faire
prononcer la nullité.

L'exercice de l'action en rescision pour dol ou violence
est soumis aux principes du droit commun. Cette action ne

se prescrit donc que par dix ans, à compter de la découverte du dol ou de la cessation de la violence.

Je suis porté à penser que l'aliénation totale ou partielle du lot d'un héritier ne le prive pas de la faculté de demander la rescision du partage pour cause de lésion. Le besoin d'argent a sans doute forcé le cohéritier à se soumettre à la lésion; il est probable que le même motif l'aura forcé à aliéner sur-le-champ un objet compris dans son lot. Il est facile d'établir l'époque de la cessation du dol et de la violence; il est difficile, au contraire, de préciser celle où la lésion a été découverte. D'ailleurs, la loi ne parle, dans cet article, que du dol et de la violence; elle a donc voulu exclure le cas de lésion. Et en matière de déchéance, tout est de rigueur. On doit peut-être laisser à l'arbitrage du juge d'apprécier si l'héritier a agi en connaissance de cause, et, en conséquence, renoncé à l'action.

Lorsque le partage est rescindé, les biens de la succession sont rétablis dans l'indivision. Ainsi, chaque cohéritier n'a eu sur son lot qu'une propriété résoluble, et les aliénations par lui consenties n'ont pu transférer que des droits de même nature. (Voy. l'art. 2125.) Il ne peut s'élever de doute que quand le partage est rescindé pour cause de dol. (Voy. 1116 dans ce commentaire.)

TITRE II.

DES DONATIONS ENTRE-VIFS ET DES TESTAMENTS.

CHAPITRE PREMIER.

DISPOSITIONS GÉNÉRALES.

On peut disposer de ses biens de deux manières : à titre gratuit et à titre onéreux. Ce droit dérive du droit de propriété. Ce titre a surtout pour objet de régler et limiter la faculté de faire des libéralités, de lui imposer des formes protectrices, et d'en déterminer les effets.

893. — Le Code ne reconnaît que deux manières de disposer de ses biens à titre gratuit : la donation entre-vifs et le testament. Il supprime donc les donations à cause de mort et les démissions de biens.

« *Dans les formes ci-après déterminées.* » Il ne faut pas conclure de ces termes que toute disposition à titre gratuit qui ne réunirait pas les caractères, les formes de la donation entre-vifs et du testament seraient nulles; les donations déguisées sous la forme d'un contrat onéreux sont valables (arg. de 911, 1099, 847, 849, 918). Il en est de même des dons manuels (arg. de 868, 948, 2279), d'une remise de dette (voy. 1282, 1288), des libéralités faites à un tiers comme condition d'une stipulation faite pour soi-même. (Voy. 1121, 1973; voy. aussi les art. 947, 1087 et 1096.)

894. — La donation entre-vifs est un contrat solennel par lequel le donateur se dépouille à titre gratuit, actuellement et irrévocablement, des choses données au profit du donataire qui accepte en termes exprès. (Voy. 932.)

Les caractères de la donation entre-vifs sont le dessaisissement à titre gratuit, actuel et irrévocable. De là les conséquences déduites dans les art. 943, 944, 945 et 946. (Mais voy. 947.)

La donation d'une somme d'argent payable au décès du donateur est valable. Le droit est acquis, seulement son exécution est différée.

La donation est sans doute un *acte*, si l'on n'y aperçoit que la volonté isolée du donateur, ou bien le fait matériel d'une transmission de propriété, ou l'écrit qui la constate; mais c'est un contrat, puisqu'elle exige le consentement réciproque des deux parties.

895. — Le testament est un acte, car il est l'expression d'une seule volonté; il est révocable; il ne donne de droits acquis qu'au décès du testateur.

896. — La substitution est la disposition entre-vifs ou

testamentaire par laquelle le donataire, l'héritier institué ou le légataire sont chargés de conserver les biens donnés ou légués, et de les rendre *à leur mort* à un tiers désigné. Elles sont prohibées par le Code. Ce qui les caractérise, c'est l'ordre successif établi par l'auteur de la libéralité et qui déroge à l'ordre légal des successions. Elles ont été prohibées parce que, 1° elles étaient contraires aux intérêts du trésor public et à ceux de l'agriculture; 2° elles établissaient une inégalité entre les membres de la même famille; 3° elles étaient abusives parce qu'elles trompaient les tiers.

La loi est logique en annulant non-seulement la charge de conserver et de rendre, mais la donation et le legs. Si cette charge est imposée à l'héritier *ab intestat*, elle est nulle; mais l'héritier conserve les biens qu'il tient de la loi.

Lorsqu'une disposition est équivoque, il faut l'interpréter dans le sens qui la rend valable. On doit appliquer dans ce cas l'art. 1157.

Il importe donc de distinguer les dispositions prohibées par 896 et les dispositions permises par 1121, 1168, 1181 et 1040. Sommairement, les dispositions faites avec charge de rendre immédiatement après la mort du disposant, après un temps déterminé, après l'événement d'une condition autre que la survie de l'appelé au grevé, ne sont point prohibées.

897. — Nous verrons au chapitre VI cette exception et ses règles.

898. — La substitution appelée vulgaire chez les Romains est encore permise aujourd'hui. On ne trouve pas la charge de conserver et de rendre; il y a deux donataires ou deux légataires, dont l'un est appelé à défaut de l'autre.

899. — La loi défend aussi de confondre avec les substitutions prohibées la disposition par laquelle le donateur ou le testateur donne l'usufruit à l'un et la nue propriété à

l'autre. Il y a deux personnes différentes et deux dispositions directes qui les saisissent immédiatement. Il faut que
les deux donataires ou légataires soient capables à l'époque
de la donation ou du décès.

On ne doit pas considérer comme une substitution le
legs d'un usufruit fait à plusieurs personnes , avec accroissement au profit de celles qui survivront aux autres. Il n'y
a pas charge de conserver et de rendre : c'est un droit
personnel qui ne se trouve plus dans la succession de l'usufruitier ; les autres usufruitiers ont recueilli dès le moment
de la donation ou du legs. Ils devaient être capables à ces
deux époques.

900. — Cette proposition, incontestable en théorie,
donne lieu dans la pratique à de sérieuses difficultés.
(Voy. l'art. 6.)

Cette règle, qui déroge aux principes généraux sur
l'effet des conditions, n'avait été admise en droit romain
que relativement aux institutions d'héritiers, aux legs et
aux fidéicommis, à cause de la faveur dont les Romains
entouraient les actes de dernière volonté. L'extension que
le Code en a faite aux donations entre-vifs se justifie difficilement en théorie. On peut dire que la donation a pour
cause la bienveillance et la libéralité pures ; elle ne doit pas
dépendre de l'accomplissement d'une condition ; dans les
contrats ordinaires, la condition est considérée comme
faisant partie de la cause de l'obligation ; or l'obligation
sans cause ne peut produire aucun effet (art. 1131). On
peut ajouter que le donataire est soumis à l'influence du
donateur, dans la crainte d'être privé du bénéfice de la
donation, il n'ose repousser les conditions auxquelles est
subordonnée la libéralité qui lui est faite ; elles devaient
donc être réputées non écrites. (Voy. M. Duranton, n° 108.)

CHAPITRE II.

DE LA CAPACITÉ DE DISPOSER OU DE RECEVOIR PAR DONATION ENTRE-VIFS OU PAR TESTAMENT.

901. — La doctrine et la jurisprudence ont fait admettre que, malgré l'art. 504, il est permis d'attaquer, après la mort d'un individu, la donation, le testament qu'il a faits, quand même son interdiction n'aurait été ni prononcée ni provoquée pendant sa vie, et que l'acte ne renfermerait pas la preuve de la démence. (Voyez les motifs de cette dérogation dans notre art. 504.)

Cette disposition autorise en outre les actions en nullité pour cause de captation et de suggestion, pour cause d'ivresse, de colère, peut-être, de maladie grave. Le législateur a énoncé ce principe général afin de laisser aux juges une grande latitude dans son application.

M. Bugnet soutient que l'art. 901 ne déroge pas à l'art. 504.

Il dit que l'art. 504 est général, qu'il ne distingue pas entre les actes à titre onéreux et ceux à titre gratuit; que si l'art. 901 établit qu'il faut être sain d'esprit pour donner ou pour léguer, l'art. 1108 exige aussi le consentement des parties pour contracter d'une manière valable; que l'art. 504 s'applique *aux actes* faits par une personne qui aurait pu être interdite (voy. 489), et l'art. 901 à celles momentanément privées de leur raison par une cause accidentelle, telles que l'ivresse, une fièvre délirante, un affaiblissement des facultés intellectuelles par suite d'une maladie grave, ou aux approches de la mort; par suggestion ou captation, etc. Cet article recevra donc de nombreuses applications sans déroger à l'art. 504.

902. — Les dispositions exceptionnelles de la loi créent des incapacités absolues ou relatives, suivant qu'elles défendent de disposer au profit de qui que ce soit, ou de certaines personnes spécialement désignées. Il en est de même de l'incapacité de recevoir.

903 et 904. — Le mineur qui a seize ans accomplis ne peut disposer que par testament. L'irrévocabilité de la donation en ferait un mal sans remède. La révocabilité du testament permet au testateur d'exprimer de nouvelles volontés plus libres et plus réfléchies.

Néanmoins le mineur ne peut disposer que de la moitié des biens dont il pourrait disposer s'il était majeur, même s'il mourait après sa majorité. C'est une question de capacité, un statut personnel, et non un statut réel ou une question de disponibilité des biens.

Les art. 1095 et 1398 font exception à l'art. 903 ; mais elle ne s'étend pas au delà du contrat de mariage.

Ces termes « *par testament* » sont exclusifs de l'institution contractuelle que le Code qualifie de donation.

905. — La femme mariée peut disposer, par testament même, de ses biens dotaux sans l'autorisation de son mari ; mais cette faculté n'emporte pas celle de faire une donation de biens à venir. (Voy. 1082 ; voy. 217 et 225.)

906. — Pour recevoir par donation entre-vifs ou testamentaire, il suffit d'être conçu au moment de l'acceptation de la donation ou du décès du testateur ; il suffirait même d'être conçu au moment où la condition s'accomplit, si le legs est conditionnel (arg. de 1040) ; il existe des opinions contraires dans les deux cas. Pour fixer l'époque de la conception, voyez notre art. 725.

907. — L'influence qu'un tuteur exerce sur son pupille, même après la fin de la tutelle, pourrait lui permettre de couvrir par des donations les abus de son administration ; c'est pourquoi la loi interdit au pupille toute disposition à titre gratuit au profit de son tuteur.

Il n'y a lieu à aucun soupçon contre un ascendant qui a été tuteur ; la loi explique, par un sentiment de reconnaissance et d'affection, les libéralités qui lui sont faites, et elle fait cesser à son égard toute incapacité.

Par le mot *tuteur*, la loi entend le protuteur pour les biens des colonies, le second mari de la mère tutrice légale. Nous pensons aussi que cet article comprend le tuteur officieux (voy. 365 et 370 du Code), mais il ne comprend pas le tuteur *ad hoc* nommé dans certains cas. On ne pourrait l'appliquer non plus au conseil spécial nommé par le père à la mère survivante et tutrice (391). Ce conseil n'a la gestion ou la direction ni des biens ni de la personne du mineur.

908. — Sans cette prohibition, qui n'est relative qu'aux père et mère d'un enfant naturel, il eût été facile de faire disparaître toute différence entre sa part et celle d'un enfant légitime; l'inégalité qui existe entre eux a pour but d'honorer le mariage.

Cette incapacité de recevoir s'étend après le décès de l'enfant naturel à ses descendants légitimes; les descendants d'un enfant naturel sont appelés à exercer à son défaut le droit de succession que la loi lui accorde (voy. 757), avec les restrictions auxquelles ce droit se trouve soumis par l'art. 908.

Dans l'intérêt des mœurs, on avait admis une incapacité relative pour cause de concubinage; mais il paraît que la crainte de procès scandaleux a déterminé le législateur du Code à rejeter cette incapacité, par cela seul qu'elle n'est pas reproduite. Mais des faits pareils pourront être allégués pour établir plus facilement la nullité des dispositions à titre gratuit pour captation ou suggestion.

909. — La loi a voulu éviter les abus qui pourraient résulter de la facile influence qu'un médecin peut exercer sur l'esprit d'un malade, soit en lui exagérant le danger de mourir, soit en le menaçant de lui refuser les remèdes nécessaires à sa guérison, etc.

Il faut : 1° que l'homme de l'art ait traité le malade ;

2° que la libéralité ait lieu durant la maladie ; 3° que le malade ait succombé ; car s'il a recouvré la santé, il a été libre de révoquer son testament ; mais il n'a que la ressource d'attaquer la donation entre-vifs pour défaut de liberté ou pour cause de captation.

L'incapacité doit être étendue à ceux qui exercent illégalement la médecine ; ils offrent moins de garanties que les hommes qui exercent une profession honorable avec un titre légal. Cette incapacité n'atteindra pas les médecins appelés en consultation, et rarement les pharmaciens, qui se bornent à préparer et à vendre les médicaments et qui ne traitent pas les malades.

Le mari médecin n'est pas incapable de recevoir des libéralités de sa femme ; il peut lui donner tous les soins et les secours de son art, sans nuire à ses intérêts ; il remplit un devoir que lui impose l'art. 212.

Mais si un médecin épouse sa malade, je pense qu'il reste frappé d'incapacité, si les circonstances démontrent qu'il a voulu légitimer par une fraude à la loi, en prenant une qualité nouvelle, les libéralités de la femme.

Ces principes sont applicables aux ministres des divers cultes, lorsqu'ils ont rempli leurs fonctions et leur mission plus ou moins secrète près d'un malade.

Ils peuvent influencer la volonté du malade en le menaçant de peines ultérieures, ou de lui refuser les prières et les cérémonies ordonnées par sa religion.

Après la règle prohibitive, la loi y apporte deux exceptions.

910. — La capacité de recevoir des communes et des établissements publics est restreinte pour plusieurs motifs : en premier lieu, la libéralité peut être grevée de charges ; secondement, elle peut placer une masse de biens hors du commerce, et par conséquent être contraire aux intérêts du trésor public. Ce motif n'existe plus d'après une loi nouvelle qui frappe ces biens d'un impôt annuel pour compenser les droits de mutation. Enfin les familles nombreuses et pauvres ont besoin de protection. Pour le mode d'acceptation et les formes à suivre, voy. la loi du 18 juillet 1837.

911. — Les donations faites à un incapable sous la forme d'un contrat à titre onéreux ou sous le nom d'une personne interposée sont *nulles*; mais c'est à ceux qui attaquent, à faire la preuve de la simulation frauduleuse sur laquelle ils fondent leur demande en nullité.

Les enfants : légitimes, adoptifs ou naturels.

Le second paragraphe de cet article en désignant certaines personnes comme réputées interposées, n'a pas eu pour objet d'exclure tout autre cas d'interposition, mais d'établir contre ces personnes une présomption d'interposition qui les rendît non recevables à prouver la sincérité des dispositions faites en leur faveur.

912. — Cet article est abrogé par la loi du 14 juillet 1819.

CHAPITRE III.
DE LA PORTION DE BIENS DISPONIBLE ET DE LA RÉDUCTION.

SECTION PREMIÈRE.
DE LA PORTION DE BIENS DISPONIBLE.

913. — Le législateur a dû concilier le droit naturel de faire des libéralités avec l'obligation naturelle aussi de transmettre ses biens à ses enfants où à ses ascendants. Il y a donc dans le patrimoine de l'homme une portion de biens qui est affectée aux héritiers directs sous le nom de *réserve légale*, et une autre appelée *portion disponible* parce que la loi laisse au propriétaire la faculté de l'employer en dispositions gratuites.

La réserve est donc la portion de biens conservée par la loi, malgré les dispositions gratuites de l'homme aux descendants où aux ascendants qu'il laissera pour *héritiers*.

La quotité disponible se règle par le nombre des enfants qui existent au décès ; elle ne se grossit point par les renonciations ou les indignités tant qu'il reste un enfant auquel peut accroître la part du renoncant où de l'indigne. Marcadé est d'une opinion contraire.

L'absence suffit pour empêcher de compter l'enfant pour régler la réserve : c'est aux autres enfants à prouver son existence au jour de la succession contre le légataire dont ils veulent faire réduire le legs, par une conséquence de l'art. 136 et de la nature successorale des réserves.

La loi n'accorde nominativement de réserve qu'aux enfants légitimes, mais il faut leur assimiler les enfants légitimés (voy. 333), les enfants adoptifs (voy. 350) et les enfants naturels. (Voy. 757 et 761.)

914. — Le sens de ces mots : *qu'ils représentent*, est : qu'ils comptent pour l'enfant dont ils sont issus, quand même ils ne le représenteraient pas.

915. — La réserve des ascendants ne se calcule pas d'après leur nombre, mais d'après les lignes. S'il y a des ascendants dans les deux lignes la réserve est de moitié ; s'il n'y en a que dans une ligne, elle est du quart.

Ils la recueillent *dans l'ordre où la loi les appelle à succéder.* Donc les ascendants autres que le père et la mère, en concours avec des frères et sœurs ou descendants d'eux, n'étant pas appelés à succéder, n'ont pas de réserve, *à moins que les collatéraux ne renoncent.* Cette restriction décide une question controversée. (Voy. Zachariæ, tome V, p. 139.)

Un exemple fera comprendre le second paragraphe de cet article.

Un homme meurt laissant son père et un petit-cousin dans la ligne maternelle. Il institue un légataire à titre universel pour les deux tiers de ses biens. Le père, en partageant le tiers qui reste avec le collatéral, n'aurait qu'un sixième et par conséquent moins que sa réserve qui est du quart ; il la prendra et donnera le surplus au collatéral.

917. — Cet article est une exception aux principes de

la réduction des donations et legs. Mais son but est d'éviter l'estimation nécessairement conjecturale et incertaine des rentes viagères et des usufruits, etc. L'option accordée aux héritiers à réserve, sans expertise préalable, concilie tous les intérêts.

Si les héritiers ne sont pas d'accord sur l'exercice de la faculté que la loi leur laisse, les uns peuvent abandonner leur part dans le disponible et les autres exécuter la disposition pour leur portion héréditaire. Les charges se divisent entre les héritiers. (Voy. 870, 873 et 1220.) Les art 1670 et 1685 ne sont pas applicables.

Mais comment concilier cet article avec l'art. 1970, qui déclare la rente viagère réductible, si elle excède ce dont il est permis de disposer? S'il n'y a qu'un seul donataire ou légataire de rente viagère ou d'usufruit, ou si parmi plusieurs donataires ou légataires, l'un se charge d'acquitter toutes les libéralités, le but de l'art. 917, qui est d'éviter l'estimation d'une rente viagère ou d'un usufruit, pourra être atteint ; l'héritier à réserve exercera son option. Dans le cas contraire, les legs seront réduits au marc le franc. (Voy. 926.) Il faudra donc forcément les estimer, l'art. 1970 recevra son application.

918. — L'origine de cet article est dans la loi du 17 nivôse an II, art. 26, qui exigeait impérieusement l'égalité entre les successibles en ligne directe ou collatérale, et qui prohibait comme libéralités présumées les donations à charge de rente viagère, les ventes à fonds perdu, faites à tout héritier présomptif sans le concours des autres successibles ; seulement la loi réservait à l'acquéreur la reprise des sommes qu'il prouvait avoir payées au delà des revenus dont il avait joui. Cette disposition n'est pas dans le Code. Quelques jurisconsultes l'admettent, d'autres la rejettent, ce qui me paraît plus conforme à l'esprit de l'article. Le législateur ne croit pas à la sincérité de la vente, il la répute donation, et cette présomption est fondée ; il y aura peu de ventes réelles sans le consentement des successibles.

Le Code n'exige pas aussi impérieusement l'égalité entre cohéritiers; quand les contrats dont s'occupe l'art. 918 sont faits au profit de successibles en ligne directe, la loi, par une double présomption, y voit une libéralité et une dispense de rapport.

De la généralité des mots *biens aliénés*, il suit que l'article ne borne pas ses effets aux aliénations d'immeubles, mais qu'il les étend à celles des meubles et aux placements des capitaux sous les mêmes conditions.

Il faut remarquer que si, dans le nombre des héritiers existants à l'époque de la donation, les uns ont consenti à l'aliénation, c'est une vente pour eux et une donation pour les autres.

919. — La dispense de rapport refusée ou omise au moment de la donation peut être accordée plus tard dans un nouvel acte; mais c'est une véritable donation ajoutée à la première, et qui ne peut avoir lieu au préjudice d'une donation faite dans le temps intermédiaire à titre de préciput. La promesse d'égalité, faite à l'un des enfants, empêche toute disposition ultérieure à titre de préciput à son préjudice en faveur des autres enfants.

SECTION II.

DE LA RÉDUCTION DES DONATIONS ET LEGS.

920. — La réduction est le droit qu'ont les héritiers à réserve de conserver les biens que le testateur a légués, ou de reprendre aux donataires ce qu'ils ont reçu au delà de la quotité disponible.

La réduction des libéralités entre-vifs ou testamentaires est la sanction du principe qui établit la réserve.

De ce que la réduction se fait à l'ouverture de la succession, il suit : 1° que la donation entre-vifs conserve tout son effet pendant la vie du donateur; 2° qu'on ne doit pas examiner quelle était l'étendue des facultés du donateur au jour de la donation, soit sous le rapport des biens, soit sous celui du nombre des héritiers réservataires; 3° que les biens réunis fictivement à la masse doivent être estimés d'après leur valeur au temps du décès; 4° que le donataire ne doit restituer les fruits de ce qui excède la portion disponible qu'à compter du jour de la mort.

924. — La réduction n'est établie que dans l'intérêt des héritiers à réserve, de leurs héritiers et ayants cause. Donc ni les créanciers du défunt, ni ses donataires ou légataires ne peuvent la demander ou même en profiter : les *légataires*, parce qu'ils n'ont de droits à exercer que sur les biens de la succession; les *donataires*, autrement on arriverait à une contribution entre eux, tandis que la réduction se fait en commençant par la plus récente (923), sans accorder aucune préférence aux donations ordinaires sur les donations de biens à venir (1082), et même sur les donations entre époux, faites pendant le mariage (1096); enfin les *créanciers*, parce que les biens étant sortis du patrimoine de leur débiteur, la circonstance qu'il existe des héritiers à réserve ne doit pas tourner à leur avantage. La réserve n'est pas établie en leur faveur; mais ils peuvent avoir un autre moyen, qui est l'action révocatoire paulienne, s'ils sont antérieurs aux donations faites en fraude de leurs droits. S'ils sont postérieurs, ils doivent s'imputer à faute de n'avoir pas exigé des garanties. De même, si le réservataire est héritier pur et simple, il devient le débiteur personnel des créanciers du défunt, qui peuvent exercer ses droits en vertu de l'art. 1166, et non-seulement profiter de la réduction, mais la demander.

Sur cet article se présente la question de savoir si, pour avoir droit à la réserve, il faut nécessairement se porter héritier de la personne dans la succession de laquelle on veut l'obtenir.

Trois systèmes : 1° Le droit à la réserve est indépendant de la qualité d'héritier; il est attaché, par la nature et par la loi à la seule qualité de descendant et d'ascendant.

2° Le réservataire qui a renoncé ne peut, par voie d'action, demander sa réserve ; mais s'il a renoncé pour s'en tenir à une disposition entre-vifs, il peut retenir sur les biens donnés et la portion disponible, et sa part dans la réserve.

3° Le droit à la réserve est attaché dans tous les cas à la qualité d'héritier, et le réservataire renonçant ne peut, ni par voie d'action ni par voie d'exception, prendre une part dans la réserve. Nous adoptons ce dernier système. (Voy. 845.) Ces mots *de même nature*, que nous lisons dans l'art. 924, ont pour motif de maintenir l'égalité entre cohéritiers. Si la loi eût voulu que le successible *renonçant* pût retenir sur la donation *une part de la réserve*, elle n'aurait pas subordonné cet avantage à la circonstance que les objets donnés seraient *de même nature* que ceux composant la succession ; elle n'aurait pas fait dépendre un droit aussi exorbitant d'une expertise.

922. — La quotité disponible est une fraction du patrimoine du défunt. Pour la connaître, il faut fixer la valeur de la fortune entière. On doit donc : 1° former le total des biens appartenant au défunt lors de son décès. 2° On y ajoute la valeur des biens qu'il a donnés entre-vifs, on les estime d'après leur état à l'époque des donations, mais d'après leur valeur à l'époque du décès. 3° On déduit les dettes du total si le défunt était solvable. 4° On calcule sur ce qui reste quel peut être le montant des libéralités.

Lorsqu'il existe un légataire de la quotité disponible, on doit imputer sur les réserves les dons faits en avancement d'hoirie aux héritiers ; non, s'ils renoncent à la succession, ils ne sont que des donataires ordinaires ; mais s'ils acceptent, les biens qu'ils ont reçus me paraissent devoir s'imputer sur leurs réserves, et, par conséquent, ils ne pourront refuser au légataire de prendre sur les biens existants toute la quotité disponible.

923, 926, 927. — La réduction doit porter d'abord sur les dispositions testamentaires. Les donations entrevifs n'y sont sujettes qu'autant que les biens libres et ceux dont le défunt a disposé par acte de dernière volonté ne suffisent pas pour satisfaire les réserves, parce que les donataires ont un droit acquis.

Si le donataire dont la donation a porté atteinte à la réserve est devenu insolvable, le réservataire pourra se pourvoir contre les donataires antérieurs; car si le donateur, après avoir conservé des biens suffisants pour la réserve, les dissipait, assurément l'héritier à réserve aurait le droit d'attaquer les donations. Or peu importe pour le réservataire que ce soit un dernier donataire ou le donateur lui-même qui ait dissipé. D'ailleurs l'héritier *certat de damno vitando*; le donataire, *de lucro captando*. (Voy. Pothier.) S'il y a lieu à une réduction partielle des legs, elle se fait *au marc le franc*, sans distinction entre les legs universels, à titre universel ou particulier, soit de quantités, soit de *corps certains*, sans égard aux dates respectives des divers testaments, à moins d'une volonté *expresse* du testateur. Faut-il excepter les legs rémunératoires et ceux de restitution? La loi ne distingue pas. (Voy. MM. Duranton et Coin-Delisle, Vazeille et Toullier; voy. Marcadé.) En cas de legs conditionnels, les légataires purs et simples donnent une caution pour assurer la restitution de ce qu'ils auront reçu de trop si la condition s'accomplit.

924. — Cet article a donné lieu à de longues et nombreuses controverses qu'on peut lire dans tous les livres de droit. Nous nous contenterons d'une explication simple, qui nous paraît rationnelle. Distinguons plusieurs hypothèses:

Quand le donataire qui vient à la succession n'a reçu qu'un avancement d'hoirie, il peut invoquer l'art. 859 pour éviter le rapport en nature.

Si la donation a été faite par préciput, et que le donataire vienne à la succession sans que la réduction atteigne sa donation, l'art. 866 sera applicable.

Quand le donataire a renoncé à la succession, il conserve en nature l'objet donné jusqu'à concurrence de la portion disponible. Il est, comme un donataire étranger, soumis à la réduction seulement. Si l'immeuble ne peut être commodément partagé, il faudra avoir recours à la licitation comme entre tous copropriétaires indivis.

Enfin, quand la donation est faite par préciput, que le donataire vient à la succession, et que sa donation est atteinte par la réduction, on applique 924. Il a pour but de maintenir l'égalité des réserves entre les héritiers.

928. — Cet article modifie l'ancien droit par un tempérament équitable. Le donataire ne doit les fruits du jour du décès que si la demande en réduction a été formée dans l'année, tandis que le donataire soumis au rapport cesse de gagner les fruits à compter du décès du donateur. Cette différence est raisonnable : le donataire ne peut pas ignorer qu'il est tenu au rapport ; il n'en est pas de même de celui soumis à réduction. Le silence de l'héritier lui inspirerait une fausse sécurité, et il pourrait se trouver ruiné par une restitution de fruits consommés de bonne foi. Cette disposition, conforme à l'art. 1005, est d'ailleurs en harmonie avec les principes de notre droit sur les actions possessoires qui doivent être intentées dans l'année.

Quand aux fruits perçus avant le décès, ils ne doivent pas être restitués, soit parce que, à l'égard du donateur, les donataires ont toujours été propriétaires, la donation n'étant résolue que dans l'intérêt des héritiers à réserve, soit parce qu'ils ont possédé et joui de bonne foi.

929 et **930.** — Ces deux articles sont une application de la maxime : *soluto jure dantis, solvitur jus accipientis.* La réduction entraîne toujours la résolution des hypothèques ; mais elle n'entraîne la résolution des aliénations qu'autant que le donataire n'aurait pas dans ses biens de

quoi indemniser l'héritier à réserve. Le droit des réservataires se trouve modifié dans l'intérêt de la propriété,
puisqu'ils sont contraints de recevoir en argent ce qu'ils
auraient pu exiger en nature. Si le donataire ne peut pas
compléter les réserves, les héritiers peuvent revendiquer
les immeubles contre tout tiers détenteur.

Quand à l'ordre qu'il faut suivre, deux choses sont à
considérer : 1° L'acquéreur du dernier donataire, quelle
que soit la date de son acquisition, doit être attaqué avant
l'acquéreur d'un donataire antérieur. 2° Entre les acquéreurs du même donataire, on doit attaquer celui dont l'acquisition est la plus récente.

L'action en réduction est personnelle contre les donataires et leurs héritiers; elle n'est soumise qu'à la prescription de trente ans, à compter du décès du donateur (2262).
Mais l'art. 2265 est applicable aux tiers acquéreurs de bonne
foi; ils peuvent invoquer la prescription de dix ou vingt ans,
toujours à compter du décès, car avant l'ouverture de la
succession les héritiers à réserve ne peuvent pas agir, leur
position est toute différente de celle du propriétaire sous
condition. (Voy. 1180.)

CHAPITRE IV.

DES DONATIONS ENTRE-VIFS.

SECTION PREMIÈRE.

DE LA FORME DES DONATIONS ENTRE-VIFS.

Les donations sont soumises à des conditions de formes
ou de capacité plus rigoureuses que celles exigées pour les
autres actes, parce que la loi admet difficilement dans le
propriétaire la volonté de se dépouiller gratuitement; il
lui faut pour cela les preuves les plus certaines. 2° Elle est
disposée à présumer une influence coupable plutôt que de
l'attribuer à des sentiments bienveillants. 3° L'intérêt des
familles semble réclamer des garanties contre des aliéna-

tions qui font sortir des biens du patrimoine commun sans les remplacer par d'autres. 4° L'intérêt des tiers se trouve plus compromis par les actes à titre gratuit que par ceux à titre onéreux.

931. — La donation est un acte solennel où l'écriture et le ministère de l'officier public ne sont pas seulement requis pour la preuve de la volonté, mais pour son efficacité : *non ad probationem, sed ad validitatem actûs.* Elle doit être faite dans les formes prescrites par la loi du 25 ventôse an II. Il en doit rester minute, cela tient à l'irrévocabilité de la donation. Le brevet, dans les mains du donateur, pourrait être supprimé; dans les mains du donataire, il pourrait le perdre et se trouver par là même privé du bénéfice de la donation.

L'acceptation consiste dans la mention qui doit en être faite en *termes exprès* dans l'acte de donation. La présence du donataire à l'acte, sa signature même, ne suffiraient pas.

La capacité de donner et de recevoir est requise au moment de l'acceptation seulement; le concours des deux volontés a eu lieu : conclure de là que la notification peut être faite après la mort du donateur ou du donataire. (Voy. M. Demante et Marcadé.)

Elle est requise jusqu'à la notification : il faut en conclure que le donateur peut changer de volonté jusqu'à l'accomplissement de cette formalité, qui ne peut être remplie par les héritiers. (Voy. M. Duranton.)

933. — « *Une expédition devra en être annexée.* » Il est nécessaire que la procuration soit avec minute, lorsqu'elle est donnée pour accepter plusieurs donations; mais dans les autres cas, ce serait tirer une conséquence bien rigoureuse de l'art. 933 que d'induire du mot *expédition* la nécessité d'une procuration en minute; cet article, ainsi entendu, dérogerait à la règle générale contenue dans l'art. 21 de la loi du 25 ventôse an II, et il serait difficile de donner une raison plausible de cette dérogation. On

n'aurait pas à craindre la suppression de l'original en brevet, puisqu'il serait annexé à la minute de la donation.
Cependant l'article est formel.

934. — M. Duranton et Toullier appliquent les art. 225 et
1125 à la donation acceptée par la femme seule. Delvincourt,
Proudhon, Grenier et M. Demante frappent la donation,
dans ce cas, d'une nullité absolue : ils disent que c'est un
contrat *sui generis*, solennel, et une acceptation expresse
dans les formes légales est exigée comme étant de l'essence
de la donation. C'est une loi de mœurs, une mesure
d'ordre public, etc. Cet article ne rappelle pas les art. 225
et 1125.

935. — Si c'est la mère qui accepte, elle n'a pas besoin
de l'autorisation du mari ; elle agit dans l'intérêt de son
fils mineur : comme mandataire, elle ne s'oblige pas elle-
même, c'est l'enfant qui contracte en vertu du pouvoir
que la loi lui délègue. En accordant à la mère la faculté
d'accepter, la loi ne suppose pas qu'elle doive être autorisée ; car s'il fallait le concours du mari, le pouvoir donné
à la femme serait inutile. Je ne pense pas même qu'elle ait
besoin de l'autorisation de la justice.

Les ascendants pouvant accepter du vivant des père et
mère, le peuvent certainement en cas d'absence ou de
silence de ceux-ci ; mais le peuvent-ils malgré leur opposition ? La loi ne distinguant pas, je pense qu'il ne faut
pas distinguer ; l'opposition du père ne doit pas priver
l'ascendant d'un droit que la loi lui confère.

Je pense aussi que les ascendants d'un interdit peuvent
accepter une donation qui lui serait faite. (Voy. 509.)

L'acceptation des donations n'étant pas au nombre des
actes que ne peut faire seul celui qui est soumis à un conseil judiciaire, il peut accepter sans l'assistance de son
conseil. (Voy. 513.)

Les pères et mères des enfants naturels peuvent aussi
accepter pour leurs enfants mineurs.

938. — Si la donation a pour objet une somme d'argent ou une chose indéterminée, le donataire a une action personnelle pour forcer le donateur à livrer : s'il s'agit d'un corps certain, la propriété en est immédiatement transférée au donataire. (Voy. 711, 1138, 1583.) Toutefois ce principe est sans application à l'égard des tiers ; en effet, s'il s'agit d'une donation de meubles corporels, le second donataire à qui les meubles auront été livrés sera protégé, s'il est de bonne foi, par la règle : *en fait de meubles, la possession vaut titre.* (Voy. 2279 et 1141.)

Si la libéralité a pour objet un meuble incorporel, une créance, par exemple, le cessionnaire qui l'aura le premier signifiée au débiteur, ou que celui-ci aura acceptée dans un acte authentique, sera seul saisi de la créance cédée. (Voy. 1690.)

La donation, de sa nature, n'oblige pas le donateur à la garantie pour cause d'éviction totale ou partielle des objets donnés. Exception à ce principe :

1° La donation faite en faveur de mariage (Voy. 1440 et 1547) ;

2° Si le donateur a expressément promis la garantie ;

3° Lorsque l'éviction est le résultat d'un fait personnel au donateur, on appliquerait 1382 ;

4° Lorsque la donation est onéreuse ;

5° Lorsqu'il s'agit d'une donation rémunératoire pour services appréciables.

Le donataire pourrait aussi intenter l'action en garantie du donateur contre ceux qui lui auraient transmis la chose : en effet, par la donation, le donateur transmet la chose donnée *cum suâ causâ*, c'est-à-dire avec tous les droits et actions qui lui appartiennent au sujet de la chose donnée. (Voy. notre commentaire sur l'art. 2178.)

939. — Si les biens donnés sont susceptibles d'hypothèques, la donation doit être transcrite, c'est-à-dire copiée littéralement sur un registre tenu au bureau des hypothèques dans l'arrondissement duquel les biens sont situés. (Voy. 2148.)

D'après l'art. 2 de la nouvelle loi sur la transcription, les donations qui ont pour objet même l'établissement d'une servitude, d'un droit d'usage et d'habitation, doivent être transcrites pour produire leur effet à l'égard des tiers ; s'il en était autrement, les créanciers acquéreurs de l'hypothèque seraient forcés de subir l'effet d'une donation qu'ils n'auraient pas connue.

940. — Comme c'est une mesure conservatoire, la femme et le mineur peuvent y faire procéder sans autorisation. (Voy. les art. 2139 et 2194.)

Je crois aussi qu'on ne peut refuser aux ascendants le droit de faire conserver, par la transcription, l'effet de la libéralité qu'ils peuvent acquérir aux mineurs par leur acceptation.

941. — La formalité extrinsèque de la transcription a deux buts bien distincts dans la donation : d'abord c'est la première formalité à remplir, comme dans la vente, pour arriver à la purge des priviléges et hypothèques dont les biens donnés peuvent être grevés ; ensuite elle est nécessaire pour transférer la propriété des immeubles donnés à l'égard des tiers, et pour rendre la donation publique, afin d'éviter l'abus des donations clandestines.

Pour mettre un terme aux difficultés qu'aurait fait naître la question de savoir si les tiers ignoraient ou non la donation, la loi suppose, d'une manière absolue, qu'ils ne la connaissent qu'autant qu'elle a été transcrite. (Voy. 1071 et 1352.)

Le défaut de transcription peut donc être opposé par toutes personnes *ayant intérêt*, par les tiers acquéreurs à titre onéreux des biens donnés, par les créanciers hypothécaires et même chirographaires, car *ils ont intérêt*, ils ont regardé ces immeubles comme gage de leurs créances. A leur égard, la propriété n'a pas été transférée au donataire. Ils n'auraient sans doute pas prêté leur argent s'ils avaient connu la donation, parce qu'ils n'auraient pas eu les mêmes garanties. Les créanciers antérieurs peuvent attaquer la donation comme ayant été faite en fraude de leurs droits. (Voy. 1167.) Serait-il juste de laisser sans protection les créanciers postérieurs qui seraient alors victimes d'une véritable fraude?

Cependant, d'après la loi nouvelle, il semble que les créanciers chirographaires ne peuvent pas opposer le défaut de transcription (voy. l'art. 3); ils n'ont que la ressource de l'action révocatoire. (Voy. 1167.)

Les donataires postérieurs peuvent aussi opposer le défaut de transcription; l'article est général, et ils y ont intérêt. Enlever l'immeuble au donataire postérieur qui a dû se croire propriétaire incommutable, c'est lui infliger une perte, *nec obstat* l'art. 1072; on conçoit que les appelés aient été l'objet d'une faveur spéciale. Le donataire à titre particulier n'est pas tenu des engagements du donateur; on ne peut lui refuser le droit de se prévaloir de l'inobservation de cette formalité.

Il ne faut pas perdre de vue que l'intention du législateur a été d'appliquer aux donations les effets de la transcription d'après la loi de brumaire an VII. Cependant c'est une question douteuse sous l'empire du Code.

« *Excepté*, etc. » Si donc le tuteur ou le mari ont acquis les immeubles donnés, ils ne peuvent argumenter du défaut de transcription pour soutenir la validité de leur acquisition ou d'une constitution d'hypothèque. Les héritiers du donateur peuvent-ils opposer le défaut de transcription? La plupart des auteurs et la jurisprudence leur refusent ce droit. Je penche pour l'affirmative.

D'abord ils ont intérêt à la nullité de la donation. Ils sont donc dans le principe général de l'art. 941, et ne se trouvent pas, comme le donateur, placés dans l'exception. Si le législateur avait voulu les y placer, il aurait dit :

« *Excepté, toutefois, celles qui sont chargées de faire faire la transcription, le donateur et leurs ayants cause.* » L'héritier, après avoir compulsé le registre des transcriptions, accepte purement et simplement une succession ; elle se trouve diminuée de plus de moitié ou absorbée par une donation clandestine ; vous ne lui accordez pas la faculté de révoquer son acceptation en vertu de l'art. 783. Il faut donc lui accorder celle d'opposer le défaut de transcription ; sans ce moyen, la loi est immorale, parce qu'elle tend un piége inévitable aux héritiers : ce qu'il n'est pas permis de supposer. Ils avaient le remède du bénéfice d'inventaire contre les dettes qui peuvent rester cachées ; ils ont la transcription pour faire connaître les donations ; ils se sont assurés, en compulsant les registres du conservateur, qu'il n'en existait pas. Aucun reproche à leur faire, la loi doit leur fournir un moyen d'éviter leur ruine ! Est-ce l'art. 1382 qui rend chacun responsable du dommage qu'il a causé par sa faute ou par sa négligence ? Cela est douteux, à moins qu'il n'y ait dol.

On ne doit pas argumenter contre cette opinion de l'art. 1070, puisque les art. 941 et 1070 ne s'occupent pas des mêmes personnes. Le premier parle des tiers acquéreurs et des créanciers du donateur ; dans le second il s'agit des tiers acquéreurs et créanciers du grevé. Donc l'un n'est pas l'explication de l'autre.

L'opinion contraire est fondée sur cet unique motif que les héritiers n'ont pas plus de droits que le défunt, ce qui n'est pas toujours vrai ; ainsi les héritiers peuvent prouver qu'une donation est déguisée sous la forme d'un contrat onéreux pour porter atteinte à la réserve, ou faire parvenir des biens à une personne incapable de recevoir à titre gratuit. Donc ils ont plus de droits que le défunt. (Voy. aussi l'art. 1323 du Code.)

942. — « *Se trouveraient insolvables.* » Les tiers qui peuvent être nombreux, trompés par le défaut d'accepta-

tion ou de transcription, *certant de damno vitando;* les réclamants, *de lucro captando.* Les premiers doivent être préférés.

943. — Cet article avec 944, 945 et 946, sont des conséquences des caractères essentiels de la donation entrevifs, le dessaisissement actuel et l'irrévocabilité. Les donations qu'ils prohibent sont permises par contrat de mariage, pour favoriser les mariages.

Il ne faut pas confondre la donation de biens à venir avec la donation à terme ou conditionnelle : ces deux dernières dessaisissent actuellement le donateur. Je puis donner une somme déterminée payable après ma mort; l'exécution seule de mon engagement est différée. Mais cette disposition : je donne 20,000 francs à prendre sur les biens que je laisserai au jour de mon décès, serait nulle, comme étant faite sous une condition dépendante de ma volonté. Je puis dissiper tous mes biens pour anéantir la libéralité.

La donation de l'universalité ou d'une quote-part des biens présents, emporte la charge de payer les dettes proportionnellement, en vertu de la maxime : *Non sunt bona, nisi deducto œre alieno.* Cette position est très-controversée.

948. — L'utilité de cet état estimatif se fait sentir pour les cas où il y aurait lieu à rapport, à réduction, à révocation, et pour celui où le donateur ne livrerait pas immédiatement l'objet donné; pour l'effet du retour légal ou conventionnel. La loi peut encore avoir pour but de fournir une mesure afin de régler la contribution du donataire universel des biens meubles au payement des dettes.

Si la donation est manuelle, l'état estimatif n'est plus exigé, ce qui sert à expliquer l'art. 868.

La loi dit : *tout acte de donation,* et non pas toute donation.

949. — Cet article ne demande aucun développement.

950. — « *Il aura action pour raison des objets non existants,* etc. » Peut-on prétendre que ces mots doivent s'en-

tendre dans le sens absolu qu'ils présentent, et que si les
meubles ne se retrouvent plus au décès de l'usufruitier, le
donataire en pourra réclamer la valeur, quoique le donateur ou ses héritiers offrent de prouver que ces meubles ont
péri par cas fortuit? C'est l'opinion de Proudhon, qui me
paraît bien rigoureuse contre le donateur. Cependant l'article est absolu; il ne distingue pas si la perte a eu lieu par
cas fortuit ou par la faute du donateur usufruitier. Cette
solution est amenée encore par la nécessité d'un dessaisissement irrévocable, et par la crainte de laisser au donateur le
moyen de diminuer, d'énerver sa libéralité.

D'un autre côté, on dit qu'un usufruitier ordinaire ne
répond pas des cas fortuits; que le donateur qui s'est
réservé l'usufruit des choses dont il s'est dépouillé gratuitement est plus favorable que le premier; que, malgré la
généralité des termes de l'article, l'équité, l'esprit de la
loi et les principes du droit ne permettent pas qu'il soit
grevé de la perte totale de la chose, puisque d'ailleurs on
décide qu'il n'est pas tenu des détériorations provenant
d'un cas fortuit. Cette dernière opinion est plus généralement admise.

951. — Ce qui concerne le retour légal est réglé par les
art. 351, 747 et 766 du Code. Il ne s'agit ici que du retour conventionnel. (Voy. notre art. 747.)

Lorsqu'il a été stipulé pour le cas de prédécès du donataire et de ses descendants, les enfants légitimés et les
enfants adoptifs empêcheront complétement le droit de
retour, et l'enfant naturel jusqu'à concurrence du droit
qu'il exerce dans la succession du donataire. Cette proposition est controversée.

Si le droit de retour est stipulé au profit d'un tiers ou
au profit du donateur et de ses héritiers, faut-il, en vertu
de l'art. 900 du Code, effacer la clause et conserver à la
donation sa validité, ou doit-on y voir une substitution
prohibée selon l'art. 896 et annuler l'acte entier?

Si le droit de retour est stipulé au profit d'un tiers, il y a substitution prohibée, tout est nul, la clause de retour et la donation. D'abord il n'y a pas de retour ; il y a deux transmissions de biens, l'une du donateur au donataire, l'autre de celui-ci au tiers donataire ultérieur ; c'est bien là l'ordre successif en dehors du système des successions légitimes et qui constitue la substitution. La clause de retour au profit du donateur et de ses héritiers donne lieu à une question plus délicate. On peut dire que les héritiers auraient alors le bien, non comme donataires, mais comme héritiers et comme ayant succédé soit au bien lui-même repris par le donateur, si le donataire prédécède, soit au droit de le reprendre, qui existe dans la succession du donateur puisqu'il l'avait stipulé d'abord pour lui. Cette dernière stipulation, si elle n'était pas prohibée par cet article, serait parfaitement valable d'après les principes du droit commun, puisqu'elle ne porte aucune atteinte à l'ordre légal des successions : ce n'est donc qu'une condition illicite à laquelle il faut appliquer l'art. 900.

952. — L'effet de droit du retour est celui de toute condition résolutoire *ex causa antiqua*, l'application de la maxime *soluto jure dantis*, etc.; donc les aliénations des biens donnés ainsi que les hypothèques dont ils sont grevés sont anéanties, excepté l'hypothèque légale de la femme du donataire, si c'est dans le contrat de mariage que la donation a été faite, et sauf discussion préalable des biens du donataire.

Cette hypothèque subsidiaire de la femme est une dérogation au droit commun ; donc la seconde partie de cet article doit être interprétée dans un sens restrictif. Elle ne garantira donc que la dot et l'exécution des conventions matrimoniales, et non l'indemnité des dettes qu'elle aurait contractées avec son mari, ni le remploi de ses propres aliénés, en un mot, ni tous droits qu'elle aurait acquis contre son mari pendant le mariage.

SECTION II.

DES EXCEPTIONS A LA RÈGLE DE L'IRRÉVOCABILITÉ DES DONATIONS ENTRE-VIFS.

953 et 954. — Le principe de l'irrévocabilité des donations entre-vifs n'est pas sans exceptions.

Trois causes donnent lieu à leur révocation. Ce sont :

1° L'inexécution des conditions ou charges imposées ;

2° L'ingratitude du donataire ;

3° La survenance d'enfant au donateur qui n'en avait
pas au moment de la donation.

L'action de révocation ou résolution pour inexécution
des charges de la donation dure trente ans à compter du
jour où le donataire a été constitué en demeure ; l'art. 1304
n'est pas applicable. Elle dure dix ou vingt ans contre les
tiers acquéreurs de bonne foi. (Voy. 2265.)

L'art. 954 fait l'application de la maxime *resoluto jure
dantis*, etc. ; en conséquence, toutes les charges créées par
le donataire sur les immeubles donnés s'évanouissent, les
aliénations totales ou partielles sont résolues. Les tiers qui
ont contracté avec le donataire ont dû être avertis par son
titre des chances auxquelles ils s'exposaient.

L'action en révocation appartient au donateur et à ses
héritiers contre le donataire et ses héritiers. Les droits et
les obligations qui naissent des contrats, sont transmissibles aux successeurs des parties contractantes. Nous l'accordons aussi aux créanciers du donateur, ce n'est pas une
action morale, naissant d'un droit inhérent à la personne.
(Voy. 1166, voy. Marcadé.)

Mais le donateur a-t-il le choix de demander la révocation de la donation ou l'exécution des charges ? Question
controversée.

Pour la négative on dit que le but des parties a été d'un
côté de faire et de l'autre de recevoir une libéralité. Le donateur veut faire un don, et le donataire ne veut pas se

lier envers le donateur et se soumettre à une obligation personnelle. La libéralité est de l'essence de la donation comme du legs. Si, trompé par la nature apparente de l'acte, il en a d'abord et sans réfléchir mal apprécié les charges, il doit pouvoir s'y soustraire plus tard en abandonnant l'objet de la donation.

Pour l'affirmative on argumente des art. 1184, 463 et 1052. (Voy. M. Duranton et Marcadé.)

955. — Les secondes causes de révocation sont celles d'ingratitude énumérées dans le Code.

Tous les auteurs font remarquer que les faits d'ingratitude susceptibles de produire la révocation sont plus nombreux et moins graves que ceux auxquels la loi a attaché l'indignité de succéder ; mais ils ne sont pas d'accord sur la cause de cette différence : les uns ont pensé que le donataire tenant sa libéralité de la seule volonté du donateur était plus coupable et devait être moins favorablement traité que l'héritier qui tient son droit directement de la loi. Mais les liens de parenté qui unissent l'héritier présomptif au défunt compensent au moins le devoir spécial de reconnaissance que le donataire doit au donateur. D'autres ont dit : que l'on devait limiter à des cas rares l'indignité de succéder, puisque le plus souvent l'offensé a pu venger son offense en faisant un testament ; mais le donateur est toujours obligé de se maintenir dans les limites du disponible, de sorte que plus l'offense serait grande à raison de la proximité de la parenté, plus le donateur serait désarmé pour la punir.

Une raison plus satisfaisante peut être tirée des principes de la propriété et de l'hérédité. Les lois ne doivent pas intervertir la succession légitime sans les motifs les plus graves ; aussi l'indignité ne peut-elle être prononcée que pour des attentats à la vie et à l'honneur constatés par jugement : on conçoit, au contraire, que la loi se soit montrée plus facile pour admettre la révocation d'une donation dont l'effet devait être de faire rentrer les biens dans la famille et de leur faire suivre l'ordre légal de la transmission.

1° Le mot *révocation* n'est pas heureux, car toute révocation suppose le rétablissement des choses au même état qu'auparavant, ce qui n'a pas lieu ici.

2° Les tribunaux auront à apprécier la nature et la gravité relative des sévices, délits et injures.

3° Le donataire qui refuse des aliments n'est ingrat qu'autant qu'il peut les fournir et que le donateur est dans le besoin. Il faut encore, je crois, que celui-ci ne puisse en obtenir des membres de sa famille, auxquels la loi impose cette dette. Les aliments ne doivent pas absorber l'objet donné, ce serait une révocation de la donation. Il semble qu'ils ne peuvent, en thèse générale, excéder les revenus de la chose donnée.

Les donations rémunératoires, lorsque les services ne sont pas appréciables en argent, et qu'ils n'engendrent qu'une obligation naturelle, et les donations mutuelles, sont révocables pour cause d'ingratitude. Je n'en excepte pas les donations faites par contrat de mariage, *par l'un des époux à l'autre*, nonobstant l'art. 959. La révocation n'atteint que l'époux donataire, puisque les enfants retrouveront les biens donnés dans la succession du donateur. L'exception nécessaire, quand il s'agit de donations faites par des tiers, ne peut plus se justifier lorsqu'il s'agit de libéralités faites par l'un des époux à l'autre : *cessante causa cessat effectus* (arg. de 299 et 1518). (Voy. notre art. 311.) La solution contraire serait immorale, parce qu'elle rendrait moins impérieux des devoirs pour l'accomplissement desquels il est utile de multiplier les sanctions au lieu de les diminuer. C'est aujourd'hui la jurisprudence de la Cour de cassation. (Voy. Proudhon, t. Ier, page 543.)

956 et 957. — « *N'aura jamais lieu de plein droit.* » Elle ne s'opère que par la sentence du juge. Elle n'aurait pas lieu si, avant, la cause de révocation venait à cesser. Elle doit être demandée dans l'année, à compter du jour où le fait qui constitue l'ingratitude a été connu du donateur.

La révocation ne peut être demandée contre les héritiers du donataire; ils ne doivent pas répondre d'une ingratitude à laquelle ils sont étrangers. Cependant l'action intentée contre le donataire *ne peut-elle pas être suivie* contre eux? La mort du donataire, accident fortuit, ne doit pas paralyser une action régulièrement exercée; c'est l'application de cette règle du droit romain : *Omnes actiones quæ morte aut tempore pereunt, semel inclusæ judicio salvæ permanent.*

Pour l'opinion contraire, on dit que la révocation pour ingratitude a pour but la *punition* d'un délit, et non un objet pécuniaire. Lorsque le coupable n'existe plus, il n'y a plus personne à punir. Les biens du donataire sont arrivés aux héritiers à titre de succession; ils ont perdu leur caractère primitif de biens donnés. D'ailleurs, la mort du donataire enlève au donateur le droit d'intenter l'action; elle doit lui faire perdre celui de la continuer.

958. — La déchéance du donataire ne doit point anéantir les aliénations et les hypothèques par lui consenties.

Quand la résolution a pour cause le délit du propriétaire, il n'y a pas lieu à appliquer la règle *resoluto jure dantis*, etc. Elle ne s'opère pas *ex causa antiqua*, dont les tiers auraient pu prévoir l'effet. Ils ne doivent souffrir de la faute du donataire que quand ils ont pu la connaître, c'est-à-dire lorsqu'ils ont acquis, non-seulement après la demande, mais après son inscription, faite en marge de la transcription de la donation.

Lorsque les tiers acquéreurs ne peuvent pas être inquiétés, le donataire reste comptable de la valeur des fonds aliénés à titre onéreux ou gratuit, et des fruits qu'ils ont pu produire depuis la demande. Il répond des hypothèques qu'il a consenties.

959. — Voyez nos art. 955 et 314. (Voy. Proudhon et Marcadé.)

960 et **961.** — La révocation pour survenance d'enfants est fondée sur la présomption que le donateur ne se serait pas dépouillé au profit d'étrangers s'il eût pensé qu'il dût avoir des enfants. Cette présomption est tellement absolue, qu'elle ne céderait pas devant une disposition contraire du donateur. (Voy. 965.)

Pour empêcher la révocation, il suffit que le donateur ait un descendant actuellement vivant dans le temps de la donation, qu'il soit légitime, légitimé ou adoptif. Mais la révocation n'a lieu que par la naissance d'un enfant légitime ou d'un enfant naturel légitimé. L'adoption d'un enfant fait réduire les donations postérieures et même antérieures à l'adoption, mais peut-elle les révoquer? Nous ne le pensons pas. Cet article ne déroge à la règle de l'irrévocabilité des donations que pour deux cas précis et déterminés; l'adoption n'est ni l'un ni l'autre, tous les auteurs sont de cette opinion. Marcadé, que la mort vient d'enlever à la science dans toute la vigueur de son talent, soutient, avec sa logique accoutumée, l'opinion contraire.

L'existence d'un enfant naturel reconnu au temps de la donation ne fait pas obstacle à la révocation. Peut-être le retour de l'absent opérerait la révocation. Si un enfant est né d'un mariage putatif, il révoque la donation faite par l'époux de bonne foi. Il jouit d'une manière absolue de la qualité d'enfant légitime.

La révocation s'applique non-seulement aux donations faites dans la forme ordinaire; elle a lieu pour les donations déguisées, les dons manuels, les libéralités faites dans les cas prévus par 1121, les remises de dettes faites à titre gratuit; elle a lieu pour les donations onéreuses ou rémunératoires. Mais le législateur n'entend pas priver le donataire du prix de ses services s'il étaient de nature à fonder une action en justice. Enfin, elle s'applique même aux donations faites en faveur du mariage.

962. — La révocation a lieu de plein droit, et la donation ne peut revivre ni par la mort de l'enfant ni par un acte confirmatif.

Si le donataire est entré en possession des biens donnés, il perçoit les fruits jusqu'à la révocation *jure domini*, et ils lui sont acquis irrévocablement, malgré la résolution de son droit, comme ils le sont au donataire sujet à rapport ou à réduction. Depuis la révocation, ils lui appartiennent comme possesseur de bonne foi, jusqu'à une notification régulière de la naissance ou de la légitimation.

963. — La révocation a lieu *ex causa antiqua*, c'est-à-dire avec effet rétroactif au jour de la donation; il en résulte que le donateur ou ses héritiers peuvent revendiquer les immeubles donnés contre les tiers acquéreurs, à titre gratuit ou onéreux, que ces immeubles restent francs et quittes de toutes charges et hypothèques créées par le donataire. Ils ne peuvent pas même demeurer affectés à la restitution de la dot de la femme, peu importe que le donateur se soit obligé, comme garant ou comme caution, à l'exécution du contrat de mariage; seulement, il reste obligé comme caution.

966. — L'action en restitution des biens donnés ne se prescrit, même contre les tiers détenteurs de bonne foi, que par trente ans. C'est une dérogation à l'art. 2265, sans préjudice des interruptions et, je crois, des suspensions de droit. Logiquement, le délai devait courir du jour de la naissance du premier enfant, puisque c'est ce fait qui opère la révocation; mais ces conséquences exorbitantes ont leur fondement dans la faveur et l'intérêt des enfants.

CHAPITRE V.

DES DISPOSITIONS TESTAMENTAIRES.

SECTION PREMIÈRE.

DES RÈGLES GÉNÉRALES SUR LA FORME DES TESTAMENTS.

967. Le Code n'a pas admis le principe du droit romain qui faisait consister le testament dans l'institution d'héritie. (Voy. 1002, voy. 895.)

968. — Les difficultés auxquelles donnaient lieu les testaments conjonctifs et mutuels les ont fait proscrire avec raison par l'ordonnance de 1735 et par le Code. Les deux testaments paraissant être la conséquence l'un de l'autre, on prétendait que la révocation de l'un devait emporter la révocation de l'autre; secondement, on doutait si après la mort de l'un des testateurs l'autre pourrait révoquer.

969. — Sous le rapport des formes, cet article établit trois espèces de testaments : les deux premiers descendent des coutumes, le testament mystique vient du droit romain.

970. — Le testament olographe peut être écrit sur du papier non timbré, sur du parchemin, sur du carton, etc. Il peut être rédigé sous forme de lettre adressée au légataire ou à un tiers. Il est valable en quelque langue qu'il ait été écrit; mais il faut qu'il soit entièrement écrit par le testateur. Néanmoins, un mot écrit d'une main étrangère n'annulerait le testament que quand il en ferait partie, et qu'il serait indispensable pour faire comprendre que le testateur donne, ce qu'il donne, et à qui il donne. Les renvois renfermant une disposition, et mis en marge par une main étrangère, annuleraient le testament si les héritiers institués ne pouvaient prouver que le testateur n'en a pas eu connaissance.

« *Daté.* » Le Code a fait de la date une formalité nécessaire, parce qu'elle sert de point de départ pour établir la capacité du testateur à l'époque de la confection et la priorité d'un testament sur d'autres.

La date est l'indication du jour, du mois et de l'année ; celle du lieu est inutile ; elle est indispensable dans le testament public pour prévenir les faux et fixer la compétence du notaire. La place que la date occupe dans l'acte est indifférente, pourvu qu'elle s'applique au testament entier. Ainsi, qu'elle soit mise en tête du testament, qu'elle se trouve dans le corps même de la disposition, qu'elle ne vienne qu'après l'acte terminé, et avant ou même après la signature, dans tous les cas l'acte est valable. Toullier enseigne le contraire. Il nous semble que l'on ne pourrait pas déclarer nul ce testament : « Ainsi écrit et signé par moi, le 20 mai 1854. » Cependant cela paraît douteux à quelques auteurs.

Si la date est fausse ou incomplète, il est permis de la rectifier par des indications tirées du testament. Trois conditions sont requises : 1° que la date soit évidemment l'effet de l'inadvertance et du hasard ; 2° que cette erreur soit corrigée par des éléments matériels et physiques pris dans le testament même ; 3° que ces éléments fixent la véritable date de l'acte.

La loi n'exige pas que la date soit écrite en toutes lettres. La prudence conseille de ne pas l'écrire en chiffres pour éviter des altérations plus faciles.

Le testament olographe n'est pas un acte authentique (voy. 999) ; donc il y a lieu à vérification d'écriture (voy. 1317), et c'est à l'héritier institué à faire la preuve que l'écriture et la signature émanent du testateur ; mais il fait foi de sa date.

971. — Le testament public est un acte *sui generis* qui s'accomplit par le ministère des notaires.

Ses formes sont déterminés tantôt par le Code, tantôt par la loi sur le notariat du 25 ventôse an XI. Postérieur à cette loi, le Code doit l'emporter sur elle toutes les fois qu'il y a implicitement ou explicitement dérogé. Il y aura dérogation implicite lorsque les deux lois contiendront des dispositions inconciliables, et quand la même formalité se trouvera reproduite dans les deux lois avec des circonstances différentes.

972. — La présence des notaires, comme celle des témoins, doit être continuelle; le testament est indivisible.

Dicter, c'est prononcer à haute voix ses dispositions, qui sont écrites par le notaire au fur et à mesure que le testateur parle. Il ne pourrait donc pas exprimer ses volontés toutes à la fois; à plus forte raison, il ne pourrait remettre à l'officier public un projet rédigé d'avance.

Le testament doit être écrit par l'un ou les deux notaires, c'est un principe particulier; car un acte notarié ordinaire peut être écrit par un clerc ou par une autre personne.

« *Tel qu'il est dicté.* » La loi n'exige pas cependant que le notaire reproduise toutes les expressions dont se sert le testateur, mais qu'il rende avec exactitude ses pensées.

La loi exige ensuite que le testament soit lu au testateur *en présence* des témoins et non *au testateur et aux* témoins: dans ce dernier cas le but du législateur pourrait ne pas être rempli, puisque le notaire pourrait faire deux lectures successives au lieu d'une seule au testateur et aux témoins. Dans le doute cependant, je pense qu'il faudrait appliquer l'art. 1157 du Code.

La mention que le notaire doit faire en termes exprès, sur l'acte même, que les formalités exigées par la loi ont été remplies, est utile, parce que si sa déclaration était mensongère, il commettrait un faux qui le rendrait passible de peines criminelles au lieu de simples dommages-intérêts; qu'il est même assez rare d'obtenir contre les notaires.

973. — La signature du testateur est la garantie de la sincérité du testament. Dans la déclaration qu'il fait de ne savoir signer ou même écrire, on trouve la cause et l'effet.

Mais s'il déclare qu'il ne peut signer, il faut qu'il en indique la cause lui-même ; la déclaration faite par le notaire que le testateur n'a pas signé par ignorance, ou pour cause de faiblesse, ou de paralysie ne suffirait pas.

Si le testateur a déclaré ne savoir signer par un mensonge, le testament est nul. Cette déclaration fausse indique qu'il n'a cédé qu'à l'obsession, et qu'il a refusé de signer pour ménager à ses héritiers légitimes le moyen d'attaquer avec succès son testament.

Cette doctrine ne s'applique point aux contrats qui produisent des engagements réciproques ; l'une des parties ne peut pas se ménager ainsi le moyen de détruire l'acte formé par leur consentement mutuel.

974. — La difficulté de trouver dans les campagnes des personnes sachant signer, motive l'exception contenue dans cet article. C'est aux magistrats à déterminer, soit d'après la population, soit d'après d'autres circonstances, quels sont les lieux qui doivent être considérés comme *campagnes*. Il me paraîtrait imprudent de faire usage de cette disposition exceptionnelle dans toute commune qui ne serait pas ville.

975. — On ne peut être témoin dans son propre intérêt : on ne doit pas même être admis à témoigner pour les personnes auxquelles on est attaché par les liens d'une parenté proche ou par une dépendance domestique.

Cet article ne parle pas des serviteurs du légataire, des parents et des serviteurs des notaires, des parents et des serviteurs du testateur. Doit-on appliquer à tous la prohibition des art. 8 et 10 de la loi du 25 ventôse an XI ? Les commentateurs du Code n'ont pas examiné la question dans cet ensemble ; la loi de 1803 déclare incapables d'être témoins les parents ou alliés du notaire et des parties jusqu'au troisième degré, leurs clercs ou serviteurs. De là 1° les parents du testateur ne peuvent être témoins, le testateur est partie ; 2° je ne pense pas qu'il serait prudent d'admettre comme témoins les serviteurs du notaire et du testateur.

Pour soutenir l'opinion contraire, on peut dire que le Code établit un système complet quant aux témoins du testament public, *specialia generalibus derogant*. (Voy. Marcadé.)

976. — Il faut remarquer que le testament doit être présenté par le testateur lui-même; il ne pourrait se faire remplacer par un mandataire.

La loi ne reproduit pas l'exception de l'art. 974; en conséquence, tous les témoins doivent signer.

Si le testament présenté par le testateur est olographe et que l'acte de suscription soit nul, le testament est dépouillé du caractère d'authenticité qu'il devait recevoir, mais il conserve sa nature, sa forme indépendante et sa validité comme testament olographe. C'est une question importante; le but principal du testateur est d'avoir un testament, et s'il a eu recours aux formes solennelles du testament mystique, c'est pour assurer plus efficacement la conservation et l'exécution de ses dernières volontés. Quand un acte peut être valable sous plusieurs formes, une irrégularité dans les unes ne l'empêche pas d'être valable sous une autre, quand cet acte *même solennel* peut exister isolément et par lui-même, abstraction faite de ces formes. (Voy. l'art. 1318.) Et c'est le cas d'appliquer la maxime *utile per inutile non vitiatur*.

La théorie qui consiste à dire que, par l'effet de l'acte de suscription, il n'y a plus qu'un seul testament qui est mystique, me paraît subtile, trop sévère, évidemment contraire à la volonté du testateur.

Le Code, après avoir établi les incapacités des témoins du testament public, n'en détermine aucune pour ceux du testament mystique; elles restent donc soumises aux règles générales.

980. Le législateur a établi des règles de capacité pour les témoins testamentaires dans ces deux articles; ils n'ont pas énuméré les incapacités naturelles. (Voy. 975.)

Les témoins d'un testament doivent être mâles et majeurs, *Français* et jouissant des droits civils.

La qualité de Français doit remplacer les qualifications appropriées à la constitution politique de chaque époque. Les termes *regnicoles, républicoles, sujets de l'empire, sujets du roi*, sont donc synonymes de *Français*. J'en conclus que les étrangers admis à établir leur domicile en France et ceux qui, en vertu de traités diplomatiques, y jouissent des droits civils, ne peuvent être témoins.

L'incapacité d'un témoin sous le rapport des droits civils et politiques, si elle repose sur des causes qu'il était permis d'ignorer, et qui entraînaient une erreur commune, ne rend pas le testament nul ; on applique, au nom de la foi publique, cette maxime : *error communis facit jus*, fondée sur plusieurs textes du droit romain.

SECTION II.

DES RÈGLES PARTICULIÈRES SUR LA FORME DE CERTAINS TESTAMENTS.

Cette section traite de quatre espèces de testaments :

1° Des testaments militaires, dans les art. 981, 2, 3, 4, 998 et 1001 ;

2° Des testaments faits en temps de peste, dans les art. 985, 6, 7, 8 et 1001 ;

3° Des testaments faits sur mer, dans les art. 988 à 998 et 1001 ;

4° Des testaments faits en pays étranger, dans les art. 999 et 1000.

Les règles spéciales sur ces testaments privilégiés me paraissent assez clairement expliquées pour ne pas exiger de commentaires. Cependant quelques articles méritent d'être étudiés, la simple lecture ne suffirait pas. (Voy. M. Coin-Delisle, qui n'approuve pas le dédain des auteurs pour cette section.)

1002. — Nous savons que le testateur peut disposer de ses biens, sans être tenu d'employer des expressions sacramentelles ; les diverses libéralités qu'il peut faire par testament sont : le legs universel, le legs à titre universel et le legs à titre particulier.

La loi romaine reconnaissait des héritiers légitimes et testamentaires ; il en était de même dans nos provinces de droit écrit : la règle de nos coutumes nationales n'admettait que des héritiers légitimes. Le Code, en laissant toute latitude quant à l'emploi des termes, ne permet de nommer que des légataires.

L'héritier diffère essentiellement du légataire : l'un succède à la personne, et par conséquent est tenu au payement de ses dettes *ultra vires ;* l'autre ne succède qu'aux biens, et n'est tenu que jusqu'à concurrence de son émolument. Le premier a la saisine de la propriété et de la possession, l'autre n'est saisi que de la propriété. De là des conséquences.

1003. — Tout legs est une libéralité faite par testament. Le legs universel est une disposition testamentaire qui donne à une ou plusieurs personnes, un droit éventuel à l'universalité des biens que le testateur laissera à son décès. C'est la vocation à l'universalité et la possibilité légale de l'obtenir, qui constitue le legs universel, sans se préoccuper quel sera en fait le bénéfice du legs. Ainsi les legs de l'universalité de ses biens, de tous ses biens, du disponible et même de la portion disponible à une ou plusieurs personnes, sont des legs universels.

1004. — La distinction des legs universel et à titre universel est d'une grande importance.

1° Le droit d'accroissement a lieu entre deux légataires de l'universalité des biens ; il n'aurait pas lieu si le testateur avait légué la moitié de ses biens à Paul et l'autre moitié à Pierre. Ce sont deux légataires à titre universel ; si l'un ne vient pas recueillir, sa portion va aux héritiers légitimes.

2° Le légataire universel a la saisine pleine et entière, lorsqu'il n'existe pas d'héritiers à réserve ; le légataire à titre universel est toujours tenu de demander la délivrance de son legs.

3° Le légataire universel a droit aux fruits du jour du décès s'il a formé sa demande en délivrance dans l'année. En est-il de même du légataire à titre universel ? C'est au moins une question que nous allons examiner.

4° Le légataire universel qui n'est pas en concours avec un héritier à réserve, est-il obligé au payement des dettes *ultra vires* ? Les auteurs ne sont pas d'accord. Il est certain que le légataire à titre universel n'est jamais tenu au delà de son émolument.

5° Le légataire universel est tenu d'acquitter tous les legs particuliers, puisqu'il profiterait de leur caducité, sauf le cas de réduction. Le légataire à titre universel ne fait que contribuer à leur acquittement avec les héritiers légitimes.

1004. — On a élevé la question de savoir si le testateur peut dispenser le légataire de la demande en délivrance.

La saisine légale est un droit accordé aux héritiers pour qu'ils soient avertis du testament qui change l'ordre légal des successions et pour qu'ils puissent le vérifier avant l'exécution ; le légataire pourrait souvent éluder les règles de la quotité disponible. D'ailleurs, la réserve est soustraite au droit de tester, le testateur ne peut donc en déposséder les parents.

La demande en délivrance est d'ordre et d'intérêt publics ; la dispense de cette obligation rendrait le testament suspect, la justice ne doit pas l'admettre.

1005. — Le légataire universel a droit aux fruits, à compter du décès, ou à compter de sa demande, s'il la forme après l'année ; c'est une conséquence du principe qui attribue les fruits au propriétaire dans le premier cas, et au possesseur de bonne foi dans le second. Mais il est tenu de rembourser les frais de culture et de semences faits par l'héritier.

Les deux art. 1005 et 1014 ont fixé l'époque à laquelle le légataire universel et le légataire particulier ont droit aux fruits. La loi est muette à l'égard du légataire à titre universel. L'opinion le plus généralement adoptée est qu'il doit être assimilé au légataire universel. Lorsqu'ils ssont en concours avec un héritier à réserve, ils prennent une quote-part des biens susceptible d'accroissement et de décroissement ; ils sont l'un et l'autre tenus des dettes et charges de la succession. L'héritier saisi n'est réputé de bonne foi que lorsque la demande en délivrance n'a pas été formée dans l'année.

L'opinion contraire est peut-être plus logique. En principe général, le Code attribue les fruits au possesseur de bonne foi (Voy. 549). La maxime *fructus augent hœreditatem* ne reçoit plus son application dans notre droit. (Voy. 138.) La dérogation en faveur du légataire universel par l'art. 1005 étant tout exceptionnelle, ne peut être appliquée au légataire à titre universel, qui reste soumis à la décision de l'art 1014.

1006. — Les légataires universels sont-ils tenus *ultra vires* au payement des dettes du défunt ? Il existe trois opinions sur cette question.

1° Le légataire universel qui à la saisine, représente le défunt, il est seul le continuateur de sa personne ; donc il est tenu au payement de toutes ses dettes.

S'il est en concours avec des héritiers à réserve, il n'a pas la saisine, il n'est que successeur aux biens ; il n'est pas tenu des dettes au delà de son émolument. (Voy. MM. Duranton et Demante).

D'autres jurisconsultes soutiennent, avec la cour de cassation, que le légataire universel est toujours *loco hæredis*. S'il n'a pas la saisine de la possession, il est propriétaire, il est le représentant du défunt, l'un des continuateurs de sa personne. Le patrimoine du testateur est un être de raison, un *nomen juris*, composé d'actif et de passif indivisibles, des droits et des obligations du défunt que le légataire ne peut séparer à son gré. C'est une espèce d'acquisition aléatoire dont il est libre d'éviter les chances en répudiant l'hérédité ou en l'acceptant sous bénéfice d'inventaire.

Troisième opinion. Le légataire universel ne représente jamais le défunt. Pothier, après avoir dit que l'institution d'héritier n'a pas lieu selon le droit coutumier, ajoute : « Néanmoins si le testateur *institue un héritier*, cette disposition n'est pas nulle ; on la maintient, mais à titre de legs universel. » C'est la doctrine qu'a consacrée le Code. (Voy. l'art. 1002.)

La dénomination d'héritier a été interprétée de cette manière au tribunat.

La saisine n'entraîne pas nécessairement la qualité d'héritier. Un exécuteur testamentaire peut avoir la saisine de certains biens (voy. 1026), et cependant il n'est pas appelé à les recueillir.

La loi seule peut faire qu'un homme soit *una eademque persona* avec un autre qui le représente dans toutes ses obligations ; la volonté de l'homme est impuissante à produire cette fiction rigoureuse et ses effets ; le législateur peut seul considérer l'hérédité comme un tout indivisible et exiger que l'héritier la prenne ou la répudie pour le tout.

Le testateur, en faisant un legs, est censé vouloir faire une libéralité et non infliger une perte. Le légataire, en acceptant, n'est pas censé vouloir subir un préjudice.

Le légataire universel ne sera donc tenu des dettes que

comme successeur aux biens et en vertu de cette règle de droit : *non sunt bona nisi deducto ære alieno.*

1006, 1007, 1008. — Les héritiers légitimes peuvent s'opposer à l'envoi en possession; si le testament est olographe, il leur suffira de déclarer qu'ils ne reconnaissent pas l'écriture du testateur. (Voy. l'art. 1323.) C'est un acte sous seing privé. Dans ce cas, la possession doit être refusée au légataire, et c'est à lui à prouver la sincérité de l'écriture et de la signature.

Lorsque le testament est mystique, une simple dénégation est insuffisante; il est nécessaire de s'inscrire en faux.

Lorsque l'envoi en possession a été prononcé, sur qui retombe le fardeau de la preuve que l'écriture appartient au testateur et que le testament est valable? Cette question divise les auteurs et la jurisprudence.

D'un côté, l'on dit que l'envoi en possession est toujours précédé d'un examen; que, par conséquent, dès l'instant de l'ordonnance, il s'attache au titre une présomption de validité et de vérité qui ne peut être détruite que par la preuve contraire. Le légataire a titre, déclaré exécutoire, et possession; il est saisi, il ne peut perdre ces avantages que par l'anéantissement de son titre; si les héritiers du sang veulent l'attaquer, ils sont obligés de venir par voie d'action, et, par conséquent, de prouver que leur demande est fondée. (Voy. M. Duranton, Grenier, Toullier et de nombreux arrêts.)

On répond victorieusement, à notre avis, que le testament olographe est un acte sous seing privé; que l'envoi en possession ne peut rien ajouter à la force intrinsèque de cet acte, ni motiver une exception aux principes généraux, d'après lesquels celui qui fonde ses droits sur un acte qui n'est pas authentique, doit en prouver la vérité. Sans doute l'héritier du sang est demandeur principal, en ce sens qu'il doit prouver sa qualité d'héritier légitime; mais c'est au défendeur à faire à son tour la preuve de son exception, c'est-à-dire de la validité du testament qu'il invoque. *Reus excipiendo fit actor.*

Si l'art. 1006 lui donne la saisine de la succession, c'est sous la condition d'un testament conforme aux règles de l'art. 970 ; et l'ordonnance d'envoi en possession, qui n'est pas contradictoire, est toujours prononcée sous la condition tacite que le testament émane de celui à qui il est attribué ; ainsi c'est au légataire à prouver que la condition existe. (Voy. Marcadé.)

A qui de l'héritier naturel ou du légataire universel est attribuée la possession provisoire pendant l'instance sur la validité du testament ? La loi n'établit pas de règle spéciale à cet égard ; il faut donc appliquer les principes communs à tous les actes. (Voy. les art. 1319, 1961 et 135 du Code de procédure.)

Toullier, d'après les lois romaines, fait une distinction. Si le testament paraît, au premier aspect, revêtu de toutes les solennités extérieures ; si l'héritier du sang ne lui reproche que des vices intrinsèques, comme l'incapacité du testateur, le juge doit envoyer le légataire en possession ; au contraire, il doit mettre en possession l'héritier légitime si le testament présente des vices apparents.

1009. — Cet article a reçu des interprétations diverses. Il établit en principe que le payement des dettes se prend sur toute la succession. Une universalité renferme en soi la charge des dettes ; *non sunt bona nisi deducto œre alieno.* La portion de cette universalité, destinée au payement des legs, c'est là portion disponible. Ainsi celui qui recueille toute la succession paye toutes les dettes ; celui qui prend toute la portion disponible acquitte tous les legs, ce qui ne veut pas dire dans leur intégralité. Le mot *tous* est placé ici par antithèse entre les dettes et les legs. Le législateur a voulu dire qu'il sera *seul* chargé de les payer, et sauf réduction pour laquelle la loi renvoie aux art. 926 et 927. Dans le cas du premier article, il leur fera subir une réduction; dans le cas de 927, il les payera intégralement.

En résumé, les légataires universels qui ne concourent point avec des héritiers à réserve payent les legs particuliers dans leur intégralité, lors même qu'ils absorberaient la succession. S'ils concourent avec un héritier réservataire, il leur restera toujours quelque chose, puisque la réserve se prélève au marc le franc sur tous les legs, sauf l'application de l'art. 927. Telle paraît être la doctrine de M. Bugnet. (Voy. Delvincourt.)

« *Sauf le cas de réduction*. » Le légataire universel étant appelé à la totalité des biens, et le concours d'un héritier à réserve l'empêchant de prendre cette totalité, il semble que ce concours d'un réservataire donnera lieu à réduction *dans tous les cas*. On résout cette difficulté en faisant observer que le legs de la portion disponible est universel; le légataire alors, quoiqu'il ait un droit éventuel à l'universalité, n'étant appelé qu'à la partie disponible, l'obtient tout entière, malgré le concours d'un ou plusieurs réservataires; il ne subit donc pas de réduction dans tous les cas; en conséquence, il ne pourra pas réduire les autres légataires.

SECTION V.

DU LEGS A TITRE UNIVERSEL.

1010 et **1011**. — Deux espèces de legs à titre universel: le legs d'une quotité, telle que la moitié, le tiers ou le quart, ou d'une espèce de biens, comme le legs des meubles ou des immeubles, d'une partie des meubles ou des immeubles.

Lorsqu'il n'existe pas d'héritiers réguliers, les légataires à titre universel devront demander la délivrance aux successeurs irréguliers, qui se feront mettre en possession de l'hérédité. S'il n'existe ni héritiers ni successeurs connus, ou s'ils ont renoncé, les légataires à titre universel adresseront leur demande en délivrance à un curateur nommé à la succession vacante.

1012. — La division et l'évaluation des dettes présente quelque difficulté. Lorsqu'il y a concours d'héritiers naturels et de légataires d'une espèce de biens, cette opération doit se faire entre les héritiers et les légataires. Il faut que tous les biens soient estimés pour faire la comparaison de la valeur des immeubles avec celle des meubles, afin d'obtenir de chacun le payement de la somme pour laquelle il doit contribuer. (Voy. l'art. 611.)

1013. — Le légataire à titre universel paye les legs particuliers à proportion de ce qu'il prend dans le disponible. J'explique cet article par un exemple. Le testateur a un enfant : il lègue le quart de ses biens à Paul, son neveu, fait un legs de vingt mille francs à sa nièce, et il doit vingt mille francs ; sa succession brute est de quatre-vingt mille francs. Comment le fils et le neveu acquitteront-ils les dettes et les legs? Le payement des dettes se prend sur toute la succession : le fils a les trois quarts, il payera les trois quarts des dettes, quinze mille francs, et le légataire du quart, cinq mille francs. Le payement des legs se prend sur la portion disponible; le fils et le légataire à titre universel ont chacun la moitié de cette portion, donc ils payeront chacun la moitié du legs qui est de dix mille francs. (M. Buguet sur Pothier, t. VIII, p. 295.)

Le principe énoncé plus haut reçoit exception quand il existe un légataire à titre universel d'une certaine espèce de biens, et que le testateur a légué, à titre particulier, des biens de cette même espèce.

SECTION VI.

DES LEGS PARTICULIERS.

1014. — Le premier paragraphe est relatif à la propriété; il s'applique aux trois classes de legs universel, à titre universel et particulier. Le second, relatif à la possession, ne s'applique qu'au legs particulier.

Le legs particulier est celui qui n'est ni universel ni à titre universel, et qui a pour objet un ou plusieurs corps certains, ou des choses indéterminées, ou une somme d'argent.

Si le legs est d'un corps certain, et qu'il soit pur et simple, ou à terme, le légataire est immédiatement saisi de la propriété ; de là il suit que l'héritier ne peut aliéner la chose léguée (voy. l'art. 1021), que le légataire a la revendication contre tout tiers détenteur, que si l'héritage légué est grevé de servitudes au profit d'un fonds appartenant à l'héritier *aut vice versa*, il ne se fait aucune confusion de ces droits de servitude.

Si le legs est conditionnel, je veux dire soumis à une condition suspensive, l'héritier est propriétaire jusqu'à l'événement de la condition. Il peut aliéner. Il y a confusion des droits de servitude. Si la condition s'accomplit, l'aliénation est résolue, et les servitudes renaissent.

Lorsque la chose léguée est indéterminée, un cheval, par exemple, ou une quotité, cent mesures de blé, dix tonneaux de vin, le droit à la chose léguée est bien acquis du jour du décès, mais ce n'est qu'un *jus ad rem*. Le légataire est créancier de l'héritier, il ne devient propriétaire que par la délivrance.

Si le legs est conditionnel ou subordonné à un terme incertain, *dies incertus conditionem in testamento facit*, le droit n'est acquis que du jour de l'événement de la condition ou du terme. (Voy. 1040.) Les conditions apposées aux legs n'ont pas d'effet rétroactif.

1015. — Si le testateur dispense le légataire de la demande en délivrance, cette dispense attribuera certainement les fruits au légataire du jour de la mort, mais sans autre effet. La nécessité d'obtenir la délivrance est une règle fondamentale des successions testamentaires, une loi d'ordre public.

Il faut encore mentionner une autre exception ; elle a

lieu lorsque le testateur a mis le légataire en possession de la chose léguée avant son décès.

Si un créancier lègue à son débiteur sa libération, ce legs produira son effet, quant au capital, du jour de la mort : donc il ne peut pas devoir les intérêts.

Lorsque le legs est d'un usufruit, le légataire a-t-il droit aux fruits du jour du décès ou du jour de la demande? (Voy. notre art. 604.)

1016. — La succession est débitrice des legs; elle doit donc supporter les frais de la demande en délivrance (voy. 1248), pourvu que le capital du legs réuni aux frais n'excède pas la portion disponible.

Quant aux droits d'enregistrement ou de mutation, le Code apporte aux anciens principes un changement que réclamaient l'équité et l'humanité. L'obligation de l'enregistrement du testament était regardée comme indivisible; aujourd'hui chaque legs peut être enregistré séparément.

1017. — Le légataire a, pour obtenir l'exécution de son legs :

1° Une action personnelle à laquelle se soumettent les représentants du défunt en acceptant la succession;

2° Une action hypothécaire contre tout détenteur d'immeubles appartenant à l'hérédité (voy. Marcadé);

3° Une action réelle quand le legs porte sur un corps certain et déterminé, et confère au légataire la propriété ou un démembrement de la propriété. (Voy. notre article 1014.)

Les légataires ont de plus, sur les biens de la succession, le bénéfice de la séparation du patrimoine. (Voy. 878 et suiv.)

De ces principes, que ce n'est pas comme continuant la personne du défunt que les héritiers sont tenus au payement des legs, et qu'ils ne sont dus que sur le disponible, nous concluons qu'ils n'en sont pas tenus *ultra vires*.

Dans l'opinion contraire, on oppose les art. 724 et 783.

Le mot *charges* peut s'entendre des frais funéraires et autres dettes que le défunt n'aurait pas contractées. (Voy. notre art. 783.)

1018. — La chose léguée doit être délivrée avec tout ce qui est destiné à son usage. Ainsi le legs d'une fabrique, d'une usine, d'une ferme, comprend tous les ustensiles et autres meubles nécessaires à son exploitation.

« *Et dans l'état où elle se trouve au jour du décès.* » Ainsi, que l'objet légué soit détérioré ou augmenté de valeur entre la date du testament et celle du décès, par le fait du testateur ou par des événements étrangers à sa volonté, c'est profit ou perte pour le légataire.

Mais cela n'a plus lieu pour les changements survenus entre le décès et la délivrance, lorsqu'ils proviennent du fait de l'héritier. Si la chose léguée est plus ou moins diminuée ou augmentée de valeur, l'héritier doit des dommages-intérêts dans le premier cas, et dans le second il doit être indemnisé par le légataire. Si l'augmentation ou diminution de valeur provient d'événements étrangers à l'héritier, on applique les art. 1245 et 1042, 2e alinéa.

1019. — Si le testateur a embelli, fertilisé l'immeuble légué, s'il a fait sur le sol de nouvelles constructions même *où il n'en existait pas*, ce qui fait question, il y a augmentation du legs au profit du légataire.

Proudhon soutient que dans un legs d'usufruit, les constructions faites sur le fonds révoquent le legs; il se fonde sur cette loi romaine : *Si areæ ususfructus sit legatus, et in ea œdificium sit positum, rem mutari et usumfructum extingui constat.* (T. Ier, *Usufruit*, n° 45.)

Il faut appliquer ce principe à une universalité mobilière : par exemple le legs d'une bibliothèque comprend tous les livres achetés par le testateur jusqu'à son décès; le legs d'un troupeau comprend les nouvelles têtes dont il s'est augmenté.

1020. — « *N'est point tenu de la dégager.* » Cet article compare l'usufruit à l'hypothèque dans le sens seulement que l'héritier n'est tenu de dégager la chose dans aucun cas ; mais la différence est que le légataire est forcé de subir l'usufruit sans recours contre l'héritier. Au lieu que s'il paye par l'effet de l'hypothèque, il est subrogé aux droits du créancier. (Voy. 874.) Le testateur, en créant un droit d'usufruit ou autre servitude, ou en les conservant, a nécessairement voulu diminuer le legs.

Il n'en est pas de même de la rente appelée autrefois foncière. (Voy. cependant Proudhon, t. IV, n° 1833.)

1021. — Le Code a dérogé au droit romain en supprimant toute distinction.

Cet article ne peut s'appliquer qu'au legs d'un corps certain et déterminé appartenant à un autre qu'au testateur, et non pas au legs de choses indéterminées qui ne se trouveraient pas dans la succession ; de pareils legs se réduisant à la charge imposée à l'héritier d'acquérir ces objets pour les délivrer aux légataires. Rien n'empêche de léguer un diamant, une montre, même une terre de 50,000 francs, quoique l'hérédité ne renfermerait aucun de ces objets.

La prohibition des legs de la chose d'autrui comprend la prohibition du legs direct de la chose de l'héritier ; mais ce peut être une charge ou une condition de son institution.

Le légataire de la chose d'autrui qui en a subi l'éviction n'a pas de recours en garantie à exercer contre l'héritier.

Un mari peut valablement léguer un bien de la communauté, quoique la moitié en appartienne à sa femme. (Voy. 1423.) C'est une exception à cet article.

Quel est l'effet du legs d'une chose indivise ?

Ou le testateur a légué sa part ou l'effet tout entier, et dans les deux cas, ou les choses sont restées en cet état jusqu'à son décès, ou le partage s'est opéré, et sa part est entre ses mains au jour de sa mort ; ou, par suite du partage, sa part n'est plus sa propriété, et le prix en est dû

ou non, ou l'objet est tombé tout entier dans son lot.
Quand les choses sont restées dans cet état jusqu'au décès,
le légataire même de la chose entière n'a droit qu'à la portion indivise du testateur ou au prix de cette portion, si
le partage ou la vente postérieurs ont lieu.

Quant l'indivision a cessé du vivant du testateur et que
sa part seule est entrée dans ses mains, le légataire même
de la chose entière n'a droit qu'à cette part. Si l'immeuble
est échu tout entier au testateur par suite d'une licitation,
le légataire réclamera la totalité si le tout lui a été légué,
si sa part, l'adjudication de la totalité au testateur n'augmente pas les droits du légataire ; le surplus est une acquisition augmentant la chose léguée dans le sens de l'art. 1019,
à laquelle le légataire ne pourrait prétendre qu'en vertu
d'une nouvelle disposition.

Si le testateur a aliéné ses droits, le legs est révoqué
(voy. 1038), lors même que le prix en serait encore dû au
décès. Plusieurs de ces solutions sont contestées. (Voy. Marcadé et M. Duranton.)

1022. — Dans le silence du testateur, le choix appartient à l'héritier (voy. 1190), et le terme moyen devra être
pris, non sur l'espèce en général, envisagée d'une manière
abstraite, mais sur l'espèce considérée selon la position et
l'usage des personnes.

Si le choix est accordé au légataire, il peut prendre la
meilleure, lorsque les choses indéterminées se trouvent
dans la succession ; si elles ne s'y trouvent pas, le choix
du légataire sera limité par sa condition, et celle du testateur, par ses besoins et la destination de la chose.

1023. — « *Ne sera pas censé fait.* » La différence du
droit moderne avec le droit ancien est que les anciennes
présomptions de la volonté de compenser n'ont aucune
force jurisprudentielle, et que cette volonté ne peut être
cherchée que dans le testament et non dans des faits extérieurs ; mais aussi, quand les magistrats auront conclu des

dispositions mêmes qu'elles ne sont que compensatoires, leur déclaration sur la volonté sera souveraine. Tel est l'esprit de cet article.

Si la créance est à terme ou conditionnelle, le legs pur et simple sera avantageux pour le créancier, qui aura de plus une hypothèque légale pour lui garantir son payement.

1024. — Voyez notre article 874.

SECTION VII.

DES EXÉCUTEURS TESTAMENTAIRES.

1025. — L'exécuteur testamentaire est un mandataire imposé par testament aux héritiers ou légataires universels dans le but d'obtenir une plus sûre, plus exacte et plus prompte exécution de ses dernières volontés.

Leur nombre n'est pas limité, ils sont mandataires du testateur de qui ils tiennent leurs pouvoirs, et non des héritiers qui ne peuvent les révoquer ; ils sont désignés pour les contraindre à l'exécution des volontés du testateur.

1026 et **1027.** — Le testateur pourra leur donner la saisine du mobilier seulement, dans la crainte qu'il ne soit détourné au préjudice des légataires.

« *Au delà de l'an et jour.* » Cette locution, empruntée de l'ancien droit allemand, est aujourd'hui synonyme des expressions : au delà d'une année.

Je ne pense pas que le testateur puisse l'accorder pour un temps plus long : les héritiers tiennent de la loi des droits dont il importe de ne pas paralyser trop longtemps l'exercice. M. Duranton est d'une opinion contraire ; il fait peut-être une fausse application de la maxime *qui peut le plus, peut le moins*. La faculté de priver ses héritiers de tout ou partie de ses biens, n'emporte pas celle de mettre des entraves à leur droit de propriété : *fecit quod non potuit*.

1028, 1029, 1030. — Ce mandataire étant imposé aux héritiers par la volonté du testateur, ne peut, comme le mandataire ordinaire, être choisi parmi les incapables de s'obliger. (Voy. 1990.) Il serait contraire à l'équité de leur imposer des mandataires contre lesquels aucune action ne pourrait être utilement exercée.

Ces articles ne parlent pas du régime dotal, parce qu'il n'a été admis que par amendement, lors de la discussion du Code.

Si un legs est attaché à l'exécution testamentaire, ce legs sera caduc si le mari refuse son autorisation lorsqu'elle est nécessaire ; il ne faut pas qu'il puisse concerter avec sa femme un moyen frauduleux sans les charges. La décision est juste, si le legs n'a pas une cause indépendante de la charge.

L'autorisation du juge, au refus du mari, ne suffit pas à la femme mariée pour accepter les fonctions d'exécuteur testamentaire, à moins qu'ils ne soient séparés de biens. Autrement, la jouissance de ses biens appartenant au mari, l'obligation qu'elle contracterait sans le consentement de celui-ci ne pourrait s'exécuter que sur la nue propriété, ce qui ne présenterait pas une garantie suffisante.

1031. — Les obligations de l'éxécuteur testamentaire sont :

1° L'apposition des scellés, qu'il peut requérir avec toute personne intéressée (voy. l'art. 819 du C. civ. et les art. 910 et 911 du C. de proc.);

2° L'inventaire, dont il ne peut être dispensé lorsqu'il y a des héritiers à réserve (voy. MM. Duranton, Touiller, Delvincourt et Dalloz); et même dans tous les cas, il ne peut être dispensé de rendre compte (voy. Marcadé);

3° La vente du mobilier, à défaut d'argent pour acquitter les legs ;

4° La défense et l'exécution du testament ;

5° La reddition de compte à la fin de l'année.

1032. — « *Ne passent point.* » C'est un office de confiance toute personnelle. (Voy. 2005.) Les héritiers succèdent seulement à l'obligation de rendre compte de ce que le défunt a géré. Cependant, si le défunt avait nommé pour exécuteur testamentaire le président d'un tribunal, le maire d'une commune, le curé d'une paroisse, en s'attachant au titre plutôt qu'à la personne, l'exécuteur testamentaire ne mourrait pas.

1033 et **1034.** — La loi suppose que le testateur a nommé plusieurs exécuteurs testamentaires, et que tous ont accepté leur mission. Dans ce cas, si le testament attribue à chacun d'eux des fonctions spéciales, leur responsabilité est limitée aux objets désignés dans leur mandat. Si, au contraire, leurs fonctions n'ont pas été divisées; pour prévenir les retards et les embarras qui auraient lieu, si aucun acte de gestion ne pouvait être fait que par tous, la loi reconnaît à chacun le droit d'agir à défaut des autres; et pour donner plus de garantie aux héritiers qui ne les ont pas choisis, ces mandataires sont *solidairement* responsables, par exception à l'art. 1995, du compte du mobilier dont ils ont eu la saisine.

Si tous n'ont pas accepté, des auteurs graves enseignent que le refus de l'un empêcherait les autres d'agir. Le testateur n'a peut-être placé sa confiance dans chacun d'eux qu'en considération des autres; l'intérêt qu'ils ont à se surveiller est une garantie que leur mandat sera bien exécuté; or cette garantie n'existe plus· si l'un ou plusieurs des exécuteurs testamentaires n'acceptent pas. Ces raisons sont bonnes. Cependant la loi ne dit pas que le refus des uns empêche les autres d'agir. (Voy. Marcadé.)

Il est naturel que l'exécuteur testamentaire ne supporte aucun des frais qu'il a été obligé de faire; ils sont à la charge de la succession s'il n'existe pas d'héritiers à réserve; s'il y en a, ils sont pris sur la portion disponible. (Voy. l'art. 1015.)

SECTION VIII.

DE LA RÉVOCATION DES TESTAMENTS ET DE LEUR CADUCITÉ.

1035. — Cette section a trois objets : la révocation (voy. 1035 à 1038), la caducité (1039 à 1045), l'indignité (1046 et 1047),

« *Par un testament postérieur.* » Un testament olographe révoque un testament authentique et mystique ; les testaments faits en temps de peste, à l'armée, sur mer, en pays étrangers, révoquent les testaments de droit commun.

La révocation consignée dans un acte écrit en entier, daté et signé de la main du testateur, est-elle valable, quoiqu'il ne contienne aucun legs ? M. Bugnet, sur Pothier, soutient la négative en disant que cet acte, qui ne renferme aucune disposition de biens, n'est pas un testament. (Voy. 895.) Ce n'est pas non plus un acte notarié, etc. ; donc. (Voy. Marcadé.)

Pour l'affirmative, que je préfère, on invoque :

1° *L'historique de la rédaction.*

2° *Le bon sens.* L'acte de révocation écrit en entier, daté et signé de la main du testateur, serait valable s'il contenait le legs le plus minime ; il n'est donc pas vraisemblable que le législateur ait fait dépendre de cette circonstance la révocation.

3° *L'esprit de la loi.* Le législateur a dû considérer comme plus favorable l'acte de révocation qui fait revenir les biens dans la famille, que le testament qui la dépouille ; et si la révocation peut être renfermée dans un acte notarié ordinaire, qui ne vaudrait pas comme testament, à plus forte raison peut-elle l'être dans un acte sous seing privé qui produirait les effets d'une disposition testamentaire valable.

4° Cet acte attribue les biens aux héritiers légitimes qui en étaient privés. Il renferme donc une disposition de biens.

La révocation contenue dans un testament public est-elle valable, si ce testament, nul pour vices de formes, réunit celles requises pour la validité d'un acte notarié ordinaire? Pour la négative on dit qu'un testament est un tout indivisible, que le testateur n'a voulu révoquer son premier testament qu'en faveur d'un second héritier, et non assurément au profit de ses héritiers légitimes qu'il a dépouillés de leurs droits par deux dispositions successives; que si le second testament n'est pas valable, la révocation est sans cause.

Pour l'affirmative, que j'adopte, on répond qu'il n'est peut-être pas exact de dire que le testament est indivisible, puisque d'abord il renferme deux dispositions différentes : 1° la révocation et l'attribution des biens à un autre héritier; 2° la révocation peut être valable sous plusieurs formes. La volonté de révoquer du testateur est certaine. On ne peut pas supposer qu'il a voulu faire dépendre d'une condition qu'il n'a point exprimée, et qui ne peut être sous-entendue, un changement qu'il déclare d'une manière positive. Il faut appliquer la maxime *utile per inutile non vitiatur*, et invoquer l'art. 1348.

1036. — La révocation est expresse ou tacite, générale ou particulière.

Lorsque la révocation est générale, toute disposition contenue dans un testament est-elle susceptible d'être révoquée (v. g.) s'il contient une reconnaissance d'enfant naturel ou l'aveu d'une dette? On décide assez généralement l'affirmative, mais les juges pourraient y voir un commencement de preuve par écrit.

La question de savoir si des dispositions sont *incompatibles* ou *contraires* est un *point de fait* sur lequel on ne peut pas établir de règle absolue. Ce n'est pas une incompatibilité résultant de la nature des choses, mais de la volonté du testateur. Ce sont des questions laissées à l'appréciation souveraine des tribunaux.

Le testament nul pour vice de formes ne peut produire aucun effet; mais il n'en est pas de même du testament caduc, parce que le testateur étranger aux causes de caducité a manifesté sa volonté de révoquer d'une manière légale.

La question de savoir si la révocation pure et simple et sans explication relative au premier testament le fait revivre ou non, est une interprétation à donner à la volonté du testateur, en fait et d'après les circonstances; il ne faut pas établir de règle absolue à cet égard.

1038.—La loi ne distingue pas entre les aliénations à titre gratuit ou onéreux; elle n'excepte pas même l'échange; entre les aliénations pures et simples, sous condition résolutoire et peut-être suspensive, entre les aliénations forcées et volontaires, et cependant ces expressions : *que fera le testateur*, semblent indiquer que le législateur n'a eu en vue que les aliénations volontaires.

Il importe peu que l'aliénation ait été annulée pour un motif quelconque; la loi s'attache à l'intention. Cependant si le testateur a fait une donation nulle en la forme, l'aliénation n'existe pas. Dans les contrats solennels les formes sont requises *ad validitatem actus*; on peut donc soutenir qu'il n'y a pas révocation. C'est le contraire dans la vente, contrat ordinaire, où la preuve seule est nulle; la vente et l'aliénation subsistent.

La révocation tacite peut résulter de certains faits qui procèdent du testateur; le Code n'en parle pas.

Ainsi le testament olographe est révoqué lorsqu'il a été biffé, raturé, déchiré par le testateur lui-même, ce qui est présumé lorsqu'il est toujours resté dans ses mains; s'il a été confié à un tiers, la preuve de la révocation retombe sur les héritiers légitimes.

Il faut remarquer que l'aliénation entraîne seulement la révocation des legs d'un ou plusieurs objets particuliers : les legs universels ou à titre universel, qui confèrent un droit éventuel à l'universalité ou a une quote-part de l'universalité que laissera le testateur, subsistent.

Le changement de forme que le testateur a fait subir aux choses mobilières, surtout lorsque la substance en a été complétement modifiée, peut entraîner aussi la révocation du legs, par exemple de la laine convertie en étoffes, du blé converti en farine.

La survenance d'un enfant au testateur ne révoque pas les dispositions testamentaires, même dans le cas où le testateur serait décédé sans avoir eu connaissance de l'accouchement ou de la grossesse de sa femme, ou sans avoir pu révoquer son testament : *dura lex*. Pour éviter cette rigueur, ne pourrait-on pas soutenir que le testament serait sujet à annulation pour erreur sur la cause déterminante de la libéralité ; c'est une présomption si naturelle de penser qu'il n'aurait pas testé au profit d'un tiers s'il avait cru avoir des enfants : ce n'est que l'application d'un principe de droit commun. (Voy. Zachariæ.)

1039. — Une disposition testamentaire devient *caduque* quand, valable en elle-même et sans avoir été révoquée, elle ne produit aucun effet par une cause accidentelle.

Les cas de caducité sont : la mort du légataire avant le testateur ou avant l'événement de la condition ; lorsque le légataire répudie le legs ou est incapable ou indigne de le recueillir ; lorsque la chose léguée périt du vivant du testateur, mais non après sa mort. Dans ce dernier cas le legs est acquis au légataire qui obtiendrait tout ce qui resterait de sa chose, par exemple les harnais du cheval légué.

1040 et 1041. — L'effet rétroactif de la condition est moins étendu dans les legs que dans les contrats.

Il n'est pas nécessaire que le légataire sous condition suspensive soit capable de recevoir à l'époque du testament, ni *peut-être* à l'époque du décès, pourvu qu'il le soit à l'accomplissement de la condition ; s'il meurt avant l'événement, le legs est caduc. La condition n'a donc point

d'effet rétroactif en ce qui concerne la personne du légataire.

Mais si l'héritier, avant l'événement de la condition,
aliène, hypothèque la chose léguée ou lui impose des servitudes, à l'accomplissement de la condition, l'immeuble
légué passe au légataire franc et quitte de toute aliénation
et de toutes charges réelles, en vertu de l'art. 2125. La
condition a donc un effet rétroactif quant à la chose léguée
et quant aux tierces personnes, comme les acquéreurs,
créanciers hypothécaires, etc.

La considération que l'héritier fait les fruits siens *pendente conditione*, comme le débiteur en vertu d'une obligation conditionnelle, n'est point contraire à l'effet rétroactif,
parce que c'est à la bonne foi du possesseur qu'est attaché
le gain des fruits. (Voy. 549 et 550.)

La prescription ne court pas, *pendente conditione*, entre
le légataire et le débiteur du legs, mais elle peut courir
au profit du tiers détenteur (voy. 2257, 1180), parce que
le légataire peut faire des actes conservatoires et interrompre la prescription.

Si la condition suspensive est de ne pas faire, le légataire peut demander immédiatement l'exécution du legs en
donnant une caution qu'on appelait *mucienne* dans le droit
romain.

1041 et **1042.** — Le mot *condition*, dans cet article, est
impropre. C'est un legs à terme dont l'exécution seulement
est suspendue. Mais le légataire est saisi et transmet à ses
héritiers, s'il meurt avant l'arrivée du terme.

Il faut se rappeler que *dies incertus conditionem in testamento facit*.

La question de savoir si une disposition testamentaire
renferme un legs conditionnel ou à terme est une question
d'interprétation de volonté laissée à l'arbitrage des tribunaux.

1043. — Le droit d'accroissement est le droit qu'a un

cohéritier ou colégataire de profiter des droits de son cohéritier ou colégataire conjoints, dans les cas où ceux ci ne voudraient ou ne pourraient pas les recueillir.

Il a lieu, en principe, au profit de celui qui aurait été obligé d'acquitter les legs s'ils n'avaient pas été caducs.

Les anciens commentateurs du droit romain distinguaient trois espèces de conjonctions :

1° La conjonction *re et verbis*, qui a lieu lorsque le testateur lègue la même chose à plusieurs personnes par une seule et même disposition, sans assignation de parts. Exemple : je lègue à Pierre et à Paul ma maison : dans cette conjonction, le droit d'accroissement a toujours lieu.

2° La conjonction *re tantum*, lorsque le testateur a légué la même chose à plusieurs par des dispositions ou phrases séparées. Exemple : je lègue à Paul ma maison ; je lègue à Pierre la même maison. La plupart des auteurs, d'accord avec la jurisprudence, soutiennent que, d'après le système du Code, il n'y a lieu au *droit d'accroissement*, ou selon les uns de *non-décroissement*, que quand la chose léguée n'est pas susceptible de division sans *détérioration*.

3° La conjonction *verbis tantum*, lorsque le testateur a légué la même chose à plusieurs, mais avec assignation de parts. Je lègue à Pierre et à Paul ma maison, à chacun pour moitié : dans ce cas il n'y a pas lieu au droit d'accroissement.

Le système du Code n'est pas rationnel. Il est évident que le testateur manifeste d'une manière plus énergique la volonté de donner la totalité de la chose léguée à chacun des légataires dans la conjonction *re* que dans la conjonction *re et verbis*. D'ailleurs, d'après le système admis, la conjonction verbale ne produit jamais le droit d'accroissement ; la conjonction mixte, qui est la réunion des deux, ne la produit donc que parce qu'elle renferme la conjonction réelle : celle-ci est le principe générateur du droit d'accroissement, et on lui refuse cette efficacité. C'est une contradiction ; pour en atténuer les effets , il faut prendre ce mot *détérioration* dans un sens favorable au légataire ; ainsi, on accorderait l'accroissement au legs d'une bibliothèque que composerait une collection de livres d'un genre déterminé, quoiqu'on en dût ordonner la vente ou le partage en matière de succession. (Voy. M. Coin-Delisle.) M. Proudhon a une opinion ingénieuse et bien raisonnée qui n'a pas été admise.

L'accroissement est-il un droit ou une obligation, est-il volontaire ou forcé? On admet assez généralement qu'il est volontaire dans la conjonction mixte; mais alors il a lieu avec la charge imposée au colégataire qui a répudié. Dans la conjonction réelle, il n'est plus facultatif, mais il a lieu *sine onere*, parce que le colégataire qui accepte n'invoque en aucune façon les droits de son colégataire qui refuse. Il en était ainsi dans le droit romain. Marcadé soutient que c'est une obligation dans tous les cas, et qu'il a toujours lieu *sine onere*.

Quand une même chose *divisible* est donnée à plusieurs personnes par deux dispositions, soit du même testament, soit de deux testaments différents, doit-on regarder la seconde disposition comme une révocation de la première, ou considérer chaque légataire comme appelé à prendre sa part, ou la totalité en cas de non-concours, par droit de non-décroissement? Ce sont, à notre avis, des questions de fait et d'interprétation de volonté. Nous pensons que le testateur peut établir le droit d'accroissement dans d'autres cas que celui prévu par l'art. 1045. C'est un point controversé.

C'est au légataire à examiner s'il peut résulter de quelques termes du testament l'intention du testateur de faire parvenir la chose léguée entière à l'un des légataires, lorsque les autres ne recueillent pas. Ce sera aux héritiers à rechercher, dans les dispositions testamentaires, l'intention de révoquer le legs ou de réduire le légataire à sa part virile. Lorsque les présomptions de la loi cessent, c'est la volonté du testateur qu'il faut rechercher et suivre.

Les décisions des tribunaux sont souveraines.

Dans un legs d'usufruit l'accroissement est-il encore possible lorsque tous les légataires conjoints ont recueilli ? La plupart des auteurs soutiennent la négative en disant : que le droit d'accroissement n'a lieu que pour les portions caduques ; que le droit d'usufruit s'acquiert, comme tout autre droit, au décès du testateur, et chaque partie d'usufruit divisé s'éteint séparément pour se réunir à la propriété. Marcadé et M. Coin-Delisle soutiennent l'affirmative en se fondant sur la volonté du testateur, qui a évidemment voulu donner la jouissance totale à chacun des légataires conjoints. Ils doivent donc l'obtenir si aucun obstacle de droit ou de fait ne s'y oppose. Il y a une grande différence entre le legs de propriété et le legs d'usufruit. Dans le premier, si le légataire vient à mourir, même immédiatement après avoir recueilli son legs, il le transmet à ses héritiers : voilà l'obstacle de droit à l'accroissement dans les legs de propriété. Il en est autrement dans le legs d'usufruit : il est intransmissible par voie d'hérédité. Donc, à la mort du légataire, rien en droit et en fait ne s'oppose à la jouissance pleine et entière du légataire conjoint, conformément à la volonté du testateur.

La loi n'établit le droit d'accroissement que dans les dispositions testamentaires ; mais les auteurs l'étendent aux donations de biens à venir et même à la donation entre-vifs, si, au moment où elle est faite, l'un des donataires se trouve incapable. Cette décision paraît douteuse ; ne peut-on pas dire que l'ordre légal des successions est assez juste pour ne céder qu'à la manifestation certaine d'une volonté contraire ? Le testateur avait la substitution vulgaire.

1046. — Les auteurs ne sont pas d'accord sur la durée de l'action ; les uns pensent que le délai est d'un an à

partir du jour où les héritiers ont eu connaissance du délit,
en se fondant sur ce que le législateur, en renvoyant à
l'art. 955 sans fixer de délai particulier dans l'art. 1046
pour l'exercice de l'action, a suffisamment fait connaître
l'intention où il était que cette révocation fût demandée
dans le délai prescrit par l'art. 957.

Marcadé conclut du silence de la loi que ces cas restent
sous l'empire du droit commun; l'action durerait trente ans
dans le cas d'inexécution des charges; et dans le cas de
crime ou délit, elle aurait la même durée que les actions
principales.

1047. — « *Dans l'année à compter du jour du délit.* »
Les commentateurs disent que si les héritiers n'ont pas eu
connaissance de cette injure, l'année ne commence à courir
contre eux que du jour où ils l'ont acquise. Le texte est
formel : est-il permis d'y déroger en invoquant l'analogie
de l'art. 957 ?

CHAPITRE VI.

DES DISPOSITIONS PERMISES EN FAVEUR DES PETITS-ENFANTS DU DONATEUR OU TESTATEUR OU DES ENFANTS DE SES FRÈRES ET SŒURS.

1048, 1049, 1050. — Le motif de ces deux articles est
la sollicitude d'un chef de famille qui, craignant de voir ses
petits-enfants ou neveux exposés à la misère par l'inconduite ou les revers de leur père ou mère, veut leur assurer
la transmission de tout ou partie de ses biens.

En principe général les substitutions sont prohibées; elles
ne sont permises que par exception : en cette matière il faut
s'en tenir au texte formel de la loi.

Ces articles autorisent les substitutions : 1° lorsque le
disposant est le père ou la mère du grevé, et que les appelés
sont *tous* les fils ou filles nés ou à naître du grevé; 2° lorsque le disposant est le frère ou la sœur du grevé, et que la
charge de rendre est établie dans l'intérêt de *tous* les fils ou

filles nés ou à naître du grevé. Dans ce dernier cas, la disposition n'est valable que si le disposant meurt sans enfants.

Dans ces deux articles, ces mots *au premier degré* doivent s'entendre du degré de parenté, d'une génération, et non d'un degré de substitution : ce qui serait rationnel ; mais le texte est formel, et les exceptions, en pareille matière, doivent être *strictissimæ interpretationis*.

Il faut remarquer que l'existence d'enfants au moment où la substitution est faite est sans influence sur sa validité, lorsqu'ils meurent avant le disposant.

Le donateur ne peut grever de la charge de rendre, soit dans la donation même, soit par une donation postérieure, que la quotité de biens dont il a la faculté de disposer ; donc l'acceptation d'une donation faite sous la condition que sa portion héréditaire, y compris sa réserve, sera grevée de restitution, n'empêcherait pas l'héritier de faire valoir sa réserve sur ces biens. Les art. 791 et 1130 s'opposent à l'opinion contraire soutenue par Grenier et Toullier. Cette charge serait légalement imposée par testament.

Il faut remarquer que la charge de rendre imposée par une donation postérieure aux biens compris dans la première, n'a pas d'effet rétroactif ; elle ne porte aucune atteinte aux aliénations totales ou partielles et aux hypothèques que le donataire aurait consenties antérieurement à la seconde donation.

1051 et **1052**. — Mais quand tous les enfants sont prédécédés, la représentation établie par cet article, en faveur des descendants de l'un des enfants prédécédés, étant une exception, n'a plus lieu ; alors la substitution se trouve éteinte.

1053. — La substitution s'ouvre : 1° par la mort du grevé ; 2° par la déchéance prononcée contre lui lorsqu'il a négligé de faire nommer un tuteur (voy. 1057) ; 3° par l'abandon anticipé qu'il fait de la propriété des biens au profit des appelés. (Voy. Marcadé.)

La déchéance pourrait-elle être prononcée pour abus de jouissance conformément à l'art. 618? Presque tous les auteurs déclarent cette règle applicable au grevé de restitution. Il faut repousser cette extension en disant que tant que la condition n'est pas accomplie, il n'est pas certain que les appelés auront des droits à faire valoir; dans ce cas, on ne déclarerait pas leurs droits ouverts sans prononcer contre le grevé une expropriation qu'aucune loi n'autorise. Le donataire grevé n'est pas un simple usufruitier, il est propriétaire sous une condition résolutoire, et il ne peut être déchu de son droit que par une disposition spéciale de la loi qui n'existe pas. On argumente de l'art. 618; mais il n'y a pas d'analogie entre les droits de l'usufruitier et ceux du grevé; il existe de grandes différences entre eux, et cette analogie existât-elle, en matière pénale on ne raisonne pas par analogie. Les peines ne se suppléent pas, même quand il y a un *a fortiori*. (Voy. M. Mourlon, qui cite comme étant conforme l'opinion de M. Valette.)

La substitution s'ouvre encore à l'arrivée du terme ou à l'événement de la condition.

L'abandon anticipé ne peut nuire ni aux créanciers antérieurs ni aux tiers acquéreurs des biens grevés. S'ils sont hypothécaires, ils poursuivront l'expropriation; si chirographaires, ils invoqueront l'art. 1167.

Le simple titre d'usufruitier suffirait au grevé pour lui donner le droit de consentir des baux; ils ne seront donc pas résolus comme la propriété, ils auront leur effet. (Voy. 595, 1426, 1430, 1673.)

La nullité des aliénations faites par le grevé ne peut être poursuivie par le substitué héritier *pur et simple* du vendeur; il serait repoussé par la maxime *quem de evictione tenet actio, eumdem agentem repellit exceptio.*

Ou faut-il dire comme Toullier et Grenier qu'ils peuvent déposséder l'acquéreur en lui remboursant le prix de l'aliénation avec les frais et loyaux coûts du contrat nég.

Les tiers détenteurs peuvent-ils prescrire les biens grevés de substitution ? Nous répondons affirmativement. 1° Vouloir que les biens substitués soient placés hors des règles communes de la prescription, ce n'est pas seulement supposer dans le Code une disposition exceptionnelle qui ne s'y trouve pas, ce serait se mettre en opposition directe avec l'esprit qui l'a dicté, puisque c'est à raison de l'imprescriptibilité qui plaçait les biens hors du commerce que les substitutions ont été prohibées. 2° Il est certain que l'on peut faire tous les actes propres à conserver des droits même purement éventuels. Les substitués peuvent agir, ou pour eux le tuteur nommé à la substitution. (Voy. 1180.) On ne peut pas tirer un argument contraire de l'art. 2257, qui ne s'applique qu'à la prescription comme moyen de se libérer : alors on invoque la maxime *contra non valentem agere*, etc.

On pourrait même soutenir que la transcription ne met point obstacle à la prescription de dix et vingt ans, parce que la mauvaise foi ne se présume pas et doit être prouvée, et que la transcription peut être ignorée. (Voy. 2268.) Dans ce cas la prescription courrait du jour de l'aliénation, mais elle serait peut-être suspendue pendant la minorité des appelés. (Voy. M. Duranton.)

1054. — « *Ou le testateur* ou donateur. » Ils ne pourraient pas étendre le recours pour les intérêts de la dot, la récompense des propres aliénés, ni pour l'exécution d'avantages matrimoniaux, etc. Cet article affecte subsidiairement les biens grevés à la garantie du capital des deniers dotaux ; c'est beaucoup à l'égard des substitués, et c'est assez dans la mesure de protection que l'on pouvait accorder à la femme à leur préjudice. En matière de droit strict, il faut être rigoureux. Les intérêts de la dot appartiennent au mari, tant qu'il n'y a pas séparation de biens, et quand la séparation existe, la femme peut empêcher le mari de percevoir les intérêts de sa dot, elle ne

doit donc pas être protégée pour la reprise de ceux qu'elle
lui a laissé toucher par un recours subsidiaire et une hypothèque légale sur les biens substitués.

1055 et **1056.** — Les substitutions donnent lieu à diverses mesures dont les unes tendent à assurer la conservation des droits des appelés (voy. 1055 à 1068), les autres
à prévenir contre toute surprise les tiers qui pourraient
traiter avec le grevé. (Voy. 1069 à 1072.)

Les premières ont pour objet : 1° la nomination d'un tuteur ; 2° la confection d'un inventaire ; 3° la vente du mobilier ; 4° l'emploi des capitaux.

La loi ne dit pas par qui ce tuteur sera nommé. Probablement par le conseil de famille des appelés, s'il en existe ;
sinon, par un conseil composé de trois parents du côté du
grevé, et trois du côté de son conjoint. Si le grevé n'est
pas marié, tous les membres du conseil seront pris du côté
du grevé, ou peut-être le juge de paix choisira trois personnes non parentes.

1057. — « *Le droit pourra.* » Dans ces termes, il y a
une proposition, non pas facultative, mais hypothétique ;
elle signifie que le droit sera ou ne sera pas ouvert, selon
qu'il existera ou non des appelés. Dans cette opinion, la
déchéance, formulée sans restriction par le Code, est absolue. Il y aura donc toujours déchéance du *bénéfice* de la
disposition. Or, pour le grevé, le bénéfice de la disposition
ce sont les fruits qu'il retire des biens substitués : ces fruits
et l'administration lui sont donc enlevés. Alors plusieurs
hypothèses peuvent se présenter. S'il y a des appelés, c'est
à eux qu'appartiennent l'administration et la jouissance
dont le grevé est déchu.

S'il n'existe pas d'appelés au moment de la déchéance,
l'administration est confiée au tuteur ou à tout autre nommé
par le tribunal saisi de la demande, et les revenus, capitalisés pendant cette administration, sont remis aux appelés qui surviennent ; ou, s'il n'en survient pas, les biens,

mis en une sorte de séquestre provisoire, reviennent au grevé ou à sa succession.

Les améliorations de l'usufruitier dans un immeuble ne donnent lieu à aucune répétition. (Voy. 599.) Mais l'équité exige que les appelés tiennent compte à là succession du grevé de toutes les améliorations jusqu'à concurrence de la plus-value (art. 1673).

1058. — « *Après le décès.* » Ces termes indiquent que la disposition est testamentaire. Si elle résulte d'un acte entre-vifs, l'inventaire n'est pas nécessaire, car les immeubles sont toujours désignés, et l'état estimatif des objets mobiliers détermine leur quotité et leur valeur. (Voy. 948.)

1067. — Quoique la 'loi exige que l'emploi se fasse en acquisition d'immeubles ou avec privilége sur des immeubles, plusieurs auteurs soutiennent qu'il suffirait d'une première ou deuxième hypothèque. D'autres enseignent que le placement avec privilége est indispensable. (Voy. Marcadé.)

1069. — Les mesures ordonnées dans l'intérêt des tiers sont, quant aux immeubles, la transcription de l'acte d'acquisition sur les registres du conservateur, et quant aux sommes placées, une inscription prise sur les immeubles affectés au privilége; le grevé n'a qu'une propriété résoluble, il ne peut conférer que des droits résolubles. Ils deviendraient irrévocables si la substitution ne se réalisait pas; ils sont anéantis par son ouverture. Pour produire un effet aussi grave, la substitution, sortant des voies ordinaires, a besoin d'une grande publicité; il est nécessaire que les tiers soient avertis de son existence pour qu'il soit possible d'annuler, sans injustice, tous les actes que le grevé ferait avec eux au préjudice des substitués.

1070 et 1071. — Le défaut de transcription rend excusable l'erreur des tiers qui, considérant le donataire en possession comme investi d'une propriété pleine et incommutable, ont traité avec lui. Les créanciers et tiers acquéreurs à titre onéreux tirent de l'inaccomplissement de cette formalité une exception pour faire valoir les obligations que le grevé a contractées envers eux, avec hypothèque sur des fonds substitués, et les ventes d'immeubles qu'il leur a consenties. Quant aux droits réels accordés par le donateur, ils sont réglés par les art. 939 et suivants.

1072. — La question de savoir si les termes de l'art. 944, « *toute personne ayant intérêt,* » comprennent les donataires postérieurs et les héritiers du donateur, est fort controversée. Ici la loi est formelle : les donataires, les héritiers, les légataires, ne peuvent opposer aux appelés le défaut de transcription, mais ils pourraient l'opposer au grevé. (Voy. Marcadé et M. Durànton.)

CHAPITRE VII.

DES PARTAGES FAITS PAR PÈRE, MÈRE OU AUTRES ASCENDANTS ENTRE LEURS DESCENDANTS.

1075. — La loi, pleine de confiance dans l'affection éclairée du père de famille, lui offre le moyen de prévenir de fâcheuses contestations entre ses enfants en l'autorisant à faire le partage de ses biens entre eux.

Des collatéraux peuvent donner ou léguer leur biens comme bon leur semble ; mais cet acte de disposition fait par un frère n'est pas annulé par la survenance d'un autre frère, ou par l'omission de l'un d'eux, ou par lésion.

1076 et 1077. — « *Par actes entre-vifs ou testamentaires.* » Ainsi lorsque l'ascendant a recours à la donation, il faut appliquer les art. 904, 906, 931, 932, 948, 939 et suiv., 943, 944 et suiv., 938.

S'il fait un partage par testament, il faut appliquer 901, 906, 868, 895.

Je pense que le partage de biens présents accepté par les enfants les soumet de plein droit au payement des dettes de l'ascendant. C'est un partage et non une donation véritable. Ce sont donc les règles du partage qu'il faut observer. On peut dire qu'il y a toujours attribution d'une quote-part de la masse, et *non sunt bona nisi deducto œre alieno*; mais comme ils ne sont pas les continuateurs de la personne, ils n'en sont pas tenus *ultra vires*.

L'art. 832 du Code civil n'est pas rigoureusement applicable aux partages faits par les ascendants entre leurs enfants. Si des immeubles sont impartageables, ils peuvent les placer exclusivement dans un lot et former les autres lots avec des biens d'une nature différente, ou le grever d'une soulte, soit en argent, soit en rente; refuser cette faculté à l'ascendant, ce serait le forcer à vendre ses immeubles pour en partager le prix ou ne point faire de partage. Ce qui serait contraire à la faveur dont la loi les entoure.

La loi du 16 juin 1824 a réduit bien au-dessous du droit de donation ordinaire, le droit des donations portant partage.

1078.—Si un enfant existant à l'époque du partage, ou qui est né depuis, n'a pas reçu sa part, s'il meurt avant l'ascendant, s'il répudie la succession, ou s'il est incapable ou indigne de succéder, il n'y a pas nullité.

L'omission d'un enfant naturel entraîne, comme celle des enfants légitimes, la nullité du partage. La loi ne distingue pas, il est copropriétaire et peut provoquer un partage, s'il n'en a pas été fait, comme tout héritier régulier.

Il est juste d'accorder à tous les héritiers le droit d'attaquer le partage, ceux même qui possèdent une portion plus forte que celle qui leur reviendra en définitive, ont besoin d'assurer leur tranquillité en substituant un partage définitif à un partage provisionnel. Il y a nullité absolue, c'est une action en pétition d'hérédité, le droit de tous dure trente ans.

Si un enfant compris dans le partage décède avant l'as-

22

cendant, il faut distinguer si le partage est fait par donation ou par testament; si l'enfant prédécédé a ou non laissé
des enfants.

Si, par donation, les descendants de l'enfant prédécédé
recueillent la part dont leur auteur a été saisi. Si ce dernier ne laisse pas de postérité, on applique l'art. 747.

Si, par testament, la postérité de l'enfant mort avant le
testateur, viendra par représentation.

Si l'enfant est mort sans postérité le legs est caduc
(voy. 1039), sa part est l'objet d'un partage supplémen-
taire, d'après l'art. 1077.

1079. — La double circonstance du préciput et de l'a-
vantage résultant du partage, faisant supposer la fraude,
suffit pour vicier une opération qui doit avoir l'égalité pour
base. Ici, c'est une véritable action en rescision se prescri-
vant par dix ans; elle n'appartient qu'à celui qui se plaint
d'avoir été lésé. (Voy. les art. 887, 2ᵉ alin., 888 et 891.)

Expliquons, par un exemple, la deuxième partie de cet
article : un père a trois enfants, sa succession est de 80,000
francs. Il fait d'abord à son fils une donation de 20,000
francs par préciput ; ensuite il fait le partage de ses biens
entre ses enfants et le lot attribué à son fils est de 21,000
francs ; les deux sœurs, quoique non lésées de plus du
quart, auront l'action en réduction contre le partage qui
porte atteinte à la réserve. Si la donation de la portion disponible avait été faite à un non-successible, les enfants ne
pourraient attaquer le partage que s'ils étaient lésés de plus
du quart.

1080. — Le partage fait par l'ascendant étant présumé
équitable, la loi impose à l'enfant qui l'attaque, l'obligation d'avancer les frais et de les supporter en définitive si
sa réclamation n'est pas fondée. C'est une répression utile.
La compensation des dépens autorisée entre parents par
l'art. 131 du Code de procédure ne pourra donc pas avoir
lieu dans ce cas; mais dans le cas inverse, si le deman-

deur triomphe dans sa demande, les juges pourront néanmoins lui faire supporter une partie des frais.

CHAPITRE VIII.

DES DONATIONS FAITES PAR CONTRAT DE MARIAGE AUX ÉPOUX ET AUX ENFANTS A NAÎTRE DU MARIAGE.

Le Code a admis en faveur du mariage certaines dérogations aux principes des donations entre-vifs.

Ces règles particulières ne s'appliquent qu'aux dispositions faites, soit par des tiers aux futurs époux, ou à l'un d'eux, soit par l'un d'eux à l'autre, et dans le contrat de mariage même.

Ainsi, il est permis de donner aux époux par contrat de mariage des biens présents, la totalité ou une partie des biens qu'on laissera à son décès.

On peut donner cumulativement des biens présents et des biens à venir. Enfin, on peut introduire dans les donations diverses clauses et conditions qui dépendraient de la volonté du donateur et qui ne seraient pas admises dans les donations ordinaires.

1081. — « *Sera soumise aux règles générales*, etc. » Ces règles sont : la réduction à la quotité disponible (1090) ; la révocation pour survenance d'enfants au donateur étranger (960) ; la transcription, s'il s'agit d'immeubles susceptibles d'hypothèque (939) ; l'état estimatif, s'il s'agit d'effets mobiliers (948) ; l'impossibilité de la faire à des personnes non conçues, parce qu'il y a dessaisissement actuel et irrévocable (906), et, par conséquent, le défaut de caducité si le donataire et sa postérité viennent à mourir avant le donateur. Les biens donnés ne pourront donc appartenir aux enfants à naître, que par transmission, à moins qu'on n'établisse en leur faveur une substitution. (Voy. 1048 et 1049.)—Elle a des règles particulières :

Elle est caduque si le mariage qu'elle a eu pour but de protéger n'est pas célébré (1088).

Si le mariage est déclaré nul, excepté dans les cas des art. 201 et 202 du Code.

Elle n'a pas besoin d'être acceptée en termes exprès. La présence du donataire à l'acte et sa signature suffisent (1087).

Enfin elle n'est pas révocable pour cause d'ingratitude quand elle est faite par un tiers. (Voy. 959.)

1082 et **1083**. — Cette donation se nommait, sous l'empire des coutumes, *institution contractuelle*.

C'est la donation présente et irrévocable faite par un parent ou un étranger, de la totalité ou d'une quote-part, ou même d'un ou plusieurs objets particuliers, d'une succession future.

Elle est irrévocable en ce sens que le donateur ne peut plus disposer à titre gratuit des biens qu'elle renferme, si ce n'est pour faire des libéralités rénumératoires ou des legs modiques et à titre particulier.

Mais, comme le testament, elle n'enlève rien à la faculté de disposer à titre onéreux, même en viager, pourvu que la rente ne cache pas une donation déguisée; et elle ne reçoit son exécution qu'au décès. Elle doit être transcrite.

Cette combinaison est propre à favoriser les mariages. Les donations de biens présents sont rares; le testament n'offre pas de garantie certaine; les moyens de suggestion sont nombreux et souvent employés. L'institution contractuelle diminue les chances malheureuses en alliant les éléments de la donation entre-vifs et du testament.

La donation de biens à venir déroge tout à la fois à la règle : *donner et retenir ne vaut*, à la prohibition des pactes sur une succession future, et à l'art. 893.

« *Présumée faite au profit des enfants à naître*, etc. » Si le donataire meurt avant le donateur, ses enfants recueillent, en vertu d'un droit individuel, les biens qui font l'objet de la donation. Elle ne peut être faite que par contrat de mariage : c'est une attribution de droits sur une

succession future ; une pareille convention est prohibée par
l'art. 1130. L'art. 1082, en la permettant, établit une
exception au droit commun que l'on ne doit pas étendre à
un cas non prévu.

Les clauses d'association ne sont plus permises sous le
Code. Mais si une pareille disposition avait eu lieu, la portion de biens que l'époux donataire devait remettre à une
autre personne lui restera en vertu de l'art. 900. La condition imposée à sa libéralité est contraire à la loi ; dès lors
elle est réputée non écrite.

Le donataire de biens à venir n'est pas tenu au payement
des dettes *ultra vires ;* il n'a jamais la saisine, il n'est pas
héritier.

1084 et **1085.** — La donation de biens présents et à venir
est une institution contractuelle avec le droit d'option.
Cette donation ne peut être faite que par contrat de mariage
et au profit des futurs époux et des enfants à naître du
mariage.

Le droit d'option ne peut s'exercer qu'à la mort du donateur, et, pour cela, il faut qu'un état de ses dettes et
charges ait été annexé à la minute du contrat de mariage.
Il faut un état estimatif annexé à la donation d'effets mobiliers, et faire la transcription des donations d'immeubles.
Avec l'accomplissement de ces formalités, cette donation
offre plus de garantie aux époux que l'institution contractuelle, parce que les biens présents leur sont assurés.

Donc, si le donataire opte pour les biens présents, il est
admis à demander la restitution des immeubles présents
que le donateur aurait aliénés même à titre onéreux, et à
les faire déclarer francs et quittes de toutes les hypothèques
et servitudes établies du chef du donateur postérieurement
à la donation.

1086. — « *Se soit réservé la liberté de disposer,* etc. » Il
faut remarquer une différence entre la réserve de disposer
d'une chose à prendre sur les biens donnés et la réserve

simple d'une chose. Dans le premier cas, une nouvelle disposition est nécessaire pour que l'effet soit retranché de la donation; dans le deuxième cas, le retranchement est pur et actuel.

1089. — La rédaction de l'art. 1089 doit se compléter ainsi : les donations faites aux époux ou à l'un d'eux, dans les termes des art. 1082, 1084 et 1086, deviendront caduques lorsqu'elles seront faites sous une condition suspensive, si le donateur survit à l'époux donataire et à sa postérité issue du mariage, à moins que cette postérité n'ait été formellement exclue de la disposition. Ajoutons que c'est aux héritiers du donataire à prouver qu'il a survécu au donateur. (Voy. 135). Les présomptions établies au chapitre des successions légitimes ne sont pas applicables.

CHAPITRE IX.

DES DISPOSITIONS ENTRE ÉPOUX, SOIT PAR CONTRAT DE MARIAGE, SOIT PENDANT LE MARIAGE.

1091. — Dans le chapitre précédent, le Code s'occupe des donations faites aux époux par des parents ou des étrangers. Dans celui-ci, il règle celles que les époux peuvent se faire, soit par le contrat de mariage, soit pendant le mariage.

L'époque de la donation influe et sur sa forme et sur ses effets : par contrat de mariage elle est immuable; après la célébration elle est essentiellement révocable.

Les art. 1091, 1092, 1093 et 1095 règlent la forme et les effets des donations que se font les époux par contrat de mariage; les art. 1096 et 1097, la forme et les effets des donations entre époux pendant le mariage; les art. 1094 et 1098, la quotité des libéralités faites à l'une ou à l'autre époque; les art. 1099 et 1100 établissent des règles pour réprimer les fraudes à la loi.

1092. — « *Aux formes ci-dessus prescrites.* » (Voy. notre art. 1081.)

1093. — *Sauf qu'elle ne sera point transmissible*, etc. » Cette exception est rationnelle et sage. La donation ne peut être réputée faite dans l'intérêt des enfants à naître, c'est-à-dire qu'ils ne sont pas et ne peuvent pas être vulgairement substitués à leur père ou mère. Cela était inutile, puisqu'ils retrouveront les biens donnés dans la succession du donateur. De plus, on aurait porté atteinte à la puissance paternelle en privant le survivant des père et mère de la disposition de ces biens pour récompenser la piété filiale et punir l'ingratitude. C'est une arme dans ses mains pour forcer les enfants au respect et à l'obéissance.

1095. — Cet article n'est que l'application de la maxime *habilis ad nuptias*, *habilis ad pacta nuptialia*, mais avec le consentement de ses ascendants ou de sa famille (voy. 148, 150 et 160), et non du tuteur ou curateur. (Voy. 1398-1399.)

Cette capacité d'exception, accordée au mineur pour faciliter son mariage, cesse avec la cause qui la fait accorder. Après le mariage, l'époux, jusqu'à sa majorité, ne peut plus disposer en faveur de son conjoint que par testament, et dans les limites de 904.

1094 et 1898. — Cet article renferme une dérogation à l'art. 915, qui réserve aux ascendants la pleine propriété de la moitié ou du quart, et une autre à 913 et 914, qui réservent aux descendants la pleine propriété des trois quarts, et qui, *peut-être*, permettent de donner la pleine propriété du tiers ou même de la moitié.

On a critiqué la première partie de cet article en disant que les ascendants ayant une génération de plus que les époux, seront toujours dépouillés de l'usufruit de leur réserve, et seront forcés de vendre la nue propriété à vil prix, qu'on eût mieux honoré la paternité et la vieillesse en leur assurant la jouissance de cette réserve.

On peut répondre : que c'est par faveur pour le mariage, et peut-être par le désir de conserver la nue propriété des biens dans les familles. On peut ajouter que, indépendamment des biens que les ascendants sont censés avoir conservés, ils ont encore droit à des aliments. Leur existence est donc assurée, avec deux autres ressources à leur disposition. Cet article ne me paraît donc pas mériter le blâme qu'il a encouru dans l'esprit et dans les écrits de plusieurs auteurs.

« *Ou la moitié en usufruit seulement.* » Ces mots ont été ajoutés dans la prévision du cas où l'époux donataire étant fort âgé, on aurait pu prétendre que la donation des trois quarts en usufruit n'excédait pas celle d'un quart en pleine propriété et d'un quart en usufruit. Les auteurs du Code n'ont pas voulu que les descendants fussent privés de l'usufruit de plus de la moitié des biens.

Quel est le sens du second paragraphe de cet article ? La quotité disponible qu'il établit est-elle fixe et invariable, ou bien la volonté de la loi est-elle seulement de favoriser l'époux dans le cas où la quotité disponible ordinaire est moindre que celle de l'art. 1094 ?

La première interprétation est celle de la jurisprudence et de la doctrine la plus générale. L'art. 1094 règle d'une manière exceptionnelle la quotité disponible de l'un des époux envers l'autre. Il ne distingue pas relativement au nombre des enfants : *specialia generalibus derogant.*

Dans la seconde interprétation, on dit : on pourrait donner la quotité disponible de 913 à un étranger, à plus forte raison à l'époux qui mérite plus de faveur. Cet article le prouve quand il n'y a pas d'enfants ou quand il y en a plus de deux ; il n'existe pas de raison plausible, il y aurait même contradiction à le traiter moins favorablement quand il n'y en a qu'un seul. (Voy. Marcadé.)

Le don indéfini de la portion disponible en faveur d'un conjoint lui donne le droit de réclamer le *maximum* de cette quotité.

Et si le donateur avait employé les termes mêmes du Code, il ne faudrait pas appliquer l'article 1190, relatif aux conventions. L'époux légataire aurait le choix, à moins qu'il n'eût été expressément accordé aux héritiers du prédécédé, *pleniùs interpretandæ sunt defunctorum voluntates*, tandis que, dans une obligation, on doit supposer que le débiteur a voulu s'engager le moins possible. Ce serait au moins une question d'interprétation de volonté. (Voy. M. Duranton.)

Les deux quotités des articles 913 et 1094 ne peuvent pas être cumulées, mais elles peuvent concourir; et je pense qu'il ne faut pas observer entre les diverses libéralités un certain ordre de dates et dire que si la quotité disponible ordinaire est déjà épuisée au profit d'un donataire étranger, l'excédant pourra être donné à l'époux; que si, au contraire, cet excédant a été d'abord attribué à l'époux, un étranger ne pourra recevoir toute la quotité disponible ordinaire, mais seulement ce qui restera de cette quotité, déduction faite du montant de la donation attribuée à l'époux. On ne doit observer aucun ordre. Cette doctrine est très-controversée. (Voy. M. Taulier et Marcadé.)

1096. — « *Toujours révocable.* » La crainte qu'un sentiment d'affection mutuelle, souvent irréfléchi, ne portât trop facilement les époux à se dépouiller l'un envers l'autre, et surtout la crainte que ces donations ne fussent pas l'œuvre d'une volonté libre, a fait admettre leur révocabilité.

On n'a pas bien déterminé le caractère de cette espèce de donation. Les jurisconsultes ne sont pas d'accord et la jurisprudence n'est pas fixée.

Révocable à la volonté motivée du donateur, caduque par le prédécès du donataire, c'est l'opinion adoptée par le plus grand nombre (voy. Zachariæ), cette donation paraît se rapprocher beaucoup du legs; cependant il ne faut pas oublier que c'est une donation entre-vifs. De là découlent plusieurs conséquences :

1° Cette donation est soumise à l'acceptation expresse.

3° L'état estimatif du mobilier est nécessaire, et peut-être même la transcription pour les immeubles, au moins pour empêcher l'effet d'hypothèques judiciaires.

3° Les trois causes ordinaires de révocation des donations ne sont pas applicables.

4° En cas de réduction à la quotité disponible, l'art. 913 serait appliqué aux donations entre époux, en ce sens qu'elles ne seraient réduites qu'après les legs et les donations entre-vifs postérieures.

Depuis la promulgation de la loi du 21 juin 1843, la révocation expresse des donations entre époux ne peut avoir lieu que par testament ou par acte notarié, reçu conformément aux dispositions de l'art. 2 de cette loi.

1097. — Voyez les motifs de cette disposition dans notre art. 968.

1098. — L'origine de cet article est l'édit des secondes noces, sous François II. (Chancelier l'Hôpital, 1560.)

L'intérêt des enfants d'un précédent mariage, souvent sacrifié par le parent qui contracte une nouvelle union, méritait une protection spéciale.

La loi suppose le cas de plusieurs mariages successifs et en déterminant ensuite ce que l'on peut donner à son nouvel époux, elle semble autoriser la donation d'une part d'enfant au profit d'un deuxième où troisième époux, ce que je considère comme valable, pourvu que les diverses libéralités n'excèdent pas le quart des biens. (Voy. Marcadé et Zachariæ, qui expliquent les différentes opinions émises sur cet article. Voy. aussi M. Duranton.)

1099. — « *Ne pourront se donner indirectement.* » Ces termes quoique employés dans un sens prohibitif, n'ont pas pour effet d'entraîner la nullité entière d'une donation. La loi qui emploie les mêmes expressions que dans les articles 915, 913, 920, n'entend pas en tirer une conséquence plus rigoureuse, il y aurait donc seulement lieu à réduction. Voilà une interprétation.

On décide d'un autre côté, que les libéralités directes, excessives, ne sont que réductibles, mais qu'une sanction plus rigoureuse est applicable aux libéralités déguisées, ou faites par personnes interposées. La nullité prononcée par la loi, porte sur la totalité de la donation. Des arrêts sont contraires à cette opinion. Sont-ils conformes au texte et à l'esprit de cet article qui veut garantir les droits des héritiers à réserve? La fraude à la loi est-elle suffisamment prévenue et punie par une simple réduction? Il serait plus équitable, qu'à côté de la chance de gagner par une voie frauduleuse, ce qui ne devait pas nous être attribué, existât celle de perdre ce qui a pu nous être donné. (Voy. Zachariæ.)

1100. — La loi laisse aux juges le soin de reconnaître par les faits et les circonstances, l'interposition de toutes personnes autres que celles énumérées dans cet article. Pour celles-ci, l'interposition est présumée, et cette présomption légale qui dispense de toute preuve, n'admet pas la preuve contraire. (1351 et 1352.)

« *Encore que ce dernier ait survécu.* » — Parce que la succession n'est point indispensable pour la transmission des choses données; la remise des fidéicommis a pu se faire par le donataire apparent au donataire réel pendant sa vie.

TITRE III.

DES CONTRATS OU DES OBLIGATIONS CONVENTIONNELLES EN GÉNÉRAL.

CHAPITRE PREMIER.

DISPOSITIONS PRÉLIMINAIRES.

1101. — La convention est le consentement de plusieurs personnes dans le but de produire un résultat légal quel-

conque, c'est-à-dire de faire naître, de conserver ou d'é-
teindre un droit.

Le contrat est une convention qui a pour but de créer
une obligation.

L'obligation est une nécessité légale qui astreint le débiteur au profit du créancier à donner, à faire ou à ne pas
faire quelque chose.

En Droit romain, le mot obligation ne s'appliquait
qu'aux obligations correspondant à des droits personnels,
les droits réels et personnels diffèrent sous plusieurs rapports.

1° Celui qui possède un droit réel, peut en revendiquer
l'objet entre les mains de tout possesseur; celui qui n'a
qu'un droit personnel ne peut l'exercer que contre la personne obligée.

2° Le droit réel acquis antérieurement, l'emporte sur le
droit acquis plus tard; en cas de collision de droits personnels, contre un même débiteur, aucun des créanciers
ne jouit en général d'un droit de préférence.

Les sources de nos obligations sont les contrats, quasi-
contrats, délits, quasi-délits et la loi.

L'action est la réclamation faite en justice à l'occasion de
la violation d'un droit, afin d'obtenir ce qui nous est dû
ou ce qui nous appartient.

1102.—Le contrat est synallagmatique lorsque les parties
contractent *immédiatement* des obligations *réciproques* et
principales l'une envers l'autre, comme dans la vente, le
louage, la société.

1103. — Il est unilatéral lorsque l'une des parties est
obligée envers l'autre, sans que de la part de cette dernière,
il y ait d'engagement immédiat et principal.

L'utilité pratique de cette division est indiquée dans les
art. 1108, 1184 et 1325. 1° Dans le contrat synallagmatique, il faut la capacité des deux parties contractantes,
2° L'acte doit être rédigé en autant d'originaux qu'il y a

de parties ayant des intérêts distincts, (1325). 3° La condition résolutoire est sous-entendue dans ces contrats pour le cas où l'une des parties ne satisfait pas à ses engagements (1184).

1105 et **1106**. — L'utilité de la distinction des contrats de bienfaisance et à titre onéreux se fait sentir pour apprécier l'effet de l'erreur dans l'un et l'autre contrat, la responsabilité des fautes. Les premiers sont sujets à rapport, réductibles, révocables pour cause d'ingratitude et pour survenance d'enfants.

La définition du contrat à titre onéreux dans le code est inexacte, le prêt à intérêt est un contrat à titre onéreux et le prêteur n'est obligé à rien faire.

Le contrat à titre onéreux se subdivise en commutatif et aléatoire ; l'utilité de cette subdivision consiste en ce que le contrat commutatif est quelquefois rescindable pour cause de lésion.

Il existe une division des contrats qui n'est pas textuelle dans le Code, en contrats consensuels, réels et solennels ; les premiers, la vente, louage, société, etc., n'ont besoin que du seul consentement des parties, pour leur perfection, tandis que les contrats réels, tels que les prêts, le dépôt, le gage, exigent pour être parfaits la remise ou livraison d'une chose. Les contrats solennels ne sont parfaits que par l'accomplissement de formalités particulières, sans pouvoir être valables sous d'autres formes, comme la donation, le contrat de mariage, la constitution d'hypothèques.

1107. — On peut encore diviser les contrats en nommés et innomés ; cette distinction était importante chez les Romains, mais chez nous, toutes les conventions légalement formées, sont obligatoires.

Les obligations se divisent en naturelles et civiles ; les premières ne sont pas sanctionnées par le droit positif, comme l'obligation contractée par un mineur, etc.; l'obligation du failli de payer la portion de dettes dont ses créanciers lui ont fait remise dans le concordat.

Le obligations civiles sont celles qui sanctionnées par le droit civil produisent une action efficace.

CHAPITRE II.

DES CONDITIONS ESSENTIELLES POUR LA VALIDITÉ DES CONVENTIONS.

1108. — La rédaction de cet article est inexacte, il faut:

1° Le consentement des parties.

2° La capacité de contracter de la partie qui s'oblige, etc.

Le mot condition se prend dans divers sens en droit :

1° Comme élément constitutif; *id quod condit.* C'est en ce sens que l'art. 1108 déclare le consentement, la capacité, l'objet et la cause, conditions essentielles pour la validité d'une convention.

2° On appelle conditions les diverses clauses d'un contrat.

3° On entend aussi l'ensemble des qualités qui constituent l'état des personnes; on dit : la condition des femmes, des mineurs. (Voy. aussi 1112.)

4° Mais la condition proprement dite est la clause qui subordonne l'existence, ou la résolution d'un droit à un événement futur et incertain.

SECTION PREMIÈRE.

DU CONSENTEMENT.

1109 et **1110**. — Lorsque l'erreur porte sur la nature du contrat ou sur la chose qui en fait l'objet, il n'y a pas de contrat; sur une qualité qui rend la chose impropre à l'usage auquel elle est destinée et tenant à la substance physique, elle entraîne l'annulation; l'erreur sur la personne lorsqu'elle est la cause principale de la convention, comme dans les contrats de bienfaisance et dans ceux à titre onéreux, lorsque l'industrie et le talent de la personne ont été la cause principale de la convention, donne aussi lieu à l'annulation du contrat.

L'erreur de droit dont l'ignorance a *seule* déterminé le consentement de l'une des parties entraîne la nullité, parce que l'art. 1109 ne distingue pas, et l'on ne doit admettre ni distinction ni exception qui ne sont pas dans la loi. L'art. 1377 ne distingue pas davantage. Les rédacteurs du Code n'ont pas ajouté ici les mêmes exceptions qu'à l'égard de l'aveu judiciaire et des transactions. (Voy. 1356 et 2052.) Ces deux exceptions ont évidemment pour but de déroger à une règle générale contraire, *exceptio firmat regulam*, etc. L'adage *neminem jus ignorare decet* n'a d'application rigoureuse que pour les lois d'ordre public, de police et de sûreté et pour les transactions dont parlent les art. 2052 et 1356.

La violence est physique ou morale.

1111 et **1112**. — La violence est une cause de nullité lorsqu'elle est de nature à inspirer à la personne qui la subit la crainte *présente* et raisonnable d'un mal considérable et *imminent*, et pour l'apprécier la loi recommande, avec sagesse, d'avoir égard à l'âge, au sexe et à la condition des personnes. (Voy. 1112.)

Un homme, surpris au moment où il commet un crime, souscrit un engagement pour échapper à la dénonciation dont on le menace, son consentement n'est pas libre; il y a violence quand on peut placer quelqu'un entre un sacrifice d'argent et le déshonneur.

Mais il n'y a pas violence quand un débiteur souscrit un engagement pour que son créancier n'exerce pas contre lui la contrainte par corps. Il doit prononcer entre un sacrifice pécuniaire et la liberté dont il peut être privé, il subit un droit.

1113. — Cet article n'est pas limitatif; mais dans le cas de conjoints et de parents en ligne directe, la violence exercée contre l'une de ces personnes produit forcément la nullité, tandis que pour des parents collatéraux et des étrangers, les juges se décideront d'après les circonstances.

1116. — Le dol consiste dans des manœuvres frauduleuses pratiquées pour tromper quelqu'un.

Le dol *principal dans causam contractui*, émanant de l'une des parties, entraîne l'annulation du contrat.

S'il est l'œuvre d'un tiers, il donne naissance à une action en dommages-intérêts. Si la violence exercée par un tiers suffit pour faire annuler le contrat, c'est que l'auteur de la violence se cache ordinairement, est un homme inconnu ou insolvable, de sorte que la seule réparation que puisse obtenir la victime est dans l'annulation du contrat. Il n'en est pas de même dans le dol qui suppose toujours une certaine confiance de la part de celui qui a été trompé. Or on ne peut avoir de confiance que dans une personne que l'on connaît, et l'on doit s'imputer d'avoir contracté avec une personne indigne de confiance : ce n'est pas un motif suffisant pour annuler un contrat passé avec l'autre partie de bonne foi.

Le dol incident, c'est-à-dire pratiqué dans le cours d'une négociation déjà entamée, ne rend point la convention annulable; il donne seulement ouverture à une action en dommages-intérêts, à moins que la partie qui profite du dol n'y ait participé.

Les manœuvres qui constituent le dol sont quelquefois un crime ou un délit : par exemple, s'il y a faux, abus de confiance, escroquerie; alors des peines criminelles ou correctionnelles viennent se joindre aux réparations civiles.

La convention contractée par erreur, violence ou dol, n'est qu'annulable, susceptible d'une ratification expresse ou tacite (1117). (Voy. 1304, 1338 et 1115.)

1118. — « *Certains contrats.* » Il n'est permis à personne de s'enrichir aux dépens d'autrui, et par conséquent toute lésion devrait vicier les contrats. Cependant une partie qui a contracté de bonne foi ne peut pas toujours être victime de l'irréflexion ou de l'inexpérience de l'autre. D'ailleurs, la stabilité des transactions intéresse la sécurité publique et l'ordre social. Aussi il n'y a que les contrats de partage et de vente qui puissent être annulés pour cause de lésion. Dans les uns, la rescision pour lésion de plus du quart sanctionne le principe d'égalité. (Voy. 887.) Dans les autres, un sentiment d'humanité est la cause de la rescision pour lésion de plus des sept douzièmes en faveur d'un vendeur d'immeubles, forcé peut-être par le besoin à aliéner à vil prix. (Voy. 1674 et aussi 1305.)

Les actions en nullité ou rescision sont réelles. (Voyez 1681.) Elles sont donc opposables à la partie qui a figuré au contrat et à ses successeurs, soit universels, soit particuliers. Une convention annulable ou résoluble ne peut pas produire des effets incommutables et irrévocables. (Voy. 2125 et 2182.) *Resoluto jure dantis, resolvitur jus accipientis.*

Quelques auteurs n'admettent pas cette solution quand il s'agit de l'action en rescision pour cause de dol, soit personnel, soit *re ipsa*: cependant l'art. 1109 déclare qu'il n'y a point de consentement valable, s'il a été surpris par dol. (Voy. en sens contraire Marcadé. Voy. aussi les articles 2125 et 2182.)

1119. — Cet article ne peut être un principe général chez nous, comme dans le droit romain. Notre mandataire légal, judiciaire ou conventionnel nous oblige personnellement envers les tiers avec lesquels il contracte; il en est de même du gérant d'affaires. Dans le droit romain, les uns et les autres n'obligeaient point le maître envers les tiers avec lesquels ils traitaient, sauf leur recours.

Cet article ne peut donc signifier autre chose que : l'on ne peut, par les contrats que l'on fait, obliger ceux dont on n'est ni le mandataire ni le gérant d'affaires.

1120. — Mais on peut se *porter fort* pour eux, c'est-à-dire prendre sur soi la responsabilité de leur refus, c'est alors promettre d'indemniser celui qui l'éprouvera. Je vous promets que Paul réparera votre maison pour une somme déterminée, et je me porte fort pour lui. C'est une obligation de faire que je contracte et qui se résoudra en dommages-intérêts en cas d'inexécution.

1121. — Dans les cas prévus par cet article, la stipulation faite au profit d'un tiers est accessoire, elle se lie à un contrat principal valable qui lui communique sa force légale. Exemple : je vous vends ou vous donne ma maison, à condition que vous payerez telle rente à Paul, ce que celui-ci peut accepter par acte authentique ou sous seing privé, et ce qui rend la convention irrévocable.

1122. — « *Pour les héritiers et ayants cause.* » Les héritiers continuent la personne du défunt dans ses droits et dans ses obligations; les ayants cause ne succèdent qu'à des droits particuliers ou des objets déterminés, comme l'acheteur, le donataire, le légataire particulier. Nous ne pouvons stipuler ou promettre pour nos héritiers qu'autant qu'ils sont la continuation de notre personne : je veux dire pour leur part dans notre hérédité. (Voy. 870 et 1220; voy. cependant le § 4 de l'art. 1221 et en matière d'indivisibilité.)

Si l'on a stipulé pour l'un de ses héritiers seulement, cet héritier doit être regardé *tanquam adjectus solutionis gratia*, il sera tenu de partager le montant de la créance avec ses cohéritiers, autrement ce serait disposer en sa faveur d'une partie de la succession, ce qui ne peut avoir lieu que par donation entre-vifs ou par testament.

Les effets du contrat peuvent être limités aux parties contractantes par une clause expresse : ou par sa *nature* propre, comme un usufruit, une rente viagère, quand il s'agit d'un fait consistant dans l'industrie de la personne ou reposant sur la confiance, comme le mandat.

Les droits purs et simples ou à termes passent à nos héritiers et successeurs universels; les droits conditionnels nés d'un testament sont caducs. (Voy. 1040 : *nés d'un contrat*, ils sont transmissibles, 1179.)

SECTION II.

DE LA CAPACITÉ DES PARTIES CONTRACTANTES.

1123, 1124, 1125. — La capacité est la règle, et l'incapacité l'exception.

Chez le mineur, l'incapacité de contracter protège l'inexpérience ; chez l'interdit, le malheur, et chez la femme mariée, c'est la sanction de la puissance maritale. Il faut ajouter à ces incapables celui qui a un conseil judiciaire. La nullité résultant de ces incapacités n'est que relative : les incapables peuvent demander l'exécution du contrat qu'ils ont formé ou l'annulation. Les personnes capables ont donné un consentement libre et éclairé, et elles sont en faute d'avoir contracté avec un incapable sans accomplir les formalités protectrices de ses intérêts. Il est permis de penser qu'elles ont voulu spéculer sur la faiblesse ou l'inexpérience.

Pour faire prononcer l'annulation, les femmes ont seulement à prouver leur mariage ; les interdits et ceux soumis à un conseil judiciaire, l'antériorité du jugement d'interdiction, et les mineurs leur âge ; mais ne peut-on pas soutenir que ces derniers doivent en outre établir une lésion ? (Voy. notre art. 1305.)

SECTION III.

DE L'OBJET ET DE LA MATIÈRE DES CONTRATS.

1126 et 1127. — Tout contrat doit avoir pour objet une chose que l'une des parties s'oblige à donner, ou un fait qu'elle s'oblige à accomplir ou dont elle doit s'abstenir. Cette division des obligations de donner, de faire ou de ne pas faire, est importante, puisque l'on peut contraindre à l'exécution de l'obligation de donner, tandis que l'obligation de faire se résout en dommages-intérêts en cas d'inexécution.

Elle a pour objet non-seulement la translation de propriété, mais le simple usage comme dans le commodat; ou la simple possession, comme dans le gage et le louage, et même la garde seulement, comme dans le dépôt.

1128. — Les choses composant le domaine public; les immeubles constitués en dot sous le régime dotal, ceux grevés de substitution, sont momentanément inaliénables.

Il n'y a aussi que les faits licites, honnêtes et possibles en *eux-mêmes*, qui puissent être l'objet des contrats.

Le crédit que donne la naissance ou la richesse ne peut pas être l'objet d'une obligation (arg. de 1833), donc, la promesse d'une somme à quelqu'un dans le but d'obtenir par son influence un emploi, serait nulle; autrement ce serait encourager l'intrigue et multiplier les difficultés qui s'opposent à l'équitable distribution des fonctions publiques.

Le titulaire d'un emploi pour lequel le choix appartient à l'autorité supérieure n'aurait peut-être pas le droit de réclamer la somme qui lui aurait été promise pour donner sa démission. Il faut laisser une libre concurrence, et ne pas assurer une préférence souvent injuste en laissant ignorer une vacance qui est imminente ou réelle.

1129. — Ainsi, je puis vendre un cheval sans déterminer l'individu : alors on appliquera l'art. 1246. Mais non un animal.

« *La quotité de la chose*, etc. » Je puis vendre à Pierre le blé nécessaire pour le nourrir pendant une année.

1130. — « *Les choses futures.* » Il importe de distinguer si j'ai vendu ma récolte de vin de cette année à raison de tant l'hectolitre, ou seulement une simple espérance, une chance de récolte, pour un prix unique et déterminé : dans ce dernier cas, c'est un contrat aléatoire valable quand il n'y aurait pas de récolte : dans le premier, la vente serait nulle comme étant sans cause.

« *A une succession non ouverte.* » Ce serait une convention contraire à la morale et à la décence publique. Les art. 791, 1389 et 1600 contiennent des dispositions semblables.

SECTION IV.

DE LA CAUSE.

1131. — La cause est, dans un contrat, ce qui détermine une partie à s'obliger. Cette cause déterminante de l'obligation ne doit pas être confondue avec le motif qui porte, qui engage à contracter. Dans le contrat synallagmatique, la cause de l'engagement d'une partie est le fait ou la promesse de l'autre. Dans la donation c'est la libéralité. L'objet, dans la vente, c'est pour le vendeur la somme d'argent qui constitue le prix, et pour l'acheteur, la propriété de la chose vendue. Pour distinguer la cause de l'obligation et son objet, il faut répondre à ces deux questions : *quid debetur, cur debetur.*

Quelques jurisconsultes ne veulent pas distinguer comme le Code le fait, entre l'absence de cause et la fausseté de la cause. Je reconnais que cette distinction n'a pas d'utilité dans la pratique, mais il me semble qu'en théorie, l'on peut dire que si je m'oblige à payer une somme en vertu d'un testament révoqué par un autre, mon obligation n'a pas de cause réelle. Si je m'oblige à payer une somme que je reconnais devoir à titre de prêt, tandis que c'est une perte que j'ai faite au jeu, mon obligation a une fausse cause.

1133. — Lorsqu'un contrat a une cause illicite de part et d'autre, aucun des contractants ne peut en demander l'exécution ; mais si l'un d'eux remplit son engagement, il ne peut pas répéter. *In pari causa, melior est causa possidentis.*

Si la convention est illicite seulement de la part de celui qui reçoit, celui qui a donné, peut se faire restituer quoique l'autre contractant ait exécuté le contrat. (Voy. nos art. 6, 1128-900 et 1172.)

1132. — Lorsque la cause n'est pas énoncée dans un acte qui constate un engagement unilatéral, sur qui retombe la preuve qu'il existe une cause? Il est à la charge du débiteur si l'acte est conçu en ces termes : *je reconnais devoir.* Personne ne peut être présumée s'obliger sans cause légitime. Donc la cause est présumé. C'est donc au débiteur à prouver que la cause non exprimée, mais présumée, n'existe pas, comme il est tenu de démontrer que la cause exprimée n'est pas réelle ou est contraire à la loi.

Cette opinion est généralement admise ; peut-être même ne faut-il pas avoir égard aux termes dont le débiteur s'est servi ; car, en s'engageant, il reconnaît implicitement devoir. On ne peut pas supposer qu'il a voulu faire une libéralité, puisqu'elle ne se présume pas.

D'autre part, l'on dit : le demandeur doit prouver le fondement de sa demande, *actoris est probare.* (Voy. 1315.) Toute obligation est une exception à la liberté, à l'indépendance d'un homme envers un autre, qui est la règle, et la cause est un des éléments constitutifs de l'obligation. Il serait d'ailleurs difficile au débiteur d'établir que son obligation est sans cause. Il faudrait prouver un fait négatif.

Voyez la loi 25 au Digeste, liv. 22, tit. *de Probationibus.*

En tout cas, le billet est un commencement de preuve par écrit qui rendra admissible la preuve testimoniale. (Voy. 1347 ; voy. M. Duranton.)

CHAPITRE III.

DE L'EFFET DES OBLIGATIONS.

SECTION PREMIÈRE.

DISPOSITIONS GÉNÉRALES.

1134. — « *Tiennent lieu de loi.* » Les contrats sont une loi privée à laquelle les parties sont tenues de se soumettre comme à la loi générale. Néanmoins, il est certain que l'interprétation des conventions ne soulève pas ordinairement des questions de droit, et échappe à la censure de la Cour de cassation. Ainsi, un arrêt déclare que le contrat qui a eu lieu entre deux personnes est une vente, et il applique les principes de la vente, il a décidé une question de fait, il serait inutile de se pourvoir devant la Cour suprême. Si, au contraire, après avoir reconnu une vente dans la convention des parties, il appliquait les principes de l'échange, il devrait être cassé, parce qu'il aurait violé la loi générale.

« *Elles ne peuvent être révoquées*, etc. »

S'il s'agit d'obligations de faire ou de ne pas faire, ou de donner des choses indéterminées, par un consentement contraire, elles sont censées n'avoir jamais existé. Mais si l'obligation a pour objet un corps certain, par exemple un immeuble déterminé qui a été vendu, le consentement contraire des parties qui aurait pour but de révoquer cette vente, constituerait une revente, une rétrocession ; le fisc percevrait deux droits distincts de mutation, et l'immeuble rentrerait grevé des servitudes et des hypothèques consenties par l'acquéreur.

« *Ou pour les causes que la loi autorise.* » (Voy. 1184, 1868 et suiv., 2003 et 2007, 960, etc.)

« *Elles doivent être exécutées de bonne foi*, » c'est-à-dire d'une manière conforme à l'intention des parties plutôt qu'aux termes employés pour la manifester. L'art. 1135 renferme l'explication de cette règle d'interprétation ; il n'y a plus, comme en droit romain, de contrat de *droit strict* et de contrat de bonne foi. (Voy. 1626.)

SECTION II.

DE L'OBLIGATION DE DONNER.

1156.—Le mot *donner* est pris dans diverses acceptions. Dans le langage ordinaire c'est transférer à titre gratuit ou onéreux la propriété ; dans le langage du droit, c'est

aliéner à titre gratuit ou onéreux ; dans le sens le plus large ,
c'est attribuer le droit de retirer d'une chose une utilité quelconque.

1137.—L'obligation de donner emporte celle de veiller
à la conservation de la chose en bon père de famille. La
loi ne distingue plus trois espèces de fautes, ni les contrats
qui sont dans l'intérêt des deux parties ou dans l'intérêt
d'une seule. Une règle générale existe sur la prestation des
fautes : pour l'éviter, il faut une disposition exceptionnelle,
et cette exception a lieu lorsque le détenteur de la chose
ne retire aucun profit de sa possession , comme le dépositaire non salarié. (Voy. 1927, et à l'inverse, l'emprunteur
à usage, 1882.) Ce qui indique que le législateur s'en remet à
l'arbitrage du juge qui apprécie les obligations du *bon père
de famille*, terme de comparaison qui ne peut être défini.

Les articles qui traitent des fautes sont : 450, 601, 804,
1137, 1245, 1374, 1382, 1383, 1562, 1624, 1728, 1732,
1733, 1806, 1850, 1880, 1882, 1927, 1992, 2037, etc.

1138. — Les art. 711, 938 et 1138 nous prouvent que
la convention de donner un corps certain rend le créancier
propriétaire , non pas *dès l'instant où il a dû être livré* , mais
dès l'instant où est née l'obligation de donner. Autrement
il en résulterait que dans l'obligation à terme la propriété
ne serait acquise que du jour de l'arrivée du terme ; ce qui
serait contraire aux principes. (Voy. 1185.) On peut justifier
les expressions du Code en disant qu'il a eu en vue non la
tradition réelle de l'objet du contrat, mais une tradition in-
tentionnelle et fictive qui accompagne toujours la convention et qui suffit pour transférer la propriété. (Voy. 938.)

Mais la chose reste aux risques du débiteur.

1139. — Lorsqu'il est en demeure *in mora* en retard de
la livrer, ce qui a lieu par une sommation, ou autre acte
équivalent , tels que citation en conciliation , assignation ou
reconnaissance constatée par acte authentique ou privé qu'il
a été suffisamment interpellé.

1140.—Cet article est une précaution dilatoire : le législateur ne savait pas encore si l'on exigerait, comme sous la loi de brumaire an VII, et pour les donations (voy. 939), la transcription pour transférer la propriété des immeubles vendus à l'égard des tiers. (Voy. 1583 et 2181.)

D'après la loi nouvelle sur la transcription en matière hypothécaire (mars 1855), les actes translatifs de propriétés immobilières ne peuvent être opposés aux tiers qu'à compter de l'accomplissement de cette formalité.

1141.—Cet article modifie la conséquence du principe, mais non le principe lui-même, que la propriété est transférée par le seul consentement des parties, à l'égard des objets corporels et mobiliers. Il n'est que l'application de 2279. La bonne foi de l'acquéreur, la nécessité de maintenir la circulation libre des objets mobiliers dans l'intérêt du commerce, la difficulté de les suivre et de les reconnaître dans les mains de tierces personnes, sans troubler la société par des discussions et des recours nombreux, ont dû faire donner la préférence au possesseur de bonne foi, quoique son titre soit postérieur en date. Mais les créanciers du promettant ne pourraient pas faire saisir le meuble resté dans sa possession, et, en cas de faillite, l'acheteur à qui le meuble vendu n'a pas été livré, peut le revendiquer.

SECTION III.
DE L'OBLIGATION DE FAIRE OU DE NE PAS FAIRE.

1142, 1143, 1144 et 1145. — L'obligation de faire se résout en dommages-intérêts : 1° lorsqu'elle ne peut être accomplie que par le débiteur lui-même, par exemple l'obligation d'un peintre célèbre de faire un tableau ; 2° lorsque le créancier, en supposant que l'exécution de l'engagement soit possible, préfère demander des dommages-intérêts. Cette obligation n'est donc dans son principe ni alternative ni même facultative.

Mais celui qui s'est engagé à faire une chose ne peut pas

être forcé à accomplir matériellement son obligation. Ce serait attenter à la liberté, *nemo precise cogi potest ad factum.*

SECTION IV.

DES DOMMAGES-INTÉRÊTS RÉSULTANT DE L'INEXÉCUTION DE L'OBLIGATION.

1146 et **1147**. — Les dommages-intérêts consistent dans la somme d'argent destinée à compenser la perte qu'une partie a éprouvée, ou le gain qu'elle a manqué de faire. *Damnum emergens* et *lucrum cessans* (1149).

Ils sont déterminés par le juge (1149), par la loi (1153), ou par les parties (1152).

Le créancier ne peut demander des dommages et intérêts au débiteur que lorsqu'il l'a constitué en *demeure* de remplir son obligation, à moins qu'elle n'ait pu être exécutée que dans un certain temps qu'il a laissé passer. Ex. : un avoué chargé de faire une surenchère; un notaire chargé de renouveler une inscription hypothécaire; l'obligation de livrer des marchandises pour les revendre à une foire. Le débiteur est en demeure par le seul fait du retard.

1147. — Le débiteur peut prouver que l'inexécution provient de causes qui lui sont étrangères : telles sont la force majeure et le cas fortuit. (Voy. 1302.) Cette preuve faite, c'est au créancier à prouver qu'elle peut lui être imputée. (Voy. 1808.) Ex. : un ouvrier qui s'est engagé à faire un meuble tombe malade; un voiturier empêché par la glace ou une inondation de transporter des marchandises ou denrées dans le temps fixé.

1148. — Il faut observer qu'il y a plusieurs cas dans lesquels la preuve du cas fortuit ne dispense pas le débiteur de dommages et intérêts : 1° s'il s'en est chargé; 2° s'il est en demeure, à moins qu'il ne prouve que la chose eût également péri chez le créancier si elle lui eût été livrée; 3° s'il s'agit d'une chose soustraite par lui; 4° si le cas fortuit a été précédé d'une faute du débiteur qui y a donné lieu. (Voy. 1302, 1807 et 1808.)

1149, 1150, 1151. — Quand le débiteur est de bonne foi, il est seulement tenu de réparer le préjudice que l'on a pu prévoir lors du contrat. S'il y a dol et mauvaise foi, il doit réparer le préjudice qui est une suite immédiate et directe de l'inexécution de la convention. Par exemple, on vend un cheval atteint d'une maladie contagieuse, on l'ignore ; d'autres chevaux de l'acheteur périssent de la maladie communiquée ; les dommages et intérêts seront de la restitution du prix et des frais du contrat.

Si le vendeur connaissait la maladie, il devra payer le prix de tous les chevaux qui ont péri. Autre exemple : un charpentier qui fournit des étais de mauvaise qualité pour étayer une maison ; un tonnelier de mauvais tonneaux : même distinction, avec cette différence que le charpentier et le tonnelier doivent connaître la qualité du bois qu'ils emploient.

1152. — Si le créancier accepte un payement partiel, l'art. 1231 donne au juge la faculté d'allouer une somme moindre que celle fixée par le contrat, lorsque l'exécution partielle a été utile au créancier.

Depuis la loi du 3 septembre 1807, il n'est plus permis de stipuler, à titre de dommages et intérêts, dans les contrats qui ont pour objet de l'argent ou des choses qui se consomment par l'usage, une somme qui excéderait sensiblement l'intérêt fixé par la loi. L'opinion contraire ouvrirait une large porte à l'usure.

1153. — La seule réparation du préjudice causé par le retard est l'intérêt légal, mais le créancier n'est tenu de justifier d'aucune perte. La loi considère le préjudice comme certain, afin d'avoir le droit de limiter la réparation, d'établir un abonnement, une compensation des pertes qui peuvent varier à l'infini, selon les positions des créanciers.

Cet article renvoie pour le commerce (voy. 178, 179, 181, 187 C. com.) et le cautionnement (voy. 2028) à des règles particulières. Il faut ajouter la société civile. (Voy. 1846.)

« *Du jour de la demande.* » Il faut entendre par *demande* une assignation donnée en justice; un acte extra-judiciaire ne suffirait pas.

Les exceptions à cet article sont nombreuses. J'en indique quelques-unes. (Voy. 474, 609, 612, 856, 1378, 1440, 1473, 1458, 1846, 1996, 2001, 2028, etc.)

1154. — L'anatocisme était autrefois sévèrement prohibé par les lois civiles et canoniques; c'est pour indiquer la levée de cette prohibition que le législateur a rédigé l'art. 1154 en termes facultatifs.

Les intérêts échus des capitaux peuvent produire des intérêts soit en vertu d'une *convention spéciale* ou d'une *demande judiciaire.* Toutefois, cette accumulation d'intérêts, appelée *anatocisme*, n'est permise que dans le cas où il s'agit d'intérêts dus au moins pour une année entière. En prohibant la capitalisation d'intérêts dus pour moins d'une année, la loi a mis un frein à la cupidité de certains prêteurs, et a voulu prévenir la ruine de débiteurs malheureux et honnêtes.

Mais cette restriction ne s'opposerait peut-être pas à la validité de la convention en vertu de laquelle les intérêts d'une somme empruntée pour moins d'une année se convertiraient en un nouveau capital productif d'intérêts, à défaut de payement à l'échéance. (Voy. Delv. et Dur.) Si le créancier eût été exactement remboursé, il aurait pu retirer un produit de son capital. Seulement, les tribunaux devront se livrer à un examen rigoureux des circonstances pour découvrir l'usure qui pourrait se cacher sous une telle combinaison.

Peut-on convenir, lors du contrat de prêt, que les intérêts dus au moins pour une année se convertiront, dans la main du débiteur, en un nouveau capital, afin de produire eux-mêmes des intérêts? Nous adoptons la négative. Cette convention n'est pas permise, puisque les intérêts ne sont pas *échus;* ils ne sont pas *dus* pour une année au moment de la convention. D'ailleurs la loi exige, non pas une clause, mais une convention spéciale. Cette convention est placée sur la même ligne que la demande judiciaire, et il est certain que celle-ci ne peut être formée que quand les intérêts sont échus et peuvent être exigés. D'ailleurs le but du législateur est de forcer le créancier à prévenir, chaque année, son débiteur de sa position, en lui demandant les intérêts qui, non payés, accroîtraient subitement et immodérément le capital. Le débiteur s'endormirait dans une fausse sécurité sans prévoir une ruine imminente qui serait la conséquence presque immédiate de cette capitalisation tacite d'intérêts.

1155. — Ces diverses sommes sont pour celui à qui elles sont dues de véritables capitaux; mais je ne suppose pas que la convention puisse être antérieure à la demande.

« *Par un tiers au créancier.* » Par exemple une caution, un mandataire ou un *negotiorum gestor.*

SECTION V.
DE L'INTERPRÉTATION DES CONVENTIONS.

1156. — « *In conventionibus contrahentium, voluntatem potiusquam verba spectari placuit.* » Loi 217 Dig. de *verb. signif.* quand les termes sont équivoques.

1157. — Si la convention présente un double sens, il faut préférer celui qui tend à faire produire un effet, parce qu'il a été dans l'intention des parties qui n'ont pas voulu faire un contrat nul. Loi 80 Dig. de *verb. oblig.* Ex. : Il a été convenu, entre Pierre et Paul, *que Paul passerait sur ses héritages.* Il faut entendre les héritages de Pierre, autrement la clause n'aurait aucun effet.

1158. — « *Qui convient le plus à la matière du contrat.* »

Ex. : Je vous loue ma maison pour trois ans pour 600 fr., sans ajouter par chaque année. Mais il est de la nature du contrat de louage que le prix consiste dans une somme annuelle.

1159. — « *Par ce qui est d'usage dans le pays*, etc. » J'ai fait marché avec un vigneron pour cultiver ma vigne; il doit donner le nombre de labours qu'il est d'usage de donner dans le pays. Loi 34 de *reg. jur.*

1160. — « *Les clauses qui y sont d'usage.* » Ex. : Dans une vente la *garantie* est due, quoique non exprimée. Dans un bail, quoique le prix des loyers soit unique pour l'année, à Paris il devra être payé par termes de trois mois.

1161 et suiv. — (Voy. Pothier, *Traité des oblig.*, n° 96 et suiv.)

SECTION VI.

DE L'EFFET DES CONVENTIONS A L'ÉGARD DES TIERS.

1165. — La raison veut que les conventions ne produisent d'effets qu'entre les parties contractantes, et cet article ajoute qu'elles ne peuvent pas profiter aux tiers, en renvoyant cependant à 1121 qui permet exceptionnellement de stipuler en faveur d'un tiers dans les deux cas prévus.

Le concordat établit aussi une exception au principe que les conventions ne nuisent point aux tiers. La minorité des créanciers est forcée de subir la loi que lui impose la majorité. (Voy. 507, C. de comm.)

1166. — Un débiteur répond de ses engagements sur tous ses biens présents et à venir (art. 2092). Un créancier qui exerce les droits et actions de ce débiteur, ne fait qu'un acte conservatoire en usant de son gage.

Mais a-t-il besoin pour agir d'une subrogation judiciaire? On dit qu'il ne peut pas, de son autorité privée, se mettre en possession des biens de son débiteur, que l'art. 788 appuie formellement cette opinion. (Voy. Proudhon.) D'un autre côté, on répond que le créancier est mandataire légal pour exercer les droits de son débiteur, sauf à faire vérifier sa créance en justice si elle est contestée. Donc il n'a pas besoin d'un mandat judiciaire.

Par exception, les créanciers ne peuvent exercer les droits *exclusivement attachés à la personne*, tels sont les droits accordés aux pères et mères sur la personne de leurs enfants (375 et suiv., 148 et suiv., 346); les actions en nullité de mariage, en séparation de corps et de biens, 1446; les droits d'usage et d'habitation; le droit d'exercer le retrait successoral, l'action en révocation des donations pour ingratitude, et toutes actions en dommages intérêts naissant de délits contre la personne. Énumération non limitative, il suffit de dire que la règle générale est qu'un droit pécuniaire doit toujours être cessible, et par conséquent susceptible de subrogation, s'il n'y a disposition contraire dans les lois.

1167. — Cet article donne aux créanciers la faculté d'attaquer directement les *actes* faits par leur débiteur en fraude de leurs droits.

Il faut entendre par *actes* tous les moyens à l'aide desquels le débiteur diminue son patrimoine ou néglige l'occasion de l'augmenter. Ils doivent être frauduleux. Il faut que les créanciers prouvent le *consilium fraudis* et l'*eventus damni*. Nonobstant les articles 622, 788 et 1053, rédigés à une époque où les auteurs du Code étaient incertains sur la question de savoir s'ils exigeraient, pour l'exercice de l'action révocatoire paulienne, la double condition du préjudice et de la fraude. Cet article et 1464 sont formels.

Il faut que l'acte ait occasionné un préjudice réel, c'est-à-dire ait déterminé ou augmenté l'insolvabilité du débiteur. Donc l'action révocatoire ne peut appartenir qu'aux créanciers dont les titres ont une date certaine antérieure à cet acte, et s'il est *à titre onéreux*, ils doivent prouver trois choses : 1° le préjudice, *eventus*; 2° la fraude de la part du débiteur, *consilium*; 3° la complicité de la personne qui a traité avec lui. Autrement leur position est égale, et *melior est causa possidentis*. Si l'aliénation est *à titre gratuit*, la personne qui a contracté combat pour faire un gain, *certat de lucro captando*; elle est moins favorable que le créancier. L'intérêt de ce dernier doit, en équité, lui faire donner la préférence. Cette distinction existait dans le droit romain et dans l'ancienne jurisprudence. Le Code n'ayant fait que poser le principe général de l'action révocatoire paulienne, s'en réfère, pour les conditions de son exercice, à ces législations.

Cette distinction est applicable même aux tiers qui succèdent à ceux avec lesquels le contrat frauduleux a été passé. Il n'existe pas de motifs pour les traiter plus rigoureusement ou plus favorablement que les acquéreurs directs.

Nous pensons que la révocation des actes frauduleux n'est que relative, qu'elle n'est prononcée que dans l'intérêt des créanciers antérieurs à l'acte argué de fraude; ils ont seuls un droit de gage sur ces biens qui sont considérés comme rentrés dans le patrimoine du débiteur. Cependant, voyez Marcadé.

L'art. 882 apporte une modification aux principes consacrés par l'art. 1167. (Voy. mon *Commentaire*.)

Notre Code ne distingue pas, pour l'exercice de l'action révocatoire, entre les actes par lesquels le débiteur se dépouille et ceux par lesquels il manque seulement d'acquérir.

L'action révocatoire paulienne dure 30 ans (2262). L'art. 1304 ne s'applique qu'entre les parties. Mais elle peut se trouver indirectement éteinte par la prescription de dix à vingt ans, lorsque l'immeuble aliéné par le débiteur a passé entre les mains de tiers détenteurs avec titre et bonne foi. (Voy. 2265.)

C'est à tort que l'on confondrait l'action révocatoire avec l'action en déclaration de simulation. La première a pour objet de faire annuler des actes sérieux, mais entachés de fraude; la seconde a pour but de faire déclarer simulés des actes dont l'apparence est contraire à la réalité. Cette distinction n'est pas de pure théorie, elle entraîne des conséquences pratiques importantes. Ainsi, par exemple, l'action paulienne ne peut être exercée qu'après que l'insolvabilité du débiteur est constatée, et n'est donnée que contre les actes qui ont consommé ou suivi cette insolvabilité, tandis que ces deux conditions ne sont pas exigées pour l'exercice de l'action en simulation. Ainsi encore, l'action révocatoire n'appartient qu'aux créanciers dont les créances sont antérieures à l'acte attaqué. Il en est autrement de l'action en simulation.

CHAPITRE IV.

DES DIVERSES ESPÈCES D'OBLIGATIONS.

SECTION PREMIÈRE.

DES OBLIGATIONS CONDITIONNELLES.

§ 1ᵉʳ. — *De la condition en général, et de ses diverses espèces.*

1168. — L'obligation est conditionnelle lorsque son existence ou son extinction est subordonnée à un événement futur et incertain.

Tout événement futur n'est pas incertain. S'il doit nécessairement arriver dans un temps quelconque, cet événement n'est qu'un terme qui retardera l'exigibilité ou bornera la durée de l'obligation, mais qu'il ne faut pas confondre avec une condition suspensive ou résolutoire.

Cette règle ne reçoit pas son application dans les dispositions testamentaires, *dies incertus conditionem in testamento facit.*

L'événement doit être futur. Le passé et le présent ne renferment pas d'éventualités. Un fait déjà arrivé peut être ignoré des parties, mais il est certain dans la nature des choses; dès lors, cette ignorance retarde l'exécution et nullement l'existence de l'obligation : *quæ in rerum natura certa sunt, non morantur obligationem licet apud nos incerta sint* (Institutes). L'art. 1181 est donc rédigé d'une manière inexacte. Cette observation peut servir à résoudre les questions de savoir qui doit supporter la perte de la chose qui périt avant la vérification de l'événement, et si le legs est transmis aux héritiers du légataire mort avant cette vérification.

Les interprètes ont trop multiplié les conditions en confondant quelquefois avec elles les modes et les charges de l'obligation. Il ne faut parler que de celles qui présentent une véritable utilité.

1169, 1170, 1171. — Toute condition suspensive ou résolutoire est casuelle, potestative ou mixte, expresse ou tacite, possible ou impossible.

1172. — Ces conditions, apposées aux legs et même aux donations entre-vifs, sont réputées non écrites, motifs de différence avec les obligations. (Voy. mon comment. sur l'art. 900.)

1173. — Cet article n'est vrai que quand il s'agit d'impossibilité physique. Il en est autrement de la condition de ne pas faire une chose légalement ou moralement impossible. (Voy. 1131.) On doit être détourné d'une mauvaise action par la loi du devoir, et non par un intérêt pécuniaire.

1174. — Ex. « *Si volueris.* » Il n'y a pas de lien, et l'obligation renferme la nécessité de donner ou de faire quelque chose. Les jurisconsultes romains distinguaient cette obligation de celle *cum volueris*. Dans ce dernier cas, l'obligation existe; seulement le payement est différé. Si la condition faisait dépendre l'obligation, non pas uniquement de la volonté du débiteur, mais d'un fait qu'il est en son pouvoir d'exécuter, la convention est valable, parce qu'alors il y a un lien de droit. Cet article ne s'applique pas aux donations. (Voy. 944.)

1175. — Cette disposition a pour objet de décider la controverse sur la question de savoir si les conditions doivent être accomplies *in formâ specificâ* ou *per æquipollens*. La règle est de rechercher l'intention des parties.

1176 et 1177. — Lorsque aucun délai n'a été fixé pour l'accomplissement d'une condition, elle peut être accomplie même après la mort du créancier, si ce n'est en matière de legs (voy. 1040), ou lorsqu'elle consiste dans un fait qui doit être accompli par le créancier personnellement, par exemple s'il fait un tableau.

La condition potestative *in non faciendo* de la part du légataire n'est pas suspensive; mais y a-t-il lieu à la caution appelée *mucienne* en droit romain? Il en est autrement dans les obligations.

1178. — Il faut refuser l'application de cet article dans le cas où le débiteur a empêché indirectement l'accomplissement de la condition en usant d'un droit, par exemple s'il fait condamner son créancier à l'emprisonnement en vertu d'une obligation emportant contrainte par corps.

1179. — Du principe consacré par cet article, il résulte que tous les droits réels, propriété, servitudes, hypothèques, que le débiteur aurait accordés *pendente conditione*, sont résolus si la condition s'accomplit; que ceux concédés par le créancier sont valables. (Voy. 2125.) Mais les fruits perçus par le débiteur avant l'événement de la condition sur l'immeuble aliéné lui appartiennent, tant comme possesseur de bonne foi (voy. 2176) que parce que la rétroactivité ne s'applique point aux choses *de fait;* l'acquisition des fruits par la perception est un fait accompli. (Voy. M. Duranton, t. II, n° 82, et Toullier, t. VI, n°s 544 et suiv.; pour l'opinion contraire, voy. Marcadé.)

Cette règle s'applique aux dispositions testamentaires comme aux contrats, à l'exception des conséquences qu'on pourrait en déduire par rapport à la transmissibilité des legs conditionnels aux héritiers du légataire et à l'appréciation de la capacité de ce dernier.

1180. — Le créancier conditionnel peut prendre des inscriptions hypothécaires, intenter une action en reconnaissance d'écriture, interrompre des prescriptions ; mais je ne considérerais pas comme un simple acte conservatoire une saisie-arrêt ; car elle ne se borne pas à protéger l'avenir, elle entrave la possession actuelle du débiteur.

§ 2. — *De la condition suspensive.*

1181. — « *Ou d'un événement actuellement arrivé*, etc. » (Voy. notre art. 1168.) Dans ce cas l'obligation est pure et simple.

« *Ne peut être exécutée.* » Rédaction inexacte ; ce n'est pas seulement l'exécution de l'obligation qui est différée, c'est son *existence* même qui est suspendue ; elle confond l'effet du terme avec celui de la condition.

1182. — « *L'obligation est éteinte.* » Là loi interprète la volonté des contractants ; elle suppose que celui qui s'engage à payer un prix, ne le fait que s'il devient propriétaire de la chose qui lui est promise. Il n'y a ni translation de propriété ni dette de corps certain ; il n'y a qu'une simple espérance ; il ne faut appliquer ni 1138 ni 1302, nonobstant la rétroactivité de la condition en règle générale. (Voy. 1179.) L'événement postérieur ne peut réaliser une obligation sans objet ; les parties doivent donc être respectivement quittes l'une envers l'autre. L'obligation, au lieu d'être *éteinte*, *n'a jamais existé*.

Il en est autrement lorsque la chose n'est que détériorée ; l'événement réalisant alors l'obligation, l'effet rétroactif doit faire considérer cette chose comme ayant été dès le principe aux risques du créancier.

« *Le créancier a le choix.* » Ce qui est injuste et contraire aux principes de la rétroactivité, puisque le débiteur ne pourrait pas résoudre l'obligation si la chose avait augmenté de valeur.

C'est par une fausse assimilation de cette hypothèse avec celle où la chose a totalement péri, que le législateur l'a ainsi décidé. Il existe une différence radicale entre ces deux cas. Lorsque la chose n'est que détériorée, elle peut former, d'une part, l'objet de l'obligation de livrer, et d'autre part, la cause de l'obligation de payer. Quand elle n'existe plus, l'obligation de livrer n'a jamais existé faute d'objet, et celle de payer faute de cause.

§ 3. — *De la condition résolutoire.*

1183. — La condition résolutoire est celle qui ne suspend ni l'existence ni l'exécution de l'obligation, et qui, lorsqu'elle s'accomplit, force celui qui a reçu la chose à la restituer avec les accroissements qu'elle a reçus, et sauf d'assez nombreuses exceptions, peut-être, les fruits qu'elle a produits. (Voy. 856, 928, 955, 962, 1682, etc.) Si la chose vient à périr par cas forfait avant l'accomplissement de la condition, elle périt pour le propriétaire. Cette condition ne doit opérer d'effet rétroactif que quand elle peut s'accomplir efficacement, c'est-à-dire lorsque l'objet de l'obligation existe encore.

D'ailleurs cette condition n'aura pas d'effet rétroactif à l'égard des actes d'administration, des baux par exemple.

1184. — Si les parties ont stipulé que la résolution aurait lieu de plein droit, cette condition résolutoire que nous appelons *pacte commissoire*, et la loi romaine, *lex commissoria*, n'entraîne la résolution qu'après une sommation ou un autre acte équivalent (voy. 1656), à moins que les parties n'aient suivi le prescript de l'art. 1139.

Lorsque cette condition résolutoire est tacite, le juge peut accorder au débiteur un délai.

Quand elle est expresse, l'ancien propriétaire peut agir directement contre le tiers détenteur, sans avoir fait prononcer la résolution contre l'acquéreur. Néanmoins, il serait plus régulier d'actionner l'acquéreur en mettant en cause le tiers détenteur.

La résolution, dans les deux cas, est opposable aux tiers. *Soluto jure dantis, solvitur jus accipientis.*

L'action en résolution n'est pas une action en rescision du contrat, limitée dans sa durée à dix ans. (1304.) Ce n'est pas contre la convention qu'elle est dirigée ; elle y prend au contraire son origine. Elle ne se prescrit que par trente ans (voy. 2262), et si l'immeuble était dans les mains d'un tiers détenteur, avec juste titre et bonne foi, il en prescrirait la propriété par dix ou vingt ans. (Voy. 2265.)

Aux termes de l'art. 4 de la loi du 23 mars 1855, quand un jugement prononce la résolution, nullité ou rescision d'un acte transcrit, ce jugement doit dans le mois, à dater du jour où il a acquis l'autorité de la chose jugée, être mentionné en marge de la transcription faite sur le registre : si cette mention n'a pas été faite dans le délai fixé, celui qui a obtenu le jugement n'en est pas moins réintégré au préjudice des tiers à qui l'acquéreur aurait concédé des droits après ce délai, en vertu de la maxime : *Resoluto jure dantis, resolvitur jus accipientis.* Il avait un droit préexistant que le jugement se borne à reconnaître ; il n'est pas translatif de propriété ; il n'y a pas de véritable mutation ; c'est pourquoi la législation n'a exigé qu'une simple mention et n'a prononcé, à son défaut, qu'une amende de 100 francs contre l'avoué.

M. Duvergier accorde un recours en dommages-intérêts.

SECTION II.

DES OBLIGATIONS A TERME.

1185. — Le terme est établi par la convention ou accordé par le juge. (Voy. 1244, Code de procédure 122 à

124.) Dans le premier cas, il est exprès ou tacite ; dans le second, il est appelé terme de grâce (1292).

Différences importantes entre le terme et la condition :

1° Le terme ne suspend que l'exécution de l'obligation. La condition en suspend l'existence.

2° Ce qui a été payé avant l'arrivée du terme ne peut être répété. (Voy. 1177, 1378 ; voy. pourtant Code de comm. 446, 447, 1167, 1753.) C'est le contraire dans l'obligation conditionnelle.

1186 et **1187.**— Si cependant, croyant l'obligation sans terme, je l'exécute aujourd'hui, comme je ne puis pas être présumé avoir renoncé à un bénéfice que je ne connaissais pas, je pourrai répéter la chose donnée en payement, ou au moins l'*interusurium*, c'est-à-dire les intérêts jusqu'à l'arrivée du terme.

3° Si la chose due périt avant l'arrivée du terme, elle périt pour le créancier propriétaire ; elle périt pour le débiteur avant l'événement de la condition. (1182.)

4° Si le légataire conditionnel vient à mourir avant l'événement de la condition, le legs est caduc. (1040).

Le légataire mort avant l'arrivée du terme le transmet à ses héritiers. (Voy. 1041.)

5° Le créancier n'a pas le droit de refuser le payement qui lui est offert avant l'expiration du terme, à moins que le terme n'ait été fixé dans l'intérêt du créancier seul, (voy. 1944), ou dans l'intérêt commun, comme dans le prêt à intérêt, et dans toute promesse commerciale. (Voy. 146 et 187.) Il en est autrement dans l'obligation conditionnelle.

1188. — La faillite est l'état du commerçant qui a cessé ses payements ; la déconfiture est l'état d'insolvabilité constaté du non-commerçant. La loi se tait sur ce dernier, mais il ne faut rien conclure de son silence ; les deux situations sont analogues.

Les art. 124 Code proc., 1276, 1446, 1613, 1913 et

2030 les mettent sur la même ligne, et l'on peut même dire que la déconfiture expose le créancier à un danger plus imminent que la faillite, qui peut être le résultat d'un embarras momentané.

Le débiteur peut encore être privé du bénéfice du terme lorsqu'il n'a pas donné les sûretés qu'il avait promises ou lorsqu'il les a diminuées *par son fait*, par exemple en démolissant une maison hypothéquée, en coupant un bois de futaie non mis en coupe réglée. S'il n'aliénait qu'une partie de l'immeuble hypothéqué, ou s'il l'aliénait en totalité en faveur de différentes personnes, cette aliénation partielle ou divisée pourrait mettre le créancier dans la nécessité de poursuivre séparément plusieurs tiers détenteurs, ce qui multiplierait les frais, ou de recevoir par partie ce qui lui est dû. La dette deviendrait exigible.

« *Par son fait.* » Le débiteur ne serait donc pas déchu du bénéfice du terme, si les sûretés du créancier n'avaient été diminuées que par accident ou force majeure ce qui ne pourrait lui être imputé (voy. l'art. 2131). Mais il devrait offrir un supplément d'hypothèque.

SECTION III.

DES OBLIGATIONS ALTERNATIVES.

1189. — L'obligation alternative est celle qui comprend au moins deux choses également dues, mais par le payement de l'une desquelles le débiteur est libéré.

L'obligation *facultative*, dont le Code ne parle pas, est celle qui n'a qu'un seul objet, et dans laquelle il est permis au débiteur de se libérér en faisant la prestation d'une autre chose. De là découlent les conséquences suivantes :

1° Pour déterminer la nature d'une obligation facultative, pour résoudre la question de savoir si elle est mobilière ou immobilière, et par conséquent, si l'objet appartient au légataire des menbles ou a celui des immeubles, il faut considérer la prestation principale qui fait l'objet de l'obligation, et non celle qui est *in facultate solutionis* pour le débiteur. Au contraire, le caractère d'une obligation alternative reste en suspens jusqu'au choix du débiteur ou du créancier, si le choix lui a été déféré par la convention.

1192. — 2° Lorsque l'obligation facultative est entachée de quelques vices, en ce qui concerne la prestation principale, elle est nulle; au contraire, pour la validité de l'obligation alternative, il suffit que l'un des objets soit licite.

3° L'obligation facultative est éteinte lorsque son objet principal a péri sans la faute du débiteur et avant qu'il fût en demeure : dans l'obligation alternative, si l'un des objets périt, l'obligation est restreinte à l'autre objet.

4° Le créancier d'une obligation facultative ne doit comprendre dans sa demande que la prestation principale; il doit les comprendre toutes dans l'obligation alternative.

1190. — Application du principe que la convention, dans le doute, s'interprète en faveur du débiteur.

1191. — La disposition de cet article n'est pas applicable au cas où il s'agit d'une prestation périodique de choses dues sous l'alternative : par exemple, une rente payable en argent où en blé. Celui à qui appartient le choix peut réclamer, ou livrer tantôt l'une des choses, tantôt l'autre.

1193. — « *Il doit payer le prix de celle qui a péri la dernière.* » Comment expliquer cette règle ? On peut dire que par sa faute, à l'égard de l'une des choses, il est censé avoir pris à sa charge les cas fortuits ultérieurs; autrement la faute du débiteur causerait un préjudice au créancier, si la perte même fortuite de la seconde chose le laissait sans droits sur le prix qui la représente.

1194. — « *Ou les deux choses sont péries.* » Je pense qu'il faut restreindre la disposition de cet article aux choses qui ont péri par la faute du débiteur ou postérieurement à cette faute, par cas fortuit.

1195. — Cet article n'est que l'application de 1302.

SECTION IV.

§ 1ᵉʳ. — *De la solidarité entre les créanciers.*

La solidarité est une modalité de l'obligation en vertu de laquelle toute la chose due peut être demandée par un seul des créanciers, ou à un seul des débiteurs, quoique l'obligation soit divisible.

Une obligation n'est solidaire que lorsqu'un titre lui attribue expressément ce caractère, ou lorsque la solidarité résulte des dispositions de la loi.

1197. — En principe, les droits et les obligations se divisent entre tous les contractants, créanciers ou débiteurs ; la solidarité est une exception, c'est pourquoi elle doit être clairement exprimée. Cependant, il n'existe pas de termes sacramentels ; on peut suppléer le terme *solidaires* par ceux-ci *l'un pour l'autre, chacun pour le tout*, etc.

Les cocréanciers ou codébiteurs solidaires sont censés mandataires les uns des autres ; ils sont aussi considérés comme associés quant à la créance. De là les conséquences suivantes. (Voy. cet article et 1198, alinéa 1ᵉʳ, 1206 ; mais voy. 2249 ; — 1199 combiné avec 1207.)

1198. — « *Tant qu'il n'a pas été prévenu*, etc. » On doit alors penser qu'il a retiré aux autres leur mandat, et désormais, c'est seulement entre ses mains que le débiteur peut se libérer.

« *Néanmoins la remise*, etc. » Il résulte des restrictions sous lesquelles le mandat est présumé donné, que le débiteur libéré envers l'un des créanciers solidaires par a remise de la dette ou la novation, ne l'est à l'égard des autres que pour la part de celui qui a fait la remise ou qui a concouru à la novation, et que la prestation du serment déféré par l'un des créanciers solidaires ou obtenu contre l'un d'eux, n'entraîne au profit du débiteur une présomption légale de libération que pour la part de ce créancier. (Voy. l'art. 1365, alinéa 2, 2051. Le Code s'éloigne du droit romain. (Loi 2 ff., *De duobus reis;* loi 31, § 1, *De novat.*)

La disposition de cet article est facilement éludée par la quittance que peut donner le créancier, contre lequel un recours en dommages-intérêts sera peut-être inutile à raison de son insolvabilité.

1199. — La minorité d'un cocréancier suspend-elle le cours de la prescription à l'égard de tous? Nous ne le pensons pas. On peut dire que la maxime : *le mineur relève le majeur*, en fait de prescription, n'est vraie qu'autant qu'il s'agit d'objets indivisibles. (Voy. 710.) L'assimilation à l'interruption n'est pas exacte; l'acte interruptif de prescription, émané du mandataire, doit nécessairement profiter au mandant; au contraire, la minorité du mandataire est un privilége attaché à sa personne, dont elle doit seule profiter; donc la minorité du mandataire ne suspend pas la prescription au profit du mandant majeur.

§ 2. — *De la solidarité de la part des débiteurs.*

1200. — Trois caractères constituent la solidarité : 1° identité d'objets; 2° faculté de contraindre chacun à un payement intégral; 3° extinction de la dette par un payement unique.

1201. — Il existe autant de liens juridiques que de débiteurs solidaires. De ce principe découle la conséquence que l'un des débiteurs peut être obligé différemment de l'autre; mais le créancier ne pourra poursuivre chacun d'eux que d'après le mode de son obligation.

1202. — « *Stipulée.* » La conséquence littérale de cette expression serait l'exclusion de toute solidarité établie par testament. Le rédacteur de cet article s'est peut-être préoccupé de la place de ce texte au titre des contrats.

La solidarité est parfaite ou imparfaite, ou obligation *in solidum.* La solidarité conventionnelle est toujours parfaite, parce que les codébiteurs se sont choisis pour s'obliger ensemble; la solidarité légale quelquefois. (Voy. les articles 1442, 1734-55 C. pén., et 1382-395, 396, 1033, 1887, 2002; C. de comm., 22, 140, 187.)

Il est important de les distinguer, parce qu'elles n'entraînent pas les mêmes conséquences. (Voy. surtout 1205 à 1207 et 2025.)

1203. — Cet article refuse aux codébiteurs solidaires la faculté d'opposer le bénéfice de division; mais le débiteur actionné peut mettre en cause ses codébiteurs afin de faire statuer par le même jugement sur le recours en garantie qu'il a le droit de former contre eux (voy. 1214), et l'art. 183 du Code de procéd. lui permet d'appeler ses garants en cause.

1204. — Dans l'ancien droit romain, la *litiscontestatio* opérait novation; en conséquence l'obligation solidaire était dissoute, et les codébiteurs étaient libérés. Il n'en est pas de même dans le droit de Justinien et sous l'empire du Code.

1205. — Du principe que les codébiteurs solidaires sont mandataires les uns des autres, il résulte qu'ils sont responsables de la perte de la chose due lorsqu'elle a lieu par la faute ou après la demeure de l'un d'eux, parce que les mandants répondent des fautes de leurs mandataires; mais ils ne sont pas passibles de dommages-intérêts. C'est une nouvelle obligation qui est la conséquence d'une faute toute personnelle, imprévue dans le mandat réciproque qui a pour but de conserver et non d'augmenter l'obligation. Il n'en serait pas de même de la clause pénale et des intérêts moratoires. Il n'y a pas, dans ces cas, d'obligations nouvelles et imprévues dans le contrat; elles sont accessoires et contractées solidairement si l'obligation principale n'est pas exécutée. (Voy. 1207 et 1232.)

1206 et 1207. — Ces deux articles sont les conséquences du mandat tacite qui existe entre les codébiteurs dans la solidarité conventionnelle. (Voy. 2249-1° et 3°.)

1208. — Il existe deux classes d'exceptions (ce mot n'est pas pris dans le sens du Code de procédure), les exceptions ou défenses communes et les exceptions personnelles.

Les premières résultent de la nature de l'obligation, par exemple, le défaut de cause ou d'objet, la cause ou l'objet illicites; de ses différents modes d'extinction, comme le payement fait par l'un, la prescription, la novation, la remise de la dette, etc., et des diverses présomptions de libération établies par la loi. (Voy. 1365, 1351.) Ces modes d'extinction des obligations sont absolus et peuvent être invoqués par tous les intéressés. Il en serait de même des solennités nécessaires à la validité de l'obligation.

Les secondes sont tirées d'une cause propre à l'un des codébiteurs : de la manière spéciale dont il se trouve engagé, par exemple, à terme ou sous condition établie en sa faveur; de son incapacité personnelle, sa minorité, son interdiction, ou des vices dont son consentement est entaché, tels que l'erreur, la violence et le dol.

1210. — Il s'agit, dans cet article, de la remise non de la dette, mais de la solidarité. Elle est *absolue* quand elle profite à tous les codébiteurs, *relative* quand elle profite à l'un d'eux seulement. Celle-ci est présumée, parce que, dans le doute, personne n'est censé renoncer à un droit ni faire une libéralité. Elle profite néanmoins aux codébiteurs jusqu'à concurrence d'une part *virile*, si la part *réelle* n'est pas connue du créancier.

1211. — Cet article s'occupe de la remise tacite, qui produit les mêmes effets que la remise expresse.

1212. — « *Pour les arrérages ou intérêts échus.* » La remise de la solidarité est la conséquence de la quittance donnée au débiteur pour sa part. Par conséquent, si quatre années d'intérêts sont échues, et que le créancier reçoive divisément et sans réserve les intérêts de deux années, il ne perd la solidarité que pour les intérêts et arrérages de celles-ci, et non pour ceux des deux autres.

1213 et **1214**. — Les codébiteurs solidaires sont considérés comme associés et comme mandataires les uns des autres pour acquitter la dette. Le codébiteur qui a payé a un recours, mais qui est limité au profit qu'il a procuré à chacun de ses codébiteurs. Lors même que la dette serait hypothécaire, la subrogation légale et même conventionnelle ne lui donne pas le droit d'agir pour le tout contre chacun d'eux. (Voy. 875.)

Les intérêts de la part que chacun doit supporter sont dus au codébiteur qui a payé la totalité du jour du payement, soit en vertu de l'art. 2001, soit de 2028.

Il nous paraît conforme à l'intention des parties de modifier les effets de la solidarité lorsque le créancier a, par son fait, rendu impossible la subrogation aux sûretés qui lui ont été données par l'un ou plusieurs des débiteurs. Je veux dire que l'art. 2037 est applicable aux codébiteurs solidaires. (Voy. cependant M. Troplong.)

1215. — Les rapports des codébiteurs entre eux ne peuvent être changés par le créancier; donc la remise de celui-ci à l'un des codébiteurs solidaires ne peut avoir pour effet d'aggraver la position des autres codébiteurs. Si l'un devient insolvable, le créancier devra supporter dans l'insolvabilité la part qu'aurait supportée le débiteur auquel il a fait la remise. Actuellement, dans ses rapports avec le débiteur, le créancier pourra se faire indemniser, à moins qu'il ne lui ait garanti les chances d'insolvabilité.

1216. — Cet article signifie que celui des débiteurs solidaires que la cause de la dette concernait seul la supporte tout entière en définitive. Les rapports des codébiteurs *entre eux* sont régis par les règles du cautionnement. Donc si celui dans l'intérêt duquel la dette a été contractée paye, il ne peut rien répéter contre les autres; mais si l'un des débiteurs-cautions a payé la dette, il aura son recours pour le tout contre le débiteur principal, celui qui a profité seul de la dette. En cas d'insolvabilité, il pourrait exercer son recours contre les autres obligés. (Voy. les art. 2033 et 2032-2°).

SECTION V.

DES OBLIGATIONS DIVISIBLES ET INDIVISIBLES.

Les rédacteurs du Code ont, sauf quelques modifications de détail, suivi, dans cette matière, la doctrine de Pothier (Oblig., n°s 288 et suiv.), qui lui-même avait pris pour guide le traité de Dumoulin, *Extricatio Labyrinthi dividui ac individui.*

1217. — L'indivisibilité définie dans cet article est celle que Dumoulin appelait *individuum contractu* et Pothier *indivisibilité absolue*, dont l'objet n'est susceptible de division ni matérielle ni intellectuelle, comme l'obligation d'établir une servitude, de constituer une hypothèque, de porter un message dans un lieu déterminé.

1218. — Cette indivisibilité est appelée *individuum obligatione*, comme l'obligation contractée par un architecte de construire une maison, celle de livrer un terrain tout entier nécessaire pour y bâtir.

L'indivisibilité *solutione* a lieu lorsqu'une somme est destinée à un emploi qui en nécessite le payement intégral, exemple : pour faire une surenchère, pour exercer un réméré, pour faire sortir de prison.

1219. — Cet article veut dire qu'en stipulant une obligation solidaire, on ne la rend pas indivisible. Voici les principales différences : 1° La solidarité résulte de la volonté des parties ou de la loi. L'indivisibilité résulte de la nature de l'objet de l'obligation ou du but que les parties se sont proposé ; de l'impossibilité d'exécuter partiellement l'obligation. 2° La dette solidaire se divise entre les héritiers du débiteur (1220).

La dette, indivisible pour les débiteurs, l'est aussi pour leurs héritiers.

3° Si la dette indivisible perd ce caractère en se converlissant en dommages-intérêts pour inexécution, chacun des débiteurs, excepté le contrevenant, n'en est plus tenu que pour sa part.

4° Le débiteur d'une dette indivisible, poursuivi pour le tout, a le droit de mettre en cause ses codébiteurs pour faire diviser entre eux et lui le montant de la condamnation, à moins que la prestation ne soit de nature à ne pouvoir être accomplie que par lui.

5° Dans l'obligation solidaire d'un corps certain, chaque débiteur garantit le fait de son codébiteur quant à la valeur de la chose, et non quant aux dommages-intérêts (Voy. 1205.) ·

6° Les poursuites de l'un des créanciers contre le débiteur interrompent la prescription en faveur de ses cocréanciers, ce qui n'a lieu que dans la solidarité parfaite à cause de la qualité de mandataire et d'associé.

7° Si la prescription est suspendue au profit de l'un des créanciers, cette suspension profite à tous. (Voy. 709 et 710.) Nous ne pensons pas qu'il en soit ainsi en matière de solidarité.

§ 1er. — Des effets de l'obligation divisible.

1220. — L'obligation divisible ne se divise point entre le créancier et le débiteur primitifs, c'est la conséquence du principe qui interdit un payement partiel. (Voy. 1244.)

Mais elle se divise entre les héritiers de l'un et de l'autre proportionnellement à leur part héréditaire. (Voy. nos articles 870 et 873.)

1221. — Cet article s'occupe de l'indivisibilité *solutione tantum*. Le Code cite cinq cas où la dette, quoique divisible dans son objet, doit être exécutée d'une manière indivisible :

1° Lorsque la dette est hypothécaire, cela tient au caractère de l'hypothèque qui est indivisible. C'est comme tiers détenteur qu'il est tenu pour le tout, et non comme héritier; ce n'est donc pas une véritable exception au principe de la divisibilité de la dette entre les héritiers.

2° Lorsqu'elle est d'un corps certain ; parce que le possesseur a seul la possibilité d'exécuter l'obligation.

3° Cette disposition ne peut avoir de sens qu'en disant que les débiteurs ne peuvent, sous prétexte de la divisibilité de l'une des prestations, empêcher le créancier de choisir la prestation indivisible. Elle ne renferme pas une exception au principe du payement par parties dans les dettes divisibles.

4° Lorsque l'un des héritiers est chargé seul par le *titre* de l'*exécution* de l'obligation.

Le titre dont parle ce paragraphe est la *convention* des parties ; elle ne peut imprimer à la dette le caractère de l'obligation solidaire, ni lui en attribuer les effets. Ce qui tient à l'ordre des successions ne peut être réglé d'avance dans un contrat. Ce paragraphe contient des dispositions exceptionnelles, il faut les renfermer dans des limites étroites. Ce n'est qu'une exception à la divisibilité du payement, il faut peut-être en conclure que l'héritier assigné a le droit de mettre en cause ses cohéritiers (Voy. 1225), que la condamnation doit être divisée (1220, 870, 1669, 1672) et que l'insolvabilité de l'un des héritiers doit retomber sur les créanciers.

Il faudrait adopter l'opinion contraire, si le titre était un testament. Le testateur pourrait mettre la dette elle-même à la charge de l'un des héritiers et sans recours. (Voy. M. Duranton, t. XI, n° 292 et suiv.)

Le § 5 parle d'une obligation qui ne peut s'acquitter partiellement en vertu de l'intention des parties : ce qui se déduit de la *nature* de l'engagement, comme une dette d'aliments, celle d'un cheval indéterminé : de la chose qui en fait l'*objet*, comme de livrer un attelage de deux chevaux, ou de la fin qu'on s'est proposé dans le contrat, comme la promesse d'une somme d'argent pour faire sortir de prison.

Dans les quatre premiers cas, les cohéritiers de celui qui détruit la chose ou qui est chargé, par le titre, de l'exécution, peuvent aussi être poursuivis par le créancier, mais seulement pour leur part héréditaire.

§ 2. — *Des effets de l'obligation indivisible.*

1222 et 1223. — Ces articles sont des conséquences du principe qui attribue force obligatoire aux contrats, combiné avec la nature de l'obligation indivisible qui ne permet pas aux codébiteurs et à leurs héritiers de la payer partiellement, à moins qu'une prestation divisible ne soit substituée à une prestation indivisible, ce qui peut avoir lieu par novation ou par suite de l'inexécution de l'obligation de faire, qui alors se résout en dommages-intérêts divisibles.

1224. — 1° Un seul des héritiers des créanciers peut demander le payement total de l'obligation indivisible; 2° il ne peut faire la remise de la dette ou accepter une dation en payement pour le tout.

1225. — « *A moins que la dette*, etc. » Cette dérogation s'explique par la nature même de l'indivisibilité qui résulte de la nécessité et non de la promesse du défendeur. Mais si la coopération des cohéritiers est sans objet, par exemple, un propriétaire promet une servitude de passage sur son fonds; il meurt laissant trois héritiers; le fonds grevé tombe dans le lot d'un seul. Il ne peut demander un délai pour mettre en cause ses cohéritiers, il doit être condamné seul, sauf son recours.

SECTION VI.
DES OBLIGATIONS AVEC CLAUSES PÉNALES.

1226 et 1227. — La clause pénale est l'estimation que les parties ont faite des dommages-intérêts qui devront être payés en cas d'inexécution ou de retard dans l'exécution de l'obligation; elle en est la compensation. (Voy. 1229.)

1227. — Le sort des obligations accessoires est en général subordonné à celui de l'obligation principale; ainsi, elles s'éteignent avec elle. (Voy. 1281, alinéa 1ᵉʳ, 1294 et 1301.) Cette règle n'est pas sans exception. (Voy. 2012.) Ainsi encore, quoique dans le cas prévu par 1599, l'obligation soit nulle, la loi n'en reconnaît pas moins la validité de l'obligation accessoire de dommages-intérêts, dont la cause se trouve même dans la nullité de l'obligation principale.

1228. — Il ne faut pas confondre la clause pénale avec l'obligation alternative; dans celle-ci, deux ou plusieurs choses sont également l'objet du contrat; celle-là, au contraire, a pour objet principal une chose unique; de sorte que le débiteur ne peut s'affranchir de son obligation en exécutant la clause pénale, et le créancier, au lieu de demander la peine, a le droit de poursuivre l'exécution de l'engagement qu'elle sanctionne.

1229. — « *Est la compensation.* » Le débiteur ne pourrait pas prétendre que la clause pénale est trop rigoureuse. Cependant, si l'obligation principale a pour objet une somme d'argent, le juge doit réduire la clause pénale au taux fixé par la loi, autrement ce serait ouvrir une large porte à l'usure. Le créancier, à son tour, ne peut pas la trouver insuffisante; c'est une conséquence de la force obligatoire des contrats entre les parties (art. 1134), et la loi ne distingue pas si les dommages causés sont inégaux avec la clause pénale. (Voy. aussi 1152.) Pothier est d'une opinion contraire.

« *A moins qu'elle n'ait été stipulée*, etc. » Je ne pense pas qu'il faille une volonté expresse pour autoriser le cumul. L'intention des parties doit suffire, et elle sera facile à reconnaître si la peine est évidemment inférieure au préjudice qu'entraînerait l'inexécution complète de l'obligation.

1230. — La peine n'est encourue que quand la faute du débiteur est constante, c'est-à-dire lorsqu'il a été mis en demeurc. Pour constituer le débiteur en demeure, voy. l'art. 1139; 1145, 1146, et en faute.

1231. — Cet article est faux par trop de généralité. Si le créancier consent à une exécution partielle, ou si le payement partiel a été utile au créancier, il ne doit pas s'enrichir aux dépens du débiteur en percevant la totalité de la peine; par exemple, un restaurateur qui a reçu 50 tonneaux de vin sur 100.

1232 et **1233.** — Les principes qui régissent les effets d'une obligation divisible ou indivisible s'appliquent à la clause pénale.

CHAPITRE V.
DE L'EXTINCTION DES OBLIGATIONS.

1234. — « *Par la nullité.* » Ce qui s'entend des obligations *annulables* et non frappées d'une nullité absolue.

« *Par la prescription.* » Ce n'est qu'une fin de non-recevoir pour repousser l'action intentée; c'est la présomption légale d'une cause légitime d'extinction de l'obligation.

Il faut ajouter à ces modes d'extinction : l'arrivée du terme, la mort de l'une ou de l'autre des parties dans de certains cas (voy. 1795, 617, 1982), leur volonté, etc. (voy. 419, 957 alin. 2, 1968 et suiv., 1879 alin. 2, 1865, etc.)

SECTION PREMIÈRE.
DU PAYEMENT.
§ 1er. — *Du payement en général.*

1235. — Le payement est l'extinction de l'obligation par la prestation de la chose due ou l'exécution du fait promis.

« *Est sujet à répétition.* » (Voy. de 1375 à 1381.) A défaut de dette, le payement est un quasi-contrat qui engendre, pour celui qui a reçu, l'obligation de rendre, pour celui qui a payé, le droit de répéter. Mais la loi refuse la répétition à l'égard des obligations *naturelles* qui ont été *volontairement* acquittées ; par exemple, le failli qui a payé la partie de ses dettes dont ses créanciers lui ont fait remise par le concordat ; le mineur qui paye, après sa majorité, la dette qu'il a contractée durant sa minorité, lorsqu'elle n'était qu'annulable ; la femme mariée qui acquitte, après la dissolution du mariage, une dette contractée pendant sa durée.

Mais il ne faut pas conclure de cette disposition que l'exécution partielle d'une obligation naturelle autorise le créancier à en réclamer par voie d'action l'exécution intégrale. Le troisième alinéa de l'art. 1338 ne s'oppose pas à cette doctri e.

Ce que la loi dit ici des obligations naturelles, elle le dit des dettes de jeu. (Voy. 1965, 1967.) Ce n'est pas que l'on doive considérer la dette de jeu comme une dette naturelle. La loi l'a considérée comme ayant une cause illicite, et elle applique la règle : *in pari causa, melior est causa possidentis.*

1236. — L'obligation peut être acquittée par le tiers détenteur des biens hypothéqués à la dette.

« *Il ne soit pas subrogé*, etc. » Cet article doit s'entendre en ce sens que le tiers ne peut forcer le créancier à le subroger, et non en ce sens que la subrogation ne pourrait avoir lieu même d'un commun accord.

Le payement n'entraînerait point, en cas de subrogation, la libération du débiteur ; l'opération constituerait pour le créancier une cession forcée de sa créance ; or, nul n'est tenu de céder ce qui lui appartient, si ce n'est pour cause d'utilité publique : c'est peut-être ce que cet article a voulu exprimer.

Si le tiers paye sans subrogation, son recours contre le débiteur prend sa source dans le mandat ou la gestion d'affaires. (Voy. 1375 et 555.)

Le tiers qui a payé la dette sans mandat du débiteur, doit lui notifier son payement, afin qu'il n'exécute pas lui-même son obligation. Autrement, il n'aurait pas de recours contre lui, il n'en aurait que contre le créancier de mauvaise foi. (Arg. de l'art. 2031.)

Plusieurs auteurs (Pothier, Delvincourt, Toullier) prétendent que le créancier peut refuser le payement offert par un tiers non intéressé, toutes les fois qu'il ne procure aucun avantage réel au débiteur. M. Duranton et Marcadé n'admettent pas cette distinction comme contraire à la généralité des termes de cet article; alors le recours s'exercera par l'action *de in rem verso*.

1237. —. « *Lorsque ce dernier a intérêt*, etc. » Par exemple, s'il s'agit d'un ouvrage d'art, un tableau, une statue, l'exception s'applique au payement qui serait offert même par une caution.

1238. — « *Il faut être propriétaire*, etc. » Cette règle, énoncée d'une manière générale, repose sur l'idée que tout payement est une aliénation, une transmission de propriété : ce qui est inexact, puisque, dans notre législation, la propriété d'une chose déterminée, d'un corps certain, est transférée par l'effet de certaines conventions. (Voy. 711, 938, 1138, 1583.) Cela est vrai lorsque l'objet à payer est indéterminé, lorsque le payement est effectué par un tiers, ou lorsqu'il s'opère par la livraison d'une chose différente de celle qui fait l'objet de l'obligation : c'est une *datio in solutum;* ou bien encore lorsque l'obligation est alternative. L'article est mal rédigé.

Lorsque la chose donnée en payement est mobilière corporelle, le propriétaire ne peut la revendiquer, si ce n'est dans les cas exceptionnels où cesse l'application de la maxime : *en fait de meubles la possession vaut titre.* (Voy. 2279 combiné avec 1141.)

Le deuxième alinéa de cet article ne s'occupe que des rapports du débiteur avec son créancier.

Le payement fait avec la chose d'autrui est nul, même en faveur du créancier qui peut exiger un nouveau payement en restituant ce qu'il a reçu, quoiqu'il fût à l'abri de toute éviction, soit par prescription, soit en vertu de 2279. Ces moyens de droit peuvent répugner à sa conscience et à sa probité. Mais le débiteur ne pourrait peut-être pas exercer le droit de répétition à cause de la maxime : *quem de evic-tione tenet actio, eumdem agentem repellit exceptio.*

Je pense que l'application de cette maxime est douteuse dans ce cas.

Si le débiteur, propriétaire de l'objet donné en paye-ment, est incapable d'aliéner, exemple : un mineur, une femme mariée, l'annulation ne pourra être demandée que par l'incapable qui y aura intérêt (voy. 1125 et 225), et son recours même serait impossible si le créancier avait consommé la chose de bonne foi.

La perte par cas fortuit de la chose payée *a non domino,* retombe sur le débiteur ; la perte de la chose payée par le propriétaire incapable, retombe sur le créancier qui ne peut pas invoquer la nullité.

1239 et **1241**. — Le payement doit être fait au créan-cier capable *d'aliéner sa créance,* ou à son mandataire con-ventionnel. *A l'adjectus solutionis causâ,* qui diffère surtout du mandataire en ce qu'il n'est pas révocable sans motif légitime.

« *Autorisé par justice.* » Un séquestre judiciaire, 1961-3°. Un curateur a une succession vacante, 813. Curateur nommé au présumé absent, en vertu de l'art. 112, l'ad-ministrateur provisoire nommé conformément à 497, les créanciers saisissants.

« *Ou par la loi.* » Le tuteur du créancier mineur ou in-terdit, 450, 509 ; le mari, 1428, 1531, 1549 et 1576, les envoyés en possession provisoire, 134.

« *Si celui-ci le ratifie.* » *Ratihabitio mandato æquiparatur.*

« *Ou s'il en a profité.* » *Nemo cum alterius detrimento lo-cupletior fieri debet.*

1240. — « *En possession de la créance,* » c'est-à-dire

du droit qui la constitue; le simple détenteur de l'acte
constatant son existence ne peut être considéré comme
possesseur réel, que quand il s'agit d'effets au porteur et
d'effets négociables par la voie de l'endossement. (Voy.
144 et 145 du Code de com.) Ces dispositions exceptionnelles ne doivent pas être étendues en règle générale aux
créances civiles.

Tel est le cas où le payement est fait à un héritier apparent qui ensuite se trouve exclu de l'hérédité par un héritier plus proche : il est valable.

Nous avons cru devoir déclarer nulles les ventes d'immeubles faites par l'héritier apparent. (Voy. notre art. 771.)
Elle produit les avantages attachés à la bonne foi. (Voy.
549 et 2265.)

1242. — Il n'existe plus aujourd'hui de différence entre
la saisie-arrêt et l'opposition. (Voy. les art. 557 et suiv.
du Code de proc.) Cependant, le mot *opposition* s'applique
surtout à une somme d'argent, et le mot *saisie* à d'autres
meubles.

Le *débiteur saisi* est celui pour la dette duquel la saisie
est faite; *le tiers-saisi*, celui entre les mains duquel cette
saisie se fait, et *saisissant*, celui qui la fait.

Le tiers saisi ne peut pas, sans danger, payer à son
créancier l'excédant de la somme pour sûreté de laquelle
la saisie est faite. L'opposition lui défend de faire aucun
payement qui pourrait nuire à l'acquittement de la créance;
il peut survenir d'autres saisies et les créanciers saisissants
viennent par contribution, quelle que soit la date de leur
saisie.

1243. — Les conventions sont la loi des parties, donc
il faut livrer la chose due ou exécuter le fait promis. Lorsque le créancier accepte autre chose à la place de celle qui
forme la matière de l'obligation, c'est une *dation en payement* qui suppose une novation expresse ou tacite entre les
parties.

« *A recevoir en partie*, etc. » La règle établie par cet article doit se restreindre au créancier qui agit soit en vertu d'un titre privé, soit même en vertu d'un titre authentique non revêtu de la formule exécutoire et peut-être en vertu d'une grosse notariée et d'un jugement. Cette disposition est conçue en termes généraux, qui semblent repousser toute distinction. Les poursuites à exercer en vertu d'un jugement ne sont pas plus rigoureuses que celles à exercer en vertu d'un titre notarié exécutoire. Cette faculté accordée aux juges est contraire à la liberté des conventions; aussi le législateur leur recommande d'en user avec une *grande réserve*. Ils accorderont donc *des délais modérés* au débiteur, lorsque l'exécution immédiate et totale de l'obligation en capital et intérêts lui causerait un grave préjudice. Des considérations d'humanité ont fait admettre le fractionnement de la dette, auquel le débiteur ne peut pas renoncer par une convention particulière. (Voy. art. 6.) Cette faculté est d'ordre public; d'ailleurs, elle deviendrait une clause de style dans les contrats. (Voy. aussi 2220.)

« *Toutes choses demeurant en état.* » C'est-à-dire que le jugement qui accordera les délais, condamnant à payer, il ne sera pas nécessaire d'en obtenir un second, et que les intérêts continueront à courir du jour de la citation en conciliation. (Voy. 127.)

La règle établie dans le § 1er de cet article, peut aussi être modifiée par la compensation (voy. 1289 et 1290), ou par le bénéfice de division accordé aux cautions (voy. 2026), ou par la mort du débiteur qui laisse plusieurs héritiers. (Voy. 1220.)

La faculté d'accorder des délais de grâce cesse dans les cas énumérés par l'art. 124 du Code de procédure, et quand il s'agit d'effets de commerce, art. 157 et 187 Code de comm.

1245. — « *Pourvu que les détériorations*, etc., » ne proviennent ni de son *fait* ni de sa *faute*; termes qui comprennent les fautes de *commission* et les fautes d'*omission*.

Dans le cas où le débiteur a été mis en *demeure*, il serait contraire à l'équité de laisser à sa charge les détériorations qui seraient également arrivées chez le créancier si la chose lui eût été livrée. (Voy. 1302.)

1246. — Ce terme moyen devra être pris, non sur l'espèce en général envisagée d'une manière abstraite, mais sur l'espèce appréciée selon la position et l'usage des personnes.

Il faut remarquer que la dette d'une somme d'argent doit être payée en espèces métalliques d'or ou d'argent ayant cours en France à l'époque du payement et d'après leur valeur nominale à cette époque. Les monnaies de cuivre et de billon ne peuvent être employées dans les payements que pour l'appoint de la pièce de 5 fr., 4 fr. 95. Décret du 18 août 1810.

1247. — « *Au domicile du débiteur.* » Il faut entendre le domicile actuel et non celui qu'il avait à l'époque du contrat. Le créancier est censé avoir suivi la foi du débiteur et avoir accepté d'avance le domicile qu'il lui plairait de choisir. Il pouvait faire ses réserves.

1248. — Tels peuvent être les frais de délivrance, ceux faits pour peser, compter, ou mesurer les choses qui doivent être livrées, et les frais de quittance notariée ou non.

§ II. — *Du payement avec subrogation.*

Il y a plusieurs théories sur la subrogation. Les limites de cet ouvrage ne nous permettent pas de les discuter.

La subrogation est l'attribution des garanties d'une ancienne créance, telles que priviléges, hypothèques, gages et cautionnements, à une créance nouvelle qui la remplace.

Il existe des différences remarquables entre la subrogation et la cession de créance :

1252. — 1° L'art. 1252 n'est pas applicable à la cession. Le cessionnaire d'une partie de créance concourt avec le cédant, il y a parité de position ; mais le subrogé pour la créance ne peut nuire au créancier subrogeant pour ce qui lui reste dû. Il vient en premier ordre s'il a quelque droit de préférence à faire valoir. S'il n'est que simple chirographaire, il ne peut pas, contrairement à l'art. 2093, se faire payer avant le tiers dont il n'a reçu qu'un payement partiel.

2° Entre deux subrogés successifs, il y a concours. Entre un subrogé et un cessionnaire, celui-ci est au lieu et place du cédant ; il a acheté cette place, il profite du privilége qui y est attaché.

3° Le subrogeant ne doit pas la garantie de l'existence de la créance au subrogé ; si elle n'est pas due, celui-ci a une action en payement de l'indu, *condictio indebiti*. Cela est contesté. (Voy. M. Duvergier.)

Le créancier qui *cède* sa créance doit en garantir l'existence au moment du transport.

4° Le payement avec subrogation est opposable aux tiers, si la quittance a une date certaine.

La cession n'est opposable aux tiers que quand elle a été signifiée au débiteur ou acceptée par lui dans un acte authentique. (Voy. 1690.)

5° Le subrogé qui obtient une quittance de la dette pour une somme moindre ne peut réclamer que ce qu'il a payé.

La cession transfère la dette même, le cédant peut réclamer le payement de la créance entière.

Le cessionnaire fait une spéculation, il court des risques, il doit profiter des chances de gain.

Le subrogé vient au secours du débiteur, il ne spécule pas, il veut le libérer, mais en prenant ses mesures pour que ses bons offices ne lui soient pas préjudiciables. Il ne peut donc réclamer que ce que lui a coûté la libération du débiteur.

6° Le débiteur et la loi peuvent faire une subrogation, tandis que le créancier seul peut faire une cession.

7° Le fisc n'a en cas de subrogation qu'un droit de quittance de 50 c., au lieu du droit de mutation de 1 fr. 50 c. en cas de cession.

1249 et **1250.** — Il y a deux espèces de subrogations : la subrogation *conventionnelle* et la subrogation *légale*.

La subrogation qui résulte d'un contrat passé entre le créancier et le tiers qui le paye doit être *expresse*; c'est-à-dire faite en termes qui ne laissent pas de doute sur l'intention des parties ; mais il n'est pas nécessaire de répéter toutes les expressions du Code, il suffit de subroger le tiers à ses *droits*, à sa *créance*.

Elle doit être faite en même temps que le payement; après, les droits accessoires seraient éteints : d'ailleurs, dans l'intervalle, le débiteur pourrait créer des hypothèques sur ses biens ; si une subrogation faisait revivre des hypothèques anciennes, il y aurait déception pour les créanciers auxquels des hypothèques nouvelles auraient été accordées. Les précautions prises dans le deuxième paragraphe de l'article ont pour but de s'assurer que la somme a été empruntée pour le payement, et qu'elle y a été réellement employée.

Si le créancier ne voulait pas recevoir le payement ou donner quittance en cette forme, il y aurait lieu à consignation, et le récépissé fourni par le receveur de la caisse équivaudrait à la quittance notariée. (Voy. ord. du 3 juill. 1816, art. 12.)

1251. — On peut résumer en un seul les quatre cas de cet article, en disant : la subrogation est établie de plein droit en faveur de celui qui paye une dette qu'il avait intérêt à acquitter.

1° Au profit de tout créancier hypothécaire ou chirographaire qui paye de ses deniers un autre créancier *qui lui est préférable*.

En exprimant cette hypothèse, la loi a-t-elle voulu exclure celle où un créancier en paye un autre qui ne vient cependant qu'après lui? cela fait question. Pourquoi la subrogation n'aurait-elle pas lieu? le créancier qui a payé avait peut-être un grand intérêt : d'abord éviter les frais d'un ordre, les frais de justice; l'espoir d'une augmentation de valeur dans l'immeuble. (Voy. cependant Toullier et M. Duranton.) Ces auteurs se fondent sur une bonne raison, c'est que la subrogation légale ne doit être admise que dans les hypothèses spéciales où elle est prononcée par la loi. S'il en est ainsi, la loi est sévère.

2° Pour comprendre la pensée du législateur, il faut savoir que l'acquéreur, qui ne paye pas tous les créanciers inscrits, peut être poursuivi en délaissement de l'immeuble, et que pour avoir le droit de les payer seulement jusqu'à concurrence de son prix d'acquisition, il est tenu de remplir certaines formalités requises pour arriver à la purge des priviléges et hypothèques, dont les immeubles acquis sont grevés. S'il a purgé, il n'a pas besoin de subrogation; si une surenchère l'a dépossédé, la subrogation lui permet de faire valoir à son profit les hypothèques des premiers créanciers inscrits au lieu et au rang desquels il se trouve placé; ce qu'il a payé lui est donc remboursé sur le prix d'adjudication, par préférence aux créanciers postérieurs.

La subrogation légale a lieu au profit de tout tiers détenteur d'un immeuble hypothéqué. (Voyez 2168.) Il est *tenu pour d'autres*, et il a *intérêt* à acquitter les dettes.

3° « *Avec d'autres.* » Le codébiteur solidaire, le codébiteur d'une dette indivisible.

Le cohéritier avant le partage de la succession, sans oublier que la subrogation aux hypothèques du créancier ne peut lui servir à réclamer que la part héréditaire des cohéritiers. (Voy. aussi 1214 et 875.)

« *Pour d'autres.* » Par exemple, la caution. Le légataire

particulier d'un immeuble grevé d'hypothèques, etc. (Voy. 874.)

4° L'héritier bénéficiaire a intérêt à éviter, par un payement spontané, les frais de saisie, de vente et de distribution. Il peut d'ailleurs craindre que les biens ne soient pas vendus à leur juste valeur.

§ 3. — *De l'imputation des payements.*

1253 et suiv. — L'imputation est la détermination de la dette que le payement fait par un débiteur obligé à divers titres envers le même créancier doit éteindre ou réduire.

C'est au débiteur à déclarer quelle dette il entend acquitter sans pouvoir faire porter le payement sur une dette non échue quand le terme a été stipulé en faveur du créancier. (Voy. 1190.)

Lorsqu'une dette porte intérêts, le débiteur ne peut pas imputer le payement sur le capital par préférence aux arrérages et intérêts. (Voy. 1254.) Il imputerait toujours le payement sur le capital qui produit des revenus (voy. 1153), et non sur les arrérages ou intérêts qui n'en produisent pas. D'ailleurs la prescription de ceux-ci est plus courte (2255-3°), parce que la quittance du capital sans réserve des intérêts en fait supposer le payement (1908-4°), parce qu'enfin l'on compte sur ses revenus pour vivre, en distinguant entre les intérêts *compensatoires* et *moratoires*. Cela est contesté. (Voy. M. Duranton et Marcadé.)

Si le créancier a fait l'imputation dans le silence du débiteur, celui-ci ne peut pas demander une imputation différente, à moins qu'il n'y ait eu *dol* ou *simple surprise* de la part du créancier. Si le débiteur ne sait pas lire et que le créancier mette dans la quittance autre chose que ce qu'il annonce, il y a *dol*. Il suffit qu'il fasse l'imputation au préjudice du débiteur ignorant pour qu'on puisse supposer une *surprise*.

1256. — Cet article contient plusieurs interprétations

de la volonté du débiteur. La première est fondée sur ce que le débiteur a voulu prévenir des poursuites en payant la dette exigible. La seconde, sur ce que la libération est favorable (voy. 1162); la troisième, sur ce que le créancier craignant davantage la prescription à l'égard de la dette échue la première, ses poursuites sont plus imminentes; la quatrième, sur ce que le créancier ne peut se plaindre de la division que subissent ses créances, il pouvait s'y opposer (Voy. 1244.) D'ailleurs, cette imputation sur chacune interrompt la prescription à l'égard de toutes.

§ 4. — *Des offres de payement et de la consignation.*

1257 et suiv. — On appelle *offres réelles*, par opposition à offres *verbales*, la représentation effective et matérielle de la chose due au créancier.

La *consignation* est le dépôt de la chose offerte dans un lieu déterminé par la loi ou par la justice : caisse des consignations à Paris ; receveurs généraux dans les chefs-lieux de département ; et receveurs particuliers des finances dans les chefs-lieux d'arrondissement.

La loi prescrit, dans l'art. 1258, les précautions à prendre et les conditions requises pour que les offres réelles soient valables et pour qu'il soit certain que le créancier a eu tort de les refuser.

Lorsque les offres sont refusées, le débiteur peut consigner ou introduire une instance en validité des offres, et attendre, pour consigner, qu'un jugement les ait déclarées valables. (Voy. 816, Code de proc., et 1259.)

Les intérêts doivent être calculés et payés jusqu'au jour *du dépôt*. L'art. 1259 est formel. Le mot *réalisation* peut s'entendre aussi bien du jour du *dépôt* que du jour des *offres*. Ainsi, elles ne purgent pas la demeure du débiteur, elles laissent la chose due à ses risques lorsqu'ils sont à sa charge, et n'arrêtent pas, comme nous l'avons dit, le cours des intérêts ni compensatoires ni moratoires. Toullier est d'une opinion contraire. D'autres jurisconsultes prétendent que l'art. 816 du Code de proc. introduit une distinction qui est celle-ci : Si la consignation est faite immédiatement et sans jugement qui déclare les offres valables, les intérêts ne cessent de courir que du jour de la consignation; dans le cas contraire, du jour des offres réitérées à l'audience. (Voy. MM. Mourlon et Berriat-Saint-Prix; le premier cite M. Valette.)

1263. — « *Il n'a plus d'hypothèque*, etc. » Toute cette dernière phrase est un vestige de l'ancien droit d'après lequel les actes notariés conféraient une hypothèque générale à partir de leur date. Aujourd'hui une convention spéciale est nécessaire (voy. l'art. 2127), et cette hypothèque n'a rang que du jour de son inscription. (Voy. 2134.)

§ 5. — *De la cession de biens.*

1265. — La cession de biens est l'abandon qu'un débiteur fait de *tout* ou *partie* de ses biens à ses créanciers lorsqu'il se trouve hors d'état de payer ses dettes.

1266. — Elle est volontaire ou judiciaire.

1267. — La cession volontaire résulte d'un contrat librement formé entre les créanciers et le débiteur. Ses effets sont fixés par les conventions des parties.

La cession de biens n'entraîne pas une translation de propriété, autrement ce serait une *dation en payement*.

La cession judiciaire est celle qui est prononcée par les tribunaux, à la demande d'un débiteur *malheureux*, de *bonne foi*, et contraignable par corps.

L'utilité de cette cession est d'éviter les lenteurs, les complications et les frais énormes de la saisie immobilière.

Elle doit être de la totalité des biens, à l'exception cependant de ceux qui sont insaisissables.

Quant *aux effets de la cession*, voyez les articles 1269 et 1270.

Pour les formes à suivre, voyez 898 et suiv. du Code

de procédure, et dans l'art. 905 du même Code, les personnes qui ne jouissent pas de ce bénéfice. Mais voyez 540 Code de comm.

L'art. 541 du Code de commerce refuse à tout commerçant le bénéfice de cession de biens.

Pour échapper à la contrainte par corps, il faut que le failli soit reconnu et déclaré excusable par le tribunal de commerce ; il obtient alors la liberté de sa personne. (Voy. 539 C. de comm.)

SECTION II.

DE LA NOVATION.

1271. — La novation est la transformation contractuelle d'une obligation ancienne en une nouvelle qui la remplace.

Toute novation suppose une obligation antérieure qui sert de cause à une obligation nouvelle. De là il suit que si la première obligation est éteinte au moment où la seconde est contractée, ou si elle est frappée d'une nullité absolue non susceptible de confirmation, par exemple si elle est sans cause contraire aux lois ou aux mœurs, il n'y a pas novation ; mais si la première obligation n'est qu'annulable, c'est-à-dire dont la nullité peut être réparée par une ratification expresse ou tacite, le fait de la novation la confirme parce qu'elle contient une renonciation de la part du débiteur à se prévaloir des vices dont la première obligation est entachée.

Une obligation naturelle peut aussi, par voie de novation, être convertie en une obligation civile.

Si la première dette est soumise à une condition suspensive et la seconde pure et simple ou en sens inverse, en règle générale, il n'y aura novation qu'à l'événement de la condition. Cependant si l'intention et la volonté contraire des parties apparaissait, par exemple si l'ancienne dette conditionnelle est beaucoup plus considérable que la nouvelle dette pure et simple, on voit que les parties ont voulu remplacer les chances d'une éventualité par une certitude moindre. (Voy. Marcadé.)

Si l'une ou l'autre obligation est à terme, la novation est immédiate, parce que le terme ne suspend que l'exécution et non l'existence de l'obligation. (Voy. 1185.)

1272.—Si la nouvelle dette est contractée par un incapable, un mineur, par exemple, obligé civilement envers quelqu'un, et qu'il demande la nullité de son engagement, la première obligation ne doit pas nécessairement revivre, mais il y a lieu à l'application de l'art. 1312. L'incapable est donc obligé de restituer ce dont il a profité, c'est-à-dire le montant de la première obligation dont il était tenu civilement.

Mais dans le cas où un débiteur incapable est, par novation, substitué à un débiteur capable, ce dernier n'en reste pas moins libéré, quoique le premier ait fait prononcer la nullité de son obligation, que lui seul peut invoquer. (Voy. 1125.) Cette proposition est controversée. (Voy. Marcadé.)

1273.—La novation ne se présume pas, parce que personne n'est présumé renoncer à un droit acquis. Mais il n'est pas nécessaire qu'elle soit expresse, pourvu qu'elle résulte clairement de l'acte et que la volonté de l'opérer soit certaine : ainsi, un capital exigible converti en rente viagère ou perpétuelle, si un vendeur d'immeubles reçoit des billets en payement de son prix et qu'il donne quittance dans l'acte de vente sous condition d'*encaissement*. Les tiers sont avertis, il n'y a pas novation. Si la quittance donnée dans l'acte de vente est pure et simple, il y a novation, le privilége est éteint et l'action en résolution du contrat n'existe plus. Cette doctrine est fort controversée; il y a auteurs et arrêts pour et contre.

1274.—Un tiers peut payer la dette (voy. 1236) sans le consentement du débiteur; il doit donc pouvoir l'éteindre à son insu par la novation, mais avec le consentement du créancier. C'est ce qu'on appelle *expromission*, d'après la loi romaine.

875 et 876.—La délégation est l'acte par lequel un débiteur, sans être libéré, donne à son créancier un autre débiteur.

Trois volontés doivent concourir : celle du débiteur *déléguant*, celle du *délégué* qui s'oblige envers le créancier et celle du créancier *délégataire*.

Si le tiers délégué ne figure pas à l'acte et ne contracte pas l'obligation de payer, il n'y a qu'une cession de créance ou une dation en payement.

Une intention plus ou moins clairement établie ne suffit pas pour que la délégation entraîne novation ; la loi exige du créancier une *déclaration expresse,* pour mettre un terme aux doutes qu'aurait pu faire naître l'appréciation des clauses du contrat et des circonstances.

Le créancier qui a libéré le débiteur déléguant, n'a de recours contre lui que quand il se l'est réservé, ou lorsque le nouveau débiteur était déjà en faillite ouverte ou tombé en déconfiture au moment de la délégation. Il faut remarquer que ce recours n'est qu'une simple action personnelle qui ne participe point aux avantages de la dette primitive, éteinte par novation avec tous ses accessoires. C'est une action *mandati contraria* ou une action en garantie.

Si le créancier connaissait la faillite ou la déconfiture du délégué, il est par cela même censé avoir renoncé à tout recours contre le débiteur, *volenti non fit injuria.* Il importe peu, du reste, que l'insolvabilité de délégué soit ou non connue du délégant.

1277. — Cet article ne renferme ni novation ni délégation ; c'est un mandat. Le mandataire, chargé de payer, n'étant pas débiteur, le créancier n'a pas d'action contre lui. Le mandataire, chargé de recevoir, n'étant pas créancier, n'a pas d'action contre le débiteur. On l'appelait en droit romain *adjectus solutionis gratia.*

1278. — L'extinction de la dette entraîne l'extinction de ses accessoires : le créancier peut réserver ces derniers et les rattacher à la nouvelle créance, mais seulement jusqu'à concurrence de la première, afin de ne pas porter atteinte aux droits des créanciers hypothécaires postérieurs.

1279. — Lorsque la novation s'opère par le changement de débiteur, il est évident que l'on ne pourrait pas faire remonter l'hypothèque consentie sur les biens du nouveau débiteur à une date antérieure à la novation, car on nuirait aux créanciers hypothécaires de ce nouveau débiteur. Mais peut-on les réserver sur les biens de l'ancien ? Avec son consentement, je le crois, puisque sans être obligé personnellement, on peut hypothéquer ses biens pour la dette d'un tiers. L'art. 1280 ne me paraît point contraire à cette opinion ; car, s'il dit que les hypothèques de l'ancienne créance ne peuvent être réservées que sur les biens du débiteur solidaire qui contracte la nouvelle dette, c'est sans le consentement des codébiteurs libérés de l'obligation personnelle : dans tous les cas, je restreins l'art. 1280 à l'hypothèse qu'il a prévue, et je dis que si le créancier n'a qu'un débiteur, il peut en acceptant un autre débiteur se réserver sur les biens du premier les hypothèques ; il lui a fait remise de son obligation personnelle, mais il a voulu conserver son droit réel ou hypothécaire distinct du premier contre lui qui n'est plus que tiers débiteur.

1281. — La novation faite avec la caution libère le débiteur principal envers le créancier, lorsque c'est sur la dette et non sur le cautionnement qu'elle porte. (Voy. 1365, dern. alin.) Dans ce cas, la caution est subrogée légalement aux droits de ce dernier. (Voy. 1251-3°.)

SECTION III.
DE LA REMISE DE LA DETTE.

1282. — La remise de la dette est l'abandon gratuit fait par le créancier de ses droits contre le débiteur.

La remise est expresse ou tacite.

A quel titre la remise est-elle censée faite, à titre de *payement* ou de *pure libéralité? A titre de payement*, les donations ne se présument pas. Cette question est importante, parce que si la remise était censée faite à titre gratuit, un cocréancier solidaire ne pourrait pas le faire. (Voy. 1198.) Il en serait de même de la femme séparée de biens. (Voy. 905-219.) A titre de payement, l'un et l'autre seraient capables. La remise gratuite n'est pas soumise aux formalités des donations ordinaires, elle n'a pas besoin d'une acceptation expresse (voy. 931 et suiv.), sans doute parce que le donateur et le donataire rentrent par cette donation dans le droit naturel ; mais elle est sujette à rapport (843), à réduction (922), révocable pour cause d'ingratitude et survenance d'enfants (art. 955 et 960).

« *La remise volontaire.* » Donc le créancier peut prouver, par tous les moyens possibles, qu'il a perdu son titre ou qu'il lui a été enlevé par violence, soustrait par une erreur ou par dol. Mais quand la remise volontaire est certaine, le créancier ne serait pas admis à prouver qu'il n'a pas voulu libérer le débiteur.

La restitution faite au débiteur d'un acte notarié rédigé en brevet, doit produire les mêmes effets, parce qu'il y a même motif. (Voy. 1352.)

1283 et **1284.** — Mais la remise volontaire de la *grosse* du titre fait seulement présumer la libération, et la loi réserve au créancier la preuve contraire. La raison de cette différence est sensible : le créancier, en se dépouillant de son titre privé ou notarié en brevet, s'est mis hors d'état de prouver, et par conséquent de rien réclamer au débiteur.

Au contraire, s'il ne livre que la *grosse*, il peut avoir recours à la *minute* pour donner la preuve de son droit. La remise d'une simple expédition ou d'une copie n'établirait pas une présomption de payement.

La remise du titre à l'un des débiteurs conjoints, mais

non solidaires (v. g. un cohéritier), libère tous les autres, parce que le créancier se trouve par là dans l'impossibilité de prouver sa créance, et que s'il n'eût pas voulu faire la remise à tous, il n'aurait pas abandonné son titre, *secus*, s'il y a décharge expresse.

1285. — « *De la part.* » Quelle part doit être déduite, virile ou réelle? La solution dépend de l'intention et de la volonté des parties. Si le créancier connaît la part du codébiteur auquel il a fait la remise, c'est la part réelle qui, en règle générale, doit être déduite, quelque inégales qu'elles soient entre elles.

1286 et 1287. — « *Libère les cautions.* » Ne peut-on pas faire remise au débiteur principal en réservant ses droits contre les cautions? La loi 32, ff., *De pactis*, décide l'affirmative lorsqu'elles se sont obligées *animo donandi*.

§ 3. « *Ne libère pas les autres.* » Si ce n'est de la part pour laquelle elles auraient eu un recours à exercer contre le cofidéjusseur s'il n'eût pas été libéré, à moins cependant que ce cofidéjusseur ne se fût obligé par un engagement postérieur à celui des autres cautions, qui, dans ce cas, n'ont pas pu compter sur un recours à exercer contre lui. (Voy. l'art. 2037.) L'article est trop absolu en règle générale, il n'est exact que pour cette dernière hypothèse.

Il existe une remise de dette que certains commentateurs appellent *forcée*, c'est celle qui a lieu par suite d'un concordat intervenu entre le failli et la majorité de ses créanciers. Cette remise, résultat du concordat, ne libère pas les cautions. (Voy. 545 C. de comm.)

1288. « *Doit être imputé.* » Malgré ce texte, qui ne distingue pas, ne peut-on pas dire qu'il n'a statué que sur le cas où les parties n'ont pas expliqué leur intention? Autrement il renfermerait une double dérogation, et à l'art. 1134, qui attribue force de loi à la convention des parties, et au § 2 de 1287. Il n'y a rien de contraire à l'intérêt et à l'ordre publics dans une clause pareille : c'est un contrat aléatoire. L'objection tirée de ce qu'elle servirait à déguiser l'usure n'a pas un grand poids, puisque l'art. 1905 permet de stipuler des intérêts, et que les tribunaux peuvent toujours l'annuler dans le cas où le créancier aurait voulu éluder la loi sur le taux de l'intérêt. Comment ne pas déclarer valable une pareille convention, lorsque le danger est réel, que l'insolvabilité du débiteur est non-seulement possible, mais plus ou moins imminente, et que la caution a payé une somme bien inférieure à celle qui est due ? D'ailleurs on peut si facilement éluder la disposition en déclarant qu'on libère gratuitement la caution.

Pour soutenir l'opinion contraire, on dit que la disposition du Code est absolue et ne fait pas de distinction ; que la somme ainsi payée par la caution constitue une remise *réelle*, qui doit s'imputer sur la dette et libérer jusqu'à concurrence le débiteur et les autres cautions ; que le législateur a écrit cet article pour proscrire la doctrine contraire, qui était celle de Pothier ; que cela résulte de la discussion au conseil d'État.

SECTION IV.

DE LA COMPENSATION.

1289. La compensation est une manière d'éteindre les obligations par l'imputation que fait un débiteur de ce qui lui est dû sur ce qu'il doit : *debiti et crediti inter se contributio*. Le motif : *interest nostra potius non solvere quam solutum repetere*, pour éviter des procédures lentes et dispendieuses et des chances d'insolvabilité.

La compensation est légale ou facultative. Pour que la première ait lieu, il faut que les deux dettes aient pour objet une somme d'argent, ou des choses fongibles de même espèce, qu'elles soient *liquides*, c'est-à-dire dont l'existence soit certaine et la quotité déterminée et *exigibles*.

1290. — « *S'opère de plein droit*, » c'est-à-dire dès le mo-

ment où les dettes concourent, avant qu'elle ne soit opposée et prononcée par le juge ; conséquemment les intérêts ont cessé de courir ; si l'un des débiteurs est en faillite
au moment où la compensation est opposée, et que cet
état ne remonte pas à l'époque où les deux créances ont
commencé à exister à la fois : le payement fictif résultant
de la compensation est valable ; dans le cas contraire il
serait nul, parce qu'il porterait atteinte aux droits acquis
à la masse des créanciers.

1291. — « *Fongibles.* » Ce sont les choses qui, d'après
le but et l'intention des parties, peuvent se remplacer par
d'autres de *mêmes espèce* et qualité. Ainsi du blé peut se
compenser avec du blé, mais non avec du vin.

Une dette qui a pour objet des denrées dont le prix est
fixé par les *mercuriales*, c'est-à-dire les registres où les
maires constatent le prix de certaines marchandises vendues dans les marchés publics, peut-elle être compensée
avec des denrées d'une autre espèce, dont le prix est
également fixé ? Marcadé soutient l'affirmative en disant
que les denrées cotées aux mercuriales représentent de
l'argent, vu la facilité de leur transformation en numéraire : si le blé de l'un est une somme d'argent et que le
seigle de l'autre soit aussi comme de l'argent, ces deux
sommes égales ou inégales doivent se compenser entre
elles, puisqu'elles se compenseraient chacune respectivement avec de l'argent. Zachariæ et ses annotateurs sont
d'une opinion contraire ; ils se fondent principalement sur
ce que toute exception doit être renfermée dans ses limites :
exceptiones sunt strictissimæ interpretationis.

« *Exigibles.* » Ainsi, on ne peut pas fonder de compensation sur une obligation purement naturelle, sur une
obligation sujette à annulation ou à rescision, sur une
obligation prescrite ou à terme, ou soumise à une condition suspensive ;

1292. —Cependant le terme de *grâce* n'est pas un obstacle à la compensation. En effet, il n'a été accordé au débiteur qu'à cause de l'impossibilité où il était de payer immédiatement ; sa qualité de créancier d'une dette exigible fait disparaître cette impossibilité et rend la compensation légitime.

Le terme de *grâce*, à la différence du terme de *droit*, laisse courir les intérêts en vertu de la demande au profit du créancier ; il ne met aucun obstacle aux actes conservatoires qu'il pourrait faire, tels que prendre une inscription hypothécaire, etc.

1293. — La première exception est fondée sur ce que la loi a craint d'encourager la violence ou la fraude : en conséquence, elle a voulu que rien ne pût en retarder la répression, l'ordre public l'exigeait : *spoliatus ante omnia restituendus*.

Pour expliquer l'utilité de la seconde exception, il faut supposer que le législateur a en vue le dépôt d'une somme d'argent qui, d'après l'intention des parties, ne doit pas être restituée dans les mêmes espèces. Le dépôt est fondé sur la confiance, c'est une dette sacrée. Le retard éprouvé par le dépositaire devenu créancier a paru moins grave que la déception du déposant ; c'est pourquoi il ne peut pas opposer la compensation.

Mais comment justifier l'exception relative au prêt à usage, qui ne peut avoir pour objet que des corps certains, tandis que la compensation n'a lieu qu'à l'égard des choses fongibles ?

Il faut supposer que la chose prêtée a péri par la faute de l'emprunteur. Sa dette se trouve alors convertie en dommages-intérêts : si ces dommages-intérêts ont été fixés d'avance par les parties, l'emprunteur se trouve débiteur d'une somme d'argent liquide et exigible ; sa dette serait compensable d'après les principes du droit commun, mais comme elle a pour cause un prêt à usage, la compensation n'est pas possible. Il en serait à plus forte raison de même, et pour d'autres motifs, si une clause pénale n'avait pas été stipulée dans le contrat. Cette interprétation n'est pas admise par tous les jurisconsultes.

3° La vie d'un débiteur est plus précieuse que ce qui est dû au créancier. (Voy. l'art. 581 du Code de procédure.)

Une quatrième exception au principe de la compensation légale a lieu quand les parties y ont renoncé. Il ne faut pas raisonner par analogie de la renonciation faite d'avance à la prescription, ce qui est nul, parce qu'elle est d'ordre public et d'intérêt général (voy. 2220), à la renonciation à opposer la compensation motivée sur l'intérêt privé du débiteur.

1294. — Le débiteur solidaire peut-il opposer la compensation de ce que le créancier doit à son codébiteur ? Négative. Si le créancier s'adresse à celui des débiteurs qui est devenu son créancier et qui lui a opposé la compensation, tous les débiteurs sont libérés, puisque la compensation est un payement, *instar solutionis*. Si au contraire le créancier s'adresse directement aux autres codébiteurs, ceux-ci ne peuvent pas l'invoquer ; l'article ne distingue pas. C'est l'opinion de quelques jurisconsultes. D'autres lui accordent la faculté d'opposer la compensation pour la part dont son codébiteur est devenu créancier. Une autre interprétation, disent-ils, serait contraire :

1° A l'équité, en ce qu'il y a malice et mauvaise foi de la part du créancier à choisir celui des débiteurs auquel il ne doit rien, dans le but d'éviter la compensation ;

2° Contraire aux principes, puisque la compensation produit son effet de plein droit et tient lieu de payement ;

3° Parce que les codébiteurs sont des cautions pour la part de leurs codébiteurs.

4° En payant la totalité de la dette au créancier, il peut faire une saisie-arrêt immédiate entre les mains du créancier, et exercer les droits de son débiteur en vertu de l'article 1166. Mais si ce créancier est insolvable, on ne voit pas de raison plausible pour faire ainsi éprouver une perte au codébiteur devenu créancier.

Ces divers motifs auraient dû déterminer le législateur à consacrer d'une manière expresse cette opinion.

1295. — « *Purement et simplement.* » Le débiteur est censé renoncer au bénéfice de la compensation qui s'est opérée, et le cessionnaire peut agir contre lui comme si elle n'avait pas eu lieu, *peut-être même* quand le débiteur *aurait ignoré* la créance qu'il avait contre le cédant. L'acceptation produit donc des effets plus étendus que la signification, puisqu'elle empêche d'invoquer la compensation à l'égard des créances tant antérieures que postérieures à cette acceptation. (Voy. 1690.)

1296, 1297, 1298. — Il n'est plus permis au débiteur, entre les mains duquel on a formé une saisie-arrêt, de payer à son créancier ; de même elle doit empêcher la compensation des créances que ce débiteur pourrait acquérir postérieurement à cette saisie. C'est ainsi que l'acheteur d'un immeuble hypothéqué ne peut pas compenser le prix qu'il doit avec les créances qu'il pourrait avoir contre son vendeur.

1299. — Les deux créances sont éteintes par compensation. De là les conséquences suivantes : 1° Si la créance était constatée par un titre exécutoire, il ne pourra s'en servir pour faire des poursuites. 2° La contrainte par corps ne pourra plus être exercée. 3° Il ne pourra plus exiger les intérêts que produisait la créance. 4° Les priviléges, hypothèques et cautionnements seront éteints.

Ces conséquences rigoureuses blesseraient ouvertement l'équité ; aussi le législateur a fait revivre la créance et ses accessoires, lorsque celui qui a payé avait une juste cause d'ignorer l'existence de la créance qui devait compenser sa dette, par exemple une créance échue par une succession dont il ne connaît pas l'ouverture.

Quoique cet article ne parle textuellement que du payement d'une dette compensée, la règle et l'exception qu'il établit doivent, par analogie de motifs, être étendues à l'acceptation de la cession d'une créance compensée. (Voyez M. Duranton et Marcadé.)

On entend en doctrine par compensation facultative celle qui n'a pas lieu de plein droit, mais à laquelle la partie qui peut la repousser veut bien consentir. Telle est celle qui s'opère entre une dette échue et une dette à terme, entre un débiteur ordinaire de somme d'argent et un dépositaire.

Cette compensation ne produit d'effet que du jour où elle est consentie.

Un mot de la compensation par *reconvention*.

La reconvention est la demande formée par le défendeur (*conventus*) contre le demandeur qui devient défendeur à son tour (*reconventus*).

Cette demande peut être formée, si elle est de la compétence du tribunal saisi de la demande primitive; alors elles sont jointes, et le tribunal prononce sur elles par un seul jugement.

Il n'est pas nécessaire que les deux dettes soient de même espèce, liquides et exigibles, comme dans la compensation légale; mais la libération respective des parties ne datera que du jour du jugement qui rend les dettes liquides et exigibles.

SECTION V.

DE LA CONFUSION.

1300. — La confusion est la réunion ou le concours dans la même personne des qualités de créancier et de débiteur d'une seule obligation.

A la différence de la compensation, la confusion ne prive de son effet qu'une seule obligation. Cet article est donc inexact.

La confusion peut n'être que partielle. (Voy. 870, 873 et 1220.) Elle n'a pas lieu en cas d'acceptation bénéficiaire (802) ni en cas de séparation de patrimoine; si les créanciers veulent qu'on sépare les biens, ils font revivre la créance éteinte. Si la réunion des qualités de créancier et de débiteur cesse *ex causâ antiquâ*, l'obligation renaît (voy. 2177) même *ex causâ novâ*, v. g. si le créancier devenu héritier vend l'hérédité de son débiteur (voy. 1694); mais c'est dans ce dernier cas sans préjudice des droits des tiers.

SECTION VI.

DE LA PERTE DE LA CHOSE DUE.

1302. — Un propriétaire n'a pas droit à la valeur de sa chose quand elle a péri par cas fortuit dans les mains d'un détenteur qui ne s'est pas chargé des cas fortuits, et qui n'est pas non plus en demeure, ou qui a purgé sa demeure par des offres réelles; ou même si le cas fortuit est de telle nature qu'il fût également arrivé chez le propriétaire, à moins que ce détenteur ne fût un voleur; dans ce cas encore, une sous-distinction serait peut-être nécessaire, selon que la perte résulte du vice propre de la chose ou d'une force majeure extrinsèque.

« *Sans la faute.* » Il faut ajouter *sans le fait*, comme dans les art. 1042 et 1245.

« *De quelque manière que la chose volée ait péri.* » Cette disposition s'applique-t-elle au cas où la chose volée aurait dû également périr chez le propriétaire, si elle ne lui avait pas été enlevée. Pour la négative, on dit : ces mots, « *de quelque manière,* » peuvent signifier que la chose ait péri par le fait ou la faute ou non du voleur. L'intérêt est la mesure des actions en justice. La base d'une action en dommages-intérêts est la perte que l'on a éprouvée et le gain que l'on a manqué de faire, *damnum emergens, lucrum cessans*. Or le propriétaire n'éprouve aucun dommage, etc.

Pour l'affirmative, on répond que, même en prouvant qu'elle aurait également péri chez le propriétaire, il n'y a rien d'inique à faire sortir du vol, en cas de perte de la chose, un résultat avantageux pour le propriétaire que ce vol exposait à une perte sans indemnité ; car il pourrait ne pas connaître le voleur ou le trouver insolvable. D'ailleurs, pourrait-on jamais avoir la certitude, le propriétaire lui-même, que la chose aurait également péri chez lui ? (Voy. Pothier, n° 664.)

1303. — Cette disposition n'est plus en harmonie avec les nouveaux principes sur la translation de la propriété. (Voy. 711, 938, 1138, 1583.) Elle paraît donc inutile. Dès le moment où l'obligation de livrer le corps certain est parfaite, le créancier est propriétaire, il est donc aussi propriétaire de tous les accessoires, droits et actions qui s'appliquent à la chose.

SECTION VII.
DE L'ACTION EN NULLITÉ OU EN RESCISION DES CONVENTIONS.

Il faut soigneusement distinguer les contrats *nuls* des contrats *annulables*.

Les contrats *nuls*, parce qu'ils manquent de l'un des éléments essentiels à leur existence, ne sont susceptibles d'aucune ratification ni expresse ni tacite. Tel est le contrat sans cause, ou ayant une cause illicite ; sans objet, ou ayant un objet placé hors du commerce.

Défaut absolu de consentement. Par exemple, les parties ne sont pas d'accord sur la nature ou sur l'objet de la convention : l'une est un enfant dépourvu de raison, incapable de consentir.

Les contrats *annulables* sont ceux qui réunissent les éléments essentiels à leur formation, mais qui sont entachés d'un vice qui attribue une action pour en empêcher ou en faire cesser les effets : par exemple, la violence et le dol, l'erreur sur la substance de la chose, sur la personne physique ou sociale dans certains contrats. Ils sont susceptibles de ratification expresse ou tacite.

Dans l'ancien droit, on distinguait deux espèces d'actions tendant à l'annulation des contrats : l'action en nullité et l'action en rescision. Elles différaient l'une de l'autre, sous le rapport des causes qui y donnaient ouverture, de la manière de les intenter et de la prescription à laquelle elles étaient soumises. Aujourd'hui, sur quelque cause qu'elles soient motivées, elles s'intentent de la même manière et sont soumises à la même prescription, et elles ont le même but, l'anéantissement de l'obligation. (Voy. 1117 et 1304.)

1304. — Les parties ont dû compter sur l'exécution ou le maintien de la convention qu'elles ont faite ; d'autre part, dix ans de silence de la part de celui qui a l'action en nullité sont suffisants pour en induire sa ratification.

« *Limitée à un moindre temps.* » (Voy. les art. 1676, 1854, 1622, 181 et 183.)

Les suspensions de prescription indiquées dans les art. 2251 et suiv. s'appliquent à la prescription particulière de l'art. 1304. C'est une prescription plus courte, mais ce n'en est pas moins une véritable prescription, et comme le législateur, en la réduisant à dix ans, n'a pas fait d'exception au principe général des suspensions, comme il l'a fait dans les art. 1663 et 1676, ce ne serait pas expliquer la loi que de déclarer ces suspensions inapplicables. Cette doctrine est controversée. (Voy. M. Duranton et Marcadé.)

La maxime *quœ temporalia sunt ad agendum, perpetua sunt ad excipiendum*, n'est pas applicable dans notre droit actuel. Ce principe n'est pas écrit dans le Code. Rien n'empêche de se pourvoir en rescision avant d'être attaqué, celui qui laisse passer le délai sans intenter l'action, est réputé approuver l'acte rescindable et quand on a approuvé on ne peut pas se rétracter. Le vendeur pouvait déjouer le calcul de l'acquéreur en demandant la nullité du contrat; il n'y a ni dol ni surprise. Un arrêt de cassation du

5 avril 1837 est contraire. Exemple : un mineur vend un immeuble, mais il reste en possession ; après dix ans, à compter de sa majorité, l'acquéreur vient réclamer l'immeuble, le vendeur peut-il par voie d'exception lui opposer la nullité de l'acte ? Nous adoptons la négative. (Voy. Toullier, Zachariæ, etc.; pour la doctrine contraire, voy. Marcadé.)

En résumé cet article restreignant à dix ans la durée de l'action, établit une exception au principe d'après lequel les actions durent trente ans. Sa disposition est donc une règle spéciale qu'il ne faut pas étendre. Mais on doit remarquer aussi qu'il ne s'agit que de la demande en annulation de conventions entachées de vices qui autorisent à les briser.

Il ne s'applique pas aux contrats qui n'ont pas de force juridique; dans ce cas, l'action dure trente ans et l'exception est perpétuelle, puisque l'acte n'existant pas, n'a pu produire aucun effet.

1305. — Les limites de mon travail ne me permettent pas de discuter les différentes théories qui se sont élevées sur les effets de l'incapacité du mineur : j'expose brièvement celle qui m'a paru plus conforme aux dispositions de la loi.

1° Les actes que le mineur a faits seul et que le tuteur aurait pu faire sans remplir aucune formalité, comme un bail, une vente de meubles, sont valables et ne sont rescindables que pour cause de lésion. *Minor non restituitur tanquam minor, sed tanquam læsus; l'incapacité du mineur est de ne pouvoir être lésé, et non de ne pouvoir contracter.* (Bigot de Préameneu, exposé des motifs.) Les art. 1307 et 1308 prouvent que l'art. 1305 statue sur les contrats passés par les mineurs eux-mêmes.

2° Les actes que le mineur a faits seul exigent l'accomplissement de certaines formalités, telles que l'autorisation du conseil de famille, etc., sont nuls pour vice de formes et indépendamment de toute lésion. (Voy. l'art. 1311.)

3° Le tuteur a fait un contrat pour la perfection duquel la loi n'exige aucune formalité particulière, ce contrat est valable et n'est point rescindable pour cause de lésion.

4° Le tuteur a fait un contrat pour la perfection duquel la loi exige l'accomplissement de formalités spéciales. S'il les a remplies, le contrat est régulier et valable, il n'est pas rescindable pour cause de lésion.

Si les formalités requises n'ont pas été remplies, le contrat est nul pour défaut de formes, on applique l'art. 1311.

Ce système est dans l'intérêt des mineurs, il faut qu'elles tiers puissent traiter en toute sécurité avec un tuteur qui se conforme aux exigences de la loi, et qui n'a pas dépassé les bornes de son mandat, autrement personne ne voudrait contracter avec les tuteurs, et les mineurs seraient, pour ainsi dire, retranchés de la société civile, position isolée qui porterait sans doute un grave préjudice à leurs intérêts, puisque l'administration de leurs biens deviendrait impossible. Pour la réfutation des objections faites contre cette théorie, voy. M. Valette dans ses notes sur Proudhon, t. II, p. 469 et suiv.

1306. — La lésion éprouvée par un mineur ne le rend restituable que quand elle est la cause et non pas seulement l'occasion du préjudice. Par exemple, il a acheté à juste prix un cheval qui a péri par cas fortuit, une maison qui a été ensuite incendiée. Il n'y a pas lieu à restitution.

1307. — Cette déclaration de majorité deviendrait une clause de style. Mais le droit de faire rescinder, cesserait si l'une des parties trompait l'autre sur son âge par des manœuvres frauduleuses. Par exemple : en présentant un faux acte de naissance.

1308. — S'il en était autrement, personne ne voudrait traiter avec lui et il se trouverait hors d'état d'exercer son art.

1309. — Le conjoint du mineur et ses parents seraient

27

trompés, si les conventions matrimoniales pouvaient être rescindées. Les mineurs ne pourraient pas se marier ou manqueraient souvent une occasion avantageuse.

1310. — La loi a voulu protéger le mineur contre son inexpérience, et non l'autoriser à nuire impunément à autrui. Il n'est donc pas restituable contre les obligations résultant de ses faits illicites. Les personnes lésées n'ont pas contracté avec un incapable, on n'a rien à leur reprocher, mais le mineur pourrait être restitué contre la reconnaissance qu'il aurait faite d'un délit ou d'un quasi-délit, et contre la transaction qu'il aurait consentie à ce sujet.

Le mineur qui aurait contracté avec un autre mineur ne serait pas privé de l'action en rescision.

1311 et **1312.** — « *A tourné à leur profit.* » Il suffit que l'incapable ait profité du payement lorsqu'il a été fait ou depuis, quand même le profit n'existerait plus à l'époque où la demande en nouveau payement est formée. Par exemple : si la somme empruntée a été employée en réparations nécessaires ou utiles à une maison qui ensuite est incendiée. (Voy. 1241.)

1313. — « *Que dans les cas et sous les conditions,* etc.» (Voy. 783, 887, 1671, 1854.)

1314. — Nul n'étant tenu de rester dans l'indivision, on a dû assurer les moyens de faire un partage inattaquable, à moins qu'il n'y ait lésion de plus du quart. Pour la vente, il ne faut pas laisser les propriétés trop longtemps incertaines ; les formes sont protectrices, puisque tout se fait en justice.

CHAPITRE VI.

DE LA PREUVE DES OBLIGATIONS ET DE CELLE DU PAYEMENT.

1315. — On appelle preuve en droit les moyens légaux d'établir la vérité d'un fait contesté.

La loi fait ici l'application de ces deux règles : *Onus probandi incumbit actori : reus excipiendo fit actor.*

Un fait négatif allégué à l'appui d'une demande ou d'une

exception doit donc être prouvée par le demandeur ou par le défendeur respectivement.

Quiconque allègue un fait nouveau, contraire à la position acquise de l'adversaire, doit établir la vérité de ce fait. (Voy. M. Bonnier, traité des preuves, p. 22.)

1316. — Les preuves proprement dites reposent sur le témoignage direct, verbal ou écrit de l'homme. Les présomptions se fondent simplement sur le rapport qui peut exister entre certains faits constatés et d'autres faits qu'il s'agit d'établir par inductions.

Les écrits ou actes rédigés dans le but de constater un fait juridique se divisent en actes authentiques et actes sous seing privé, en originaux et en copies, en actes primordiaux et en actes récognitifs et confirmatifs.

SECTION PREMIÈRE.
DE LA PREUVE LITTÉRALE.
§ 1er. — *Du titre authentique.*

1317. — Le mot *titre* signifie dans cette section l'écrit destiné à faire preuve en justice d'un fait générateur ou extinctif d'un droit.

« *Par officiers publics.* » On en compte un grand nombre; ils doivent être compétents non-seulement par leur qualité, mais encore par le lieu dans lequel ils exercent leur ministère. Ainsi un notaire suspendu ou révoqué, ou qui fait un acte qui ne rentre pas dans ses attributions, ou dans un lieu où il n'a pas le droit d'instrumenter, ne reçoit pas un acte authentique.

Les notaires sont des officiers publics établis pour donner l'authenticité aux actes, en assurer la date, en conserver le dépôt, en délivrer des grosses et expéditions. Les notaires des villes où siége une cour impériale peuvent instrumenter dans le ressort de la cour; ceux des villes où siége un tribunal de première instance peuvent instrumenter dans l'étendue de l'arrondissement du tribunal, et ceux des autres communes, dans le canton de la justice de paix de leur résidence. (Loi du 25 ventôse an XI.)

1318. — « *Vaut comme écriture privée*, etc. » Bien que contenant des conventions synallagmatiques, il n'ait pas été fait double, parce que chaque partie peut se procurer l'original resté dans les mains du notaire, afin de prouver la convention qu'elle a faite. L'art. 1325 n'est donc pas applicable.

L'incompétence est relative au ressort.

L'incapacité aurait lieu en cas de suspension, destitution ou remplacement du notaire qui aurait reçu l'acte, en cas de parenté ou alliance à des degrés prohibés avec l'une des parties.

Cet article ne recevrait pas son application à l'égard d'un acte solennel qui ne peut être valable que revêtu des formes impérieusement exigées par la loi. Une donation, une constitution d'hypothèque, etc.

1319. — L'acte authentique fait foi jusqu'à inscription de faux, non-seulement entre les parties contractantes, mais à l'égard des tiers, des faits que l'officier public y a énoncés, comme les ayant accomplis lui-même ou comme s'étant passés en sa présence, et non de ceux qu'il attesterait en exprimant son opinion personnelle; par exemple si, dans une donation ou un testament, le notaire déclare que le donateur ou testateur est sain d'esprit, cette déclaration ne ferait pas preuve de ce fait.

Le titre authentique peut être attaqué par la plainte en faux criminel principale ou incidente, ou par l'inscription de faux civil principale ou incidente.

La plainte en faux criminel est celle qui est poursuivie devant les tribunaux criminels entre le ministère public et le faussaire pour faire le procès non à l'acte, mais à la personne.

L'exécution de l'acte est suspendue par la mise en accusation. (Voy. 234, Code d'inst. crim.)

L'inscription de faux civil est la déclaration au greffe qu'une pièce dont on veut se servir contre nous en justice est fausse ou falsifiée. Le procès est fait à l'acte et non à la personne que l'on peut ne pas connaître, ou si on la connaît, elle est morte, ou l'action publique est prescrite. Dans ce cas, les tribunaux peuvent ou non suspendre l'exécution de l'acte selon les circonstances.

L'inscription de faux civil tend à démontrer la fausseté d'une écriture authentique, et cette preuve est à la charge de celui qui invoque la fausseté d'un tel acte.

La vérification d'écriture tend à établir la vérité d'un écrit privé ; et cette preuve est à la charge du porteur de cet écrit, le demandeur : c'est la différence principale qui existe entre l'acte authentique et l'acte sous seing privé.

1320. — Les tribunaux apprécieront si telle énonciation a un rapport *direct* à la disposition principale de l'acte. Exemple : Pierre se reconnaît dans un acte authentique ou privé débiteur envers Paul, d'une rente de 500 francs, *dont les arrérages ont été payés jusqu'à ce jour* ; c'est la clause énonciative. Paul ne l'aurait pas laissé insérer dans l'acte, s'il n'avait pas reconnu que le fait énoncé est conforme à la vérité, c'est-à-dire *que les arrérages ont été payés*.

1321. — La contre-lettre est un acte authentique ou sous seing privé destiné à rester secret, et qui modifie les clauses d'un acte ostensible ; par exemple le vendeur et l'acquéreur, pour diminuer les droits de mutation, dissimulent une partie du prix dans la vente authentique, et rétablissent le prix réel dans une contre-lettre ; ou pour donner à quelqu'un une fortune apparente, on lui fait une vente par acte authentique ou sous seing privé ayant date certaine, et l'on rédige une contre-lettre qui la déclare fictive et en explique le but.

Cet article a donc pour objet de prévenir les fraudes que les parties dans un acte pourraient pratiquer au préjudice de tiers en leur laissant ignorer l'existence de la

contre-lettre par laquelle cet acte aurait été modifié ou
rapporté ; mais l'acheteur d'un immeuble, qui s'est engagé
par une contre-lettre à payer un prix supérieur à celui que
porte l'acte de vente, est légalement tenu de remplir cet
engagement.

« *Elles n'ont point d'effet contre les tiers.* » On entend ici
par *tiers* tous les ayants cause de l'acquéreur, les tiers acquéreurs, les créanciers hypothécaires sur l'immeuble
vendu, et même les créanciers chirographaires ; mais elles
produisent leur effet contre les successeurs universels,
héritiers réguliers, successeurs irréguliers, donataires et
légataires à titre universel.

La contre-lettre ne peut pas nuire aux tiers, mais elle
peut leur profiter. Ainsi un acte porte qu'une maison est
vendue 100,000 francs ; et une contre-lettre établit que le
prix réel est de 125,000 francs, non-seulement le vendeur
et ses successeurs à titre universel, mais aussi ses créanciers venant exercer ses droits, pourront exiger de l'acquéreur une somme de 125,000 francs.

Ce qui survit de l'art. 40 de la loi du 22 frimaire an VII,
c'est la partie qui frappe d'une amende triple du droit qui
aurait été perçu sur les valeurs dissimulées, les contractants qui ont ainsi augmenté par une contre-lettre le prix
stipulé dans le contrat principal.

A la différence des contre-lettres ordinaires, les contre-
lettres ou traités secrets sur la transmission des offices sont
frappés de nullité absolue comme contraires à l'ordre public ; en effet, la cession d'un office pour un prix qui ne
serait pas en rapport avec son produit pourrait entraîner
le titulaire nouveau, qui ne trouverait pas dans l'exercice
de sa profession des moyens honorables d'existence, à
chercher des ressources dans des opérations étrangères à
ses fonctions, à manquer à ses devoirs envers le public,
obligé par la loi à recourir à son ministère et à compromettre sa considération personnelle en exposant ses clients

à des chances de perte qui se sont trop souvent réalisées.

Valider des conventions occultes qui dérogent au traité public en vue duquel un candidat a été pourvu de l'office, ce serait rendre illusoire le contrôle de l'autorité, condition sous laquelle le titulaire avait acquis la faculté de présenter un successeur.

La conséquence immédiate, c'est que tous les actes qui ont pour objet de vivifier une convention frappée d'une nullité radicale à son origine, tombent eux-mêmes comme étant sans cause, lors'même qu'ils seraient qualifiés de transaction.

Ils ne sont susceptibles d'aucune ratification ni expresse ni tacite; donc les payements faits en vertu de ces traités sont nuls comme ayant une cause illicite; ils peuvent être répétés. Si cette doctrine n'est pas conforme aux principes du droit commun (voy. 1134 et 1321), elle est heureusement établie par la jurisprudence.

§ 2. — *De l'acte sous seing privé.*

1322. — L'acte sous seing privé est celui qui est rédigé sans l'intervention d'un officier public et sous la seule signature des parties.

« *Et ayant cause,* » ces mots comprennent tous les successeurs à titre universel et à titre particulier, tels que acheteurs, échangistes, donataires ou signataires particuliers.

« *La même foi que l'acte authentique.* » Il faut excepter la date pour laquelle une règle spéciale est établie dans l'art. 1328.

L'acte sous seing privé légalement tenu pour reconnu, peut être attaqué par l'inscription de faux. (Voy. 214 Code de proc. ou par la plainte en faux criminel.)

1323 et 1324. — La loi distingue dans ce paragraphe les actes sous seing privé, les registres des commerçants, les papiers domestiques et les notes mises à la suite en marge ou au dos d'un titre.

Les actes privés ne portent pas avec eux le cachet de vérité que le témoignage d'un officier public imprime aux actes authentiques; on n'y trouve que le témoignage suspect des parties; c'est pourquoi ceux à qui on oppose un acte privé ont le droit et sont obligés de désavouer l'écriture et la signature; leurs héritiers ou ayant cause qui succèdent au fait d'autrui peuvent se contenter de dire qu'ils ne les connaissent pas.

1325. — Sans la précaution prise par cet article pour les actes qui renferment des conventions synallagmatiques *parfaites*, l'une des parties seule aurait pu prouver l'obligation de l'autre qui se serait trouvée à sa discrétion.

« *Ayant le même intérêt.* » Ainsi deux originaux suffisent pour constater la vente faite par plusieurs cohéritiers à un seul acquéreur.

« *Doit contenir la mention*, etc. » L'un des contractants pouvant cacher ou détruire l'original qu'il a entre les mains et soutenir qu'il n'est pas valable parce qu'il n'a pas été fait double, chaque original doit contenir la mention du nombre des doubles.

Mais l'acte que la loi déclare non valable peut servir de commencement de preuve par écrit et rendre la preuve testimoniale et autres admissibles.

Cet acte émane des parties auxquelles on l'oppose, il rend vraisemblable le fait de la convention qu'il renferme et qui est indépendante de l'écrit qui la prouve imparfaitement. Ce peut n'être qu'un projet, mais ce n'est pas ce qui arrive ordinairement. Cette preuve incomplète peut aussi avoir pour cause la trop grande confiance de l'une des parties en l'autre. Mais la position des contractants ne sera pas égale, l'un aura à sa disposition un commencement de preuve que l'autre n'aura pas? Je réponds que la loi veut que les positions soient égales quand l'acte doit faire une preuve entière. Mais quand il n'en est pas ainsi, dans un procès, il arrive fréquemment que l'un des adversaires a entre les mains des écrits qui lui permettent d'invoquer la preuve testimoniale, tandis que l'autre est privé de cet appui.

1326 et **1327**. — « *Un bon ou un approuvé.* » Cette précaution a pour but d'assurer la sincérité de l'obligation en rendant la surprise ou la fraude impossible ; elle pourrait être pratiquée envers un débiteur, soit en abusant d'un blanc seing, soit en présentant à la signature un acte non écrit par lui qui lui exprimerait une somme ou quantité plus forte que celle qu'il doit effectivement. Quand le débiteur s'est borné à signer le billet, ce titre irrégulier sert de commencement de preuve par écrit, il réunit les conditions exigées par l'art. 1347.

La loi use de tolérance envers les personnes que le second paragraphe énumère, parce qu'elles ne savent pas écrire, quoique sachant signer ; elles seraient d'ailleurs hors d'état de faire les frais d'actes notariés, ou elles n'ont pas le temps de remplir ces formalités, à raison de la célérité qui doit exister dans les affaires de commerce.

1327. — Ce texte est une application du principe consigné dans l'art. 1162, qui veut que dans le doute on interprète un acte en faveur du débiteur.

1328. — Cet article indique les moyens de donner à un acte sous seing privé une date certaine contre les tiers.

L'enregistrement est la mention sommaire d'un acte sur un registre public, faite par un officier public appartenant à l'administration de l'enregistrement et des domaines.

Les trois circonstances relatées dans cet article sont-elles démonstratives ou limitatives ? Le texte semble annoncer qu'elles sont *limitatives*, et c'est l'opinion du plus grand nombre des auteurs adoptée par la jurisprudence. Cette opinion paraît peu rationnelle à quelques auteurs. Ils disent que la loi s'est attachée aux circonstances les plus puissantes et qui se présentent le plus fréquemment ; que si elle en a énuméré quelques-unes, c'est qu'elle ne pouvait pas les prévoir toutes. Ainsi un homme est privé de ses deux mains par un accident ; comment ne pas donner une date certaine dès ce jour à un acte écrit et signé par lui ?

La combinaison des art. 1322 et 1328 donne lieu à une difficulté.

L'acte sous seing privé reconnu ou légalement tenu pour reconnu fait foi pour tous de la convention qu'il renferme. (1322.)

Pour les signataires de l'acte et leurs successeurs universels ou à titre universel, la convention est réputée avoir été réellement faite à la date indiquée dans l'acte ; pour les tiers, elle est réputée n'avoir été faite que le jour où il a acquis date certaine. (1328.) Appliquons ces principes à une espèce.

Primus vend à Secundus un immeuble par acte sous seing privé à la date du 1er janvier. Le 10 janvier, il le vend à Tertius par un acte authentique.

Secundus revendique l'immeuble, son action est-elle fondée ? Non : il est certain que Tertius a acheté le 10. Il n'est pas certain que Secundus a acheté le 1er janvier ; son titre peut avoir été rédigé aujourd'hui pour le besoin de la cause ; ils sont des tiers l'un par rapport à l'autre, et rien ne prouve la sincérité de la date du titre sous seing privé.

Cette doctrine est corroborée par l'art. 1743 du Code. L'acquéreur par acte authentique a le droit d'expulser le fermier qui a un bail sous seing privé sans date certaine. Cet acte ne peut donc pas nuire à l'acte authentique de l'acquéreur ; le fermier ne peut donc pas prétendre que l'acquéreur est vis-à-vis de lui l'ayant cause du bailleur ; il est donc vrai que considérés entre eux l'acquéreur et le fermier sont des tiers, et qu'en conséquence il faut appliquer le principe de l'art. 1328.

1329. — Les registres font preuve *entre commerçants* et

pour *faits de commerce*. Cette dérogation au principe qu'on ne peut se créer un titre à soi-même, ne présente pas de danger. L'un se prévaut de son livre, l'autre du sien, et le tribunal prononce. Mais les livres des commerçants ne font pas foi contre les non-commerçants : les positions ne seraient pas égales, puisque ceux-ci, n'étant pas tenus d'avoir des livres, n'en auraient pas à opposer.

1330. — On peut invoquer les livres des marchands contre eux ; il est loyal et légitime de combattre un adversaire avec ses titres ; seulement, il ne faut pas en diviser les énonciations. Ainsi, par exemple, un commerçant a écrit sur son livre-journal qu'il doit 1,000 francs ; il a écrit ailleurs qu'il en a payé 500. Ce livre prouvera la créance primitive et la libération partielle.

« *Sauf ce qui sera dit à l'égard du serment.* » Il s'agit ici du serment supplétoire, qui peut être déféré par le juge à l'une ou à l'autre des parties. (Voy. 1367.)

Ce registre du marchand rend-il admissible la preuve testimoniale? Quelques jurisconsultes le pensent et disent que si le commencement de preuve résultant des registres peut être complété par un serment déféré au marchand lui-même, à plus forte raison doit-il pouvoir l'être par la preuve testimoniale moins dangereuse et plus probante que le serment.

D'autres soutiennent la négative en disant : la loi est muette, et les livres du commerçant ne réunissent pas les caractères d'un commencement de preuve par écrit. (Voy. 1347.) Donc.

1331. — Les registres et papiers domestiques tenus par les non-commerçants, ce qui comprend les journaux, tablettes, carnets, agenda, portefeuilles, ne constituent pas un titre pour celui *qui les a écrits;* mais ils font foi contre lui dans deux cas : 1° lorsqu'ils énoncent un payement reçu. La loi se contente d'une simple mention, parce qu'il s'agit de consacrer la libération du débiteur, et, par conséquent, de rentrer dans l'état naturel d'après lequel les hommes sont libres et indépendants les uns des autres.

Dans le second cas, la loi se montre plus exigeante par le motif contraire, parce qu'il s'agit de créer une obligation. D'ailleurs, une simple note peut avoir été faite pour fixer sa mémoire, se rendre compte de ses affaires, et non pour créer un titre à son créancier. Si ce dernier ne produit pas de billet, il est probable qu'il l'a remis au débiteur en recevant son payement. De son côté, le débiteur en possession du billet a pu négliger de biffer la note. Mais cette négligence n'est plus probable quand il a destiné expressément cette note à servir de titre à son créancier.

Remarquez que, dans l'une et l'autre hypothèse, l'énonciation n'a de force qu'autant qu'elle est écrite de la main de celui à qui les registres et papiers appartiennent.

1332. — « *Mise par le créancier* et *non par un tiers.* » Parce qu'il pourrait arriver, en cas de maladie ou d'absence du créancier, qu'une mention libératoire fût inscrite par un tiers sur le titre de créance, et il serait injuste de soumettre le créancier ou ses héritiers à la nécessité de prouver la fraude. C'est un point controversé.

La loi exige, en outre, que le titre soit toujours resté en la *possession du créancier*, et cela est plausible, car il arrive souvent que l'on donne d'avance une quittance sur un titre que l'on confie à un tiers pour opérer le recouvrement de la créance. Les commerçants mettent d'avance leur acquit sur les effets qu'ils présentent au payement.

Le deuxième alinéa a pour objet de déterminer l'effet de mentions libératoires écrites par le créancier, mais non signées, à la suite d'une quittance délivrée au débiteur, ou sur le double d'un acte de vente par exemple, et ce double est toujours resté entre les mains du créancier, alors il opère la libération du débiteur; ou il est entre les mains du débiteur, la mention fait également foi contre le créancier. Si le titre se trouve entre les mains d'un tiers, les mentions libératoires ne peuvent servir que de commencement de preuves par écrit. Plusieurs auteurs estimables ont suivi la doctrine de Pothier, contre laquelle me paraît s'élever cet article.

§ 3. — *Des tailles.*

1333. — *Une taille* est un morceau de bois fendu en deux parties, dont les boulangers, principalement, se servent pour constater les fournitures qu'ils font journellement aux consommateurs.

A chaque fourniture on rapproche les deux parties et l'on fait sur le tout des entailles transversales appelées *coches*. La partie qui reste dans les mains du fournisseur conserve le nom de *taille*; celle qui est remise au consommateur s'appelle *échantillon*.

La taille serait-elle dénuée de toute force probante si l'échantillon n'était pas représenté, parce que l'on nierait son existence? Je pense d'abord que la preuve testimoniale ne serait pas admissible, et peut-être même le serment supplétoire de l'art. 1329. La taille n'offre pas les mêmes garanties que les livres pour la tenue desquels la loi prescrit des règles particulières.

Si l'échantillon n'est pas représenté, mais prouvé par le fournisseur ou avoué par le consommateur qui déclare l'avoir perdu, la taille fera foi, à moins de fraude prouvée du fournisseur.

§ 4. — *Des copies de titres.*

1334 et **1335**. — On peut diviser les copies en trois classes, parce que la loi leur attribue trois effets différents :

1° Les grosses; la *grosse* est une première expédition revêtue de la formule exécutoire, c'est-à-dire intitulée au nom du pouvoir exécutif, et terminée par un mandement aux dépositaires de la force publique; 2° les copies tirées par l'ordre du juge, parties appelées; 3° celles tirées par l'ordre des parties présentes. Celles tirées il y a plus de trente ans par l'officier public légalement dépositaire de la minute, font la même foi que l'original (alin. 1 et 2).

2° Celles tirées il y a moins de trente ans par le dépositaire de la minute. Celles tirées, à quelque époque que ce soit, par un autre que le dépositaire légal, ne peuvent servir que de commencement de preuve (alin. 3).

La transcription ne peut servir de commencement de preuve qu'avec le concours des deux conditions requises par la loi.

La relation d'un acte sur les registres de l'enregistrement ne semble pas devoir fournir un commencement de preuve par écrit.

La simple analyse d'un acte n'offre pas les mêmes garanties d'exactitude que la copie littérale de cet acte.

3° Les copies de copies ne peuvent servir que de simples renseignements.

§ 5. — *Des actes récognitifs et confirmatifs.*

Les actes récognitifs et confirmatifs supposent le droit établi, et tendent seulement à prouver, les uns la reconnaissance qu'en font les parties, et à interrompre la prescription (voy. 695 et 2263), les autres, leur volonté de lui donner la force qui pouvait lui manquer à raison des vices qui avaient entaché son origine.

1337. — L'acte récognitif est donc celui par lequel un débiteur avoue et renouvelle, vis-à-vis de son créancier, une obligation préexistante.

Il peut être authentique ou sous seing-privé.

Il ne dispense de la représentation du titre primordial que quand sa *teneur* y est spécialement relatée. La *teneur* est quelque chose de plus que *la substance*, mais c'est quelque chose de moins que la copie littérale de l'acte.

Ce qu'ils contiennent *de plus* que le titre primordial, ou ce qui s'y trouve de *différent*, n'a aucun effet.

Faut-il distinguer entre le cas ou les actes récognitifs améliorent la condition du débiteur et celui où ils ajoutent à ses charges? l'article paraît général et absolu.

S'il est démontré que les parties ont voulu changer, modifier leur ancienne obligation, les additions et changements contenus dans ce nouvel acte sont obligatoires, parce que c'est plutôt un titre primordial que récognitif, puisqu'il a pour objet de constater une obligation nouvelle, *non quod scriptum, sed quod gestum est, inspicitur*.

1338. — La confirmation ou ratification d'une obligation est l'acte juridique par lequel une personne fait disparaître les vices dont se trouve entachée une obligation contre laquelle elle eût pu se pourvoir par voie de nullité ou de rescision.

Les dispositions de cet article sont inapplicables à la ratification par laquelle une personne approuve les actes qu'un tiers a passés en son nom sans en avoir reçu le mandat, ou au delà de ses limites. L'art. 1998 régit cette espèce de ratification.

L'acte confirmatif peut être authentique ou sous seing privé. Ce n'est pas un contrat, il n'exige pas le concours de la partie au profit de laquelle il est fait.

Il n'est valable qu'autant qu'il remplit les conditions suivantes :

1° Il doit renfermer la substance du titre primordial ; il faut que l'on connaisse bien l'engagement auquel il se rapporte.

2° Il doit contenir la mention du vice qui donne lieu à l'action en nullité ou rescision, afin que le créancier n'obtienne pas par surprise, de son débiteur, une confirmation générale embrassant des vices que celui-ci pourrait ne pas connaître.

3° Le débiteur doit exprimer formellement son intention de réparer le vice indiqué. La renonciation à un droit ne se présume pas.

La confirmation d'une obligation ne peut avoir lieu expressément ou tacitement, avec efficacité, qu'après la cessation de la cause qui donnait lieu à l'annulation du contrat.

Ainsi les nullités résultant de la violence, de l'erreur et du dol ne peuvent être effacées qu'après la cessation de la violence, la découverte de l'erreur ou du dol. Celles résultant de l'incapacité de l'obligé ne peuvent être confirmées que quand il est devenu capable. Ainsi, un mineur ne peut faire un acte confirmatif valable qu'à sa majorité, l'interdit après la levée de l'interdiction, la femme mariée après la dissolution du mariage (art. 1304).

Il en est de même de l'exécution volontaire. Elle ne peut avoir lieu valablement qu'à une époque où le débiteur aurait pu confirmer son obligation par un acte exprès.

Le silence gardé pendant dix ans, à compter du jour où l'action pouvait être utilement exercée, entraîne aussi une ratification tacite. (Voy. 1115.)

La confirmation expresse ou tacite s'accomplit *sans préjudice du droit des tiers*.

Ces derniers termes de l'article signifient que l'acte confirmatif ne peut faire opérer au titre primordial un effet rétroactif lorsque, dans l'intervalle, les tiers ont acquis contre le débiteur des droits qui seraient compromis par cette rétroactivité. Exemple : un mineur accorde une hypothèque sur un immeuble; parvenu à sa majorité, il hypothèque le même immeuble à un autre créancier; puis ensuite il ratifie celle qu'il a concédée en majorité; quel est le créancier placé au premier rang? Si la première obligation était frappée d'une nullité absolue sans cause, par exemple, ou sans objet, il n'y aurait pas le moindre doute; mais dans l'hypothèse, on peut dire que le créancier de la majorité a dû prévoir la ratification d'une obligation qui n'était qu'annulable, et seulement dans l'intérêt du mineur : que le second créancier n'a pas pu, sans une espèce d'immoralité, accepter une nouvelle hypothèque, puisqu'il a supposé que son débiteur ne ratifierait pas sa première obligation hypothécaire, et qu'en conséquence, il se rendrait coupable de dol et manquerait à l'honneur envers son premier créancier. Il faut que son contrat lui soit bien avantageux et bien préjudiciable à son débiteur pour qu'il s'expose à une pareille éventualité. Néanmoins, la plupart des auteurs n'accordent pas même à la ratification, dans cette hypothèse, d'effet rétroactif au détriment du second créancier hypothécaire.

Les créanciers chirographaires qui ont pour garantie de leur remboursement tous les biens de leur débiteur n'ont pas le droit de suite entre les mains des tiers; ils subissent donc les effets de la ratification, mais ils ont le droit de l'attaquer en vertu de l'art. 1167.

L'acte de confirmation irrégulier n'entraîne pas la nullité de la ratification qui peut être prouvée par tous les moyens de droit commun.

Une difficulté soulevée par la doctrine et la jurisprudence est celle de savoir si c'est au créancier qui se prévaut de la confirmation tacite à prouver le concours des conditions indispensables, la connaissance des vices et l'intention de les réparer; ou si c'est au débiteur auquel cette confirmation est opposée à justifier de leur absence? En règle générale, la preuve tombe à la charge du créancier qui veut tirer de l'exécution de l'obligation une fin de non-recevoir, *reus excipiendo fit actor.*

1339 et 1340. — Ces deux articles disent qu'une donation *nulle en la forme* ne peut jamais être confirmée par le donateur, parce que c'est un contrat solennel qui exige pour sa *validité* l'accomplissement des formes requises : un acte de confirmation revêtu de ces formes ne pourrait être que la création d'une donation nouvelle. On ne confirme pas ce qui n'a point d'existence légale; mais elle peut l'être d'une manière efficace par les héritiers du donateur qui n'ont à se reprocher aucune infraction à la loi, et en faveur desquels elle assujettit la validité d'une donation à des formes et à des conditions rigoureuses. Une autre raison plus plausible, c'est que la donation nulle en la forme, leur imposant peut-être une obligation naturelle, la loi a pu la déclarer susceptible d'être ratifiée par eux.

SECTION II.
DE LA PREUVE TESTIMONIALE.

La preuve testimoniale est celle qui résulte de la déposition des témoins.

Les dangers auxquels on s'exposerait en faisant dépendre les plus grands intérêts du témoignage de personnes privées dont la mémoire peut être infidèle, et la bonne foi souvent suspecte, a fait accorder la préférence à la preuve littérale et restreindre la preuve testimoniale dans des limites assez étroites, non-seulement pour prévenir les dangers que présente la facile subornation des témoins, mais encore la multiplicité des procès et des procédures. On l'a admise au-dessous de 150 francs, parce que : 1° l'intérêt du demandeur est trop modique pour que la subornation des témoins soit à craindre ; 2° parce que de nombreuses, mais peu importantes opérations se font avec célérité et à peu de frais ; il serait contraire à l'intérêt général d'exiger un écrit et l'intervention d'un notaire pour les personnes qui ne savent pas écrire.

L'origine des dispositions du Code se trouve dans l'ordonnance de Moulins en 1566, et dans celle de 1667.

La prohibition ou la restriction de la preuve testimoniale étant établie, non dans l'intérêt purement privé des citoyens, mais dans un intérêt général, elle ne peut pas être admise, lors même que la partie qui aurait le droit de s'opposer à son admission déclarerait y renoncer.

Il est évident que le législateur, en renfermant la preuve testimoniale dans de certaines limites, a voulu contribuer au maintien de la paix publique en évitant de nombreux et dispendieux procès. Le juge doit donc la rejeter d'office quand la loi la déclare inadmissible.

1341. — Cet article établit deux principes : 1° la rédaction d'un écrit, toutes les fois qu'il s'agit d'un intérêt excédant 150 francs ; 2° la défense de prouver par témoin contre et outre le contenu d'un acte écrit.

« *Même pour dépôt volontaire.* » Pourquoi cette application nominale du principe au dépôt, puisqu'il était compris dans la règle générale ? On s'était prévalu du silence de l'ordonnance de Moulins pour admettre dans tous les cas la preuve par témoins d'un dépôt volontaire, parce que ce contrat paraissait sacré et reposer essentiellement sur la foi promise ; mais les mêmes abus étaient à craindre ; l'ordonnance de 1667 et le Code ont rejeté cette exception.

1342. — La loi considère le moment où le droit est né et celui où l'on vient en demander l'exécution. Dans le premier cas, le réclamant a commis une faute en contrevenant aux dispositions du législateur, et la prohibition de la preuve testimoniale a pour but de prévenir des procès en imposant l'obligation de rédiger un écrit. Dans le second cas, quand le droit, d'abord inférieur à 150 francs, excède ce chiffre au moment de la demande, la prohibition de la preuve testimoniale a pour cause la subornation possible des témoins, le créancier avait intérêt à se procurer un écrit pour l'époque où son droit équivaudrait à 150 francs. Il est certain que cet article ne s'applique pas aux intérêts qui ont couru depuis la demande.

1343. — Le créancier a été rebelle aux dispositions de la loi. Cela suffit pour qu'il ne puisse pas l'invoquer. D'ailleurs, les témoins ne restreindront pas leurs dépositions qui prouveraient une dette qui ne peut pas être l'objet d'une preuve testimoniale ; en outre, la partie condamnée serait forcée de payer la totalité de la dette pour éviter une flétrissure dans l'opinion publique. Les suborneurs de témoins pourraient compter sur cette crainte et restreindre en apparence leurs réclamations, tout en espérant être intégralement payés.

1344. — « *Est déclarée être le restant*, etc. » Donc, si la somme est simplement demandée, sans dire qu'elle est le restant d'une plus forte, la preuve par témoins devra être admise. Cette hypothèse est difficile à admettre en pratique. En effet, le créancier ne déclarera jamais que la somme qu'il réclame est le restant d'une qui excède 150 francs ; le débiteur niera toute espèce de dette, le juge admettra la preuve testimoniale, et les témoins viendront déposer qu'ils ont vu prêter 300 francs, alors la demande sera rejetée, de sorte que des témoins auront été entendus précisément pour démontrer qu'ils ne pouvaient pas l'être.

Il en serait autrement si le créancier offrait de prouver par témoins, non la dette primitive supérieure à 150 francs, mais une promesse nouvelle postérieure, portant sur ce qui reste dû 140 francs, par exemple, faite en présence des témoins qui ont assisté au payement de l'excédant. (Voy. Marcadé.)

Cet article ne serait pas applicable non plus au cas où l'obligation excédait 150 francs, mais où le surplus a été payé par le débiteur au créancier au moment du contrat, par exemple un prix de vente de 450 francs, dont 300 ont été payés comptant en présence de témoins. On ne peut pas même dire que les 150 francs réclamés soient le restant d'une créance plus forte, car le créancier n'a suivi la foi du débiteur que pour 150 francs, qui ont seuls constitué son obligation.

1345. — Le motif de cet article est que les témoins subornés ne feraient pas plus de difficultés de déposer de plusieurs contrats ayant pour objet une valeur moindre de 150 fr. que d'un contrat unique dont l'objet serait supérieur.

« *Si ce n'était que ces droits.* » Dans ce cas on n'a pas à reprocher au créancier de n'avoir pas exigé un écrit, puisque ce n'est pas lui qui a contracté.

Ainsi, deux individus qui devaient chacun moins de 150 francs à un même créancier, ont le même héritier, quoique celui-ci devienne débiteur d'une somme supérieure, la preuve testimoniale sera admise.

Faudrait-il porter la même décision, lorsque le créancier de deux sommes de 150, dues par un même débiteur, laisse deux héritiers dont chacun recueille l'une des créances; chaque héritier peut-il être admis à la preuve orale de la créance qui lui est échue? La solution est plus douteuse; cependant l'on peut dire: que la réunion des deux créances sur la même tête, étant la cause qui s'opposait à l'admission de la preuve testimoniale, la prohibition doit cesser lorsque ces deux créances se divisent.

1346. — « *A quelque titre que ce soit.* » Malgré la généralité de ces termes, je pense qu'il est permis de former par exploit séparé les demandes qui ont pour cause un délit, un quasi délit, un quasi contrat, un accident imprévu. En effet, dans ces divers cas, il n'a pas été possible au créancier de se procurer une preuve littérale.

« *Par un même exploit.* » La règle de 1341 serait trop facilement éludée s'il était permis de former successivement, et par instances séparées, des demandes qui ne seraient pas justifiées par écrit, dont chacune serait inférieure à 150 francs, et qui s'élèveraient par cette réunion au-dessus de cette somme. Le Code a voulu prévenir ce subterfuge.

Cette disposition ne doit pas s'appliquer sans doute aux créances qui n'étaient pas exigibles au temps de la première demande : le créancier ne peut pas priver le débiteur du bénéfice du terme.

La preuve testimoniale devrait-elle être admise à l'égard de la créance qui s'est formée la première? Pour elle, le demandeur n'a pas à se reprocher de n'avoir pas exigé une preuve écrite! cela est vrai, mais la facilité de suborner les témoins est la même dès que, par une nouvelle

dette, la somme due vient à dépasser 150 francs. Je ne
veux pas parler d'une seconde créance que la loi dispenserait d'une preuve écrite, il n'y a pas de difficulté dans ce
cas: telle serait celle résultant d'un délit, etc.

1347. — « *Lorsqu'il existe un commencement de preuve
par écrit.* » Tel est un billet non entièrement écrit de la
main qui l'a signé et sur lequel ne se trouve pas l'approbation en toutes lettres de la somme due; tel est encore, à
notre avis, un acte synallagmatique qui ne porte pas la
mention qu'il a été fait double, etc.—Un billet ainsi conçu :
« Je promets de payer à Pierre la somme de 300 francs
pour prix de cinquante mesures de blé *qu'il me livrera.* »

Ce billet n'est pas une preuve complète de la créance;
il ne prouve pas la livraison des denrées, mais il la rend
vraisemblable : c'est un commencement de preuve qui
pourra être complété par la preuve testimoniale.

1348. — Le résumé de cet article est que le créancier
peut prouver son droit par témoins quelle que soit la valeur
de la réclamation, lorsqu'il n'a pu se procurer d'acte, et
spécialement les quasi-contrats, excepté, peut-être, le
payement de l'indu, parce que le débiteur pouvait exiger
une quittance; les délits et quasi-délits; les dépôts nécessaires, parce que le déposant n'a pas le temps de choisir le
dépositaire : par exemple ceux faits dans une hôtellerie,
suivant la qualité des personnes et les circonstances du fait,
c'est-à-dire que le juge sera plus ou moins facile à admettre la preuve par témoins, selon que les personnes seront
plus ou moins dignes de foi à raison de leur éducation, de
leur réputation, et que d'après leur position le dépôt lui
paraîtra plus ou moins vraisemblable. Les autres contrats
faits en cas d'accidents imprévus, et ceux dont la preuve
écrite s'est perdue par cas fortuit; dans ce cas, le créancier ne mérite aucun reproche, mais il doit prouver le cas
fortuit.

Les formes relatives aux dépositions des témoins et les

diverses causes d'incapacité et de reproche, appartiennent à la procédure.

SECTION III.

DES PRÉSOMPTIONS.

§ Ier.— *Des présomptions établies par la loi.*

1349 et **1350.**—On divise les présomptions en légales, *juris tantum* ou *juris et de jure*, selon qu'elles admettent ou non la preuve du contraire, et en présomption de l'homme, selon que l'induction qui les constitue, est faite par la loi elle-même, ou par le juge.

« *Par une loi spéciale*, » les présomptions sont de droit étroit ; elles ne s'appliquent qu'aux cas spécialement prévus par la loi, on ne peut pas les étendre par analogie.

« *D'après leur seule qualité*, » et surtout la qualité des parties. On voit des exemples de cette nullité, dans les articles 909, 911, 1099, 1100. (Voy. aussi 918, 1595, 1596 et 1597, etc.)

« *Déclare la propriété ou la libération.* » C'est ainsi qu'un fossé ou un mur de séparation sont quelquefois présumés mitoyens, tandis qu'au contraire, divers faits ou signes extérieurs, peuvent exclure toute idée de mitoyenneté. (Voy. 653, 654, 667, 668 et 670.)

C'est ainsi qu'une dette est présumée éteinte, lorsque le créancier a volontairement remis la grosse du titre au débiteur. (Voy. 1283 et 1282.)

1351. — « *L'autorité que la loi attribue à la chose jugée.* » On entend ordinairement par un jugement passé en force de chose jugée, celui qui n'est plus susceptible d'être attaqué par les voies ordinaires qui sont l'opposition et l'appel.

Cette autorité se justifie par cette considération : que s'il était permis de remettre indéfiniment en question, ce qui a déjà été jugé, les procès seraient interminables ; la loi a dû, dans un intérêt d'ordre public, et de la paix des familles, tenir pour vrai et équitable ce que renferme le dispositif d'un jugement : *Res judicata pro veritate habetur.*

Cet article exige plusieurs conditions pour qu'une demande puisse être repoussée par l'autorité de la chose jugée.

1° « *Il faut que la chose demandée soit la même*, etc. ; » celui qui a succombé sur une demande en payement d'intérêts, peut réclamer le capital ; celui dont l'action en revendication d'un immeuble a été repoussée, peut en réclamer l'usufruit. Dans ces deux cas, la seconde demande est évidemment distincte de la première. Après avoir subi condamnation en possession, on a le droit d'agir au pétitoire ; la possession et la propriété sont des choses différentes, et les actions qui les concernent, ne sont pas intentées devant les mêmes juges.

2° « *La même cause.* » La cause est la base immédiate, le principe générateur du droit que l'on veut exercer ; il importe de ne pas la confondre avec les moyens : si l'on demande la rescision d'une vente pour cause d'erreur, et que l'on succombe, on ne peut plus l'attaquer en alléguant qu'il y a eu dol, violence ou lésion, ce ne sont que de nouveaux moyens, des développements de la cause qui sont différents. Le demandeur doit s'imputer de ne les avoir pas fait valoir ; autrement, les contestations seraient interminables ; mais on pourra en demander l'annulation pour incapacité, c'est une cause distincte de la première qui est réglée par l'art. 1109. Il y a absence de la première condition requise par 1108, tandis que celle-là est réglée par les art. 1123 et 1125. C'est l'absence de la seconde de ces conditions ; elles ne sont pas identiques.

« *Entre les mêmes parties.* » Il est certain que l'autorité de la chose jugée produira son effet *pour* ou *contre* ceux qui y étaient représentés par des mandataires *légaux*, tels que tuteurs et maris : *judiciaires*, tels que le curateur nommé au présumé absent (art. 112), l'administrateur provisoire (art. 497), etc., ou *conventionnels*.

Les mineurs et les interdits auront la requête civile, s'ils n'ont pas été valablement défendus. (481, C. de proc.)

Il est incontestable que des créanciers chirographaires sont légalement représentés par leur débiteur. Lorsqu'ils l'acceptent, sans exiger de garanties spéciales, ils consentent à n'avoir de recours que sur les biens tels qu'ils se trouveront au moment des poursuites, sauf le cas de fraude qui leur donne le droit d'invoquer l'art. 1167.

Les jugements, comme les conventions (*in judicio quasi-contrahitur*), n'ont d'effet qu'entre les parties : *res inter alios judicata* (ou *acta*), *neque nocere neque prodesse potest aliis*. C'est une restriction juste et nécessaire à la maxime : *res judicata pro veritate habetur*.

Le jugement obtenu contre le débiteur principal n'est pas opposable à la caution, pas plus qu'une transaction faite entre eux ne pourrait l'être ; le débiteur n'a aucun titre pour représenter la caution.

Mais en serait-il de même quant aux créanciers hypothécaires ? Cette question importante, après avoir été décidée par les auteurs les plus graves, par l'affirmative, est aujourd'hui fort controversée. Voyez les raisons pour et contre dans Marcadé, Merlin, v° tierce-opposition, Proudhon, usufruit, t. III, n°s 1300-1307. Quant à moi, je suis au moins de l'opinion de M. Bonnier, et je dis que celle adoptée par le plus grand nombre des jurisconsultes et par la jurisprudence est peut-être plus utile que logique dans la pratique, et encore je ne suis pas convaincu qu'elle ne soit pas conforme aux principes du droit.

Mais si le débiteur principal triomphe dans sa défense, il libère la caution, parce qu'il n'y a pas d'obligation accessoire sans principale. Si la caution n'était pas libérée, après avoir acquitté la dette, elle aurait son recours contre celui qu'elle a cautionné, et de cette manière, elle rendrait le jugement qu'il a obtenu inutile.

« *En la même qualité.* » Après avoir intenté une action, *tutoris nomine*, on peut l'intenter en son nom personnel.

Influence sur le civil du jugement rendu au criminel.

Voici la règle que je crois devoir adopter : la prétention élevée devant la juridiction civile pourra être soutenue dans tous les cas où elle ne se trouve pas inconciliable avec la décision émanée de la juridiction criminelle. Exemple : un homme est déclaré non coupable du crime d'incendie de sa propre maison, ou de la maison voisine à laquelle il a mis le feu par imprudence ; dans le premier cas, la demande en indemnité contre la compagnie d'assurance peut être rejetée ; dans le second la cour peut le condamner à des dommages intérêts envers la partie civile, voyez l'article 358 du Code d'inst. crim.

Si la cour d'assises peut adjuger des dommages-intérêts, lorsque la personne lésée se porte *partie civile*, on ne voit pas pourquoi ils ne pourraient pas être demandés à un tribunal civil par une action principale.

Mais cette indemnité ne pourrait pas être accordée si le jury en prononçant sur l'absence de culpabilité dans l'ordre pénal, a considéré en même temps le fait comme licite. Par exemple, il a déclaré que l'accusé était en état de légitime défense, ou il a été jugé que le fait reproché n'existe pas, ou que l'accusé ou le prévenu n'en est pas l'auteur.

1352. — Celui qui a en sa faveur une présomption légale, peut-il être exposé à une preuve contraire ? Il faut distinguer : lorsque la loi se borne à établir une simple présomption, la preuve contraire peut être admise, parce qu'il est dans la nature des présomptions, de céder à la preuve ; mais, si elle a déclaré que cette présomption suffisait pour faire annuler certains actes et dénier l'action en justice, nulle preuve n'est admise. « *Si la loi ne l'a pas réservée.* » Première limitation à la règle qu'elle pose. Seconde exception :

« *Sauf ce qui sera dit sur le serment et l'aveu judiciaire.* » Ces expressions ont donné lieu à des interprétations diverses. Voici l'analyse de celle que j'adopte : quelque absolue que soit une présomption légale, elle ne forme point obstacle à l'efficacité de l'aveu du fait contraire, ni à la délation du serment, pourvu qu'il s'agisse de présomptions établies dans un intérêt privé et qui ne se rattachent pas à des matières dans lesquelles l'aveu et le serment sont inadmissibles, par exemple, en matière de chose jugée et de prescription de longue durée. L'aveu et le serment peuvent donc fournir un moyen exceptionnel de combattre même les présomptions légales qui n'admettent point la preuve contraire, c'est le sens naturel et grammatical de l'article. Le serment et l'aveu ne sont pas des moyens de preuve proprement dits; et comme l'un et l'autre laissent en définitive la décision de la contestation à la conscience et au libre arbitre de la partie en faveur de laquelle milite la présomption légale, il n'existe pas de motifs de les rejeter, s'il s'agit d'une présomption exclusivement établie dans l'intérêt privé de cette partie qui la reconnaît volontairement inexacte. (Voy. Marcadé et Zachariæ.)

§ 2. — *Des présomptions qui ne sont point établies par la loi.*

1353. — Les présomptions qui ne sont pas établies par la loi, sont abandonnées aux lumières et à la prudence du magistrat, et la loi l'avertit que sa religion ne peut être éclairée que par des présomptions *graves, précises* et *concordantes*.

Elles sont *graves*, lorsqu'elles portent sur des faits capitaux, essentiels pour l'objet en litige, et susceptibles de faire impression sur une personne raisonnable.

Elles sont *précises*, quand elles reposent sur des faits bien déterminés.

Elles sont *concordantes*, lorsqu'elles sont liées les unes aux autres, qu'elles se prêtent un secours mutuel et tendent au même but.

La loi rappelle en outre que ces présomptions ne sont admissibles que dans les cas où la preuve par témoins est permise, à moins que l'acte ne soit attaqué pour fraude ou dol, cas dans lesquels la morale publique exige que la preuve testimoniale soit toujours admise.

SECTION IV.
DE L'AVEU DE LA PARTIE.

1354, 1355, 1356. — L'aveu est la déclaration par laquelle une personne reconnaît pour vrai un fait de nature à produire contre elle des conséquences juridiques.

L'aveu est extrajudiciaire ou judiciaire; ce dernier est la déclaration que fait en justice, la partie ou son fondé de pouvoir spécial, son avoué. Les avocats ne sont pas les mandataires de leurs clients, ils sont leurs conseils, ils ne peuvent donc être désavoués.

L'aveu émané d'un mineur ou d'une femme mariée ne peut leur être opposé. Mais la femme autorisée à ester en justice, doit être considérée comme autorisée à répondre aux questions qui lui sont adressées dans un interrogatoire sur faits et articles, ou lors d'une comparution des parties. L'aveu qu'elle fait dans ces circonstances est utile.

L'aveu est indivisible. Exemple : une personne déclare en justice qu'elle a dû une somme de mille francs à Paul, mais qu'elle l'a payée, sa reconnaissance ne peut être divisée; il n'est pas permis de mettre à l'écart ce qui est relatif à la *libération*, et de ne conserver que ce qui justifie l'*obligation*.

Il ne peut être révoqué pour cause d'*erreur* de *droit*. Exemple : je me reconnais débiteur d'un legs contenu dans un testament nul en la forme, je ne puis être relevé de ma promesse, sous prétexte que j'ignorais la nullité de cet acte, non par cette raison que l'ignorance du droit n'excuse personne, mais parce qu'il serait impossible de prouver que l'erreur de droit a été le motif principal et déterminant de mon aveu.

Mais si j'ai découvert un testament postérieur à ma déclaration, et qui révoque le premier, alors mon aveu est considéré comme non avenu, parce qu'il n'y a pas eu consentement de ma part.

Les règles qui concernent l'aveu judiciaire, n'étant que l'expression des principes de raison et d'équité naturelles, sont applicables à l'aveu extrajudiciaire, ce dernier ne peut donc pas être rétracté autrement que par erreur de fait, et sans pouvoir être divisé par l'adversaire.

L'aveu extrajudiciaire purement verbal, ne peut pas être prouvé toutes les fois qu'il s'agit d'une demande qui, elle-même, ne saurait être prouvée par témoins. Cela est rationnel, autrement il serait facile d'éluder la prohibition de la preuve testimoniale.

SECTION V.
DU SERMENT.

1357. — Le serment est un acte civil et religieux par lequel on prend la divinité à témoin de ce que l'on affirme ou de ce que l'on nie.

La loi n'a point indiqué la formule et le mode de la prestation du serment; on ne peut exiger d'une personne qu'une affirmation conforme à ses croyances religieuses ; exemple : quakers , anabaptistes , juifs.

La délation du serment constitue une proposition de transaction conditionnelle que la partie à laquelle il est déféré est tenue d'accepter lorsqu'il est admissible eu égard à la condition des parties, à l'objet de la contestation et à la nature du fait sur lequel elle porte.

Le serment judiciaire est *décisoire* ou *supplétif.*

Le premier est celui que l'une des parties défère à l'autre pour en faire dépendre la décision de la cause.

Le second, celui que le juge défère à l'une ou à l'autre des parties pour en faire résulter un complément de preuve.

§ 1er. — *Du serment décisoire.*

1358. — « *Sur quelque espèce de contestation.* » Quand même l'objet du litige excéderait 150 francs à la diffé-

rence de la preuve testimoniale, il y a des cas exceptionnels qui excluent toute idée de transaction; par exemple, les causes qui touchent à l'ordre public, les séparations de corps et de biens, les faits de filiation et de
légitimité, etc.

1359. — « *Sur un fait personnel*, etc. » Mais on peut le
déférer à la veuve et aux héritiers de celui auquel le fait
était personnel. Sur le point de savoir s'ils n'en ont pas
connaissance, l'art. 2275 établit cette règle. C'est ce que
certains auteurs appellent serment de *crédulité* ou de *crédibilité*.

1360. — Le serment déféré par l'une des parties à l'autre,
que ce soit *a limine litis*, ou après avoir fait valoir d'autres moyens de défense, est toujours décisoire. Le juge ne
peut pas refuser de l'admettre. La délation du serment est
une ressource extrême et trop chanceuse pour forcer d'y
recourir avant d'avoir épuisé les autres moyens.

1361. — Cet article prévoit trois cas :

1362. — 1° Celui auquel le serment a été déféré refuse
de le prêter et ne le réfère pas à son adversaire; il perd le
procès; par son refus il reconnaît que la demande formée
contre lui est légitime.

2° Il prête le serment, il gagne son procès.

3° Il le réfère à la partie adverse, elle le prête, sa demande est jugée légitime; elle refuse de le prêter, sa demande est déclarée mal fondée.

1363 et **1364.** — « *N'est point recevable à en prouver la
fausseté.* » Comment concilier cela avec l'art. 366 du Code
pénal? Le jugement rendu par le tribunal civil par suite
du faux serment recevra son exécution, mais le perdant
pourra se porter partie civile devant la cour d'assises
(art. 1 et 3 Code d'instr. crim.), afin d'obtenir une indemnité pour le tort que lui cause le jugement civil. Autrement,
le coupable s'enrichirait du fruit de son crime. (Voy. M. Duranton.)

Autre conciliation que je crois préférable : l'art. 366 n'autorise qu'à infliger une peine au parjure. Le ministère public peut seul intenter contre lui une action. Quant à l'action civile ou privée, elle est paralysée par l'art. 1363.

1365. — Cet article attribue au serment l'effet de tous les contrats, et il ne faut pas oublier que le serment est une transaction.

« *Que pour la part de ce créancier.* » Chaque créancier solidaire a mandat pour recevoir toute la dette et non pour en faire une remise même partielle, même indirecte.

Le serment déféré à la caution sur l'existence de la dette profite au débiteur, car il équivaut au payement que ferait la caution.

§ 2. — *Du serment déféré d'office.*

1366, 1367, 1368, 1369. — Lorsque la demande n'est pas pleinement justifiée ni totalement dénuée de preuve, le juge, incertain, peut déférer le serment à la partie qui lui inspire le plus de confiance, soit pour en faire dépendre la décision de la cause, soit pour fixer le montant de la condamnation, lorsque la demande est fondée en elle-même. Ce serment est appelé supplétif.

On pourrait appeler d'un jugement rendu sur le serment supplétif de l'une des parties, si l'on découvrait, depuis la prestation, des pièces nouvelles qui en démontreraient la fausseté. Cette différence avec le serment décisoire est fondée sur ce motif qu'il n'y a pas eu transaction entre les parties.

TITRE IV.

DES ENGAGEMENTS QUI SE FORMENT SANS CONVENTION.

1370. — Les contrats, comme nous l'avons vu, ne sont pas la source unique des obligations. Il y en a qu résultent de l'autorité seule de la loi ; elles sont régies par des principes disséminés dans les diverses parties du Code au titre du mariage, de la puissance paternelle, de la tutelle (voy. 389, 390), au titre de la propriété, des servitudes (voy. 640 à 685), au titre des successions, des donations et testaments L'énonciation du Code n'est donc pas limitative.

Il y a des obligations qui dérivent de faits personnels à celui qui se trouve obligé : ces faits s'appellent quasi-contrats, délits ou quasi-délits.

CHAPITRE PREMIER.

DES QUASI-CONTRATS.

1371. — Les quasi-contrats sont des faits *licites* et volontaires d'où résultent soit des obligations unilatérales pour la personne qui en est l'auteur, soit des obligations réciproques entre cette personne et celle à laquelle ces faits ont causé un préjudice ou un avantage.

Les deux principaux sont la *gestion d'affaires* et *le payement d'une chose non due*. La loi ne parle pas de l'acceptation d'une hérédité et d'une tutelle *que l'on peut refuser*.

1372. — La gestion d'affaires est le fait en vertu duquel celui qui administre sans mandat les affaires d'un tiers s'oblige envers ce tiers et oblige quelquefois ce tiers envers lui-même. Ce fait peut être prouvé par témoins, car il n'est pas possible de s'en procurer d'avance une preuve littérale.

« *Soit qu'il l'ignore.* » Il importe peu que celui dont on gère les affaires connaisse la gestion. Il n'y a pas mandat tacite dans ce cas lorsque le maître n'a pu s'y opposer. (Voy. 1985.)

Il existe entre le mandat et la gestion d'affaires des différences qu'il faut remarquer.

1373 et **1374.** — 1° Le mandat finit par la mort du mandant. Le gérant doit continuer la gestion après la mort du propriétaire jusqu'à ce que les héritiers puissent s'en charger eux-mêmes. (1991 et 2007.)

2° Le mandataire n'a qu'un droit restreint de renoncer

au mandat. (Voy. 2007.) Le gérant est libre de cesser la gestion par cela seul que le propriétaire peut la continuer.

3° Le gérant ne peut réclamer que ce qui a profité dans le principe au propriétaire; le mandataire a droit au remboursement de toutes ses dépenses. (Voy. 1999.)

4° Le gérant est peut-être tenu plus rigoureusement que le mandataire, afin qu'un homme ne puisse pas, en s'immisçant légèrement et indiscrètement dans les affaires d'un non-présent, écarter de l'administration des amis qui y apporteraient peut-être plus d'habileté et de dévouement.

Voyez aussi 2002.

1375. — « *A été bien administrée.* » Le gérant d'affaires ne peut donc pas invoquer la disposition du deuxième alinéa de l'art. 1999.

« *Toutes les dépenses utiles ou nécessaires.* » Pour savoir si la gestion a été utile au maître, il faut se reporter au temps ou elle a commencé. On doit donc accorder au gérant la répétition des dépenses qui ont été utilement faites au moment où elles ont eu lieu, quoique, par suite de circonstances imprévues, l'avantage qui devait en résulter ne se soit pas réalisé ou qu'il ait cessé. Sous ce rapport, l'action *negotiorum gestorum contraria*, diffère de l'action *de in rem verso*.

Celui qui s'est immiscé dans la gestion des affaires d'une personne, malgré elle, et peut-être par des vues d'intérêt personnel, ne peut réclamer ses dépenses que jusqu'à concurrence de la somme dont le maître se trouve enrichi au moment de la demande. Il a l'action *de in rem verso*, parce que l'équité ne permet pas de s'enrichir aux dépens d'autrui.

Si le gérant a fait les affaires *animo donandi*, puisqu'il a eu l'intention de gratifier le propriétaire, il n'a aucune réclamation à former.

Nous pensons que le gérant qui réclame les dépenses qu'il a faites a, en *principe général*, droit aux intérêts du jour de ses déboursés; on ne doit pas le traiter avec plus de sévérité que le mandataire. (Voy. 2001.)

1376. — « *Par erreur*. » Remarquez que l'article ne fait aucune distinction entre l'erreur de fait et l'erreur de droit, comme dans les cas de l'aveu judiciaire et des transactions, et les exceptions ne peuvent être suppléées. La répétition doit donc avoir lieu soit que le payement ait été fait par suite d'une erreur de droit ou d'une erreur de fait, dans les trois hypothèses suivantes : 1° lorsqu'il y a payement, fait par erreur, d'une dette qui n'a jamais existé, qui repose sur un titre nul ou qui est éteinte ; 2° lorsque la dette existe et que le véritable débiteur la paye, mais non au véritable créancier ; 3° lorsque le véritable créancier reçoit ce qui lui est dû, mais d'un autre que son débiteur. L'obligation de rendre est fondée sur l'équité naturelle.

L'erreur de droit ne pourrait être invoquée lorsqu'il serait permis de croire, ou que l'on ne pourrait pas prouver qu'elle a été la seule cause du payement.

Ainsi, celui qui paye une dette naturelle ou une dette de jeu, est censé avoir voulu obéir à sa conscience ou respecter les préjugés. (Voy. 1235 et 1967.) Dans les obligations qui ont une cause illicite, le demandeur est alors repoussé par cette maxime : *in pari causa, melior est causa possidentis.*

1377. — Il faut remarquer aussi que si le véritable créancier a supprimé *de bonne foi* son titre, celui qui a payé ayant mis, par son imprudence, le créancier hors d'état de justifier sa qualité, doit être privé de la répétition et se contenter d'un recours contre le véritable débiteur.

Le demandeur en répétition doit prouver qu'il a payé la chose qu'il réclame, que cette chose n'était pas due, et qu'il l'a payée par erreur. Cependant il est admis que si le défendeur a commencé par nier le payement et qu'il soit convaincu de mensonge, c'est à lui désormais à prouver que le payement lui a été fait pour une juste cause. (Voy. la loi 25 ff. *de probationibus.*)

1378. — « *S'il y a eu mauvaise foi*. » Par conséquent s'il est de bonne foi, il n'est tenu des fruits et des intérêts que du jour de la demande en restitution. (Voy. l'art. 549.) Notre article renferme encore une dérogation à la règle qui exige une demande pour faire courir les intérêts moratoires. (Voy. 1153-3°.)

La conséquence que nous tirons des termes du Code en faveur du possesseur de bonne foi, est contestable. Celui qui reçoit, même de bonne foi, ce qui ne lui est pas dû, ne doit pas s'enrichir aux dépens d'autrui, et c'est ce qui arriverait s'il gardait les fruits. Pothier l'oblige à les rendre, d'après le droit romain.

1379. — « *Par cas fortuit.* » A moins qu'il ne prouve que l'objet à restituer eût également péri chez le propriétaire. Cette restriction prévient des injustices. Il est responsable des cas fortuits, parce que sa mauvaise foi le constitue de plein droit en *demeure*. On argumente de l'art. 1302 ; mais cette disposition est exceptionnelle, on ne doit pas l'étendre. La réception d'une chose non due n'est pas un vol. (Voy. 1138.)

1380 et **1381**. — « *Que le prix de la vente.* » Donc tout ce que pourrait faire celui qui a payé pour atteindre le tiers possesseur, serait d'attaquer l'aliénation comme frauduleuse. (Voy. 1167.)

Pour soutenir que l'action en répétition de l'indu peut être intentée contre les tiers détenteurs, on dit que cet article n'a eu en vue que les rapports de celui qui paye et de celui qui reçoit ; et nous inclinons à penser qu'il faut accorder la revendication contre les tiers possesseurs, en se fondant sur la combinaison de l'art. 1409 avec les art. 1138 et 1376, et sur les principes qui régissent la transmission des droits réels. (Voy. les art. 2182, 2125, 1664 et 1681, al. 2.) Nous n'adoptons pas de distinctions entre les acquéreurs à titre gratuit et ceux à titre onéreux, entre les cas où celui qui a reçu le payement a été de bonne ou de mauvaise foi. (Voy. M. Duranton.)

Lorsque le tiers est un acheteur, le propriétaire qui l'évince doit rembourser au vendeur de bonne foi tout ce qu'il est tenu de restituer à l'acheteur évincé, au delà du prix de vente. Le dommage doit être pour celui dont l'imprudence et l'inattention en sont cause.

Quant aux impenses faites sur la chose par le possesseur, il faut en examiner la nature. Les impenses nécessaires doivent toujours être restituées intégralement. Quant aux impenses utiles, il faut appliquer l'art. 555. Dans les cas qu'il a prévus pour les impenses voluptuaires, si elles ont été faites par un possesseur de mauvaise foi, le propriétaire doit seulement souffrir que ce qui pourra être séparé de la chose sans détérioration soit enlevé. Si elles ont été faites par un possesseur de bonne foi, j'incline à penser que le propriétaire est tenu de les rembourser, afin que le possesseur ne soit pas victime de l'erreur dans laquelle il a été induit par ce propriétaire.

CHAPITRE II.
DES DÉLITS ET DES QUASI-DÉLITS.

1382 et suiv. — Le délit est toute action illicite et volontaire par laquelle une personne lèse sciemment et méchamment les droits d'autrui.

Le quasi-délit est un fait illicite ou *l'omission* d'un fait commandé par la loi, par lequel on porte préjudice à autrui, mais sans avoir l'intention de lui nuire.

« *Par la faute.* » Il faut remarquer que ces expressions *tout fait quelconque* ne doivent pas être prises isolément et sans les rapporter à celles *par la faute duquel*, etc., car il ne suffit pas qu'un homme ait causé un dommage *par son fait*, il est nécessaire, en outre, qu'il y ait eu de *sa faute*, sans quoi la perte doit être attribuée au cas fortuit pour celui qui la souffre. Ainsi les personnes qui n'ont pas d'intelligence, comme les enfants en bas âge, les fous, ne contractent aucune obligation.

« *A le réparer.* » Il est impossible d'empêcher tous les actes nuisibles, mais il est toujours possible de forcer leur auteur d'employer tout ou partie de ses biens à indemniser la personne lésée.

Les blessures faites en duel donnent ouverture à une action en dommages-intérêts au profit du blessé ou de sa famille. Quand il serait vrai que le duel ne constituerait pas un délit d'après la loi pénale, il constituerait assurément un délit dans le sens du droit civil.

« *Les instituteurs.* » Il faut entendre toutes les personnes chargées, d'une manière permanente, de l'éducation ou de la surveillance des jeunes gens ; on ne doit pas considérer comme telles les personnes qui donnent des leçons pendant une ou plusieurs heures de la journée.

L'énumération des personnes responsables faite par cet article, n'est pas limitative. Le dernier alinéa n'exempte pas les maîtres et les commettants de la responsabilité du dommage que leurs domestiques et préposés ont causé, lors même qu'ils prouveraient qu'ils n'ont pu empêcher le fait qui donne lieu à cette responsabilité. Cette disposition a pour but de punir la négligence des maîtres qui n'ont pas été assez attentifs à se *choisir* de bons domestiques.

L'action résultant d'un délit civil se prescrit par trente ans. Si c'est une infraction à une loi pénale, si c'est un crime, elle dure dix ans. Un délit proprement dit, trois ans ; une contravention, un an. (Voy. les art. 635 à 643 Cod. d'instr. crim.)

TITRE V.

DU CONTRAT DE MARIAGE ET DES DROITS RESPECTIFS DES ÉPOUX.

CHAPITRE PREMIER.

DISPOSITIONS GÉNÉRALES.

Le contrat de mariage est ici l'acte authentique et so-lennel reçu par un notaire, qui constate les conventions des futurs époux relativement à leurs intérêts pécuniaires.

C'est un contrat accessoire; la nullité ou la cessation du mariage entraînera la nullité ou la cessation de ce contrat, sauf l'application des art. 201 et 202.

1387, 1388, 1389. — Pour favoriser le mariage, le législateur permet aux futurs époux de faire toutes espèces de conventions matrimoniales, pourvu qu'elles ne renferment rien de contraire à l'ordre public et aux bonnes mœurs (voy. art. 6), à l'autorité maritale et paternelle, aux règles de la tutelle et de l'émancipation, à l'ordre légal des successions et aux dispositions prohibitives du Code.

1° On ne pourrait pas stipuler que la femme aura un domicile séparé de celui de son mari (voy. 214), qu'elle aura seule le droit de diriger l'éducation et de consentir au mariage de ses enfants. La convention assez fréquente entre époux professant des religions différentes, d'élever les enfants dans telle ou telle religion, est privée de toute force juridique.

On ne pourrait pas stipuler que la mère survivante n'aurait pas la puissance paternelle, que le père ou la mère survivant ne seront pas tuteurs de leurs enfants; que la femme aura le droit d'aliéner ses biens sans l'autorisation spéciale de son mari ou de justice; que le mari ne pourra pas aliéner seul les biens de la communauté, ce qui est douteux. (Voy. Marcadé.)

1388. — « *Ni aux dispositions prohibitives du Code.* » De ce nombre sont les art. 791, qui défend de renoncer à la succession d'une personne vivante; 1399, qui défend de fixer le commencement de la communauté à une autre époque que celle de la célébration civile du mariage; l'art. 1453, qui ne permet pas à la femme de renoncer à la faculté de répudier la communauté; 2140, qui ne permet pas à la femme de renoncer d'une manière absolue à son hypothèque légale.

1389. — Ainsi on ne peut pas stipuler par contrat de

mariage que le père seul succédera à ses enfants, ou pour des parts inégales avec la mère : que l'aîné succédera seul à ses frères et sœurs, ces clauses auraient sans doute leur fondement dans l'orgueil des familles et dans les préjugés du droit d'aînesse, tandis que l'on peut supposer un tout autre motif aux donations qui rompraient l'égalité entre les enfants.

1390. — Les rédacteurs du Code ont pensé que de pareilles clauses seraient de nature à porter atteinte à l'unité de la législation nouvelle, en perpétuant comme loi, au gré de la volonté des particuliers, cette foule de coutumes et d'usages divers qui couvraient autrefois le territoire français.

1391. — Le Code a donné des règles détaillées sur les deux principaux régimes qui partageaient la France, le régime de la communauté et le régime dotal. Il est permis aux parties de déclarer d'une manière générale qu'elles se marient sous l'un ou l'autre de ces régimes. On peut se marier aussi sous deux autres régimes, qui sont le régime sans communauté et celui de séparation de biens.

1392. — Il faut s'entendre sur la formule nécessaire pour adopter le régime dotal.

« *Une déclaration expresse.* » Une simple constitution de dot ne suffit pas. On entend par dot les biens que la femme apporte au mari, en propriété ou en jouissance, pour lui aider à supporter les charges du mariage. Il peut y avoir une dot sous tous les régimes.

Si la femme déclare que tels de ses biens seront *dotaux* et tels autres *paraphernaux*, ces biens seront soumis au régime dotal. Nous n'avons plus de termes sacramentels. La volonté des parties est certaine, il n'y a de biens paraphernaux que sous le régime dotal. Il n'y a pas *une simple constitution* de biens en dot.

Il faudrait peut-être aussi voir l'adoption du régime dotal dans un contrat de mariage qui aurait déclaré que la femme

se constitue en dot tels biens, et que ces biens seront inaliénables, puisqu'à notre avis, l'inaliénabilité n'est compatible qu'avec ce régime. (Voy. M. Troplong et Marcadé.)

1393. — La communauté est le régime légal, le droit
commun de la France. Il a été préféré au régime dotal,
parce qu'il a une origine nationale; parce que l'union des
personnes, la communauté des charges du ménage, semblent entraîner la confusion des biens. Il intéresse la femme
à la prospérité du fonds social, puisqu'elle travaille pour
elle-même; en dernier lieu, il ne consacre pas cet extrême
nuisible à l'intérêt général, l'inaliénabilité des biens dotaux.

1394. — « *Par acte devant notaire.* » Un acte sous seing
privé pourrait trop facilement être détruit pendant le mariage, et l'enregistrement ne rélatant pas les clauses de
l'acte, il n'assurerait pas l'irrévocabilité des conventions
matrimoniales.

Les conventions de mariage sont importantes; elles sont
compliquées et obligent à prévoir un grand nombre de conséquences et de difficultés inconnues aux parties ou à leurs
parents. L'intervention d'un officier public est donc utile
pour éclairer les contractants sur les stipulations qui con-
viendraient à leur position et prévenir des procès.

« *Avant le mariage.* » Afin d'éviter l'influence de l'un
des époux sur l'autre. Les conventions relatives aux biens
influent souvent sur le consentement donné au mariage par
les futurs époux et par les ascendants. Rédigées après le
mariage, les promesses faites pourraient être rétractées,
de là une source de discordes dans les familles.

1395. — Parce que les époux ne jouiraient pas d'une
indépendance parfaite, et celui qui subirait l'influence de
l'autre accepterait forcément les changements qui seraient
dans l'intérêt personnel de son conjoint. C'est aussi dans
l'intérêt des tiers, qui peuvent, selon la nature des conventions matrimoniales, accorder au mari un crédit plus ou
moins considérable, acquérir et exercer sur les biens de la

femme des droits plus ou moins larges; si elles pouvaient être changées, elles le seraient toujours à l'avantage des époux et au détriment des tiers.

1396 et **1397.** — Mais il est permis d'apporter des changements à ces conventions avant le mariage; ils doivent être constatés par acte notarié, avec la présence et le consentement simultanés des personnes qui ont été *parties* dans le contrat primitif.

On doit considérer comme *parties* non-seulement les futurs époux, mais les parents et autres qui ont fait des donations, celles dont le consentement est requis pour la validité du mariage. C'est une question douteuse que celle de savoir si l'on doit appeler les ascendants dont le conseil seulement est nécessaire à l'un des futurs? (Voy. Marcadé pour l'affirmative.)

Il est certain que les personnes que l'on a priées de signer le contrat, par affection, par respect ou par déférence pour leur position sociale, ne doivent pas nécessairement être appelées à l'acte qui le modifie.

La loi exige avec raison la présence et le consentement *simultané* des parties; des consentements isolés seraient souvent faciles à obtenir par des allégations mensongères, l'examen et la discussion de tous les intéressés, offrent des éléments de maturité et de liberté qui ont paru nécessaires.

Dans l'intérêt des tiers, il faut que les changements soient rédigés à la suite de la minute et transcrits sur l'expédition.

Un tiers étranger au contrat de mariage peut faire une donation à l'un des époux sans l'assistance des *parties*, elle ne change rien aux conventions matrimoniales : ce sera une donation ordinaire qui aura sa valeur et sa force si elle est conforme aux règles du droit commun.

« *A peine de dommages-intérêts* DES PARTIES. » D'après cet article, les changements sont sans effet à l'égard des tiers s'ils n'ont pas été rédigés à la suite de la minute du contrat, d'où il est permis de conclure que si cette précaution a été prise, ils produiront tout leur effet, même à l'égard des tiers. Les époux n'ont rien à se reprocher. Ce sont donc les tiers qui ont un recours à exercer contre le notaire négligent ou coupable.

1398. — Cet article établit une exception au système de la tutelle; le mineur n'est plus représenté par son tuteur. C'est le consentement du père, et à défaut du père celui de la mère, des autres ascendants et du conseil de famille qui le rend habile à contracter mariage et à donner à toutes conventions matrimoniales un consentement valable. (Voy. 1095 et 1309.)

Il existe une exception à ce principe. Elle est relative non-seulement à la convention que consentirait la future épouse mineure de ne prendre aucune inscription, mais à la restriction même de son hypothèque légale et générale sur les biens de son mari. L'art. 2140 me paraît renfermer cette prohibition.

Lorsque le mineur habile à se marier n'a pas obtenu les consentements exigés par la loi, le mariage et le contrat, qui n'est qu'un accessoire, seront annulés ensemble.

Si c'est un fils majeur, mais âgé de moins de vingt-cinq ans, qui s'est marié sans le consentement de ses ascendants, le mariage annulé entraînera la nullité des conventions. Il n'y a eu entre les prétendus époux qu'une communauté de fait. S'il est ratifié, les conventions matrimoniales deviennent inattaquables.

Les conventions matrimoniales peuvent quelquefois survivre au mariage même, c'est lorsqu'il produit ses effets civils, parce qu'il a été contracté de bonne foi par les époux ou l'un d'eux. (Voy. art. 201 et 202.)

Je regarde comme probable que le prodigue soumis à un conseil judiciaire ne peut se marier que sous le régime de la communauté légale sans l'assistance de son conseil.

Le régime de communauté établi par la loi elle-même est indépendant de la capacité de l'époux; il a lieu de plein droit, comme la transmission d'une succession légitime a lieu à l'égard d'un incapable; mais il ne peut adopter tout autre régime qui entraînerait des libéralités indirectes, par exemple, consentir à une clause d'ameublissement sans l'assistance de son conseil, sans qu'il y ait une cause d'annulation pour incapacité. M. Troplong soutient l'opinion contraire.

On pourrait même soutenir qu'il ne peut se marier que sous le régime de la communauté réduite aux acquêts, parce qu'il ne peut pas aliéner sans l'assistance de son conseil. (Voy. 513.)

Le mariage contracté par un interdit dans des intervalles lucides est-il valable? Il semble que l'on peut trouver dans l'art. 502 un argument concluant pour soutenir qu'il est toujours annulable. L'interdiction est un état d'incapacité qui n'a pas d'interruption; car, d'après l'art. 489, l'insensé peut être interdit lors même que son état présente des intervalles lucides. (Voy. Marcadé. Pour l'opinion contraire, voy. M. Troplong.)

CHAPITRE II.
DU RÉGIME EN COMMUNAUTÉ.

1399. — Un régime est un ensemble de règles applicables aux intérêts pécuniaires des époux.

La communauté est une société de certains biens entre époux, soumise à des principes particuliers.

Elle est légale ou conventionnelle, selon que les époux adoptent les règles établies par la loi ou les modifient par des conventions particulières.

C'est une société exorbitante du droit commun; c'est la seule dans laquelle on puisse faire entrer les biens à venir pour la propriété (1401), dans laquelle on puisse convenir que l'un des associés pourra renoncer à la société (1453), et même retirer sa mise en cas de perte (1514), dans laquelle l'un des associés est de plein droit administrateur, et même, sous plusieurs rapports, considéré comme propriétaire, puisqu'il peut aliéner les biens composant le fonds social sous certaines restrictions (voy. 1421), dans laquelle l'un des associés peut se soustraire au payement des dettes en renonçant, ou ne les payer, en acceptant, que jusqu'à concurrence de son émolument, etc., etc. (Voy. 1483.)

« *Commencer du jour du mariage.* » On peut cependant, à notre avis, stipuler une communauté conditionnelle pour n'avoir lieu qu'en cas d'un événement prévu, non dépendant de la *volonté des parties.*

La liberté laissée aux époux de régler leur association à leur gré entraîne la faculté de ne se soumettre au régime de la communauté qu'en cas d'un événement qui peut en effet, suivant qu'il arrivera ou non, déterminer leur consentement à être ou n'être pas communs en biens. Une telle clause ne nous paraît pas contraire aux prohibitions du législateur. L'art. 1399 défend de faire commencer la communauté un autre jour que celui de la célébration du mariage, l'effet de la clause que nous examinons ne contrariera point cette prescription; car, ou la condition ne s'accomplira pas, et alors il n'y aura jamais eu de communauté, ou elle s'accomplira, et alors toute condition accomplie ayant un effet rétroactif (voy. 1179), la communauté sera censée exister du jour même de la célébration du mariage.

Dans l'une et dans l'autre de ces hypothèses, il n'y aura toujours entre les époux qu'un seul régime, l'idée de stabilité et d'unité que l'on a voulu établir pour les conventions matrimoniales sera respectée avant l'arrivée de la condition. Les époux et les tiers prévenus feront comme tous créanciers et débiteurs conditionnels; notamment, on pourra, de part et d'autre, faire des actes conservatoires. (Voy. 1180.) La plupart des auteurs partagent cette opinion ; contre : Marcadé, MM. Troplong, Rodière et Pont.

PREMIÈRE PARTIE.

De la communauté légale.

SECTION PREMIÈRE.

DE CE QUI COMPOSE LA COMMUNAUTÉ ACTIVEMENT ET PASSIVEMENT.

§ 1er. — *De l'actif de la communauté.*

L'actif de la communauté est l'ensemble des droits qu'elle possède.

Son passif est l'ensemble des charges qu'elle doit supporter : ce sont deux corrélatifs qui forment une balance exacte de recettes et de dépenses, de droits et d'obligations.

1401. — « *De tout le mobilier*, etc. » Donc les créances, les actions ou intérêts dans les compagnies de finances, de commerce ou d'industrie, les rentes perpétuelles et viagères, excepté *peut-être* celles pour aliments qui sont inaliénables, tombent, en principe, dans la communauté. Les fonds de commerce, les propriétés littéraire et artistique, les offices transmissibles sont compris dans l'actif.

Il faut décider que les soldes de retraite, les traitements de réforme, les pensions de la Légion d'honneur, celles dues par les administrations publiques et par l'État, déclarées incessibles par diverses lois, ne tombent point dans la communnauté, mais seulement quant au titre ou au droit qui représente le capital.

Il y a d'autres exceptions : les meubles donnés ou légués sous la condition qu'ils resteront propres ; les coupes de futaies non aménagées ; les produits des carrières et mines ouvertes pendant le mariage ; les choses mobilières qui, pendant le mariage, sont substituées au propre des époux : elles tiennent lieu de ces propres et les représentent. Cela s'applique, par exemple, au cas d'un immeuble propre qui serait vendu pendant le mariage, à la soulte reçue pour partage d'une succession purement immobi-

lière, échue pendant le mariage à l'un des époux, au retour de lot en argent pour échange d'héritage propre; au
supplément du juste prix en cas de rescision de la vente
pour cause de lésion. Ce supplément, quoique meuble de
sa nature, est l'effet d'une action en rescision de la vente;
et en revendication du fonds il est réputé immeuble puisqu'il représente et remplace un immeuble.

« *Par succession.* » Les meubles acquis à l'un des époux
par cette cause sont communs; ainsi une hérédité est composée de meubles et d'immeubles. Par le résultat du partage, l'époux héritier a les meubles, l'autre les immeubles.
Le lot des meubles tombera en totalité dans la communauté en vertu de l'art. 883.

Quels sont les droits de la communauté sur le trésor
trouvé dans l'immeuble propre d'un époux? Je pense qu'il
tombe dans la communauté.

L'invention peut être considérée comme une espèce d'industrie; le trésor n'est pas une partie de l'immeuble où il
est trouvé. La communauté y a droit comme à un capital
et non comme à un fruit, ce qui exclut l'application de
l'art. 598. Quant à l'art. 716, il ne règle que les droits du
propriétaire et de l'inventeur. Il n'a pas prévu le cas où le
propriétaire-inventeur a formé une société. Trois opinions
se sont élevées sur cette question. (Voy. Marcadé qui les
rapporte.)

« *Intérêts et arrérages.* » *Les fruits* sont les produits naturels de la terre ou des animaux.

Les revenus sont les loyers ou fermages et les produits
d'un commerce ou d'une industrie.

Les intérêts sont les produits des capitaux exigibles.

Les arrérages sont les produits des rentes.

« *Échus* ou *perçus.* » *Échus*, pour les fruits civils que l'on
acquiert jour par jour.

Perçus, pour les fruits naturels qui ne s'acquièrent que
par la perception.

Il importe de savoir pourquoi la loi a jugé nécessaire de dire que les fruits naturels et civils, qui sont des meubles, tombent dans la communauté, après avoir déclaré précédemment que tous les meubles devaient y tomber.

La loi a voulu faire comprendre que dans le cas même où certains meubles seraient exclus de la communauté, elle profiterait néanmoins de leur produit. Ainsi les fruits tomberaient dans la communauté réduite aux acquêts; les meubles, non. Il en est de même dans la clause de réalisation ou d'apport.

Elle a donc voulu dire que certains objets ne tomberaient pas dans la communauté, quoique meubles, mais que leur produit y tombe. Exemple, les arbres d'une forêt de haute futaie non mise en coupe réglée, etc.

L'actif comprend les immeubles acquis à titre onéreux pendant le mariage; ils représentent la somme prise dans la communauté pour en payer le prix. Ces immeubles s'appellent *acquêts* ou *conquêts*. On opposait autrefois aux propres de succession les *acquêts*, et les *conquêts* aux propres de communauté : le Code emploie indifféremment, dans cette matière, ces deux expressions.

1402. — « *Possession légale* » exempte du vice de précarité, de clandestinité et de violence, qui puisse servir de base à la prescription.

1403. — « *Il en sera dû récompense à l'époux non propriétaire.* » C'est à la communauté que la récompense est due, puisque c'est elle qui aurait profité de la coupe indûment retardée. L'intérêt en courra de plein droit du jour de la dissolution. (Comp. art. 1473 et 1479.)

Différence avec l'usufruit ordinaire :

1° Indemnité pour les coupes qui devaient être faites durant la communauté, ou pour celles qui ont été faites avant le terme fixé par l'aménagement, et cela dans la crainte des avantage indirects. (Voy. 585 et 590.)

2° Indemnité pour les améliorations. (Voy. 599.)

3° Indemnité pour les frais de culture et de semences.

« *A qui elle pourra être due.* » Si des sommes plus ou moins considérables ont été prises dans la communauté pour exécuter les travaux préparatoires à l'exploitation de la mine, carrière ou tourbière, et que la communauté soit dissoute immédiatement, l'indemnité sera due à l'époux non propriétaire. Si au contraire l'exploitation a eu lieu, que la communauté ait d'abord été remboursée de ses dépenses et qu'elle ait ensuite perçu la valeur des produits, l'indemnité sera due au propriétaire.

« *Possédant.* » Le fait seul de la possession légale de l'immeuble au jour du mariage l'exclut de la communauté; les époux n'ont pas dû s'attendre à y voir entrer un immeuble possédé par l'un d'eux avant le mariage.

L'action pour faire résoudre la vente pour cause de lésion étant immobilière n'entre point en communauté. Mais si l'acquéreur paye le supplément du juste prix, je pense que ce supplément, qui n'est à mon avis que *in facultate solutionis*, reste propre, parce qu'il représente l'action en rescision.

1404. — « *Depuis le contrat de mariage, mais avant, etc.* » Le motif de cette disposition, qui déroge au principe posé dans la première partie de cet article, est que la conversion d'une valeur mobilière destinée à devenir commune à une valeur immobilière qui resterait propre, tromperait l'autre époux et sa famille; c'est pour prévenir cette fraude aux conventions matrimoniales que l'immeuble acquis devient conquêt. Il augmente l'actif de la communauté, comme la valeur mobilière devait le faire; sans cette fortune mobilière, le mariage n'aurait peut-être pas eu lieu.

En vertu d'une réciprocité qui nous paraît juste, si l'un des époux vend un immeuble après le contrat de mariage portant communauté, et avant le mariage. le prix de cet immeuble sera propre. Il faut que les choses restent dans le *statu quo* du contrat. Cette solution est contestée.

1405. — « *Qu'à l'un des deux époux.* » Une conséquence

qui paraît naturelle, par un argument *a contrario*, c'est qu'il en serait autrement si la donation était faite aux deux époux. Cependant je n'admets pas cette interprétation : l'intention du donateur paraît avoir été de gratifier les deux conjoints personnellement : elle atteste une affection égale du donateur pour les deux donataires, comment admettre que l'on puisse disposer seul de l'objet de la donation, et même qu'on puisse le conserver éventuellement pour la totalité? Pour qu'un immeuble soit propre, il suffit qu'il soit acquis aux époux par donation comme par succession ; c'est l'application de l'art. 1402. Cette solution n'est pas sans importance, car le mari ne pourra aliéner et hypothéquer la part de sa femme sans son consentement, et elle continuera d'appartenir à celle-ci, malgré sa renonciation à la communauté.

1406. « *N'entre point en communauté.* » Cette opération est considérée comme un arrangement de famille, un avancement d'hoirie. L'époux l'aurait eu en propre à titre de succession à une époque postérieure ; d'ailleurs c'est un vestige du droit coutumier, dont le but était de conserver les biens immeubles dans les familles, au moins en ligne directe. Ainsi l'immeuble donné ou cédé par un père ou autre ascendant, pour lui payer 100 qu'il lui doit, ou pour les payer à un étranger créancier du donateur, reste propre ; si l'immeuble est donné par un étranger, même par un collatéral dont on serait le successible, cette disposition, comme dérogeant à un principe général, ne serait pas applicable ; les exceptions ne doivent pas s'étendre. Par le même motif elle ne s'étendrait pas à une vente faite par un ascendant à son descendant.

Mais comme l'un des époux ne doit pas s'enrichir aux dépens de la communauté, il lui doit récompense soit du montant de la créance éteinte par cette acquisition d'immeuble, soit des sommes dépensées par elle pour acquitter les dettes de cet ascendant.

1407. — Cet article recevrait-il son application dans le cas où la soulte payée par l'époux au coéchangiste serait égale ou plus considérable en valeur que l'immeuble échangé? Plusieurs auteurs répondent affirmativement dans tous les cas, sans s'occuper de la quotité de la soulte, en se fondant sur ce que la loi ne distingue pas.

D'autres enseignent que quand la soulte dépasse la moitié de la valeur de l'immeuble, c'est plutôt une vente qu'un échange, d'après la règle : *major pars trahit ad se minorem*, et que par conséquent l'immeuble acquis forme un conquêt. (Voy. M. Bugnet sur Pothier.)

D'autres jurisconsultes enfin, dont nous partageons l'opinion, décident que, dans cette dernière hypothèse, la soulte ne peut plus être considérée comme un accessoire; que conséquemment le contrat est échange pour la partie correspondante à la valeur de l'immeuble reçu, et vente pour l'autre partie, laquelle serait alors un conquêt de communauté. L'époux a entendu échanger son immeuble et non le vendre pour le tout, il y a échange et vente; il faut appliquer simultanément les règles de ces deux contrats.

Des meubles acquis en échange d'un immeuble propre à l'un des époux, appartiennent-ils à cet époux ou à la communauté?

M. Troplong répond : Ils sont propres à l'époux par application de l'art. 1407.

Cette décision nous paraît douteuse. L'art. 1407, en établissant la subrogation réelle en cas d'échange, ne parle que d'immeubles; sa disposition est exceptionnelle; si elle n'existait pas, l'immeuble acquis en échange d'un autre immeuble pendant le mariage serait conquêt. (Voy. 1401.) Donc les meubles reçus en échange d'un immeuble à l'égard desquels cet article exceptionnel garde le silence, tombent, d'après le principe général, dans la communauté.

1408. — La règle posée dans cet article est une conséquence du principe que le partage ou tout acte qui en tient lieu, est déclaratif de propriété. (Voy. 883.)

« *De portion d'un immeuble.* » La loi n'exige pas que le droit de copropriété de l'époux soit de moitié ; il suffit d'une copropriété quelconque.

L'un des époux est copropriétaire par indivis, pour un tiers, dans un immeuble ; l'un des deux autres tiers est acquis par cet époux, ce tiers forme-t-il un conquêt ou un propre ?

Cet article semble trancher la question d'une manière positive en déclarant en termes absolus que l'acquisition faite pendant le mariage, à titre de licitation ou autrement, *de portion* d'un immeuble dont l'un des époux était propriétaire par indivis ne forme point un conquêt. La loi ne distingue pas si l'époux devient propriétaire de la totalité de l'immeuble ou seulement d'une partie : le but du législateur, qui veut conserver peut être un immeuble patrimonial dans la famille, est atteint pour cette portion, puisque l'indivision a cessé pour elle à l'égard d'un copropriétaire, et alors il faut appliquer l'art. 883 avec ses conséquences. Elle cessera définitivement par l'acquisition de la dernière. Cette solution est fort controversée. (Voy. Marcadé.)

« *Seul et en son nom personnel.* » L'option n'appartient à la femme qu'autant que le mari a acquis l'immeuble seul et en son nom personnel, ou pour la communauté ou même pour le compte de la femme, mais sans mandat. Ce choix laissé à la femme est juste, car il serait rigoureux que le mari pût lui imposer la propriété d'un immeuble acheté trop cher, par fraude peut-être, ou qui ne lui conviendrait pas.

Elle serait privée de l'option : 1° si elle avait concouru à l'acquisition ; 2° si elle avait donné pouvoir à son mari ; 3° si le mari était lui-même copropriétaire de l'immeuble.

L'option de la femme ne peut avoir lieu qu'après la dissolution de la communauté; faite avant, elle pourrait n'être pas le résultat d'une volonté libre.

Les héritiers de la femme peuvent opter comme elle, ce qui prouve que ce n'est pas un droit exclusivement attaché à la personne; il a d'ailleurs un intérêt pécuniaire pour objet, donc ses créanciers peuvent aussi l'exercer. (Voy. 1166.)

Mais si la femme renonce à retirer l'immeuble, ils n'auront la faculté d'exercer le retrait qu'en prouvant que cette renonciation a été faite en fraude de leurs droits. (Voy. 1167.)

Cette faculté de retirer l'immeuble est appelée *retrait d'indivision.*

Quand la femme exerce le retrait, elle reprend l'immeuble libre de toute hypothèque et autre charge réelle créées par le mari. Elle fait révoquer les aliénations auxquelles elle n'a pas consenti, mais · elle doit rembourser à la communauté la somme qu'elle a fournie pour l'acquisition, lui tenir compte des dépenses nécessaires et utiles qu'elle a faites, des frais et loyaux coûts du contrat, conformément aux règles générales du droit.

§ 2. — *Du passif de la communauté et des actions qui en résultent contre la communauté.*

1409. — Tombent dans le passif : 1° les dettes mobilières antérieures au mariage; les dettes mobilières des successions échues depuis, mais seulement dans la proportion de la valeur du mobilier comparée à la valeur des immeubles; 2° les dettes contractées pendant la communauté par le mari ou la femme autorisée de lui, sauf récompense, s'il y a lieu; 3° les intérêts des capitaux dus par un époux; 4° les charges usufructuaires des propres; 5° les autres charges du mariage.

1° « *De toutes les dettes mobilières.* » La communauté les supporte tout entières, quelque considérables qu'elles soient et quelque minime que soit la valeur du mobilier. Valait-il mieux appliquer aux dettes antérieures le même principe qu'aux dettes des successions échues depuis le mariage ? Ce défaut d'harmonie entre la disposition de cet article et des art. 1412 et 1414 vient de la divergence des opinions des anciens auteurs Lebrun, Renusson et Pothier. Pour justifier le Code, on peut dire qu'il évite toute difficulté sur la valeur des patrimoines respectifs des futurs ; il dispense d'annexer un inventaire au contrat de mariage. C'est aux époux à corriger cette inégalité par des stipulations particulières ; d'ailleurs, il est possible que l'époux qui a beaucoup de dettes et peu de mobilier apporte une industrie ou des espérances qui rétablissent l'égalité.

« *Sauf la récompense*, etc. » Lorsqu'un immeuble aliéné avant le mariage rentre dans la propriété de l'un des époux par l'exercice de l'action résolutoire, de celle en réméré ou rescision pour lésion, ce qu'il faut restituer à l'acheteur constitue une dette relative à un propre. (Voy. 1183, etc.)

Les dettes relatives aux immeubles des époux sont encore celles qui ont été contractées pour l'acquisition, la conservation ou l'amélioration de leurs immeubles ; pour des constructions, plantations faites sur leurs fonds ; pour le rachat des servitudes dues par ces fonds. (Voy. 1437.)

Mais si l'époux a revendu, avant le mariage, l'héritage dont il doit encore le prix ou la rente passive qui le représente, la communauté serait chargée de cette dette, qui n'est pas le prix d'un *propre* du conjoint débiteur ; c'est une dette ordinaire qui ne donne lieu à aucune récompense.

L'un des futurs vend un immeuble, le prix lui en est dû à l'époque du mariage, il tombe dans la communauté *sans récompense* ; il achète un immeuble avant le mariage, il en doit le prix ; ce prix tombe dans la communauté *avec récompense*. Ces deux situations n'ont pas d'analogie ; voilà pourquoi elles entraînent des solutions différentes. Dans la dernière hypothèse, l'époux voudrait faire payer le prix d'un *propre* à la société, ce qui serait une injustice.

Lorsque la dette dont l'un des conjoints est débiteur au moment du mariage est alternative de deux choses, dont l'une est immeuble et l'autre meuble, c'est le payement qui déterminera si cette dette tombe ou non dans la communauté.

Il ne faut pas confondre avec celle-là une dette facultative. Celle-ci n'a qu'un seul objet. S'il est mobilier, elle tombe dans la communauté lors même que l'on aurait reçu en payement un immeuble, et réciproquement.

2° « *Contractées.* » Ce mot est pris *lato sensu*, même pour les obligations résultant d'un délit.

3° Les charges doivent être supportées par celui qui recueille les bénéfices.

4° Elle profite des fruits de ces immeubles, elle doit supporter les réparations usufructuaires réputées charges des fruits. (Voy. 606 et 608.)

5° La communauté ne doit pas seulement pourvoir à l'éducation et à l'entretien des enfants communs, mais aussi de ceux que l'un des époux aurait eus d'un précédant mariage, si leurs biens personnels ne sont pas suffisants pour subvenir à ces dépenses. Leurs aliments étant une dette mobilière de l'époux dont ils descendent, la communauté en est tenue sans récompense.

« *Et de toute autre charge du mariage.* » Ce qui comprend les pensions alimentaires que les époux peuvent devoir à un ascendant, à un descendant, à un beau-père ou belle-mère, à un gendre, à une bru.

1410. — Cette disposition a pour but d'empêcher que la femme, en contractant pendant le mariage des engagements antidatés, ne dispose des biens de la communauté, seule et sans le concours de son mari. La certitude de la date résultera des moyens énumérés dans l'art. 1328.

Si la dette de là femme a pour cause un quasi-contrat, un délit ou un quasi-délit, le créancier étant privé de toute preuve écrite, pourra constater par témoins et la dette et son origine antérieure au mariage.

Le créancier aura le même droit si la dette provient d'une convention verbale et n'excède pas 150 fr., ou si, excédant cette somme, elle est appuyée d'un commencement de preuve par écrit. (Voy. 1341-1348.)

« *N'en peut demander la récompense*, etc. » Ces termes sont trop absolus : ils signifient seulement que le mari, en payant une telle dette, reconnaît implicitement qu'elle a été contractée avant le mariage ; donc, si elle est relative à un immeuble propre de la femme, il pourra en demander la récompense.

Si le mari, en niant l'antériorité de la dette et en faisant ses protestations et réserves, prête à sa femme une somme pour payer ou a payé lui-même le créancier, la communauté a droit à récompense, quand même la dette n'est pas relative à un propre de la femme en principe. (Voy. l'art. 225 et 1125.)

1411. — Cet article fait l'application du principe qui proportionne les charges aux bénéfices.

1412. — « *Les dettes.* » Le texte ne distingue pas si elles sont mobilières ou non : donc elles ne tombent pas dans la communauté nonobstant l'art. 1409-1°.

Les dettes d'une succession purement immobilière (hypothèse fort rare) sont donc toutes à la charge de l'époux héritier. Exemples : succession dévolue à l'ascendant donateur (voy. 747), celle du mort dans un hospice, celle échue à l'époux héritier légitime d'une personne qui a légué tous ses meubles.

1414. — La communauté supporte dans les dettes de la succession mobilière et immobilière une part qui est à la totalité des dettes ce que le mobilier est à la totalité des biens. Par exemple, le mobilier compose le tiers de la succession, le tiers de l'actif tombant dans la communauté, elle supportera le tiers du passif. Le tout sera constaté par l'inventaire du mobilier et l'état estimatif des immeubles.

Mais comment et contre qui les créanciers pourront-ils poursuivre leur remboursement?

Si la succession purement mobilière est échue au mari, les créanciers peuvent poursuivre leur payement sur les biens de la communauté et sur les biens personnels du mari, sauf la récompense qui lui est due, parce que la communauté profitant de tout l'actif doit supporter tout le passif de la succession.

Si la succession est purement immobilière, les créanciers peuvent poursuivre leur payement sur les biens de la communauté et sur les biens personnels du mari, sauf récompense à la communauté qui ne profite en rien de l'actif.

Si la succession est en partie mobilière et immobilière, les créanciers peuvent poursuivre leur payement sur les biens de la communauté et les biens personnels du mari, sauf récompense à la communauté ou au mari pour ce que l'une ou l'autre aura payé au delà de sa portion contributoire dans les dettes, ce qui sera réglé d'après l'inventaire auquel le mari doit faire procéder.

Si la succession mobilière est échue à la femme qui l'a acceptée avec l'autorisation de son mari, les créanciers peuvent poursuivre leur payement sur la pleine propriété des biens personnels de la femme et sur les biens de la communauté, sauf récompense due à la femme qui ne prend rien dans l'actif. Si la femme répudie la succession, le mari peut l'accepter seul comme chef et administrateur des biens de la communauté qui en profite.

1417. — Si la femme accepte, autorisée par justice, et que le mari ait fait inventaire, les créanciers n'ont pour garantie que les biens de la succession et la nue propriété des biens personnels de la femme ; le mari n'ayant participé en rien à l'acceptation ne peut être privé de son usufruit

sur les biens de sa femme qu'il tient de ses conventions matrimoniales.

Si la succession est immobilière et que la femme ait accepté avec l'autorisation de son mari, les créanciers peuvent
poursuivre leur payement sur la pleine propriété des biens
personnels de la femme et non sur les biens de la communauté. Il ne s'est point personnellement obligé par son autorisation. En la donnant, il est censé avoir renoncé à son
droit d'usufruit, et il a relevé sa femme de l'état d'incapacité où elle s'était placée par le mariage.

Si au contraire la femme a accepté avec l'autorisation
de la justice, les créanciers n'auront pour gage que les
biens de la succession et la nue propriété de ses autres biens
personnels.

Si la succession est mobilière et immobilière, que la
femme l'accepte avec l'autorisation de son mari, les créanciers pourront poursuivre leur payement sur la pleine propriété des biens personnels de la femme et sur les biens de
la communauté, sauf les récompenses qui sont réservées
pour ce qu'elles auraient payé au delà de leur portion contributoire dans les dettes, d'après le règlement tracé par
l'art. 1414.

1416. — Si elle accepte seulement avec l'autorisation de
la justice, et que le mari ait fait inventaire, les créanciers
n'ont d'action que sur les biens de la succession et la nue
propriété des biens personnels de la femme.

1415. — « *Ou ce défaut préjudicie à la femme.* » La loi
impose au mari l'obligation de faire inventaire, lors même
que la succession est échue à la femme. Rien n'empêche le
mari de requérir cet inventaire, tandis que la femme peut
le négliger par ignorance des affaires, ou parce qu'elle
compte sur son mari pour le faire dresser, ou parce qu'il
use de son influence pour l'en détourner ; car il a intérêt à
exagérer la valeur du mobilier de la succession qui lui est
échue, afin de grossir la part contributoire de la commu-

nauté dans les dettes; d'autre part, il est intéressé à déprécier le mobilier échu à sa femme, afin de laisser à sa charge une plus forte part des dettes héréditaires. Dans ces divers cas, la femme et ses héritiers sont autorisés, pour obtenir les récompenses de droit, de prouver tant par titres et papiers domestiques que par témoins, et au besoin par la commune renommée, la valeur du mobilier non inventorié.

Les héritiers du mari ne sont pas recevables, en règle générale, à invoquer la preuve par commune renommée, c'est-à-dire par la déposition de personnes qui déclarent avoir entendu dire et non avoir vu et entendu elles-mêmes. Ils n'ont pas plus de droits que leur auteur. Cependant, s'ils prétendaient que le défaut d'inventaire a eu lieu dans l'intention d'avantager indirectement la femme au delà de ce que la loi permet, ils pourraient établir la fraude par toutes espèces de preuves.

Le mari peut lui-même, sans avoir fait inventaire, réclamer une indemnité si la communauté a acquitté en totalité les dettes d'une succession mixte échue à la femme, parce qu'elle ne peut pas s'enrichir aux dépens de la communauté; mais il ne pourra établir la preuve que le mobilier s'élevait à telle valeur que d'après les règles ordinaires. (Voy. 1341 et 1347.)

1416. — Il résulte de ce texte que quand la succession est mixte, les créanciers peuvent poursuivre la communauté pour la totalité des dettes, quoique, en définitive, elle ne doive y contribuer que pour une part. Pour justifier cette exception aux principes de la matière, on peut dire que la loi a craint qu'il ne s'élevât des difficultés et des contestations nombreuses, en fixant avec les créanciers la consistance du mobilier héréditaire pour régler la contribution aux dettes. C'est une opération qui doit se faire entre les époux sans que les créanciers aient à s'en inquiéter.

1418. — Que les donations soient universelles ou à titre universel de biens présents, de biens à venir ou par testament seulement, les donataires ne sont tenus des dettes qu'en vertu de la maxime *non sunt bona*, etc., *non ultra vires*.

1419. — « *Que sur ceux du mari.* » Cet article est une dérogation au droit commun : celui qui ne fait qu'autoriser un incapable, ne s'oblige pas lui-même, *qui auctor est non se obligat*. Mais, dans ce cas, on a permis d'exécuter la condamnation sur les biens du mari, par la raison que quand les époux sont communs, on ne doit pas voir dans l'autorisation de *contracter*, donnée par le mari à sa femme, un acte tendant seulement à la rendre habile à s'obliger personnellement ; on doit, au contraire, voir dans la femme un associé, qui contracte du consentement de l'autre et qui oblige par là toute la société. On a voulu d'ailleurs empêcher les fraudes. Un mari pourrait s'entendre avec sa femme ; il l'autoriserait à faire des emprunts sans s'obliger lui-même, il profiterait des sommes empruntées et se dispenserait de payer les créanciers.

1420. — Application des règles générales du mandat. Le mandataire oblige le mandant sans s'obliger lui-même ; le mandat de la femme peut être tacite ; elle a ordinairement l'administration intérieure, elle peut donc contracter les dettes modiques nécessaires pour subvenir aux besoins du ménage. Si le mari refusait d'acquitter les mémoires, le juge doit prendre en considération la nature et l'importance des fournitures, l'état et la condition des époux, l'avertissement donné par le mari aux marchands, etc.

SECTION II.

DE L'ADMINISTRATION DE LA COMMUNAUTÉ ET DE L'EFFET DES ACTES DE L'UN OU DE L'AUTRE ÉPOUX RELATIVEMENT A LA SOCIÉTÉ CONJUGALE.

1421. — Le mari administre seul, *cum libera potestate*, les biens de la communauté. Il peut les aliéner à titre onéreux et les hypothéquer sans le concours de la femme.

Néanmoins, il n'est pas exclusivement propriétaire : 1° les aliénations gratuites lui sont en général interdites ; 2° le Code dit que la communauté commence au jour de la célébration du mariage (1399) et se dissout avec lui (1441). Il parle de sa durée (1403), de sa continuation (1442), de son rétablissement (1451). La femme *perd* par sa renonciation toute espèce de droits sur les biens de la communauté, etc. Lorsqu'il aliène ou qu'il accorde un droit réel sur un immeuble commun, c'est comme propriétaire pour une partie et comme mandataire légal de sa femme pour l'autre. De cette doctrine, je tire la conséquence que la femme ne peut pas suivre, en vertu de son hypothèque légale, les conquêts de communauté entre les mains des tiers. Cette question est complexe et exige plusieurs distinctions.

1° Si les conquêts n'ont pas été aliénés ni grevés de droits réels par le mari, il est certain que la femme aura une hypothèque sur ceux qui tomberont dans le lot de son mari, qui, en vertu du partage déclaratif, est censé avoir toujours été propriétaire. Si la femme renonce à la communauté tous les conquêts sont grevés d'hypothèque légale parce qu'ils sont censés avoir toujours appartenu au mari. (Voy. 883.) La renonciation de la femme produit, relativement au droit de copropriété qu'elle avait sur les immeubles communs, les effets d'une condition résolutoire. Le mari retient, non en vertu d'un titre nouveau, mais par droit de *non-décroissement*, ce qui ne lui est pas enlevé. (Voy. 1475.)

2° S'ils ont été aliénés ou grevés d'un droit réel, hypothèque ou servitude, le mari dispose à titre onéreux des biens communs en vertu d'un pouvoir, d'un mandat tacite que lui a donné sa femme. Il administre *seul*, et il peut aliéner *sans son concours*, ce qui ne serait pas vrai si la femme pouvait inquiéter les tiers en vertu de son hypothèque légale. L'opinion opposée, suivie par la jurisprudence et adoptée par la plupart des auteurs est nuisible au crédit public, contraire à la sécurité des tiers, à la bonne et libre administration des biens communs, restrictive des pouvoirs du mari. En conséquence, soit qu'elle accepte, soit qu'elle renonce, nous pensons que la femme ne peut exercer son hypothèque légale contre l'acquéreur, le créancier hypothécaire ou tout autre tiers tenant, à titre onéreux, un droit réel du mari.

1422. — Cet article prohibe en principe, dans l'intérêt de la femme, les donations, par le mari, des biens de la communauté, mais il établit deux exceptions :

1° Il permet les donations d'immeubles pour l'établissement des enfants communs, mais non des enfants d'un autre lit. (Voy. 1437.)

2° Les donations de meubles *à titre particulier* (cela n'est guère possible autrement, à cause de l'art. 948), *pourvu qu'il ne s'en réserve pas l'usufruit.* Ces derniers termes apportent une restriction ingénieuse à la générosité du mari. On est plus libéral quand on peut l'être sans diminuer ses revenus. Il sera suffisamment retenu pas son intérêt personnel.

Cet obstacle ne s'oppose pas à ce que le mari, en donnant des meubles ou des immeubles aux enfants ou *descendants* (voy. 914) ne puisse s'en réserver l'usufruit.

La donation entre-vifs faite par le mari contrairement aux dispositions de la loi, et sans le concours de sa femme, ne peut être attaquée si elle renonce à la communauté à laquelle elle devient étrangère.

Si elle accepte, et que, par l'effet du partage, les objets donnés tombent dans le lot du mari, il faut décider de même parce que la femme n'éprouve aucun préjudice.

Si les immeubles donnés tombent au lot de la femme, elle pourra les revendiquer contre les tiers détenteurs, à moins qu'ils n'aient acquis la prescription qui ne peut courir que du jour de la dissolution de la communauté.

Si ce sont des meubles, la femme ne peut pas les revendiquer contre des possesseurs de bonne foi. (Voy. 2279 et
1141.) Mais elle aurait un recours en indemnité contre le
mari.

Si la femme a donné son consentement à une donation
d'immeubles, est-elle valable? Question difficile et très-
controversée. M. Troplong l'a bien traitée; il soutient l'affirmative en l'appuyant sur des raisons de droit et des observations puissantes.

Premièrement, toutes personnes peuvent disposer et recevoir par donation, excepté celles que la loi en déclare
incapables. (Voy. 904.) D'un autre côté, il n'y a d'indis-
ponibles et d'inaliénables que les biens déclarés tels par la
loi. Or la loi n'interdit la disposition gratuite qu'au mari
seul, et cette prohibition ne peut s'étendre d'une personne
à une autre, par conséquent au cas où le mari agit avec le
concours de sa femme; c'est la conséquence qu'il faut tirer
du rapprochement des art. 1421 et 1422.

Cette restriction, apportée au pouvoir du mari, est uniquement dans l'intérêt de la femme, puisqu'elle seule pourrait en demander ou en opposer la nullité. C'est pour empêcher qu'elle ne soit victime des prodigalités, des libéralités
qu'il plairait à son mari de faire à toute personne parente
ou amie. Mais si la femme intervient et consent à la donation, la présomption est qu'elle a librement concouru à
cette libéralité, qu'en conséquence elle n'a rien à opposer. On objecterait en vain que l'état de dépendance où
elle se trouve et les pouvoirs du mari ne lui permettront
pas de refuser son consentement; on répondrait qu'en
prouvant trop on ne prouve rien. En établissant une pareille présomption, il faudrait déclarer nulles toutes les
obligations contractées par la femme avec l'autorisation de
son mari, parce qu'on pourrait également les attribuer à
l'état de dépendance de la femme, aux pouvoirs exorbitants du mari, aux menaces et aux actes de violence phy-

sique ou morale qu'il pourrait exercer sur elle. Il faudrait retrancher du Code les art. 1419, 1431, 1435, 1438, 1487, 217, etc., etc.

L'art. 944 que l'on oppose est ici sans application ; car ou la femme accepte, ou elle répudie la communauté. Si elle accepte, elle confirme le consentement qu'elle a donné ; si elle répudie, elle devient étrangère à la communauté, le mari est donateur seul : la femme n'a plus aucun intérêt à attaquer la donation. Marcadé, MM. Rodière et Pont sont d'une opinion contraire.

Quoique la donation faite par le mari au mépris de l'art. 1422 puisse être attaquée par la femme ou ses héritiers en cas d'acceptation de la communauté, elle aura tout son effet par rapport au mari ou à ses héritiers, soit que les objets donnés tombent dans leurs lots, soit qu'ils tombent dans le lot de la femme. Dans ce dernier cas, le donataire a droit au payement de la valeur des objets donnés, parce que le mari donateur reçoit l'équivalent en retour dans les autres biens de la communauté.

1423. — Le legs fait par le mari de sa part ou de la moitié de la communauté est valable. Il en est de même du legs de la totalité si la femme renonce ; si elle accepte, j'hésiterais à accorder au légataire une action contre les héritiers du mari pour obtenir la valeur de la part de la femme. L'intention du mari n'a pas été de léguer ses biens personnels. L'article ne parle que du legs d'un objet déterminé.

Si la femme a fait un legs d'un objet particulier de la communauté, est-il valable, lorsque cet objet tombe dans le lot des héritiers du mari? Question controversée. Il me semble qu'il faut adopter la négative. Le legs de la chose d'autrui est nul. (Voy. 1021.) La loi fait une exception en faveur du mari ; elle garde le silence à l'égard de la femme. Les exceptions sont de droit étroit. La maxime *ubi eadem ratio ibi idem jus* ne reçoit pas son application ; elle ne s'applique que dans les principes de droit commun, encore il n'y a pas même raison. Le mari aurait pu dépouiller la communauté de son vivant, c'est pour ce motif qu'on lui accorde la faculté d'en disposer après sa mort dans tous les cas.

1424 et 1425. Le payement des amendes encourues par le mari pour crimes, délits et contraventions peut être poursuivi sur les biens de la communauté, sauf *récompenses*. Il en est de même des condamnations civiles, elles ont la même cause. La femme, en se mariant sous le régime de la communauté, donne à son mari un mandat tacite pour administrer largement les biens de la communauté, mais elle n'est pas censée lui avoir donné un mandat *ad delinquendum*, qui d'ailleurs serait nul. Un fait criminel n'est pas supposé prévu.

Quant aux dépens et réparations civiles dues par le mari par suite de son quasi-délit, ou du fait criminel, ou du quasi-délit d'un enfant commun, ils sont à la charge de la communauté. Ici, il n'y a plus de faits coupables ou blâmables, ils sont une suite plus ou moins nécessaire des pouvoirs exorbitants du mari sur les biens de la communauté. La femme s'y est soumise.

Le payement des amendes encourues par la femme, des dépens et dommages-intérêts ou réparations civiles qui ont pour cause un crime, délit, contravention ou quasi-délit, ne peut pas nuire à la communauté ni à la jouissance du mari sur les biens personnels de sa femme.

1426 et 1427. — Il faut remarquer que la femme qui a contracté des obligations pour procurer des provisions alimentaires, des marchandises pour habillements et servant à l'usage nécessaire de la famille, est dispensée, comme la femme commerçante, de l'autorisation *expresse* de son mari. Mais il y a cette différence entre les dettes contractées par la femme pour son ménage ou pour son commerce que, dans le premier cas, elle n'est pas personnellement engagée si elle renonce à la communauté. C'est un mandat tacite qu'elle exécute.

La femme peut s'obliger, avec le seul consentement de son mari, pour le tirer de prison; elle ne fait que remplir un devoir. Les art. 1409-2° et 1419 ne distinguent pas si l'acte autorisé est ou non dans son intérêt. Dans ce cas, la justice peut autoriser la femme sans contester le refus du mari.

Les billets souscrits par une femme marchande publique sont-ils censés faits pour son commerce, lorsqu'une autre cause n'y est pas énoncée? (Voyez cette question traitée sous nos art. 220 et 487.)

1428. — « *Mobilières et possessoires.* » Les actions possessoires sont celles relatives à la possession des immeubles; on les divise en *complainte*, en *réintégrande* et en *dénonciation de nouvel œuvre ;* elles s'intentent devant le juge de paix. La première a pour but de faire cesser le trouble que l'on éprouve dans sa possession ; la seconde, de recouvrer la possession dont on a été dépouillé par voie de fait ou par violence ; la troisième, de faire détruire de nouveaux ouvrages ou d'arrêter des travaux qui nous portent préjudice.

Le mari peut-il intenter l'action pétitoire? Cet article ne lui donne pas ce droit. Il précise les actions qu'il peut exercer, elle appartient au propriétaire. Cependant comme la femme, en refusant son concours, pourrait, par caprice ou par le motif secret d'avantager les détenteurs, priver son mari des revenus de ses immeubles, il faut lui accorder en sa qualité d'usufruitier l'action pétitoire qui a pour objet la jouissance des biens personnels de la femme, action qu'on appelle *confessoire.*

« *Il ne peut aliéner les immeubles* , etc. » Il ne faut pas conclure de là qu'il peut toujours aliéner les meubles; il ne peut aliéner que le mobilier qui se consomme par le premier usage, ou qui est estimé. (Voy. les art. 587 et 1551.) Quant aux corps certains dont la femme est restée propriétaire, elle ne pourrait les revendiquer en cas de vente que si l'acheteur était de mauvaise foi, ou s'ils n'étaient pas livrés à la dissolution de la communauté. (Voy. 2279 et 1444.)

Si le mari aliène seul les immeubles de sa femme, quels seront les droits de celle-ci lors de la dissolution de la communauté? Si elle renonce, tout le monde est d'accord; peut-elle les revendiquer si elle accepte?

Plusieurs solutions ont été données à cette question difficile, tant dans l'ancien droit que sous le Code. Nous pensons que la femme ne peut revendiquer que la moitié de son immeuble et est passible de la moitié des dommages-intérêts dus à l'acheteur évincé, sauf son recours si le mari s'est rendu coupable du délit civil appelé stellionat. En acceptant volontairement la communauté, elle s'est soumise, pour sa part, à la garantie que l'acheteur évincé peut exercer. (Voy. Marcadé.) Pour une autre opinion, voy. Zachariæ, MM. Duranton, Rodière et Pont.

« Il est responsable. » Le mari, soit comme administrateur, soit comme usufruitier, doit dénoncer à sa femme les usurpations commises; s'il ne l'a pas fait, il pourra être, suivant les circonstances, déclaré responsable, notamment d'une prescription dont il devait empêcher l'accomplissement. Il est tenu de faire les réparations d'entretien qui sont à la charge de la communauté usufruitière; il est également tenu, comme administrateur légal, de faire les grossse réparations dont la communauté ne fait que l'avance.

1429 et 1430. — Par ces articles on a reconnu, d'une part qu'il ne fallait pas laisser à un simple administrateur le droit de consentir des baux d'une durée excessive; et qui équivaudraient presque à des aliénations. D'un autre côté, on a jugé convenable de ne pas restreindre la durée des baux à celle de l'administration et de la jouissance de celui qui les a consentis; on n'a pas voulu appliquer rigou-

reusement la maxime *resoluto jure dantis*, etc. Ses conséquences auraient éloigné les preneurs par la perspective
d'une résolution ou trop prochaine ou inattendue. Ces deux
articles concilient le respect dû au droit de propriété et les
justes exigences des preneurs. Ils ne s'appliquent pas dans
les cas où les baux ont été passés par le mari et la femme
conjointement.

Le renouvellement anticipé, toujours obligatoire pour le
mari, ne l'est pour la femme qu'autant qu'il n'est pas fait
plus de deux ou trois ans à l'avance, suivant la nature des
biens loués ou affermés, ou qu'autant que les baux sont
commencés à la dissolution de la communauté.

Un homme a fait un bail de neuf ans avant son mariage;
il se marie et décède laissant encore quelques années à courir
la veuve qui a accepté la communauté est-elle tenue de la
continuation du bail pour sa part? Je le pense. Il n'y a pas
de distinction à faire entre le bail passé avant ou après
le mariage; c'est une obligation purement mobilière tombée,
comme telle, dans la communauté. M. Troplong soutient
l'opinion contraire.

1431. — Cet article a pour but d'empêcher les avantages
indirects que la femme pourrait faire à son mari en s'obligeant à payer seule des dettes qui ne concernent *que lui ou
la communauté*. De là cette conséquence, que la femme ne
doit pas être admise à invoquer le bénéfice de cette disposition quand l'obligation a pour cause un contrat de bienfaisance qui n'est pas moins personnel à la femme qu'au
mari, puisqu'il intéresse ses propres affections; telle serait
l'obligation contractée pour exempter un fils du service
militaire.

« *Elle doit être indemnisée.* » Pour concilier l'intérêt du
crédit avec la conservation des biens des époux, le législateur a établi la théorie des indemnités et des remplois.
En conséquence, si la femme a payé: 1° pour le compte
du mari, il est tenu au remboursement total; 2° pour le

compte de la communauté, au remboursement du total si
elle renonce, de la moitié si elle accepte. Son hypothèque
légale pour garantie de cette indemnité, date du jour où
elle s'est obligée. (Voy. 2135-5ᵉ.)

1432. — « *Qui garantit solidairement.* » Donc le mari ne
pourrait pas être inquiété par une action en garantie s'il
n'a fait qu'autoriser la vente d'un immeuble de sa femme;
mais s'il avait vendu conjointement avec sa femme, il n'a
pas seulement voulu la rendre habile à faire un contrat
valable, il a engagé sa foi pour augmenter la confiance de
l'acheteur; je pense qu'il doit la garantie.

1434 et **1435.** — « *Remplois.* » Il y a remploi lorsque le
prix d'un immeuble est employé à l'acquisition d'un autre
immeuble. Il y aurait *emploi* si le prix de meubles que l'un
des époux s'était réservés propres ou qui lui avaient été
donnés ou légués sous la condition qu'ils n'entreraient
point en communauté, avait été employé à acheter un immeuble; la différence ne serait que dans les mots. Ces
articles exigent deux conditions insérées dans le contrat
d'acquisition à l'égard du mari; ils exigent en outre l'acceptation de la femme. A quelque époque qu'elle soit faite,
elle n'opère pas d'effet rétroactif à l'égard des tiers. Si donc
le mari aliène l'immeuble, le soumet à des hypothèques
ou servitudes, il révoque tacitement l'offre de remploi avant
qu'elle ne soit acceptée. Ces droits réels sont valablement
conférés.

L'acceptation de la femme est nécessaire lorsque le remploi est effectué par le mari non-seulement en vertu de la
loi, mais par suite d'une clause du contrat; il n'y a de
doute à cet égard que quand les choses qui doivent être
acquises sont désignées. On dit alors que le mari est mandataire, et non un simple *negotiorum gestor*, comme dans
les autres cas.

1433, 1436, 1437. — « *Des récompenses.* » Un principe fondamental en cette matière, et qui résulte de la

combinaison des art. 1433 et 1437, c'est que la communauté ne peut pas plus s'enrichir aux dépens des époux que ceux-ci ne peuvent s'enrichir aux dépens de la communauté. En conséquence, lorsque des biens propres ont été vendus, qu'une servitude a été créée sur un immeuble propre, ou qu'une servitude due à un immeuble propre a été rachetée, et que la communauté a touché le prix de l'aliénation, du droit réel ou du rachat, enfin toutes les fois que des deniers propres ont été confondus dans la masse commune, il est dû récompense par la communauté à l'époux propriétaire, de la somme principale reçue. Réciproquement, si le mari prend sur la communauté pour payer le prix d'un immeuble qui lui appartient, ou pour exercer un retrait conventionnel (réméré), intenter l'action en rescision pour lésion, racheter une servitude, il doit la récompense du capital qu'il a pris dans la communauté, parce qu'il s'est enrichi, *quatenus propriæ pecuniæ pepercit.* Quant aux impenses *nécessaires*, *utiles* ou *d'agrément*, voici, je crois, la doctrine à suivre : les sommes employées aux réparations nécessaires doivent être restituées intégralement. Quand il s'agit de réparations utiles, il faut s'attacher à la plus-value donnée à l'immeuble ou à la somme employée, si elle est moindre.

Les dépenses voluptuaires ne donnent lieu à aucune récompense. C'est un mauvais administrateur, un mandataire inhabile, un copropriétaire qui a mal géré, dissipé les biens communs ; il aurait dépensé ces capitaux à acheter des équipages, des voitures, il les aurait perdus au jeu, la femme ne pourrait former aucune réclamation. (Voy. Pothier, Toullier et M. Duranton.)

Quelques auteurs soutiennent que la récompense doit toujours être de la totalité de la somme tirée de la communauté.

Lorsqu'un immeuble de l'un des époux a été aliéné pendant le mariage moyennant une rente viagère, il est

dû récompense à cet époux pour l'excédant des arrérages
de la rente dont la communauté a profité jusqu'à sa dissolution, sur les fruits de cet immeuble qui devaient tomber
dans la communauté; réciproquement, si l'époux a ra-
cheté avec l'argent de la communauté une rente viagère
qui était à sa charge personnelle, ou un usufruit dont un
de ses immeubles propres était grevé, il est tenu de rembourser à la communauté la somme qu'elle a payée, lors
même que les rentiers ou l'usufruitier seraient morts avant
sa dissolution; c'est un contrat aléatoire dans lequel il y a
les chances de gain et de perte à courir. Cette opération a
été utile dans le principe, et le rentier aurait pu survivre : seulement l'époux retiendra la différence qui existe
entre l'intérêt de la somme déboursée par la communauté
et les arrérages plus considérables qu'elle a été dispensée
de payer, ou les fruits plus considérables qu'elle a perçus
depuis le rachat jusqu'à sa dissolution. Ces solutions sont
très-controversées. (Voy. Pothier, Traité de la communauté, n° 592; Proudhon, Usuf., t. V, p. 490; M. Troplong et Marcadé.)

« *La récompense n'a lieu que sur le pied de la vente,* »
c'est-à-dire du prix réel de la vente; autrement les époux
pourraient, en déguisant le prix véritable, en moins ou en
plus, s'avantager indirectement au mépris de la loi. (Voy.
1094 et 1096.)

Cela peut d'ailleurs avoir lieu pour diminuer les droits
de mutation.

1438 et 1439. — Lorsque la dot a été constituée en
effets de la communauté par le mari et la femme, et qu'elle
est acceptée par celle-ci, elle est tenue de la dot pour
moitié en qualité de commune en biens, et en vertu de
son engagement personnel.

Si elle renonce, elle est encore tenue pour moitié en
vertu de son obligation personnelle.

Dans ces deux cas, l'enfant devra le rapport de la dot;

moitié à la succession de son père, moitié à celle de sa mère.

Ces deux articles supposent que la dot a été constituée au profit d'un enfant commun.

Si le mari constitue seul en dot une somme d'argent ou certains effets mobiliers de la communauté à un enfant que sa femme a eu d'un précédent mariage, la dot est à la charge de la communauté, pourvu que le mari ne s'en soit pas réservé l'usufruit.

Si la dot consiste en immeubles communs, la donation est nulle quant à la femme. (Voy. 1422.)

La communauté se partagera comme si cette constitution dotale n'existait pas.

Il faut remarquer que cette dot, constituée par le mari à l'enfant de sa femme, profite à celle-ci, et par conséquent doit être considérée comme une donation faite à la femme elle-même. (Voy. 1100.)

Elle doit donc être imputée sur la portion disponible entre époux, fixée par les art. 1098 ou 1094, selon que le mari a ou n'a pas lui-même des enfants d'un autre mariage.

Si le mari constitue la dot à son enfant d'un autre mariage, conjointement avec sa femme, elle en doit la moitié, soit qu'elle accepte la communauté, soit qu'elle y renonce; et comme c'est l'enfant du mari qui en profite, elle est imputable sur la quotité disponible de la femme, fixée par les art. 1098 et 1094, selon qu'elle a ou non des enfants d'un premier mariage.

1440. — La constitution de dot participe du contrat à titre gratuit et à titre onéreux. Celui qui constitue la dot est bien donateur, puisqu'il se dépouille gratuitement et sans compensation, tandis que celui à qui la dot est donnée la reçoit à titre onéreux, puisqu'elle est destinée à supporter les charges du mariage. Du côté du donateur, elle est sujette à rapport, à réduction révocable pour sur-

venance d'enfants; du côté du donataire, la garantie lui
est due, et il peut exiger les intérêts d'une dot promise à
terme, dès le jour du mariage, parce qu'ils sont corrélatifs
aux charges du mariage qui commencent à la même époque.

La garantie est due au mari et à la femme. Le Code ne
distingue pas : ce n'est pas un don ordinaire; il est grevé
de charges. La femme veuve ne pourrait pas se remarier
aussi facilement, et elle a compté sur la dot.

« *Conséquences.* » 1° *La bonne foi* du mari le garantit de toute
action révocatoire de la part des créanciers du constituant. 2° S'il s'agit d'une dot immobilière, constituée par
un failli dans les dix jours qui ont précédé l'ouverture de
la faillite, cette constitution, *respectu mariti*, ne serait pas
atteinte par la nullité de droit prononcée contre les actes
translatifs de propriété à titre gratuit. (Voy. 446 C. com.)

SECTION III.

DE LA DISSOLUTION DE LA COMMUNAUTÉ ET DE QUELQUES-UNES DE SES SUITES.

1441. — La communauté se dissout : 1° par la mort;
2° par la séparation de biens, qu'elle soit une suite de la
séparation de corps ou prononcée directement sur la demande de la femme; 3° par le jugement qui déclare nul le
mariage putatif (voy. 201 et 202), et provisoirement par
l'absence. (Voy. 124.)

1442. — « *Ne donne pas lieu à la continuation de la communauté.* » Par ces expressions, les auteurs du Code ont
voulu abroger la disposition des coutumes qui accordait
aux enfants mineurs la faculté d'exiger comme associés du
survivant des père et mère leur part dans ce qu'il pouvait
acquérir, tant qu'il n'avait pas fait inventaire des biens de
la communauté.

« *La commune renommée.* » L'enquête par commune renommée est celle en exécution de laquelle les témoins sont
appelés pour déclarer non-seulement ce qu'ils ont vu ou

entendu, mais leur opinion personnelle sur la valeur estimative des biens dont on recherche la consistance.

« *S'il y a des enfants mineurs, le défaut d'inventaire.* » La loi veut que la peine soit encourue de plein droit, d'où il suit que lors du compte qu'il doit rendre à la fin de la tutelle, le survivant doit être soumis au rapport des fruits à dater de la mort du prédécédé.

« *La jouissance de leurs revenus.* » Ces dernières expressions doivent être remarquées. Le père ou la mère qui n'aura pas fait inventaire ne sera pas seulement privé de l'usufruit de la part qui revient aux enfants dans la communauté, mais de *tous leurs revenus ;* d'où il faut tirer cette conséquence que, si les mineurs avaient déjà quelques biens avant le décès du prémourant, ou s'il leur en arrivait postérieurement, le survivant qui n'aurait pas fait inventaire ne pourrait ni conserver son usufruit légal sur les uns ni l'acquérir sur les autres. Ces solutions sont contestées.

Mais dans quel délai le conjoint survivant doit-il faire inventaire pour éviter la double pénalité que la loi prononce contre lui? Est-il obligé d'y faire procéder dans les dix jours du décès? Nous adoptons la négative. La loi ne fixe aucun délai. L'art. 451 s'applique au tuteur datif.

Nous pensons qu'en règle générale, on doit s'en référer au délai ordinaire de trois mois accordés à l'héritier bénéficiaire et à la veuve. Pour établir la justesse de cette décision, supposons que la mère est prédécédée, le père survivant doit accepter la succession sous bénéfice d'inventaire. (Voy. 461, 795.) Or l'inventaire qui sera fait dans l'intérêt des enfants sera nécessairement commun à leur père.

Si le père est prédécédé, l'art. 1456 accorde à la mère, pour faire inventaire de la communauté dans son intérêt propre, un délai de trois mois ; elle a aussi trois mois pour la confection de son inventaire pupillaire.

Ce délai n'est pas fatal : si à raison d'obstacles involontaires, une prorogation a été obtenue en justice, le survivant doit jouir de son droit d'usufruit rétroactivement du jour de la dissolution de la communauté.

L'art. 1442, qui prive le survivant des époux de son usufruit légal pour défaut d'inventaire, n'est pas applicable à tous les régimes d'association conjugale, mais seulement au régime de la communauté. La déchéance prononcée par cet article est écrite au chapitre de la communauté; elle est destinée à remplacer la continuation de la communauté, qui était autrefois le résultat du défaut d'inventaire; c'est une véritable peine, et les peines ne peuvent pas s'étendre d'un cas prévu à un cas imprévu qui présenterait plus ou moins d'analogie, ce qui n'existe même pas dans cette question. Donc, cette disposition pénale ne doit pas s'étendre au régime exclusif de communauté, de séparation de biens ou dotal. Cette doctrine est très-controversée: il y a un nombre à peu près égal de jurisconsultes de part et d'autre.

1443. — La séparation de biens est le droit accordé par les tribunaux à une femme de reprendre l'administration et la jouissance de ses biens, mis en péril par le désordre des affaires du mari.

Cette question de fait est abandonnée à l'appréciation des magistrats, qui doivent peser les circonstances et mesurer l'étendue du danger que la situation des affaires du mari fait courir à la dot de la femme.

La femme peut demander la séparation de biens pour sauver sa dot mobilière compromise par une mauvaise administration, ou ses immeubles personnels que le mari détériore, sans faire les réparations, ou afin d'empêcher les revenus d'être dissipés sans supporter les charges du ménage.

Enfin elle peut demander la séparation de biens quand elle n'a que son industrie et son travail, pour en employer le produit à nourrir et élever ses enfants.

« *Toute séparation volontaire est nulle.* » Par suite du

principe que les époux ne peuvent, après la célébration changer leurs conventions matrimoniales, ou parce qu'elle pourrait avoir lieu au préjudice et en fraude des créanciers.

1444 et **1445.** — La demande en séparation de biens doit être rendue publique dans les formes prescrites par les art. 866 et suiv. du Code de proc.

Cette publicité a pour but de prévenir les créanciers du mari qui ont un grand intérêt à ce que la séparation de biens ne soit pas prononcée ; car, en rendant à la femme l'administration et la jouissance, leur gage de payement se trouve diminué.

Une demande en séparation de corps n'est pas soumise à la même publicité, quoiqu'elle aboutisse au même résultat. La différence vient de ce que les créanciers ne courent pas les mêmes chances de perte, et que d'ailleurs la séparation de corps soulève des questions d'un ordre moral qui doivent leur rester étrangères.

La loi veut que la séparation de biens soit promptement exécutée : elle est nulle si elle ne l'est pas dans les délais fixés par ces articles, délais qui courent du jour du jugement et non de sa signification.

Mais comment concilier cet article avec 174 du Code de procédure, qui accorde à la femme trois mois pour faire inventaire et quarante jours pour délibérer ? Ces deux articles n'ont rien d'incompatible. La femme peut satisfaire à l'obligation d'exécuter dans la quinzaine, en exerçant les droits qui lui appartiendront dans toute hypothèse, en cas de renonciation comme en cas d'acceptation ; par exemple elle signifiera le jugement, elle reprendra ses propres, les immeubles acquis en remploi, etc. ; elle fera en un mot toutes les exécutions qui ne préjugeront pas son acceptation ou sa répudiation.

Le jugement qui prononce la séparation de biens remonte, quant à ses effets, *au jour de la demande.* (Voy. 1445.)

C'est une application du principe d'après lequel le juge ne crée pas le droit des parties, mais le déclare. On l'a exprimé dans cet article, parce qu'il y avait une forte raison d'en douter. Le mari, en effet, n'a rien à se reprocher, son consentement à la demande en séparation de biens eût été nul, tandis qu'en règle générale le défendeur a tort de résister à une réclamation juste formée contre lui. Les raisons que la femme avait de demander la séparation de biens existent du jour de la demande ; le jugement ne fait que les constater. S'il en était autrement, un mari dissipateur pourrait consommer la ruine de sa femme dans l'intervalle qui s'écoulerait entre la demande et le jugement de séparation.

Les conséquences de la rétroactivité sont : 1° que la femme a droit ; à dater de l'assignation reçue par le mari, à la restitution des fruits et des intérêts de ses biens propres ; 2° que les successions mobilières qui lui sont échues ne tombent point dans la communauté ; 3° elle recouvre l'exercice de ses actions mobilières et immobilières possessoires ; 4° les dettes contractées par le mari ne grèvent la communauté que jusqu'à concurrence de ce dont elle a profité ; 5° les aliénations d'objets communs, faites par le mari, ne peuvent pas être opposées à la femme.

Dans les cas de séparation de corps, la séparation de biens n'opère pas d'effets rétroactifs. Il y en a plusieurs raisons. La dissipation du mari n'est pas alléguée, alors la crainte qui est le motif de l'art. 1445 n'existe pas. Ensuite, la séparation de biens a lieu non comme concession d'une demande formelle, mais comme conséquence de la séparation de corps ; ce serait placer l'effet avant la cause que de la faire commencer avant cette séparation. Il résulte de l'art. 271 du Code que les aliénations faites par le mari ne sont annulables que quand elles ont eu lieu en fraude des droits de la femme ; d'ailleurs, la femme pouvait demander, par action principale, la séparation de

biens; elle doit s'imputer de ne pas l'avoir fait. On ne peut
donc plus annuler les obligations contractées ou les aliénations faites par le mari, qu'en prouvant la fraude.
(Voy. 272.) Cette opinion est controversée.

1446. — La séparation de biens a quelque chose
d'hostile au mari. On n'a pas voulu permettre aux créanciers de troubler pour un intérêt purement matériel et pécuniaire le repos d'une famille. Néanmoins, en cas de
faillite et de déconfiture du mari, la communauté est fictivement considérée comme dissoute relativement aux
créanciers. Ils peuvent demander la liquidation des droits
de la femme, la faire colloquer à son ordre dans les dis-
tributions de deniers, exercer la reprise de ses apports
mobiliers, si elle s'est réservé de les retirer en renonçant
à la communauté; mais si elle veut reprendre l'administration et la jouissance de ses biens, il faut qu'elle en demande la séparation.

1447. — Les droits des créanciers du mari sont :

1° D'intervenir dans l'instance pour contester la demande en séparation de biens; 2° de se pourvoir par la
tierce opposition contre le jugement prononcé et exécuté
en fraude de leurs droits; 3° faire annuler toutes dispositions et tous actes qui pourraient leur causer du préjudice,
même la séparation, si toutes les formalités prescrites n'ont
pas été observées, ou si elle n'a pas été exécutée dans la
quinzaine. Application du principe consigné dans l'article 1167 du Code.

L'état de la femme ne doit pas être trop longtemps incertain; son repos, celui de sa famille, l'intérêt même de
la société l'exigent; il fallait donc accorder aux créanciers
un délai péremptoire pour l'exercice de leurs droits; le
délai d'un an fixé par l'art. 873 du Code de procédure
est de rigueur, si la fraude dont ils se plaignent est dans
la liquidation des reprises de la femme, et que cette liquidation soit faite par le jugement qui prononce la sépara-

tion de biens. Si la liquidation frauduleuse est faite par un jugement postérieur, inconnu aux créanciers, ils auraient trente ans. (2262.)

1448. — La contribution de la femme sera réglée par le juge; l'art. 1537 n'est pas applicable. Puisque la séparation de biens laisse subsister la vie commune et l'autorité maritale, il s'ensuit qu'en principe général, la femme doit payer entre les mains du mari sa contribution aux charges du mariage : néanmoins les tribunaux pourront quelquefois, selon les circonstances, si par exemple le mari était joueur ou dissipateur, autoriser la femme à faire elle-même l'emploi des fonds qu'elle doit fournir. Si les époux n'ont plus une habitation commune, l'obligation de la femme sera de payer au mari une pension alimentaire proportionnée à ses besoins; puis elle satisfera directement aux frais de nourriture, d'éducation des enfants et à ses dépenses personnelles.

1449. — « *Elle peut disposer de son mobilier et l'aliéner.* » Des auteurs et des arrêts ont conclu de ces termes que la femme avait la pleine et entière disposition de son mobilier. Il nous semble que les deux paragraphes de cet article ne doivent pas être séparés; l'un rend à la femme *la libre administration* de ses biens, et l'autre applique cette disposition en lui permettant l'aliénation de son mobilier. Il faut en conclure que c'est seulement pour les besoins et dans les limites de l'administration de sa fortune que la femme peut, soit directement par des actes d'aliénation à titre onéreux, soit indirectement en contractant des obligations, se dépouiller de son mobilier sans autorisation. (Voy. les art. 217 et 905.) Il paraît évident qu'elle ne peut faire remise de ses capitaux ni faire de donations directes de ses valeurs mobilières. Cette doctrine est fort controversée. (Voy. M. Troplong et Marcadé.)

1450. — La femme séparée ayant la disponibilité de son mobilier, le mari ne doit pas être responsable du défaut d'emploi ou de remploi du prix de l'immeuble aliéné. Toutefois, à raison de son influence et de son ascendant, le législateur a fait à cette règle plusieurs exceptions énumérées dans cet article.

« *Il ne l'est point de l'utilité de cet emploi.* » L'argent étant une chose mobilière, la femme peut en disposer sans autorisation, et dès le moment où l'emploi a été fait, aucun soupçon ne peut s'élever contre le mari.

Il en serait autrement dans le cas où, après avoir touché le prix, le mari l'aurait placé sans le concours de la femme et sans pouvoir de sa part.

Cet article est applicable à la séparation de biens contractuelle, au régime exclusif de communauté et au régime dotal pour les biens paraphernaux; l'ascendant et l'influence morale du mari sont les mêmes sous tous les régimes.

1451. — « *Doit être affichée.* » Il faut que les tiers soient instruits que la femme a perdu la capacité que le jugement de séparation lui avait donnée d'administrer son bien et de disposer de son mobilier sous certaines restrictions.

« *Toute convention*, etc. » A quoi s'applique cette nullité, à la convention entière qui rétablit la communauté, ou seulement aux conventions différentes? Question controversée. Pour la première opinion, on dit que c'est le sens littéral de la loi, ce qui d'ailleurs est conforme à la raison, car les époux n'ont voulu le rétablissement de la communauté que sous ces conditions; elles sont nulles ou impossibles, par conséquent la convention principale est nulle. (Voy. 1172.) Pour l'opinion contraire, peut-être mieux fondée, on dit que le retour à la loi du contrat qui réunit les intérêts des époux est favorable, plus conforme à la maxime : *Utile per inutile non vitiatur.* L'article ne dit pas que c'est l'acte de rétablissement de la communauté qui est nul, mais *toute convention.* Le mot *toute* indique que convention est pris dans le sens de *clause* : les changements au contrat primitif sont donc seuls frappés de *nullité*.

Lorsque le divorce avait lieu, la femme ne conservait aucun droit aux gains de survie si c'était contre elle qu'il fût prononcé. (Voy. 299, 300.) Nous avons décidé qu'il fallait appliquer ces articles au cas de séparation de corps, ou au moins autoriser la révocation des avantages matrimoniaux, deux points controversés. Ce qui est sûr, c'est que l'époux défendeur à la séparation de corps ne conserve pas ses droits au préciput. (Voy. 1518.)

SECTION IV.

DE L'ACCEPTATION DE LA COMMUNAUTÉ ET DE LA RÉNONCIATION QUI PEUT Y ÊTRE FAITE, AVEC LES CONDITIONS QUI Y SONT RELATIVES.

1453. — Dans la société conjugale, la femme est condamnée à l'inertie; elle est privée de toute influence dans la gestion de la communauté. Il ne serait donc pas équitable de la soumettre à une responsabilité indéfinie. Aussi la faculté de renoncer, correctif nécessaire des pouvoirs exorbitants du mari, permet à la femme d'éviter les conséquences des opérations désastreuses qu'elle ne pouvait ni empêcher, ni conduire, ni réparer.

Le mari, responsable de ses actes, ne peut jamais renoncer.

Le délai pour accepter la communauté est de trente ans à compter de la dissolution lorsqu'elle cesse par la mort du mari. Si elle a lieu par suite d'une séparation de corps ou de biens, le délai est réduit à trois mois et quarante jours. (Voy. l'art. 2262 combiné avec 789 et 1463.)

La communauté une fois dissoute, la femme a le droit de l'accepter ou d'y renoncer. Mais ses créanciers pourront-ils exercer comme elle et pour elle l'un ou l'autre de ces deux droits? L'art. 1453 n'en dit rien. Pour la solution de ces questions, il faut donc avoir recours aux principes généraux du droit; ils sont dans les art. 1166 et 1167 du Code Napoléon. (Voy. aussi 1464 ; voy. M. Troplong.)

1454 et **1455.** — La femme peut accepter expressément ou tacitement la communauté. Lorsqu'elle a accepté, elle ne peut plus renoncer. On n'a pas voulu que la femme commune pût tromper les créanciers de la communauté par une acceptation sur laquelle ils compteraient, puis se rétracter plus tard. (Voy. les art. 774 et 780.) Néanmoins ce principe souffre exception dans deux cas : 1° lorsque la femme est mineure; 2° lorsqu'elle a accepté, par suite d'un dol pratiqué envers elle, soit par les héritiers du mari, soit par ses créanciers. L'art. 1116 n'est pas applicable; le dol est ici *in rem*. (Voy. notre art. 783.)

Le jugement qui condamne la femme au payement d'une dette commune ne peut-il lui être opposé que par le créancier qui l'a obtenu? (Voy. notre art. 800.)

1456. — La faculté de renoncer est subordonnée à plusieurs conditions : faire un inventaire fidèle, exact et régulier dans les trois mois du décès; sommer les héritiers d'y assister; l'affirmer véritable devant l'officier public qui l'a reçu, ce qui est une garantie contre les détournements antérieurs à l'inventaire.

1457, 1458, 1459. — « *Dans les trois mois et quarante jours après le décès.* » Ces termes doivent être complétés et corrigés par l'art. 1459-2° comparé avec 795-2° et 174 Code de proc.

Lorsque la communauté est dissoute, la femme est-elle présumée acceptante ou renonçante?

Il faut admettre une distinction : si la communauté est dissoute par la mort du mari, la femme est en possession des biens communs ; cette espèce de saisine lui donne la facilité de détourner une partie des choses mobilières. Elle est présumée acceptante si elle fait inventaire et qu'elle ne renonce pas.

Au contraire, lorsque la séparation de corps dissout la communauté, le mari la possède en fait et en droit; le

délai accordé à la femme pour accepter est réduit à trois
mois et quarante jours, et la femme est censée renonçante
par cela même qu'elle n'accepte pas.

La règle établie par la loi pour le cas de séparation de
corps s'applique à la séparation de biens; cependant cela
est controversé.

1460. — « *Est déclarée commune.* » Il n'en est pas ainsi
à l'égard de la femme mineure; mais elle est privée de sa
portion dans les objets divertis ou recélés, parce que c'est
une pénalité civile appliquée à celui qui a agi avec discernement. Le divertissement commis après une renonciation
régulièrement faite constituerait une soustraction de la
chose d'autrui, et ne pourrait plus être considéré comme
un fait d'immixtion dans la communauté.

1461. — Le § 2 de cet article ne peut recevoir son
application que quand l'inventaire de la communauté renferme les biens personnels de la femme. Dans le cas contraire, les héritiers auront le délai de trois mois et quarante jours que leur accorde l'art. 795.

On peut encore donner un sens à cet article en raisonnant dans l'hypothèse où les héritiers de la femme auraient
accepté la succession avant les quarante jours.

1464. — Les créanciers de la femme peuvent attaquer
la renonciation et même l'acceptation faite par elle ou par
ses héritiers en fraude de leurs créances. La loi s'en explique formellement pour le cas de renonciation, parce que
d'après les principes du droit romain, les créanciers pouvaient attaquer les actes que le débiteur avait faits en fraude
de leurs droits quand il avait diminué son patrimoine. Les
actes par lesquels il avait manqué d'acquérir, quoique
frauduleux, étaient irrévocables. Le Code a rejeté cette
distinction dans l'art. 1167.

Mais quel préjudice cette acceptation peut-elle causer
aux créanciers? Elle peut être ruineuse, 1° quand la femme
a accepté sans inventaire, parce qu'elle est tenue des dettes

au delà de son émolument ; 2° si elle a stipulé la faculté de reprendre ses apports francs et quittes en cas de renonciation.

« *En fraude.* » La plupart des auteurs pensent que la renonciation pourrait être attaquée quoiqu'elle eût simplement été faite au préjudice des créanciers. Ils se fondent sur l'art. 788, qui n'exige rien de plus en matière de succession, lorsqu'il permet aux créanciers d'un héritier de faire annuler sa renonciation. Ils invoquent aussi les articles 622 et 1053 du Code. D'après eux, c'est une règle générale que les créanciers ont la faculté d'attaquer toute renonciation faite par leur débiteur lorsqu'elle nuit à leurs intérêts, quand même elle ne serait pas le résultat de la fraude. La raison en est que les tiers en faveur desquels est faite la renonciation *certant de lucro captando*, tandis que les créanciers *certant de damno vitando*. Les premiers ne doivent pas s'enrichir aux dépens des seconds.

Ces raisons sont bonnes, mais l'article est formel.

En matière de communauté, de substitution, d'hérédité et d'usufruit, les créanciers doivent être antérieurs à la renonciation de la femme.

1465. — Cet article établit une espèce de droit d'usage personnel à la femme et qui n'appartient pas à ses héritiers. Encore ce n'est point une servitude, un droit réel ; c'est une créance, une obligation imposée aux héritiers du mari ; la femme ne sera donc pas tenue des réparations d'entretien et des contributions.

Si elle a obtenu une prorogation de délai, il paraît juste et convenable de continuer le bénéfice de la loi pendant ce nouveau délai ; mais si la femme prend qualité avant les trois mois et quarante jours, elle cesse de jouir de ce droit.

Quelques auteurs prétendent que c'est une espèce de forfait ; que le temps pendant lequel la femme est appelée à jouir de cette faveur ne peut être ni diminué ni augmenté.

Qu'elle achève l'inventaire avant trois mois ou qu'elle obtienne une prorogation de délai, cela ne change rien aux convenances et aux égards qu'elle mérite, et dont la durée paraît limitée.

La loi ne parle pas en matière de communauté, comme en matière de succession, d'acceptation sous bénéfice d'inventaire; ce silence s'explique par l'art. 1483 du Code.

Néanmoins, la femme peut avoir intérêt à renoncer, si elle a stipulé la reprise de ses apports francs et quittes en cas de renonciation.

SECTION V.

DU PARTAGE DE LA COMMUNAUTÉ APRÈS L'ACCEPTATION.

1467 et **1468**. — « *Et le passif est supporté.* » Le passif ne se partage pas comme l'actif; il n'est pas dans l'indivision. Les dettes se divisent de plein droit. (Voy. 1220, 870, 873.) Il en est de même des créances. Lorsqu'on met des créances entières dans le lot de chaque époux, elles ne sont point partagées. Il en possède moitié comme successeur à la communauté, l'autre moitié comme cessionnaire de son conjoint. L'intérêt de la question, c'est que le débiteur peut opposer la compensation; tandis que, si l'on eût considéré cette opération comme un partage, la créance mise dans le lot de l'un des époux eût été considérée comme ayant toujours été la sienne en totalité (voy. 883); et alors n'étant cessionnaire de l'autre époux pour aucune portion de la créance, le débiteur n'aurait pas eu le droit de lui opposer la compensation qu'il eût pu faire valoir contre l'époux, son créancier, si la créance eût été placée dans son lot.

1469. — « *Chaque époux*, etc. » Mais si chaque époux est débiteur, le rapport paraît inutile, et il semble plus naturel d'admettre une libération réciproque par compensation : il faut dire que le mari a un grand intérêt au rapport. En effet, les prélèvements de la femme s'exercent sur les biens de la communauté, et en *cas d'insuffisance* sur les biens personnels du mari. (Voy. 1471.) Plus la masse commune est considérable, plus le mari conservera de biens personnels. Or cette masse se grossit au moyen des rapports du mari et de la femme : donc ils sont plus utiles au mari que la libération réciproque par compensation.

1470 et 1471. — En cas de concours de la femme avec d'autres créanciers demandant en même temps leur payement par voie de saisie, intervention ou autrement (voyez 882), sera-t-elle payée la première, de préférence à eux, ou concurremment et au marc le franc? Nous adoptons cette dernière opinion.

La femme est simple créancière de la communauté comme tous autres; elle doit donc être soumise à la règle générale posée dans les art. 2092, 2093 et 2094. Elle n'a vis-à-vis d'eux aucune cause de préférence, elle n'est ni privilégiée ni hypothécaire; elle n'a hypothèque que sur les biens de son mari (voy. 2121 et 2135) : donc elle n'en a pas sur les immeubles de la communauté qui, par l'effet du partage, peuvent devenir ses biens propres.

Si la femme avait le droit de prélever par distraction et en nature ce qui lui est dû sur les biens de la communauté, il faudrait décider que les créanciers qui auraient reçu du mari, en payement de leurs créances, tout ou partie de ces biens, seraient tenus de les rapporter lors du partage pour que la femme y exerce son droit de prélèvement en nature, ce qui ne paraît guère possible. Ce n'est qu'à défaut d'argent et subsidiairement que l'art. 1471 autorise le prélèvement des biens en nature. C'est un mode de payement spécialement autorisé entre époux plus facile, outre l'agrément pour chacun de conserver des choses auxquelles ils peuvent attacher un prix d'affection.

Marcadé décide aussi que la femme, copropriétaire ou créancière, ne peut se faire payer que concurremment avec les autres créanciers. Zachariæ est d'une opinion contraire.

Mais voyez MM. Duranton, Troplong, Persil, Rodière et Pont.

Lorsque la femme exerce ses reprises sur les biens personnels du mari, elle n'a pas le droit d'exiger en payement des biens en nature; elle est simple créancière; seulement elle a une hypothèque légale sur les immeubles du mari. (2121 et 2135.)

1471 et 1472. — Le pouvoir exorbitant attribué au mari, la privation d'influence qui a éloigné la femme de tous les actes d'administration, expliquent les faveurs que la loi lui accorde et à ses héritiers.

Elle prélève ses reprises la première, d'abord sur l'argent, ensuite sur les meubles dont elle a le choix, et enfin sur les immeubles communs qu'elle choisit, mais parmi ceux dont la valeur rapproche le plus de sa créance.

1473 et 1479. — Au contraire, les créances personnelles de l'un des époux contre l'autre n'emportent intérêt que du jour de la demande, conformément aux principes généraux du droit. (Voy. 1153.) Pourquoi cette différence?

La communauté dissoute n'a plus de personnification, plus de chef; elle ne peut ni actionner ni être actionnée. Autre motif : les récompenses dont il s'agit ici sont comprises dans le partage. L'égalité est de l'essence du partage, et elle n'existerait pas si l'on ne tenait pas compte des intérêts; car les reprises ou rapports de chacun des époux pouvant être inégaux, il y aurait bénéfice pour la masse, et par conséquent pour l'époux qui n'est pas créancier, si les sommes qui reviennent à l'autre continuaient à fructifier pour la masse; et réciproquement il y aurait perte pour la masse, et par conséquent pour l'époux qui n'était pas débiteur, si les sommes dues par l'autre ne fructifiaient pas pour elles du jour où elles ont dû y entrer. Ces raisons ne s'appliquent pas aux créances respectives des époux l'un contre l'autre : elles n'entrent pas dans l'action en partage.

1474.— Cet article, conforme aux règles du droit romain, déroge aux principes des sociétés ordinaires (1853), qui proportionnent les bénéfices aux chances de perte. La loi ne distingue pas si les apports sont égaux ou inégaux.

1475. — « Portion *virile* et *héréditaire.* » Ces deux expressions sont au moins inutiles quand les cohéritiers ont des portions égales ; elles renferment une contradiction en cas de partage inégal. Exemple : un père qui succède à l'un de ses enfants avec deux autres enfants, n'a pas le tiers des biens ce qui ferait une portion *virile;* il a seulement le quart qui est sa portion *héréditaire.* Ces deux termes ne sont donc pas synonymes.

Deux hypothèses sont prévues dans cet article :

Le cas d'une communauté légale acceptée par l'un des héritiers d'une femme prédécédée et celui d'une communauté à laquelle l'un ou plusieurs des héritiers renoncent, lorsqu'il est stipulé dans le contrat de mariage qu'en cas de renonciation la femme reprendrait ses apports, ou que le mari lui payerait une somme déterminée.

Quelques jurisconsultes soutiennent que cette théorie de Pothier, contraire à celle de Lebrun, n'est pas en corrélation de principes avec l'art. 782. Les raisons de différence, avec les successions, viennent de ce que la communauté entière appartient au mari *jure non decrescendi,* tant qu'elle n'est pas acceptée par la femme ou ses héritiers. Elle doit donc continuer de lui appartenir pour toutes les parts qui ne sont pas acceptées. Dans les successions, chaque héritier est saisi de sa part entière dès l'instant du décès, il y a un *jus hœreditarium* indivisible. On ne peut concevoir qu'il y ait acceptation ou renonciation pour la même chose ; il faut donc qu'en cas de décès de l'héritier, ses héritiers s'entendent pour accepter ou pour répudier le tout.

D'autres jurisconsultes soutiennent que ces deux articles ne sont pas contradictoires parce qu'ils statuent dans des

cas différents. 1475 suppose que la communauté est dissoute par la mort de la femme. Le droit d'accepter ou de
répudier la communauté s'est donc ouvert immédiatement
au profit des héritiers; chacun d'eux exerce un droit distinct. Il ne s'agit pas de l'universalité de la succession,
mais d'un droit qui existe dans la succession. Or les droits,
les obligations, les actions sont divisés par la loi entre les
personnes auxquelles ils appartiennent; chacune d'elles peut
donc l'exercer comme elle le juge convenable.

1476. — Ainsi, le partage de la communauté est déclaratif; ainsi, les époux auront le privilége établi par 2109
pour les soultes et retours de lots. Ce partage pourra aussi
être rescindé pour dol ou violence et lésion de plus du
quart.

Mais, à notre avis, le retrait successoral doit, comme
exception au droit commun, être restreint à la matière des
successions. Les termes de cet article et 1872 qui n'assimilent les partages de communauté ou de sociétés aux
partages de successions que sous le rapport de la forme,
des effets et de la garantie, paraissent repousser l'extension du retrait aux cessions dont il s'agit ici.

Le partage de la communauté opère donc un effet rétroactif. Mais jusqu'à quelle époque ? Est-ce jusqu'à la dissolution ? Alors on peut soutenir, avec plus de raison, que
l'hypothèque consentie par le mari sur les conquêts tombés dans le lot de la femme est valable; que celle consentie depuis la dissolution est seule nulle. Si le partage
ou la licitation remonte au temps où l'immeuble est entré
dans la communauté, la question de la validité ou de la
nullité de l'hypothèque est beaucoup plus douteuse : des
auteurs graves prétendent que dans les deux cas l'effet
rétroactif du partage valide l'hypothèque, que l'effet rétroactif est ici sans objet, parce que la femme a été repré-
sentée par le mari, son mandataire légal, et que l'acceptation de la communauté par elle consolide le droit du

créancier; ils assimilent le pouvoir du mari à ceux du gérant d'une société qui hypothèque en cette qualité l'immeuble social.

Mais que décider à l'égard d'une hypothèque *générale* à laquelle serait soumis le mari avant son mariage? Il faut admettre une distinction : si c'est une dette mobilière qui est entrée dans la communauté, il s'ensuit que l'hypothèque générale qui l'a suivie sur les conquêts est autant l'hypothèque de la femme que du mari ; dès lors elle frappe les conquêts tombés dans le lot de la femme : si au contraire c'est une dette dont la communauté n'est pas tenue, soit parce qu'elle est immobilière, soit parce que les dettes ne sont pas communes en vertu d'une clause du contrat de mariage, le droit d'hypothèque doit se restreindre à la part des conquêts que le partage a faite au mari. La femme n'en peut être tenue ni de son chef, puisqu'elle ne s'est pas obligée ni comme commune, car son mari n'a rien fait en qualité de libre administrateur qui puisse tomber sur elle, c'est donc le cas d'invoquer l'effet rétroactif des partages.

1477. — On peut adopter l'avis de Pothier, qui relève de la peine, l'époux qui rapporte spontanément à la masse, les objets *divertis* ou *recélés;* mais il faut insister sur la *spontanéité* avant la découverte du recel.

Comment doit s'exécuter la disposition de cet article? Si les objets divertis sont restitués en nature, l'autre époux les prélève en entier, à son profit personnnel.

Mais si l'on ne peut obtenir la restitution en nature, de l'époux coupable, il faut, pour réaliser la punition que prononce cet article, prélever outre la valeur des objets divertis, la moitié en sus de cette même valeur; autrement on rétablirait l'égalité entre les époux ce que ne veut pas cet article.

1481.—Que la femme accepte ou qu'elle renonce à la communauté, qu'elle soit séparée de corps ou non, que

les époux soient riches ou pauvres, le deuil est aux frais
des héritiers du mari et non de la communauté; la femme
n'en supporte donc pas sa part quand elle accepte, *mulier
non debet propriis sumptibus lugere maritum.* La valeur de
ce deuil est réglée selon la fortune et la *condition* des
époux.

Il faut remarquer que si le mari a laissé pour héritiers
des enfants qui n'aient pas dix-huit ans, la mère ayant
l'usufruit légal de la succession qui leur est dévolue,
n'aura aucuns frais de deuil à réclamer sur les biens de
cette succession paternelle, par le motif que les frais de ce
deuil faisant partie des frais funéraires, qui généralement
sont une charge de la jouissance légale, la veuve s'en constitue elle-même débitrice en acceptant cet usufruit. C'est
l'opinion de Proudhon.

§ 2. — *Du passif de la communauté et de la contribution aux dettes.*

1482 et **1483.** — Ce paragraphe détermine les obligations des époux dans leurs rapports mutuels et à l'égard des
créanciers. Il ne faut donc pas confondre l'obligation aux
dettes avec la contribution.

« *De son émolument.* » Cette faveur assimile la femme à
l'héritier bénéficiaire avec quelques différences.

1° Ces mots ne veulent pas dire qu'elle ne soit pas tenue
sur ses biens personnels jusqu'à due concurrence. Il en résulte que la femme n'est pas comme l'héritier bénéficiaire
obligée de s'abstenir de tout acte de propriétaire à peine
d'être tenue indéfiniment.

2° La femme n'est pas tenue de faire une déclaration au
greffe.

3° Elle ne peut arrêter les poursuites des créanciers en
offrant de leur abandonner les objets tombés dans son lot,
parce que, par son acceptation, elle est tenue personnellement et sur tous ses biens de la moitié des dettes, pourvu

qu'elles n'excèdent pas son émolument, si elle a fait un fidèle inventaire. Cette doctrine est controversée. (Voy. M. Troplong.)

Toutefois, il est des dettes, pour lesquelles elle est tenue au delà de son émolument, même quand elle a fait inventaire : 1° ce sont celles qui, contractées par elle avant le mariage, sont tombées dans la communauté ; la condition des créanciers n'a pas pu changer par le mariage de leur débitrice ; 2° lorsqu'elle a contracté seule avec le consentement exprès ou présumé de son mari ; 3° lorsqu'elle s'est obligée solidairement avec lui ; 4° les dettes qui grèvent les successions purement immobilières qui lui sont échues pendant le mariage.

1484. — « *Par lui contractés.* » Ces termes comprennent celles résultant d'un contrat, quasi-contrat délit ou quasi-délit du mari, et celles qui l'auraient été par la femme, soit avec son autorisation, soit avec celle de la justice dans les hypothèses exceptionnelles prévues par l'art. 1427. (Doctrine controversée, voy. Marcadé.)

1485 et **1486.** — « *Personnelles à la femme et qui étaient tombées,* etc. » Ces termes paraissent indiquer les dettes qui, après avoir pris naissance dans la personne de la femme, sont plus tard tombées dans le passif de la communauté ; les dettes mobilières antérieures au mariage : ils peuvent s'entendre aussi des dettes qui, au moment où elles prenaient naissance dans la personne de la femme, sont tombées dans la communauté ; celles contractées avec l'autorisation du mari et même de justice, dans les cas prévu par l'art. 1427. (Et voy. aussi 1487.)

Ce principe paraît juste, car de telles dettes ne concernent le mari que comme associé.

La femme qui les aurait payées en totalité aurait son recours contre le mari, même pour une part plus forte que la moitié, si elle avait déboursé au delà de son émolument ; car vis-à-vis des créanciers, elle ne peut pas invoquer le bénéfice de l'art. 1483. Mais les créanciers, en argumentant des art. 1483 et 1166, auraient le droit de demander au mari une fraction plus forte que la moitié, puisqu'il serait obligé de tenir compte de cette fraction à la femme qui aurait payé le tout.

1488 et **1489**. — « *La femme qui a payé une dette.* » Il en serait de même des dettes payées par le mari : même présomption que contre la femme. On peut lui supposer aussi facilement l'intention de payer pour sa femme qu'à celle-ci pour son mari. (Voy. l'art. 1236.)

« *A moins que la quittance n'exprime.* » Alors, il est prouvé qu'elle a payé au delà de sa moitié par une erreur qui doit être réparée.

1490. — Cette convention, qui est à l'égard des créanciers *res inter alios acta*, ne peut préjudicier aux droits que la loi leur donne contre chacun des époux ; mais les stipulations faites dans le partage peuvent-elles profiter aux créanciers? Oui, comme exerçant les droits de l'autre époux (voy. 1166), mais non de leur chef ; ce qui est différent à cause de l'action et de la compensation.

SECTION VI.

DE LA RENONCIATION A LA COMMUNAUTÉ ET DE SES EFFETS.

1492. — « *Perd toute espèce de droit.* » La femme est donc associée pendant le mariage sous une condition résolutoire.

Quoique la femme renonçante perde toute espèce de droits sans distinguer les biens qu'elle a apportés, ceux qui proviennent du mari ou ceux qui ont été acquis pendant la communauté, la loi lui accorde, par un motif d'humanité et de décence publique, la faculté de reprendre les linges et hardes à son usage. Ils forment ce que l'on appelle le trousseau de la femme. Elle peut reprendre tout ce qui est vêtement ou linge à son usage particulier; mais elle ne peut rien enlever de plus. Les diamants, pierreries, colliers, bracelets, bijoux, montres, argenterie, linges de table, etc., n'en font pas partie. (Voy. cependant art. 560 C. de com.)

1493. — « *De toutes les indemnités qui peuvent lui être dues.* » Lorsque la femme a repris en nature les objets des deux premières catégories, le mari étant exclusif propriétaire des biens autrefois communs, la femme n'étant plus que simple créancière du mari, elle ne peut prendre en payement les immeubles de la communauté ; elle exerce une créance ordinaire et non les droits d'un copartageant ; les intérêts n'en seront dus que du jour de la demande. Le silence de l'article ne suffit pas pour nous écarter des principes généraux. L'art. 1570 est spécial au régime dotal.

Si la femme reçoit des immeubles en payement des indemnités qui lui sont dues, il y a transmission de propriété, et par conséquent ouverture à un droit proportionnel de mutation.

1494. — La femme par sa renonciation est étrangère à la communauté ; elle est donc libérée de toute contribution aux dettes : le mari ayant tout l'actif, doit supporter tout le passif. Mais à l'égard des créanciers, il faut distinguer les dettes pour lesquelles elle peut être actionnée comme personnellement débitrice et celles à raison desquelles elle ne pourrait l'être que comme commune. Pour les premières, c'est-à-dire celles entrées dans la communauté de son chef, ou pour lesquelles elle s'est personnellement obligée (art. 1486 et 1487, etc.), elle peut être poursuivie, sauf son recours contre le mari pour la totalité.

1495. — Il est facile de voir que les motifs d'humanité et de convenance qui ont fait accorder ces droits à la femme n'existent pas à l'égard des héritiers.

1496. — L'adoption de la communauté légale peut procurer à l'un des époux, au préjudice de l'autre, des avantages considérables. Par exemple, si les époux ont chacun 100,000 fr., l'un en immeubles et l'autre en meubles, ce

second patrimoine entre tout entier dans la communauté,
et par conséquent l'autre époux en acquiert la moitié.

En présence de pareils résultats, le législateur a dû se
demander s'il fallait considérer ces avantages comme des
libéralités réductibles à la quotité disponible, ou comme
des conventions entre associés, ayant le caractère d'actes
à titre onéreux. Il fait une distinction.

Il refuse aux enfants du mariage le droit de demander
le retranchement des avantages faits par leur père ou mère
à son nouvel époux, parce qu'ils n'y ont pas grand intérêt,
vu qu'ils trouveront dans la succession du donataire ce
qui leur manquera dans celle du donateur.

Mais quand l'époux qui a procuré l'avantage laisse des
enfants d'un précédent mariage, cet article leur permet
d'exercer l'action en réduction, conformément à l'art. 1098,
que la convention d'où résulte l'avantage soit expresse ou
tacite.

Cette libéralité indirecte doit aussi être réduite quand
elle résulte de successions échues pendant le mariage,
comme quand elle est la conséquence de la confusion
des biens et des dettes existant au moment même de la célébration. Cette doctrine est conforme à l'esprit et au texte
de la loi : à l'esprit, puisque les enfants seraient lésés dans
les deux cas; au texte, puisqu'il admet l'action en retranchement, toutes les fois que la confusion du mobilier et
des dettes opère un avantage supérieur à celui désigné
dans l'art. 1098.

Si les enfants du mariage ne pouvaient pas profiter de la
réduction lorsqu'elle est demandée par les enfants d'un
précédent lit, ils seraient lésés; l'égalité du partage serait
détruite; il faut donc les admettre à y participer, puisque
la succession des père et mère doit être partagée par portions égales entre tous les enfants. (Voy. l'art. 745.)

DEUXIÈME PARTIE.

De la communauté conventionnelle et des conventions qui peuvent modifier la communauté légale.

1497. — La communauté conventionnelle est la communauté légale modifiée par les conventions des parties.

Les époux peuvent modifier la communauté légale comme ils le jugent à propos, mais ce sont les stipulations renfermées dans cet article, qui ont pour objet de restreindre ou d'étendre la communauté légale, d'y apporter quelques changements quant au partage et sous quelques autres rapports, qui sont le plus usités.

Sans sortir du régime de la communauté, les époux peuvent-ils, soit par la simple clause de remploi, soit par une clause spéciale, imprimer aux immeubles de la femme le caractère d'inaliénabilité? Marcadé et M. Troplong soutiennent la négative. L'inaliénabilité ne peut résulter que de la soumission expresse au régime dotal. (1392.) Il est d'ordre public et d'intérêt général que la libre circulation des biens soit maintenue; l'inaliénabilité est contraire aux intérêts du trésor public et au commerce; en principe général, toute stipulation d'inaliénabilité est interdite comme contraire à l'ordre public. Elle n'est permise que par une exception écrite dans la loi, pour les biens de la femme seulement, et mariée sous le régime dotal.

D'autres auteurs soutiennent l'affirmative en disant que la loi autorise les époux à régler leur association conjugale comme ils le jugent convenable, et par toutes conventions non contraires à l'ordre légal des successions; aux droits de puissance paternelle, maritale; aux règles de la tutelle, aux bonnes mœurs et aux dispositions prohibitives du Code; qu'ils ne trouvent rien d'opposé à ces principes dans la clause qui frappe d'inaliénabilité les immeubles de la femme sans les soumettre au régime dotal; qu'elle est donc légitime aux termes de l'art. 1497.

SECTION PREMIÈRE.

DE LA COMMUNAUTÉ RÉDUITE AUX ACQUÊTS.

1498. — On entend par *acquêts* ce que les époux ensemble ou l'un d'eux acquièrent pendant le mariage à titre onéreux, ce qu'ils gagnent par leur industrie, ou ce qui arrive à l'un d'eux en considération de sa capacité, de son mérite, ou en récompense de services qu'il a rendus.

Il n'y a pas de termes *sacramentels* pour stipuler une communauté réduite aux acquêts; il suffit que la volonté des époux soit clairement exprimée.

Sous ce régime, ils excluent d'abord leur mobilier présent, ce qui comprend, outre les meubles proprement dits, les fruits civils *échus*, les fruits naturels *perçus* et les bénéfices d'une industrie réalisée au moment du mariage. Donc les œuvres de l'intelligence terminées avant cette époque sont la propriété de celui qui les a créées; mais le produit des éditions faites pendant le mariage tombe dans la communauté.

Les époux excluent leur mobilier *futur* acquis à titre gratuit, par successions légitimes ou testamentaires et par donation.

L'office possédé par le mari au moment du mariage lui reste propre, mais ses produits sont communs.

Sous ce régime, les époux excluent leurs dettes actuelles et futures contractées pendant le mariage à l'occasion d'un bien propre.

Au moment du partage, chaque époux prélève les objets qu'il a apportés lors du mariage ou qui lui sont échus depuis.

1499. — Les époux justifieront leur apport par un inventaire ou état en bonne forme, tel qu'un état estimatif annexé à une donation, un compte de tutelle, etc.

Ni l'un ni l'autre des époux ne peuvent en justifier par témoins ou par commune renommée. Avant le mariage, la femme était libre, elle pouvait prendre cette précaution de faire inventaire. (Voy. aussi 1502.)

S'il s'agit de meubles acquis à titre gratuit pendant le mariage, la femme est admise à la preuve par témoins et par commune renommée, parce que, n'ayant pas sa liberté, sa dépendance a pu l'empêcher de se procurer une preuve écrite. Au contraire, le mari, parfaitement libre de faire inventaire, ne peut pas se plaindre du défaut d'accomplissement de cette formalité, et ses héritiers n'auraient pas plus de droits, à moins qu'ils ne veuillent prouver que l'inventaire a été négligé par leur auteur pour faire à son conjoint une libéralité excédant les limites de l'art. 1098, cas auquel ils seraient admis à présenter toutes espèces de preuves.

SECTION II.

DE LA CLAUSE QUI EXCLUT DE LA COMMUNAUTÉ LE MOBILIER EN TOUT OU PARTIE.

1500. — La clause de réalisation est celle par laquelle les futurs époux excluent de la communauté tout ou partie de leur mobilier.

Cette convention déroge aux principes généraux de la communauté, il faut l'interpréter dans un sens restrictif.

La réalisation est expresse ou tacite : elle est expresse, quand les époux déclarent formellement exclure de la communauté tout ou partie de leur mobilier ; elle est tacite, lorsqu'ils déclarent mettre en commun une somme d'argent ou certains objets déterminés : cette clause entraîne l'immobilisation du mobilier présent.

En excluant de l'actif de la communauté la totalité ou une partie aliquote de leur mobilier, les époux excluent de plein droit les dettes dans la même proportion, *non sunt bona nisi deducto œre alieno*. Cette proposition est admise par le plus grand nombre des auteurs.

1502. — La loi ne prononce pas l'exclusion de toute autre espèce de preuves de l'apport des époux ; on doit

33

admettre un état dressé entre eux pendant le mariage, un
compte de tutelle, un acte de partage, etc.

Si des créances sont apportées par le mari, il ne peut
en reprendre le montant qu'en prouvant qu'elles ont été
payées pendant la communauté ; dans le cas contraire, il
ne peut reprendre que les titres. Si elles sont apportées par
la femme, elles sont présumées avoir été payées tant que
le mari ne justifie pas qu'elles ne l'ont pas été et qu'il a fait
les diligences nécessaires pour s'en procurer le payement.

1503. — « *La valeur de ce dont le mobilier.* » Ces termes ont
renouvelé sous le code la question de savoir si le mari,
personnellement, ou comme chef de la communauté, a la
propriété, la libre disposition du mobilier que la femme
s'est réservé propre par la clause de réalisation ? M. Troplong soutient l'affirmative en se fondant sur l'ancienne jurisprudence et sur les anciens auteurs Pothier et Lebrun.

D'autres jurisconsultes distinguent : ils appliquent les
termes de cet article au cas où le mobilier a été transmis
à des tiers qui invoquent le principe : *En fait de meubles
possession vaut titre ;* 2° A celui où il s'agit de choses mobilières se consommant ou se détériorant d'une manière notable par l'usage. Voyez 587, 589 et 1851 ; 3° A celui où
les meubles sont destinés a être vendus, parce qu'ils ont
été estimés ; 4° A celui enfin où le mobilier a péri par la
faute du mari. Ainsi restreint, cet article reçoit son application dans des cas nombreux ; il n'est pas nécessaire de
l'étendre au cas où la femme retrouve son mobilier en
nature et d'en conclure que, cessant d'en être propriétaire,
elle peut toujours être dépouillée par les créanciers du
mari ou de la communauté.

La femme a voulu conserver la propriété des meubles
non fongibles et se réserver le droit de les reprendre en
nature par des motifs particuliers : des souvenirs de famille,
un prix d'affection quelconque.

Ce que je dis des meubles précieux, tels que tableaux,

bijoux, médailles, etc, je le dis aussi des créances nominatives et personnelles ; l'acquéreur ne pourrait pas se prévaloir de l'art. 2279, puisque ces créances portent le nom de leur propriétaire : la communauté en aura donc la jouissance, suivant la nature et la destination de chaque chose.

SECTION III.

DE LA CLAUSE D'AMEUBLISSEMENT.

1505. — Cette clause a pour but, comme la précédente, de rendre égale la mise des deux époux dans la communauté.

· **1506.** — L'ameublissement est général ou particulier, et celui-ci se divise en ameublissement déterminé et indéterminé, distinction importante.

L'ameublissement déterminé est la clause par laquelle on fait tomber dans la communauté un ou plusieurs immeubles désignés, en totalité ou jusqu'à concurrence d'une certaine somme.

1507. — L'effet de l'ameublissement déterminé *parfait*, est de rendre la communauté propriétaire. De là les conséquences suivantes : 1° L'immeuble périt pour la communauté ; s'il existe, il est compris dans la masse partageable ; s'il est aliéné, évidemment l'époux n'a pas droit à un remploi ; il est garant de l'éviction soufferte par la communauté ; cette opinion est la conséquence de ce que le contrat de mariage est très-onéreux et ne renferme pas de donation. Cette obligation ne doit pas être étendue à l'ameublissement général. L'époux n'entend apporter à la communauté que les immeubles qui lui appartiennent.

Dans l'ameublissement déterminé de la seconde espèce ou *imparfait*, le mari ne peut aliéner l'immeuble sans le consentement de sa femme ; il peut seulement l'hypothéquer, jusqu'à concurrence de la *portion ameublie*.

Le cas de l'ameublissement d'un immeuble jusqu'à concurrence du tiers ou de la moitié n'est pas prévu par le Code. Il faut décider que cet immeuble est indivis entre la communauté et l'époux propriétaire. Les conséquences à en tirer sont les mêmes que dans l'ameublissement déterminé parfait.

1508. — L'effet de l'ameublissement déterminé imparfait et de l'ameublissement indéterminé est d'accorder au mari la faculté d'hypothéquer jusqu'à concurrence de la valeur ameublie, et d'obliger l'époux qui l'a consenti, à comprendre dans la masse, lors de la dissolution de la communauté, l'immeuble ou les immeubles jusqu'à concurrence de la somme promise.

1509. — Quoique l'héritage ameubli appartienne à la communauté ou fasse partie de la masse partageable, le législateur, cédant à de vieilles idées de conservation des biens dans les familles, permet à l'époux qui a ameubli un héritage, de le *reprendre* ou de le *retenir* en le précomptant sur sa part pour son prix actuel et non pour celui qu'il avait lors de l'ameublissement. L'immeuble a été aux risques de la communauté, il a donc dû accroître ou diminuer pour elle.

Cette faculté s'exerce sans préjudice des droits réels qui auraient été acquis par des tiers durant la communauté.

De ces mots *en le précomptant sur sa part*, on doit conclure que la femme ne peut exercer ce droit en renonçant : elle n'est plus copropriétaire, elle est devenue une créancière ordinaire elle ne peut se payer en nature. Cela fait question.

Les immeubles ameublis, sont-ils affranchis des dettes de l'époux qui les a ameublis ? Il faut admettre plusieurs distinctions : si l'ameublissement est universel ou à titre universel, l'époux n'est pas garant de l'éviction d'un ou plusieurs immeubles que la communauté aurait soufferte, parce qu'il est censé n'avoir apporté que ceux qui lui appartenaient et tels qu'ils lui appartenaient ; elle n'a donc point d'indemnité à réclamer pour le préjudice que lui a causé l'éviction : d'un autre côté, en formant l'actif de la communauté de l'universalité ou d'une quote-part de cette universalité des immeubles, en vertu de la maxime *non sunt bona,* etc., les dettes devront tomber dans la communauté, dans la même proportion et sans récompense.

La question est plus délicate dans le cas de l'ameublissement déterminé particulier.

Le conjoint est tenu de la garantie pour le cas d'éviction : par les mêmes motifs, il doit être tenu des dettes qui grèvent l'immeuble ameubli : par exemple, des dettes hypothécaires, de celles des successions qui grèvent l'immeuble entré dans la communauté par ameublissement. Il ne doit pas être en son pouvoir de diminuer l'importance de son engagement précis par le retranchement de ses dettes. Il y a controverse.

SECTION IV.

DE LA CLAUSE DE SÉPARATION DES DETTES.

1510. — La clause de la séparation des dettes est celle par laquelle les époux stipulent qu'ils payeront séparément leurs dettes personnelles antérieures au mariage.

Voici, je crois, le résumé des principes adoptés par le code. Quand il existe une clause de séparation de dettes, la communauté n'est pas débitrice envers les créanciers de l'un ou de l'autre époux ; ceux-ci cependant peuvent la poursuivre jusqu'à concurrence des biens provenant de leur débiteur, dont elle profite. Leurs droits se bornent là lorsqu'ils ont été fidèlement constatés. Mais, dans aucun cas, les créanciers *de l'un et de l'autre époux* ne peuvent poursuivre à ce titre les biens dont l'origine constatée prouve qu'ils ne viennent pas du chef de l'époux débiteur. C'est l'action *de in rem verso* qu'ils peuvent intenter. La communauté n'avait droit à ce mobilier que déduction faite des dettes : *Non sunt bona nisi deducto œre alieno.*

1511. — Lorsque la clause d'apport a pour objet un

corps certain, une somme ou une quantité déterminée, elle fait supposer une séparation des dettes antérieures, parce que leur payement pourrait restreindre et même anéantir l'apport annoncé, ce qui tromperait dans son attente l'autre époux.

1512. — Cet article appelle l'application de la règle qui fait tomber dans le passif de la communauté les intérêts des dettes personnelles. (Voy. 1409-3°.)

Il serait permis de stipuler le contraire. Cette règle ne renfermerait rien d'opposé aux mœurs et à l'ordre public, et les contrats de mariage jouissent de la plus grande liberté.

1513. — Les époux peuvent se déclarer *francs* et *quittes* ou être déclarés tels par père, mère, ascendant, tuteur ou même étranger. Dans le premier cas, c'est une clause de séparation de dettes, sauf quelques différences. 1° La communauté qui paye des dettes a droit à récompense pour le capital et les intérêts; elle doit recouvrer tout ce qu'elle aurait si la déclaration des époux était vraie. L'un a dû compter sur tout le mobilier et la jouissance des propres de l'autre. 2° La clause de franc et quitte est sans effet à l'égard des créanciers. L'art. 1513 ne dit pas, comme l'art. 1510, que la communauté ne sera tenue envers les créanciers de l'époux déclaré franc et quitte, que jusqu'à concurrence du mobilier qui est tombé de son chef : d'où la conséquence qu'ils peuvent la poursuivre sur tous ses biens.

Dans le deuxième cas, l'époux à qui l'indemnité est due a deux débiteurs : 1° l'époux déclaré franc et quitte, qui a tacitement adhéré à la déclaration (il est même le débiteur principal); 2° les tiers qui l'ont faite.

Quand l'époux s'est déclaré franc et quitte, l'indemnité due ne peut être réclamée qu'à la dissolution de la communauté, qu'elle soit due au mari ou à la femme. Mais quand la déclaration est faite par un tiers, on n'a pas voulu que le mari fût privé de la jouissance des sommes qu'il a été forcé de débourser pour le payement des dettes de la femme. Il peut exercer son recours en garantie pendant la communauté.

SECTION V.

DE LA FACULTÉ ACCORDÉE A LA FEMME DE REPRENDRE SON APPORT FRANC ET QUITTE.

1514. — L'usage de cette clause s'est établi à l'occasion des croisades. Elle n'a d'abord été admise, ainsi que la faculté de renoncer, qu'en faveur des femmes nobles. Elle est contraire aux principes des sociétés. (Voy. 1855.) Elle doit donc être interprétée dans un sens restrictif. Ainsi, quant aux choses, la femme ne pourra reprendre que celles qui seront comprises dans la stipulation d'une manière certaine. S'il est dit que la femme reprendra *ce qu'elle a apporté*, elle ne pourra pas exercer la reprise du mobilier qui lui est échu pendant le mariage.

La clause doit aussi s'entendre restrictivement quant aux personnes appelées à en profiter : ainsi la faculté réservée pour la femme ne s'étendra pas à ses enfants. Si la clause est conçue d'une manière impersonnelle, *reprise sera faite*. Le droit est restreint à la femme seule. La reprise qu'elle stipulerait pour elle et ses enfants s'étendrait à ses petits-enfants (voy. 914), celle qu'elle stipulerait pour elle et ses héritiers ne s'étendrait ni à ses successeurs irréguliers, ni à ses successeurs testamentaires, même universels; mais si elle a stipulé la reprise pour les héritiers de la qualité la moins favorable, les collatéraux, il faut décider par *à fortiori*, que son intention a été d'y comprendre ceux d'une classe préférable, les descendants et ascendants.

SECTION VI.

DU PRÉCIPUT CONVENTIONNEL.

1515. — *Le préciput conventionnel* est la clause par laquelle les futurs époux conviennent que le survivant sera autorisé à prélever, *avant partage*, soit une certaine somme, soit une certaine quantité d'effets mobiliers en nature, ou même des immeubles.

L'indication que donne cet article des objets dont le préciput peut se composer n'est pas limitative.

Les époux peuvent stipuler le prélèvement de plusieurs objets déterminés. Ils peuvent aussi convenir du prélèvement d'objets de nature diverse, soit cumulativement les uns avec les autres, soit sous une alternative. Dans ce dernier cas, le choix des objets à prélever appartient à l'époux préciputaire, *nec obstat*. (1190.) C'est une faculté directement accordée à celui-ci de prélever ce qu'il jugerait convenable.

« *Même en renonçant.* » Dans ce cas, ce prélèvement est improprement appelé *préciput*, puisqu'il n'y a point de partage, c'est une donation, une créance à prendre sur les biens du mari. Les résultats sont bien différents.

Le préciput ne peut s'exercer que sur les biens communs et non sur les biens personnels du conjoint ; et si les biens de la communauté ne sont pas suffisants, le préciput sera réduit ou de nul effet. Quand il s'agit d'un droit que la femme s'est réservé, même en renonçant, elle peut l'exercer sur tous les biens du mari ou de ses héritiers.

1516. — Le préciput est un avantage, et cependant il n'est point considéré comme une donation ordinaire *quant aux formes*, ni même *quant au fond*, puisque cet article déclare que c'est une convention de mariage. Néanmoins, l'avantage qui peut en résulter pour l'un des conjoints est sujet à réduction dans l'hypothèse prévue par 1527-3°. De même, l'art. 1525, qui attribue au survivant toute la communauté, explique que cet avantage sera soustrait aux règles des donations, *soit quand au fond, soit quant à la forme*, parce qu'une pareille clause est réputée convention de mariage. Il y a un *à fortiori* dans le premier cas.

1517. — Le préciput s'ouvre par l'arrivée de l'événement en prévision duquel il a été stipulé, et c'est à celui qui prétend exercer ce droit à prouver qu'il s'est ouvert à son profit. Si deux époux appelés l'un et l'autre, ou l'un ou l'autre, au préciput meurent dans le même événement, on n'applique pas, à notre avis, les art. 720 et suivants du Code; ils règlent l'ordre des successions. Ces présomptions ne sont pas répétées au titre du préciput: il faut donc invoquer la règle de droit commun *incumbit onus probandi ei qui dicit*, et l'art. 135.

1518. — Cet article est incomplet, nous allons l'expliquer par des espèces :

1° Supposons que le préciput ait été stipulé en faveur de la femme survivante, qu'elle ait obtenu la séparation de corps, et qu'elle accepte la communauté : la communauté se partage par portions égales; seulement le mari doit donner caution pour la moitié des objets composant le préciput, puisque cette moitié doit un jour appartenir à la femme si elle est survivante.

2° La femme a stipulé le préciput, même pour le cas où elle renoncerait à la communauté. Elle obtient la séparation de corps et renonce : la communauté entière reste au mari; mais il doit donner caution de restituer intégralement le préciput si la femme survit.

3° Le préciput est stipulé au profit du mari survivant. Il a obtenu la séparation de corps et la femme accepte la communauté, ici il y a deux opinions : on partage la communauté; le mari prend la moitié du préciput comme co-partageant, il prend l'autre moitié en vertu de son droit éventuel qui peut se réaliser par la survie; mais il donne caution pour cette dernière part qu'il devra restituer s'il ne survit pas. Cette opinion paraît conforme au texte. D'autres jurisconsultes décident que la communauté se partage comme s'il n'y avait pas de préciput; en conséquence, la femme en prend la moitié. Cependant, la loi ne lui impose pas, comme au mari, l'obligation de donner caution. On n'aperçoit pas le motif qui pourrait l'en dispenser. On ne peut pas raisonner par analogie : en matière exceptionnelle, la maxime *ubi eadem ratio, ibi idem jus* ne reçoit pas son application ; elle ne devrait donc pas fournir une caution. Pourquoi astreindre le mari seul à donner caution? Pourquoi cette inégalité dans les garanties lorsque les périls sont égaux.

La doctrine est la même en cas de séparation de biens, excepté que le mari n'est point indigne du préciput, comme en cas de séparation de corps.

1519. — Les objets composant le préciput sont compris dans la masse des biens communs : les créanciers de la communauté peuvent donc les faire vendre pour se payer sur le prix. Si le préciput est stipulé au profit de la femme qui s'est réservé le droit de l'exercer elle-même en renonçant, elle a un recours sur les biens de son mari prédécédé. (1515.)

SECTION VII.

DES CLAUSES PAR LESQUELLES ON ASSIGNE A CHACUN DES ÉPOUX DES PARTS INÉGALES DANS LA COMMUNAUTÉ.

1520. — Le partage d'une égalité absolue et non proportionnelle aux mises, comme dans les sociétés ordinaires (voy. 1853), est l'un des principes de la communauté légale ; mais il peut être modifié à la volonté des parties par trois clauses distinctes, non limitatives, dont parle le Code ; ce sont : l'attribution de parts inégales, le forfait de communauté et la clause par laquelle on stipule que toute la communauté appartiendra au survivant. Dans tous ces cas, la clause est une simple convention de mariage, une condition de l'association conjugale valable par elle-même et peut-être plus équitable, parce qu'il est possible que celui qui apporte moins ait des espérances de fortune ou une industrie particulière.

« *A l'époux survivant ou à ses héritiers.* » Vice de rédaction. Il faut lire : à l'époux survivant ou aux héritiers du prédécédé.

1521. — « *La convention est nulle.* » Elle est non avenue, le droit commun reprend son empire. (Voy. 1172.) C'est afin de prévenir des avantages indirects entre époux. Les auteurs sont d'accord ; M. Duranton est d'une opinion contraire.

1522, 1523, 1524. — « *Les créanciers n'ont en ce cas aucune action*, etc. » Ces termes sont trop absolus. Les conventions faites entre époux ne peuvent changer la condition des créanciers ; ils ont action contre la femme pour ses dettes antérieures au mariage, et pour celles contractées pendant le mariage avec l'autorisation de son mari conjointement avec lui, sauf son recours pour le tout ; elle a même une hypothèque légale qui lui assure un rang préférable aux créanciers de la communauté.

« *En demeurant obligée à toutes les dettes.* » La femme est suffisamment protégée par sa faculté de renoncer dont elle ne peut se dépouiller par aucune convention. (Voy. 1453.) Il n'existe pas d'article de loi qui déclare nulle la convention par laquelle, comme compensation de la chance de gains, elle s'obligerait à payer une somme et à prendre la communauté en acquittant toutes les dettes, même au delà de son émolument.

Le texte n'accorde à la femme que l'option d'abandonner les biens et les charges, ou retenir la communauté en payant *toutes les dettes* ; elle doit s'imputer de n'avoir pas renoncé, si le passif de la communauté excède l'émolument qu'elle y trouve.

1525. — « *Cet avantage n'est point réputé*, etc. » Cette clause ne renferme pas une donation ; il y a collaboration réelle dans la vue d'en partager les bénéfices dans les cas et conditions prévus : il y a donc société proprement dite. Les chances sont égales de part et d'autre ; le hasard peut favoriser l'un ou l'autre ; il n'y a ni donation, ni injustice, et les héritiers à réserve ordinaire ne peuvent pas en demander la réduction. Les époux peuvent même étendre les effets de cette clause comme ils peuvent les restreindre. Ainsi ils peuvent dire que le survivant aura toute la communauté, y compris les apports du prédécédé ; mais faut-il dire, avec Marcadé, que comme ils excèdent les limites de la convention que le législateur n'a pas considérée comme une donation, il y aurait alors une libéralité réductible d'après les règles ordinaires. (Voy. 1525.)

Ou faut-il soutenir, avec M. Troplong, qu'il n'y a pas donation, même en ce qui concerne les apports ; il faut prendre l'ensemble de la convention. L'apport est entré dans la société. Si l'on peut attribuer la communauté au survivant, on peut la lui attribuer avec tous ses éléments, c'est-à-dire avec les mises. C'est une convention aléatoire qui n'a pas les caractères d'une libéralité. Je préfère la première opinion, qui est celle de MM. Rodière et Pont.

SECTION VIII.

DE LA COMMUNAUTÉ UNIVERSELLE.

1526. — La faculté accordée aux époux de stipuler une communauté universelle est exorbitante du droit commun ; elle est prohibée en règle générale par l'art. 1837 du Code. La loi fait ici une exception pour favoriser le mariage. Mais comme la communauté à titre universel est une dérogation aux règles ordinaires, on doit restreindre le sens des contrats dans lesquels elle est stipulée.

Si les époux ont déclaré mettre en communauté *tous leurs biens*, ces mots ne s'appliqueront qu'aux immeubles présents, les meubles présents et à venir y tombant de droit ; MM. Troplong, Rodière et Pont sont d'une opinion contraire. S'ils ont déclaré mettre dans la communauté les immeubles qui leur adviendraient *par succession*, elle ne comprendra pas ceux qu'ils acquerraient par donation entre-vifs ou testamentaire.

Dispositions communes aux huit sections ci-dessus.

1527 et **1528**. — Voy. notre article 1496.

SECTION IX.
DES CONVENTIONS EXCLUSIVES DE COMMUNAUTÉ.

1529. — La France se divisait autrefois en pays de coutumes et de *communauté* ; en pays de droit écrit et de *dotalité*. C'était dans les premiers seulement que l'on se mariait avec la clause d'exclusion de communauté et de séparation de biens. En cas d'insuffisance des textes, il faut donc plutôt suivre les règles établies pour les régimes de communauté que pour le régime dotal, qui ne devait pas figurer dans le Code, d'après la pensée primitive du législateur. En conséquence, il existe ces différences remarquables entre ces deux régimes :

1° Les fonds dotaux sont aliénables ;

2° Les fruits naturels n'appartiennent au mari que par la perception. (1401.) 1571 n'est pas applicable. Contesté ;

3° L'art. 1549 n'est pas applicable au régime exclusif de communauté ;

4° Dans le régime dotal, la dot qui consiste en argent ou autres choses fongibles ne doit être rendue par le mari qu'un an après la dissolution du mariage. L'art. 1531 décide que la restitution se fait *après la dissolution du mariage*. Contesté ;

5° L'art. 1531 écarte aussi l'application de l'art. 1570, particulier au régime dotal. Contesté ;

6° La consistance de la dot de la femme ne se détermine pas et ne se prouve point d'après les mêmes règles. En effet, sous ce régime, tous les biens de la femme sont dotaux ; sous le régime dotal, les biens qu'elle *se constitue* en dot, et ceux qui *lui sont donnés* par contrat de mariage seulement sont dotaux ; le reste est paraphernal. (Voy. les art. 1541 et 1574.)

§ 1er *De la clause portant que les époux se marient sans communauté.*

1530 et **1531.** — Le mari prend, comme usufruitier et non comme mandataire de sa femme, tous les fruits et revenus, sous l'obligation de supporter les charges du mariage. Le mot fruit comprend les gains du travail et de l'industrie de la femme. Le produit de tous les travaux d'art et de science, toutes les fois que le travail doit se convertir en argent, cet argent appartiendra au mari.

Lorsque les besoins du ménage sont satisfaits, les économies faites sur les revenus, sur le produit du travail et de l'industrie des époux, appartiennent exclusivement au mari, tous les biens qu'il acquiert, quelque considérables qu'ils soient, deviennent sa propriété. Il est administrateur et usufruitier; en conséquence, il peut intenter les actions mobilières et seulement les actions possessoires.

Chaque époux reste grevé de ses dettes. Les créanciers du mari ne pourraient pas saisir les meubles de la femme et ceux de la femme ne pourraient pas même saisir les meubles de leur débitrice. Cela est certain si leur créance n'a pas une date certaine, et même, dans la supposition contraire, les créanciers de la femme, n'ayant ni privilége ni hypothèque, ne peuvent agir que sur les biens appartenant actuellement à leur débitrice : la femme a aliéné l'usufruit de ses biens à titre onéreux par son contrat de mariage. Ses créanciers ne peuvent le révoquer qu'en vertu du principe de l'action révocatoire paulienne. Voy. l'art. 1467. Cette opinion est controversée. (Voy. Marcadé et M. Troplong.)

1532. — Le mari devient propriétaire du mobilier qui se consomme par l'usage, mais il en doit rendre l'estimation qui en a été faite au moment de l'apport, ou lorsqu'il est échu. La femme a le droit de reprendre en nature les autres meubles non détériorés par la faute du mari.

1533. — « *De toutes les charges*, etc. » Notamment de faire les réparations d'entretien, d'acquitter les contributions, de payer les intérêts des dettes de la femme, les arrérages de ses rentes perpétuelles et viagères ; mais il est dispensé de donner caution par argument *à fortiori* de l'art. 1550, puisque le régime dotal est plus favorable à la femme.

1534 et **1535.** — La justice ne peut autoriser la femme à aliéner la pleine propriété de ses biens ; elle s'est dessaisie de l'usufruit au profit du mari qui compte sur cette ressource pour supporter les charges du mariage.

Les immeubles de la femme sont prescriptibles.

§ 2. — *De la clause de séparation de biens.*

1536 et **1537.** — « *Du tiers de ses revenus.* » Si la position du mari était telle qu'il ne pût pas fournir les deux tiers, la contribution de la femme serait augmentée, jusqu'à supporter la totalité des charges, sauf une action en indemnité contre son mari, s'il vient à acquérir de nouveaux biens.

Le tiers des revenus doit en général être remis au mari.

La séparation contractuelle ne peut pas, comme la séparation judiciaire, cesser pendant le mariage. C'est l'application du principe que les conventions matrimoniales sont immuables.

1538 et **1539.** — Si le mari administre les biens de la femme, il faut distinguer si c'est avec ou sans mandat. Si c'est sans mandat et sans opposition de la femme, le mari ne doit rendre compte que des fruits existants ; quant aux fruits consommés, ils sont censés avoir reçu un emploi régulier.

S'il administre en vertu d'un mandat qui lui impose *l'obligation de rendre compte*, ou si c'est malgré l'opposition de la femme, il est tenu, comme le serait un mandataire étranger, de rendre compte des fruits existants et des fruits consommés. Comme il les a recueillis, il a dû faire les réparations d'entretien, payer les contributions et supporter toutes les charges des fruits. Cette doctrine, qui est conforme aux principes du droit commun, se trouve appliquée par les art. 1577 et 1580 aux biens paraphernaux.

CHAPITRE III.

DU RÉGIME DOTAL.

1540. — La dot sous ce régime, est le bien que la femme se constitue en dot, et ce qui lui est donné en contrat de mariage, dont le mari a la propriété temporaire ou la jouissance pour supporter les charges du ménage.

Les biens sont dotaux ou paraphernaux; distinction importante, puisque le mari a l'administration et la jouissance des premiers, tandis que la femme conserve la jouissance et l'administration des seconds.

SECTION PREMIÈRE.

DE LA CONSTITUTION DE DOT.

1542. — Le texte n'ajoute pas *ou ses biens à venir seulement*, d'où l'on pourrait conclure par argument *à contrario*, qu'il a voulu défendre de les constituer isolément en dot. Mais ne faudrait-il pas une disposition formelle pour apporter cette exception à la liberté des conventions? Ne peut-on pas d'ailleurs argumenter de ce que la femme peut se constituer ses biens à venir avec ses biens présents. S'il en était autrement, on empêcherait le mariage des personnes qui ont seulement des espérances; qui peuvent compter sur la succession de parents qui ne veulent pas faire de sacrifices de leur vivant.

«*Se constitue.* » Il n'existe pas de termes sacramentels. Ainsi l'on doit considérer comme dotaux les biens dont la femme a déclaré conférer au mari l'administration et la jouissance; et ceux qu'elle a déclaré apporter au mari pour lui aider à supporter les charges du mariage ; ou lorsque la femme s'est réservée comme paraphernaux certains biens, il faut considérer les autres comme dotaux. Mais dans le doute, les biens de la femme doivent être réputés paraphernaux.

« *Pour supporter les charges du mariage.* » On doit conclure de ces termes, que le mari ne peut, à la différence d'un usufruitier ordinaire, ni céder son droit d'usufruit, ni le grever d'hypothèque, et que ses créanciers ne sont point autorisés à le frapper de saisie, si ce n'est dans la proportion de ce qui excède les besoins du ménage.

1543. — « *Ni même augmentée.* » C'est l'application de l'art. 1395 qui défend d'apporter aucun changement aux conventions matrimoniales ; les époux ne peuvent donc, par une volonté et convention nouvelles, augmenter la dot. Mais l'accroissement qui vient de la nature des choses comme par alluvion ou accession artificielle, par une construction faite sur le fonds dotal, par l'extinction d'un usufruit, etc., n'est pas contraire à cet article.

Dans la constitution de tous biens présents, sont comprises les successions échues à la femme, quoique non encore partagées, les immeubles acquis sur licitation dont elle possédait une part indivise : la licitation est un partage et le partage est déclaratif., c'est-à-dire qu'il opère un effet rétroactif.

Lorsque postérieurement à la célébration du mariage, une donation a été faite à une femme dont la constitution de dot embrasse les biens présents et à venir, sous la condition que le mari ne jouira pas des biens compris dans cette donation, ou une donation sous la condition que le bien sera dotal, a été faite à la femme qui ne s'est pas constitué ses biens à venir ? Quel est le mérite de ces stipulations ? Les auteurs donnent plusieurs solutions à ces questions.

Première opinion. La prohibition de cet article concerne l'augmentation ou la diminution de la dot, provenant d'une

convention entre les époux, mais rien n'empêche un tiers
de donner sous telles conditions qu'il juge convenables et
la femme d'accepter une donation dont les biens seraient
paraphernaux, lors même qu'elle se serait constitué en dot
ses biens présents et à venir et réciproquement. (Voy. 387,
1401 et 1405.)

Deuxième opinion. On reconnaît généralement que la condition de dotalité apposée aux biens donnés à une femme
dont le contrat ne constitue pas dotaux ses biens à venir
est réputée non écrite d'après l'art. 900 : elle entrave la
circulation des biens, elle les place pour un temps hors du
commerce, elle est donc contraire à l'intérêt général.

Mais quelques jurisconsultes disent : il doit être permis
de donner à cette femme, soit des meubles, soit des immeubles, sous la condition qu'ils seront dotaux, mais aliénables. Dans ce cas, la condition n'a rien de contraire à
l'intérêt du commerce, rien de nuisible aux tiers. Le donateur aurait pu donner la nue propriété à la femme et l'usufruit au mari, donc,

Voici le raisonnement de quelques jurisconsultes :

Il est certain que le donateur peut interdire au mari la
jouissance des biens qu'il a donnés. (Voy. les art. 387 et
1401.) La clause est licite, elle doit être exécutée.

D'autre part, les conventions matrimoniales ne doivent,
pendant le mariage, recevoir aucun changement ; et quand
il a été convenu dans le contrat que la constitution de dot
embrassait les biens présents et à venir, le résultat de cette
clause est d'entraîner la renonciation de la femme à la
jouissance de tous ses biens, et son exécution peut être
d'un grand intérêt pour le mari.

Comment concilier ces deux propositions ? La donation
devra conserver son effet en ce sens que le mari n'en profitera pas ; la femme n'en aura pas non plus la jouissance,
mais les revenus seront capitalisés et restitués à la femme
à la dissolution du mariage.

1544. — « Pour *droits paternels* et *maternels*. » Locution exacte à l'époque où les enfants avaient une action contre leurs parents pour les contraindre à concourir à leur établissement, mais inexacte aujourd'hui, où l'enfant n'a aucun droit sur les biens de ses père et mère au moment du mariage.

« *La mère, quoique présente au contrat,* » n'est point engagée ; sa présence et sa signature même ne peuvent remplacer une constitution de dot expresse. Elle consent au mariage de son enfant, elle est là, *honoris causa*, ou par suite d'une violence morale exercée sur elle.

1545. — D'abord, les droits maternels que le père, en les constituant, a voulu acquitter, forment une dette plus ancienne que celle qui résulte de la dotation qu'il a faite de son chef. 2° Cette dette peut être plus onéreuse que la dotation du chef du père, à laquelle peut-être aucune hypothèque n'est attachée. 3° *nemo liberalis nisi liberatus*.

1546. — « *La dot sera prise sur les biens*, etc. » Cette règle est fondée sur le même principe que 1023. Celui qui dote, comme celui qui lègue, manifeste l'intention de faire une libéralité.

1547. — Voyez notre art. 1440. Lorsqu'un immeuble a été constitué en dot et qu'une action en revendication vient à en dépouiller le mari, l'indemnité qui lui est due sera-t-elle réglée sur la valeur de l'immeuble au moment du mariage ou de celle au jour de l'éviction à cette dernière époque. L'art. 1631 n'est pas applicable, puisqu'il n'y a pas de prix stipulé. Quand un vendeur a aliéné la chose qui ne lui appartient pas, la vente étant nulle, le prix resterait sans cause dans ses mains s'il n'était pas forcé de le rendre intégralement. Mais, dans l'espèce, la constitution dotale existe toujours ; il faut réparer un dommage, et par conséquent c'est au moment où il se réalise qu'il faut en apprécier l'étendue.

1548. — « *Les intérêts de la dot.* » Ils se prescrivent,

comme ceux des autres créances, par cinq ans, pourvu que
la dot ait été constituée par tout autre que par la femme,
la prescription ne courant pas entre époux (2253).

DES DROITS DU MARI SUR LES BIENS DOTAUX ET DE L'INALIÉNABILITÉ DU FONDS DOTAL.

1549. — Sans discuter la question de savoir si le mari
est propriétaire d'un bien déterminé constitué en dot : sans
autre explication, nous dirons qu'il est propriétaire, 1° des
meubles estimés (voy. 1551); 2° des immeubles mis à prix
avec déclaration que l'estimation vaut vente (voy. 1552);
3° lorsque les choses dotales se consomment par l'usage
(voy. 587).

Dans tous les cas, le mari est usufruitier de la dot, il a
le droit d'en percevoir les fruits naturels et civils. Mais son
usufruit a des caractères spéciaux ; il finit à la dissolution
du mariage ou à la séparation de biens ; le mari ne peut
ni le vendre ni le grever d'hypothèques ou de servitudes,
ses créanciers ne peuvent pas le saisir, parce qu'il a une
destination qui est de pourvoir aux besoins du ménage.

« *Il a seul le droit d'en poursuivre les débiteurs et détenteurs.* » Il peut donc intenter les actions personnelles mobilières ou immobilières. S'il s'agit d'immeubles, le mari
peut incontestablement intenter les actions possessoires,
et comme la loi est conçue en termes généraux, nous lui
accordons aussi l'exercice de l'action pétitoire en recon-
naissant que c'est un vestige du droit romain. (Voy. notre
art. 1428.)

Le mari peut donc exiger le remboursement des capitaux
exigibles ou non.

Mais je ne pense pas qu'il ait le droit de procéder seul
au partage définitif d'une succession faisant partie de la
dot de sa femme. Il faut le concours de la femme : l'un est
intéressé à la jouissance et l'autre à la propriété ; l'art. 848

exige ce concours toutes les fois qu'il s'agit de biens ne tombant pas dans la communauté. Si l'on prétend que cet article n'a pas voulu faire allusion au régime dotal, on répondra que les auteurs du Code n'ont pas voulu le proscrire, puisqu'ils ont formulé le principe de l'art. 1387. Cette question est très-controversée.

Pour l'opinion contraire on dit : le mari a seul les actions pétitoires ; il peut donc demander le partage nonobstant 818, qui suppose les époux mariés en communauté. Cette décision résulte aussi de l'article 1558, dont la combinaison avec 1559 prouve que le mari n'a pas besoin du concours de la femme pour procéder à la licitation, et l'argument de la licitation au partage paraît assez concluant. M. Duranton est de la première opinion. Ses motifs sont graves.

1550. — « *N'est pas tenu de fournir caution*, etc. » Quand on confie le soin de son bonheur à un homme, il paraît naturel de lui confier ses biens. 1° L'hypothèque légale de la femme est une garantie suffisante. 2° Vu le nombre des mariages, tous les habitants d'une même localité se trouveraient dans peu de temps liés par des cautionnements réciproques, ce qui confondrait les fortunes et donnerait sans doute naissance à de nombreuses contestations.

1551. — La translation de propriété au mari vient de la nature périssable des meubles qu'on estime ; et c'est pour prévenir, lors de la restitution, les difficultés sur la cause des détériorations, et pour intéresser le mari à la conservation des objets ; peut-être aussi est-ce une réminiscence du droit romain.

1552. — Personne n'est présumé aliéner sa propriété ; on pouvait en douter à cause de ce qui vient d'être dit pour les meubles. Comme dans le droit romain et dans l'ancienne jurisprudence, en règle générale, *æstimatio venditio est* ; pour faire cesser toutes discussions, le Code a adopté pour les immeubles une règle absolue, contraire à celle adoptée pour les meubles : sans doute parce que les im-

meubles sont en général d'une valeur plus considérable,
moins sujets à détérioration, et que la mise à prix peut
avoir pour objet de prévenir les difficultés qui s'éleveraient
sur la cause et le montant des dégradations commises par
le mari.

1553. — « *N'est pas dotal*, » quoique l'immeuble acquis
ou donné en payement servira à supporter les charges du
mariage, mais ce ne sera pas en vertu de la destination
primitive des parties. La décision de cet article est importante: l'immeuble dotal est inaliénable et imprescriptible.
(Voy. 1554 et 1561.) Il doit être restitué immédiatement
(1564-3°). Ses fruits doivent être partagés la dernière année du mariage. (Voy. 1571.)

Voyez pour l'immeuble qui n'est pas dotal, 1565.

« *Si la condition de l'emploi n'a été stipulée,* etc.» Lorsque
la clause d'emploi existe, faut-il appliquer l'art. 1435,
c'est-à-dire exiger que l'emploi soit accepté par la femme
pour que l'immeuble soit dotal? Delvincourt fait une distinction qui peut être juste. Si le mari s'est obligé dans le
contrat de mariage à faire emploi, il doit être regardé
comme le mandataire de la femme, et il suffit que la déclaration d'emploi soit consignée par lui dans l'acte d'acquisition; mais s'il est dit simplement qu'emploi sera fait,
il faut que les deux époux aient comparu à l'acquisition.
Si le mari était seul, l'acceptation postérieure de la femme
ne peut imprimer à l'immeuble le caractère dotal, parce
que ce serait exposer les tiers à être trompés.

Si l'immeuble n'est acquis qu'en partie avec les deniers
dotaux, l'immeuble ne doit être dotal que jusqu'à concurrence des deniers dotaux. L'art. 1543 défend d'augmenter la dot pendant le mariage.

Quand l'emploi est exigé par le contrat de mariage, les
débiteurs qui font au mari des remboursements de sommes
dotales sont responsables du défaut d'emploi, ce qui est
trop rigoureux; mais on dit que le mari n'a la capacité de

recevoir que sous la condition de faire des capitaux un bon emploi; s'il n'existe pas, le payement est nul. Cette doctrine est consacrée par la jurisprudence, mais comment constater que l'emploi est bien fait? Dans la pratique, on consigne la somme due pour ne la payer qu'après un jugement qui déclare l'emploi valable.

1554. — « *Les immeubles constitués en dot.* » La loi a voulu mettre la dot à l'abri des dissipations du mari, et garantir la femme contre sa propre faiblesse.

« *La dot mobilière est-elle inaliénable?* » Pour la négative. En principe, tout propriétaire capable peut aliéner. Cet article ne défend que l'aliénation des immeubles; le titre ne parle que de l'inaliénabilité du fonds dotal. Le droit romain, aux *Institutes*, au *Digeste*, au *Code*, n'a prohibé que l'aliénation du fonds dotal. Or, les exceptions doivent être restreintes, donc. Voilà la doctrine. La jurisprudence est contraire; elle se fonde sur ce que la plupart des femmes mariées sous le régime dotal seraient sans protection si la dot mobilière était aliénable. 2° L'art. 1554 n'a pu parler que de l'inaliénabilité des immeubles, à cause de la maxime *en fait de meubles possession vaut titre*. (Voy. 2279.) Qu'en conséquence, l'inaliénabilité de la dot mobilière ne doit pas s'entendre de la même manière que celle des immeubles. Que quant aux meubles qui ne se consomment pas par l'usage, tels que tableaux, statues, diamants, etc., le mari est tenu de les rendre en nature; s'il les a aliénés et que l'acquéreur soit protégé par la maxime *En fait de meubles*, etc., la femme a une hypothèque légale sur les biens de son mari pour lui assurer la restitution de leur valeur. Si des sommes d'argent ou des choses qui se consomment par l'usage ont été constituées en dot, la femme même autorisée par son mari ne peut contracter pendant le mariage aucune obligation qui porte atteinte à la restitution de sa dot. Voilà peut-être comment on peut entendre l'inaliénabilité de la dot mobilière. Voyez

le système de Marcadé, qui tend à concilier la doctrine et
la jurisprudence.

« *Ou hypothéqués.* » Les jugements rendus contre la
femme mariée confèrent-ils hypothèque sur les immeubles
dotaux? S'il s'agit de dettes antérieures au mariage, ayant
date certaine, les jugements auxquels elles donnent lieu
emportent hypothèque sur les immeubles dotaux, parce
qu'en se mariant la femme n'a pas pu paralyser les droits
de ses créanciers. Si l'on suppose que des jugements ont
été rendus pour des dettes postérieures au mariage ou qui
n'ont aucune date certaine, l'hypothèque judiciaire ne
pourra pas atteindre les immeubles dotaux. Ce serait une
manière indirecte d'arriver à l'aliénation de la dot, malgré
la prohibition de la loi. (Voy. l'àrt. 1558.)

1555 et **1556**. — « *Avec l'autorisation de son mari.* » La
femme ne pourrait pas se faire autoriser en justice comme
dans le cas de 1555. Lorsque les enfants sont d'un premier lit, le refus du mari ne pourrait être que l'effet d'une
mauvaise humeur, sans motifs ni raisons plausibles, et
dont les enfants ne doivent pas être victimes; lorsqu'il
s'agit d'enfants communs ce motif disparaît, la conduite
du mari ne peut plus être suspectée. En décidant autrement, ne porterait-on pas atteinte à la puissance maritale
et paternelle?

1557. — Cet article prouve que l'inaliénabilité est de la
nature et non de l'essence du régime dotal.

Dans le cas de cet article, sera-t-il permis au mari d'hypothéquer? Qui peut le plus peut le moins. Là défense
d'hypothéquer n'est pas d'ordre public, comme dans le
droit romain.

Pour la négative, peut-être mieux fondée, l'on dit :
l'art. 1554 établit une règle générale, et l'art. 1557 ne
parle que des aliénations, et les exceptions ne s'étendent
pas d'un cas à un autre. D'ailleurs, en aliénant la femme
reçoit l'équivalent, en hypothéquant elle peut perdre sa dot

par des cautionnements ; et la femme consentira plus facilement à une hypothèque qu'à une aliénation. On peut argumenter de la loi *Julia* et de la loi 15 au Code : *De rei uxoriæ actione*. (Voy. M. Troplong, qui approfondit la question.)

De la faculté d'aliéner les biens mobiliers dotaux, stipulée dans le contrat de mariage, il ne faudrait pas conclure à la faculté de les donner en nantissement. Le nantissement est à la dot mobilière ce que l'hypothèque est à la dot immobilière. Et après de longues controverses, la cour de cassation a fait triompher dans ses arrêts cette interprétation ; que le pouvoir d'aliéner la dot immobilière n'emportait pas le pouvoir de l'hypothéquer.

1558. — La prohibition d'aliéner serait plus nuisible qu'utile si elle empêchait de rendre la liberté aux époux, quelle que soit d'ailleurs la cause de l'emprisonnement, qu'il ait une origine civile, commerciale ou une amende et les frais d'un procès criminel. Si elle empêchait de procurer à la famille ce qui lui est nécessaire pour subsister, elle frustrerait les créanciers antérieurs du gage qu'ils ont pris pour garantie de leur remboursement ; elle ferait manquer le but que l'on veut atteindre si elle empêchait de prévenir, par des réparations, la perte de l'immeuble dotal. Enfin elle ne doit pas contraindre les co-propriétaires de la femme à subir les inconvénients de l'indivision.

L'intervention du juge garantit la réalité des causes ; les enchères et les moyens de publicité assurent que les immeubles seront vendus à toute leur valeur.

« *Pour payer les dettes*, etc. » Les créanciers personnels de la femme n'auront pas d'action sur l'immeuble constitué en dot par un tiers puisqu'il n'était pas leur gage avant la constitution, et qu'il n'est entré dans le patrimoine de leur débitrice que frappé d'inaliénabilité. Auront-ils une action sur les immeubles que la femme se sera constitués elle-même ? Oui, si elle s'est constitué en dot l'universalité de ses biens en vertu de la maxime *non sunt bona*, etc. Même solution si l'immeuble que le créancier veut saisir était hypothéqué pour sûreté de sa créance avant sa constitution.

Et peut-être même lorsqu'il n'est pas hypothéqué. En effet, la propriété de l'immeuble dotal reste à la femme; pourquoi ne resterait-il pas le gage de ses créanciers? (2092.) Qui pourront le faire saisir et vendre? (Voy. 2204.)

Et les époux devront aussi être autorisés à l'aliéner pour payer leurs dettes. Cet article ne fait aucune exception ni distinction.

Dans tous les cas, si l'immeuble constitué en dot individuellement l'avait été en fraude des créanciers, ils ne pourraient saisir que la nue propriété, à moins qu'ils ne prouvent que le mari a participé à la fraude, parce qu'il a acquis l'usufruit à *titre onéreux*.

Que les créanciers de la femme ou du tiers qui a constitué la dot aient ou non le droit d'agir, ce troisième paragraphe a pour but d'autoriser les époux à vendre les immeubles dotaux, si la justice le permet. Il est utile, puisqu'il leur fournit le moyen de payer spontanément leurs dettes, en évitant les frais d'une expropriation.

Si la femme est condamnée à une amende, ou à des dommages et intérêts par suite d'un délit, d'un quasi-délit, d'un quasi-contrat postérieurs au mariage; l'aliénation de l'immeuble dotal peut être permise: on ne doit pas admettre que la femme puisse invoquer le principe de l'inaliénabilité pour porter atteinte à l'ordre public et à l'intérêt des tiers; mais l'aliénation n'aurait pour objet que la nue propriété de l'immeuble dotal.

Il faut remarquer que cet article qui autorise l'aliénation de l'immeuble dotal ne permet pas de le grever d'hypothèques. Doit-on conclure de la faculté d'aliéner à la faculté d'hypothéquer? C'est une question controversée qui est traitée sous notre art. 1557.

1559. — L'aliénation résultant de l'échange ne présente pas d'inconvénients ; c'est pourquoi la loi exige seulement qu'il y ait utilité.

L'échange consommé, si la femme venait à subir l'éviction de la chose qui lui a été cédée, ou le coéchangiste, ils pourraient l'une et l'autre se prévaloir de l'art. 705. Mais sous la dénomination de dommages et intérêts, cet article comprend deux choses : 1° la valeur de l'immeuble ; 2° l'indemnité qui est due par suite de la dépossession. Le jugement qui allouera ces dommages et intérêts devra en prescrire le remploi qui sera immobilier comme le fonds qu'il est destiné à remplacer.

1560. — Lorsque la femme seule ou le mari et la femme conjointement ont vendu le fonds dotal, il y a deux causes de nullité : l'incapacité et l'inaliénabilité. Le contrat est seulement annulable, sujet à rescision. Cela résulte d'ailleurs de cet article qui n'accorde qu'une action en *révocation* : de là plusieurs conséquences : 1° la femme pourra ratifier après que son incapacité aura cessé ; 2° l'action en rescision ou révocation devra être intentée dans les dix ans ; la femme demande à annuler le contrat qu'elle a souscrit. Il faut par conséquent appliquer l'art. 1304. Et par arg., je pense que le délai doit courir du jour où aura cessé l'incapacité d'aliéner. J'ai pensé que l'acheteur ne pourrait invoquer la nullité dans ces deux cas ; il faut appliquer les art. 1125 et 225. J'ai pensé que l'aliénation de l'immeuble dotal pouvait être cautionnée. (Voy. 2012.) Si cette opinion, qui n'est pas admise par tous les auteurs, peut encore paraître douteuse, on peut, en se portant fort pour un débiteur, promettre qu'il ratifiera ou n'attaquera pas une obligation par lui contractée ; on peut garantir l'exécution de la vente du fonds dotal. Ce qui produirait les mêmes résultats qu'un cautionnement valable.

Le mari seul pendant le mariage agira en révocation,

après la séparation de biens et la dissolution du mariage, la femme ou ses héritiers.

Lorsque le mari a vendu seul, il paraît conforme aux principes du droit de décider que l'action ne s'éteindra que par trente ans. C'est une action en nullité proprement dite ; c'est la vente de la chose d'autrui. (Voy. l'art. 1599.) Le mari, comme *mandataire* légal de sa femme, pourra demander la nullité, sans qu'on puisse lui opposer la maxime : *quem de evictione tenet actio*, etc. ; elle s'applique à un contrat dans lequel la femme n'a pas été partie ; c'est donc la prescription ordinaire qui est applicable. Quant à l'acheteur, la prescription est acquisitive. Elle s'accomplira par trente ans s'il est de mauvaise foi (voy. 2262), et par dix ou vingt ans s'il est de bonne foi. (Voy. 2265.)

« *S'il n'a pas déclaré dans le contrat,* etc. » Si le mari n'a pas déclaré dans l'acte même de vente la dotalité de l'immeuble, il est garant, lors même que l'acheteur connaissait le vice de la vente. M. Troplong est d'une opinion contraire qui a pour elle de puissantes raisons d'équité et de bonne justice ; mais le texte est formel. S'il y a déclaration, l'acheteur est complice d'une action prohibée : il ne mérite donc pas d'indemnité. D'ailleurs l'art. 1599 n'en accorde à l'acheteur de la chose d'autrui, que lorsqu'il a ignoré que la chose fût à autrui.

1561. — « *Ils deviennent néanmoins prescriptibles,* etc. » Les immeubles inaliénables sont en règle générale imprescriptibles, mais avec plusieurs exceptions : 1° ils sont prescriptibles quand la possession utile a commencé avant le mariage ; ils deviennent prescriptibles après la séparation de biens, et ils restent inaliénables. Cette espèce d'inconséquence du législateur peut s'expliquer ainsi : l'aliénation indirecte par prescription ne peut jamais être l'effet d'un caprice ou d'une influence violente du mari ; elle est sans profit pour la femme qui n'est pas déterminée par l'appât d'une somme d'argent ; elle n'a donc pas besoin de la même protection que pour une aliénation directe.

Dans quels cas le deuxième alinéa de cet article doit-il recevoir son application? Deux opinions bien distinctes : 1° dans tous les cas où l'action intentée par la femme ne réfléchirait pas contre son mari (voy. 2256), parce qu'après la séparation de biens ayant recouvré le libre exercice de ses actions, elle ne peut plus invoquer la maxime : *contra non valentem agere non currit præscriptio.* Exemple : le mari a vendu l'immeuble dotal sans garantie et aux risques et périls de l'acheteur ; il en a fait donation ; ou l'on s'est mis en possession de cet immeuble sans son fait, ou bien encore on l'a acheté d'une tierce personne ; dans tous ces cas, la prescription court du jour de la séparation de biens. Dans les autres, la prescription ne court qu'après la dissolution du mariage, sans distinguer si la prescription est acquisitive ou extinctive de l'action en révocation.

2° L'art. 1560 a en vue la prescription comme moyen de se libérer de l'action en révocation de la vente consentie par les époux seuls ou conjointement. L'art. 1561, la prescription comme moyen d'acquérir la propriété. La première action est une action en nullité qui se prescrira seulement après la dissolution du mariage, parce que la femme qui par la séparation de biens a recouvré l'exercice de ses actions en droit, n'est pas libre de les exercer en fait, puisqu'elles réfléchiraient toujours contre le mari. (Voy. 2256 2°.) La seconde est une action en revendication prescriptible par dix, vingt ou trente ans, selon les cas, mais du jour de la séparation de biens. (Voy. 1304, 2262 et 2265.)

1562. — « *Tenu de toutes les obligations de l'usufruitier.* » Le mari est tenu des réparations d'entretien comme usufruitier ; et comme administrateur, il doit faire les grosses réparations, sauf à en répéter le montant, ainsi que ce dont le fonds serait augmenté de valeur pour les améliorations faites. L'art. 599 n'est pas applicable.

« *De toutes prescriptions.* » Soit qu'elles aient commencé avant le mariage, en appliquant cette loi : *Si paucissimi dies ad perficiendam,* etc. *de fundo dotali,* soit que l'immeuble dotal ait été déclaré aliénable.

1563. — « *Si la dot est mise en péril.* » Si les meubles se consomment ou se détériorent par l'usage et si les autres sont aliénés à un acquéreur de bonne foi, la femme peut les perdre lorsque le mari se trouverait dans l'impossibilité d'en payer la valeur : si ce sont des immeubles, le mari peut les dégrader, en démolissant des maisons pour en vendre les matériaux, en faisant abattre des futaies non aménagées, en négligeant les grosses réparations et celles d'entretien, en détournant les revenus de leur destination qui est de supporter les charges du mariage ; elle pourrait même demander la séparation lorsqu'elle n'aurait aucun bien, pour empêcher que le produit de son travail ne soit dissipé à son préjudice et à celui de ses enfants.

SECTION III.

DE LA RESTITUTION DE LA DOT.

1564 et **1565.** — Les événements qui donnent lieu à la restitution de la dot sont la dissolution du mariage et la séparation de biens.

Si le mari n'est pas devenu propriétaire, il doit la restituer immédiatement ; si c'est le contraire ; il est débiteur, de sommes d'argent, il a une année pour les rendre. (Voy. les art. 1551 et 1552.)

En cas de séparation de biens, la femme doit poursuivre l'exécution du jugement dans la quinzaine, donc le mari dans ce cas, ne jouit pas du délai d'un an. Il y a urgence. Elle suppose le désordre des affaires du mari.

Les immeubles dotaux doivent être restitués avec les accroissements et les améliorations qu'ils ont reçus ; mais la femme est tenue de rembourser le montant intégral des impenses nécessaires et la plus-value résultant des impenses utiles desquelles le mari n'était pas tenu en sa qualité d'usufruitier; je crois qu'il a le droit de rétention jusqu'au remboursement des sommes qui lui sont dues.

1566.— « *Que ceux qui resteront*, etc. » Sans être obligé de prouver que certains effets ont été totalement anéantis, lorsque leur perte a été amenée par le temps.

« *Retenir les linges et hardes*, etc. » Le législateur a voulu que la femme fût toujours admise à reprendre son trousseau en nature, lors même qu'il serait d'une valeur plus considérable que celui qu'elle aurait apporté. L'art. 214 impose au mari l'obligation de fournir à la femme ce qui lui est nécessaire selon ses facultés et son état. C'est donc l'acquittement d'une dette. Si le trousseau est d'une valeur moindre, le mari est tenu d'indemniser la femme, parce qu'il ne doit pas laisser dépérir les effets qui lui appartiennent, et il ne répétera point les augmentations, parce qu'il a jugé lui-même qu'elles lui étaient utiles à raison de sa position sociale, et il les a sans doute combinées avec ses facultés; il ne peut se plaindre d'un résultat dont il est l'auteur.

Sous la dénomination *de linges et hardes*, il ne faut comprendre que le linge consacré à l'usage du corps et non celui employé à l'usage de la table, du lit, etc.; et les hardes comprennent plus spécialement les vêtements extérieurs, d'où il faut conclure que les diamants et bijoux ne doivent pas être retirés.

1567.— « *Il n'en sera point tenu.* » Mais s'il a négligé de renouveler une inscription hypothécaire qui venait en ordre utile, s'il a accordé un délai pendant lequel le débiteur qui était solvable est devenu insolvable, s'il a libéré une caution qui pouvait assurer le remboursement de la créance, etc., il sera responsable.

« *En restituant les contrats*, » c'est-à-dire les titres, les actes qui constataient le droit.

1568. — « *Et non les fruits échus.* » Il en serait autrement

si la constitution de dot avait pour objet, non le droit d'u-
sufruit, mais les fruits comme capital et objet principal
de la dot, le mari aurait à restituer la totalité des fruits
perçus.

La décision de cet article s'applique à la rente viagère.
(Voy. 588.)

1569.—Cet article renferme une dérogation au principe
d'après lequel le demandeur qui se dit créancier, doit
prouver le fait générateur de sa créance. Il est probable
que le mari a reçu la dot, puisqu'il a supporté les charges
du mariage, et son intérêt personnel empêche de supposer
qu'il s'est privé d'un revenu auquel il avait droit. Cette
présomption ne pourrait pas être invoquée par la femme
qui se serait dotée elle-même, ni par le tiers qui aurait
constitué la dot. Le mari poursuivi par la femme peut les
appeler en garantie. (Voy. MM. Duranton et Troplong ; pour
l'opinion contraire en ce qui concerne la femme qui s'est
dotée *de suo*, voy. Marcadé.)

1570. — Cet article accorde à la veuve deux avantages
qui lui sont personnels. Elle est plus favorablement traitée
que la femme commune, quant au droit d'habitation ; mais
elle l'est moins, quant aux aliments, puisqu'elle est forcée
d'abandonner les intérêts de sa dot. (Voy. 1465.)

« *Courent de plein droit.* » Dérogation à l'art. 1153 3°.

1571.—Sous le régime dotal, tous les fruits sont considérés comme fruits civils et s'acquièrent jour par jour ;
le total doit être divisé entre les copartageants dans la proportion du temps et du nombre de jours que le mariage a
duré. S'il a duré six mois, le mari aura la moitié des revenus de l'année ; s'il les a perçus en totalité, il en rendra
la moitié aux héritiers de la femme ; s'il n'en a perçu aucune portion, les héritiers de la femme lui payeront, après
les avoir perçus, une fraction correspondante à la fraction
de l'année pendant laquelle il a supporté les charges du
mariage. Ce calcul n'offre aucune difficulté pour les fruits

civils réguliers , tels que les intérêts des capitaux , les arrérages des rentes , même le prix des baux à ferme. Il en est de même des récoltes de fruits naturels qui se font une ou plusieurs fois par année.

Mais, s'il s'agit de coupes de bois que l'on fait tous les vingt ans , par exemple , le mari a fait la coupe pendant le mariage qui a duré dix ans ; il en restituera la moitié. Elle n'est faite que dix ans après la dissolution du mariage, ou la cause qui a fait cesser l'usufruit du mari. On lui en restituera la moitié au moment où elle sera faite. Ces règles suffisent pour faire comprendre la théorie de la loi qui d'ailleurs présente des difficultés graves dans son application. (Voy. dans les auteurs l'explication de la loi 7, *soluto matrimonio.*)

1572. — Cet article abroge l'injuste loi *assiduis*, qui donnait à la femme un privilége sur les créanciers antérieurs au mariage.

1573. — Cet article explique le principe qui oblige tout héritier de rapporter à ses cohéritiers ce qu'il a reçu du défunt même pour son établissement. (Voy. 843 et 854.) Mais il y déroge en permettant à la femme de céder à ses cohéritiers une fraction de créance contre un mari insolvable ou qui n'a ni art ni profession , offrant une garantie suffisante pour assurer la restitution de la dot ; il y a eu faute de la part du père.

Quand le mari offre des garanties qui sont diminuées pendant le mariage, la femme doit s'imputer de n'avoir pas demandé la séparation de biens.

SECTION IV.

DES BIENS PARAPHERNAUX.

1574. — La femme est, quant à ses paraphernaux, dans une position analogue à celle de la femme séparée de biens. Ces six articles se trouvent donc expliqués.

Dispositions particulières.

1581. — Le régime dotal assure la restitution de la dot ; mais la femme n'est pas associée aux bénéfices résultant d'une collaboration commune et des économies faites sur les revenus. Elle n'est pas directement intéressée à la prospérité du ménage. Pour prévenir cet inconvénient, la loi permet d'allier au régime dotal un régime de communauté réduite aux acquêts.

TITRE VI.

DE LA VENTE.

CHAPITRE PREMIER.

DE LA NATURE ET DE LA FORME DE LA VENTE.

1582. — La vente est un contrat consensuel, synallagmatique parfait, commutatif et à titre onéreux par lequel le vendeur transfère la propriété d'un corps certain ou s'oblige à transférer la propriété d'une chose indéterminée à l'acheteur, moyennant un certain prix consistant en argent monnayé.

« *Elle peut être faite par acte authentique*, etc. » La loi a sans doute voulu abroger l'usage de certains pays où la validité des ventes d'immeubles dépendait d'un acte authentique. Elle peut aussi avoir eu pour but d'annoncer que les parties peuvent faire dépendre la validité de la vente de la rédaction d'un acte. La vente est un contrat non solennel qui peut être prouvé de toutes les manières dont on prouve les obligations. (Voy. les art. 1315, 1341, 1325, 1347, etc. ; voy. aussi l'art. 109, Code de com.) Quand la vente est faite par des mandataires, les mandants seuls sont obligés. Quand elle est faite avec déclaration de *command*, c'est-à-dire avec réserve pour l'acheteur de se substituer une autre personne, s'il y a acceptation dans le délai fixé par la loi, le tiers désigné est censé avoir directement acquis. On évite un double droit proportionnel de mutation.

1583. Elle est parfaite par le seul consentement des parties, et la propriété du corps certain est acquise à l'acheteur *sans tradition ni transcription.* Ces mots *entre les parties* et *à l'égard du vendeur* sont une précaution dilatoire prise par le législateur, parce qu'il ne savait pas si l'on exigerait, comme dans les donations d'immeubles, et comme sous la loi de brumaire an VII, la transcription pour transférer la propriété à l'égard des tiers. La loi de 1855 exige, pour rendre l'acheteur propriétaire à l'égard des tiers, la transcription de tout acte entre-vifs translatif de propriété, etc.

1585 et **1586.** — La vente est au poids, au compte ou à la mesure quand on ne vend les choses ni en masse ni pour un seul prix. Exemple : 20 kilogrammes de café à 3 francs le kilogramme, 20 moutons à prendre dans un troupeau, à 15 francs par tête, 20 décalitres de blé à 4 francs le décalitre.

La vente est encore faite au poids, au compte ou à la mesure; exemple : vente de 25 kilogrammes de café pour 80 francs, 20 moutons de mon troupeau pour 300 francs. Il en est de même quand l'unité du prix n'existe pas, quoique les marchandises vendues soient indiquées en masse, vente d'un sac de café à 4 francs le kilogramme. Pothier ne paraît pas distinguer si l'on est ou non convenu de prendre la marchandise dans une masse déterminée, laquelle a péri tout entière avant le mesurage. (Voy. n° 308.) Le texte ne distingue pas. Cependant on peut dire que, dans ce cas, la chose vendue a péri; c'est comme si l'on avait vendu une part indivise d'un corps certain, il s'établit entre le vendeur et l'acheteur une communauté d'intérêts, de sorte qu'ils devraient supporter proportionnellement les risques et partager la perte. La quotité de chacun sera fixée, à défaut de preuves, par des présomptions.

La vente est faite en bloc quand il y a unité de prix et détermination de l'objet : vente d'un sac de café pour

300 francs, d'un troupeau de moutons pour 1000 fr., etc.

La distinction est importante. Dans ce dernier cas, la chose vendue est aux risques de l'acheteur, il en est propriétaire ; dans le premier, le vendeur contracte l'obligation de livrer, et l'acheteur d'en payer le prix, mais la chose vendue est à ses risques tant qu'elle n'a pas été comptée, pesée ou mesurée. C'est en ce sens que la vente n'est point parfaite, car elle produit des actions.

1587. — Il n'est pas possible de résoudre d'une manière absolue le point de savoir si l'acheteur qui a goûté la chose vendue a le droit de déclarer arbitrairement que cette chose ne satisfait pas son goût. A cet égard, il faut consulter les circonstances et l'intention des parties.

« *Il n'y a point de vente*, etc. » Voici les règles que nous adoptons : il y a vente conditionnelle qui lie les deux parties si la dégustation doit être contrôlée par des experts jurés ; l'acheteur n'est le juge souverain de la qualité de la chose vendue que quand il s'agit de marchés faits pour sa consommation personnelle et quand la marchandise est sur les lieux.

1588. — La vente à l'essai est simplement *présumée* faite sous une condition suspensive ; elle peut donc être faite, comme en droit romain, sous condition résolutoire ; il n'y a pas de principe absolu dans ce cas ; tout dépend de l'intention et de la volonté des parties ; mais l'acheteur peut-il refuser de conclure le marché quoique la chose ait les qualités nécessaires pour remplir sa destination ? En règle générale, non.

1589. — La promesse de vente peut être unilatérale ou synallagmatique. Elle est unilatérale lorsque quelqu'un promet de vendre une chose pour un prix déterminé à une personne qui accepte sans s'engager à acheter, et réciproquement. Deux opinions sur l'effet de cette promesse. Quelques jurisconsultes soutiennent que c'est une obligation de faire qui se résout en dommages-intérêts en cas

d'inexécution, d'autres disent que c'est une vente conditionnelle qui lie celui qui a promis de vendre et qui aura
transféré la propriété rétroactivement dès l'instant du contrat, lorsque celui qui a accepté la promesse de vente se
décidera à acheter. Les conséquences sont que les aliénations intermédiaires totales ou partielles, les constitutions
d'hypothèques sont résolues.

La promesse de vente synallagmatique, la seule dont
s'occupe le code, a lieu lorsque quelqu'un promet de
vendre, pour un prix déterminé, à une personne qui s'engage à acheter. Deux opinions principales encore : 1° c'est
une obligation de faire contractée de part et d'autre, et
qui se résout en dommages-intérêts en cas d'inexécution.
(Voy. l'art. 1867 qui appuie cette opinion.) 2° C'est une
imperfection du vieux langage dans la pratique. Ces mots,
je promets de vendre, je promets d'acheter, sont synonymes de ceux-ci, je vends ou j'achète. La propriété est
donc transférée immédiatement quand la promesse est
pure et simple, et même quand elle est à terme, sauf volonté contraire des parties (voy. 1134), question d'intention laissée à l'arbitrage du juge. (Voy. Marcadé et
M. Troplong.)

1590. —On entend ordinairement par *arrhes* une somme
d'argent qui est remise par l'une des parties à l'autre pour
garantir l'exécution d'un contrat.

Dans l'ancien droit romain c'était la preuve d'un marché
conclu, *argumentum emptionis venditionis contractæ.* Sous
Justinien, c'est la peine d'un dédit. Il en est de même sous
le Code. Les parties ont la faculté de se dégager en perdant, l'une les arrhes qu'elle a données, l'autre une somme
égale, et si par le consentement mutuel des contractants,
la promesse reste sans exécution, ou si la chose vient à
périr, aucune des parties ne doit perdre ; celui qui a reçu
les arrhes doit les rendre, et le futur vendeur perd sa chose.
(Voy. Marcadé.)

Si les arrhes accompagnent une véritable vente, la présomption est peut-être que les arrhes sont un à-compte sur le prix convenu, présomption contraire à celle qui existe dans les promesses de vente. Dans les deux cas, néanmoins, c'est une question d'intention et une appréciation de la volonté des parties, qui devra être faite d'après les usages locaux, et l'importance des arrhes comparées au prix de la chose, et par les habitudes des parties. (Voy. Pothier, n° 509.)

1591 et **1592**. — Trois conditions sont requises dans un prix de vente : il doit consister en argent, il peut consister aussi en denrées dont le prix serait fixé par les mercuriales, ou en une rente soit perpétuelle soit viagère.

Il est important de distinguer la vente de l'échange.

1° Les droits de mutation ne sont pas les mêmes.

2° Les deux échangistes doivent supporter les frais du contrat en commun ; l'art. 1593 les met à la charge de l'acheteur.

3° Voyez l'art. 1602.

4° La vente est rescindable pour cause de lésion de plus des sept douzièmes. (Voy. 1674 et 1706.)

Le prix doit être déterminé ou déterminable. S'il est laissé à l'arbitrage d'un tiers, la vente est conditionnelle et la chose reste aux risques du vendeur jusqu'à l'estimation des experts.

Le prix doit être *sérieux*. Si la vente d'un domaine plus ou moins considérable est faite *uno nummo* pour cinq francs, ou si le vendeur fait remise du prix convenu dans l'acte même, il n'y a pas de vente. Le propriétaire peut donc revendiquer son immeuble contre l'autre partie pendant trente ans, et contre un tiers de bonne foi pendant dix ou vingt ans. (Voy. les art. 2262 et 2265.)

La vilité du prix soumet la vente à la rescision pour cause de lésion de plus des sept douzièmes ; l'action ne dure que deux ans.

La vente d'une terre produisant six mille francs moyennant cinq mille francs de rente viagère, est nulle comme faite sans prix, c'est l'opinion de MM. Duranton, Duvergier et Zachariæ suivie par la jurisprudence. MM. Troplong et Marcadé soutiennent qu'elle n'est que rescindable pour cause de lésion.

Si le prix n'est pas sérieux, le contrat est-il valable comme donation? Oui, disent la plupart des auteurs, si la personne est capable de recevoir à titre gratuit.

Je ne vois pas de vente puisqu'il n'y a pas de prix, il n'y a pas non plus de donation déguisée sous la forme d'un contrat à titre onéreux. Cet acte ne vaut donc ni comme vente ni comme donation.

1593. — Ainsi c'est l'acheteur qui doit payer les honoraires du notaire, les frais d'enregistrement, le coût de la grosse de l'acte de vente remise au vendeur et les frais de purge des hypothèques.

Le notaire étant le mandataire des parties peut demander ses honoraires au vendeur. (Voy. 1999 et 2002.)

CHAPITRE II.

QUI PEUT ACHETER OU VENDRE.

1594. — La capacité de vendre et d'acheter est la règle, l'incapacité est l'exception. (Voy. 1123.)

Dans la classe des incapables, sont les mineurs, les interdits, les femmes mariées, ceux soumis à un conseil judiciaire, les faillis, etc. (Voy. 1124.)

1595. — La vente est prohibée entre époux : cette prohibition est fondée sur ce qu'il serait trop facile aux époux de se faire à l'aide de ventes simulées, des libéralités excédant la portion disponible, ou d'imprimer à ces donations un caractère d'irrévocabilité que la loi leur refuse, ou de soustraire les biens l'un de l'autre à leurs créanciers personnels.

Le Code fait trois exceptions à ce principe en permettant des *dations en payement, datio in solutum,* pour éteindre des

obligations préexistantes, ce qui éloigne l'idée d'une libéralité.

« *Ou la cession que le mari fait à sa femme.* » La loi ne
parle pas de la cession faite par la femme au mari et la disposition est exceptionnelle. L'influence du mari sur la
femme était à craindre, pour la déterminer à faire des aliénations à bas prix.

« *Et lorsqu'il y a exclusion de communauté.* » Lorsque dans
ce cas la femme a promis une somme au mari, qu'elle ne
peut apporter et lorsqu'elle a des paraphernaux. Il en est
de même sous le régime de séparation de biens et sous le
régime dotal. Le régime de la communauté est seul excepté,
parce que remplacer une somme ou une créance entrées
dans la communauté et peut-être perdues pour elle, par un
immeuble qui n'y entre pas, ce serait faire un avantage et
non un payement.

Quel est le sort des ventes faites entre époux hors des
cas d'exception admis par la loi ? elles sont nulles. Si c'est
une vente, la vente est nulle puisqu'elle n'est pas renfermée
dans les cas d'exception ; si c'est une donation déguisée,
elle n'est pas valable puisqu'elle est faite à une personne
incapable de recevoir à titre gratuit. (Voy. 1099.)

1596. — Cet article défend à plusieurs classes de personnes d'acheter certains biens, afin que leur intérêt personnel ne se trouve jamais aux prises avec leur devoir.
Cette prohibition concerne les tuteurs des mineurs et des
interdits, les cotuteurs et protuteurs, mais non les subrogés
tuteurs, les curateurs et les conseils judiciaires des prodi-
gues. Cette disposition déroge au droit commun puisqu'elle
établit une incapacité, et la loi ne parle pas de ces derniers,
sans doute parce qu'ils ne sont pas dans une position iden-
tique à celle des autres ; et l'on ne doit pas étendre une
exception. Cette solution est controversée. (Voy. aussi les
art. 711 et 964 c. de proc.)

La nullité ne peut être demandée que par ceux dont la

loi veut protéger les intérêts, elle ne pourra pas l'être par l'acheteur ou l'adjudicataire.

1597. — Cet article a pour but de prévenir les abus d'autorité et de mettre certaines professions à l'abri de soupçons de cupidité et de mauvaise foi qui aviliraient leur caractère honorable.

Il faut comprendre dans la prohibition les membres du conseil d'État et des conseils de préfecture; ils sont juges du contentieux administratif.

Cependant, il ne faut pas étendre cette prohibition au delà des limites raisonnables; ainsi, les magistrats, avocats ou avoués d'une Cour Impériale pourraient acheter les droits litigieux sur lesquels un tribunal d'arrondissement dépendant de cette cour devrait statuer en dernier ressort, etc.

CHAPITRE III.

DES CHOSES QUI PEUVENT ÊTRE VENDUES.

1598. — « *Prohibé l'aliénation.* » Tels que les immeubles dotaux, ceux grevés de substitution, les droits d'usage et d'habitation, les objets compris dans les dons ou legs d'aliments. La démission du titulaire d'une fonction publique autre que celles pour lesquelles on peut présenter un successeur en vertu de la loi du 28 avril 1816. Ce qui est controversé.

Il en est de même des compositions littéraires, scientifiques ou artistiques; elles ne sont pas aliénées d'une manière absolue. L'auteur vend une ou plusieurs éditions, mais il conserve la faculté d'y faire des changements, des suppressions, des additions; mais s'il impose à l'éditeur des frais matériels auxquels il ne devait pas s'attendre, celui-ci pourra demander la résolution du contrat, ou au moins, réclamer des dommages-intérêts.

1599. — La vente de la chose d'autrui était valable dans le droit romain, elle est nulle dans le droit français, parce

que la vente autrefois était un contrat productif d'obligations
seulement, et rien n'empêche de contracter une obligation
ayant pour objet la chose d'autrui. Mais aujourd'hui que ce
contrat est translatif de propriété, acte d'aliénation, il est
évident que l'on ne peut pas vendre ce dont on n'est pas
propriétaire. Néanmoins la vente de la chose d'autrui produit des effets identiques dans les deux législations; elle
donne lieu à une action en garantie en cas d'éviction ; elle fait
acquérir les fruits à l'acheteur de bonne foi ; elle lui fait acquérir la propriété de la chose par usucapion ou par la prescription de dix ou vingt ans. Mais voici la différence : en
droit romain l'acheteur n'avait que l'action en garantie pour
cause d'éviction et non l'action en nullité ; dans notre droit,
il a l'action en nullité sans être troublé dans sa possession,
et dès qu'il apprend que la chose n'appartient pas au vendeur, il a trente ans pour demander cette nullité, parce
que dans ce cas, la vente n'est pas seulement annulable,
elle est radicalement nulle, inexistante, ce qui rend inapplicable l'art. 1304. Cette opinion est controversée. (Voy. Marcadé.)

Ce qui est encore controversé, c'est la question de savoir si le vendeur peut demander cette nullité? Nous pensons qu'il peut l'opposer par voie d'exception, lorsqu'il
n'a pas encore fait la délivrance, ce qui est certain si l'a-
cheteur est de mauvaise foi; mais nous ne lui accordons
pas l'action en nullité pour évincer l'acheteur en possession, à cause de la maxime : *Quem de evictione tenet actio,
eumdem agentem repellit exceptio.* S'il est de bonne foi,
cette action intentée pourrait l'exempter de tous dommages-intérêts, ou au moins en diminuer la quotité, si l'a-
cheteur est de bonne foi.

Le propriétaire n'a pas le droit de demander la nullité
de la vente à laquelle il est étranger, mais il pourra exercer
la revendication pendant dix, vingt ou trente ans, selon
les cas. (Voy. 2262 et 2265.)

Il paraît probable que l'acheteur ne peut demander la nullité de la vente d'une chose mobilière que le vendeur lui a délivrée, que dans les cas exceptionnels où il pourrait être exposé à une action en revendication du légitime propriétaire.

La loi ne s'occupe pas spécialement des donations entre-vifs de la chose d'autrui ; mais il n'est pas douteux qu'elles ne soient nulles. Cela résulte par argument *à fortiori* de l'article 894 qui exige le dessaisissement actuel des choses données, ce qui ne peut avoir lieu, si le donateur n'est pas propriétaire des objets dont il dispose au moment de la donation.

L'action en garantie de l'acheteur contre le vendeur dure trente ans du jour de l'éviction.

Si les deux qualités de vendeur et de propriétaire se réunissent sur la même tête à une époque postérieure à la vente, par exemple, ils sont héritiers l'un de l'autre, la vente devient immédiatement valable. Le vendeur est garant de toute éviction, et l'acheteur n'a plus rien à craindre.

La disposition de cet article est étrangère aux ventes de choses déterminées, seulement quant à leur genre.

Elle ne s'applique pas non plus aux ventes commerciales d'objets appartenant à un tiers qu'il est au pouvoir et dans l'intention du vendeur de se procurer.

Il en est de même, lorsqu'on aliène la chose d'autrui comme *telle*, soit sous la condition suspensive de son acquisition, soit en se portant fort pour le propriétaire.

1600.—Voyez les art. 791 et 1130.

1601. — « *La vente serait nulle.* » Il serait plus exact de dire *non existante*, de là les conséquences : que pour obtenir la restitution du prix, ce n'est pas par voie de nullité qu'il faut procéder, mais comme ayant payé indûment et sans cause. (Voy. les art. 1235 et 1376.) L'acheteur a trente ans pour répéter ce qu'il a·payé (voy. 2262), et non dix ans, d'après l'art. 1304. La vente n'est pas seulement annulable, elle n'existe pas.

L'acheteur qui aurait su au moment de la vente que la chose n'existait plus, lorsque le vendeur l'ignorait, non-seulement ne serait pas tenu d'en payer le prix, il pourrait même le répéter s'il l'avait payé; mais il pourra, en vertu de l'art. 1382, être passible de dommages-intérêts, indépendemment des frais occasionnés par la vente. (Voy. cep. M. Troplong.)

Si l'acheteur connaissait la perte partielle de la chose vendue, il n'aurait pas le choix que lui accorde cet article, il serait tenu de la garder; mais on proportionnerait le prix à payer d'après la valeur de la partie conservée, comparé à la valeur du tout, selon l'opinion de quelques jurisconsultes; selon d'autres, l'acheteur ne pourrait demander une diminution de prix, il serait réputé avoir reconnu que la partie conservée valait encore le prix qu'il en donnait. (Voy. Marcadé.)

CHAPITRE IV.

DES OBLIGATIONS DU VENDEUR.

SECTION PREMIÈRE.

DISPOSITIONS GÉNÉRALES.

1602. — Cet article ne doit pas être entendu d'une manière trop générale. S'il est permis de montrer une telle partialité, c'est seulement dans l'appréciation des clauses qui désignent la chose vendue, parce que le vendeur est censé mieux la connaître que l'acheteur. La rédaction de toutes les autres parties de la vente, étant également l'œuvre des deux contractants, il serait injuste de rendre l'un plutôt que l'autre responsable de ce qu'elle présente de doutes et d'ambiguïtés.

1603. — La tradition n'est plus nécessaire pour transférer la propriété d'un *corps certain*. La vente, dans ce cas, est une aliénation, elle rend l'acheteur immédiatement propriétaire. Néanmoins, elle est indispensable entre les parties pour que l'acheteur puisse exercer son droit de propriété. A l'égard des tiers, elle rend manifeste cette transmission par des signes et des actes sensibles, et qui ne permettent plus de croire que la propriété réside encore sur la tête du vendeur. Elle est ainsi un obstacle à la fraude de celui qui voudrait vendre successivement à plusieurs la même chose.

3° Quand les choses vendues sont déterminées seulement quant à l'espèce, elle individualise l'objet de la vente et par là même en transfère la propriété.

4° Elle est une raison de préférence entre les acheteurs de bonne foi, lorsqu'il s'agit de meubles corporels. (Voy. 2279 combiné avec 1141.)

L'acheteur d'un corps certain a contre le vendeur une action personnelle résultant du contrat qui l'oblige à la délivrance et une action réelle pour revendiquer la chose dont il est devenu immédiatement propriétaire par le seul consentement. C'est un exemple de *matière mixte*.

SECTION II.

DE LA DÉLIVRANCE.

1604, 1605, 1606, 1607. — Il faut entendre l'art. 1605 en ce sens que la délivrance d'un immeuble peut quelquefois être accomplie par la seule remise des titres, ou par la seule remise des clefs; quelquefois il faudra l'un et l'autre réunis à la prise de possession.

Il se pourrait qu'il n'y eût aucune tradition à faire, lorsque l'acheteur se trouverait déjà en possession à un autre titre, à titre de preneur, emprunteur, dépositaire, ou lorsque le vendeur reste en possession de la chose vendue en qualité de locataire ou d'usufruitier, ce qui se nomme *clause de constitut et de précaire*.

« *Si le transport ne peut pas s'en faire*, etc. » Par exemple dans la vente d'un bois taillis ou de récoltes sur pied.

« *Ou par l'usage que l'acquéreur en fait.* » Par exemple, la tradition d'une servitude de passage s'opère par la tolérance du propriétaire du fonds servant qui laisse passer sur son fonds le propriétaire du fonds dominant.

1608, 1609, 1610, 1611, 1612, 1613. — C'est au vendeur à supporter les frais de mesurage, de pesage, etc., et à l'acheteur ceux d'emballage, de chargement, de transport et les droits de circulation.

L'art. 1609 n'est que l'application de la règle énoncée dans l'art. 1247 1°. Voyez aussi les art. 1184 et 1139, 1150 et 1151, 1912 et 1977.

« *Et que le vendeur ne lui ait pas accordé un délai.* » Le délai de grâce ne produit pas à cet égard les mêmes effets que le terme conventionnel. Le vendeur pourrait pendant le délai de grâce se dispenser de livrer la chose.

1614. — « *Au moment de la vente.* » C'est-à-dire non détériorée par le fait du vendeur. (Voy. 1137.) C'est la manière de concilier cet article avec 1245.

Si les semences ont été faites par un tiers, ce tiers peut invoquer le privilége de l'art. 2102 et 548 ; mais je pense que l'acheteur aura un recours contre le vendeur.

« *Tous les fruits appartiennent à l'acquéreur.* » S'ils sont dus à un colon partiaire, il faut appliquer les art. 1743, 585 et 586.

L'acquéreur de l'immeuble pourrait, s'il était de bonne foi, opposer au tiers qui aurait acquis les fruits, les art. 1141 et 2279. Si de mauvaise foi, l'acquéreur de la récolte aurait même une action réelle contre l'acquéreur du fonds pour le forcer à souffrir l'enlèvement de la récolte.

1615. — La vente d'une propriété foncière comprend les animaux attachés à la culture, les ustensiles aratoires, etc.

1616, 1617, 1618. — L'hypothèse prévue par ces deux

articles est celle-ci : vente d'un champ de 10 hectares pour
1000 fr. l'hectare.

Lorsque le vendeur est dans l'impossibilité de délivrer
la contenance promise, il doit subir une diminution de prix :
l'acheteur ne peut être tenu de remplir tout son engagement
quand le vendeur n'accomplit qu'une partie du sien, et la
fixation du prix à raison de tant la mesure prouve que les
parties ont voulu établir une proportion exacte entre la
valeur de la chose et le prix.

Lorsqu'il y a excédant de contenance, l'acquéreur doit
fournir un supplément de prix si cet excédant atteint *un vingtième*, et il peut demander la résolution du contrat, parce
que le payement imprévu de l'excédant pourrait être onéreux pour lui. Le vendeur ne peut pas obtenir une augmentation de prix pour tout excédant, comme l'acquéreur
une diminution pour tout déficit, parce que la déclaration
de contenance étant faite par lui, il doit s'imputer son
erreur ou sa mauvaise foi ; tandis que refuser à l'acquéreur la diminution du déficit, ce serait le punir de la faute
d'un autre. Cette opinion est controversée. (Voy. Marcadé
et M. Troplong.)

Mais s'il existe un déficit d'un vingtième, l'acheteur
peut-il aussi résoudre le contrat ? En règle générale, non.
Toutefois, s'il est démontré que l'absence de la mesure
empêche l'acheteur d'atteindre le but qu'il se proposait,
de bâtir une maison, on convient généralement qu'il aurait le droit d'obtenir la résolution du contrat.

. **1619, 1620, 1621.** — Il résulte de cet article, que
toutes les fois que la vente d'un immeuble dont la contenance est déclarée n'est pas faite à tant la mesure ; par
exemple : vente d'un immeuble de 10 hectares pour
20,000 fr., la diminution du prix, au lieu d'être admise
pour un déficit quelconque, comme dans l'article précédent, n'est admise que pour le déficit d'un vingtième, et
que ce n'est plus sur l'étendue de l'objet, mais sur sa va-

leur que se calcule le vingtième. Il peut donc y avoir excédant ou déficit d'un vingtième au moins de la contenance, sans que ce vingtième représente en moins un vingtième du prix.

1622. — « *Intentées dans l'année.* » La loi n'a pas voulu que le sort de la propriété fût longtemps incertain, et par ce motif, cette prescription court contre les mineurs, les interdits et les femmes mariées.

SECTION III.

DE LA GARANTIE.

1625. — La garantie est l'obligation où est le vendeur de faire jouir l'acheteur de la propriété et de la paisible possession de la chose vendue, et de lui répondre des vices cachés qu'on appelle vices rédhibitoires.

1626. — On la divise en garantie *de droit*, qui existe sans convention et comme une conséquence naturelle du contrat de vente.

En garantie *de fait*, qui résulte des stipulations des parties.

D'après le Code de procédure, si l'acheteur est actionné en revendication par un tiers qui se prétend propriétaire, le vendeur est tenu de *prendre fait et cause pour lui*, et l'acheteur peut demander à être mis hors du procès, à moins qu'il ne veuille y être représenté par un avoué, pour éviter les frais d'une intervention et afin d'empêcher une collusion entre le vendeur et le propriétaire prétendu, demandeur originaire. Cette garantie est appelée *formelle*, par opposition à la garantie *simple*, qui protége le défendeur contre une action personnelle, et qui consiste seulement à intervenir au procès. (Voy. 183, C. de proc.) Le droit à la garantie produit une exception dilatoire.

§ 1er. *De la garantie en cas d'éviction.*

1626 et **1627**. — L'éviction est, en général, l'abandon que l'acheteur est obligé de faire de la totalité ou d'une partie de la chose vendue, en vertu d'un jugement qui l'y condamne.

L'obligation de garantie suppose une éviction qui procède d'une cause antérieure au contrat de vente.

Si l'éviction a lieu pour cause d'utilité publique ou en vertu d'une prescription accomplie ultérieurement, c'est l'acheteur qui doit la supporter.

1628. — Cependant, si la cause de l'éviction postérieure à la vente provient du fait du vendeur, elle donnera lieu à un recours en garantie. Exemple : un immeuble est vendu par acte sous seing privé ; un second acheteur, par acte authentique, évince le premier en opposant le défaut de date certaine de son titre. L'acheteur évincé a évidemment un recours en garantie contre son vendeur.

2e Exemple : Celui qui ayant vendu un fonds de commerce avec sa clientèle et son enseigne, forme dans le voisinage un établissement semblable avec les mêmes décors et enseigne ; l'acheteur aura un recours contre le vendeur. Cette espèce de fraude est fréquente dans la pratique.

« *Toute convention contraire est nulle.* » Elle serait entachée de fraude, puisqu'elle aurait pour but de s'enrichir aux dépens d'autrui. Je crois cependant que le vendeur pourrait stipuler l'exemption de garantie pour un fait personnel antérieur à la vente, en ayant soin de la déclarer. Cela ferait partie des conditions du contrat.

1629. — « *Est tenu à la restitution du prix.* » Il l'a reçu comme l'équivalent du droit de propriété qu'il n'a pas procuré à l'acheteur, il resterait donc sans cause dans ses mains. L'article prévoit deux cas où il pourrait le retenir ; c'est alors une convention aléatoire.

Il y a lieu à garantie, que la vente soit volontaire ou

forcée ; les mêmes raisons d'équité militent en faveur de
l'acheteur, et il n'y a pas d'exception positive dans la loi ;
l'adjudicataire, privé de la chose et du prix, a nécessairement droit à un recours. (Voy. MM. Duranton et Duv.)
Et ce recours a lieu contre la partie saisie, et non contre
le créancier poursuivant. Delvincourt et M. Troplong refusent à l'adjudicataire sur expropriation forcée tout recours
en garantie.

L'adjudicataire, après avoir payé son prix aux créanciers, peut le répéter contre eux *condictione indebiti* (article 1377) : c'est l'opinion de Merlin et Carré, de MM. Troplong et Duvergier. Voyez en sens contraire Delvincourt et
M. Duranton.

Par l'effet de la transmission de la chose *cum omni causâ*
avec tous les droits qui l'accompagnent et que l'on peut
exercer à son occasion, le dernier acquéreur peut directement diriger contre le vendeur primitif son recours en garantie, il peut le former même en son propre nom et sans
subrogation. Si à défaut de subrogation expresse aux droits
de son auteur, le tiers évincé ne pouvait exercer qu'au nom
de ce dernier, son recours en garantie contre le vendeur
primitif, il en résulterait qu'il serait obligé de faire participer tous les créanciers de son auteur au bénéfice de ce
recours, et cette conséquence ne paraît pas admissible.

Cependant un acquéreur subséquent qui dirigerait, *omisso
medio*, son action contre le vendeur primitif, ne pourrait
répéter un prix supérieur à celui qu'il a payé, à moins qu'il
n'agisse en vertu d'une *cession expresse* de la créance de son
auteur qui aurait acheté à un prix plus élevé, car la garantie n'a pas pour objet de procurer un bénéfice, mais
d'éviter une perte.

On peut poursuivre le garant ou par action principale
devant le juge de son domicile, ou par sa mise en cause
devant le tribunal où le garanti se trouve actionné. Dans
ce second cas, le garanti ne s'expose pas aux frais s'il a

été mis hors de cause, ni à perdre son recours, ce qui aurait lieu si le garant non appelé prouvait qu'il existait des moyens suffisants pour faire rejeter la demande.

Cujas et Dumoulin ont dit : l'action en garantie est indivisible *quoad petitionem*, mais divisible *quoad damnationem*. Exemple : si le vendeur est mort laissant plusieurs héritiers, l'acheteur peut former sa demande en garantie contre l'un ou plusieurs d'entre eux seulement; chacun d'eux est tenu d'une obligation qui a pour objet un fait, l'obligation de faire jouir l'acheteur de la chose vendue; mais en cas d'inexécution, cette obligation se convertit en restitution de prix et en dommages-intérêts, toutes choses divisibles; en conséquence, la condamnation n'a lieu contre chacun des héritiers appelés en garantie que pour sa part héréditaire.

1630, 1631, 1632. — Le vendeur doit rendre à l'acheteur évincé le prix, les fruits qu'il a rendus lui-même, les frais de justice, les frais d'acte, les dommages-intérêts.

« *Celle des fruits*, etc. » L'acheteur était de bonne foi dans le principe de sa possession, mais à une époque postérieure, il a acquis la certitude que la chose n'appartenait pas à son vendeur, il doit tenir compte au propriétaire des fruits qu'il a perçus de mauvaise foi, sauf à s'en faire indemniser par le vendeur.

« *Les frais faits*, etc. » Ce sont les sommes déboursées par l'acheteur pour enregistrement, honoraires du notaire, papier timbré et expédition.

Le vendeur doit encore rembourser à l'acheteur les frais faits par un tiers qui se prétend propriétaire et qui intente une action en revendication contre l'acheteur, et ceux faits par ce dernier contre le vendeur qu'il appelle en cause pour le défendre contre la prétention du demandeur.

« *Enfin les dommages-intérêts.* » C'est une juste indemnité du préjudice que l'acheteur éprouve, et qui est appréciée par les tribunaux.

1631. — « *Soit par la négligence de l'acheteur.* » Il était autorisé à se croire propriétaire *rem quasi suam neglexit*, le vendeur qui en est cause ne peut pas le lui imputer à faute. L'acheteur est privé de toute la chose ; le vendeur doit rendre la totalité du prix qui serait sans cause dans ses mains.

1632. — « *Mais si l'acquéreur a tiré profit*, etc. » Par exemple, s'il a coupé un bois de futaie dont il n'a pas rendu la valeur au propriétaire, s'il a vendu des matériaux, par un principe d'équité, le vendeur a le droit de retenir sur le prix une somme égale au profit que l'acheteur en aura retiré.

1633. — « *Ce qu'elle vaut au-dessus du prix de la vente.* » Quoique la plus-value soit considérable et résulterait de circonstances extraordinaires que les parties n'auraient pu prévoir (c'est l'opinion de Toullier, de MM. Duranton et Troplong), il nous semble plus conforme à l'équité de n'obliger le vendeur à restituer toute la plus-value que quand les parties auraient pu s'y attendre, d'après des circonstances qui peuvent augmenter la valeur de tous les immeubles de même nature, et non d'après un événement particulier, tel qu'un chemin de fer, un canal qui quintuplerait d'une manière imprévue le prix de cet immeuble. Cet article n'est pas assez exprès pour exclure l'application de 1150 qui établit la règle des dommages-intérêts, d'autant plus que 1639 renvoie aux principes généraux. C'est l'opinion de Pothier et de M. Duvergier.

1634 et **1635**. — Le propriétaire qui évince l'acheteur de bonne foi doit lui rembourser toutes les dépenses nécessaires. Quant aux dépenses utiles, il a le choix de la plus-value ou du montant des dépenses. Mais on ne doit pas assimiler le vendeur de mauvaise foi qui est tenu de l'obligation rigoureuse de garantie, et le propriétaire qui, en reprenant sa chose, mérite la faveur de la loi. Si donc les impenses s'élèvent à 20,000 francs, et la plus-value à

25,000 francs, l'acheteur aurait le droit d'exiger 5,000 fr. du vendeur, et toutes les impenses voluptuaires ou d'agrément.

1636 et **1637.**— « *Suivant l'estimation à l'époque de l'éviction.* » Dans le cas où la chose a diminué de valeur, l'art. 1637 n'est pas d'accord avec l'art. 1631. On explique cette contradiction en disant que l'éviction totale, résolvant le contrat, oblige le vendeur à la restitution du prix entier qui désormais se trouverait sans cause dans ses mains. L'art. 1637, statuant au contraire sur une hypothèse où le contrat continue à subsister, on s'explique comment le législateur a pu être amené à restreindre à la perte réelle éprouvée par l'acheteur l'indemnité qui lui est due. Néanmoins cet article est critiqué par quelques auteurs comme ayant abandonné un principe équitable. (Voy. M. Troplong et Zachariæ.)

On peut encore concilier les deux articles en distinguant si l'éviction porte sur une part divise. Dans ce cas, comme l'éviction peut tomber sur le bon ou sur le mauvais, il faut l'évaluer, c'est l'application de cet article; si elle porte sur une part indivise, on applique l'article 1631, et l'on oblige le vendeur à restituer une portion proportionnelle du prix, parce que l'éviction porte sur toutes les parties, bonnes ou mauvaises, du fonds vendu.

1638. — La découverte d'une servitude passive peut donner lieu à la résolution du contrat lorsque plusieurs conditions sont réunies. 1° Il faut que le vendeur ne l'ait pas déclarée; 2° qu'elle soit non apparente; des ouvrages extérieurs la feraient connaître; 3° qu'elle ne résulte pas de la situation des lieux et ne soit pas établie par la loi, parce que l'acheteur a dû la connaître puisqu'elle constitue le droit commun de la propriété; 4° qu'elle soit telle que si l'acheteur eût connu son existence il n'aurait pas acheté.

§ 2. — *De la garantie des défauts de la chose vendue.*

1641. — Ce paragraphe a été modifié par la loi du 20 mai 1838, spéciale aux vices rédhibitoires des animaux domestiques, des espèces chevaline, bovine et ovine.

Cette loi a limité le nombre des vices rédhibitoires. Article 1er, elle a supprimé l'action *quanti minoris*; elle a fixé à trente jours et à neuf jours, suivant les cas, le délai dans lequel l'action doit être intentée, art. 3, 4 et 6.

Elle a imposé à l'acquéreur l'obligation de provoquer dans ce délai la nomination d'experts chargés de visiter l'animal. Quant aux art. 7 et 8, ils sont l'application de 1647.

Les dispositions du Code civil sont encore applicables aux ventes d'immeubles, des choses mobilières inanimées, et des animaux qui n'appartiennent à aucune des espèces prévues.

Comme vices rédhibitoires dans les immeubles, on peut citer des pâturages renfermant des plantes nuisibles et vénéneuses; dans une maison, des poutres et solives pourries; des ouvrages en fer manquant de solidité à cause des pailles intérieures.

L'action à laquelle ces vices donnent lieu s'appelle *action rédhibitoire.*

CHAPITRE V.

DES OBLIGATIONS DE L'ACHETEUR.

1650 et **1651.** — « *Au lieu et dans le temps*, etc. » Dérogation à la règle qui impose au créancier l'obligation d'aller recevoir son payement au domicile du débiteur. (Voy. 1247-2°.)

Ce dernier article reçoit son application quand une clause particulière a rendu le payement du prix distinct de la tradition, en accordant à l'acheteur un terme pour payer.

Lorsque la vente est faite au comptant, et que le vendeur n'a pas exigé le payement lors de la délivrance, nous pensons, avec Delvincourt et M. Duranton, que le vendeur n'est pas, pour cela, censé avoir renoncé au droit d'exiger ce payement au lieu où la délivrance s'est faite. Il ne doit pas être victime de sa complaisance : *Renuntiatio est strictissimæ interpretationis.*

1652. — La créance du vendeur est, sous certains rapports, soumise à des règles qui lui sont propres.

Les intérêts du prix de la chose susceptible de produire des fruits, me paraissent courir de plein droit dans le cas même où le vendeur a accordé un terme pour le payement. Une simple sommation suffit pour faire courir les intérêts, lorsque la chose ne produit pas de fruits naturels ou civils. C'est une exception à l'art. 1153 qui exige une demande en justice.

Si la chose est frugifère par sa nature, et qu'elle soit accidentellement frappée de stérilité, l'acheteur ne peut pas se faire décharger des intérêts. Le Code établit une espèce de forfait entre le vendeur et l'acheteur. L'estimation proportionnelle des fruits donnerait presque toujours lieu à des procès interminables et ruineux. Le législateur n'a pas entendu que les fruits et les intérêts fussent en rapport parfait d'égalité. L'accident qui ferait périr le fonds en tout ou partie n'éteindrait pas la créance du vendeur pour le capital; de même l'événement qui a détruit la totalité ou une partie des fruits laisse subsister le droit du vendeur aux intérêts.

1653. — L'appréciation des faits sur lesquels l'acheteur fonde la crainte de l'éviction est abandonnée au pouvoir discrétionnaire du juge, qui décidera s'il y a juste sujet de craindre une dépossession.

1654. — « *Peut demander la résolution.* » Ce droit est

indépendant du privilége établi par les articles 2102, n° 4, et 2103, n° 1. C'est l'application du principe général posé dans l'art. 1184. Dans le premier cas, on poursuit le payement du prix, dans le second, on demande à rentrer dans sa propriété. Le vendeur d'une chose mobilière qui a été livrée n'a le droit de la revendiquer que dans la huitaine (art. 2102, n° 4); mais cet article ne règle que les rapports des créanciers entre eux; dans ses rapports avec l'acheteur, il peut demander la résolution de la vente même faite à terme, et lors même qu'il s'est écoulé plus de huit jours; mais le tiers acquéreur de bonne foi pourra invoquer l'art. 2279.

Lorsque le prix de vente consiste dans une rente viagère, le défaut de service des arrérages n'autorise pas la demande en résolution, on applique l'art. 1978. Autre exception à 2102-4°.

L'action en résolution dure trente ans contre l'acquéreur (voy. 2262), et dix ou vingt ans contre le tiers détenteur de bonne foi. (Voy. 2265.) Elle est personnelle contre l'acquéreur et réelle contre le tiers détenteur.

1655. — (Voy. notre art. 1184.)

1656. — (Voy. nos art. 1184 et 1139.)

1657. — « *Au profit du vendeur.* » Lui seul a donc le droit de considérer le marché comme non avenu. Les denrées et les effets mobiliers ne circulent pas toujours dans le commerce avec le même avantage; il y a d'un instant à l'autre une grande variation dans le prix. D'ailleurs le vendeur peut avoir besoin de la place qu'occupe le meuble vendu; la restitution de plein droit et sans sommation préalable évite ce préjudice au vendeur.

Cet article est-il applicable aux matières commerciales? (Voy. Pardessus, t. II, n° 288, et M. Troplong.)

« *Après l'expiration du terme convenu.* » La disposition de cet article est exceptionnelle. L'annulation immédiate de la vente pour défaut de retirement à l'époque fixée est

exorbitante; elle ne doit pas être étendue aux cas non prévus, par conséquent à une vente faite sans terme.

CHAPITRE VI.

DE LA NULLITÉ ET DE LA RÉSOLUTION DE LA VENTE.

SECTION PREMIÈRE.

DE LA FACULTÉ DE RACHAT.

1658 et **1659.** — La faculté de *rachat* ou de *réméré*, et
plus exactement de *retrait conventionnel*, est une faculté
accordée au vendeur dans le contrat de vente, par laquelle
il peut reprendre la chose vendue moyennant les restitutions déterminées par la loi.

C'est une condition résolutoire. En conséquence, les aliénations, les servitudes, les hypothèques consenties par
l'acquéreur sont anéanties. Il n'y a pas de droit proportionnel de mutation à payer. L'acheteur n'a pas le privilége du vendeur pour le remboursement du prix. Ce
n'est pas une revente, il n'a que le droit de rétention.
(Voy. 1673.)

1660 et **1661.** — « *Excédant cinq années.* » La faculté
de rachat rend la propriété incertaine. Elle est préjudiciable
au commerce et à l'agriculture; c'est pourquoi elle ne peut
pas être stipulée pour plus de cinq ans. Ce terme ne peut
être prolongé par le juge, et la prolongation par les parties ne peut, en aucun cas, porter atteinte aux droits des
tiers, qui ne seront point exposés à des recours si le retrait n'est exercé qu'après l'expiration du délai convenu
lors de la vente.

On peut soutenir que la convention par laquelle le vendeur serait tenu de payer, outre le prix et les frais de la
vente, une somme quelconque, serait nulle à raison 1° de
la facilité qu'il y aurait à couvrir, par ce moyen, des
clauses usuraires sous la forme d'une vente à réméré; 2° à
raison de l'obstacle qu'on apporterait à l'exercice du retrait

qui est digne de faveur. (Voy. cependant M. Duvergier, Zachariæ, Pothier.)

La vente avec faculté de retrait peut être accompagnée de circonstances telles qu'elle dégénère en contrat pignoratif usuraire. Par exemple, si la chose est vendue à vil prix, et que le vendeur la garde à titre de fermier ou locataire avec des loyers considérables, dans la réalité le contrat est un prêt sur gage et à gros intérêts; les tribunaux devront en prononcer la nullité en y donnant une sérieuse attention, parce que les conventions de cette espèce conduisent à leur ruine un grand nombre de familles.

1662. — Si le vendeur exerce le retrait dans le délai fixé par la convention ou par la loi, en faisant des offres seulement verbales, en les réalisant il devient propriétaire du fonds aliéné; par conséquent c'est lui qui profite de l'alluvion de l'île sise en face de son fonds, du trésor qui y est trouvé; il ne fait pas partie du fonds, la moitié seulement reste à l'inventeur : la propriété est résolue, elle doit s'anéantir dans les effets qu'elle a produits.

1663. — « *Même contre le mineur.* » Venant du chef d'un majeur qui a vendu, les biens des mineurs ne peuvent pas être vendus avec faculté de retrait; la vente de ces biens est soumise à des formes solennelles qui excluent une pareille *condition.*

1664. — Cet article ne serait pas applicable dans une vente à réméré d'effets mobiliers, à cause de 2279 et 1141; mais elle est permise puisque la loi ne prononce aucune restriction, comme elle le fait dans le cas de lésion.

1665 et **1666.** — « *Aux créanciers de son vendeur.* » Ayant une hypothèque générale et non une hypothèque spéciale ou privilégiée sur l'immeuble vendu. (Voy. 2170 et 2171.)

L'acquéreur pourrait-il opposer le bénéfice de discussion aux créanciers chirographaires? Je réponds affirmativement s'ils exercent l'action révocatoire en vertu de l'art 1167. S'ils exercent le réméré en vertu de 1166, M. Troplong dit non, par ce motif qu'il ne pourrait l'opposer au vendeur puisqu'il est personnellement obligé envers lui à souffrir le retrait; il ne peut, par conséquent, s'en prévaloir contre ceux qui sont au lieu et place du vendeur. J'ai de la peine à partager cette opinion rigoureuse.

1667. — « *Sur une licitation provoquée contre lui.* » Il est devenu propriétaire de la chose entière, par une nécessité inhérente à la nature de la chose vendue, personne n'étant tenu de rester dans l'indivision. Il en serait autrement s'il avait provoqué lui-même la licitation, il pourrait ainsi rendre au vendeur l'exercice de son droit trop difficile.

Les art 1668 et suiv. jusqu'à 1672, ne sont que l'application de 1220 ou l'expression de la pensée de l'acheteur qui n'a pas voulu devenir propriétaire d'une portion, mais de la totalité de la chose vendue.

1673. — Le vendeur ne doit rien pour les dépenses d'agrément, l'acquéreur peut seulement comme l'usufruitier, enlever les ornements qu'il aurait fait placer, à la charge de rétablir les lieux dans leur premier état. (Voy. 599.) Il n'a rien à rembourser pour les dépenses d'entretien qui sont une charge des fruits.

Mais à qui appartiennent les fruits pendants par branches ou par racines au moment du contrat et au moment où s'ouvre la faculté de réméré ? Quelques auteurs appliquent les principes de l'usufruit. (Voy. l'art. 585.) D'autres pensent que les fruits perçus par l'acheteur lui sont acquis à partir de la vente jusqu'au jour correspondant de l'année dans laquelle le retrait est exercé. Mais ceux qu'il a perçus et ceux que le vendeur pourra recueillir dans le courant de cette année, doivent être partagés entre les parties dans la proportion du nombre de jours qui se sont écoulés, depuis le jour correspondant à celui de la vente, jusqu'à celui du retrait. (Voy. M. Duvergier 11, 56 et 57.) MM. Du-

ranton et Troplong ont sur le partage des fruits de la dernière année, des opinions qui offrent quelques divergences
entre elles et avec celle que nous venons d'exprimer.

Mais avant le partage des fruits entre l'acheteur et le
vendeur, il faut déduire les frais de culture et de semence
faits par l'acheteur, autrement il serait évidemment lésé.

« *La maxime resoluto jure dantis*, etc. » ne s'applique pas
aux baux faits, sans fraude, qu'ils soient authentiques ou
sous seing privé, il ne s'agit que de la bonne foi des parties.

SECTION II.

DE LA RESCISION DE LA VENTE POUR CAUSE DE LÉSION.

1674. — L'action en rescision pour cause de lésion qui
avait été abolie par la loi du 14 fructidor an III, n'a été
admise au conseil d'État, qu'après une discussion pleine
d'intérêt, dans laquelle le premier consul s'est prononcé
pour la rescision.

Le but du vendeur est d'obtenir l'équivalent pécuniaire
de l'immeuble vendu. S'il consent à vendre moyennant une
somme inférieure au prix commun, c'est qu'il ignore ce
prix ou c'est la loi de la nécessité qui le force à aliéner.

« *D'un immeuble corporel.* » Parce que l'action en rescision ne serait pas recevable contre la vente d'un usufruit
immobilier. Elle ne serait pas davantage admise contre la
vente d'un immeuble faite moyennant une rente viagère.

Ces hypothèses présentent des chances de gain ou de perte,
résultant de l'incertitude d'une plus ou moins longue vie.

Si la vente comprend des meubles et des immeubles, on
déterminera par ventilation le prix des immeubles, qui sera
seul sujet à rescision, à moins que les meubles ne soient
vendus comme accessoires d'immeuble. Exemple: une
maison meublée, une ferme avec les immeubles par destination.

« *Dans le contrat.* » Il n'en est pas de même de la renonciation postérieure à la vente et au payement du prix; alors

le vendeur agit avec liberté, il n'est plus sous l'empire de la nécessité. L'art. 1338 est applicable.

1675. — L'action en rescision n'est plus recevable si l'immeuble vendu a péri par cas fortuit, lors même que l'acheteur l'eût revendu pour un prix supérieur à celui qu'il avait payé, le vendeur ne peut pas se plaindre puisque, s'il eût gardé cet immeuble, il aurait péri pour lui, et il a reçu une somme dont il profite. L'action en rescision a pour objet principal la restititution de l'immeuble, le payement du supplément n'est que *in facultate solutionis;* la perte rend difficile une expertise, cette décision peut paraître douteuse, elle est adoptée par M. Duvergier, et la contraire par MM. Troplong et Pothier.

1676. — L'action en rescision est exorbitante du droit commun; elle entrave la circulation des biens, elle nuit aux progrès de l'agriculture par suite des incertitudes où elle laisse les propriétaires; ce sont les motifs pour lesquels elle doit être intentée dans le bref délai fixé par le code. Il court contre les femmes mariées, à l'égard des ventes consenties avant le mariage ou pendant le mariage avec le consentement de leur mari, ou lorsqu'elles ont succédé au vendeur.

«*Contre les absents ou interdits.* » Lorsqu'il s'agit de ventes faites avant la disparition ou l'interdiction, ou lorsqu'ils ont succédé au vendeur, il court contre les mineurs qui succèdent à un majeur qui a vendu.

1677, 1678, 1679, 1680. — Le tribunal rend un jugement interlocutoire qui admet le vendeur à prouver la lésion, si les faits lui paraissent assez graves pour la faire présumer.

Si les experts sont d'avis différents, on le constate, mais sans faire connaître l'avis particulier de chaque expert, afin de ne pas gêner la liberté des opinions.

1681. — L'action en rescision est personnelle contre l'acquéreur, réelle contre le tiers détenteur. Elle est immobi-

lière, le supplément du juste prix n'étant que *in facultate
solutionis*.

« *Sous la déduction du dixième.* » Ce qui n'a pas lieu dans
la rescision des partages qui ont l'égalité pour base. (Voy.
l'art. 891.)

La manière la plus prompte d'excercer cette action,
consiste à assigner en même temps l'acquéreur et le tiers
possesseur, afin d'obtenir contre eux un jugement commun.

Si l'immeuble est restitué, il doit l'être avec les accroissements survenus par alluvion ; d'un autre côté, les aliénations, les hypothèques et autres charges réelles que
l'acquéreur a consenties s'évanouissent : il n'a pu transférer
plus de droits qu'il n'en avait.

L'acheteur doit tenir compte au vendeur des dégradations dont il a profité. Par exemple, de la valeur des matériaux et des bois de futaie non mis en coupes réglées qu'il
a vendus, et même des détériorations occasionnées par sa
négligence et non de celles résultant d'une force majeure,
ni des dépréciations résultant du temps et du cours ordinaire des événements. Si l'acheteur avait fait des améliorations, le vendeur devrait rembourser les dépenses modérées
qu'aurait faites un bon administrateur.

1682. — « *Il doit l'intérêt du supplément du jour de la demande.* » Parce que l'acheteur est considéré comme possesseur de bonne foi, en effet, la demande en rescision n'est
pas prévue.

1683. — On n'est jamais forcé d'acheter ; un intérêt d'affection peut engager l'acheteur à faire des sacrifices pour
se procurer la chose vendue.

Mais cet article ne s'oppose pas à ce qu'il fasse annuler
le contrat pour cause de dol.

1684. — Cette disposition ne s'applique pas à une licitation judiciaire faite entre des cohéritiers majeurs, présents
et non interdits, parce que l'intervention de la justice n'est
pas nécessaire pour la validité de ces ventes.

CHAPITRE VII.

DE LA LICITATION.

1686, 1687, 1688. — La licitation est l'adjudication faite aux enchères d'une chose apppartenant à plusieurs, par indivis et qui n'est pas susceptible de division sans perte, ou qu'aucun des copartageants ne veut ou ne peut accepter.

C'est un partage quand c'est un copopriétaire qui devient adjudicataire, c'est une vente si c'est un étranger, de là les conséquences suivantes : 1° dans ce dernier cas, il y a privilége du vendeur ; 2° action en résolution faute de payement du prix ; 3° action en rescision pour lésion de plus des sept douzièmes, à moins que la licitation n'ait eu lieu judiciairement, dans un cas où elle ne pouvait être faite d'une autre manière (voy. 1684) ; 4° l'acquéreur reçoit l'immeuble grevé des charges, hypothèques et servitudes qui ont été créées pendant l'indivision, par l'un des copropriétaires ; 5° droit proportionnel de mutation à payer.

Dans le premier cas : 1° privilége de copartageants. (Voy. 2103-3° et 2109) ; 2° les immeubles passent francs et quittes d'hypothèques, servitudes et aliénations consenties par les copropriétaires à celui qui est vainqueur dans la licitation (voy. 883) ; 3° rescision pour lésion de plus du quart ; 4° ils sont soumis à la garantie entre copartageants et non à celle d'un vendeur (voy. 884 et 885) ; 5° droit fixe d'enregistrement.

CHAPITRE VIII.

DU TRANSPORT DES CRÉANCES ET AUTRES DROITS.

1689. — Le transport d'une créance est l'acte par lequel on se dessaisit de son droit de créancier pour l'attribuer à une autre personne appelée cessionnaire.

Il ne faut pas confondre la cession et la subrogation. (Voy. notre art. 1249.)

1690. — « *N'est saisi à l'égard des tiers.* » C'est-à-dire, le débiteur cédé, les créanciers du cédant et un second cessionnaire. La saisine de la créance n'est acquise au cessionnaire que par la signification du transport faite au débiteur cédé ou sans acceptation dans un *acte authentique*.

M. Duranton et les auteurs des pandectes françaises sont d'avis que le mot *authentique* doit être considéré comme synonyme de ceux : *ayant date certaine*.

Néanmoins, l'acceptation sous seing privé ne serait pas sans effet : elle enlèverait au débiteur la faculté de se libérer entre les mains du cédant. Elle lui enlèverait aussi la faculté d'opposer la compensation qu'il eût pu avant l'acceptation opposer au cédant. (Voy. 1295.) Seulement elle ne pourrait pas être opposée aux créanciers du cédant, ni à un nouveau cessionnaire, qui ferait le premier la signification ou qui recevrait l'acceptation dans un acte authentique.

L'acceptation de la cession produit des effets plus étendus que la signification, en ce qu'elle prive le débiteur du droit de faire valoir contre le cessionnaire les moyens de libération qu'il eût pu avant l'acceptation opposer au cédant, et notamment la compensation qui s'est opérée antérieurement à l'acceptation. (Voy. 1295.)

En exigeant la signification au débiteur ou son acceptation dans un acte authentique, la connaissance de la transmission acquise au débiteur cédé produit de bons résultats pour les tiers. Celui à qui l'on propose d'acheter une créance a un moyen assuré de savoir si déjà une transmission antérieure n'a pas dépouillé le vendeur, c'est de s'adresser au débiteur ; d'un autre côté, le débiteur pourrait de bonne foi payer son ancien créancier, dans l'ignorance du transport qui aurait été fait ; avec la signification ou l'acceptation, cela n'est pas possible.

Ces moyens de faire connaître la cession aux intéressés ne sont pas requis pour le transport d'actions établies sous la forme d'un titre au porteur, pour les effets de commerce qui se transfèrent par la voie de l'endossement, pour les rentes sur l'État; pour les actions de la banque, etc., etc.

Une créance de 6,000 fr. est saisie pour 3,000 fr., ensuite elle est cédée, et après la signification ou l'acceptation du débiteur, elle est saisie de nouveau pour une somme égale par un second créancier. Quels seront les droits du premier créancier saisissant, du cessionnaire et du second créancier saisissant? Plusieurs solutions ont été données à cette question importante et difficile. (Voy. Marcadé, qui les discute.) Zachariæ, MM. Duranton et Duvergier font des calculs qui aboutissent à des résultats différents.

1692. — « *Comprend les accessoires*, » tels que titre exécutoire, contrainte par corps, compétence du tribunal, et peut-être condition résolutoire, parce que c'est un moyen de faire valoir la créance. (Voy. MM. Duranton, Troplong et Duvergier.) Cependant Marcadé n'est pas de cet avis; à plus forte raison, il ne considère pas comme accessoire du prix de vente les actions en réméré, en nullité et en rescision.

L'hypothèque peut être transmise par endossement, lorsqu'elle est stipulée dans une obligation à ordre ou rappelée dans une lettre de change, un billet à ordre, etc. ; aucun texte ne s'y oppose. Cette transmission est conforme à la nature de l'ypothèque qui est l'accessoire d'une créance, et elle n'est pas contraire aux règles, aux formalités et aux droits consacrés par le régime hypothécaire. Le tiers détenteur peut purger. (Voy. 2183.) Il peut se libérer en consignant. (Voy. l'art. 2186.)

1693, 1694, 1695. — Deux espèces de garantie, la garantie de droit et la garantie de fait. La première existe sans stipulation : c'est la garantie de l'existence de la créance au moment de la cession ; la seconde, c'est la garantie de la solvabilité actuelle du débiteur : elle n'existe qu'autant qu'elle a été stipulée.

La clause *de fournir et faire valoir*, qui est quelquefois employée dans les actes de cession, a pour objet la garantie de la solvabilité actuelle et future du débiteur.

Ces articles ne s'appliquent pas aux effets de commerce qui se transfèrent par la voie de l'endossement, le tireur et les endosseurs garantissent la solvabilité future sans stipulation, puisqu'ils garantissent le payement à l'échéance.

1696, 1697, 1698. — Ces trois articles sont relatifs à la personne qui *se croit* héritière et qui transporte à l'acheteur tous les droits héréditaires actifs et passifs ; de sorte qu'elle ne garantit que sa qualité d'héritier.

Cette cession comprend les objets que le cédant détient au moment de la cession, les fruits et revenus qu'il a perçus ou qui sont échus, les capitaux qu'il a touchés, le prix des immeubles qu'il a aliénés, la valeur des choses qu'il a consommées et celles dont il a disposé *à titre gratuit.* (Voy. cependant dans ce dernier cas M. Duvergier.)

Si depuis la cession qu'un héritier a faite de ses droits successifs, son cohéritier renonce à la succession, la part de ce renonçant appartient-elle au cédant ou au cessionnaire ? Si l'on applique les principes du droit d'accroissement, elle appartient au cessionnaire, *portio portioni accressit.* Si l'on suit l'intention des parties, elle appartiendra en règle générale au cédant. (Voy. les art. 2050 et 1163.) Nous pensons que c'est une question d'interprétation de la volonté des parties. Pour la première opinion, voyez Proudhon ; pour la seconde, Pothier, n° 545. M. Troplong, à l'art. 1696, prouve par un argument *à fortiori* que les ventes d'immeubles déterminés de la succession faites par un héritier apparent sont nulles, et qu'elles peuvent être revendiquées contre les tiers détenteurs. (Voy. notre commentaire, art. 774.)

1699. — Cet article met un frein aux spéculations des acheteurs de procès. Tous les intérêts sont satisfaits par la combinaison qu'il permet. Le cédant n'a pas à s'enquérir de ce qu'a produit le droit qu'il a transmis au cessionnaire : celui-ci retrouve ce qu'il a payé, et le débiteur a vu sans doute quelque avantage à exercer le retrait.

« *Le prix réel.* » Ces termes indiquent que la loi laisse au débiteur la faculté de déjouer la fraude au moyen de laquelle on chercherait à éviter l'exercice du retrait, soit en déclarant dans les actes de cession des prix au-dessus des sommes payées, soit en déguisant une vente sous la forme d'une donation. Tous les moyens de preuve sont admis.

1700. — La chose n'est *censée* litigieuse que quand il y a procès sur *le fond du droit.* La loi a voulu qu'il fût certain que le droit est contesté, c'est-à-dire qu'il y a des chances douteuses sur son principe et son existence. Ainsi le déclinatoire ou la nullité d'exploit proposée contre l'action ne suffirait pas ; mais il en serait autrement si l'on contestait la validité du titre du demandeur, même sous le rapport de la forme.

La faculté d'écarter le cessionnaire est fondée sur le peu de faveur que méritent les acheteurs de procès ; aussi elle est refusée quand il en existe de justes motifs qui excluent toute idée de chicane et de spéculation. Ces justes motifs existent dans les trois cas de l'art. 1701.

1701. — Dans le premier cas, c'est le désir de sortir d'indivision ; dans le second, de se procurer le payement d'une créance ; dans le troisième, de conserver la paisible possession d'un immeuble.

TITRE VII.

DE L'ÉCHANGE.

1702. — L'échange est le plus ancien des contrats ; ils étaient nombreux lorsque l'argent monnayé, signe représentatif de toutes valeurs, n'existait pas : aujourd'hui la vente a absorbé l'échange; c'est le motif pour lequel la loi s'en est occupée de préférence.

L'échange est un contrat consensuel, synallagmatique et commutatif, par lequel les parties se transfèrent réciproquement la propriété de corps certains, ou s'engagent à se transférer la propriété de choses indéterminées autres que de l'argent.

1703. — En droit romain, c'était un contrat réel, innommé, donnant lieu à l'action *præscriptis verbis* en faveur de la partie qui l'avait exécuté.

1704 et **1705.** — « *Ou de répéter sa chose.* » Rien n'empêche le copermutant évincé de réclamer des dommages-intérêts, en réclamant sa chose; cet article n'a pas voulu déroger aux principes généraux du droit; il pourra donc conclure à la restitution des frais et loyaux coûts du contrat : cet article a entendu, par le mot dommages-intérêts, la valeur de l'objet dont il a souffert l'éviction.

Il est conforme aux principes que le copermutant répète sa chose entre les mains d'un tiers détenteur. La condition résolutoire est sous-entendue. (Voy. 1184.) *Resoluto jure dantis, resolvitur jus accipientis.* (Voy. MM. Duranton et Roland de Villargues, v° Échange, n° 28.)

1706 et **1707.** — L'échange a la plus grande affinité avec la vente; aussi la loi déclare que toutes les règles de la vente lui sont applicables. L'acte d'échange doit être rendu public par la transcription. (Art. 1er de la loi nouvelle.) La principale différence est que dans l'échange on donne une chose pour une autre; tandis que dans la vente le prix consiste en argent, ce qui entraîne cette conséquence, que l'échange n'est pas rescindable pour cause de lésion, parce que les copermutants sont acheteurs et vendeurs, et l'acheteur ne peut pas demander la rescision pour cause de lésion. Le besoin d'argent peut forcer de vendre à vil prix, et non à échanger.

Il est donc important de savoir si, lorsqu'un immeuble

est cédé pour des denrées dont le prix est fixé par les mercuriales ou pour une somme d'argent et un autre immeuble, il y a vente ou échange : dans le premier cas, la solution est laissée à l'appréciation des tribunaux qui examineront si l'acheteur n'a pas voulu déguiser une vente sous la forme d'un échange pour éviter l'action en rescision pour cause de lésion.

Dans le second cas, si l'héritage est d'une valeur moindre que la somme d'argent, le prix en argent prédomine, *major pars*, etc. Il y aura donc lieu à rescision pour cause de lésion.

Les frais d'actes dans la vente sont à la charge de l'acheteur; dans l'échange, les frais sont supportés par moitié.

L'art. 1602 déclare que les pactes obscurs et ambigus s'interprètent contre le vendeur. Il n'est pas applicable à l'échange. Les copermutants ont les mêmes qualités.

Le droit d'enregistrement en matière d'échange n'est que de la moitié du droit de vente, il n'y a qu'un mouvement d'immeubles déjà soumis aux lois générales de l'impôt, il n'y a pas de valeur nouvelle employée ou transformée. L'agriculture demande la facilité des échanges, c'est pourquoi l'impôt a été modéré en vertu des lois du 16 juin 1824 et du 24 mai 1834.

TITRE VIII.

DU CONTRAT DE LOUAGE.

CHAPITRE PREMIER.

DISPOSITIONS GÉNÉRALES.

Le louage peut être défini, un contrat synallagmatique parfait, commutatif et à titre onéreux, par lequel l'une des parties s'oblige à faire jouir l'autre d'une chose ou de son travail moyennant un prix que celle-ci s'oblige à payer.

Différences principales entre le bail et l'usufruit :

1° L'usufruit est un droit réel ; lorsqu'il existe sur des immeubles, il est susceptible d'hypothèque. (Voy. 2118.)

2° Il peut être établi par convention ou par testament ; le louage est toujours un contrat.

3° Il peut être établi à titre gratuit ou à titre onéneux ; le louage est toujours à titre onéreux.

4° L'usufruit s'éteint par la mort de l'usufruitier, le bail passe aux héritiers.

5° L'usufruitier prend les choses soumises à son droit dans l'état où elles sont ; le locataire peut forcer le propriétaire à réparer. (Voy. 1720.)

6° L'usufruitier a la possession civile de son droit, il peut intenter les actions possessoires, les actions confessoires et négatoires.

Ces différences prouvent qu'il est important de distinguer un usufruit établi à titre onéreux et le contrat de louage.

Pour les distinguer, les juges rechercheront l'intention des parties. Si le payement du prix se fait d'une manière divisée, par semestre, par trimestre, c'est une présomption que les parties ont voulu faire un bail.

CHAPITRE II.

DU LOUAGE DES CHOSES.

1713. — On ne peut pas louer une servitude, un droit d'usage ou d'habitation ; des choses qui se consomment par l'usage, si ce n'est *ad pompam et ostentationem* ou *ad fraudulentam exhibitionem.*

SECTION PREMIÈRE.

DES RÈGLES COMMUNES AUX BAUX DES MAISONS ET DES BIENS RURAUX.

1714. — Cet article s'applique à toute espèce de baux, à ceux des meubles, à ceux d'industrie comme à ceux des choses.

Si le propriétaire loue la chose à deux personnes successivement, celle-là est préférée qui a été mise en jouissance
la première, si elle est de bonne foi. C'est un droit mobilier, un droit personnel, on applique l'art. 1141.

Si aucune n'est en possession, celle dont le titre a date
certaine antérieure doit être préférée; si même date, il n'y
a pas de motifs de préférence, elles doivent jouir toutes
deux. Marcadé est d'une opinion contraire.

Si c'est un bail de plus de dix-huit ans, d'après la loi
nouvelle, le premier transcrit obtiendrait la préférence.

1715. — Pourquoi cette dérogation au droit commun?
Il fallait tarir la source d'un grand nombre de procès qui
auraient entraîné la ruine des petits locataires. Tout est ur-
gent; le propriétaire et le locataire sont intéressés à ne pas
rester longtemps dans l'incertitude sur l'existence du bail.
Célérité et économie, voilà les motifs de ces articles.

La ressource que la loi accorde, c'est de déférer le serment décisoire à celui qui nie le bail : on pourra aussi lui
faire subir un interrogatoire sur faits et articles, conformément à l'art. 384 du Code de proc. qui le permet *en
toutes matières*, c'est-à-dire celles dans lesquelles la preuve
testimoniale n'est pas admissible.

Ces deux articles ne permettent pas non plus d'admettre
la preuve testimoniale, même avec commencement de
preuve par écrit, soit du bail, soit d'un commencement
d'exécution déniés. Cette doctrine est controversée. (Voyez
Marcadé, MM. Duranton, Troplong et Duvergier.)

1716. — Si le prix déclaré par le locataire s'écarte moins
de l'estimation des experts, que celui demandé par le propriétaire, le texte de la loi paraît faire supporter les frais
de l'expertise au locataire. Cependant plusieurs auteurs,
en se fondant sur l'esprit de la loi plutôt que sur le texte,
décident qu'ils devront être supportés en commun; d'autres les mettent à la charge exclusive de celui dont la déclaration s'écarte le plus de l'estimation des experts.

1717.—Il existe des différences importantes entre *céder* son bail et *sous-louer*.

Le cessionnaire répond de tout le prix du bail; il représente la personne du cédant, il jouit de ses droits; il doit remplir ses obligations; c'est le bail qui est cédé avec toutes ses clauses et conditions.

La sous-location peut être partielle et faite sous des conditions différentes du bail primitif.

Le second preneur n'est tenu vis-à-vis du bailleur primitif que jusqu'à concurrence du prix de sa sous-location. (Voy. 1753.)

Le sous-bailleur a un privilége sur les meubles du sous-preneur pour le payement du prix. (Voy. 2102.)

L'art. 1769 ne peut être invoqué par le cessionnaire; il peut l'être par le sous-preneur.

Lorsque le bail dit que le preneur n'aura pas le droit de céder ou de sous-louer, la cession ou la sous-location partielle est-elle permise? Il faut adopter l'affirmative qui paraît incontestable à M. Duvergier. Cela ne faisait aucun doute dans l'ancienne jurisprudence; et l'on ne trouve rien dans notre législation actuelle qui indique l'intention d'innover. L'article, en disant que la faculté de céder ou de sous-louer peut être interdite pour le tout *ou pour partie*, suppose que lorsqu'on veut prohiber la cession ou la sous-location partielle, il faut le déclarer expressément; autrement il était inutile d'ajouter ces termes.

Le cédant n'est pas plus libéré envers le propriétaire que celui qui donne en sous-location.

1718. — (Voy. les art. 1429 et 1430.)

1719 et **1720.** — Le bailleur est obligé, par la nature même du contrat de louage, de délivrer la chose en bon état de réparations de toute espèce et avec tous ses accessoires. A ce sujet, on s'est demandé si le droit de chasse et le droit de pêche se trouvent compris dans un bail à ferme. Trois opinions à cet égard : M. Duvergier décide

que ce droit appartient toujours au fermier, à l'exclusion
du propriétaire; M. Duranton l'accorde au propriétaire et
au fermier concurremment. Enfin l'opinion adoptée par le
plus grand nombre est que ces droits appartiennent au
propriétaire exclusivement, à moins que la chasse et la
pêche ne fassent partie des revenus de la ferme. On peut
dire, pour la première opinion : 1° que le gibier se nourris-
sant sur le fonds et diminuant la jouissance du fermier, il
est équitable de lui donner, dans le droit de chasse, une
compensation à la perte qu'il éprouve ; 2° que la chasse a
ses inconvénients pour les récoltes, auxquelles elle peut
porter un dommage.

1721. — Cet article veut-il rendre la garantie aussi sévère, contrairement au droit romain et à l'ancienne jurisprudence, pour celui qui a ignoré les vices que pour celui
qui les a connus ou a dû les connaître? M. Duvergier,
n° 341, soutient la négative. La règle qui est adoptée pour
la vente par les art. 1645 et 1646 est pleine d'équité ;
elle nous a été transmise par la législation romaine, et elle
a dicté l'art. 1722.

1722. — Il faut remarquer que la destruction totale,
par cas fortuit, de la chose louée, fait cesser le bail. La destruction partielle donne au locataire le choix de le résilier
ou de le continuer avec diminution du prix ; mais le simple
endommagement ne permet pas la résiliation, elle oblige
le bailleur, d'après les art. 1719 et 1720, à remettre les
choses en bon état. (Voy. Marcadé ; pour une autre opinion, voy. MM. Duvergier et Troplong.)

1723. « *Changer la forme.* » Par exemple, convertir une
terre labourable en prairie, en vignes ou en bois.

1724. — « *A proportion du temps.* » La diminution du prix
se calculera-t-elle sur toute la durée des réparations ou sur
le temps qui excède les quarante jours? On peut dire que le
bailleur a le droit de gêner la jouissance du preneur pendant quarante jours ; que la gêne ou la restriction apportée

à la jouissance du preneur ne peut rendre passible de dommages-intérêts que quand les quarante jours sont dépassés. On peut répondre que le bailleur n'a le droit de gêner le preneur que pendant quarante jours, la tolérance du locataire ne doit pas durer plus longtemps ; que si les réparations durent plus de quarante jours, le bailleur perd le bénéfice de la loi, et l'indemnité doit être calculée sur la durée entière des réparations. Le texte paraît décider formellement cette question dans ce sens ; M. Troplong est d'une opinion contraire.

Si le logement est rendu inhabitable pendant plus de quarante jours, le juge pourra prononcer la résiliation du bail.

1725, 1726, 1727. — Il y a deux espèces de troubles : *de fait* et *de droit*.

De fait, par exemple lorsqu'un voleur vient couper les récoltes, blés et raisins ; si des individus jettent dans un étang des substances propres à faire périr le poisson.

De droit, lorsqu'un tiers se prétendrait propriétaire ou usufruitier de la chose louée. Dans ce cas, le preneur est tenu de dénoncer la demande au bailleur, car il n'a pas qualité pour défendre à une action réelle sans mandat. Cependant il pourrait assister au procès pour empêcher une collusion entre son bailleur et le demandeur originaire. (Voy. les art. 1166 et 182 Code proc.) Dans un trouble *de fait*, le preneur est obligé de se protéger lui-même, parce que l'on a craint de sa part une collusion avec des tiers pour obtenir du bailleur des indemnités, sauf un recours inutile contre ces tiers inconnus ou insolvables.

1728, 1729, 1731. — L'obligation de jouir de la chose en bon père de famille impose au locataire celle de la rendre dans l'état où il l'a reçue, sauf les détériorations provenant de force majeure et de vétusté.

Mais sur qui retombe le fardeau de la preuve que les choses étaient dans telle situation ? S'il a été fait un état des lieux, pas de difficulté ; sinon le preneur est censé les avoir reçus en bon état de réparations locatives, puisque celles qui eussent été à faire seraient restées à sa charge pendant sa jouissance; il est donc présumé les avoir fait faire par le bailleur. Ce serait à lui à prouver le contraire, ce qu'il pourra faire par témoins au-dessous et même au-dessus de 150 francs, parce qu'il s'agit d'un fait et non d'une convention.

1732, 1733, 1734. — Les obligations du preneur sont de veiller à la conservation de la chose louée, pour la rendre dans l'état où il l'a reçue. Si elle a péri, pour se soustraire à son obligation, il doit prouver qu'elle a péri sans sa faute. C'est le droit commun. Mais les art. 1733 et 1734 y dérogent en limitant les moyens de justification du preneur, dont la responsabilité ne cesse qu'autant qu'il prouve que l'incendie a pour cause l'une des trois circonstances prévues dans l'art. 1733. Il ne pourrait invoquer, comme moyen de justification, la circonstance qu'il n'aurait pas, au moment de l'incendie, occupé la maison incendiée. Cette doctrine est controversée. (Voy. Proudhon et M. Duvergier.) Ces jurisconsultes soutiennent que le locataire peut, par tous les moyens possibles, prouver que la maison a péri sans sa faute.

Ces articles sont étrangers aux personnes qui ne sont pas obligées, par un lien contractuel ou légal, à la conservation de la chose, et même aux personnes obligées par un lien autre que celui résultant d'un contrat de bail. Ainsi, ils ne peuvent être invoqués ni par les différents locataires d'une maison entre eux, ni par les propriétaires des maisons voisines de celle incendiée. Ces dispositions sont même, en tant qu'elles limitent les moyens de justification du locataire, inapplicables à l'usufruitier et au créancier antichrésiste. Ils sont moins suspects, moins soupçonnés de négligence parce qu'ils ont plus d'intérêt à la conservation de la chose soumise à leur droit que le locataire.

Le bailleur qui habite la même maison que le preneur n'en peut pas moins invoquer contre celui-ci la présomption de faute, lorsqu'il prouve que le feu n'a pas commencé chez lui. Si l'incendie a dévoré son mobilier, il a sans doute une action contre le locataire pour la réparation d'un double dommage; mais la présomption qui le dispense de prouver la faute du locataire, lorsqu'il réclame en qualité de bailleur la valeur de l'édifice incendié, ne le protége pas lorsqu'il réclame le prix de son mobilier. Il rentre, à cet égard, dans le droit commun, c'est comme habitant la maison, et non en qualité de bailleur, qu'il forme en justice ce second chef de demande; il doit prouver la faute du locataire. On doit faire la même distinction si, à côté de la maison louée, se trouvait une autre maison appartenant au bailleur, et qui a péri par suite de l'incendie commencé dans la première.

Comment indemniser les propriétaires des maisons abattues pour arrêter les progrès de l'incendie? Quelques auteurs appliquent les principes sur le jet des marchandises à la mer dans un gros temps; la perte, dans ce cas, se répartit contributoirement. Cette solution me paraît d'une application dificile dans la pratique. Ne serait-il pas mieux de décider que la ville est tenue de payer des indemnités à ceux à qui des dommages ou des pertes ont été occasionnés dans l'intérêt public? (Voy. Proudhon, qui est d'une opinion contraire.)

La présomption de faute est-elle opposable aux locataires des théâtres? On peut soutenir la négative en disant que l'art. 1733 n'a eu en vue que les locataires des lieux destinés à l'habitation; que le danger d'incendie est si grand dans les théâtres, que l'autorité impose à ceux qui les exploitent certaines mesures de précaution particulières; qu'elle exerce elle-même une surveillance active; que cette intervention des magistrats municipaux fait cesser la présomption de faute contre le locataire; qu'il ne serait pas raisonnable de présumer qu'il y eu imprudence ou négligence lorsque l'autorité veillait elle-même; que les propriétaires des théâtres n'ignorent pas le danger d'incendie qui les menace incessamment; qu'ils trouvent, dans le prix élevé de location., la compensation des chances auxquelles ils sont exposés.

On répond que l'art. 1733 contient une règle absolue et sans exception; que plus le danger de l'incendie est imminent, plus il importe que le devoir de vigilance soit imposé rigoureusement au locataire; que si le prix de location est plus élevé que celui des maisons ordinaires, c'est à raison des bénéfices que peut procurer aux locataires l'exploitation des lieux loués et non en compensation des risques. (Voy. M. Duvergier.)

La loi s'écarte encore du droit commun en établissant la solidarité entre les locataires d'une maison. C'est, je crois, une obligation *in solidum* plutôt qu'une solidarité parfaite. Ils ne sont pas mandataires les uns des autres : donc la demande formée contre l'un n'interromprait pas la prescription contre les autres.

L'indemnité à payer au propriétaire est supportée par chaque chef de famille, parmi les locataires, pour une part virile ou égale. La différence des loyers ne peut pas en établir une dans la présomption de faute qui est la cause de la responsabilité.

Si la maison incendiée est assurée, les droits du bailleur contre le preneur peuvent être cédés à la compagnie d'assurances. C'est un droit pécuniaire.

Si le preneur est tenu, par une clause du bail, de faire assurer les maisons et de payer les primes, c'est à lui à toucher l'indemnité en cas d'incendie *dont il est responsable*, sinon c'est au propriétaire.

1735. — Ainsi il répond des faits de ses enfants, de ses domestiques et de toute personne qui occupe la chose louée.

La présomption de faute même peut être invoquée contre

le sous-preneur, parce qu'il il y est soumis à l'égard du preneur, dont le bailleur principal peut faire valoir les droits.

Le preneur qui est responsable des dégradations et des pertes peut demander une indemnité pour les impenses nécessaires qu'il a faites sur la chose louée ; elles ont conservé la chose, et le bailleur ne peut s'enrichir aux dépens du preneur ; je crois même qu'il peut réclamer les impenses utiles, conformément aux règles générales du droit : je ne l'assimile pas à l'usufruitier. (Voy. 599.)

1736 et **1737**. — D'après ces articles, ce serait selon que le bail a été constaté par écrit ou non qu'il y aurait nécessité de donner congé ; mais c'est une inexactitude dans la rédaction provenant de ce que le législateur était préoccupé de ce qui arrive ordinairement, *de eo quod plerumque fit*. Le bail par écrit est celui qui a une durée déterminée et que les parties ont fixée par leur convention, qu'elle soit ou non constatée par écrit.

Le Code n'a pas posé de règle fixe pour les délais à observer dans la notification des congés ; il s'en réfère à l'usage des lieux qui admet quatre termes : 1er janvier, etc., et cependant les payements du loyer ne peuvent être exigés que le 8 du quatrième mois pour les petites locations, et le 15 pour les autres. Les congés doivent être donnés six semaines d'avance pour ces petites locations, de 400 fr. inclusivement et au-dessous ; trois mois pour celles au-dessus de 400 fr., et six mois pour une maison entière, magasins ou boutiques. Ces délais différents courent abstraction faite des huit ou quinze jours accordés pour le payement et le déménagement. En cette matière, il n'y a que des questions de fait décidées par l'usage.

L'effet du congé est de faire cesser les rapports et les qualités de bailleur et de preneur. Le locataire qui a donné ou reçu congé est tenu de rendre les lieux libres à l'époque indiquée ; s'il s'y refuse, la loi de 1838 donne pour les logements n'excédant pas 400 fr. à Paris, et 200 fr. dans les départements, la faculté d'obtenir du juge de paix un jugement exécutoire sur minute et avant l'enregistrement.

La preuve d'un congé ne peut être faite par témoins, lors même que la valeur du bail n'excéderait pas 150 francs. (Arg. art. 1715.)

1738, 1739, 1740. — « *Des baux écrits,* » ce qui veut dire sans fixation de terme.

Il s'opère un nouveau bail qui s'appelle *tacite reconduction.*

L'hypothèque de même que le cautionnement ne survivent point au bail. La contrainte par corps stipulé dans le bail primitif ne sert pas non plus de garantie aux engagements nouveaux.

1741 et **1742.** — « *N'est point résolu par la mort du bailleur.* » Nous verrons (art. 1763 et 1764) si cette disposition est applicable au colon partiaire.

1743. — « *Ne peut expulser le fermier.* » C'est dans cet article que se trouve la base de la théorie du droit réel que quelques jurisconsultes accordent au fermier ou locataire. Nous n'en tirons pas cette conséquence ; tout ce qui résulte de cette disposition, c'est que le preneur a d'abord un droit de rétention sur la chose ; il n'en résulte pas qu'il ait sur elle un droit réel. Il a été conçu dans l'intérêt de l'agriculture, du commerce et de l'industrie, dont la prospérité est liée à la stabilité des exploitations ; on a voulu garantir les fermiers de la crainte d'une expulsion imprévue, et leur permettre de se livrer à des améliorations et à des entreprises de culture qui exigeraient des travaux de longue durée. L'acquéreur est obligé de respecter les droits du fermier, parce que la loi le subroge aux obligations du bailleur en même temps qu'elle le subroge à ses droits.

Nous sommes encore de l'avis que l'acquéreur doit respecter les droits du preneur, lors même qu'il n'est pas en possession au moment de la vente. Il est dans l'esprit de la loi que les fermiers et les locataires qui peuvent avoir fait

des dépenses ne soient pas victimes d'une rupture imprévue du bail. Un fermier peut avoir acquis, au moment de
l'aliénation de l'immeuble ou de la transcription de l'acte
translatif de propriété, des bestiaux, des ustensiles aratoires ; il a compté sur un droit certain ; il serait contraire
à la justice de l'en priver. D'ailleurs, le propriétaire engagé
par un bail ne peut pas transférer des droits qu'il a aliénés.
Nemo plus juris, etc. : le mot *expulser* est donc dans l'esprit de la loi synonyme de *rompre le bail*. C'est l'opinion de
Zachariæ.

Les baux *non transcrits* ne peuvent être opposés aux tiers
acquéreurs que pour une durée de dix-huit ans ; mais ils
peuvent l'être pour toute leur durée s'ils sont transcrits avant
l'aliénation et même avant la transcription de cet acte.

En contact avec un créancier hypothécaire, le bail transcrit avant l'inscription obtiendra tout son effet.

Je ne pense pas que le vendeur doive rappeler dans l'acte
de vente la faculté qu'il a stipulée dans le bail ; les art. 1743
et 1748 n'exigent pas cette mention ; en l'absence de restriction expresse, il est censé avoir voulu transmettre à son
acheteur tous les droits qu'il avait sur la chose ou relatifs à
la chose vendue. C'est l'opinion de MM. Duvergier, de Zachariæ et de Marcadé. (Voy. MM. Duranton, Troplong et
Delvincourt.)

Le donataire entre-vifs peut-il, comme l'acquéreur à titre
onéreux, expulser le preneur dont le bail n'a pas une date
certaine ? Pour la négative, on peut dire que ce serait
exposer le donateur à un recours en garantie, et que la
reconnaissance que le donataire doit au donateur l'oblige
à maintenir le bail. Pour l'affirmative, on dit que ce serait
laisser le donateur libre de révoquer la donation ou de la
modifier à son gré, et cependant la stabilité des donations
est pour le donataire un droit acquis. Cette opinion est
celle de M. Duvergier.

1750. — « *N'est tenu d'aucuns dommages-intérêts.* » La

question d'indemnité ne peut avoir lieu qu'entre le bailleur et le preneur. Mais l'obligation d'avertir le locataire à l'avance doit toujours être remplie. Le Code prend le soin de dire que le défaut de date certaine fera cesser l'une des deux obligations : il faut en conclure qu'il laisse subsister l'autre.

1751. — Cette règle reçoit son application dans tous les baux, n'ayant pas date certaine ou contenant la réserve de pouvoir expulser le fermier en cas d'aliénation. Le texte ne distingue pas. (Voy. MM. Duranton et Dalloz, qui soutiennent des opinions contraires.)

SECTION II.
DES RÈGLES PARTICULIÈRES AUX BAUX A LOYER.

1752. — « *De meubles suffisants.* » Pour répondre de deux ou trois termes.

Des sûretés, caution, gage et hypothèque.

1753. — Lorsque le propriétaire agit contre le sous-locataire, il n'a pas besoin d'invoquer l'art. 1166 ; il a une action directe ; de là, pour lui deux avantages importants : 1° il n'est pas obligé de souffrir le concours des autres créanciers du locataire principal ; 2° il peut au lieu de recourir à la procédure de la saisie arrêt, prendre la voie plus expéditive de la saisie-gagerie. (Voy. 820, Code de proc.)

Le sous-locataire n'est tenu envers le propriétaire que dans les limites de sa sous-location ; réciproquement, le propriétaire ne peut être tenu envers lui que dans les limites du bail principal ; donc quand ce bail est résolu pour défaut de payement par le locataire, le sous-locataire ne peut pas exiger son maintien en possession, lors même qu'il aurait intégralement payé.

Le sous-locataire peut opposer les quittances sous seing privé qu'il tient du locataire principal. Ce sera au propriétaire à démontrer que ces quittances sont antidatées et frauduleuses.

1754. — Il résulte de cet article qu'il faut entendre par réparations locatives celles que l'usage des lieux désigne, et celles déterminées par la loi.

1755 et **1756.** — C'est au locataire à prouver la force majeure et la vétusté.

1757 et **1758.** — Voyez le Code.

1760. — « *Pendant le temps nécessaire à la relocation.* » C'est-à-dire pendant le terme calculé suivant l'usage des lieux. Si le bailleur reloue plutôt, le locataire profiterait-il de cette circonstance? Aff. : la loi veut accorder une indemnité et non un bénéfice.

1761 et **1762.** — Le Code n'a pas voulu reproduire le privilége qui existait dans le droit romain et dans notre ancienne jurisprudence, en faveur du propriétaire, de résoudre le contrat de bail pour habiter sa maison lui-même. S'il s'est réservé cette faculté, il doit seulement donner congé aux époques déterminées par l'usage des lieux, mais il ne doit pas de dommages-intérêts. Il est plus favorable que le bailleur qui vend la chose louée, qui fait une spéculation pour retirer un bénéfice qu'il serait inique de lui procurer au détriment du preneur.

SECTION III.

DES RÈGLES PARTICULIÈRES AUX BAUX A FERME.

1763 et **1764.** — Le bail à ferme est de deux espèces : celui dans lequel le locataire paye une redevance soit en argent ou en denrées, et porte la dénomination de *fermier*. Le bail à colonage ou à métairie dans lequel le preneur jouit en partageant les fruits naturels avec le propriétaire. Il prend le nom de *colon partiaire* ou *métayer*.

De ce que le bail partiaire est fait en considération de la personne du colon, on devrait peut-être conclure que sa mort y met toujours fin ; on arriverait à la même conséquence en appliquant les principes des sociétés (voy. 1865), ou même ceux relatifs au louage d'ouvrages. (Voy. 1795.)

Je crois cependant que le bail doit se continuer avec les héritiers, lorsqu'ils sont en état de remplir les obligations de leur auteur; ils peuvent demander et le propriétaire peut demander contre eux l'exécution du bail. L'art. 1742 est général, nous ne voyons pas dans la loi d'exception pour le bail partiaire, comme nous en voyons une pour le louage d'ouvrage. Voyez MM. Duvergier et Marcadé. MM. Duranton, Rolland de Villargues et Delvincourt, sont d'une opinion contraire.

Les différences principales entre le colon partiaire et le fermier, sont :

1° Que le premier livre des fruits naturels qui ne s'acquièrent que par la perception. Dans le bail à ferme, le bailleur reçoit des fruits civils qui s'acquièrent jour par jour.

2° Le colon ne peut ni sous-louer ni céder son bail.

1767.—Sans cette obligation, le privilége que l'art. 2102 accorde au propriétaire sur les récoltes serait souvent illusoire : si c'est un colon partiaire, cet article rend plus difficile tout détournement de fruits au préjudice du propriétaire.

1768. — Voyez 1726 et 614. Ainsi que des troubles de droit ; cependant cette décision est difficile à comprendre, puisque d'après les principes, toutes significations et assignations adressées au fermier sont étrangères au propriétaire; car celui qui les reçoit, n'est pas son représentant légal, elles ne peuvent donc être opposées au bailleur ni comme trouble à la possession annale, ni comme interruption à la prescription.

1769. — Si le cours du bail a eu lieu en partie durant la jouissance de l'usufruitier, et en partie durant la possession du propriétaire, l'indemnité pour accident de grêle ou autres, doit être prise sur chacun d'eux, dans la proportion de leur possession durant le cours du bail.

1770.—Espèces sur ces articles : le bail est d'une année ;

toute la récolte est détruite par la grêle; le bailleur n'a pas droit au prix du bail, et si la récolte ordinaire est diminuée de moitié, il y aura lieu à une diminution proportionnelle.

Si le bail est de plusieurs années, que dans les premières le fermier ait fait des récoltes ordinaires. Ensuite, il est privé, par cas fortuit, des deux tiers d'une récolte; il faut attendre la fin du bail pour savoir s'il a droit à une indemnité.

Le Code ne parlant que des fruits ou récoltes et nullement de leur valeur, laisse entendre que les indemnités des années précédentes sont une indemnité en *fruits*, et que la compensation à la fin du bail, de toutes les années de jouissance, est aussi une compensation de récoltes ou de fruits et non de valeur de ces mêmes récoltes ou fruits.

Le déficit dans les fruits peut-il être compensé par l'excédant de la valeur vénale des fruits perçus? Pothier et M. Taulier disent oui. Plusieurs auteurs soutiennent l'opinion contraire. (Voy. Marcadé.)

1771. —Cette disposition que l'on ne s'expliquerait pas, si la réduction dont parlent les art. 1769 et 1770 était une faveur accordée au fermier malheureux et par humanité, repose évidemment sur ce que l'acquisition des fruits s'est effectuée par leur séparation du sol, et que l'obligation du bailleur est par cela même remplie.

Pour plus amples explications, voyez sur ces articles Marcadé.

1774. — « *Le bail sans écrit.* » C'est-à-dire sans terme fixe et déterminée par les parties. Quelle est la durée d'un bail qui comprend à la fois des fonds qui ne se cultivent qu'en plusieurs années, qui sont divisés en deux ou trois soles? Il faut rechercher quel est l'objet principal du bail et appliquer la règle *accessorium sequitur principale*. (Voy. M. Troplong.)

« *Par soles.* » Ce sont des fractions de terrain considérées sous le point de vue des diverses cultures auxquelles on les affecte successivement pendant une certaine période de temps. Dans plusieurs parties de la France, on divise les terres en trois soles; l'une est ensemencée en blé; l'autre en avoine, orge et autres grains semés au printemps; la troisième se repose, c'est ce qu'on appelle terre en jachère.

1777. — Cet article a pour but de faciliter une transition du bail qui finit à celui qui commence; la loi exige de l'ancien et du nouveau fermier une complaisance et une bonne foi mutuelles, l'intérêt de l'agriculture l'emporte ici sur celui du fermier; si le propriétaire ne pouvait pas retenir les pailles et engrais, le nouveau fermier qui ne trouverait peut-être pas facilement à en acheter ne pourrait fertiliser la ferme.

CHAPITRE III.

DU LOUAGE D'OUVRAGE ET D'INDUSTRIE.

1779. — L'on pense assez généralement que le louage ne peut avoir pour objet que des services manuels ou des travaux mécaniques, et que les œuvres de l'esprit et les travaux dépendant d'un art libéral doivent être régis par les principes du mandat. Il est utile d'être fixé sur ce point, car : 1° le locateur ne peut se dégager sans encourir des dommages-intérêts, tandis que le mandataire peut renoncer au mandat; 2° le louage n'est pas toujours dissous par la mort du locataire; 3° le mandataire constitué par plusieurs personnes pour une affaire commune, a une action solidaire contre les divers intéressés : cette solidarité n'a pas lieu dans le louage. Voilà en substance ce que dit d'abord M. Taulier dans son élégant traité sur le Code civil; ensuite il admet l'opinion contraire, soutenue avec force par M. Duvergier et combattue vivement dans des pages éloquentes par M. Troplong et Marcadé.

SECTION PREMIÈRE.

DU LOUAGE DES DOMESTIQUES ET OUVRIERS.

1780. — Je crois que l'on doit donner la qualification de *domestiques* aux serviteurs à gages qui donnent leurs soins à la personne ou au ménage, ou qui aident dans les travaux agricoles, qui logent et vivent dans la maison.

La dénomination d'*ouvriers* est donnée aux gens de travail qui louent leurs services à tant par jour, ou dont la profession est classée parmi les arts mécaniques.

La loi n'admet pas comme valable l'obligation prise par un homme de servir toute sa vie, ce qui serait contraire à la liberté naturelle et à la dignité humaine. Il en serait de même si l'engagement était fait pour un temps fixe ou une entreprise déterminée, si ce temps ou la durée de l'entreprise étaient assez considérables pour absorber la vie de celui qui s'oblige.

Mais je ne vois pas ce qui empêcherait le maître de s'obliger à garder un domestique pendant toute sa vie : dans cette convention, rien de contraire à l'ordre public, rien à la liberté ; cet article ne s'y oppose pas ; seulement, si l'ouvrier manque à ses engagements, le maître peut le renvoyer (art. 1184).

1781. — Cet article déroge au droit commun, en refusant au domestique et à l'ouvrier la faculté d'établir leur prétention par témoins, même au-dessous de 150 fr. Le maître en est cru sur son affirmation : l'affirmation du maître a paru plus digne de foi, à raison de son éducation, de sa fortune et de sa position sociale. C'est une affirmation *assermentée*, quoique la loi ne le dise pas ; la disposition est assez rigoureuse contre le domestique et l'ouvrier, pour qu'on doive penser que la loi a au moins voulu lui donner la garantie du serment ; d'ailleurs la doctrine contraire serait sans effet, puisque le domestique au-

rait le droit de l'exiger. (Voy. Merlin, *Répert.*, v° affirm.;
Toullier, Rauter, *Cours de proc.*, § 134 ; Marcadé.)

Cette disposition dérogeant aux principes généraux en
matière de preuve, ne doit pas recevoir d'interprétation
extensive; elle ne s'applique pas aux engagements d'un
précepteur, d'un secrétaire, d'un commis, etc.

La veuve du maître jouirait de la même faveur, mais ses
héritiers pourraient-ils la réclamer ? Nous adoptons l'affirmative quant aux enfants du maître qui, de son vivant,
habitaient avec lui ; les rapports sur lesquels est fondée la
disposition de cet article existent également entre eux et
le domestique. Nous soutenons la négative quant aux autres héritiers. Toullier la refuse à tous les héritiers indistinctement.

SECTION II.

DES VOITURIERS PAR TERRE ET PAR EAU.

1782. — Le Code nomme *voituriers* ceux qui se chargent
de transporter d'un lieu à un autre, moyennant un prix,
des personnes ou des choses.

« *Aux mêmes obligations que les aubergistes.* » Ainsi, il
serait tenu de la perte arrivée par suite d'un vol qui n'aurait pas été commis avec force armée ou autre force majeure.

Le voiturier est passible de contrainte par corps pour les
dommages-intérêts auxquels il peut être condamné pour
perte ou avaries des choses qui lui ont été confiées.
(Voy. 1952 et 2060, n° 1er.)

1784. — « *Qui leur sont confiées* » ou aux personnes
qu'ils ont préposées à cet effet. On ne doit considérer comme
préposées à la réception des objets destinés à être transpor-
tés, que les personnes qui ont reçu une mission spéciale.
Les domestiques d'un voiturier et les conducteurs de voitures publiques n'ont pas qualité pour recevoir ces objets,
si ce n'est dans les lieux intermédiaires où l'entrepreneur
n'a pas de bureau.

1785. — La convention de transport et la remise des choses qui en forment l'objet ne peuvent, en général, être prouvées par témoins que dans les limites de 1341, lorsque cette convention a été conclue avec une personne qui ne se charge pas habituellement de transports; si elle a été faite avec un voiturier, un commissionnaire de transports où un entrepreneur de voitures publiques, dans ce cas, la preuve testimoniale est indéfiniment admise contre ces personnes : le louage de transport constitue un acte de commerce dont l'existence peut être prouvée par témoins. (Voy. 109, C. de comm.)

La doctrine et la jurisprudence reconnaissent que dans le cas de perte d'objets, la responsabilité des administrations s'étend à la valeur totale des choses perdues, malgré la mention insérée dans les bulletins, par laquelle ils déclarent qu'en cas de perte il ne sera alloué que 150 fr., car l'objet du bulletin est d'assurer une place dans la voiture, et non de fixer l'obligation des administrations; elles ne peuvent pas non plus invoquer la loi de 1793, qui ne concernait que les messageries exploitées par le gouvernement et non applicable aux entreprises particulières.

SECTION III.
DES DEVIS ET DES MARCHÉS.

1787, 1788, 1789, 1790. — *Le devis* est le mémoire détaillé des ouvrages à faire, des matériaux à employer, avec indication du prix et de la main d'œuvre.

Le marché est la convention intervenue entre le maître et l'entrepreneur qui se charge de faire les ouvrages d'après tel devis.

Si l'ouvrier fournit seulement son travail, c'est un louage; si le travail et la matière, c'est une vente. Conséquence : si la chose dont l'ouvrier fournit la matière vient à périr avant d'avoir été agréée par le maître, la perte est pour l'ouvrier. S'il ne fournit que son travail, la chose qui périt sans sa

faute avant que l'ouvrage soit reçu par le maître, périt
pour celui-ci quant à la matière, et pour l'ouvrier quant à
la main-d'œuvre. Cependant, si le maître avait été constitué en demeure de recevoir, il devrait le prix du travail;
il·le devrait encore, si la perte avait eu lieu par le vice de
la matière, à moins qu'il ne s'agisse d'un vice que l'ouvrier
devait reconnaître d'après son état. Exemple : un charpentier qui emploie une poutre pourrie pour étayer une
maison; un tonnelier qui emploie du bois fêlé pour faire
des tonneaux. (Voy. MM. Duranton, t. 17, n° 220, et
Duvergier.)

1792. — « *Pendant dix ans.* » Trois opinions sont soutenues sur ce point :

1° Toute action est prescrite après dix ans, à compter
de la réception des travaux ; comme l'action ne peut
naître qu'après la manifestation du vice, il est possible
que cette prescription ne soit que de *quelques instants*,
puisque la ruine totale ou partielle de l'édifice peut n'avoir
lieu que dans les derniers jours de la dixième année; cette
opinion n'est pas admissible.

2° Il y a deux prescriptions successives, celle de la garantie de l'entrepreneur et architecte, délai qui a pour
point de départ la réception des travaux, à l'expiration
duquel ils sont déchargés de toute responsabilité. Puis un
nouveau délai, commençant lors de la manifestation du
vice, et par l'expiration duquel l'homme de l'art devenu
débiteur cesse de l'être. Ces deux prescriptions sont réglées,
la première par l'art. 1792, la seconde par l'art. 2270.
Nous n'adoptons pas cette seconde opinion, qui est celle
de M. Duvergier. L'art. 2270 est la reproduction de 1792.

3° Voici la troisième opinion, qui est la nôtre. Le délai
pendant lequel les architectes et entrepreneurs sont garants
est de dix ans à compter de la réception des travaux. Si
une ruine totale ou partielle a lieu dans ce temps, soit par
vice de construction, soit par vice du sol ou par *le vice du*

plan, lors même qu'ils seraient déchargés par le propriétaire de toute responsabilité, la clause serait nulle comme
étant contraire à une règle établie dans l'intérêt de l'humanité, de l'utilité et de la sécurité publiques. La seconde
prescription, qui est celle de l'action en dommages-intérêts, et qui ne commence à courir que du jour de la manifestation du vice, n'étant l'objet d'aucune disposition
spéciale de la loi, reste soumise au principe général de
l'art. 2262, et dure trente ans. (Duranton, t. XVII, n° 255.
Contra : MM. Duvergier et Troplong.)

Lorsqu'une construction est détruite dans les dix ans,
la présomption est contre l'architecte ou l'entrepreneur. Il
est donc responsable tant qu'il ne prouve pas une cause
de ruine qui peut le libérer de son obligation. MM. Duranton et Taulier ne partagent pas cette opinion.

1793. — Cet article a été décrété dans l'intérêt privé de
ceux qui font construire. Le législateur, frappé des dépenses ruineuses et souvent imprévues auxquelles se trouve
entraîné celui qui bâtit, par l'architecte ou l'entrepreneur,
quelquefois dans le but de s'enrichir aux dépens du propriétaire, ne se borne pas à proscrire la preuve testimoniale des modifications au plan primitif, il exige l'écriture
comme preuve. L'entrepreneur ne peut ni déférer le serment au propriétaire, ni le faire interroger sur faits et articles pour établir que des changements ont été convenus
entre eux, soit au mode de construction, soit au plan.

La loi n'exige pas que la fixation du prix des modifications soit constatée par écrit; ce prix, qui a été fixé, peut
être prouvé d'après les règles ordinaires.

1798. — Cet article donne aux ouvriers une action *directe* contre le propriétaire. Il leur est très-avantageux, en
ce que le produit de cette action ne sera pas censé perçu
par l'entrepreneur pour être ensuite distribué par contribution entre les ouvriers et ses autres créanciers. Mais
quel est le fondement de cette action? M. Troplong et Mar-

cadé disent que les ouvriers ont fait l'affaire du propriétaire, qu'ils ont conservé ou amélioré sa chose, qu'ils l'ont
rendu *locupletior*, que, par leurs travaux, ils ont fait acquérir à la masse, qu'une action directe provenant du
quasi-contrat *negotiorum gestorum*, doit se superposer à l'action ordinaire qu'ils ont contre l'entrepreneur. En vertu
de cette action, je leur accorderais le privilége de 2103
n° 4.

CHAPITRE IV.

DU BAIL A CHEPTEL.

SECTION PREMIÈRE.
DISPOSITIONS GÉNÉRALES.

1800, 1801, 1802, 1803. — Le caractère commun de
tous les cheptels consiste à attribuer au cheptelier une portion des profits du troupeau en l'obligeant à donner en
retour ses soins à la garde et à l'entretien.

Le cheptel à moitié se distingue des autres par l'association qu'il établit entre les parties. Le cheptel donné au fermier s e distingue par cette circonstance que le bail à
cheptel y devient l'accessoire d'un bail à ferme, ce qui
produit des différences de durée et de répartition dans les
profits. Il se sépare de tous les autres en ce qu'il met au
compte du preneur la totalité des pertes et lui donne droit
à tous les profits, à la charge d'affecter les engrais à l'exploitation de la ferme. La quatrième espèce de cheptel se
caractérise par l'absence du troupeau et l'attribution du
croît tout entier au bailleur.

« *Susceptibles de croit ou de profit*, etc. » On s'est expliqué d'une manière générale, parce que des doutes s'éle-
vaient autrefois sur le cheptel des porcs ; la moitié du croît
ne paraissait pas suffisante pour indemniser le preneur de
la nourriture très-coûteuse et des risques. Le Code n'a pas
fait une distribution spéciale des profits, c'est au cheptelier

à la stipuler. Il est donc permis comme le cheptel des espèces bovine, chevaline, ovine, etc.

1809. — « *Rendre compte des peaux.* » Cela ne veut pas dire que le preneur devra nécessairement représenter les peaux ou en payer la valeur; il est possible que les animaux aient été volés ou dévorés, ou qu'ils aient été enfouis par mesure de police.

1810. — Le premier paragraphe de l'article fait l'application de la maxime *res perit domino*; mais elle souffre des exceptions. Le propriétaire peut, sans blesser la justice, se décharger du risque de sa chose, et charger de ce risque une autre personne en lui payant le prix du risque dont il le charge. (Voy. 1825.)

« *La perte est supportée en commun.* » Ce second paragraphe n'en est pas moins singulier et dangereux, parce qu'il place le preneur entre son devoir et son intérêt. Il pourrait laisser périr le reste du troupeau pour être libéré de toute obligation.

1811. — L'objet de cet article est de protéger contre la cupidité de certains propriétaires des chepteliers que le dénuement et l'ignorance forcent à accepter toute espèce de conditions pour obtenir un troupeau par les profits duquel ils espèrent se sauver de la misère avec leur famille.

L'effet de ces prohibitions n'est pas de rendre nul pour le tout le bail dans lequel se trouve la stipulation prohibée; la nullité ne porte que sur la stipulation.

Cette énumération n'est pas *limitative*; elle est donnée *exempli causâ*, et la prohibition s'étend à toutes les clauses qui présenteraient les mêmes caractères d'injustice.

« *Profite seul des laitages.* » On ne peut pas plus déroger à cette dernière partie qu'à la première; autrement l'art. 1828 serait inutile. Cependant comme la prohibition est introduite en faveur du preneur, on pourrait convenir qu'il aura une portion plus forte que le bailleur.

1812. — « *Ne peut disposer.* » S'il les aliénait, il y aurait abus de confiance (408, Code pén.), mais l'acquéreur de bonne foi pourrait opposer à toute action l'art. 2279.

Un tiers acquéreur ou un créancier du bailleur ne pourraient pas s'emparer du cheptel sans respecter les droits du preneur. Pour soutenir cette solution, il faut tirer argument de l'art. 1743 et de 2279. Ils ne peuvent pas avoir plus de droit que le bailleur. Il en serait de même des créanciers du preneur.

1813. — Quand le cheptelier à qui le bailleur livre son troupeau est fermier d'un autre propriétaire, ou *même quand il le devient* après l'établissement du cheptel, le bailleur doit faire connaître d'une manière quelconque, au propriétaire, que le troupeau qui entre dans sa ferme n'appartient pas à son fermier, et ne répond pas du payement des fermages, autrement il aurait le droit de le faire saisir et vendre pour se payer. Cette décision est fondée sur ce que le propriétaire de la ferme a un droit de gage sur tout ce qui la garnit, pour sûreté des fermages et autres conditions du bail.

1815. — Si, à l'expiration des trois ans ou du terme convenu, le preneur est laissé en posssession, il s'opère une tacite réconduction, et la durée de ce nouveau bail est de trois ans. C'est l'opinion de MM. Duvergier et Troplong, de Marcadé. MM. Duranton, Taulier et Zachariæ sont de diverses autres opinions.

Le bail à cheptel ne finit pas par la mort du preneur. (Voy. Marcadé.) M. Troplong est d'une opinion contraire, il invoque l'art. 1865.

1817. — Quand le bail à cheptel finit par l'expiration de sa durée conventionnelle ou légale, on estime une seconde fois le troupeau; si la seconde valeur est supérieure à la première, le bailleur prélève d'abord des animaux d'une valeur égale à celle de la première estimation, et l'excédant se partage par moitié; si la seconde estimation est inférieure à la première, le bailleur prend la totalité du troupeau, et la perte se partage par moitié.

SECTION III.

DU CHEPTEL A MOITIÉ.

Le cheptel à moitié diffère du cheptel simple en ce que le cheptelier fournit la moitié du fonds de bétail, en ce que la perte totale, comme la perte partielle, y est supportée en commun.

SECTION IV.

DU CHEPTEL DONNÉ PAR LE PROPRIÉTAIRE A SON FERMIER OU COLON PARTIAIRE.

Ce cheptel, appelé *cheptel de fer*, est celui par lequel le propriétaire d'une ferme la donne à bail avec le fonds de bétail nécessaire à son exploitation, sous la condition qu'à l'expiration du bail le preneur laissera des bestiaux d'une valeur égale au prix d'estimation de ceux qu'il a reçus.

C'est un accessoire du bail à ferme : les animaux composant le cheptel sont immeubles par destination. (Voy. 522.) Ils ne pourraient être vendus qu'avec le fonds. Les créanciers du propriétaire de la ferme, qui reste propriétaire du cheptel, malgré l'estimation, n'ont donc pas le droit de le faire saisir et vendre au préjudice du fermier.

Le fermier acquiert tous les profits du troupeau, parce qu'il a droit à tous les bénéfices de la ferme et des animaux nécessaires à son exploitation. Le fumier appartient à la ferme : il est destiné à la fertiliser, il ne peut être vendu.

La perte totale du cheptel, arrivée même par cas fortuit, est à la charge du fermier, quoiqu'il n'en soit pas devenu propriétaire par l'estimation, sans doute, parce qu'il en a tous les profits, et parce que le prix de la ferme peut être moindre, à raison des chances de perte qu'on lui fait courir.

Ce cheptel diffère du cheptel simple.

1° Le cheptelier a droit à tous les profits.

2° Il n'est pas propriétaire du fumier.

3° Il est immeuble par destination.

4° Les parties peuvent modifier, comme elles le jugeront convenable, les règles établies par la loi.

SECTION V.

DU CHEPTEL DONNÉ PAR LE PROPRIÉTAIRE AU COLON PARTIAIRE.

Ce cheptel diffère du cheptel de fer, sous deux rapports :

1° Les profits sont partagés.

2° L'estimation du troupeau ne le met pas aux risques du colon partiaire. La perte totale est pour le bailleur et il contribue à sa perte partielle.

Il diffère du cheptel simple.

1° Le cheptel donné au colon partiaire est pour toute la durée du bail.

2° Des clauses onéreuses pour le cheptelier sont ici permises, la loi présume que les clauses du bail de la métairie dédommageront le colon partiaire, et parce que le propriétaire fournit le logement du cheptel, et contribue pour sa part à sa nourriture.

TITRE IX.

DU CONTRAT DE SOCIÉTÉ.

CHAPITRE PREMIER.

DISPOSITIONS GÉNÉRALES.

1832. — Il faut ajouter à la définition du Code, *et pour partager les pertes;* la contribution aux pertes n'est pas moins que la participation aux bénéfices, un des éléments de la société; celle-ci est le but des efforts des contractants, celle-là une condition, un inconvénient qu'ils subissent.

Le *bénéfice* est l'excédant du produit de la liquidation sur le fonds social primitif ; la perte c'est le *déficit*.

Les assurances mutuelles contre l'incendie, ne sont pas de véritables sociétés dans le sens de cet article ; ces associations, dans lesquelles chacun s'engage à supporter sa part des sinistres que pourront éprouver les autres, n'offrent ni l'espoir ni la possibilité de bénéfices.

Le caractère distinctif de la société, c'est l'intention des parties d'obtenir par leur union un bénéfice, qu'isolées, elles ne pourraient se procurer.

Les compagnies qui ont pour but d'assurer les propriétés d'autrui, font une spéculation, elles peuvent perdre ou gagner, ce sont de véritables sociétés.

Les *tontines* sont des réunions de rentiers qui conviennent que les revenus dus au prémourant, profiteront au survivant. Ces associations ne présentent ni travail ni industrie ; les capitaux ne changent pas, leur produit est toujours le même ; la répartition est seule soumise aux modifications qu'amènent les décès. Les chances aléatoires s'appliquent aux parties qui peuvent percevoir plus ou moins de revenus, et non aux capitaux sur lesquels ces chances devraient tomber pour que le contrat fût une société.

Avant de commenter les articles, nous poserons la question de savoir si les sociétés civiles constituent des *personnes juridiques*, distinctes de celles des associés ?

La grande majorité des auteurs adopte l'affirmative en se fondant sur quelques lois romaines, sur l'ancien droit français, et sur un grand nombre de dispositions de notre législation : principalement sur les art. 529, 1845, 1846, 1847, 1848, 1849, 1852 et 1859, 1860, 1863 et 1867, etc.

Cette question a une grande importance dans la pratique, j'en indique les principaux effets.

1° Si la société civile doit être considérée comme une

personne morale appelée *société*, elle aura la propriété des biens meubles et immeubles composant le fonds social; elle aura son actif et son passif; les créanciers de la société et les créanciers des associés forment des masses différentes. On en conclut que la femme dont le mari fait partie d'une société commerciale, n'a pas d'hypothèque légale sur les immeubles sociaux.

2° Les débiteurs des créances appartenant à la société ne peuvent lui opposer la compensation des sommes qui leur seraient dues par les associés personnellement, et un associé ne pourra opposer à son créancier la compensation à raison de ce que ce créancier devrait à la société.

3° Les actions ou intérêts des associés dans la société, seront meubles. (Voy. 529.) Elles entreront donc dans la communauté conjugale que des associés viendraient à former avant la dissolution de la société, etc., etc.

Si la société ne constitue pas une personne morale, il faut adopter des conséquences contraires à celles que je viens d'énumérer.

Les partisans de cette dernière opinion disent :

1° Que si les rédacteurs du Code avaient voulu reconnaître dans toute société une personne morale, ils auraient apporté à cette matière un changement considérable, et, par conséquent, on doit penser que les procès-verbaux des séances du conseil d'État et du tribunat, conserveraient des traces de cette volonté de faire une innovation.

2° Ils citent l'art. 69, n° 6 du Code de procédure : il dispose que les sociétés de commerce sont assignées en leur maison sociale, et s'il n'y en a pas, au domicile de l'un des associés, c'est-à-dire de son gérant, etc. Or cet article ne parle que des sociétés de commerce, sans doute parce que seules elles sont des êtres collectifs, et parce que dans les sociétés civiles, il n'y a pas d'être juridique, ou de personne civile, que l'on puisse et que l'on doive actionner.

Ils ne reconnaissent de personnes morales que dans les

39

sociétés commerciales, et quelques grandes sociétés civiles,
appelées plutôt *compagnies*, fondées en vertu d'une loi,
d'un décret ou d'une ordonnance royale.

Et ils cherchent à réfuter l'opinion contraire en démontrant que les divers articles du Code sur lesquels elle s'appuie, peuvent s'expliquer sans avoir recours à la fiction
qui fait de la société une personne morale, qui a des droits
et des obligations distincts de ceux des membres qui la
composent.

1833.— « *Un objet licite.* » Ce qui veut dire que les bénéfices qu'espèrent les associés ne doivent pas être obtenus par des moyens contraires aux lois ou aux bonnes
mœurs, ce qui aurait lieu dans une société pour faire la
contrebande, pour commettre des vols, etc.

Ces sociétés ne produisent aucune action. Celui qui pos-
séderait seule les bénéfices, ne pourrait être poursuivi en
justice pour être forcé à les partager, *nemo auditur in foro
propriam turpitudinem allegans.*

Lorsque la société est déclarée nulle, si des objets ont
été acquis en commun, on les partagera, non d'après les
règles de la société annulée, mais d'après l'équité.

Je ne pense pas que l'influence et le crédit d'une personne puisse être l'objet d'un apport. (Voy. 1853.)

Cependant l'on peut soutenir le contraire en disant que
la confiance que l'un des associés inspire aux tiers par
sa fortune et sa probité, peut-être la source de grands bénéfices.

Si un négociant intéresse son commis à la prospérité de
ses affaires, en lui attribuant pour salaire une part dans les
bénéfices, ce commis est-il un associé? Pour l'affirmative,
on dit que le commis apporte son travail pour mise sociale,
qu'il perçoit une partie des bénéfices proportionnés à sa
mise, qu'il est exposé à supporter une part des pertes,
puisqu'il perdrait son travail, s'il n'existait pas de bénéfices. Ces motifs sont spécieux.

Pour la négative, on répond que la convention faite entre les parties n'offre, d'après leur intention, qu'un louage de services retribué par un salaire aléatoire; le commis doit exécuter les ordres du chef de maison; il n'a ni la jouissance ni la propriété des biens composant le fonds social. C'est une personne récompensée de ses services par une portion d'un bénéfice éventuel.

L'intérêt de la question, en cas d'affirmative, c'est que ce commis, en qualité d'associé, serait passible des dettes sociales. Il pourrait être déclaré en faillite, etc.

1834. — L'écriture n'est pas nécessaire pour la validité du contrat de société; elle est requise *ad probationem tantum;* j'en conclus qu'à défaut de preuve écrite, les parties ont la ressource de l'interrogatoire sur faits et articles et du serment décisoire.

Cet article n'est que la confirmation de 1341; par conséquent les exceptions de 1347 et 1348 doivent avoir lieu dans le contrat de société comme dans tous autres.

On entend par *objet de la société*, les mises réunies de tous les associés au moment du contrat, abstraction faite des bénéfices ou des pertes ultérieurs.

Ce qu'il n'est pas permis de prouver par témoins, c'est l'existence d'une convention qui, au moment où elle s'est formée, avait pour objet un capital supérieur à 150 fr. La loi dit : *objet de la société*, et non de la demande formée par une personne qui réclame une part, soit dans le fonds social, soit dans les bénéfices d'une société qu'elle prétend exister. Il ne peut pas être interdit de prouver le montant de bénéfices inconnus au moment du contrat, et dont on ne pouvait pas se procurer une preuve littérale.

Deux grandes différences distinguent la société en nom collectif de la société civile : 1° la nécessité d'un écrit, non-seulement pour la preuve, mais pour la validité de la convention, ce qui est exigé afin qu'en cas de faillite, les associés ne puissent pas se soustraire à la poursuite des créanciers communs ; 2° la responsabilité solidaire de tous les associés envers les tiers.

Il ne faut pas confondre la société avec la communauté : l'une est un contrat, l'autre un quasi-contrat ; les associés se choisissent, le hasard réunit les communiers. C'est pourquoi la société est dissoute par la mort de l'un des associés (1868).

La communauté est contraire au commerce et aux progrès de l'agriculture. La société est favorable à l'intérêt général, les associés se préoccupent d'un bénéfice à faire ; aussi l'on peut contracter une société pour le temps que l'on juge convenable, et l'on ne peut convenir de rester dans l'indivision que pendant cinq ans. (Voy. 815.)

CHAPITRE II.

DES DIVERSES ESPÈCES DE SOCIÉTÉ.

1835. — « *Les sociétés sont universelles ou particulières.* »

SECTION PREMIÈRE.

DES SOCIÉTÉS UNIVERSELLES.

1836, 1837, 1838. — La loi ne parle pas des dettes des associés ; les dettes antérieures à la formation de la société de biens présents, suivent ces biens eux-mêmes en vertu de la maxime *non sunt bona nisi deducto œre alieno* ; elle supporte aussi les dettes contractées pour administrer, conserver et améliorer les biens communs. Les dettes tomberont dans la société universelle de gains, dans la proportion de la valeur du mobilier comparée à la valeur des immeubles. (Voy. 1414.)

Si la jouissance des biens a seule été mise dans la société, elle doit seulement les intérêts de ces dettes ; l'obligation de les payer est corrélative au droit d'en percevoir les revenus.

La société de biens présents ne comprend pas les fruits

des biens à venir sans une convention expresse ; le premier
alinéa de l'art. 1837 ne désigne comme éléments de l'actif
social que les profits des biens présents. (Voy. MM. Troplong et Duvergier.) M. Duranton est d'une opinion contraire.

Les rédacteurs du Code n'ont pas cru devoir admettre
la société universelle de tous biens présents et à venir reconnue dans le droit ancien ; ils ont pensé que les mises
seraient trop incertaines, et que cette convention offrirait
un moyen trop facile d'éluder la loi sur les donations,
notamment la prohibition de donner les biens à venir.
(Voy. Locré.)

M. Duranton professe que la clause par laquelle les parties déclareraient comprendre dans une société universelle
de biens présents la propriété des biens qui leur adviendraient par succession ou par donation, serait sans effet,
mais n'annulerait pas le contrat de société.

1839. — Le tribun motive cet article en disant que toute
convention qui tend à exproprier ne peut être comprise
que dans le sens le plus étroit, personne n'est présumé
vouloir aliéner.

1840. — La question à laquelle donne lieu cet article
est celle-ci : une société universelle peut-elle être contractée
entre un père et l'un de ses enfants légitimes ou naturels
simples ? Deux opinions. Pour la négative on dit : Deux
classes de personnes sont comprises dans cette disposition :
celles qui ne peuvent pas donner ou recevoir l'une de l'autre, elles sont désignées dans les art. 902, 907, 908, 909
et 911, 762 du Code, etc.; les secondes, ce sont les père
et mère et les enfants, qui ne peuvent pas s'avantager au
delà de la quotité disponible au préjudice de leurs autres
enfants ou ascendants.

Les effets de la société ne doivent pas seulement être
réduits, ils doivent être annulés pour le tout. Une réduction donnerait lieu à trop de difficultés, de recherches,

d'appréciations peu sûres, elle favoriserait la fraude et d'injustes préférences ; elle exciterait des soupçons et des reproches ; elle donnerait lieu à de nombreux procès entre les membres de la même famille. C'est ce que le législateur a voulu éviter ; il doit en être ainsi, autrement ces mots : *et auxquels il est défendu de s'avantager au préjudice d'autres personnes*, n'ajouteraient rien à la première prohibition.

Pour soutenir l'opinion contraire, on dit que l'existence d'héritiers à réserve n'entraîne point la nullité des donations consenties par leur auteur, mais seulement la réduction au décès du disposant (voy. 920) ; et comme toute société universelle est réputée donation, il doit en résulter qu'une société universelle est nulle ou donne seulement lieu à une réduction, suivant qu'elle a été contractée pour faire une libéralité à un incapable, comme un enfant adultérin, un médecin, un ministre du culte, un tuteur, ou d'attribuer plus que la quotité disponible à une personne capable. Exemple : un enfant légitime ou naturel simple. La loi le décide ainsi entre époux. (Voy. 1496 et 1527 ; voy. Delvincourt et Duvergier contre Troplong, Duranton, Zachariæ.)

SECTION II.

DE LA SOCIÉTÉ PARTICULIÈRE.

1841 et **1842**. — Voyez les définitions données par le Code.

CHAPITRE III.

DES ENGAGEMENTS DES ASSOCIÉS ENTRE EUX ET A L'ÉGARD DES TIERS.

SECTION PREMIÈRE.

DES ENGAGEMENTS DES ASSOCIÉS ENTRE EUX.

1843 et **1844**. — Voyez le Code pour connaître le commencement et la durée de la société.

1845. — « *Consiste en un corps certain.* » Il y a une double inexactitude dans cet article : l'une en paraissant subordonner l'obligation de garantie à la qualité de corps certain dans l'objet apporté ; l'éviction suppose la délivrance, et un objet livré devient nécessairement corps certain ; la seconde, en assimilant, sans distinguer, la garantie due par l'associé à celle due par le vendeur. L'évincé n'est pas indemnisé de la même manière : l'effet de l'éviction dans la société est, ou d'entraîner la résolution de la société avec dommages-intérêts, ou seulement de rendre cet associé garant passible des dommages-intérêts, qui pourront, du consentement commun, faire subir à sa part une diminution proportionnelle.

1846. — Cet article consacre une double dérogation aux principes généraux du droit sur la mise en demeure et sur l'étendue des dommages-intérêts ; même dans les sociétés civiles, les dommages-intérêts pour n'avoir pas rempli l'engagement de sa mise en argent, peuvent excéder l'intérêt légal. Ils peuvent, nonobstant 1146, être dus sans mise en demeure. Ce retard dans le versement de son apport peut occasionner des pertes et des frais, nuire encore à la société en rendant impossibles des opérations lucratives.

1847. — « *Par l'espèce d'industrie.* » Les gains qu'un associé peut faire par une autre industrie, et sans préjudice pour la société, dans des instants de liberté et de loisir, lui appartiennent en propre. Cet article ne s'applique qu'aux sociétés particulières.

1848. — Cette disposition n'a pas pour but de déroger aux règles de l'imputation des payements. S'applique-t-elle à un associé qui ne gère pas, qui ne se trouve pas chargé de recouvrer l'actif social, qui ne peut encourir le reproche d'avoir préféré ses intérêts à ceux de la société ? Pardessus soutient la négative ; M. Molinier partage son opinion.

MM. Malpeyre, Jourdain et Toullier soutiennent l'opinion contraire, en se fondant sur la bonne foi, sur l'espèce de fraternité qui doit présider aux rapports entre associés, et sur la généralité de l'article qui ne distingue pas.

Si le débiteur a intérêt de payer toute la dette de l'associé plutôt que celle de la société, il usera de son droit. (Voy. 1256 et 1257.) Et ce payement doit être maintenu, *peut-être même à l'égard de la société;* en admettant cette décision, il faut évidemment exclure la collusion et la fraude.

Si un associé se trouve créancier et débiteur d'un débiteur de la société, il ne devra pas tenir compte à cette dernière d'une partie du payement fictif qu'il a reçu par l'effet de la compensation; c'est la volonté de la loi qui l'a désintéressé.

L'imputation prescrite par l'art. 1848 ne doit être faite que quand les dettes sont également exigibles, de même nature, sans être garanties ou accompagnées des mêmes garanties. Si l'associé a dirigé dans la quittance l'imputation intégrale sur sa créance que le débiteur n'avait aucun intérêt d'acquitter avant l'autre, cette imputation fait présumer une connivence préjudiciable à la société, et ne le dispense pas de lui tenir compte du payement qu'il a reçu parce qu'il doit apporter aux intérêts de la société les mêmes soins qu'aux siens propres.

1849. — C'est sur ce principe qu'est fondée la décision de l'art. 1849. Cependant si le payement s'était opéré par compensation, il n'aurait rien à rapporter.

1850. — Il est débiteur des pertes qu'il a fait éprouver à la société par sa faute, mais il n'est pas créancier des bénéfices qu'il lui a procurés par son activité et son industrie; donc la compensation ne peut avoir lieu.

« *Dans d'autres affaires.* » Il le peut dans la même; il n'est pas responsable que de la perte nette. Pour mesurer le préjudice, il est juste de distraire le profit.

1851. — «*Sont aux risques de l'associé propriétaire.*» En ce sens que si la chose périt, la société sera libérée de l'obligation de restituer le corps certain dont elle est usu-

fruitière, mais elle perdra son usufruit sans qu'il y ait dissolution.

En cas de perte, dans les diverses hypothèses prévues
par cet article, il faut appliquer, avec quelques modifications, les règles de la vente, du bail, de l'usufruit et du quasi-
usufruit. (Voy. Delvincourt et M. Duranton sur cet article.)

1852. — *« Des sommes qu'il a déboursées,* etc. » Il peut
répéter les intérêts du jour des avances. (Voy. l'art. 2001.)
C'est la décision du droit romain. (Voy. la loi 67,
§ 2, ff., *Pro socio.*) C'est l'avis de Domat. (Voy. aussi l'arg.
de 1846.

« Risques inséparables de la gestion. » Un associé fait un
voyage pour les affaires communes ; il emporte la somme
nécessaire ; des voleurs le dévalisent, il sera remboursé de
la somme qu'il a perdue sans faute ni imprudence. S'il a
été blessé, il sera aussi remboursé des dépenses qu'il aurait
faites pour se guérir. S'il avait emporté une somme plus
considérable que celle dont il avait besoin, l'excédant restera à sa charge.

1853. — Cet article s'occupe des parts des associés dans
le capital social, dans les bénéfices et pertes ; il adopte le
système d'égalité proportionnelle, à défaut de conventions
des parties ; il ne permet pas de distinguer entre les sociétés
particulières et universelles, entre les sociétés dans lesquelles
les mises sont estimées ou non.

L'associé qui apporte une mise et son industrie a d'abord
une part égale à celle de l'associé qui a le moins apporté,
et il en réclame une autre proportionnelle à la mise. Exemple :
un associé apporte son industrie et 20,000 fr., un autre
40,000. L'industrie du premier sera évaluée à 40,000 fr.,
et son apport sera censé être de 60,000 fr.

1854. — *« S'il n'est évidemment contraire,* etc. » Il n'est pas
nécessaire, pour que le règlement soit contraire à l'équité,
qu'il présente une lésion de plus des sept douzièmes ou de
plus de moitié.

« *Ou à un tiers.* » Si cet arbitre meurt sans avoir rempli sa mission ou s'il refuse, la société est nulle, dit M. Troplong Pardessus et MM. Malpeyre et Jourdain décident qu'elle est valable ; mais alors doit-on présumer que l'intention des parties a été de s'en rapporter à la fixation des parts par experts, ou doit-on les déterminer commme si le contrat ne renfermait aucune stipulation à cet égard ? Cette dernière opinion paraît plus conforme aux principes et à 1592. Delvincourt et M. Duranton partagent la première opinion.

1855. — « *La totalité des bénéfices est nulle.* » Treilhard dit qu'on n'a pu marquer plus fortement les vices d'une pareille société qu'en la qualifiant de *léonine* ; c'est d'une part la force, de l'autre la faiblesse ; il n'y a ni liberté ni consentement.

« *Les sommes ou effets.* » Il faut remarquer que la loi défend seulement d'affranchir de toute contribution aux pertes *les sommes ou effets*, etc. On pourrait donc stipuler que l'industrie ne contribuera pas aux pertes. Cette clause ne lui évitera pas sa contribution, puisqu'il aura perdu le produit de son industrie pendant la durée de la société.

On peut stipuler une part inégale dans les bénéfices et dans les pertes ; mais il ne faut pas entendre cette clause dans ce sens que l'associé prendra les deux tiers dans toutes les affaires avantageuses, et ne contribuera que pour un tiers dans les mauvaises, ce que je ne crois pas permis. Les opérations communes constituent un seul ensemble, susceptible d'une appréciation unique ; il prendra sa part dans les bénéfices nets.

1856. — L'administration des biens communs peut être confiée à un seul des associés par une clause du contrat ou par une convention postérieure ; dans le premier cas, le pouvoir ne peut être révoqué sans cause légitime, c'est une partie, une condition du contrat de société.

« *Une cause légitime* » serait la malversation, la prodigalité, une infirmité habituelle qui rendrait l'associé inhabile à l'accomplissement de ses obligations.

Si c'est un simple mandat, il est révocable par la seule volonté, mais cependant, sans que l'un des associés qui l'ont donné puisse le révoquer sans le concours des autres.

La révocation du gérant nommé par l'acte, opère la dissolution de la société ; elle doit être prononcée par la majorité.

Chaque associé a une voix, sans égard à la proportion de son intérêt dans la société ; l'expérience des affaires et l'habileté sont indépendantes des parts dans les bénéfices ou pertes.

1857. — Voyez le texte.

1858. — « *Serait dans l'impossibilité.* » Je pense cependant que l'un des administrateurs peut valablement agir seul, lorsque les autres ne pourraient pas lui prêter leur concours. La loi, en paraissant dire le contraire, n'a eu en vue que les circonstances ordinaires, les cas où il n'y a pas d'inconvénients à différer ; il serait déraisonable de supposer que la loi commande l'inaction quand il y a urgence à faire certains actes pour éviter une perte. En écartant même la présomption de mandat, l'associé qui se sera livré à des actes de bonne administration pourra invoquer les art. 1375, 1852 et 1864. M. Troplong est d'une opinion contraire.

1859 et 1860. — Les pouvoirs de l'associé administrateur, et la qualité des actes qu'il est autorisé à faire, sont déterminés, à défaut de stipulation expresse, d'après la nature de la société et le but dans lequel elle a été contractée. Ainsi, le gérant pourra vendre le mobilier commun si, d'après le but de l'association, il a été destiné à être vendu ; il en sera autrement si ces objets ont été mis en commun pour être loués ou employés à un autre usage. Toutefois, si l'aliénation de chose mobilière a été faite à un acheteur de bonne foi et qu'elle ait reçu son exécution par la livraison, elle devra être maintenue. (Voy. 2279 combiné avec 1141.)

1861. — « *S'associer une tierce personne* » qui se nomme *croupier*.

« *L'associer à la société.* » Il n'a donc pas le droit d'administrer comme son cédant ; il ne peut ni voter dans les délibérations, ni user des choses qui composent le fonds commun, ni exercer personnellement une surveillance qui le mette en point de contact avec les membres de la société, pendant sa durée. L'associé qui s'est adjoint un croupier est responsable des dommages qu'il cause à la société ; celle-ci a une action contre l'un et l'autre.

SECTION II.

DES ENGAGEMENTS DES ASSOCIÉS A L'ÉGARD DES TIERS.

1862, 1863, 1864. — La nécessité d'un mandat exprès s'applique aux actes qui excèdent les limites de l'administration ; autrement l'art. 1862 serait en contradiction avec 1859-1°. Les simples actes d'administration sont valables en vertu du pouvoir d'administrer qui appartient à tous les associés, en vertu d'un mandat tacite et à défaut d'administrateur désigné.

Les engagements contractés par un associé en dehors de ses pouvoirs exprès ou tacites, engagent les associés, lorsqu'ils ont tourné au profit commun, en vertu de ce principe d'équité que *nemo locupletari debet detrimento alterius*; c'est l'action *de in rem verso*.

« *Pour une part égale.* » Le créancier peut ignorer la valeur respective des apports, et surtout les clauses relatives au partage des bénéfices et pertes. Dans le doute, il doit supposer une association avec des mises égales. Néanmoins, le créancier peut renoncer à une présomption introduite en sa faveur, et demander à l'associé sa part contributoire au lieu de la part virile.

CHAPITRE IV.

DES DIFFÉRENTES MANIÈRES DONT FINIT LA SOCIÉTÉ.

1865. — « *Par la mort naturelle de l'un.* » Elle n'est pas une cause de dissolution des sociétés divisées par actions; il y a plutôt réunion de capitaux que de personnes.

« *Ou la déconfiture.* » Il ne faut pas confondre la déconfiture avec la faillite. Ainsi, les dispositions du Code de commerce ne peuvent être étendues à la déconfiture. (Voy. les art. 2146, 1167, 1188, 1276, 1446, 1613, 1913, 2003, 2032.)

« *L'interdiction légale ou judiciaire, ou la déconfiture.* » Il semble que la faillite produit les mêmes résultats que la déconfiture en ce qui concerne la confiance personnelle.

1866. — La prorogation conventionnelle d'une société à terme ne peut être prouvée que par les moyens à l'aide desquels il aurait été permis d'établir l'existence de la société elle-même. Ainsi, on peut prouver, par acte sous seing privé et même par l'aveu de la partie, la prorogation d'une société constatée par acte authentique; on peut même prouver par témoins la prorogation d'une société qui a été prouvée par écrit lorsque l'objet n'en dépasse pas 150 francs. L'art. 1348 est aussi applicable. (Voy. Delvincourt, Zachariæ et M. Duranton.)

1867. — « *A promis de mettre en commun.* » Ce premier paragraphe a donné lieu à plusieurs interprétations. Limité à la simple promesse de rendre la société propriétaire, à une époque fixée, d'une chose déterminée, il ne présente rien que de conforme aux principes; en effet, la société n'est pas devenue propriétaire, puisqu'il a été convenu que la propriété ne lui serait transférée qu'après un certain temps. La perte arrivée par cas fortuit entraîne la dissolution de la société par suite de l'impossibilité de réaliser l'apport promis. Il en serait de même si le promettant avait mis en commun une chose dont il n'aurait pas en-

core la propriété, ce qui arrive fréquemment dans le commerce. Dans ces cas, c'est une obligation de faire qui se
résout en dommages-intérêts pour inexécution par la faute
du débiteur. Ces mots, *avant que la mise en soit effectuée*,
signifient avant que la propriété en ait été transférée; mais
ils n'apportent aucune dérogation à la transmission de la
propriété par le seul consentement. (Voy. 711, 938, 1138,
1583.)

Cet article sert merveilleusement à soutenir l'opinion des
jurisconsultes qui prétendent que la promesse de vente
n'est qu'une obligation de faire qui se résout en dommages-
intérêts en cas d'inexécution par la faute de l'une des parties. (Voy. notre art. 1589, M. Berriat-Saint-Prix et
M. Duvergier.)

1868. — « *La société continuerait*, etc. » Cette stipulation, qui n'était pas admise en droit romain, a ses inconvénients; car les associés donnent une confiance personnelle à des héritiers qu'ils ne peuvent pas connaître. Cependant il serait fâcheux qu'une mort imprévue vînt les
priver des résultats d'une entreprise avantageuse. Ce motif
a déterminé le législateur à permettre cette convention.

.« *Avec son héritier* » légitime ou testamentaire, régulier ou irrégulier.

1869. — « *Par une renonciation notifiée à tous les associés.* » Si l'on a omis de la notifier à un seul, la société
continue à son égard. Mais il reste une question : la loi 17,
§ 1ᵉʳ, ff., *Pro socio*, décidait qu'à défaut de notification la société continuait, en ce sens que s'il y avait bénéfice, l'associé pouvait y prendre part, mais que s'il y avait perte,
il n'était pas tenu d'y contribuer. Cette solution doit-elle
être admise aujourd'hui? Le Code n'en dit rien. J'adopte
l'affirmative. Un des principes généraux du droit est que
l'on ne peut tirer avantage d'une faute que l'on a commise; il résulte de là que le droit de demander la continuation de la société est personnel et de pure faculté pour

celui auquel la renonciation n'a pas été notifiée. Ce principe admis, la décision du droit romain en est la conséquence.

1870. — « *N'est pas de bonne foi.* » Exemple : deux personnes s'associent pour acheter un objet. L'une renonce à la société avant l'achat pour s'approprier le bénéfice entier.

« *Elle est faite à contre-temps.* » Les associés achètent des marchandises ; l'un renonce au moment où il est survenu une baisse pour ne pas supporter la perte.

1871. — La dissolution de la société convenue et non constatée par écrit, ne peut être prouvée qu'en appliquant les principes ordinaires de la preuve testimoniale. Il faut, en effet, prouver contre l'acte d'association qui en fixe la durée.

1872. — « *S'appliquent aux partages entre associés.* » Donc il est déclaratif de propriété. (Voy. 883.) Les auteurs qui reconnaissent une personne morale dans les sociétés civiles font remonter la rétroactivité du partage seulement au jour où la société est dissoute ; ceux qui la nient doivent soutenir qu'il remonte au jour où la société s'est formée. (Voy. M. Duvergier.) Mais l'art. 882 n'est pas applicable. Les partages entre associés peuvent être attaqués pour fraude par un créancier non opposant, par conséquent l'art. 1167 peut être invoqué : la crainte de voir porter le trouble dans les familles n'existe plus dans un partage de société.

Il n'y a pas lieu, dans un partage de société, à l'application de l'art. 841 du Code Napoléon.

Si un associé se donne un coassocié, celui-ci ne compte qu'avec son cédant qui seul figurera au partage. Le croupier ne peut donc pas être écarté de cette opération.

Le doute a lieu dans le cas où un associé cède ses droits à un tiers ; mais il faut remarquer que les motifs de l'art. 841 sont de respecter le secret des familles et de se soustraire aux investigations d'un cessionnaire adroit qui, par cupidité ou par envie de nuire, a été déterminé à acquérir une portion de l'hérédité. Ces raisons n'ont pas la même force dans un partage de société.

Le privilége de 2109 est attaché aux partages des sociétés et des communautés comme aux partages des successions.

TITRE X.

DU PRÊT.

CHAPITRE PREMIER.

DU PRÊT A USAGE OU COMMODAT.

SECTION PREMIÈRE.

DE LA NATURE DU PRÊT A USAGE.

1875. — Le prêt à usage est un contrat *réel* par lequel l'une des parties livre gratuitement à l'autre un corps certain dont ce dernier est autorisé à se servir, à charge de le rendre dans son individualité au terme expressément ou tacitement convenu.

« *Réel.* » En principe, le consentement suffit pour obliger; et si certains contrats comme le prêt, le dépôt, etc., ne se forment que par la tradition, la convention n'en est pas moins valable. (Voy. 1134.) Il n'y aurait pas lieu seulement à lui attribuer les effets déterminés du contrat particulier dont la formation dépend de la tradition.

1876. — « *Essentiellement gratuit.* » Si l'on est convenu d'un prix en argent, c'est un louage; si d'une chose à faire ou à donner, c'est un contrat sans nom particulier.

Il ne faut pas confondre ce contrat avec le *précaire* : ils sont l'un et l'autre gratuits, mais dans l'un, la chose est livrée pour un temps convenu ou pour un usage déterminé; dans l'autre, pour que l'on puisse en jouir tant que cela conviendra au propriétaire.

Ce prêt diffère aussi des droits d'usage et d'usufruit. L'usage et l'usufruit sont viagers; le prêt passe aux héritiers. (Voy. 1879.) Les premiers sont tenus de donner caution; cette nécessité n'existe pas dans le commodat. Ils engendrent un droit réel; le prêt ne produit que des obligations personnelles.

1877. — « *Demeure propriétaire.* » La rédaction de cet article n'est pas complète, car il n'est pas nécessaire d'être propriétaire d'une chose pour la prêter à usage; ce prêt constitue un acte d'administration. Si un incapable prête une chose, on applique l'art. 1125; s'il emprunte, le prêteur est obligé de laisser la chose à l'incapable pour l'usage auquel elle est destinée dans le contrat, et de rembourser les dépenses faites pour sa conservation. D'un autre côté, l'incapable est obligé de restituer la chose par équité; si elle périt, il n'est pas tenu de sa faute. Cependant, un mineur, *capax doli*, une femme mariée, seraient passibles de l'action de dol, quoiqu'ils ne se seraient pas enrichis, s'ils avaient détruit malicieusement l'objet du prêt. (Appliquez 1310.)

SECTION II.

DES ENGAGEMENTS DE L'EMPRUNTEUR.

1880. — « *En bon père de famille.* » Il ne suffirait pas que l'emprunteur apportât les soins qu'il donne à ses propres affaires, ni même les soins qu'un propriétaire apporte d'ordinaire à la garde de sa chose; aussi les partisans de la division des fautes le déclaraient responsable de la faute la plus légère. (Voy. 1137.)

1881. — « *Il sera tenu de la perte*, etc. » Malgré le silence de la loi, on peut soutenir que l'emprunteur n'est point responsable, en prouvant que la chose aurait également péri chez le prêteur (voy. 1302); ou faut-il dire que la faute que l'emprunteur a commise le prive d'une manière absolue de l'exception de cet article?

Si c'est par mort naturelle que le cheval est venu à périr, nous ne pensons pas que l'emprunteur dût en payer le prix : le cas de mort naturelle ne doit pas être rangé dans les cas fortuits, et il aurait également péri chez le propriétaire, si on le lui avait rendu au temps fixé.

Il est responsable s'il s'est chargé des cas fortuits. Si le cas fortuit a été précédé d'une faute de sa part, et s'il y a eu estimation de l'objet prêté. (Voy. 1883.)

1882 et **1883**. — « *Il a préféré la sienne; il est tenu de la perte de l'autre.* » Nous croyons que ce texte doit s'appliquer dans les seuls cas où les choses sont d'égale valeur. Si la chose de l'emprunteur est d'une valeur plus considérable que l'objet du prêt, en la sauvant, de préférence, il s'est conduit en diligent propriétaire. (Voy. MM. Duranton et Duvergier. M. Troplong soutient l'opinion contraire avec Delvincourt.)

1884. — « *Il n'est pas tenu de la détérioration.* » Le propriétaire, en prêtant sa chose, a l'intention évidente de supporter les dégradations qu'un usage légitime peut causer.

1885. — « *Par compensation.* » C'est un principe évident, puisqu'elle ne peut avoir lieu qu'avec les conditions exigées par l'art. 1291, principe déjà décrété formellement dans 1293.

Le mot *compensation* ne peut donc pas être pris ici dans son sens légal. Il faut croire que cet article a voulu interdire à l'emprunteur le droit de rétention sur la chose prêtée, comme gage d'une créance étrangère au prêt, et qu'il pourrait avoir contre le prêteur.

Mais je suis d'avis qu'il peut retenir l'objet du prêt jusqu'au remboursement, par le prêteur, des dépenses extraordinaires qu'il aurait faites à l'occasion de la chose. C'est l'opinion de Pothier.

Je regarde le droit de rétention comme une règle générale *dans ces cas*, et non comme une exception qui a besoin d'être exprimée. (Voy. 1948, 1673, 867, etc.) D'ailleurs, si la dépense a pour but la conservation de la chose, elle est privilégiée (voy. 2102-3°); M. Duranton est contraire à cette doctrine.

J'admettrais encore la compensation de la dette du prêteur avec les dommages et intérêts dus par l'emprunteur quand la chose a péri ou a été détériorée par sa faute; c'est l'obligation de restituer un corps certain qui n'est pas susceptible de *compensation*. (Voy. l'art. 1293 où je rapporte une autre interprétation.)

1887. — « *Solidairement responsables.* » C'est un cas de solidarité légale proprement dite, fondée sur un mandat réciproque; de là la conséquence : que les poursuites dirigées contre l'un interrompent la prescription contre les autres.

L'action personnelle née du contrat de prêt dure trente ans. (Voy. 2262.) Mais l'emprunteur n'aura pas acquis, par ce laps de temps, la propriété de la chose, il est détenteur précaire. (Voy. 2236 et 2237.) L'action en revendication est donc pour lui imprescriptible; d'où il suit : que si la chose est encore dans les mains de l'emprunteur après les trente ans, le prêteur pourra la revendiquer; car l'action réelle n'est éteinte que par l'acquisition de la propriété au profit d'une tierce personne, et c'est dans cette hypothèse que statue l'art. 2262.

SECTION III.
DES ENGAGEMENTS DE CELUI QUI PRÊTE A USAGE.

1888 et 1889. — Cette disposition dispense contrairement aux principes (voy. 1134) le prêteur de l'exécution de son engagement; on l'explique par la faveur due au prêteur, qui rend un service gratuit, et par l'intention qu'on peut lui supposer de n'avoir consenti au prêt qu'en se réservant le droit de reprendre sa chose, si elle lui devenait indispensable par l'effet d'un événement *imprévu*.

« *Obliger l'emprunteur à la lui rendre.* » S'il est constaté que l'emprunteur éprouverait un préjudice considérable par la remise immédiate de la chose prêtée, les tribunaux pourraient-ils ordonner qu'il sera admis à fournir provisoirement une chose semblable en attendant la restitution? Non, M. Duvergier : oui, Pothier et M. Duranton.

1890. — Voy. 1948 et 2102, n° 3.

1891. — Le prêteur n'est en aucun cas responsable des défauts apparents de la chose prêtée (arg. de l'art. 1642); mais il est responsable des défauts cachés lorsqu'il les connaissait, qu'ils ont occasionné un dommage à l'emprunteur, que celui-ci n'a pas été averti.

CHAPITRE II.

DU PRÊT DE CONSOMMATION OU SIMPLE PRÊT.

SECTION PREMIÈRE.

DE LA NATURE DU PRÊT DE CONSOMMATION.

1892. — Le prêt de consommation est un contrat par lequel l'une des parties donne à l'autre une certaine quantité de choses que cette dernière est autorisée à consommer, à charge par elle de rendre à l'époque convenue une pareille quantité de choses de même espèce et qualité.

Ce contrat est de *bienfaisance* ou *onéreux*, suivant qu'il renferme ou non une stipulation d'intérêt.

« *De choses qui se consomment par l'usage.* » Cette définition est vicieuse, car les choses sont fongibles ou non selon que, d'après la volonté expresse ou présumée des parties, elles peuvent être remplacées par d'autres de même espèce et qualité. La distinction de ces choses ne repose pas sur des propriétés absolues naturelles et constitutives, mais sur des propriétés accidentelles déterminées par l'intention des parties. Cette doctrine prouve que l'art. 1894 est faux par trop de généralité, parce que des animaux peuvent très-bien être l'objet de ce contrat. Exemple : des bœufs, des moutons prêtés à un boucher, des chevaux à un marchand de chevaux pour compléter la remonte d'un régiment. (Voy. notre art. 527.)

1893. — « *Devient le propriétaire.* » Cette règle n'est pas applicable s'il n'y a plus que simple promesse de prêter une chose indéterminée.

Dans notre droit, où *en fait de meubles possession vaut titre* (2279), si la chose donnée à titre de prêt par un non-propriétaire n'a été ni perdue ni volée, je pense que l'obligation de rendre l'équivalent se contracte immédiatement après la tradition, sans attendre la consommation, comme semble l'exiger l'art. 1238, parce qu'à la différence de l'ancien droit, dont cet article est un vestige peu en harmonie avec nos principes, dès que la chose a été remise à un tiers de bonne foi, le propriétaire ne peut plus la revendiquer.

« *Différences entre l'usufruit des choses qui se consomment par l'usage et le prêt de consommation.* » 1° Le prêt est toujours un contrat, l'usufruit s'établit par testament.

2° L'emprunteur n'est pas tenu de donner caution, *secus* de l'usufruitier. (Voy. 601.)

3° L'usufruit légué sans terme exprimé par le testateur, finit à la mort de l'usufruitier. (Voy. 617.) La restitution du prêt reçu sans terme, fixé pour le remboursement, peut être exigée à la volonté du prêteur.

4° L'usufruit établi pour un temps déterminé n'en est pas moins éteint par la mort de l'usufruitier, tandis que dans le prêt stipulé pour un temps, les héritiers de l'emprunteur jouissent du terme accordé à leur auteur.

5° Selon Proudhon, différence établie par 1903.

1895 et **1896.** — « *De la somme numérique prêtée.* » On ne considère pas dans la monnaie les corps matériels, mais la valeur qu'ils représentent. C'est donc cette valeur qu'il faut restituer, quelque variation que les espèces aient éprouvées.

Lisez l'art. 1896.

DES OBLIGATIONS DU PRÊTEUR.

1898 et **1899**. — Dans le prêt à usage, la faculté contraire est accordée au prêteur ; la raison de différence est que dans le prêt à usage le prêteur conserve la propriété de la chose, tandis que dans le prêt de consommation, il la perd pour devenir un simple créancier. (Et voy. 1186 ; mais voy. aussi 1188.)

1900 et **1901**. — Lisez ces articles. (Et voy. 1244-2°, 1157, 1905 et 1174, etc.)

SECTION III.

DES ENGAGEMENTS DE L'EMPRUNTEUR.

1902 et **1903**. — « *S'il est dans l'impossibilité*, etc. » Il faut donc qu'il y ait impossibilité réelle de rendre des choses de même *quantité* et *qualité*, pour que cet article soit applicable : l'emprunteur ne serait pas fondé à prétendre qu'il a l'option entre une restitution en nature et une restitution en espèces. Les termes de l'article repoussent cette alternative qui serait contraire à l'équité, puisque le prêteur que l'on rembourserait en espèces, serait souvent obligé de racheter des choses de même quantité et qualité que celles qu'il aurait prêtées, soin qui doit plutôt retomber sur l'emprunteur. M. Duranton est d'une opinion contraire.

Si le jour de la restitution est déterminé par le contrat, l'emprunteur est tenu de rendre des choses de même qualité et valeur intrinsèque à l'époque de la restitution ; c'est la volonté présumée des parties.

Si le jour de la restitution n'est pas fixé, il serait à craindre que le prêteur choisît, pour demander son remboursement, le temps où la chose serait au prix le plus élevé, et que l'emprunteur, à son tour, profitât pour se libérer de l'instant de la plus grande baisse.

1904. — Ce principe est général, il s'applique aux prêts de denrées et au prêt d'argent.

CHAPITRE III.

DU PRÊT A INTÉRÊT.

Le prêt à intérêt est un contrat réel, unilatéral, dans lequel l'une des parties procure la jouissance d'une valeur à l'autre, à la charge par celle-ci de lui payer jusqu'à la restitution, un revenu qu'on appelle intérêt.

1905 et **1906**. — En payant des intérêts qui n'étaient pas stipulés, l'emprunteur a reconnu qu'il avait retiré un bénéfice de la valeur prêtée et il a satisfait à une obligation naturelle; il ne pourra donc rien réclamer, à moins que le payement n'ait été le résultat de l'erreur ou de la violence.

1907. — « *Peut excéder celui de la loi*, etc. » La loi du 3 septembre 1807 défend toute stipulation d'intérêts qui excède 5 p. 0/0 en matière civile et 6 p. 0/0 en matière de commerce.

Mais comment distinguer ici les matières civiles des matières commerciales? Voici le résumé de la doctrine de M. Troplong:

1° Toutes les fois qu'un négociant retire des fonds de son commerce pour les prêter même à un non-commerçant, l'intérêt peut être fixé à 6 p. 0/0.

A plus forte raison doit-on le décider ainsi pour des avances faites par un négociant à un non-négociant par suite d'actes liés à son commerce. Par exemple :

1° Un commissionnaire fait des avances à un particulier sur des récoltes de vins, huiles et autres denrées que ce dernier lui a confiées pour être vendues.

2° Si ce sont deux commerçants qui traitent ensemble, les 6 p. 0/0 sont dus au prêteur, lors même que les sommes prêtées devraient être employées à une opération qui ne serait pas commerciale.

3° Faut-il décider de même quand c'est un particulier qui prête à un négociant pour son commerce? Un arrêt de la chambre des requêtes, 10 mai 1837, décide l'affirmative. Cette jurisprudence peut se soutenir par les raisons suivantes :

1° Les fonds livrés au commerce rapportent à l'emprunteur commerçant, plus qu'ils ne rapportent à l'emprunteur non commerçant; il est équitable que le prêteur profite de cette différence.

2° La somme prêtée est exposée à toutes les chances dont le commerce peut être affecté; il doit donc, à raison de ces chances, produire de plus grands avantages.

La prohibition portée par la loi du 3 septembre ne s'applique pas aux conventions dans lesquelles le prêteur se soumet à des risques extraordinaires, dans une rente viagère, par exemple. (Voy. 1976,—Code comm., art. 311 et suiv.)

Le contrat de change et les opérations de banque donnent lieu à des profits que l'on nomme *escompte*, *change* ou *commission*.

L'*escompte* est une opération au moyen de laquelle on fournit comptant le montant d'une créance à terme, sous la déduction d'une somme équivalente à la perte du papier contre l'argent ou aux délais à courir.

Le *change* est l'achat d'une somme payable dans un autre lieu par un prix présent.

La *commission* est l'émolument que perçoit le banquier pour l'indemniser de ses frais de déplacement et de transport, de tenues d'écritures et de livres; de son bureau ou comptoir dont il faut payer le loyer; du salaire donné aux commis et de la patente qu'il a à supporter. De plus, il faut au banquier des capitaux pour escompter à bureau ouvert, et suffire aux besoins du public, mais aussi qui peuvent férir en caisse. De là une nouvelle cause d'indemnité qui, réunie à celles que je viens d'énumérer, explique la légalité du salaire que le banquier exige pour la négociation qu'on vient lui demander.

Le commerce d'argent est fait non-seulement par des particuliers, mais encore par des *banques publiques*, qui sont des associations de capitaux établies sous l'autorité du gouvernement et régies par des statuts qu'il a sanctionnés. On distingue deux espèces de banques publiques, de *dépôt* et *à billets*, et d'*escompte*.

Les banques de dépôt reçoivent en dépôt les monnaies nationales et étrangères, les lingots d'or et d'argent, et les objets précieux. Elles ouvrent en faveur des déposants des crédits en représentation de la valeur intrinsèque des objets déposés.

Je rapporte les termes dans lesquels M. Molinier parle de la Banque de France dans son *Traité de droit commercial*.

« C'est sur la triple base qui sert de fondement aux banques de dépôt, aux banques à billets et aux banques d'escompte, que la Banque de France est établie : sa création remonte au Consulat ; le génie puissant qui présidait alors aux destinées de la France, et qui s'efforçait de faire renaître le crédit public et commercial, lui donna les fondements d'airain qui l'ont soutenue à travers nos tourmentes politiques. L'État et le commerce l'ont toujours trouvée prête à les secourir dans les moments de crise. Rossi, dans son rapport remarquable à la chambre des Pairs, sur le projet relatif à la prolongation du privilége de la Banque de France, énumère les services qu'elle a rendus à l'État et au commerce. » Ce privilége a été prorogé par la loi du 30 juin 1840 sous le gouvernement de M. le comte d'Argout, ancien ministre des finances, doué des qualités naturelles aux financiers habiles et éclairé par une longue expérience. (Voy. M. Molinier, p. 70 et suiv.)

« *Le taux de l'intérêt doit être fixé par écrit.* » Pour mettre un frein à la cupidité des prêteurs, on leur a imposé la nécessité de constater par écrit les intérêts, espérant que la crainte de la publicité les empêcherait souvent de stipuler des intérêts usuraires. Le motif cessant, cette disposition est abrogée.

Ce paragraphe veut dire que la preuve par témoins d'une convention verbale d'intérêts, est inadmissible. Mais le taux de l'intérêt pourrait-il être prouvé par l'aveu de la partie, par l'interrogatoire sur faits et articles par le serment? C'est un point controversé. M. Duvergier est de l'avis de l'affirmative. Aujourd'hui le taux de l'intérêt peut être prouvé par témoins dans les cas où cette preuve est admise. (Voy. 1341 et 1348.) Et dans tous les cas par l'aveu de la partie et le serment.

1908. — « *En opère la libération.* » C'est donc une présomption contre laquelle nulle preuve n'est admise; c'est un cas où la loi dénie l'action en justice comme dans 1282. (Voy. 1352.) M. Duranton enseigne le contraire.

1909, 1910, 1911, 1912. — Voyez notre commentaire sur l'art. 530.

« *Pendant deux années.* » C'est-à-dire lorsqu'il doit deux années d'arrérages; ces termes ne signifient pas que les deux années ne commencent à courir qu'à partir du jour fixé pour la première échéance.

Faut-il distinguer si la rente est *portable*, c'est-à-dire payable au domicile du créancier ou *quérable*, c'est-à-dire payable au domicile du débiteur? Toullier adopte l'affirmative et Delvincourt la négative. (Voy. 1247.)

Si le débiteur laisse plusieurs héritiers, chacun d'eux peut se libérer individuellement de la part qu'il doit aux arrérages et même à effectuer le remboursement du capital dans la proportion de sa part héréditaire, art. 1220. (Voy. M. Duranton. Delvincourt et Dalloz enseignent le contraire.) En conséquence, si les uns servent régulièrement leurs parts d'arrérages et que les autres négligent de les acquitter, le créancier ne peut demander le remboursement que contre ces derniers et seulement dans la proportion de leur part.

2° « *S'il manque à fournir,* » ou si après les avoir fournies, il les a diminuées *par son fait.* (Voy. 1188.)

Si *sans son fait*, il peut légalement offrir un supplément. (Voy. 2131.) Et, si cette espèce de sûretés a été exigée spécialement par le créancier, le débiteur n'est pas tenu d'en fournir d'autres. (Arg. de 2020.)

TITRE XI.
DU DÉPÔT ET DU SÉQUESTRE.

CHAPITRE PREMIER.
DU DÉPÔT EN GÉNÉRAL ET DE SES DIVERSES ESPÈCES.

1915 et 1916. — Le dépôt proprement dit est un contrat par lequel l'une des parties, appelée dépositaire, s'oblige à garder gratuitement une chose mobilière, à la charge de la rendre, dans son individualité, à la première réquisition du déposant.

« *En général, un acte.* » Terme qui a une signification plus étendue que *contrat*, qui n'eût pas compris le séquestre judiciaire.

CHAPITRE II.
DU DÉPÔT PROPREMENT DIT.

SECTION PREMIÈRE.
DE LA NATURE ET DE L'ESSENCE DU CONTRAT DU DÉPÔT.

« *Essentiellement gratuit.* » Voyez cependant 1928, qui permet de stipuler un salaire. Alors, le dépôt perd sa nature et devient un louage de services (voy. Pothier), ou bien il faut dire que le dépôt est *naturellement* et non *essentiellement* gratuit.

1918. — « *Des choses mobilières.* » Pour un immeuble, il y aurait, selon les circonstances, mandat ou louage de services.

1919. — « *Il n'est parfait que par la tradition.* » C'est donc un contrat *réel*, mais pas dans le sens du droit romain. Un lien de droit existe entre les parties avant la tradition.

1920. — Division du dépôt proprement dit en volontaire et nécessaire.

SECTION II.

DU DÉPÔT VOLONTAIRE.

1921 et **1922.** — « *Que par le propriétaire.* » Celui qui, le sachant, a reçu en dépôt la chose d'autrui, n'a pas l'action de dépôt contre le propriétaire; il ne peut invoquer l'art. 1958. S'il a géré utilement, il a l'action *negotiorum gest.*; et, à ce titre, le droit de rétention jusqu'au remboursement des impenses nécessaires et utiles.

Ce dépôt, qui ne lie pas le propriétaire, n'en est pas moins valable entre le déposant et le dépositaire. (Arg. de 1938.)

1923. — Cet article reproduit le principe consacré par l'art. 1341; il n'empêche pas d'admettre les exceptions de 1347 et 1348.

Le serment et l'aveu devraient produire leur effet ordinaire.

1924. — Il faut dire avec Toullier et M. Taulier que si le fait du dépôt n'est pas constant, ou s'il n'existe pas un commencement de preuve par écrit qui autorise pour complément la preuve testimoniale, la violation d'un dépôt, quoique mise au rang des délits par l'art. 408 du Code pénal, ne peut être poursuivie devant la justice correctionnelle avant que la preuve du dépôt ne soit acquise; il n'est pas permis d'employer la voie criminelle pour se procurer indirectement une preuve testimoniale, réprouvée par la loi civile.

1925. — Si le déposant est entièrement incapable de consentir, cet article n'est pas applicable. C'est un gérant d'affaires de l'incapable, et il est soumis, en cette qualité, à de plus grands soins que le dépositaire. (Voy. 1374 et 1927 comparés.)

1926. — Le dépositaire incapable serait même passible de dommages et intérêts si, étant doué de discernement, il avait frauduleusement détourné la chose déposée ; cette action prendrait sa source non plus dans le contrat de dépôt, mais dans le délit d'abus de confiance, de violation de dépôt. (Voy. 1310.) Aussi se prescrirait elle par trois ans. (638, Code d'instr. crim. Voy. aussi l'art. 408 du Code pén.)

Le déposant capable aura toujours la revendication si la chose déposée est dans les mains du dépositaire ou dans celles d'un tiers de mauvaise foi, et l'action *de in rem verso*, jusqu'à concurrence de ce qu'il aurait retiré de la chose qui aurait péri par la faute d'un tiers.

SECTION III.

DES OBLIGATIONS DU DÉPOSITAIRE.

1927. — « *Les mêmes soins.* » L'article a pour but de modifier, dans l'intérêt du dépositaire, la règle générale posée dans 1137, et qui remplace l'ancienne théorie des fautes. On ne peut donc se fonder sur l'art. 1927 pour augmenter la responsabilité du dépositaire ; on ne peut exiger de lui que les soins d'un bon père de famille, quoiqu'il donnerait habituellement à la garde de ses propres choses des soins plus exacts.

1928. — L'art. 1882 est-il applicable au dépositaire ? Si la chose du dépositaire est moins précieuse que la chose déposée, je le crois responsable ; mais, comme le déposant doit l'indemniser de tous les sacrifices faits pour la conservation de la chose déposée, il lui remboursera le prix de sa chose.

1929. — « *En aucun cas.* » Ce qui veut dire : même dans les quatre cas énumérés dans l'article précédent. Cet article applique au dépositaire le principe de 1302-1°.

Mais le dépositaire répond des cas fortuits s'il s'en est chargé par une convention expresse, et il sera libéré, même après sa mise en demeure, s'il prouve que la chose eût également péri chez le créancier.

1930.— Le dépositaire autorisé à se servir de l'argent déposé, n'en doit l'intérêt, du jour où il s'en sert, qu'autant que l'intérêt a été convenu, sinon du jour de la demeure qui résulte d'une simple sommation, nonobstant l'art. 1153. (Voy. M. Duranton.) Mais s'il s'en est servi sans autorisation, il en doit l'intérêt du jour où il l'a employé à ses affaires personnelles. (Arg. de 1846, 1996 et 1378.) M. Duranton est d'une opinion contraire.

L'autorisation de se servir de l'argent, rapproche du prêt, mais cependant ne dispense pas le dépositaire de l'obligation de rendre à la première réquisition.

1931 et **1932.** — Le dépositaire est tenu de rendre la chose déposée dans son individualité. Il n'est pas tenu d'échanger les pièces de monnaies désignées au bordereau lors même qu'il prévoit la diminution future des espèces ; ce n'est qu'à la garde de la chose qu'il doit les mêmes soins qu'à la sienne.

1933. — « *Par son fait.* » Sa faute grave ou son dol. (Voy. en outre l'art. 1245.)

1934.—« *Par une force majeure.* » Ex. : un cheval mis en dépôt, pris par l'ennemi ; des blés que l'autorité publique forcerait le dépositaire à vendre.

1935.— « *Qui a vendu de bonne foi.* » C'est à l'héritier à la prouver ; il invoque sa libération, il faut qu'il prouve le fait qui l'a libéré. (Voy. 1315.)

« *Ou de céder son action.* » Le déposant peut exercer l'action de l'héritier sans cession. (Voy. 1166.) Et s'il est propriétaire, il peut revendiquer contre le tiers détenteur de mauvaise foi. Il ne peut être évincé s'il est de bonne foi. (Voy. 1141 et 2279.)

Si l'héritier du commodataire avait aliéné de bonne foi

la chose prêtée, on ne lui appliquerait pas cet article ; le dépositaire n'est tenu que de son dol.

1936.—Voyez notre art. 1930.

1937 et **1938.** — « *Il doit dénoncer.* » Le texte n'a prévu que le cas de *vol.* Faut-il appliquer ces règles au cas où une chose perdue aurait été déposée par celui qui l'a trouvée ? Delvincourt et M. Duranton disent que la position du propriétaire est aussi favorable en cas de perte qu'en cas de vol, qu'il y a identité de motifs, que l'art. 2279 assimile ces deux cas. D'autres jurisconsultes pensent que ces règles dérogeant au principe général posé par 1937, elles doivent être restreintes à l'événement pour lequel elles ont été textuellement établies ; que d'ailleurs les considérations d'ordre public sur lesquelles elles sont fondées, ne militent pas en faveur du propriétaire dans le dépôt de choses perdues, comme dans celui de choses volées (Voy. aussi 1640.)

1939. — Cette disposition ne devient utile que dans l'hypothèse où un tiers a été indiqué dans le contrat pour recevoir le dépôt. Le dépositaire ne peut pas à l'insu de l'héritier disposer du dépôt en faveur de la personne qui lui a été désignée. Parce que, 1° le mandat est révoqué par la mort du mandant ; 2° parce que le dépôt serait peut-être un fidéicommis qui aurait pour but de cacher des dispositions prohibées.

1940 et **1941.**— « *A changé d'état.* » Le déposant qui a désigné un tiers à qui le dépositaire est tenu de rendre la chose déposée, est tombé en faillite, en déconfiture, est interdit. Ce changement d'état ferait-il obstacle à l'exécution de cette clause du contrat de dépôt ? Aff. Le mandat finit par l'interdiction soit du mandant soit du mandataire. (Voy. 2003.)

1942.— « *Ils sont à la charge du déposant.* » Ce qui est conforme à l'équité : *Officium suum nemini debet esse damnosum.*

1943. — « *Dans le lieu même du dépôt.* » Ces expressions peuvent désigner le lieu où se trouve actuellement la chose déposée. On ne saurait exiger en principe que le dépositaire fasse transporter la chose chez le déposant même aux frais de celui-ci. A moins que le dépôt n'ait été fait dans l'intérêt du dépositaire. (Voy. Pothier et Domat.)

1944. — Le but de ce contrat est de procurer un avantage au déposant. Le dépositaire n'a été mis en possession que pour garder la chose ; n'ayant pas le droit d'en user il n'a aucun intérêt légitime à la retenir. Cependant, il peut en différer la restitution en cas de saisie-arrêt ; voy. 1242. Si la chose n'est pas dans le lieu où on la réclame : lorsque le dépositaire a fait des dépenses pour la conservation ou l'amélioration de la chose. (Voy. 1948.)

1945. — Le dépositaire infidèle est celui qui détourne ou dissipe le dépôt, qui en nie l'existence ou en viole frauduleusement les conditions.

Cet article paraît inutile, car la loi 1268 n'admet à la cession de biens que le débiteur malheureux et de bonne foi qui a pour but d'éviter la contrainte par corps à laquelle le dépositaire n'est pas soumis arg. de 2060-1°. Mais il faut remarquer que la contrainte par corps peut être prononcée en matière civile pour dommages et intérêts excédant trois cents francs ; voy. 126, du Code de proc. et en matière pénale pour abus de confiance, d'après les art. 52 et 408 du Code pénal, qui répétaient des dispositions, l'un de l'ordonnance de 1667, l'autre du Code de brumaire an IV. Il y avait donc encore nécessité de dire que le dépositaire ne serait pas admis au bénéfice de cession.

Actuellement quand la contrainte par corps peut-elle être prononcée ? Un dépôt volontaire a été fait ; si c'est d'un corps certain, le déposant demande et le tribunal ordonne la restitution de la chose et la contrainte par corps n'a pas lieu, car il n'y a que l'obligation résultant immédiatement du contrat : le dépositaire ne restitue pas, et il est condamné au payement d'une somme qui est l'équivalent du tort causé, il y a une nouvelle obligation née de l'inexécution du contrat, c'est à-dire obligation de dommages-intérêts. La contrainte par corps peut être prononcée si le dépôt est d'une somme d'argent, remise comme quantité et non comme corps certain, alors la demande et la condamnation ne peuvent comprendre que la restitution de la somme comme quantité, c'est-à-dire, l'exécution de l'obligation née du contrat même de dépôt, et l'art. 126 ne sera pas applicable.

SECTION IV.

DES OBLIGATIONS DE LA PERSONNE PAR LAQUELLE LE DÉPÔT A ÉTÉ FAIT.

1947 et **1948**. — Le droit de rétention peut être exercé non-seulement pour les impenses nécessaires, mais encore pour les impenses utiles, jusqu'à concurrence de l'augmentation de valeur; cet article présente l'application de cette idée générale qu'un créancier, obligé lui-même envers son débiteur à l'occasion de la chose due, ne peut demander son payement, tant qu'il ne remplit pas lui-même ses obligations. Ce principe est consigné dans plusieurs hypothèses analogues à celle de l'art. 1948. (Voy. 867, 1673, 1749.)

Mais le droit de rétention ne pourrait pas être exercé pour une créance étrangère au dépôt; et la demande en restitution d'un dépôt ne peut être repoussée par la compensation. (Voy. 1293.)

La loi accorde au dépositaire un privilége sur le prix de la chose déposée. (Voy. 2102-3°.) Seulement pour le remboursement des impenses nécessaires, et non pour tout ce qui lui est dû à raison du dépôt. (Voy. M. Duvergier.)

SECTION V.

DU DÉPÔT NÉCESSAIRE.

1949. — Définition donnée par le Code.

1950. — Différence entre le dépôt volontaire et nécessaire. Cette exception admise par l'ordonnance de 1667, consacrée par l'art. 1348 du Code, et reproduite dans cet article, est fondée sur ce qu'il a été impossible au déposant de se procurer une preuve littérale. Voyez aussi 2060 pour une seconde différence.

1952. — « *Des effets apportés.* » Il suffit que les effets soient placés dans l'auberge et dans les lieux destinés pour les recevoir ; je crois que si le voyageur a parmi ses effets de l'argent, des bijoux, des billets de banque ou d'autres objets précieux, il doit en avertir l'hôtelier et les lui recommander particulièrement ; s'il néglige cette précaution, il n'aura droit, en cas de perte, qu'à une indemnité proportionnée à la valeur des effets qu'un voyageur emporte ordinairement avec lui.

M. Taulier soutient que le mot *effets* est générique ; qu'il comprend les bijoux et tous objets précieux, les espèces d'or et d'argent, etc.

L'aubergiste ne serait pas responsable si le voyageur était en faute ou avait commis quelque imprudence, par exemple, s'il avait déposé ses effets dans un lieu ouvert à tous, où s'il avait oublié de retirer la clef de sa chambre.

Si l'intérêt du voyageur est respectable, celui de l'hôtelier mérite aussi d'être protégé ; il importe de ne pas l'abandonner à des recours sans fondement, à la mauvaise foi de personnes qui pourraient alléguer un dépôt, et à l'aide de témoins subornés, en réclamer le prix ; aussi l'art. 1348 du Code, prescrit-il au juge d'avoir égard à la *qualité* des personnes et aux *circonstances du fait.* (Voy. notre art. 1348.)

M. Duvergier dit qu'il ne faut pas appliquer cet article aux maisons de bains, aux cafés et billards, aux tables d'hôte, etc. Ces règles sont spéciales aux aubergistes ; elles établissent une présomption contraire aux droits communs, il faut donc les restreindre aux cas pour lesquelles elles sont faites. D'ailleurs, il n'y a pas identité de position, entre ceux qui entrent dans un café, dans une maison de bains, et les voyageurs ou locataires qui sont logés dans une auberge ou dans un hôtel garni. Merlin est d'une opinion contraire.

Ou autre force majeure : ne résulte-t-il pas de cet article, que les aubergistes ne devraient pas répondre d'un vol ou d'un dommage commis par des individus qui se seraient introduits dans l'hôtellerie au moyen de l'escalade ou de fausses clefs? L'affirmative nous paraît fondée.

CHAPITRE III.
DU SÉQUESTRE.

SECTION PREMIÈRE.
DES DIVERSES ESPÈCES DE SÉQUESTRES.

SECTION II.
DU SÉQUESTRE CONVENTIONNEL.

Le séquestre est la remise entre les mains d'un tiers d'une chose litigieuse, mobilière ou immobilière, dans le but de conserver les droits des parties.

1955. — Le séquestre conventionnel est salarié ou gratuit. Le premier participe du louage ; le second, du dépôt. Avec ces différences : 1° dans le dépôt la propriété est certaine, le séquestre s'applique à des choses litigieuses ; 2° le dépôt ne peut avoir pour objet que des meubles ; 3° le dépositaire est simplement chargé de la garde de la chose ; le séquestre, s'il est détenteur d'immeubles ruraux, par exemple, a un rôle actif ; 4° le dépositaire doit rendre la chose au déposant, aussitôt qu'il la réclame.

Lorsque le contrat de séquestre n'est pas gratuit, il participe du contrat de louage ; en conséquence, la personne chargée de la chose doit lui donner les soins d'un bon père de famille. L'art. 1927 n'est pas applicable. (Voy. 1928.)

« *Les parties intéressées.* » Ce qui comprend les tiers intervenant dans un procès et formant opposition entre les mains du séquestre.

« *Ou pour une cause jugée légitime* : comme une infirmité habituelle survenue après l'acceptation du séquestre ; ou autre motif semblable.

SECTION III.
DU SÉQUESTRE OU DÉPÔT JUDICIAIRE.

Il faut distinguer entre le séquestre et le dépôt judiciaire; la chose qui fait l'objet du premier est litigieuse.

Voyez cependant la rubrique du titre, les art. 1961 et 681 Code de proc. Mais voyez Pothier, chap. 4, art. 11.

1961. — Les art. 596, 597, 598, Code de proc., ont rendu sans objet le 1° de cet article.

Le séquestre est quelquefois commandé par la loi elle-même : 1° En matière de saisie mobilière et immobilière, il doit être établi un gardien par l'huissier ou par le juge.

2° Les immeubles grevés d'usufruit doivent être mis en séquestre ou donnés à ferme, si l'usufruitier ne trouve pas de caution.

3° Les biens du contumax doivent être mis en séquestre. (Voy. 465 Code crim.)

Le gardien légal ou judiciaire est soumis à la contrainte par corps pour la représentation des choses qui lui ont été confiées (Voy. 2060.) Il n'en est pas de même du séquestre conventionnel ; cependant, les tribunaux pourraient prononcer contre lui la contrainte pour dommages-intérêts excédant 300 fr.

Ces deux espèces de séquestre diffèrent encore en ce que l'un est de droit salarié.

Cet article est-il *restrictif*, ou le juge peut-il ordonner le séquestre quand il le juge convenable pour la sécurité des parties ? C'est l'opinion de Delvincourt, adoptée par les cours de Bourges, Bordeaux et Rennes, 8 mars 1822, 17 mai 1831, 6 mars 1834.

TITRE XII.

DES CONTRATS ALÉATOIRES.

1964. — La loi donne deux définitions des contrats aléatoires. (Voy. 1104.) L'une et l'autre peuvent être exactes en les appliquant à des contrats que l'on considère sous des points de vue différents. Exemple : dans le jeu et le pari, les parties courent l'une et l'autre des chances de gain et de perte jusqu'à la fin : application de l'article 1104. Dans le contrat d'assurance, l'assuré ne court aucune chance ; c'est pour n'en pas courir qu'il paye la prime : application de 1964.

CHAPITRE PREMIER.

DU JEU ET DU PARI.

Le jeu est un contrat par lequel deux personnes ou un plus grand nombre s'engagent à payer à celle d'entre elles qui gagnera une somme d'argent ou quelque autre objet déterminé.

Le pari est la convention par laquelle deux ou plusieurs personnes qui sont d'un avis contraire sur un sujet quelconque, s'engagent à payer une somme d'argent ou une autre chose déterminée à celle dont l'opinion sera reconnue fondée.

1965. — « *La loi n'accorde aucune action.* » Il résulte de là que cette dette ne peut être valablement cautionnée ou garantie par une hypothèque, qu'elle ne peut être opposée en compensation, ni être convertie par novation en une obligation civile. On explique la non-répétition, non parce qu'il y a obligation naturelle, mais parce que cette dette a une cause immorale. On a voulu éviter des procès qui troubleraient les familles, ne pas favoriser un joueur souvent de mauvaise foi, et par la répugnance du législateur à intervenir dans de pareilles affaires. On admet la maxime : *in pari causâ melior est causa possidentis.*

Le mandat donné pour le payement d'une dette de jeu autorise le mandataire à réclamer au mandant le payement qu'il a fait ; mais le mandat donné pour jouer aurait pour objet une chose illicite, il serait nul et ne produirait aucune action contre le mandant.

Le tribunal peut rejeter la demande si la somme lui paraît excessive, eu égard à la nature du jeu et à la condition des personnes : il ne pourrait la réduire seulement ; un gain immodéré n'est plus un exercice, une cause d'émulation et d'intérêt, c'est une spéculation et un commerce.

1967. — « *Dans aucun cas le perdant ne peut répéter*, » à moins qu'il ne soit dépourvu de la capacité requise pour faire un payement valable, comme le mineur, l'interdit, le majeur pourvu d'un conseil judiciaire, etc.

« *Volontairement payé.* » Si l'héritier du perdant a soldé une dette de jeu, pensant qu'elle a une autre cause, il y a lieu à répétition, pourvu que l'erreur soit constatée.

Lorsque les enjeux ont été mis sur table ou déposés entre les mains d'un tiers, Zachariæ donne une action au gagnant contre le perdant qui a retiré sa mise, ou contre le tiers qui refuse de s'en dessaisir. Le gain de la partie attribue au gagnant la propriété de l'enjeu du perdant ; c'est un payement anticipé fait sous condition, ce n'est pas une action pour dette de jeu, c'est un droit de propriété qu'il réclame. D'autres auteurs soutiennent la négative. M. Taulier dit : « Le fait qui domine, c'est le jeu ; le prétendu » propriétaire est un gagnant. Il demande de l'argent, il » est donc créancier en vertu du jeu. La théorie des paye- » ments anticipés et conditionnels n'est qu'un moyen d'é- » luder la loi et d'accorder au jeu une faveur que la légis- » lation et la morale lui refusent. »

CHAPITRE II.

DU CONTRAT DE RENTE VIAGÈRE.

SECTION PREMIÈRE.

DES CONDITIONS REQUISES POUR LA VALIDITÉ DU CONTRAT.

1968. — Le contrat de rente viagère est celui par lequel une personne s'engage gratuitement, ou pour une somme d'argent, une chose mobilière appréciable, ou un immeuble, à fournir à une ou plusieurs personnes pendant leur vie, des prestations annuelles appelées arrérages.

1969. — « *Revêtue des formes.* » Acte notarié avec minute, si c'est une donation (voy. 931); testament olographe, public ou mystique, si c'est un legs. (Voy. 969.)

La constitution de rente viagère à titre onéreux peut être faite par acte authentique ou sous seing privé; dans ce dernier cas, l'acte doit être fait en autant d'originaux qu'il y a de parties ayant des intérêts distincts. Quand le capital est livré immédiatement, le rentier seul a besoin d'un titre.

1970. — « *Est réductible.* » Voyez notre commentaire sur l'art. 947.

1971. — « *Soit sur la tête d'un tiers*, etc., » qui survit au rentier, elle devra être payée aux héritiers jusqu'au décès du tiers.

1972. — « *Sur une ou plusieurs têtes.* » Si elle est constituée au profit de deux personnes dont l'une vient à mourir, la rente sera due en entier au survivant, autrement il ne serait pas exact de dire que le contrat a constitué une rente sur deux têtes; il y aurait deux rentes viagères distinctes sur deux têtes séparées.

Néanmoins, pour prévenir toute difficulté, les parties agiront prudemment en stipulant que la rente ne sera pas réduite par le décès de l'un des crédi-rentiers.

1973. — « *Elle n'est point assujettie aux formes*, etc. » En effet, la libéralité au profit du tiers est une condition accessoire du contrat à titre onéreux, elle doit donc être subordonnée pour la forme à l'acte principal. (Voy. 1121.)

Du reste, l'annulation, la révocation ou la réduction de la libéralité n'auraient aucune influence sur le contrat principal; il devrait être exécuté au profit de celui qui a fourni le capital de la rente ou de ses héritiers jusqu'au décès du donataire.

1974. — « *Qui était morte au jour du contrat.* » Le contrat se trouve sans cause.

1975. — « *Atteinte de la maladie dont elle est décédée.* » Parce qu'il y a erreur sur la chose et sur ses qualités essentielles, ce qui empêche un consentement valable.

Si la rente avait été constituée sur plusieurs personnes, le décès de l'une d'elles dans les vingt jours du contrat ne donnerait pas lieu à l'application de cet article. Les chances aléatoires existent.

1976. — La loi du 3 septembre 1807 sur le taux de l'intérêt est, à raison même de la nature aléatoire du contrat de rente viagère, inapplicable à ce contrat.

SECTION II.

DES EFFETS DU CONTRAT ENTRE LES PARTIES CONTRACTANTES.

1977. — « *Les sûretés.* » Par exemple, s'il ne fournit pas la caution, l'hypothèque ou le privilége promis, ou s'il diminue les sûretés données. (Voy. 1184.)

Si c'est *par son fait* qu'il les a diminuées, il ne serait pas admis à en présenter d'autres contre la volonté du crédirentier. (Voy. 2131 combiné avec 1188.)

La résolution du contrat replace les choses au même état que s'il n'avait pas existé. (Voy. 1183.) Néanmoins, le créancier de la rente qui recouvre son capital, n'est pas tenu de restituer la portion des arrérages perçus qui excèdent l'intérêt légal; c'est le prix des risques qu'il a courus, et c'est par la faute du débiteur que le contrat n'est pas exécuté.

1978. — Les rédacteurs du Code n'ont pas admis la condition résolutoire tacite en vertu de 1184 à cause de la nature aléatoire du contrat de rente viagère : donc l'action en résolution pour défaut de payement des arrérages, et l'action en rescision pour cause de lésion, ne sont pas admises contre une vente faite moyennant une rente viagère. Il a paru trop dur et peu conforme à l'équité d'imposer au débiteur l'obligation de rembourser le capital après avoir servi les arrérages pendant de longues années, et de faire cesser les chances de gain qu'il avait à courir dans l'avenir.

Mais il me semble que les parties pourraient stipuler la résolution du contrat pour défaut du service de la rente. Cette position est controversée. C'est l'opinion de Pothier et de M. Troplong.

1979. — « *Pendant toute la vie de la personne.* » La rente viagère n'est pas éteinte par le décès du rentier, lorsque c'est le débiteur de la rente qui lui a donné la mort ; il y a lieu dans ce cas à la résolution du contrat. Le débiteur détruit l'incertitude du prix du bail à rente, c'est ce qui amène la résolution. Cette doctrine ne reçoit son application que dans le cas où la rente est établie à titre onéreux ; si à titre gratuit, les héritiers du créancier ont droit à des dommages-intérêts dont la quotité doit être arbitrée par le juge.

1980. — « *Dans la proportion du nombre de jours qu'il a vécu.* » Ce sont des fruits civils qui s'acquièrent jour par jour.

La rédaction de l'article ne rend pas exactement la pensée de la loi ; car si la rente a été constituée sur la tête d'un tiers, la mort du rentier ne la fait pas cesser, elle continue au profit de ses héritiers jusqu'à la mort du tiers. (Voy. 1971.)

Si la rente est payable d'avance, par exemple le 1ᵉʳ janvier, le créancier n'a droit aux arrérages de l'année qu'autant qu'il a vécu tout le jour fixé pour le payement. La loi compte par jour et non par heure, et pour qu'une dette à terme soit exigible, il faut que le jour du terme soit écoulé.

1981. — « *Constituée à titre gratuit.* » Il est permis à tout donateur ou testateur d'apposer à sa libéralité telle condition qu'il juge convenable. Elle est même insaisissable, en l'absence de déclaration expresse, si elle a été donnée ou léguée à titre d'aliments. (Voy. 581, C. de pr., nᵒˢ 3 et 4, voy. aussi 1293.)

Le vendeur d'un immeuble moyennant une rente viagère, même à titre d'aliments, ne pourrait pas la stipuler insaisissable, parce qu'il ne peut pas soustraire à la poursuite de ses créanciers des biens qu'ils ont pris pour garantie de leur payement. (Voy. 2092.)

1982. — La suppression de la mort civile a rétabli l'harmonie entre plusieurs dispositions du Code. (Voy. 617 et 1517.)

1983. — L'existence du rentier peut être constatée par tous les moyens de preuve. Il n'y a de mode spécial prescrit que pour les rentiers de l'État.

Il faut observer qu'il n'y a plus de notaires certificateurs : tous les notaires ont qualité pour délivrer aux rentiers de l'État des certificats de vie.

TITRE XIII.

DU MANDAT.

CHAPITRE PREMIER.

DE LA NATURE ET DE LA FORME DU MANDAT.

1984. — Le mandat est un contrat par lequel une personne accepte d'une autre le pouvoir de faire en son nom, en la représentant, en promettant et en stipulant pour elle, une série d'actes licites et juridiques.

Le mandat est le contrat que l'acte authentique ou sous seing privé, appelé procuration, sert à prouver.

Il existe des différences essentielles entre ce contrat et la gestion d'affaires. (Voy. notre article 1373.)

Il ne faut pas le confondre non plus avec le contrat de commission. Le commissionnaire contracte en son propre nom et s'oblige personnellement envers les tiers ;

2° La commission est salariée ;

3° Elle est spéciale ;

4° Le mineur et la femme mariée commissionnaires sont commerçants, ils sont donc réputés majeurs et capables de s'obliger sans autorisation.

1985. — Lorsque la loi exige que le mandat soit constaté par écrit, il suffit qu'il le soit par acte sous seing privé ; mais il est des actes juridiques pour lesquels la loi demande un écrit authentique. (Voy. les art. 36, 933 C. civ., 216-253, 384, 511 C. de proc.)

1987, 1988, 1989. — « *N'embrasse que les actes d'administration.* » Ainsi, il peut faire des baux de neuf ans. Ses droits sont les mêmes que ceux du tuteur, de l'usufruitier ou du mari. (Voy. 1429, 1430, 1718.) Il peut faire les réparations nécessaires et d'entretien, interrompre la prescription, prendre ou renouveler une inscription hypothécaire, etc.; il peut même aliéner, toutes les fois que l'aliénation reste dans les limites de l'administration, comme la vente des récoltes, etc.

« *Le mandat doit être exprès.* » Ainsi le pouvoir d'aliéner n'emporte pas celui d'hypothéquer, puisqu'il faut un mandat exprès pour l'un et pour l'autre. Mais le pouvoir d'aliéner comprend celui de vendre et d'échanger, et non celui de donner. (Voy. 933.)

« *Le pouvoir de transiger*, etc. » La *transaction* donne au mandataire la faculté de terminer lui-même le procès aux conditions qu'il juge convenables. Le *compromis* lui donne celle de soumettre le procès à un jugement d'arbitre. On peut avoir confiance dans une personne pour transiger sur un procès, et non pour choisir quelqu'un qui le termine. D'un autre côté, la transaction est moins périlleuse que le compromis : par ce dernier, on peut tout perdre ; la transaction qui a pour base des sacrifices réciproques, garantit toujours quelque chose.

1990. — « *Et les mineurs émancipés.* » Il ne faut pas conclure de là, par argument *à contrario*, qu'un mandat ne puisse être valablement conféré à un mineur non émancipé. Cet article n'a pas été rédigé dans un esprit d'exclusion ; le législateur paraît avoir été préoccupé de la crainte que l'on considérât comme un simple acte d'administration l'acceptation d'un mandat qui aurait pour objet un acte de cette nature, et qu'ainsi on ne considérât comme valablement obligés par suite de cette acceptation, et le mineur émancipé et la femme mariée qui se serait réservé l'administration de ses biens.

L'incapable qui a accepté un mandat, peut en opposer la nullité, lorsqu'il est poursuivi, soit pour inexécution des obligations résultant de ce contrat, soit en reddition de compte, sauf l'efficacité de l'action *de in rem verso*. Du reste, l'incapable qui aurait frauduleusement détourné les objets que le mandant lui avait confiés, pourrait être recherché en dommages-intérêts, à raison du délit par lui commis. (Voy. 408, C. pén. 1310.)

Si une femme mariée non autorisée s'ingère sans mandat dans l'administration des biens d'une personne non présente, elle est responsable du dommage qu'elle a causé. (Voy. 1382.) On n'a rien à reprocher au maître ; il n'a pas contracté avec un incapable. Cette disposition ne s'applique donc pas au cas où il a géré sans mandat. (Voy. Toullier, t. XI, p. 50.)

CHAPITRE II.

DES OBLIGATIONS DU MANDATAIRE.

1991 et **1992.** — Si dans l'accomplissement du mandat et dans une même affaire, il y a eu perte et profit, il faut admettre la compensation : mais il en est autrement s'il s'agit de plusieurs affaires ; chacune d'elles donne lieu à des appréciations distinctes ; la faute commise dans l'une n'est pas réparée par le gain réalisé dans l'autre. Voyez notre article 1850.

L'art. 1882 est applicable au mandataire salarié, mais non, si le mandat est gratuit ; le mandataire qui rend un service désintéressé, ne peut pas être assimilé à l'emprunteur qui en reçoit un.

1993. — Dans le compte, on fait déduction des dépenses sur les recettes, et le mandataire devient débiteur du reliquat. Les recettes se compensent avec les dépenses. Mais, s'il s'agit de corps certains, le mandataire peut les retenir à titre de gage jusqu'au remboursement de ses frais. (Voy. 1948.)

« *Tout mandataire est tenu.* » La dispense de rendre compte ferait considérer le mandat comme une libéralité déguisée qui serait nulle ou au moins réductible selon la capacité pour l'un de donner et pour l'autre de recevoir.

1994. — « *Peut agir directement,* etc. » Sans avoir besoin d'invoquer l'art. 1166. Lorsque le pouvoir de se substituer quelqu'un lui a été conféré avec désignation de la personne du substitué, celui-ci est le mandataire direct du mandant ; mais il y a plus de difficulté lorsque le substitué n'est pas nommé ; alors la personne que le mandataire choisit, ne tient pas ses pouvoirs du mandant, néanmoins on admet aussi dans cette hypothèse, le mandant à agir directement contre le substitué, comme s'il était son propre mandataire ; l'intérêt de cette solution est que le produit de son action ne sera pas divisé au marc le franc, entre tous les créanciers de son mandataire.

Voyez dans les art. 1753, 1794, 1798 et 820 Code de proc., des dispositions analogues.

Quand le mandataire n'a pas reçu le pouvoir de se substituer, le mandant n'est pas obligé ; le mandataire a excédé ses pouvoirs. (Voy. 1998-2°.)

Le premier mandataire pourrait être responsable envers le mandant de la faute du substitué dont celui-ci pourrait être excusé, parce que le mandataire recevrait un salaire, tandis que le substitué n'en recevrait pas.

1995. — Cette disposition n'est pas contradictoire avec 2002. S'il est juste que dans un acte officieux et souvent gratuit, celui qui rend le service, ait une action solidaire contre ceux qui tirent du mandat un profit commun, il serait injuste de le charger du fait d'autrui sans une convention expresse. (Voy. 1202.)

1996. — Cette disposition n'est pas applicable lorsque le mandataire s'est servi avec autorisation des fonds du mandant; alors c'est un prêt avec ou sans intérêt suivant la convention.

« *Mis en demeure.* » Ce qui résulte d'une simple sommation (voy. 1139), nonobstant l'art. 1153, alinéa 3. Le mandataire qui ne paye pas le reliquat de son compte après avoir été sommé de le faire, doit être présumé avoir employé à son usage personnel l'argent du mandant.

CHAPITRE III.

DES OBLIGATIONS DU MANDANT.

1998. — Lorsque le mandataire a traité avec un tiers en son nom personnel, le mandant ne peut agir contre le tiers que comme cessionnaire de l'action du mandataire, et réciproquement, ce tiers doit obtenir du mandataire la cession de son action contre le mandant : l'un et l'autre peuvent aussi invoquer l'art. 1166. La première position est controversée. Des auteurs accordent au tiers la faculté d'agir directement contre le mandant, dans tous les cas.

« *Qu'autant qu'il l'a ratifié*, etc. » La ratification postérieure ne peut préjudicier aux tiers, nonobstant la maxime : *ratihabitio mandato æquiparatur*. Exemple, une personne a vendu ma maison ; dans l'ignorance de cette vente, je l'ai hypothéquée, ma ratification postérieure ne pourra préjudicier à l'hypothèque.

1999. — Le mandant est tenu envers le mandataire de plusieurs obligations :

1° De rembourser les frais occasionnés par l'exécution du mandat, et lui payer ses salaires. Le mandataire dont le mandat est révoqué, cesse d'avoir droit pour l'avenir au salaire promis, lors même qu'il continuerait à donner ses soins aux affaires du mandant; ce n'est plus qu'une gestion d'affaires.

2° De rembourser les avances : c'est-à-dire toutes les dépenses que l'affaire dont il s'est chargé lui a occasionnées; qu'il les ait faites lui-même, ou qu'elles aient été faites par un tiers qui aurait voulu le gratifier.

3° Indemnité des pertes que le mandataire a essuyées à *l'occasion de sa gestion* (voy. l'art. 2000); donc, si le mandataire a été forcé de négliger ses propres affaires, il a droit à une indemnité pour le dommage qu'il en a éprouvé. Je crois que le Code a voulu rejeter la distinction de Pothier, qui n'accordait une indemnité que pour les pertes dont le mandat avait été la *cause directe* et *immédiate*. Les textes du droit romain ne s'accordent pas sur ce point; le Code est plus équitable, surtout si le mandat est gratuit.

2001. — « *A dater du jour des avances constatées.* » Cet article établit une réciprocité avec 1996. Il s'appliquerait au *negotiorum gestor*, qui aurait fait des avances utiles au maître. Des auteurs et des arrêts sont contraires. (Voy. M. Troplong.)

Il y a aussi parité entre le mandat et la société sur ce point. (Voy. 1846 et 1852.)

Ces intérêts ne se prescrivent point par cinq ans.

CHAPITRE IV.
DES DIFFÉRENTES MANIÈRES DONT FINIT LE MANDAT.

2003. — « *L'interdiction.* » Ou la nomination d'un conseil judiciaire pour cause de prodigalité ou faiblesse d'esprit. (Voy. les art. 499 et 513.)

« *Par la mort.* » L'héritier du mandant peut ne pas inspirer au mandataire gratuit la même affection que son auteur et au mandataire salarié, la même sécurité pour ses répétitions ; l'héritier du mandataire peut ne pas inspirer la même confiance que lui au mandant.

Le mandat finit encore par la fin de la négociation qu'il a pour objet ; par l'expiration du terme convenu ; par la cessation des pouvoirs du mandant, lorsqu'il s'est substitué quelqu'un, en sa qualité de mandataire légal ou conventionnel d'une personne. Exemple, un tuteur, etc.

2004 et **2005.** — La révocation est expresse ou tacite. Si la procuration est nulle, soit parce qu'elle a été donnée à une personne morte, ce que le mandant ignorait, soit parce qu'elle n'a pas voulu l'accepter, je pense que le premier mandat n'en doit pas moins être révoqué, parce que le mandant a eu l'intention et a manifesté la volonté de révoquer. (Voy. 1037 et 1038.)

« *Dans l'ignorance*, etc. » Le mandataire ou les tiers qui ont connu la révocation d'une autre manière, ne peuvent exciper du défaut de notification régulière ; ils n'ont pas traité dans l'*ignorance* de la révocation.

2006. — La procuration spéciale n'est pas révoquée par la procuration générale et *vice versâ* ; les juges apprécieront et se décideront souvent d'après les circonstances.

2007. — « *Dans l'impossibilité de continuer le mandat*, etc. » Cette impossibilité peut résulter : 1° de maladie ; 2° d'une inimitié capitale survenue entre les parties, depuis le contrat ; 3° du dérangement des affaires du mandataire, par suite d'une succession embarrassée qui lui est échue et autres empêchements légitimes qui peuvent survenir depuis le mandat.

« *Un préjudice considérable.* » Donc, si le préjudice était modique, cela ne suffirait pas pour autoriser le mandataire à renoncer, mais il aurait une action en indemnité contre le mandant, art. 2000. (Voy. M. Duranton, t. 18, n° 283.)

2008. — Il est même des circonstances dans lesquelles le mandataire qui a connaissance de la mort du mandant, non-seulement peut, mais doit faire l'affaire dont il s'est chargé; par exemple lorsqu'elle ne peut souffrir aucun retard, qu'elle ne peut être faite que par le mandataire, les héritiers n'étant pas présents.

2009. — Le mandant qui soutient que des actes sous seing privé faits par le mandataire sont antidatés et qu'ils ont été faits après la cessation du mandat, est tenu de prouver la fausseté de la date; il ne peut être considéré comme un tiers dans le sens de 1328.

2010. — « *Ses héritiers.* » Cette disposition est-elle applicable aux héritiers mineurs? Leur tuteur ne doit-il pas prendre les mesures urgentes? On n'est pas d'accord. M. Duranton soutient que cette obligation n'est imposée qu'aux héritiers majeurs.

TITRE XIV.

DU CAUTIONNEMENT.

CHAPITRE PREMIER.

DE LA NATURE ET DE L'ÉTENDUE DU CAUTIONNEMENT.

2011. — Le cautionnement est un contrat accessoire par lequel une ou plusieurs personnes s'engagent à accomplir l'obligation d'un débiteur s'il ne l'exécute pas lui-même.

La distinction des obligations en principales et accessoires est importante pour fixer la compétence et les degrés de juridiction.

C'est un contrat unilatéral et à titre onéreux entre le créancier et la caution. Mais entre la caution et le débiteur, c'est un contrat de bienfaisance.

Il ne faut pas confondre le cautionnement avec la délégation. (Voy. 1275.) Le délégué est directement obligé envers le délégataire, tandis que la caution n'est obligée que subsidiairement envers le créancier.

Il faut distinguer encore la caution de celui qui se porte fort : l'obligation de l'une est accessoire ; celle de l'autre est principale. L'une a le bénéfice de discussion, l'autre peut être poursuivi immédiatement.

On peut intervenir pour garantir l'exécution d'une obligation contractée par un autre, soit en s'engageant personnellement, soit en affectant seulement par hypothèque un immeuble à la sûreté de la dette. Ces deux espèces de garanties ont chacune leur utilité propre pour le créancier : dans le dernier cas, le débiteur est privé du bénéfice de discussion (voy. 2170 et 2171) et du bénéfice de division. L'hypothèque est indivisible. (Voy. 1221 - 1°.)

Mais le tiers qui a hypothéqué ses immeubles pour un tiers peut-il invoquer la subrogation légale ? Peut-il invoquer les art. 2032, 2037 ? Nous le soutiendrions volontiers.

2012. — « *Une obligation valable.* » Donc quand l'obligation principale est nulle comme contraire à la loi, aux bonnes mœurs, à l'ordre public, comme entachée de violence, d'erreur ou de dol, l'engagement de la caution est frappé de nullité.

Cependant, si l'obligation principale est nulle par considération et incapacité personnelles, le cautionnement reste valable ; ainsi, on peut cautionner un mineur et même un interdit, mais peut-on valablement cautionner l'engagement contracté par une femme mariée non autorisée ? Plusieurs auteurs soutiennent la négative, en fondant leur opinion sur l'art. 217, sur des vues morales, le respect dû à l'autorité maritale, etc. La plupart des jurisconsultes ne partagent pas cet avis : ils assimilent, comme les articles du Code, la femme au mineur.

Si l'on a cautionné l'engagement d'un incapable, la caution n'a, comme le créancier lui-même, de recours à exercer que *quatenus locupletior factus est* ; et c'est à elle à prouver que l'incapable a profité. S'il y a eu dol de la part de ce dernier, elle a contre lui action pour le tout. (Voy. 1310.)

2013. — « *Sous des conditions plus onéreuses.* » Conséquence du principe que le cautionnement est une obligation accessoire. La caution peut constituer toute espèce de sûretés, sans pour cela être considérée comme obligée sous des conditions plus onéreuses; par exemple, donner des hypothèques, des gages, lors même que la dette serait purement chirographaire.

« *Ne peut excéder.* » Le plus s'estime *quantitate, die, loco, conditione, modo.*

2014. — « *Sans ordre,* » *sans* mandat : le débiteur ne peut pas empêcher son créancier de prendre ses sûretés, et il n'est d'ailleurs pas présumable que le débiteur refuse l'avantage qu'on veut lui procurer.

La caution de la caution se nomme dans l'usage *certificateur* de caution.

2015. — « *Ne se présume point.* » Ainsi, une invitation de prêter de l'argent ou de fournir des marchandises à quelqu'un ne peut, quoiqu'on le recommande et que l'on certifie même sa solvabilité, être considéré comme un cautionnement.

« *Au delà des limites.* » Le cautionnement donné pour garantir l'exécution d'un bail ne s'étend pas aux obligations résultant de la tacite réconduction; par exemple, à celles résultant des dégradations qu'il aurait faites, du défaut de réparations, et aux indemnités dues pour incendie dont il est responsable. (Voy. 1740.)

Celui qui a cautionné le remboursement d'une somme prêtée, sans s'engager pour les intérêts, ne répond pas de ces derniers.

2016 et 2017. — « *Aux frais de la première demande.* » Les frais postérieurs ne peuvent être compris dans l'engagement de la caution; si le créancier ne lui a pas dénoncé sa demande, parce que si elle avait été avertie, elle aurait pu empêcher ces frais en acquittant la dette.

« *A tous les accessoires.* » La personne qui cautionne un débiteur soumis à la contrainte par corps, n'y est pas soumise elle-même sans une convention expresse. (Voy. 2060, § 5, et 2063.) L'art. 2017 démontre que la contrainte par corps est un moyen rigoureux de coercition tout personnel qui ne passe pas contre les héritiers (voy. arrêt de cass., 20 août 1833), et qui par conséquent ne doit pas peser sur la caution. M. Duranton est d'une opinion contraire.

2018 et **2019.** — « *Elle doit être donnée.* » En général, au domicile du débiteur. (Voy. 59, C. de proc.; 420 du C. de comm.)

« *A ses propriétés foncières.* » Il ne faut donc pas s'attacher à la fortune mobilière : elle n'a pas de stabilité, elle est sujette à détérioration et à dépréciation par le temps, les capitaux peuvent disparaître, et en fait de meubles la possession vaut titre. (Voy. 2279 et 1141 comb.)

« *Aux immeubles litigieux,* » c'est-à-dire sur lesquels la caution n'aurait que des droits sujets à résolution ou à contestation; il n'est pas nécessaire qu'ils soient litigieux dans le sens de 1701.

Le créancier pourrait refuser pour caution l'usufruitier d'un immeuble, à cause de la valeur incertaine et aléatoire de son droit.

Celui qui s'est obligé, *par convention*, à fournir une caution, n'est pas admis à la remplacer par d'autres sûretés. Il en serait autrement si c'était par ordre du juge ou en vertu d'une loi. (Voy. 2041; voy. aussi notre art. 602.)

2020. — « *Est ensuite devenue insolvable.* » Donc, si le débiteur a présenté de bonne foi une caution *déjà insolvable*, le créancier qui l'a acceptée, en connaissance de cause ou non, ne peut en demander une nouvelle ou ne peut appliquer par analogie l'art. 1276. Il en serait autrement si le débiteur connaissait l'insolvabilité, parce qu'il n'aurait pas apporté au contrat la bonne foi qui devait y présider. Cette doctrine n'est pas adoptée par tous les auteurs. On dit d'autre part : que le créancier n'exigeait une caution que pour assurer l'exécution de l'obligation, que son intention évidente était d'avoir une caution toujours solvable et qui offrît une garantie réelle jusqu'au payement de la dette. Cette opinion s'accorde mieux avec l'objet du cautionnement. Mais cet article n'oblige pas le débiteur à fournir une caution qui réunisse les trois conditions exigées au moment où on la reçoit, que la caution soit *légale*, *judiciaire* ou *conventionnelle*. (Voy. pour un argument d'analogie l'art. 2131 ; voy. MM. Troplong et Ponsot.)

CHAPITRE II.

DE L'EFFET DU CAUTIONNEMENT.

SECTION PREMIÈRE.

DE L'EFFET DU CAUTIONNEMENT ENTRE LE CRÉANCIER ET LA CAUTION.

2021 et **2022.** — « *Que lorsque la caution le requiert.* » Le créancier peut donc poursuivre la caution directement, même avant d'avoir constitué le débiteur en demeure, sauf à elle à arrêter ses poursuites en lui opposant le bénéfice de discussion.

Ne paraît-il pas résulter de l'art. 2021 que le créancier doit au moins, avant de faire assigner la caution, adresser une sommation au débiteur? C'est l'opinion de quelques auteurs.

« *Sur les premières poursuites*, etc. » C'est-à-dire avant toute défense au fond ; car la caution pourrait opposer l'incompétence du tribunal, la nullité de l'assignation, du cautionnement, etc. (Voy. Delvincourt.)

Si pendant l'instance contre la caution, il survenait des biens au débiteur principal, elle pourrait invoquer le bénéfice de discussion, parce que son engagement est subsidiaire, qu'elle n'est tenue de l'accomplir que si le débiteur est dans l'impossibilité de le faire; elle n'est pas censée avoir renoncé à ce bénéfice.

S'il y a plusieurs codébiteurs solidaires, la caution de l'un d'eux peut, à notre avis, forcer le créancier à les discuter tous avant d'être poursuivie. Une dette solidaire ne peut être divisée. C'est une dette unique qui est la dette de tous; la caution ne peut donc être contrainte à payer tant qu'un codébiteur peut payer lui-même.

2023 et **2024**. — « *Par le défaut de poursuites.* » Le créancier doit s'imputer de n'avoir pas prévenu cette insolvabilité par des diligences faites en temps opportun. Lorsque l'impossibilité de payer provient d'une autre cause, la caution n'est pas libérée.

2025. — Cet article renferme une exception au principe de 1220. Le motif est que le législateur s'est peut-être préoccupé du cas où les parties ont déclaré cautionner la dette, ou bien il a pensé que le créancier, en stipulant de plusieurs personnes, a entendu obtenir une garantie entière de chacune.

Il est d'ailleurs de la nature du cautionnement de s'obliger à tout ce que doit le débiteur principal, et par conséquent chacun de ceux qui le cautionnent est censé contracter cet engagement, à moins qu'il ne déclare qu'il ne s'oblige pour partie.

Chaque caution est obligée à toute la dette, mais elle n'est pas solidaire. (Voy. 1202.) Conséquences : elles ont le bénéfice de division; les poursuites dirigées contre l'une des cautions d'une même dette n'interrompent pas la prescription à l'égard de toutes; la demande d'intérêts formée contre l'une ne les fait pas courir à l'égard des autres. (Voy. 1207 et 1206.)

2026. — Le bénéfice de division peut être invoqué par les cautions d'une même dette, non-seulement lorsqu'elles se sont engagées par un seul et même acte, mais encore par des actes séparés et successifs. Dans tous les cas, le même motif se présente, le désir d'empêcher un circuit d'actions. (Voy. Delvincourt. M. Duranton soutient la doctrine contraire.)

2027. — La division volontaire du créancier renferme une renonciation implicite au droit d'exiger des cautions solvables la part de celles qui sont insolvables. Cette division volontaire aura lieu lorsque le créancier donnera à l'une des cautions quittance *pour sa part*, ou même lorsqu'il la fait assigner *pour sa part*. L'art. 1211 n'est pas applicable. (Voy. Zachariæ.)

Il n'est pas nécessaire que le bénéfice de division soit opposé par la caution sur les premières poursuites, c'est un moyen de libération qui peut être invoqué en tout état de cause.

SECTION II.

DE L'EFFET DU CAUTIONNEMENT ENTRE LE DÉBITEUR ET LA CAUTION.

2028. — Ces trois objets constituent les avances que la caution peut réclamer *avec intérêts*, *à dater du jour où elles ont eu lieu*. (Voy. les art. 1155, 1868 et surtout 2001.)

« *Que pour les frais.* » Cet article renferme une inexactitude de rédaction; il faut lire : la caution n'a de recours, pour les frais faits *par elle*, que pour ceux faits depuis qu'elle a dénoncé au débiteur principal, etc. Elle a évidemment un recours à exercer contre le débiteur pour les frais faits par le créancier contre lui, et qu'elle a été forcée de payer. (Voy. 2016.)

« *Elle a aussi recours pour les dommages-intérêts*, etc. » Par exemple, si elle avait été emprisonnée, si elle avait subi les frais énormes d'une expropriation, etc., une indemnité serait de toute justice.

2029. — Cet article est une application de 1251-3°.

Il ne faut pas confondre cette subrogation légale avec le recours, leurs effets sont différents. En vertu de ce dernier, qui s'exerce au moyen de l'action de mandat ou de gestion d'affaires, la caution peut agir pour réclamer le capital et les intérêts de toutes les avances qu'elle a faites, tandis qu'au moyen de la subrogation, elle ne pourrait réclamer que les intérêts du capital qui seraient dus au créancier. D'un autre côté, la subrogation légale peut offrir à la caution des avantages que les actions de mandat ou de gestion d'affaires ne présenteraient pas; les priviléges et hypothèques qui pouvaient appartenir au créancier passeraient sur la tête de la caution.

La caution qui s'est obligée envers le créancier contre la défense du débiteur *non animo donandi*, n'aurait contre ce dernier qu'une action *de in rem verso*, et ne pourrait, par conséquent, réclamer ni les frais faits contre elle, ni les dommages intérêts, ni même, *en général*, les intérêts des sommes qu'elle aurait payées; mais elle pourrait toujours se faire subroger aux droits du créancier. (Voy. 1250.)

M. Troplong soutient que le fidéjusseur peut se prévaloir de la subrogation lorsque le créancier lui a donné une quittance sans avoir rien reçu de lui, et par pur esprit de libéralité. Il a voulu que la caution qu'il a gratifiée eût autant de droits que lui contre le débiteur; il a fait indirectement ce qu'il aurait pu faire directement; si cette libéralité indirecte ne profitait pas à la caution, elle profiterait au débiteur que le créancier n'a pas voulu gratifier.

2030. — « *La caution qui les a tous cautionnés.* » Donc si un seul d'entre les codébiteurs solidaires a été cautionné, le fidéjusseur qui a payé ne peut réclamer à chacun d'eux que leur part de la dette, comme le débiteur qui aurait exécuté lui-même son obligation aurait pu le faire. (Voy. 1214.)

La subrogation légale aux droits du créancier ne lui permettrait pas elle-même de réclamer la totalité de la dette à chacun des débiteurs solidaires; mais ne doit-on pas regarder comme certain que la caution aurait ce droit en vertu d'une subrogation conventionnelle, comme un tiers pourrait l'obtenir? C'est l'opinion de M. Duranton. (Voy. notre art. 2033.)

2031. — « *Lorsqu'elle ne l'a point averti.* » Le débiteur n'aurait pas payé s'il eût connu le payement opéré par la caution. Cependant, si elle n'a pas pu le prévenir, elle aurait un recours.

« *Sans être poursuivie.* » La caution qui paye soit volontairement, soit même sur les poursuites du créancier, sans avertir le débiteur, n'a pas de recours contre lui, s'il prouve qu'il avait des moyens de faire déclarer la dette éteinte ou nulle. C'est l'opinion de Delvincourt suivie par M. Duranton. Cette décision est rigoureuse, car la caution a payé de bonne foi. Pour éviter un procès et des frais, pour éviter la saisie de ses biens ou de sa personne, ne faudrait-il pas laisser aux tribunaux l'appréciation des circonstances en s'abstenant d'une solution trop absolue ?

« *Des moyens suffisants.* » Par exemple, si elle a payé une dette prescrite ou si le payement par elle fait avait couvert les vices de l'obligation principale.

2032. — Les §§ 1ᵉʳ et 4ᵉ ne paraissent pas en harmonie, puisque l'un exige des poursuites, l'autre seulement l'échéance du terme pour autoriser la caution à demander sa décharge ; cela s'explique par les opinions différentes de Pothier et de Domat, que les auteurs du Code ont reproduites.

1° Elle peut appeler le débiteur en cause, soit pour qu'il la défende contre les créanciers, soit, si elle est condamnée, pour faire statuer par le même jugement sur son recours en garantie.

2° La caution peut se présenter à la liquidation des biens du débiteur failli pour s'y faire allouer le montant de la dette principale lorsque le créancier ne s'y présente pas ; autrement on admettrait à la même faillite deux fois la même créance.

Dans le cas où la caution aurait payé au créancier une partie de la dette, elle ne pourrait participer à l'actif que pour une part proportionnelle.

3° La convention tient lieu de loi entre les parties.

4° La caution n'a voulu s'engager que jusqu'à l'échéance de l'obligation principale, et non d'une manière indéfinie.

5° « *N'a point de terme fixe d'échéance.* » Ce qui a lieu pour une rente constituée; la loi ne veut pas que la caution, qui remplit un office d'ami, reste trop longtemps engagée.

« *A moins que*, etc. » La loi donne pour exemple une tutelle dont les obligations peuvent cesser par diverses causes, et inévitablement à la majorité.

Si cette obligation, sans être d'une durée absolument indéterminée, était de nature à ne pouvoir s'éteindre qu'après un certain laps de temps, ce qui a lieu pour une rente viagère, la caution ne pourrait demander sa libération avant l'expiration de ce temps. (Voy. M. Duranton.)

Quelle sera la durée des diverses actions que le droit accorde à la caution?

Selon quelques auteurs, l'action en recours de la caution ne peut être plus étendue que celle du créancier à la place duquel elle se trouve subrogée; de là il suit que si la dette est de nature à s'éteindre par une prescription exceptionnelle, comme, par exemple, des fermages, des intérêts ou arrérages, cette prescription serait légitimement invoquée contre la caution. (Voy. Vazeille et un arrêt de la Cour de Lyon, 15 mars 1833.)

Nous ne suivrons pas cette doctrine; la prescription de cinq ans, dans ces divers cas, n'est applicable que du débiteur au créancier; mais toutes les avances faites par la caution qui a payé forment un capital qu'elle réclame en vertu d'une action qui lui est propre, l'action de *mandat* ou de *gestion d'affaires*, soumises à la prescription du droit commun, trente ans à compter du jour du payement. Comment pourrait-il être permis au débiteur d'argumenter contre la caution de la subrogation légale introduite en sa faveur, mais qu'elle n'invoque pas? (Voy. M. Troplong.)

Un arrêt de la Cour de Caen, rendu le 7 août 1840, décide *in terminis* cette question.

SECTION III.

DE L'EFFET DU CAUTIONNEMENT ENTRE LES COFIDÉJUSSEURS.

2033. — C'est pour éviter un circuit d'actions que la loi n'accorde à la caution qui a acquitté la dette qu'un recours divisé contre les autres cofidéjusseurs. Elle a, en outre, la subrogation légale. (Voy. 1251-3°.)

Si plusieurs débiteurs solidaires avaient fourni chacun une caution à leur créancier, si l'une des cautions paye la totalité de la dette, elle aura contre chacun des débiteurs le recours divisé que celui cautionné par elle aurait pu exercer lui-même contre ses codébiteurs s'il avait personnellement acquitté toute la dette, et elle sera légalement subrogée aux droits du créancier qu'elle a désintéressé, ce qui lui donnera des droits privilégiés ou hypothécaires au lieu d'une simple action personnelle.

Et si elle obtient une subrogation conventionnelle dans tous les droits du créancier, pourrait-elle agir pour le tout contre chacun des débiteurs solidaires et contre chacune des cautions? M. Troplong soutient la négative. Il se fonde sur l'opinion de Pothier, sur l'embarras d'un circuit d'actions, et, par conséquent, sur la nécessité de la division du recours, sur la disposition des art. 1214 et 2033. Toullier cherche à établir l'opinion contraire dans une longue dissertation.

La caution qui paye, a-t-elle un recours à exercer non-seulement contre ses cofidéjusseurs, mais encore soit contre les tiers qui ont consenti à hypothéquer leurs immeubles pour sûreté de cette même dette, soit contre les tiers détenteurs qui ont acquis du débiteur principal les fonds qu'il avait grevés d'hypothèque pour sûreté de sa dette personnelle?

Nous adoptons l'affirmative dans les deux hypothèses. Le payement fait par la caution a libéré le fonds hypothéqué à la dette, comme elle est libérée elle-même de l'obligation résultant de son cautionnement. Donc le détenteur du fonds hypothéqué est tenu de contribuer au payement. La dette payée par la caution n'est pas la sienne propre, c'est celle du débiteur ; elle peut donc user du bénéfice de la subrogation qui lui est accordée par l'art. 1251-3°.

Mais une autre difficulté se présente. Si le tiers détenteur d'un immeuble a payé la dette hypothécaire, a-t-il un recours contre les cautions ? Nous pensons qu'il faut distinguer : si le tiers détenteur a acquis le fonds du débiteur principal, il n'a pas de recours à exercer, parce que la caution, en s'obligeant, a compté sur le débiteur et sur son immeuble hypothéqué pour répondre du payement de la dette ; elle a compté sur une subrogation dans les droits du créancier contre le débiteur principal et contre le fonds soumis à l'hypothèque. Elle serait trompée si le débiteur, en aliénant ce fonds, avait pu par son fait diminuer les sûretés qui devaient la protéger contre les chances de son cautionnement.

Le tiers détenteur est d'ailleurs dans une position peu favorable ; il ne peut pas se plaindre, car il pouvait purger ou verser son prix entre les mains du créancier hypothécaire.

Si un tiers, sans être personnellement obligé, a garanti le payement de la dette par une hypothèque, dans ce cas il a droit d'être subrogé à l'action du créancier contre la caution. Il y a réciprocité. Le tiers détenteur de l'immeuble hypothéqué et la caution contribueront donc l'un et l'autre au payement de la dette, sans doute pour une part et portion égales. (Voy. cependant M. Duranton, t. XII, n° 162.)

CHAPITRE III.

DE L'EXTINCTION DU CAUTIONNEMENT.

2034 et 2035. — « *La confusion.* » La réunion, dans la même personne, de la qualité de débiteur et de caution n'entraîne pas de confusion dans le sens de l'art. 1300 ; elle laisse subsister les effets du cautionnement, par exemple, en ce qui concerne les hypothèques et les certificateurs ; il en résulte encore que si la caution d'un incapable devient son héritier, elle reste valablement obligée *ex fidejussoria causa*, puisqu'elle ne peut intenter l'action en nullité ou en rescision contre l'obligation principale.

Il faut observer quel a règle établie par cet article n'a pas lieu dans le cas d'une remise forcée ; par exemple, celle faite par la majorité des créanciers lors d'un concordat : elle ne libère pas les cautions qui ne profitent pas non plus de la cession judiciaire ni des termes de grâce accordés au débiteur.

2036. — La caution peut opposer en son nom personnel, et non pas seulement du chef du débiteur, toutes les exceptions qu'elle est admise à faire valoir. Les causes de nullité et d'extinction relatives à l'obligation principale réagissent sur celles de la caution, et sont en même temps des causes de nullité et d'extinction du cautionnement. Il en résulte que la renonciation volontaire faite par le débiteur, soit à la prescription acquise en sa faveur ou à tout autre moyen de libération, de nullité et de rescision, n'empêche pas la caution de les faire valoir. Il en résulte encore que la caution peut *intervenir* dans les instances entre le créancier et le débiteur, sur l'existence ou la validité de l'obligation principale, et même former tierce opposition aux jugements qui ont été rendus, au moins dans les cas où elle propose des exceptions qui lui sont personnelles. (Voy. Carré, art. 474.)

2037. — « *Par le fait de ce créancier.* » Deux questions se sont élevées : la première est de savoir si les cautions solidaires ont, comme les cautions simples, le droit d'in-

voquer l'art. 2037. Il faut décider l'affirmative, parce que
la caution solidaire n'a point perdu sa qualité de caution
par la clause de solidarité, et l'art. 2037 ne distingue pas.
Il y a auteurs et arrêts pour et contre.

La seconde question consiste à savoir si le créancier
n'est responsable vis-à-vis de la caution que des sûretés
qu'il perd par un *fait positif*, ou même par *sa seule négligence*, en ne renouvelant pas en temps utile une inscription
hypothécaire, ou en laissant prescrire l'hypothèque.

Pothier soutient que le créancier répond de son *fait* et
non de sa *négligence;* Toullier professe la même doctrine
avec d'autres auteurs; arrêts pour et contre.

Résumé de la doctrine sur laquelle est fondé cet article :
lorsque le créancier s'est mis par son fait dans l'impossibilité de subroger le fidéjusseur à qui il demande son
payement, dans ses priviléges et hypothèques, le fidéjusseur est libéré, et le créancier succombe sous l'exception
cedendarum actionum : la caution a dû compter, pour se
faire indemniser, non-seulement sur l'action de mandat,
mais encore sur les garanties spéciales du créancier qui ne
peut, par son *fait* positif ou par sa négligence, priver la
caution d'un droit que la loi lui accorde, et en vue duquel
elle s'est engagée. Le mot *fait* est pris dans ce sens large, par
les art. 1382 et 1383. Delvincourt pense que la doctrine
de Pothier a été proscrite par cet article. D'ailleurs, ce dernier a eu deux opinions différentes à cet égard. (*Traité
des obligations et Traité sur la vente.*) Si les rédacteurs du
Code avaient voulu consacrer la distinction admise par Pothier, ils auraient sans doute reproduit les expressions *fait
positif* dont il s'est servi. Ces deux auteurs se fondent principalement 1° sur ce que la négligence du créancier est
commune à la caution qui devait veiller à la conservation
de l'hypothèque perdue; 2° sur ce que le créancier n'avait
point contracté envers la caution l'obligation de lui conserver tous ses droits et de les lui céder. On répond d'abord

que si la caution peut veiller à la conservation des droits du créancier, ce n'est qu'une faculté et non un devoir, tandis que c'en est un précis et légal pour le créancier.

On répond, en second lieu, qu'il ne paraît pas vrai de dire que le créancier n'ait pas contracté envers le fidéjusseur l'obligation de lui conserver tous ses droits et de les lui céder. Cette raison tombe devant le texte et l'esprit des art. 1251-3° et 2037, lesquels accordent l'un la subrogation à la caution, l'autre sa décharge si le créancier a rendu cette subrogation impossible.

Voy. MM. Duranton, Troplong et Duvergier.

2038 et **2039.** — Le créancier, en acceptant un immeuble en payement, a donné à la caution un juste motif de se croire libérée, et par conséquent l'a mise hors d'état de prendre des précautions pour se ménager un remboursement en payant elle-même. Elle éprouverait donc un préjudice si elle devait courir les chances d'un recours tardif pour cause d'éviction. On peut ajouter que c'est une faveur accordée à la caution qui garantit gratuitement la solvabilité du débiteur.

CHAPITRE IV.

DE LA CAUTION LÉGALE ET DE LA CAUTION JUDICIAIRE.

2040. — On appelle caution légale celle qui est exigée et donnée en vertu d'une disposition de la loi, et caution judiciaire celle qui est donnée en vertu d'un jugement qui condamne à la fournir.

Voy. des exemples de la première dans les art. 16, 120, 601, 626, 771, 807, 1518, 1613, 1553, 2185.

« *Par une condamnation.* » Ce qui a lieu lorsque le juge accorde une provision, ou qu'il autorise l'exécution provisoire de son jugement à la charge de donner caution. (Voy. les art. 135 et 439 du Code de procédure.)

« *Susceptible de contrainte par corps.* » Comment faut-il entendre ces termes de l'article ? M. Duranton et Delvincourt

pensent que la caution n'est contraignable par corps que
quand elle s'est soumise à cette contrainte sur la demande
de celui qui doit l'accepter. Ils fondent leur interprétation
sur la disposition de l'art. 2060, n° 5. Ils argumentent
ensuite de l'art. 519 du Code de procédure de ces mots :
« même pour la contrainte par corps, *s'il y a lieu à contrainte*, » ce qui suppose qu'il y a des cas où la contrainte
par corps n'a pas lieu contre les cautions judiciaires.

Carré, MM. Dalloz et Thomine Desmazures soutiennent
que la contrainte par corps résulte de la volonté seule de
la loi, et sans que, dans son acte de soumission faite au
greffe, la caution ait déclaré expressément qu'elle se soumet à cette peine.

2041. — « *Un gage en nantissement suffisant.* » (Voyez cependant notre commentaire sur l'art. 602.)

Pourrait-on remplacer le cautionnement personnel par
une hypothèque? M. Taullier est de cet avis. M. Troplong
fait dépendre la décision de cette question, des circonstances.
D'autres jurisconsultes adoptent la négative. La crainte des
actions résolutoires qui peuvent anéantir, avec les droits
du propriétaire, les hypothèques qu'il a consenties, la
crainte des hypothèques occultes ; les formalités nombreuses
auxquelles sont soumises l'acquisition et la conservation
du droit hypothécaire, les frais et les ennuis d'une procédure en expropriation forcée, leur paraissent des motifs
suffisants de refuser cette garantie. Mais, il serait admis à
déposer une somme suffisante.

2042 et 2043. — Il faut exécuter avec sûreté et célérité
les arrêts de la justice.

TITRE XV.

DES TRANSACTIONS.

2044. — La transaction est un contrat par lequel les parties, *en se faisant des concessions réciproques*, terminent une
contestation née, ou préviennent une contestation à naître.

Ces concessions réciproques distinguent la transaction de la simple renonciation, de la remise de la dette, du désistement et de l'acquiescement.

« *Ce contrat doit être rédigé par écrit.* » Cette disposition ne fait pas de l'écriture une condition de la validité du contrat ; elle a pour objet de proscrire la preuve testimoniale en matière de transaction, même pour une valeur n'excédant pas 150 francs.

Mais peut-on déférer le serment décisoire, provoquer un interrogatoire sur faits et articles, admettre la preuve testimoniale avec un commencement de preuve par écrit, conformément aux art. 1347 et 1348 ? MM. Troplong et Taulier n'admettent aucune de ces preuves. Ils ne veulent pas de lutte et de procès sur l'existence d'un contrat destiné à les terminer ou à les empêcher de naître. Merlin est d'une opinion contraire, ainsi que M. Duranton.

Si la transaction est constatée par acte sous seing privé, c'est un contrat synallagmatique ; les dispositions de l'article 1325 doivent être observées.

Ce n'est pas seulement par acte sous seing privé ou par acte notarié que l'on peut prouver une transaction ; un procès-verbal de conciliation dressé par le juge de paix en constate aussi l'existence et lui donne la force d'une *obligation privée*. Ce procès-verbal participe cependant de l'acte authentique en ce qu'il fait foi jusqu'à inscription de faux, mais il n'a pas la force exécutoire, ni la vertu de produire hypothèque.

En principe, la transaction a le caractère déclaratif ; le droit dérive non de la transaction, mais d'une cause antérieure et préexistante. Conséquence : Si la chose, objet de la transaction, est laissée au possesseur sans qu'il livre rien à l'autre partie, il y a reconnaissance d'un droit préexistant, pas de transmission réelle, donc l'impôt proportionnel n'a point de base.

« *La capacité de disposer.* » La femme, séparée de biens,

ne peut pas transiger sur ses droits mobiliers sans l'autorisation de son mari ; car si elle en a la libre administration
(voy. 1449 et 1536), elle n'en a pas la libre disposition,
elle n'a pas le droit de les aliéner à titre gratuit. Il en est
de même du mineur émancipé : il ne peut pas, avec la seule
autorisation de son curateur, transiger sur les intérêts de
ses capitaux, sur ses fermages et loyers, il n'en a pas la
libre disposition, puisqu'il ne peut pas les aliéner à titre
gratuit.

2045. — La femme séparée de biens et non autorisée
par son mari, le mineur émancipé, la personne pourvue
d'un conseil judiciaire et non assistée de ce conseil, peuvent-
ils compromettre, les premiers sur les droits dont ils ont la
libre disposition, par exemple, sur un prix concernant leurs
revenus? le dernier sur tous les droits indistinctement? Ils
le pourraient d'après l'art. 1003 du Code de proc.; ils ne le
peuvent pas d'après l'art. 1004, qui interdit l'arbitrage
dans toutes les affaires sujettes à communication au ministère public. Or, etc. (Voy. Carré, quest. 3252, où ces diverses questions sont traitées.

M. Duranton enseigne que le tuteur est autorisé à déférer
un serment sur les objets dont l'aliénation lui est permise;
mais cette opinion est-elle compatible avec le principe généralement admis, que la délation du serment a l'effet d'une
transaction, et avec la disposition de l'art. 2045 comb.
avec 467, 2°?

2046. — « *Sur l'intérêt civil.* » Tout délit blesse plus ou
moins l'ordre social et sa poursuite ne doit pas dépendre
de la volonté de simples citoyens; elle est réservée au ministère public, quelqu'accord qui puisse intervenir entre
les parties sur leur intérêt civil.

Peut-on transiger sur des aliments? échus, oui; à échoir,
il faut distinguer si on en a besoin pour vivre ou non.
(Voy. les art. 582 et 1004 du Code de proc.).

Merlin, Carré et Roland de Villargues, sur l'art. 1004,

enseignent que la défense de compromettre sur les dons et legs d'aliments n'emporte pas celle de transiger.

2047. — Dans les contrats ordinaires, la clause pénale est la compensation des dommages causés par l'inexécution de l'obligation principale. En conséquence, le créancier ne peut demander le principal et la peine à moins qu'on ne l'ait stipulé pour simple retard. (Voy. 1229.) Mais dans les transactions, le but des parties qui stipulent une clause pénale, est d'y trouver une garantie certaine contre les nouveaux procès que l'une d'elles forcerait l'autre à faire; — en n'exécutant pas la transaction, ce but serait manqué, si la peine n'était pas encourue par le seul fait de l'inexécution de l'acte.

2048 et 2049. — Ces articles contiennent des règles d'interprétation relatives aux effets de la transaction, qui tire sa force de la volonté et de l'intention des parties; malgré les termes généraux employés, elle doit être interprétée restrictivement, et ne s'appliquer qu'à l'objet sur lequel elle est intervenue. Elle entraîne des obligations et des aliénations qui ne peuvent se supposer dans le doute. (Voy. les art. 1163 et 1198, 2°.

2050. — Exemple : Si j'ai transigé avec un débiteur sur mes droits dans une créance ou dans une succession légitime ou testamentaire, je conserve le droit d'agir au nom d'un autre créancier, ou d'un autre héritier qui m'a cédé ses droits ou dont j'ai recueilli la succession.

2051. — « *Ne lie point les autres intéressés.* » Il en serait autrement si les divers intéressés étaient unis par un lien de solidarité, active ou passive : la transaction faite avec l'un des débiteurs solidaires profite aux autres, quoiqu'elle ne puisse leur être opposée. (Argum. de 1121 et 1208 comb. avec 1285.) Ils sont censés s'être donné mandat les uns les autres d'améliorer leur position, et non de la rendre pire. (Voy. M. Duranton et Marbeau.) Delvin. et M. Rolland de Villargues soutiennent que la transaction faite par le débi-

teur avec l'un des créanciers solidaires ou par le créancier
avec l'un des débiteurs solidaires ne vaut que pour leur
part dans la dette. Le débiteur qui a transigé est censé avoir
payé sa part. Leur opinion est fondée sur l'art. 1198, 2°;
ils appliquent l'art. 1210 et non 1285.

2052. — « *L'autorité de la chose jugée.* » Il ne faut pas
conclure de ces termes, que la fausse interprétation des
clauses de ce contrat, donne ouverture à cassation, c'est
une décision en fait, sujette à appel.

Il existe, d'ailleurs, de nombreuses différences entre
la transaction et un jugement passé en force de chose
jugée.

« *Pour cause d'erreur de droit.* » Il y a toujours quelque
chose d'aléatoire dans une transaction; c'est l'ignorance
de son droit qui en est la cause ; le Code n'a donc fait que
consacrer un axiôme fondé sur la raison et sur la nature
des choses, lorsqu'au principe général de 1109, il ajoute
cette exception. Exemple : un héritier *ab intestat*, qui
a seul droit à une succession, un oncle du défunt, la
partage avec son neveu, cousin-germain du *de cujus*,
l'erreur de droit fera annuler le partage, mais non la transaction.

« *Ni pour cause de lésion.* » Il s'agit d'un droit douteux. On ne peut pas dire qu'il y a lésion dans un acte qui
a pour objet de régler les conventions respectives des parties et d'assurer leur tranquillité en leur épargnant les frais,
les chances et les embarras d'un procès.

2053. — « *Lorsqu'il y a eu erreur dans la personne*, la
considération de la personne est, comme dans la donation,
le motif déterminant de ce contrat. (Voy. 1110.)

2054. — « *Traité sur la nullité.* » Ce contrat emporterait
ratification. (Voy. 1338 et suiv.)

La nullité du titre sur lequel on n'a pas expressément
transigé, ne peut donner lieu a l'action en rescision qu'autant, 1° qu'on a ignoré cette nullité, 2° que cette ignorance

n'est pas une ignorance de droit. (Voy. Toullier, t. 6,
n 72.)

2055. — « *Qui depuis, etc.* » Donc si les parties connaissaient la fausseté des pièces, la transaction est valable.

2056. — « *Dont les parties ou l'une d'elles.* » Il est évident que la transaction intervenue sur un jugement passé
en force de chose jugée, mais ignoré seulement du perdant, est valable, parce que celui-là seul qui aurait à se
plaindre de la transaction, a agi en connaissance de cause.
Il a sans doute voulu satisfaire à une obligation naturelle,
volenti non fit injuria.

La transaction serait également valable si les deux parties connaissaient le jugement.

TITRE XVI.

DE LA CONTRAINTE PAR CORPS EN MATIÈRE CIVILE.

La contrainte par corps est une voie rigoureuse d'exécution, mais exceptionnelle, qui consiste à faire emprisonner
un débiteur pour le forcer à payer sa dette.

La contrainte par corps entraînant le sacrifice de la
liberté du débiteur, on conçoit que tout créancier ne puisse
pas employer à son gré ce moyen d'exécution. Un créancier
ne peut y avoir recours que dans certains cas prévus par la
loi, ou bien dans les hypothèses où elle a été stipulée en
vertu d'une permission de la loi.

L'intérêt du commerce réclame, pour la sûreté et l'exécution prompte de ses négociations, un usage plus fréquent
de la contrainte par corps.

Il faut en dire autant de l'intérêt de l'État, relativement
à l'administration des deniers publics. On conçoit aussi que
la sévérité inhérente à la justice criminelle appelle à la suite
de ses condamnations ce moyen coercitif. (Voy. 2070.)

Enfin le peu de garanties qu'offrent les étrangers, et la
difficulté de les atteindre par les voies ordinaires, récla-

maient aussi à leur égard une législation spéciale. (Voy. la loi du 17 avril 1832.)

Le moyen le plus direct de contraindre un débiteur à payer consiste à saisir et à faire vendre ses biens.

Mais son insolvabilité réelle ou apparente peut rendre souvent inutile ce mode d'exécution; en le privant de sa liberté, on le force, soit à employer les ressources personnelles dont il dissimulait l'existence, soit à mettre à contribution sa famille ou ses amis.

2059. — Du principe que les dispositions qui prononcent la contrainte par corps ne sont pas susceptibles d'interprétation extensive, il faut conclure qu'une personne ne se rend coupable de stellionnat ni en échangeant un immeuble dont elle sait n'être pas propriétaire, ni en dissimulant sciemment, lors de la vente d'un immeuble dont elle est propriétaire, soit la condition résolutoire à laquelle son droit de propriété se trouve soumis, soit la dotalité de cet immeuble, soit enfin les servitudes réelles ou personnelles dont il est grevé. Il y a des opinions contraires, surtout en ce qui concerne l'échange. (Voy. M. Coin-Delisle.)

Le stellionnat est un délit du droit civil qui se commet dans les ventes d'immeubles ou dans les constitutions d'hypothèques. (Voy. aussi l'art. 2136.) Le silence, dans ce cas, équivaut à une fausse déclaration.

Celui qui a vendu, comme seul et unique propriétaire, un immeuble dont il n'était propriétaire que pour partie, est-il encore contraignable par corps dans le cas où, avant toute demande en nullité de la vente, il est devenu, par l'effet du partage, propriétaire exclusif de cet immeuble? La solution dépend de la question de savoir si l'acheteur est encore recevable ou non à demander la nullité de la vente. (Voy. Zachariæ, t. IV, p. 136.)

2060. — « 1° *Pour dépôt nécessaire.* » Dans le dépôt volontaire, le dépositaire qui viole le dépôt manque à un devoir sacré, mais le déposant doit s'imputer d'avoir mal placé sa confiance; dans le dépôt nécessaire, c'est au nom de l'humanité que le dépôt se fait, le déposant n'a pas fait choix d'un dépositaire. La société est intéressée à ce que les victimes ne soient pas privées de la ressource qui peut leur rester dans la preuve testimoniale, afin de constater le dépôt de leurs effets, et, dans la contrainte par corps, pour forcer à leur restitution.

« 2° *En cas de réintégrande.* » C'est le nom spécial de l'action possessoire accordée au *possesseur* dépouillé par voie de fait; le demandeur n'a pas besoin de prouver sa *propriété.* Le mot *propriétaire* dont se sert la loi est donc inexact.

« 5° *Contre les cautions judiciaires.* » Est-elle de plein droit soumise à la contrainte par corps? (Voy. notre art. 2040-2°.)

Pour la négative on dit : 1° que ces mots, *Lorsqu'elles se sont soumises à cette contrainte*, se rapportent grammaticalement à tout l'alinéa; 2° que les derniers termes de l'art. 519 du Cod. de proc. supposent qu'il peut ne pas y avoir lieu à contrainte; 3° que l'art. 2040 ne dit pas que la caution est contraignable, mais qu'elle doit être *susceptible* de contrainte; 4° que, dans le doute, on doit se prononcer contre cette voie rigoureuse et exceptionnelle d'exécution.

Pour l'affirmative, l'art. 2060-5° admet la contrainte *contre les cautions judiciaires* sans restriction. Les derniers mots de l'alinéa ne se rapportent qu'aux cautions des contraignables. 2° L'art. 2040-2° est inutile dans le système contraire, car il est évident que pour se soumettre à la contrainte par corps, il faut en être susceptible; 3° l'ancienne législation admettait l'affirmative, etc. (Voy. Carré et M. Dalloz. Delv. et Favard sont d'une opinion contraire. Cass. 21 juillet 1824 et 20 août 1833.)

La contrainte par corps doit, à plus forte raison, être ordonnée pour la restitution de tout ce qui est confié par la justice à ceux qu'elle établit ses dépositaires. Lorsqu'il est

ordonné à des officiers publics de représenter leurs minutes,
s'ils s'y refusent ils arrêtent le cours de la justice; ils en-
freignent l'un des devoirs sous la condition desquelles ils
ont été admis à remplir leurs fonctions; il en est ainsi des
notaires, des avoués, des huissiers, pour la restitution des
titres et des deniers qui leur sont confiés.

Les greffiers, les commissaires-priseurs et les gardes du
commerce sont soumis à la contrainte par corps dans les
cas prévus par le § 7 de cet article. (Voy. l'art. 3 de la loi
du 13-16 septembre 1848.)

La contrainte par corps ne peut résulter d'une ordonnance de référé, il faut un jugement.

Les sentences rendues par des arbitres, étant de véritables
jugements lorsqu'elles sont revêtues de l'ordonnance
d'exécution, peuvent emporter contrainte par corps.

Faut-il distinguer si les arbitres sont volontaires ou
forcés? Question controversée, auteurs et arrêts pour et
contre. (Voy. M. Coin-Delisle sur l'art. 2067.)

2061. — Ainsi la contrainte par corps qui *doit* être prononcée par le jugement même qui ordonne le délaissement
de l'immeuble, quand il s'agit de l'action en réintégrande,
est facultative et ne peut pas être prononcée par le premier
jugement sur l'action pétitoire. Il faut qu'il soit passé en
force de chose jugée, c'est-à-dire non susceptible d'opposition ou d'appel, qu'il ait été signifié, et qu'un délai de
quinze jours se soit écoulé depuis la signification. Ensuite,
elle doit être autorisée par un jugement. Dans le premier
cas, il y a eu voie de fait qui appelle une répression plus
sévère, et une plus prompte réparation.

· **2062.** — « *Si elle n'a été stipulée*, etc. » La loi du 13 décembre 1848 a abrogé cette partie de l'article qui concerne
la contrainte par corps conventionnelle, mais elle le laisse
subsister pour les autres cas où il autorise la contrainte
par corps sans convention, c'est-à-dire *légale, facultative*.

La contrainte par corps qui ne pouvait pas être l'objet

d'une stipulation à l'égard du colon partiaire, sous l'empire du Code, parce que le propriétaire, pouvant être présent à la récolte et enlever sa portion de fruits, pourrait être passible de dommages-intérêts et condamné par corps, en vertu de l'art. 126 du Code de proc., pour détournement ou perte des divers objets composant le cheptel et les ustensiles nécessaires à l'exploitation de la ferme.

Les baux antérieurs à cette loi, sont atteints par son art. 2, la contrainte par corps est un moyen d'exécution dont le législateur peut disposer à son gré; il peut en priver le créancier sans faire opérer à la loi un effet rétroactif; cette conclusion résulte de l'art. 14 de cette loi nouvelle.

Elle a voulu adoucir la loi du 17 avril 1832. Le *minimum* est de trois mois, le *maximum* trois ans; elle établit une échelle de gradation par trimestre.

D'après la loi du 17 avril 1832, le débiteur qui paye le tiers de ce qu'il doit, peut demander sa mise en liberté, en donnant caution pour le surplus. Mais cette disposition humaine ne s'appliquait pas aux dettes commerciales, à cause de l'exactitude qu'exige le crédit. L'art 6 de la loi du 13 décembre, ne fait plus de distinction : la dette commerciale est assimilée à la dette civile.

L'art. 8 de la loi nouvelle apporte un adoucissement à l'art. 39 de la loi du 17 avril. Voyez ces deux articles.

2063. — « *De consentir de pareils actes.* » Donc l'acquiescement à un jugement qui prononce la contrainte par corps est essentiellement nul.

2064. — La contrainte par corps ne peut être prononcée contre les mineurs, parce que la société n'a pu vouloir qu'un jeune homme passât dans la solitude et le désœuvrement d'une prison, les années de sa vie où s'accomplit en lui le développement physique et moral, où s'achèvent son instruction et son éducation, où il doit acquérir une profession qui fasse de lui un citoyen utile.

Le mineur commerçant est réputé majeur pour les faits relatifs à son commerce, il peut être contraint par corps.

2065. — « *Pour une somme moindre de 300 fr.* » Il faut remarquer une différence entre cet article et 126 du Code de proc. Chacun de ces articles doit conserver son autorité dans les cas qu'il a en vue et auxquels il s'applique.

Voyez M. Coin-Delisle. Ne pourrait-on pas dire que l'art. 13 de la loi de 1832 veut que dans tous les cas qu'elle énumère, la somme excède 300 fr., comme l'article que nous expliquons, que c'est à ces deux textes qu'il faut s'attacher. *Favores ampliandi.*

D'après la loi de 1832. Il existe de notables différences entre les Français et les étrangers. Ainsi : 1° Les Français ne sont contraignables par corps que dans certains cas expressément déterminées par la loi. (Voy. 2063) : les étrangers le sont pour toute espèce de causes, art. 14. 2° Les Français sont contraignables par corps pour une somme de 300 fr., en matière civile et 200 fr. en matière commerciale, les étrangers pour une somme de 150 fr., même art. 14. 3° Les Français ne sont contraignables par corps qu'en vertu d'un jugement de condamnation; les étrangers peuvent, avant tout jugement, être incarcérés provisoirement sur une simple ordonnance du président du tribunal. Art. 15 et 16.

2066. — Les art. 2059 et suivants règlent la contrainte par corps en matière civile, *ratione materiæ* : les art. 2064 et 2066 la limitent, *ratione personarum,* et l'art. 2065, *ratione quantitatis.* (Voy. M. Coin-Delisle.)

Cet article exempte de la contrainte par corps, les septuagénaires par humanité et pitié pour leur âge avancé, et les femmes à cause de la faiblesse de leur sexe et par décence publique, intéressée à ce qu'elles ne soient pas dans une pareille dépendance de leurs créanciers : mais le privilége de l'âge avancé et du sexe reçoit une exception dans le cas de stellionat. Toutes les personnes majeures qui se rendent coupables de ce délit civil, si contraire à la boune foi, si nuisible au crédit, sont soumises à la contrainte par corps.

« *La femme qui étant en communauté.* » Elle est censée agir sous l'influence de son mari, qui, étant administrateur général des biens, est présumé avoir seul connaissance de ce qui est relatif au contrat. Le mari est donc seul stellionataire. Il en serait autrement, si elle s'oblige seule, autorisée par la justice, par exemple : en cas d'absence, de minorité ou de refus du mari, si elle est séparée de biens, ou si elle possède des paraphernaux, il y a faute personnelle de sa part.

2067. — «*Qu'en vertu d'un jugement.*» Ce principe souffre des exceptions : Voy. Code de proc. 549, 2°. Art. 45 de la loi du 17 avril 1832, 3°; 264 Code de proc.

Résumé de la doctrine sur cette matière :

La contrainte par corps est *impérative, facultative* et *conventionnelle.*

Impérative ou *légale,* quand la loi ordonne aux tribunaux de la prononcer dans les cas qu'elle détermine.

Voyez les art 2059, 2060 et 2436 du Code Nap. et les art. 191, 204, 224, 603, 604, 688, 690, 712, 744 et 839 Code de proc.

Facultative ou *judiciaire,* quand le législateur confie aux juges le droit de l'accorder ou de la refuser au créancier qui la requiert. (Voy. l'art. 126 du Code de proc.)

Conventionnelle, lorsqu'elle est stipulée dans un acte, en vertu d'une permission de la loi. (Voy. le § 5 de l'art. 2060 et l'art. 2062.

TITRE XVII.

DU NANTISSEMENT.

2071 et **2072.** — Le nantissement est un contrat réel et accessoire par lequel le débiteur ou un tiers remet au créancier un meuble ou un immeuble destiné à lui garantir le payement de sa créance.

CHAPITRE PREMIER.
DU GAGE.

2073. — Le gage donne au créancier le droit de rétention, un privilége sur le prix de la chose donnée en gage; le droit de faire ordonner en justice que le gage lui demeurera en payement, d'après une estimation faite par experts; le droit de le réclamer contre le débiteur et même contre les tiers, lorsqu'il a été perdu ou volé. (Voy. 2102, n° 1 et 2279.)

2074. — La constitution du droit de gage intéresse les tiers qui seraient facilement fraudés si l'on pouvait les tromper sur le fait même de la constitution, sur son époque, sur le montant de la créance privilégiée ou sur l'identité des objets affectés au payement. Ce sont ces motifs qui ont fait exiger pour l'acquisition du gage les conditions de cet article.

Je ne crois pas que l'article 9 de la loi sur la transcription hypothécaire, soit applicable au contrat de nantissement qui est distinct de la cession.

« *Dûment enregistré.* » L'enregistrement est-il une formalité indispensable pour l'efficacité du droit de gage à l'égard des tiers ? Je ne le crois pas : les auteurs du Code n'ont cité que l'enregistrement, parce que c'est le seul moyen de donner à *volonté*, une date certaine à un écrit. Ce que la loi veut, c'est qu'il ne puisse exister aucune incertitude sur la date du contrat, il serait contraire à la raison de proscrire les autres causes énoncées dans l'art. 1328. (Voy. Delvincourt.) M. Duranton est d'une opinion contraire.

« *Excédant la valeur de* 150 *fr.* » Donc si le gage vaut moins de 150 fr., les formalités sont inutiles, lors même que la dette serait plus considérable. En sens inverse, on peut aussi le soutenir, si la dette est moindre de 150 fr., quoique le gage serait plus considérable, parce que le privilége ne s'exerce que pour le montant de la dette et en conséquence, le préjudice que les autres créanciers en souffrent est toujours inférieur à 150 fr.

Le défaut de désignation exigé par cet article fait encourir la peine de nullité. La loi s'exprime en termes prohibitifs ; il s'agit d'établir un privilége, c'est-à-dire une exception au droit commun ; l'on ne peut y prétendre, si l'on n'a pas rempli les conditions auxquelles la loi l'a attaché.

2075. — *« Et signifié au débiteur. »* L'accceptation faite par lui dans un acte authentique, équivaudrait sans doute à cette signification. (Voy. 1690, M. Duranton).

2076 et 2077. — La possession du créancier gagiste avertit les autres créanciers de la préférence qui lui est due : et le débiteur, ne possédant plus, ne saurait les tromper en leur présentant le gage comme une garantie de leur payement.

Le créancier a perdu cette possession par le fait d'un tiers ; si la chose existe, et qu'elle soit entre les mains du débiteur, le créancier peut la réclamer par une action réelle que lui donne le contrat de gage ; si elle se trouve entre les mains d'un tiers de bonne foi, il faut appliquer l'art. 2279.

Si la chose a péri, par le fait du débiteur propriétaire, le créancier pourra réclamer son capital avec les intérêts toutes les impenses nécessaires et la plus-value résultant des impenses utiles ; si elle a péri par le fait d'un tiers, le créancier gagiste pourra réclamer contre lui et la valeur de cette chose et des dommages-intérêts.

2078. — *« Disposer du gage. »* C'est la prohibition du pacte commissoire déjà prohibé par les empereurs Théodose et Constantin d'une manière formelle. S'il en était autrement, le créancier qui ne serait pas payé d'une dette modique, pourrait disposer d'un gage important, ce qui ouvrirait une voie trop facile aux fraudes des usuriers.

2079. — « *Qu'un dépôt.* » Mais à la différence du dépôt proprement dit, qui n'a pour objet que la garde de la chose dans l'intérêt du déposant, ici ce dépôt tend à assurer le privilége du créancier.

2080. — « *Doit tenir compte*, etc. » Il doit lui rembourser intégralement les dépenses nécessaires, et il doit payer le montant de la plus-value que les dépenses utiles ont donnée au gage ; ajoutez 1947. Si par suite de quelque vice, la chose donnée en gage a causé un dommage au créancier, le débiteur en est responsable, qu'il ait pu prévoir ou non l'événement.

2081. — « *Le créancier impute.* » Je crois que c'est une faculté qui lui est accordée et non une obligation telle qu'il soit obligé de recevoir sa dette partiellement, nonobstant 1220 et 1244.

Si la chose donnée en gage produisait des fruits, ils devraient rester entre les mains du créancier comme augmentation du gage. Ceci s'appliquerait au croît des animaux ; il appartient au débiteur, mais le créancier peut le retenir pour sûreté de sa créance ; voyez Delvincourt. Il fonde son opinion sur deux lois romaines, t. 3, page 443, notes.

2082. — « *Ne peut en réclamer la restitution.* » Le droit dont il est ici question n'existe qu'à l'égard du créancier qui, s'il ne demande pas une nouvelle garantie pour une seconde dette contractée et exigible avant l'échéance de la première, c'est indubitablement parce qu'il a considéré le gage dont il est saisi comme suffisant pour répondre de l'une et l'autre dette; mais je crois qu'il ne peut s'en prévaloir à l'égard des autres créanciers sans remplir les formalités prescrites par l'art. 2074. L'opinion contraire donnerait lieu à des fraudes sans nombre, et la loi serait en désaccord avec elle-même. Ce privilége est une exception qu'il faut renfermer rigoureusement dans le cas pour lequel elle a été faite. Notre solution paraît résulter du contexte de l'art. 2082, de sa combinaison avec l'art. 2074, et de l'esprit de la loi. — Du reste l'alinéa 2 ne serait pas applicable au cas où le gage aurait été fourni par un tiers. (Voy. MM. Duranton, Troplong et Zachariæ.)

« *Avant le payement de la première.* » Doit-on entendre le payement effectif ou l'échéance? Nous pensons que c'est l'échéance. En effet, si la première dette est exigible avant l'autre, le créancier a dû penser que le débiteur le payerait exactement, et qu'alors le gage devrait être rendu. Le fait que le payement n'a pas eu lieu ne peut rien changer à l'intention. M. Duranton pense le contraire.

2083. — Si l'un des héritiers du débiteur a payé toute la dette, le créancier ne pourra lui remettre le gage, parce que ses cohéritiers y ont également droit. Comme le gage participe du dépôt (voy. 2079), il faut suivre, pour sa restitution, les règles prescrites par l'art. 1939.

2084. — Pour les matières de commerce, voyez les art. 93, 94, 190, 195, 196, Code comm.

Pour les maisons de prêt sur gages, ou Monts-de-Piété, voyez la loi du 16 pluviôse an XII, le décret du 24 messidor an XII et du 8 termidor an XIII.

La première loi concerne les conditions et formes des prêts, les dégagements et revendications des objets donnés en nantissement, la forme de la vente des choses engagées.

CHAPITRE II.

DE L'ANTICHRÈSE.

2085. — L'antichrèse est un contrat réel, accessoire et non solennel, par lequel le débiteur ou un tiers livre à un créancier la jouissance d'un immeuble, à la charge d'en imputer les fruits sur les intérêts de sa créance, et l'excédant sur le capital.

M. Proudhon pense que, dans le cas où la créance non

productive d'intérêts serait échue au moment de la constitution de l'antichrèse, ce fait lui ferait produire de plein droit des intérêts moratoires. L'art 2085 ne favorise pas cette opinion, elle n'est pas, d'ailleurs, conforme aux principes généraux sur le prêt à intérêt et sur la production des intérêts moratoires. (Voy. M. Troplong et Zachariæ, Proudhon, t. Ier, n° 77 et 891.)

L'acte dans lequel elle doit être constatée est un acte public ou sous seing privé ayant date certaine. (Voy. 1328.) L'art. 1325 n'est pas applicable.

La loi exige un écrit, quelle que soit la valeur de la créance ou celle du fonds qui fait l'objet de l'antichrèse; son but a été d'exclure la preuve testimoniale. Néanmoins, comme l'écriture est exigée *ad probationem tantùm*, nous croyons que, dans les conditions des art. 1347 et 1348, ce genre de preuve devrait être admis. Il en est de même de l'aveu et du serment entre les parties.

2086. — « *Et les charges annuelles.* » Les produits périodiques d'une chose sont destinés à acquitter les charges périodiques. Cette règle s'applique aux contributions, aux charges annuelles de l'immeuble et aux réparations d'entretien. Le créancier antichrésiste est responsable du dommage qu'il a causé au propriétaire en négligeant de faire les grosses réparations, ou en laissant prescrire des servitudes actives dont il connaissait l'existence.

S'il a opéré des améliorations extraordinaires qui imposeraient au propriétaire les charges d'un remboursement au-dessus de ses facultés, l'art. 555 n'est pas applicable; Le créancier n'a droit qu'à la plus-value. (Voy. M. Troplong.)

2087. — « *Le débiteur ne peut avant l'entier acquittement, etc.* » On peut conclure de cet article que le créancier nanti par antichrèse, ne peut pas plus être dépossédé par l'acquéreur ou le créancier hypothécaire du fonds, avec lesquels son débiteur aurait traité postérieurement à la constitution d'antichrèse qu'il ne pourrait l'être directement par le débiteur lui-même. On ne conçoit pas, en effet, comment le débiteur pourrait céder à un tiers plus de droits qu'il n'en a lui-même. *Nemo plus juris in alium transferre potest, quam ipse habet.*

Une exception doit être faite à cette règle dans le cas où le créancier abuserait de la chose. L'art. 2082 le décide formellement à l'égard du gage, et l'art. 618 pour l'usufruit. (Voy. Delvincourt et M. Duranton, t. 18, n° 563.)

Le propriétaire d'un fonds peut en aliéner la jouissance pour un temps et sous condition. Or, la constitution d'antichrèse emporte une aliénation de jouissance ; donc si le débiteur veut vendre ou hypothéquer son fonds au profit d'un tiers, le droit de jouissance, déjà aliéné, ne pourra être transmis au nouvel acquéreur soit par vente volontaire, soit par adjudication sur poursuite hypothécaire ; c'est un droit de rétention ; si l'antichrèse ne pouvait être opposée aux tiers, à quoi bon exiger qu'elle soit constatée par écrit ! La loi de 1855 exige que l'acte constitutif d'antichrèse soit transcrit, donc elle est opposable aux tiers, à un acquéreur, à un créancier hypothécaire postérieur à la constitution d'antichrèse. (Voy., à l'appui de cette opinion, l'art. 1743. Voy. Proudhon, Zachariæ, M. Duranton, cour de cass., 31 mars et 1er avril 1851. *Contra* : Delvincourt, M. Troplong : arrêt de la cour de Liége, 14 juillet 1821 ; Rennes, 24 août 1827.)

Delvincourt et M. Dalloz disent que les fruits eux-mêmes peuvent être saisis par les autres créanciers du débiteur, pourvu qu'ils ne soient ni échus, ni perçus ; que le créancier antichrésiste n'aura d'autres droits, dans ce cas, que de venir partager, contributoirement avec les autres, le produit de la vente de ces fruits. Ce n'est pas notre avis.

« *A moins qu'il n'ait renoncé à ce droit.* » Ce qui pourrait avoir lieu si la constitution d'antichrèse avait pour objet un bois taillis ; le débiteur aurait exigé du créancier qu'il gar-

dât le fonds après la coupe, soit pour en payer les contributions, soit pour faire les frais nécessaires à le rendre
défensable, etc.

2088. — « *Il peut poursuivre l'expropriation.* » Il ne serait
pas permis de convenir que si le débiteur ne paye pas à
l'échéance, le créancier pourra poursuivre la vente aux enchères par-devant notaire, de l'immeuble qui lui a été
remis en antichrèse. (Voy. l'art. 742 du Code de proc.;
auteurs et arrêts nombreux pour et contre; voy. M. Troplong, t. III des hypothèques, n° 795.)

Je ne pense pas qu'il puisse être convenu que l'immeuble
restera en payement au créancier d'après une estimation
d'experts; la loi, dans l'intérêt de la propriété immobilière, prohibe toute clause qui autoriserait le créancier
antichrésiste à faire vendre l'immeuble sans remplir les
formalités de la saisie immobilière; l'art. 2078 n'est pas
applicable. Cette doctrine est controversée.

Si cette convention était postérieure à l'antichrèse, on
ne pourrait plus suspecter la liberté du consentement
donné par le débiteur. On pourrait donc soutenir cette
convention valable.

2089. — Cette disposition se conçoit en présence de
l'art. 1907; mais ces deux articles sont abrogés par la loi
du 3 septembre 1807, qui, pour empêcher l'usure, fixe le
taux de l'intérêt conventionnel et légal à 5 pour 100 en
matière civile, et à 6 pour 100 en matière de commerce.
Il faut donc que les fruits de l'immeuble soumis à l'antichrèse, et les intérêts de la créance, se compensent dans
une proportion *à peu près* rigoureuse; si les fruits ou la
valeur de la jouissance de l'immeuble par le créancier excèdent de beaucoup le montant des intérêts, cet excédant
s'imputera sur le capital.

TITRE XVIII.

DES PRIVILÉGES ET HYPOTHÈQUES.

CHAPITRE PREMIER.

DISPOSITIONS GÉNÉRALES.

2092 et 2093. — « *Sur tous ses biens.* » Les droits d'usage et d'habitation sont exceptés. (Voyez aussi les articles 582 et 592 du Code de proc.)

Le salaire d'un ouvrier peut-il être saisi en totalité par son créancier, soit pour les termes échus, soit pour les termes à échoir ?

Cette question importante est difficile ; pour l'affirmative, on se fonde sur les art. 2092 et 2093. Leur principe général, absolu, ne peut recevoir d'autres exceptions que celles établies par la loi ; donc, s'il n'en existe pas au profit de l'ouvrier, son salaire doit rester soumis à son application.

On peut fonder la négative sur des principes d'humanité et de justice, sur les art. 581, 592 du Code de proc. et 1244 du Code Napoléon.

2094. — Il faut ajouter le droit de rétention.

La priorité de la date des créances est indifférente. On n'a même aucun égard à la priorité de saisie.

CHAPITRE II.

DES PRIVILÉGES.

2095. — Cette définition exacte en général ne convient pas au privilége établi par 2073 et suivants. Ce privilége, attaché à la possession de l'objet engagé, est indépendant de la qualité de la créance.

Le privilége ne donne qu'un droit de préférence ; le gage donne encore un droit de rétention, le droit de se faire autoriser à garder la chose en payement.

2096 et 2097. — Le privilége et l'hypothèque ont cela de commun, que l'une et l'autre constituent au profit du créancier : 1° un droit de préférence ; 2° un droit de suite. Mais ils diffèrent sous plusieurs rapports : 1° on applique à l'hypothèque la maxime *prior tempore, potior jure.* Ce temps est fixé par la date de l'inscription.

Au contraire la préférence entre les créanciers privilégiés, se détermine d'après la cause plus ou moins favorable de leur créance. C'est le sens de la maxime : *Non tempore, sed causa æstimantur privilegia.*

2° Les priviléges résultent de la loi ; les hypothèques sont légales, judiciaires ou conventionnelles.

3° Les priviléges existent sur les meubles et sur les immeubles ; les hypothèques ne peuvent frapper que les immeubles.

4° Le privilége prime la simple hypothèque.

2098. — Énumération des lois qui ont créé des priviléges au profit du trésor public :

Loi du 22 août 1791, art. 22 ;

Loi du 1ᵉʳ germinal an XIII, art. 47 ;

Loi du 5 septembre 1807, art. 2 ;

Loi du 12 novembre 1808 ;

Loi du 26 avril 1816.

SECTION PREMIÈRE.

DES PRIVILÉGES SUR LES MEUBLES.

2100. —Le Code divise les priviléges en trois classes :

1° Priviléges généraux sur les meubles, et à défaut de meubles, sur les immeubles ;

2° Priviléges particuliers sur certains meubles ;

3° Priviléges particuliers sur certains immeubles.

§ 1ᵉʳ. — *Des priviléges généraux sur les meubles.*

2101.— « *Les frais de justice.* » Ces frais sont ceux qui ont été judiciairement faits pour la conservation du gage commun, pour sa conversion en argent et pour sa distribution entre les divers créanciers ; en un mot, tous les frais qui ont pour objet leur intérêt commun. Mais ceux déboursés par un créancier dans son intérêt personnel, par exemple, pour faire reconnaître sa créance, pour se procurer un titre exécutoire, ne jouissent pas de ce privilége.

« *Les frais funéraires.* » Motifs ; respect pour la sépulture des morts ; salubrité publique ; on a voulu encourager les personnes qui remplissent ce devoir.

On entend par frais funéraires ceux qui ont pour objet l'ensevelissement du corps, le terrain nécessaire à la sépulture, les émoluments de la fabrique et les honoraires des prêtres. Et il faut que les dépenses soient conformes à la condition du défunt.

Que décider à l'égard des frais de deuil dus à la veuve ? Les priviléges sont de droit étroit ; ils sont contraires aux intérêts des autres créanciers ; les frais de deuil ne sont pas faits *propter funus* ; c'est forcer le sens de ces mots, que de les appliquer aux dépenses des habits de deuil qu'une veuve porte par convenance pendant un certain temps après la mort de son mari, mais non pour servir de funérailles. Je n'accorderais pas non plus de privilége pour les frais funéraires des enfants et autres parents du défunt. Les auteurs sont partagés sur ces questions. (Voy. MM. Valette, Rolland de Villargues, Troplong, Grenier, n° 304, Persil, Tarrible.)

« *Les frais de la dernière maladie.* » Le législateur a voulu encourager les personnes appelées à donner des soins et des remèdes au débiteur malade, en leur accordant un droit de préférence.

Il faut entendre la maladie dont le débiteur est mort et non celle qui a précédé l'événement qui donne lieu à la distribution des deniers. Le motif principal de ce privilége, c'est de donner du crédit au malade pour le cas où sa mort viendrait anéantir les ressources de son travail et de son industrie, et ce motif n'a plus d'application en cas de guérison. Cette solution est contestée. (Voy. MM. Persil et Troplong.)

Si le débiteur est atteint d'une maladie chronique, le privilége ne s'étend qu'aux visites faites dans les derniers accès. M. Duranton l'applique à tout ce qui n'est pas prescrit.

« *Les salaires des gens de service.* » Ces termes ne sont pas restreints aux domestiques proprement dits ; ils comprennent ceux qui louent leurs services pour l'exploitation d'une ferme comme ceux qui sont attachés à la personne ; tous ceux qui s'engageant à temps, et moyennant des gages fixes, sont sous l'autorité d'une personne qui devient pour eux maître, chef ou patron. Tels sont encore les clercs de notaires et d'avoués, les contre-maîtres, les commis négociants, et non les commis voyageurs qui sont des mandataires salariés.

La loi du 28 mai 1838, art. 549, sur les faillites, a accordé un privilége spécial qui occupe le même rang que celui des gens de service, aux ouvriers, seulement pour les salaires du *mois* qui a précédé la déclaration de faillite, et aux commis, pour les salaires des *six mois* qui ont précédé cette même déclaration.

Le privilége existe aussi au profit des personnes qui s'engagent au mois ou au trimestre. D'abord ils sont gens de service, et pour quel motif la loi n'aurait-elle voulu protéger que les domestiques engagés à tant l'année ? La femme de ménage a donc un privilége.

« *Les fournitures*, etc. » Ce qui comprend d'abord tout ce qui a servi à l'alimentation proprement dite, même le chauffage et l'éclairage. Faut-il en exclure l'habillement et le logement ? C'est un point controversé.

« *A sa famille.* » Elle se compose de toutes les personnes qui vivent avec le débiteur, au même foyer. Il faut donner à ce mot un sens plus large que dans les art. 630 et 632 du Code.

Les subsistances fournies au *maître de pension*, afin de nourrir les pensionnaires, les professeurs et les domestiques, ne sont pas privilégiées ; ce privilége n'est ni dans la lettre, ni dans l'esprit de la loi.

§ 2. — *Des priviléges sur certains meubles.*

2102. — Le privilége du locateur d'un héritage rural, porte :

1° Sur les objets qui *garnissent* la ferme, et non sur tout ce qui existe dans la maison louée ou la ferme. Ainsi, de l'argent, des bijoux, des pierreries, des titres de créance ne seraient pas soumis au privilége.

2° « *A l'exploitation de la ferme.* » Les ustensiles aratoires, les pailles, les foins, les engrais et les bestiaux.

Pour savoir ce qui est nécessaire, c'est une question de fait et non de droit à décider.

Ces divers objets ne pourraient être soustraits au privilége sous le prétexte qu'ils appartiennent à des tiers, à moins qu'il ne soit prouvé que le bailleur savait qu'ils n'appartenaient pas au fermier ou locataire ; il sera même présumé en être instruit lorsque l'introduction de ces effets dans la maison sera une conséquence de la profession du locataire.

3° « *Les fruits de la récolte de l'année*, » même engrangés dans la maison d'un tiers.

Les fruits des récoltes antérieures qui se trouvent dans la ferme sont soumis au privilége : la loi n'en parle pas, parce qu'elle suppose qu'ils ont été vendus ou absorbés ; d'ailleurs ils garnissent la ferme.

Si le bail est authentique ou sous seing privé avec date certaine, le locateur exerce son privilége pour tous les loyers échus ou à échoir, sauf aux autres créanciers à relouer la maison ou la ferme pour le restant du bail, lors même que la faculté de céder ou de sous-louer aurait été expressément interdite au fermier ou locataire. Le locateur, en exigeant le payement de fermages ou de loyers non échus, est censé avoir renoncé à la clause du bail qui interdit de sous-louer, autrement il toucherait deux fois les revenus de sa ferme ou de sa maison.

« *Pour une année.* » Le bailleur a-t-il un privilége pour les années échues et pour l'année courante ? Trois opinions divisent les jurisconsultes.

Première opinion. Le bailleur n'a privilége ni pour les années échues, ni pour l'année courante.

Deuxième opinion, que j'adopte. Le locateur a un privilége, même pour *l'année courante;* parce que, si dans la discussion et dans le texte de la loi on n'en parle pas, c'est que, relativement à cette année, il n'y avait pas de difficulté. Le locataire étant en possession, l'existence du bail est prouvée. Pourrait-on concevoir que le privilége pût s'exercer sur la récolte de *l'année*, comme garantie de l'année suivante et non de cette même année? Si la loi présume la sincérité du bail pour une année future, à plus forte raison elle doit le faire pour celle commencée. En effet, pour l'année à venir, la fraude peut avoir deux causes : elle peut porter non-seulement sur le prix de location, mais sur l'existence même du bail, tandis que, relativement à l'année courante, la fraude ne peut avoir pour objet que l'exagération du prix. (Voy. Delvincourt, Persil, Tarrible, M. Valette.)

Troisième opinion. Le locateur est privilégié non-seulement pour une année future, mais pour l'année courante et pour toutes les années échues, de sorte que la restriction du privilége n'a lieu que pour l'avenir. (Voy. M. Duranton, Dalloz, Troplong, Aubry et Rau ; et cour de cassation.)

La fraude est dangereuse dans ce système, même quant aux années arriérées, lorsqu'elle tend à augmenter, soit le prix de la location, soit l'importance des obligations accessoires du preneur. C'est pourquoi nous accordons la préférence à la deuxième opinion, qui nous paraît ressortir des discussions du conseil d'État.

Il est juste que les sommes dues pour frais de la récolte de l'année et celles dues pour ustensiles soient payées avant le propriétaire, puisqu'elles ont fait produire à la ferme ce sur quoi il exerce son privilége.

Le bailleur a la *revendication* des meubles qui ont été déplacés sans son consentement. Ce droit est conforme à la règle admise par le Code ; la revendication des meubles corporels est accordée contre les tiers possesseurs, dans le cas de perte ou de vol (Voy. art. 2279-2°), et l'on peut dire que le détournement des meubles du locataire est une espèce de vol de la possession qu'a le bailleur à titre de gage.

3° Il faut ajouter à ce privilége le droit de rétention dont jouit également celui qui a amélioré la chose, mais sans pouvoir réclamer le privilége. *Inclusio unius est alterius exclusio.* (Voy. MM. Persil, Dalloz, Troplong et Valette.)

4° Le vendeur de meubles a un privilége pour le payement de son prix, que la vente soit faite à terme ou sans terme.

Si l'acheteur a revendu les objets dont il doit le prix et qu'il ne les ait pas livrés, le privilége du premier vendeur subsiste : cette solution résulte du texte et de la combinaison des art. 2279 et 1141, qui établit que la translation de la *possession réelle* est nécessaire pour porter atteinte aux droits acquis à des tiers.

Il a la revendication si la vente est sans terme, si la chose est en la possession de l'acheteur, si elle est dans le même état, et si l'action est exercée dans la huitaine de la livraison.

Si ces conditions manquent, le vendeur pourra demander la résolution du contrat. (Voy. 1184 et 1656.)

Pour ne pas dire que ce droit de revendication est une exception à l'art. 1583, il faut soutenir que c'est une revendication *du droit de rétention* qui diffère aussi de la demande en résolution, en ce qu'elle laisse subsister le contrat, en ce qu'elle s'exerce par voie de saisie et non par une demande en justice, en ce que le juge ne peut pas l'empêcher en accordant un délai de grâce. (Voy. M. Valette.)

Le privilége continue d'exister lorsque la chose vendue a subi des changements qui n'empêchent pas d'en constater l'identité. La loi n'exige pas, pour l'exercice du privilége comme pour la revendication, que la chose soit *dans le même état.* (Voy. M. Valette.)

Le privilége du vendeur subsiste sur les effets mobiliers que l'acheteur, débiteur du prix, a rendu immeubles par destination, notamment sur des machines incorporées à une fabrique; il pourrait donc faire détacher ces objets du corps de l'immeuble. Cependant, si cet immeuble avait été grevé d'hypothèques avant ou après l'immobilisation, les créanciers hypothécaires devraient l'emporter sur le vendeur, parce que l'hypothèque s'étend à toutes les améliorations survenues à l'immeuble hypothéqué (voy. 2118 et 2133), sauf le cas où ces créanciers auraient eu connaissance des droits du vendeur. (Voy. Zachariæ.)

Il en sera de même du propriétaire pour le payement de ses fermages ou loyers.

« *Il n'est rien innové*, etc. » La revendication des marchandises vendues au failli est soumise à des règles spéciales. (Voy. 576 C. com.)

L'art. 550 du même Code décide que le droit de revendication d'effets mobiliers n'est pas admis en cas de faillite. Ces dérogations au droit commun ont été admises pour fortifier le crédit commercial. On a voulu que des tiers ne fussent pas trompés par l'aspect d'un riche mobilier qu'ils prendraient pour garantie de leurs créances.

L'aubergiste répond des effets apportés dans son auberge comme dépositaire nécessaire. (Voy. 1950). Il four-

nit au voyageur deux choses nécessaires à la vie, il est
juste que ces effets répondent de la dette contractée par
celui-ci.

5° L'aubergiste a un gage tacite sur les objets apportés
par le voyageur qui loge chez lui, ce qui lui confère un
privilége qui dure aussi longtemps que ces objets restent
dans l'hôtellerie. Il frappe même sur ceux qui n'appar-
tiendraient pas au voyageur si l'aubergiste est de bonne
foi, à l'exception néanmoins des choses perdues ou volées.
(Voy. 2279.)

Ce privilége ne s'étend pas aux dépenses faites dans des
voyages antérieurs.

6° Le voiturier augmente la valeur de la chose en la
transportant d'un lieu où elle est inutile dans un autre où
elle peut servir ; et la chose voiturée étant remise au voiturier, il paraît probable qu'on peut lui appliquer les mêmes
motifs qu'au bailleur et à l'aubergiste. Cela est controversé. (Voy. M. Valette.)

Pour le privilége résultant d'abus et prévarications commis par les fonctionnaires publics dans l'exercice de leurs
fonctions, voyez les lois citées et les explications données
par M. Valette dans son *Traité des priviléges et hypothèques*.

Les meubles incorporels tels qu'une créance, une rente,
une action dans une société, un fonds de commerce,
sont-ils affectés par privilége au payement des prix de
cession dû au cédant par le cessionnaire ? Affirmative.

Lorsqu'un office passe d'une personne à une autre, le
cédant a-t-il un privilége pour la garantie de la somme
qu'il a stipulée du titulaire nommé sur sa présentation ?
Nous adoptons l'affirmative sur ces questions qui ont été
approfondies par M. Mourlon dans son *Examen critique sur
le Commentaire des priviléges de M. Troplong.* (Voy. aussi
M. Valette, n° 86.)

« *Classement des divers priviléges sur les meubles.* »

1° S'il y a concours de priviléges généraux entre eux, la loi l'a réglé ; elle les classe dans l'ordre numérique de l'art. 2101 : « *et s'exercent dans l'ordre suivant.* »

2° S'il y a concours des priviléges généraux avec les priviléges spéciaux sur les immeubles, la loi l'a prévu ; les priviléges généraux l'emportent sur les priviléges spéciaux immobiliers. (Voy. 2105.)

3° Dans le concours des priviléges spéciaux sur les meubles entre eux, le législateur a laissé son œuvre incomplète ; il ne s'est expliqué que sur trois points :

1° Le locateur est primé sur le prix de la récolte par le vendeur des semences et les ouvriers qui ont travaillé à produire et à recueillir les fruits ; ces créanciers ont fait l'affaire du bailleur ; sans leurs fournitures ou leurs services, il n'y aurait pas eu d'objets sur lesquels le bailleur eût pu exercer un privilége.

2° L'art. 2102 décide que les sommes dues pour ustensiles, ce qui comprend celles dues pour réparations nécessaires et même utiles, seront payées sur le prix de ces ustensiles par préférence au propriétaire de l'immeuble. L'intérêt de l'agriculture est sans doute le motif de cette disposition. La loi ne distingue pas si le bailleur a su ou ignoré que le vendeur d'ustensiles n'avait pas été payé, elle lui accorde la priorité dans tous les cas. Il importe aux propriétaires d'immeubles que leurs fermiers aient pour ces sortes de dépenses un crédit bien assuré, car ces ustensiles sont nécessaires à la production des récoltes qui servent à payer les fermages.

« *A moins qu'il ne soit prouvé que le propriétaire avait connaissance.* » Ainsi celui-ci n'obtient la préférence qu'autant qu'il est de bonne foi ; autrement il est primé par le vendeur créancier du prix. Cette décision est une application du principe *en fait de meubles, possession vaut titre.*

Le Code garde le silence sur les autres cas dans lesquels il y a un ordre de préférence à régler entre des priviléges

spéciaux. On ne peut pas établir une classification générale ; il faut s'abstenir de toute préférence absolue et se déterminer d'après la comparaison que l'on fera de la qualité des créances et de leur cause plus ou moins favorable.
Ces priviléges se rattachent à peu près tous à l'une ou à
l'autre de ces causes : 1° mise ou conservation d'un objet
dans le patrimoine du débiteur par le créancier, ce qui
comprend les frais faits pour la conservation de la chose
et la créance du vendeur ; 2° le gage exprès ou tacite ; ce
qui s'applique au privilége du locateur, du gagiste, de
l'aubergiste, du voiturier, et au privilége sur le cautionnement des fonctionnaires publics.

Voici l'ordre qui paraît en résulter : 1° entre le créancier
gagiste et le vendeur ; le gagiste, s'il ignore que le prix de
l'objet donné en nantissemement est encore dû, doit être
préféré. (Voy. 2102-4°.) C'est une application de la maxime
en fait de meubles, etc. (2279) ; 2° entre plusieurs créanciers gagistes, lorsque la chose remise en gage a été frauduleusement enlevée au premier, celui-ci est préféré ; car
son gage ayant été volé ; il peut le revendiquer même
contre des créanciers de bonne foi ; 3° entre des créanciers
auxquels sont dus des frais de conservation ; celui qui a
fait les derniers obtient la préférence, ses dépenses ont
profité aux autres ; 4° entre un créancier gagiste et celui
qui a fait des frais de conservation, le gagiste prime, si les
dépenses sont antérieures au nantissement, et s'il en ignorait l'existence, le créancier de ces dépenses, si elles sont
postérieures au nantissement.

S'il y a concours des priviléges généraux et des priviléges spéciaux, il n'existe aucune disposition formelle
dans la loi ; mais il résulte des principes que la préférence
doit appartenir aux frais de justice lorsqu'ils ont servi à
procurer aux autres créanciers privilégiés le payement de
leurs créances. Ainsi, des auteurs ont formulé cette règle :
toutes les fois qu'un privilége aurait pu s'exercer indépen-

damment d'une opération de justice faite dans l'intérêt des autres créanciers, les frais ne doivent pas être payés au détriment de ce privilége sur le prix des objes qui lui sont affectés. (Voy. 768 et 762, Code de proc.)

La doctrine et la jurisprudence ont fait naître trois systèmes sur ce concours. Le premier donne la préférence aux priviléges généraux sur les priviléges spéciaux ; il se fonde sur le texte de 2101 et sur 2105 qui, sur les immeubles, place les priviléges généraux avant les priviléges spéciaux. (Voy. pour : Tarrible, Grenier, Delvincourt, Troplong, Carré et Chauveau, et arrêt de cassation du 25 avril 1854.)

Deuxième système. Les priviléges généraux sont primés par les priviléges spéciaux de l'art. 2102, soit parce que ceux-ci ont pour cause un gage exprès ou tacite, soit parce qu'ils ont produit une plus-value dans le patrimoine du débiteur commun. (Voy. M. Valette, qui soutient ce système avec la force de raisonnement et de logique qu'on lui connaît, n° 119.)

Le *troisième système* veut qu'on détermine le rang des priviléges par la nature plus ou moins favorable de la créance. (Voy. MM. Duranton et Zachariæ.)

SECTION II.

DES PRIVILÉGES SUR LES IMMEUBLES.

2103. — « *Le vendeur.* » Il faut assimiler au vendeur le coéchangiste auquel il est dû une soulte. Mais ce privilége n'appartient pas au donateur qui voudrait faire exécuter les charges de la donation, ni à l'acheteur à réméré pour le remboursement du prix. Celui-ci a un droit de rétention. (Voy. 1673.)

« *Pour le payement du prix.* » Les intérêts font partie du prix (voy. 1652), et *accessorium sequitur principale* ; c'est la représentation des fruits de l'immeuble. L'art. 2151 n'est pas applicable.

Si en recevant des billets, le vendeur ne donne quittance que sous la condition que leur montant sera encaissé, le privilége subsiste en cas de non-payement.

Si un prix de vente en argent a été converti en rente, soit viagère, soit même perpétuelle, il y a novation ; en conséquence, le privilége est éteint ainsi que l'action en résolution.

Il est utile de rappeler que le simple payement avec subrogation ne produit pas les mêmes effets que la cession. Le cédant et le cessionnaire viendraient par concurrence, le vendeur a transporté la partie cédée avec ses accessoires, au lieu que dans un payement il n'est pas censé avoir voulu subroger contre lui-même. (Voy. 1252.)

Le vendeur a un grand intérêt à avoir un privilége plutôt qu'une hypothèque légale, parce que dans ce dernier cas il concourrait avec la femme de l'acheteur, le mineur dont il gérerait la tutelle, et avec les créanciers qui auraient une hypothèque judiciaire : avec son privilége il les prime, ce qui est rationnel, car son immeuble n'a été aliéné que sous la déduction et avec la rétention de son privilége.

Cependant, le privilége du vendeur est primé par des hypothèques consenties par le propriétaire antérieur, car l'aliénation qu'il a faite ne peut pas anéantir les droits réels dont l'immeuble est grevé.

3° « *Les cohéritiers.* » Ce privilége appartient à tout copartageant d'une chose indivise. (Voy. 2110.)

Il a lieu pour la *garantie du partage ;*

Pour la soulte due par un copartageant à l'autre ;

Pour prix de la licitation d'un immeuble. Dans ce cas, si c'est un étranger qui devient adjudicataire, c'est le privilége du vendeur, qui ne s'exerce que sur l'immeuble aliéné.

4° Les ouvriers qui construisent ou réparent un bâtiment sont privilégiés pour les mêmes motifs que le vendeur et celui qui a conservé la chose. Les formalités requises, les deux procès-verbaux ont pour but de protéger contre des fraudes l'intérêt des autres créanciers.

« *Pour édifier.* » Donc ceux qui font des travaux d'agriculture, quoiqu'il y ait même motif, ne sont pas privilégiés.

« *A la plus-value.* » La loi ne paraît pas faire de différence entre les impenses nécessaires et les impenses utiles. (Voy. Grenier et M. Troplong.)

Ne pourrait-on pas soutenir, si les travaux étaient nécessaires pour empêcher la ruine totale du bâtiment, que la plus-value est égale à la valeur entière de l'immeuble, puisque sans les travaux il n'existerait plus? C'est l'opinion de MM. Persil et Dalloz; c'est aussi celle de Pothier.

Une question de priorité peut s'élever entre les ouvriers, le vendeur et le copartageant.

Il faut placer au premier rang les ouvriers, leur privilége ne porte que sur la plus-value; il n'empêche pas le vendeur de recevoir son prix.

Quant au vendeur et au copartageant, leur rang doit être fixé par la date du titre, de même qu'entre plusieurs vendeurs : la loi nous dit qu'il se règle par l'ordre des ventes.

SECTION IV.

COMMENT SE CONSERVENT LES PRIVILÉGES.

Les priviléges sont des droits réels, ils peuvent nuire aux tiers, il faut donc les faire connaître en les rendant publics. On le fait par une mention sommaire qu'on appelle *inscription*, sur un registre tenu à cet effet dans les bureaux de conservation des hypothèques. On *inscrit* les titres qui constatent des créances privilégiées ou hypothécaires; on *transcrit* les actes qui constatent des événements translatifs de propriété, les donations, les ventes, les échanges, etc.

2106. — Conserver un privilége, c'est accomplir les formalités nécessaires pour le rendre efficace à l'égard des tiers.

« *Et à compter de la date de cette inscription.* » Il faut dire d'abord, que ces mots ont un sens exact à l'égard du privilége de l'architecte ; ensuite, la plupart des auteurs disent : que pour produire un effet, les priviléges doivent être inscrits, mais l'inscription prise, son rang est fixé par la faveur plus ou moins grande attachée à la créance. L'inscription ne le crée pas, elle le vivifie et lui fait produire son effet.

D'autres soutiennent que c'est un vestige de la loi de brumaire an VII, qui exigeait la transcription pour transférer la propriété à l'égard des tiers, et qui imposait en même temps au conservateur l'obligation de prendre inscription d'office, de sorte que la transcription et l'inscription étaient au moins simultanées avec l'origine de la créance ; ces mots : *à compter de la date*, signifient donc seulement que la date de l'inscription doit se placer au moins au moment de l'acquisition de l'immeuble frappé du privilége pour produire un effet.

Afin de formuler clairement cette opinion, il faut dire : que le privilége a son effet, sous la condition d'une publicité existante lors de l'aliénation d'où résulte le privilége, ce qui a lieu par l'inscription.

2107. — Ces priviléges, quoique subsidiairement établis sur les immeubles, produisent leur effet indépendamment de toute inscription. Les créances qu'ils garantissent sont ordinairement modiques ; leur existence ne causera qu'un faible préjudice aux autres créanciers. D'ailleurs elles sont rarement inconnues des tiers ; parce qu'il est dans nos habitudes de donner et de prendre à crédit leur objet.

2108. — Le privilége du vendeur et de son subrogé se conserve par la transcription de l'acte de vente, qui peut être requise par le vendeur et le prêteur, comme par l'acheteur.

« *Néanmoins*, etc. » Le législateur a craint que les acquéreurs d'immeubles, qui ne consultent guère que le registre des inscriptions, ne fussent trompés; il a préféré multiplier les formalités sans en faire dépendre l'existence du privilége. Le conservateur est tenu de prendre inscription d'office au profit du vendeur.

Cet article ne détermine aucun délai pour faire la transcription ou l'inscription; il s'ensuit que le vendeur peut les requérir jusqu'à la distribution du prix à l'égard des créanciers : jusqu'à l'aliénation, d'après le Code civil (voy. 2166), et quinzaine après la transcription, d'après l'art. 834 du Code de proc., à l'égard d'un tiers acquéreur. Quelques jurisconsultes soutiennent que cet article n'est que l'application de la loi de brumaire an VII, qu'il faut l'entendre ainsi, quoiqu'il puisse avoir été modifié par des dispositions postérieures.

Le vendeur a pris une inscription directe, ensuite l'acheteur fait transcrire l'acte de vente, le conservateur agira prudemment en prenant inscription d'office, parce que l'inscription directe pourrait être nulle pour vice de formes, ou périmée à une époque où la transcription vaut encore inscription pour le vendeur, ce qui rendrait le conservateur responsable envers les tiers.

Le vendeur conserve l'action en résolution pendant trente ans contre l'acheteur, et pendant dix ou vingt ans contre les tiers détenteurs de bonne foi. (Voy. 1184, 1656, 2262 et 2265.)

La loi du 23 mars 1855 a établi un mode général de publicité pour faire connaître aux tiers les événements qui entraînent des mutations de propriété ou la création de droits réels immobiliers, et même de certaines charges qui diminuent la valeur des immeubles. (Voy. les art. 1er et 2.)

D'après cette loi, le vendeur conserve son privilége par une inscription prise dans les quarante-cinq jours de l'acte de vente. S'il laisse écouler ce délai, il perd son privilége

et le droit de résolution, il n'est plus que créancier chirographaire, à moins que l'acheteur n'ait transcrit son titre.
Comme la transcription vaut inscription pour le vendeur,
ce dernier aurait conservé et son privilége et l'action en
résolution.

2109. — Cet article ne parle que du privilége destiné à
garantir le payement des soultes ou retour des lots ; mais
l'art. 2103 accorde un privilége pour la garantie des partages faits entre cohéritiers ; il faut nécessairement combiner ces deux articles et 2106. Il se conserve par une
inscription prise dans les soixante jours, à compter de
l'acte de partage ou de la licitation au profit d'un copartageant. Lorsque c'est un étranger qui devient adjudicataire, ce sont les art. 2108 et 834 du Code de procédure
qui sont applicables. Le délai de soixante jours est donc
réduit à quinze jours, à compter de la transcription du
titre, en faveur du tiers acquéreur ; car à l'égard des
créanciers hypothécaires, si l'inscription est prise dans les
soixante jours à compter de la licitation, le cohéritier conserve son droit de préférence sur le prix, quoiqu'il ait
perdu le droit de suite ; c'est une théorie généralement admise. (Voy. M. Troplong.)

D'après la loi nouvelle, exécutoire à compter du 1ᵉʳ janvier 1856, le délai de quarante-cinq jours accordé au vendeur, à compter du contrat de vente, est accordé aux copartageants à compter du partage ou de la licitation, de
sorte que ce privilége rétroagit et fait considérer comme
non avenues, à l'égard de la créance privilégiée, les hypothèques consenties par le copartageant débiteur, dans le
temps intermédiaire, depuis le partage et l'inscription du
privilége prise dans le délai légal, ou avant la transcription, en cas d'aliénation de l'immeuble grevé de la soulte
ou de la garantie des lots. Mais le copartageant pourrait-il
prendre inscription pour conserver le droit de préférence
sur le prix s'il est encore dans les soixante jours à comp-

ter de l'acte de partage? Je penche pour l'affirmative.

2110. — Cet article n'assigne aucun délai pour la double inscription qui doit conserver le privilége des ouvriers. Peuvent-ils la faire à toute époque? Nous adoptons l'opinion que le premier procès-verbal doit être inscrit avant le commencement des travaux, conformément au prescrit de la loi de brumaire an VII, à laquelle il ne paraît pas qu'on ait voulu déroger. La publicité sera complète si les ouvriers se trouvent en contact avec les créanciers antérieurs aux travaux; ils prélèveront la plus-value que ces travaux ont donnée à l'immeuble, et dont il est juste que ces créanciers ne profitent pas à leur détriment; cette plus-value n'a augmenté le patrimoine du propriétaire que sous la déduction du privilége *retenu* par les ouvriers; s'ils se trouvent en contact avec des créanciers inscrits depuis la confection des travaux, l'inscription du procès-verbal les a fait connaître; les créanciers n'ont pas dû compter sur les améliorations résultant de ces travaux. Ils ne doivent compter que sur une plus-value résultant d'événements qui augmenteraient la valeur de tous les immeubles de même nature. (Voy. 2133.)

Quant au droit de suite, la loi nouvelle n'ayant fixé aucun délai particulier, la double inscription des deux procès-verbauxdevra être prise avant la transcription lorsque les travaux sont terminés au moment de l'aliénation.

2111. — Cet article qualifie de *privilége* le bénéfice de la séparation des patrimoines. (Voy. nos art. 878 et 879.)

Pour le conserver, il faut le rendre public au moyen d'une inscription prise sur les immeubles de la succession dans les six mois de son ouverture. En accomplissant cette formalité, les créanciers et légataires peuvent jouir de ce bénéfice pendant trois ans à l'égard des meubles, et à l'égard des immeubles tant qu'ils existent dans les mains de l'héritier.

Si les immeubles de l'hérédité ont été aliénés par l'héritier avant l'expiration des six mois, et que l'acquéreur ait fait transcrire son contrat, les créanciers et légataires pourront encore s'inscrire dans la quinzaine de la transcription, d'après l'art. 834 du Code de procédure; s'ils ne l'ont pas fait, et que les six mois ne soient pas expirés, ils pourront encore se conformer à la disposition de l'art. 2111; mais ils n'acquerront pas un droit de suite sur les immeubles héréditaires; ils obtiendront seulement un droit de préférence sur le prix à l'égard des créanciers de l'héritier.

D'après la loi de 1855, le droit des créanciers et légataires sera éteint s'il n'est pas inscrit avant la transcription du titre par lequel l'héritier a aliéné les immeubles héréditaires à l'égard du tiers acquéreur qui sera libéré de tout droit de suite. La loi nouvelle, ainsi entendue, pourra entraîner des déchéances imméritées. Si les six mois sont expirés, l'art. 2113 leur accorde la faculté de prendre une inscription, mais hypothécaire, qui ne produira ses effets que du jour de sa date. Leur hypothèque privilégiée est dégénérée en simple hypothèque à laquelle on applique la maxime *prior tempore potior jure*. Si tous les créanciers ont satisfait aux prescriptions de la loi pour conserver leur privilége, ils viennent *au même titre*, ils concourent ensemble. Mais si les uns se sont inscrits dans le délai, les autres non, les premiers ont conservé leur privilége, les seconds n'ont plus qu'une simple hypothèque, ils sont primés.

Faisons intervenir, dans une espèce, un créancier de l'héritier. Un immeuble de la succession vaut 20,000 francs: *Primus*, créancier du défunt, s'est inscrit dans les six mois pour 15,000 francs; *Secundus*, autre créancier du défunt, s'est inscrit pour la même somme, mais après les *six mois*. Pierre, créancier hypothécaire de l'héritier, a pris inscription *avant Secundus* pour 15,000 francs, la solution qui se présente d'abord est celle-ci: *Primus* est payé avant Pierre (voy. 2111), et Pierre prime *Secundus*. (2113.)

Dans une autre opinion, on établit cette règle : le créancier du défunt, inscrit dans *les six mois*, doit recevoir sur le prix de l'immeuble tout ce qu'il aurait obtenu, à supposer que ses cocréanciers se fussent inscrits en temps utile. En conséquence, dans notre espèce, *Primus* aurait eu 10,000 francs; *Secundus*, créancier de l'héritier, n'a pu compter que sur ce qui excède le montant de l'inscription de *Primus*, 5,000 francs. Il touchera donc 5,000 fr., et Pierre les 5,000 francs qui restent. (Voy. 2113, voy. Merlin, Grenier et M. Duranton.)

MM. Aubry et Rau ont une troisième opinion. (Voy. Zachariæ; voy. aussi le *Commentaire* (de M. Boileux) *sur les priviléges.*

2112. — Voy. nos art. 1252, 1690 et suiv.

2113. — Cet article consacre ce principe que le privilége emporte avec lui une hypothèque, et comme elle est légale, on n'aura pas besoin de représenter un acte authentique pour prendre inscription, il suffira de prouver au conservateur que l'on est vendeur, cohéritier, créancier ou légataire.

CHAPITRE III.

DES HYPOTHÈQUES.

2114, 2115, 2116, 2117. — L'hypothèque est un droit réel établi sur un immeuble en vertu duquel le créancier peut le suivre dans quelques mains qu'il passe, le faire vendre et se faire payer par préférence sur le prix.

C'est un droit réel, qui donne *le droit de suite*, un droit absolu que l'on exerce contre tout détenteur, ce n'est pas une simple créance, un droit relatif à une personne déterminée.

Elle est de sa *nature* indivisible : conséquence : tant qu'une partie de la dette reste due, les immeubles sont affectés en totalité à la garantie de ce qui n'a pas été payé. Le débiteur ne peut pas exiger un affranchissement d'une partie du fonds.

Si les immeubles hypothéqués se divisent par succession, vente, etc., chacune des fractions reste engagée pour toute la dette. *Est tota in toto et tota in quâlibet parte.* Chaque héritier pourra donc être poursuivi pour la totalité de la dette sauf son recours. (Voy. 873, 1221-2°.)

L'hypothèque découle de l'une des trois sources suivantes : de la loi, d'un jugement ou d'un contrat ; elle est *spéciale* et *publique.*

Les immeubles par leur nature sont susceptibles d'expropriation forcée. (Voy. 2204.) Ils peuvent donc être hypothéqués.

« *Et leurs accessoires.* » Ce sont les biens que le Code appelle immeubles par destination, voyez 517 et 524. Ce n'est pas isolément considérés, mais comme accessoires d'immeubles, qu'ils sont susceptibles d'hypothèque.

L'usufruit d'un immeuble peut être cédé. (Voy. 2204.) Il est donc susceptible d'hypothèque, mais avec ses chances d'extinction.

Il faut ajouter à l'énumération faite dans cet article :

1° Les mines qui constituent une propriété immobilière distincte de celle de la surface.

2° Les actions immobilisées de la banque de France, des canaux de Loing et d'Orléans.

3° L'emphytéose, si on la reconnaît comme un droit réel immobilier. M. Troplong est de cet avis, qui est généralement adopté. M. Valette soutient le contraire.

Les droits d'usage et d'habitation établis sur un immeuble ne sont pas susceptibles d'hypothèque, parce qu'ils sont incessibles.

Le droit d'un fermier d'un locataire d'immeubles n'est pas un droit *réel*, ni *immobilier*, une hypothèque ne peut le frapper.

Les servitudes réelles ou prédiates, isolément considérées,

et séparées du fonds, ainsi que les actions immobilières, ne peuvent être hypothéquées.

2119. — « *Les meubles n'ont pas de suite par hypothèque.* » La plupart des auteurs ont appliqué cet article aux immeubles par destination. L'art. 2118 nous apprend qu'ils peuvent être hypothéqués ; mais l'empreinte de l'hypothèque n'a pas la même force ni les mêmes effets que sur les immeubles ; dès qu'ils sont séparés du fonds, ils perdent leur immobilité fictive et ils ne peuvent être suivis dans des mains étrangères. (Voy. 2279 combiné avec 1141.)

Comme exception, voy. 2102, privilége du locateur et 819 du Code de proc.

M. Valette démontre dans son traité des hypothèques, que cet article veut simplement dire : que les meubles ne sont pas susceptibles d'hypothèques, ni sous le rapport du droit de suite, ni sous le rapport du droit de préférence ; seulement les rédacteurs du Code ont copié la formule employée dans les coutumes de Paris et d'Orléans.

Les conséquences de la mobilisation des objets accessoires, par leur séparation de l'immeuble hypothéqué, c'est que s'ils sont aliénés volontairement ou vendus en justice après saisie, le prix n'en doit pas être distribué aux créanciers par ordre d'hypothèque.

Mais le créancier hypothécaire peut empêcher ou faire annuler les actes frauduleux qui diminuent ses garanties. (Voy. 1167.) Il peut empêcher la démolition de la maison hypothéquée, la coupe du bois qui n'est pas aménagé : par conséquent, il a le droit de s'opposer à l'enlèvement des matériaux et des arbres, afin d'exercer son droit de préférence. Il peut, dans tous les cas, demander contre son débiteur l'application de l'art. 1188.

SECTION PREMIÈRE.

DES HYPOTHÈQUES LÉGALES.

2121 et **2122.** — L'hypothèque légale est celle qui est attachée directement par la loi elle-même à certaines créances.

Il y a deux classes d'hypothèques légales ; celles qui existent sans inscription et celles qui doivent être inscrites. Les premières sont celles de la femme, du mineur et de l'interdit, sur les biens de leurs maris, tuteurs, cotuteurs, protuteurs et tuteurs officieux. (Voy. les art. 417, 396, 365.)

Les unes et les autres sont générales, c'est-à-dire qu'elles frappent tous les biens présents et à venir du débiteur, même ceux postérieurement acquis à la perte de la qualité ou du titre en vertu desquels la loi l'accorde. Elle dit sans distinction : *Et sur ceux qui pourront lui appartenir dans la suite.*

Il existe des exceptions à cette généralité de l'hypothèque légale. Celle accordée au légataire par l'art. 1017 ne frappe que sur les immeubles de la succession. L'hypothèque qui a perdu le caractère de privilége d'après 2113 est spéciale.

La femme d'un commerçant tombé en faillite, ne peut exercer son hypothèque que sur les biens présents de son mari, et sur ceux acquis à titre gratuit pendant le mariage. Le législateur a craint que la femme ne vînt réclamer le recouvrement d'une dot que peut-être elle n'a pas apportée, sur des biens acquis pendant le mariage à titre onéreux et avec l'argent des créanciers du mari.

Voy. aussi les art. 2140, 2144, 2141 et 2143.

Voy. notre art. 1421. Voy. M. Valette.

«*Les droits et créances.*» La loi ne fait pas de distinction : elle emploie des termes généraux. Il ne faut donc considérer ni le régime sous lequel les époux sont mariés, ni l'origine des obligations du mari. La femme a une hypo-

thèque légale pour le recouvrement de ses biens paraphernaux, pour celui des créances qu'elle a acquises contre son
mari, en payant les dettes qu'il a contractées soit avant soit
pendant le mariage, pourvu que l'origine des deniers soit
bien constatée. Le motif de cette faveur accordée à la femme
est l'état de dépendance où elle se trouve, et l'impossibilité
morale de veiller à ses intérêts et de les protéger quand ils
sont opposés à ceux du mari. (Voy. M. Valette.)

L'art. 2135 n'a pas pour but de restreindre l'hypothèque
de la femme, mais d'indiquer l'ordre dans lequel elle doit
être placée.

SECTION II.

DES HYPOTHÈQUES JUDICIAIRES.

2123. — L'hypothèque judiciaire est celle qui résulte
d'un jugement emportant condamnation à donner, à faire
ou à ne pas faire. Dans ce dernier cas, l'hypothèque garantit le payement des dommages-intérêts en cas d'inexécution.

Les jugements qui portent reconnaissance ou vérification de signatures apposées à un acte sous seing privé, et
que le Code appelle *actes judiciaires*, donnent naissance à
l'hypothèque. Mais ces jugements n'entraînent hypothèque
que quand les titres, dont ils tiennent la signature pour
reconnue, renferment des obligations exigibles. On ne peut
prendre inscription qu'après l'exigibilité. (Voy. la loi du
3 septembre 1807.) S'il en était autrement, on pourrait
soumettre à une hypothèque générale celui qui n'aurait pas
voulu en accorder une dans la convention, et on élude-
rait ainsi la spécialité, de sorte que le créancier muni d'un
acte sous seing-privé, serait sous un double rapport dans
une position meilleure que le créancier muni d'un acte authentique, espèce d'anomalie que l'on explique histori-
quement.

Les décisions arbitrales ne sont que des actes privés tant qu'elles ne sont pas homologuées. On ne peut donc prendre inscription que lorsque le juge leur a donné la qualité d'acte d'autorité publique et de jugement.

Les jugements rendus par les tribunaux étrangers emportent hypothèque sur les biens situés en France. Lorsqu'il existe entre les deux pays des lois politiques ou des traités, comme entre la France et la Suisse, ou lorsqu'ils ont été rendus exécutoires par un *tribunal français*.

Mais faut-il reviser l'affaire au fond?

Des jurisconsultes décident l'affirmative, parce que la loi exige l'intervention du tribunal entier, et que les juges étrangers n'ont aucune autorité en France, que l'opinion contraire porterait atteinte à la souveraineté nationale.

D'autres soutiennent que l'art. 2123 suppose que l'hypothèque résulte du jugement étranger ; l'art. 646 du Code de procédure suppose aussi que c'est ce jugement qui est susceptible d'exécution.

L'art. 7 du Code d'inst. crim. défend de poursuivre un Français qui a été jugé en pays étranger, il doit en être de même *à fortiori* dans les matières civiles qui sont moins graves. En admettant cette opinion, on peut soutenir que le tribunal français a le droit d'écarter les modes d'exécution qui ne seraient pas admis par la loi française et refuser la formule exécutoire, si le tribunal étranger avait admis un genre de preuve, la preuve testimoniale, par exemple, dans des cas où elle serait repoussée par notre législation. C'est l'opinion de M. Bugnet.

Il existe un troisième système qui consiste à distinguer si le jugement est rendu entre étrangers ou au profit d'un Français *contre un étranger*. Le jugement a en France force de chose jugée, il ne lui manque que la formule exécutoire; mais s'il est rendu en faveur d'un étranger contre un Français, il n'a ni force de chose jugée ni force exécutoire. Cette distinction était dans l'art. 121 de l'ordonnance de 1629, qui voulait protéger les nationaux. M. Mourlon soutient ce dernier système; M. Poncet, dans son *Traité des Jugements*, est de la seconde opinion que j'énonce. (Voy. aussi M. Troplong qui ne donne pas la sienne d'une manière bien positive.)

SECTION III.

DES HYPOTHÈQUES CONVENTIONNELLES.

2124. — Une hypothèque ne peut être consentie sur un immeuble que par celui qui a la capacité d'aliéner. Donc la femme séparée de biens, le mineur émancipé ne peuvent hypothéquer leurs immeubles, même pour un acte d'administration. (Voy. notre art. 483, voy. 1507 3° et l'art. 6 du Code de comm.)

2125. — « *Suspendu par une condition ou résoluble.* » Ainsi le vendeur avec *faculté de rachat*, ou plus exactement de *retrait conventionnel*, ne peut accorder qu'une hypothèque soumise à une condition suspensive comme son droit de propriété. L'acquéreur sous cette faculté ne peut accorder qu'une hypothèque soumise à une condition résolutoire. Si le vendeur exerce le retrait, son hypothèque subsiste et celle de l'acquéreur s'évanouit.

« *Ou sujet à rescision.* » Le vendeur qui a l'action en rescision pour cause de lésion dans la vente d'un immeuble, a un droit de propriété subordonné à une condition suspensive, il pourra créer une hypothèque soumise à la même rescision; s'il fait prononcer la rescision, son hypothèque sera confirmée; s'il n'exerce pas son action ou s'il la laisse prescrire, elle disparaîtra.

L'immeuble donné, sujet à rapport, rentre franc et quitte des hypothèques consenties par le donataire, si par l'effet du partage il ne tombe pas dans son lot; il en est de même de celle consentie par un cohéritier après l'ouverture de la succession.

L'hypothèque consentie par un héritier apparent est-elle valable? (Voy. notre art. 771.)

Consentie *à non domino*, elle est valable lorsqu'il devient ensuite propriétaire. (Voy. M. Troplong sur l'art. 2129, opinion contraire, voy. Zachariæ.)

Si le propriétaire devient l'héritier du débiteur, en acceptant purement et simplement sa succession, il est censé ratifier tous les actes du défunt, il en devient garant, il doit. donc les exécuter. Il y a un *à fortiori*, si c'est le débiteur qui devient propriétaire, parce que l'hypothèque provient originairement de son fait et qu'il ne peut pas invoquer une nullité établie contre lui.

Voyez notre art. 1338 pour ce qui concerne l'hypothèque consentie par un mineur.

2126. — « *Ou en vertu de jugement.* » Cet article modifie l'art. 128. Il permet aux envoyés en possession provisoire d'hypothéquer *conventionnellement* les biens de l'absent, mais en vertu d'un jugement qui les y autorise. Il est possible qu'ils aient besoin d'emprunter pour faire des réparations urgentes aux immeubles ou pour payer un créancier de l'absent, ils demandent alors et obtiennent l'autorisation de la justice pour concéder une hypothèque afin de garantir le payement de la somme empruntée.

Ces mots « *ne peuvent être hypothéqués*, » indiquent une constitution d'hypothèque conventionnelle.

Il serait inutile de dire qu'un jugement rendu contre un absent emporte hypothèque sur ses biens. Cet article est d'ailleurs placé dans la section des hypothèques conventionnelles.

2127. — « *En forme authentique.* » Cette précaution est sage : il ne faut pas que le débiteur puisse légèrement hypothéquer ses biens. Si cette charge pouvait être stipulée dans un acte sous seing privé, elle serait souvent le résultat de l'obsession ou de la fraude. Un acte reçu par un officier public en présence de témoins, garantit le débiteur de toute faiblesse et lui fait connaître les conséquences graves de l'hypothèque.

L'acte sous seing privé dans lequel le débiteur a consenti une hypothèque, devient authentique par le dépôt
qu'en font les parties, ou même le débiteur seul, dans les
minutes d'un notaire.

Une hypothèque est-elle valable lorsqu'elle est consentie
dans un acte authentique en vertu d'un mandat sous seing
privé donné par le débiteur?

La plupart des auteurs soutiennent l'affirmative. (Voyez
MM. Persil, Troplong, Delvincourt.) Ils se fondent sur ce
que tout mandat peut être prouvé par acte authentique ou
sous seing privé (art. 1985), et la loi n'exige nulle part que
le mandat, à l'effet d'hypothéquer, soit authentique.

Pour la négative, Merlin, Zachariæ, Grenier répondent : que l'hypothèque est un contrat solennel et que le
mandataire muni d'une procuration sous seing privé n'est
qu'un instrument dont se sert le mandant pour la constituer; que ce dernier participe donc à un contrat solennel
par un acte sous seing privé, de sorte que l'hypothèque
serait pour partie du côté du débiteur un contrat ordinaire,
puisque c'est la procuration qui renferme son consentement, et du côté du créancier seulement un contrat solennel.

Que la loi exige une procuration notariée pour accepter
au nom d'un autre une donation (voy. 932), pour le représenter aux actes de l'état civil (voy. 36-66). Que par analogie, il est rationnel de penser que la procuration doit
participer de la forme de l'acte qui constitue l'hypothèque.

Que l'hypothèque est de droit étroit, elle diminue le
crédit du débiteur; c'est un motif pour ne pas défendre
une solution qui la favoriserait. En effet, il serait plus
facile à un créancier d'obtenir de son débiteur une procuration sous seing privé pour hypothéquer ses biens, qu'un
consentement donné devant un officier public et des témoins. La loi du 23 juin 1843 paraît confirmer cette opi-

nion en exigeant la forme notariée pour les procurations données dans les cas particuliers qu'elle énumère. A l'appui de cette solution M. Delsol cite MM. Bugnet et Valette.

2128. — Le mariage célébré en pays étranger avec les formes voulues dans ce pays est valable, la loi française le reconnaît. En admettant le fait, elle admet aussi l'hypothèque légale qui en résulte. Ce n'est pas le contrat qui donne l'hypothèque; c'est le fait du mariage, qui est à lui seul la cause de l'hypothèque légale. (Voy. notre art. 171; voy. Troplong.) Controversé.

Le créancier en faveur de qui une hypothèque a été stipulée dans un acte passé en pays étranger, peut faire assigner son débiteur devant un tribunal français et obtenir un jugement de condamnation qui, à défaut d'hypothèque conventionnelle, lui donnera une hypothèque judiciaire.

2129. — Cet article proclame la spécialité de l'hypothèque conventionnelle. La loi veut que son effet soit restreint dans des limites déterminées; l'hypothèque, en altérant le crédit du débiteur, nuit à la circulation des biens. De là la nécessité de désigner chacun des immeubles que l'on veut hypothéquer, par leur *nature*, c'est-à-dire indiquer s'ils consistent en maisons, champs, prés, vignes ou bois, et leur *situation*; faire connaître la commune qui les renferme.

2130. — Cet article établit une exception au principe, qu'on ne peut hypothéquer ses biens à venir. Elle a été faite dans l'intérêt du débiteur, qui inspire plus de confiance, et du créancier, qui a une garantie de plus.

Mais un débiteur pourrait-il hypothéquer ses biens à venir s'il n'a pas de biens présents?

Les auteurs et les tribunaux sont partagés sur cette question.

Pour l'affirmative on dit : que le législateur a voulu venir au secours du débiteur qui n'a pas d'immeubles, et lui faire naître une source de crédit. Il est certain que ses biens pré-

sents sont insuffisants, puisqu'il n'en possède pas ; il remplit donc la condition imposée par cet article. S'il en était
autrement, la loi n'ayant pas fixé la valeur des immeubles
qu'il faut posséder, il suffirait d'en acquérir un de 25 fr.
pour être dans les termes positifs de la loi. Il est donc
inutile d'en exiger. M. Troplong est de cet avis.

Pour la négative, le texte de la loi est formel. En principe, les biens à venir ne peuvent être hypothéqués (2129).
Cependant ils peuvent l'être exceptionnellement, dans le
cas où les *biens présents* du débiteur *sont insuffisants* pour
la sûreté de la créance. Le législateur n'a fait que cette
seule et unique exception.

Le motif et l'esprit de la loi ne sont pas moins clairs et
évidents. On comprend que le débiteur qui a des immeubles présents complète le crédit dont il a besoin par une
hypothèque sur ses biens à venir. Il y a quelque chose
d'actuel et de certain pour servir de garantie au créancier :
l'hypothèque conserve son caractère de spécialité ; il n'y a
qu'une éventualité peut-être mensongère dans l'hypothèque
sur des biens à venir.

2131 et **2133.** — « *Ou poursuivre son remboursement,
ou obtenir un supplément d'hypothèque.* » A qui appartient
l'option ? L'art. 1188 nous autorise à faire une distinction.

Lorsque le débiteur aura diminué *par sa faute* les sûretés
qu'il avait données à son créancier, il ne pourra plus invoquer le bénéfice du terme. Lorsque les sûretés auront
été diminuées sans faute de sa part, mais par force majeure, le créancier ne pourra demander un remboursement immédiat que si le débiteur ne lui offre pas une
hypothèque sur d'autres immeubles.

Les aliénations ne diminuent pas, en règle générale,
les sûretés du créancier. (Voy. l'art. 2167 ; voy. notre
art. 1188.)

En cas de perte de l'immeuble hypothéqué, l'indemnité
accordée par l'assureur n'est pas distribuée par ordre d'hy-

pothèque, mais par contribution entre tous les créanciers. Ce n'est pas le prix de l'immeuble, mais l'équivalent de la prime annuelle payée par l'assuré.

« *A toutes les améliorations*, etc. » Donc l'hypothèque s'étend à l'alluvion, à l'augmentation de valeur donnée par des réparations a l'immeuble hypothéqué; mais elle ne s'étend pas aux îles nées en face du fonds, au lit abandonné, à l'augmentation d'un enclos, à une maison construite sur le fonds hypothéqué; ce sont des immeubles nouveaux et distincts de ceux grevés : l'hypothèque est de droit étroit, tout y est de rigueur. Ces solutions sont controversées.

2132. — L'hypothèque peut être consentie pour une créance certaine quant à son existence, mais indéterminée dans sa valeur, comme celle d'un mandataire qui s'est chargé de réparer des maisons, pour ses indemnités, avances ou frais.

Elle peut aussi être attachée à une créance conditionnelle : par exemple, dans le cas d'un crédit ouvert chez un banquier, le créancier déclarera une valeur estimative dans l'inscription et l'hypothèque prendra rang du jour de sa date, lors même que le débiteur n'aurait fait usage du crédit que postérieurement. L'hypothèque est spéciale, publique, les tiers ne peuvent être trompés. Cette solution est controversée; la jurisprudence est conforme à notre opinion.

SECTION IV.

DU RANG QUE LES HYPOTHÈQUES ONT ENTRE ELLES.

2134. — L'inscription ne fait pas l'hypothèque, elle lui donne le rang et le droit de suite. L'ordre des créanciers hypothécaires n'est pas déterminé par la qualité des créances ou par la date des titres, mais uniquement par la date des inscriptions : *prior tempore, potior jure.*

Le défaut d'inscription peut être opposé par tout créancier hypothécaire pour écarter un autre créancier qui voudrait se prévaloir d'une hypothèque non inscrite. Ce droit appartient à tout créancier chirographaire.

Si les biens d'un débiteur sont grevés de plusieurs hypothèques légales ou judiciaires, les créanciers sont inscrits, mais à des dates différentes ; ils viendront au marc le franc sur les immeubles acquis postérieurement. L'hypothèque n'a pu frapper des biens qui n'étaient pas encore dans le patrimoine du débiteur, les créanciers ont donc acquis le même jour une hypothèque sur les mêmes immeubles, ils doivent venir par concurrence. Cette opinion est fondée sur le raisonnement le plus rigoureux.

D'autres jurisconsultes disent qu'il est équitable de maintenir sur tous les biens le rang des inscriptions prises, afin de ne pas mettre sur la même ligne le créancier diligent et celui qui a obtenu une inscription à une époque bien postérieure. Cette opinion a l'avantage de prévenir la fraude facile à commettre. Un débiteur dont les biens présents seraient peu considérables pourrait léser les créanciers ayant hypothèque générale, en constituant d'autres hypothèques sur les biens à venir.

2135. — D'après cet article, il existe deux hypothèques qui donnent un droit de préférence indépendamment de toute inscription : celle des mineurs et des interdits et celle des femmes mariées.

Cette faveur est fondée sur ce que les mineurs et les interdits sont en fait, les premiers à cause de leur âge, les seconds parce qu'ils sont privés de leur raison, incapables de faire des actes conservatoires ; de ce que la femme, placée sous l'influence de son mari, qui a un intérêt contraire, les négligerait.

Cet article détermine, par la date de l'acceptation de la tutelle, le rang qui appartient aux mineurs et interdits ; il me paraît que c'est du jour où commence la responsabilité du tuteur, c'est-à-dire du jour de sa nomination, si c'est un tuteur datif, lorsqu'il est présent ; du jour de la notification, s'il est *absent*, et de celui où le tuteur légitime ou testamentaire ont eu connaissance de l'événement qui les grève de la tutelle.

Il faut remarquer que l'hypothèque du mineur n'a qu'une seule date ; s'il en était autrement, ses intérêts ne seraient pas complétement garantis.

Le rang de l'hypothèque légale de la femme n'est pas déterminé d'une manière invariable ; il est fixé par la date du jour où sont nées les différentes créances qu'elle a contre son mari.

1° Pour sa dot et ses conventions matrimoniales, c'est du jour du mariage et non, comme le disent les art. 2194 et 2195, du jour *du contrat de mariage* ; c'est une inexactitude de rédaction.

L'art. 2135 est spécialement destiné à fixer les divers points de départ de l'hypothèque légale de la femme ou du mineur; il doit donc révéler plutôt la pensée du législateur.

Pour tout concilier, ne pourrait-on pas dire que ces articles veulent parler du contrat qui se forme devant l'officier de l'état civil ? Cette interprétation paraît assez naturelle.

La conciliation donnée par des jurisconsultes qui distinguent entre le cas où les époux se marient avec ou sans contrat, est inadmissible, parce que l'art. 2135, qui fait dater l'hypothèque de la femme du jour du mariage, suppose un contrat constaté par acte notarié, puisqu'il parle de *conventions matrimoniales*.

Dans cette opinion, les tiers ne courent pas de chances de perte ou de déception.

Pourquoi l'hypothèque de la femme est-elle moins avantageuse que celle du mineur? Il y en a plusieurs motifs. L'hypothèque accordée au mineur, détruit le crédit du tuteur, elle laisse ses créanciers sans garanties certaines; c'est un dommage pour la société que la loi tolère en faveur des mineurs.

Elle n'a pas admis une règle pareille en faveur de la

femme mariée, parce que les hommes mariés, qui sont beaucoup plus nombreux que les tuteurs, eussent été privés de tout crédit pendant un temps plus long que la tutelle, ce qui aurait porté atteinte au crédit public. La femme, qui n'est privée que de sa capacité civile, peut surveiller l'administration de son mari et demander la séparation de biens, si sa dot est compromise. On pourrait craindre aussi une collusion entre les deux époux au détriment des tiers, en ·faisant remonter à l'époque du mariage, l'hypothèque de la femme pour toutes ses reprises et créances contre son mari ; ils auraient un moyen facile de rendre inefficace les hypothèques des créanciers antérieurs.

Les motifs qui ont dicté l'art. 2135 s'appliquent aux cas imprévus comme à ceux que la loi a prévus. En conséquence la femme a une hypothèque pour le recouvrement de ses biens paraphernaux, pour le montant des dettes de son mari qu'elle justifie avoir payées de ses deniers ; l'art. 2121 est généra : « *Les droits et créances.* »

Quelle est la date de l'hypothèque légale de la femme à raison d'un immeuble dotal aliéné? Si la vente a lieu en vertu d'une autorisation portée au contrat de mariage, l'hypothèque légale de la femme remonte au jour du mariage, parce que les tiers, à la simple lecture du contrat, ont pu prévoir l'aliénation, qui est une conséquence des conventions matrimoniales. Si la vente a lieu d'une manière illégale, sans permission donnée au mari dans le contrat de mariage, l'hypothèque légale ne date que du jour de la vente. La solution contraire favoriserait la fraude, puisqu'il suffirait d'aliéner ensuite la dot pour que la femme pût primer des tiers qui auraient traité avec le mari dans les premiers temps de la célébration. (Voyez la critique d'un arrêt de la Cour de Caen, dans la Revue de législation, juillet 1852, par M. Pont, juge au tribunal de la Seine, savant et estimable auteur, que Marcadé a choisi pour continuer son ouvrage.)

2136, 2137, 2138, 2139. — La loi cherche à corriger, dans ces articles, les conséquences d'une hypothèque dispensée d'inscription, en obligeant les maris et tuteurs et d'autres personnes à la rendre publique ; la sanction consiste à réputer les maris et tuteurs stellionataires, lorsqu'ils ont *gardé le silence* sur les hypothèques légales et judiciaires qui grèvent leurs immeubles, tandis que dans le droit commun, l'art. 2059 exige une déclaration contraire mensongère et frauduleuse.

L'art. 2136, d'ailleurs, paraît défectueux. On ne *consent* pas un privilége, il vient de la nature de la créance ; c'est la loi qui le donne. Et dans quels cas appliquer ces mots *laissé prendre une hypothèque* légale ou judiciaire ? Ils sont rares. (Voy. M. Duranton, t. XX, n° 47.)

2140. — La loi s'applique, dans cet article, à ramener, autant que possible, l'hypothèque légale qui est générale à la *spécialité*, qui est l'une des bases du régime hypothécaire.

Le but de la loi est de protéger les intérêts de la femme et du mineur sans ruiner le crédit du mari ou du tuteur. En conséquence, si la dot de la femme, si le patrimoine du mineur sont d'une valeur minime, comparée à celle des biens du mari et du tuteur, il y aurait alors une garantie exagérée et inutile qui porterait atteinte au crédit des maris et tuteurs et qui serait une entrave au commerce. En conséquence, elle permet de restreindre ces hypothèques à certains immeubles jugés suffisants pour assurer les droits des femmes et des mineurs.

« *Les parties majeures.* » La restriction de l'hypothèque étant toute dans l'intérêt du mari, il est généralement reconnu que la qualité de majeur n'est pas nécessaire. Mais faut-il que la femme soit majeure ? Le législateur a peut-être voulu dire *capable*. Cette interprétation serait fondée sur les art. 1309 et 1398. Comment admettre que la femme, qui peut donner tous ses biens à son mari par contrat de mariage, ne puisse pas consentir à la restriction de son hypothèque, sur les mêmes biens, pour lui en assurer la restitution?

Pour l'opinion contraire, on dit : que cet article renferme une application du principe de la loi *Julia*, qui permettait au mari d'aliéner les immeubles dotaux avec le consentement de sa femme et qui lui défendait l'hypothèque, ce qui peut se justifier. On craignait que la femme ne consentît plus facilement et plus légèrement une hypothèque qu'une aliénation qui la dépouillerait actuellement de tout ou partie de ses biens.

Le caractère de généralité de l'hypothèque légale ne pourra pas nuire longtemps au crédit du mari, puisqu'il peut la faire réduire pendant le mariage.

Mais pour que le tribunal puisse admettre la réduction, faut-il le consentement de la femme?

Pour la négative, on dit que la généralité de l'hypothèque de la femme enlève à la circulation tous les immeubles du mari ; qu'il importe de rendre libres au commerce ceux qui ne sont pas indispensables pour la sûreté de la dot. Comment admettre que la volonté du législateur, mue par ce motif qui est d'ordre public, fléchisse devant le refus peut-être capricieux de la femme? (Arrêt de Nancy.)

Cette opinion viole l'art. 2144, qui exige en termes exprès le consentement de la femme.

Le mari a une action en réduction d'après 2161 ; mais cette action n'est pas recevable tant que, d'après 2144, le mari n'arrive pas avec un acte d'adhésion de sa femme et un avis de parents. La femme a une hypothèque générale sur les biens de son mari ; or personne ne peut être contraint de renoncer à un droit acquis, donc, etc.; la loi n'exige pas que l'avis de la famille soit favorable. C'est au tribunal à vider le partage entre la femme qui consent et les parents qui désapprouvent. (Voy. cependant Tarrible, MM. Taulier et Troplong.)

Les formalités prescrites par cet article ne concernent que la renonciation à consentir dans l'intérêt du mari; elle ne s'applique pas à la renonciation à l'hypothèque légale que ferait la femme au profit d'un tiers.

Cette renonciation au profit d'un prêteur peut-elle être considérée comme équipollente à une cession ou à une subrogation d'hypothèque? (Voy. Proudhon, *Usuf.*, t. IV, p. 445; Troplong, n° 603; Duranton, t. XX, n° 71 et suiv.; voy. aussi M. Mourlon, dans son *Traité de la subrogation.*)

Lorsque la femme est mariée sous le régime dotal, elle ne peut renoncer à son hypothèque légale qu'autant qu'il n'en résulte pas de préjudice pour sa dot; la jurisprudence ne lui permet pas de la transférer.

Quant au droit de préférence que des créanciers subrogés, ou en faveur desquels une renonciation a été faite, pourraient obtenir sur les autres, selon certains auteurs, les difficultés qui en résultent sont prévenues par la loi nouvelle qui exige que cette cession ou renonciation soit faite par acte authentique, et ils n'en sont saisis à l'égard des tiers que par l'inscription de cette hypothèque prise à leur profit, ou par la mention de la subrogation en marge de l'inscription préexistante. Les dates des inscriptions ou mentions déterminent l'ordre dans lequel ces créanciers exercent les droits hypothécaires de la femme. (Voyez l'art. 9.)

Cette disposition est *juste*, parce que la dispense d'inscription est fondée sur des motifs personnels à la femme; elle est *utile*, parce qu'elle fixe le rang et la situation respective des créanciers, et établit la publicité de cette hypothèque.

2145. — « *Que contradictoirement avec lui.* » Le procureur impérial est, dans ce cas, partie principale, il agit dans un intérêt général et d'ordre public; il est le contradicteur du mari. On doit donc admettre qu'il peut appeler du jugement, contrairement à ce qui doit avoir lieu dans le cas de l'art. 2143, où il n'est que partie jointe, parce que le tuteur a pour contradicteur le subrogé tuteur.

La loi du 23 mars 1855 contient une innovation importante en ce qui concerne les hypothèques légales dispensées d'inscription. L'art. 8 exige que les hypothèques dont il s'agit soient inscrites dans l'année qui suit la cessation de l'incapacité des créanciers. Inscrites dans ce délai, elles produisent leur effet à dater des diverses époques désignées par le Code. (Voy. 2135.) Inscrites après ce délai, elles ne produisent leur effet qu'à compter de la date de leur inscription.

Si l'acte d'aliénation consenti par le propriétaire de l'immeuble hypothéqué a été transcrit après l'année expirée, l'inscription ne pourra plus être prise. C'est une satisfaction légitime donnée aux réclamations qu'avait soulevées la clandestinité de ces hypothèques après que l'incapacité du créancier avait cessé.

CHAPITRE IV.

DU MODE DE L'INSCRIPTION DES PRIVILÉGES ET HYPOTHÈQUES.

2146. — Cette disposition est modifiée par l'art. 448 du Code comm. D'après cette loi de 1838, les droits d'hypothèque ou de privilége, valablement acquis, pourront être inscrits jusqu'au jour du jugement déclaratif de la faillite, sauf la ressource de l'action révocatoire. (Voy. 1167.) Mais après, aucune cause de préférence ne peut être consentie au profit des créanciers du failli; leur sort est fixé pour éviter des collusions et des fraudes trop faciles.

Quant aux hypothèques et priviléges valablement acquis avant cette époque, mais non encore inscrits, l'inscription prise dans les dix jours qui précèdent la cessation des payements pourra être déclarée nulle s'il s'est écoulé plus de quinze jours entre la date du titre constitutif et celle de l'inscription. Cette disposition a pour but de prévenir une collusion qui doit être peu fréquente dans la pratique, et par conséquent peu dangereuse; car la prière adressée à un créancier par son débiteur, de ne pas s'inscrire, serait pour lui un motif très-légitime de se mettre promptement en règle.

« *N'est acceptée que sous bénéfice d'inventaire.* » Dans ce cas, il est probable que l'actif est au-dessous du passif, à plus forte raison si elle reste *vacante*. Il doit en être de même dans le cas de cession de biens. La loi n'a pas dû permettre à un créancier de se créer un droit de préfé-·rence au préjudice des autres; leur sort, leur position doivent être fixés. Nous n'appliquons pas cet article au cas de déconfiture; il n'en parle pas, quoique le Code l'ait mentionnée dans les art. 1276 et 2032. Elle n'est pas organisée comme la faillite, ni constatée. On n'en connaît pas la date.

Les auteurs se demandent s'il faut appliquer cette disposition à la succession échue à un mineur ou à un interdit, qui doit nécessairement être acceptée sous bénéfice d'inventaire. La discussion de cette question me paraît oiseuse; car si la succession est mauvaise, on se trouve avec le motif et dans le cas prévu par la loi : les inscriptions doivent être annulées; si elle est solvable, tous les créanciers seront payés sans cause de préférence.

Il faut remarquer que la faillite ou l'acceptation bénéficiaire ne sont pas un obstacle au renouvellement des inscriptions. La loi ne veut pas qu'un créancier puisse, dans cet état de choses, changer sa position au préjudice des autres; mais elle ne défend pas de conserver celle que l'on a à cette époque.

La prohibition écrite dans cet article est applicable aux priviléges. Ainsi, le vendeur d'un immeuble ne peut pas faire transcrire son contrat pour conserver son privilége postérieurement à la mort de l'acquéreur si la succession de ce dernier est bénéficiaire; mais alors il agira en résolution de la vente.

Un cohéritier ne peut pas faire inscrire son privilége sur les immeubles échus à son cohéritier si, celui-ci mort, sa succession est bénéficiaire.

Les ouvriers qui ont réparé un immeuble ne peuvent plus, après la mort du propriétaire dont la succession a été acceptée sous bénéfice d'inventaire, faire inscrire leurs procès-verbaux pour leur assurer un privilége sur la plus-value donnée à l'immeuble par leurs travaux. Ces principes sont rigoureux et peu conformes à l'équité.

2147. — Le motif de cet article est que l'on n'a pas voulu laisser au conservateur la faculté de déterminer un rang arbitraire en inscrivant, par exemple, des bordereaux apportés le soir avant ceux apportés le matin. (Voy. l'art. 2200.)

2148. — Cet article énumère les nombreuses formes exigées pour opérer l'inscription; mais quelles sont celles dont l'omission doit entraîner la nullité? Plusieurs systèmes ont été successivement adoptés et par les auteurs, et par les tribunaux. L'opinion qui doit mériter la préférence est celle-ci : il faut distinguer les formalités substantielles et les formalités secondaires ou accidentelles. Les premières sont la *désignation précise du débiteur de la somme due* et de *l'immeuble hypothéqué.* Ces trois indications constituent la publicité et la spécialité de l'hypothèque, et leur accomplissement garantit les tiers de tout préjudice.

2151. — Le principe de la publicité s'opposait à ce que le créancier, inscrit pour un capital produisant intérêts ou arrérages, le fût pour un nombre infini d'années à échoir.

« *Pour deux années seulement.* » Il faut observer que ce sont deux années quelconques à prendre sur le nombre total des années d'intérêts ou d'arrérages. L'intention du législateur a été de fixer la dette à l'égard des tiers pour ne pas rendre illusoire la publicité.

Les intérêts des sommes dues aux mineurs et aux femmes mariées se conservent comme le capital pour toutes les années qui peuvent être dues.

L'art. 2151 est-il applicable aux priviléges? J'en excepte celui du vendeur. (Voy. 2105 de ce commentaire.)

Négative. La loi ne parle que d'*hypothèque*; la restriction de cet article est une exception au principe : *Accessorium sequitur principale*, et une exception ne s'étend pas.

Affirmative. Les motifs qui ont fait restreindre l'effet de l'inscription à deux années et à l'année courante s'appliquent aux priviléges comme à l'hypothèque; d'ailleurs l'article se trouve dans une section qui s'applique aux uns et aux autres. Et s'il n'a désigné que l'hypothèque, c'est que ce mot est générique et s'applique à l'hypothèque privilégiée comme à l'hypothèque simple dans la pensée du législateur.

2154. — « *Pendant dix années.* » Le but de cet article est de faciliter au conservateur la recherche des inscriptions. Il était à désirer qu'il fût possible d'épargner aux créanciers le soin d'un renouvellement, puisque l'inaccomplissement de cette formalité leur a souvent fait perdre le montant de leur créance; l'obligation peut se prolonger longtemps, soit par des actes conservatoires, soit par une suite de minorités, ce qui, dans des registres si nombreux, rendrait trop difficile la délivrance d'un certificat d'inscriptions.

Le jour *a quo* n'est pas compris dans les dix ans, mais le jour *ad quem* en fait partie; ainsi une inscription prise le 1er septembre 1845 pourra être renouvelée le 1er septembre 1855 et non le 2. Cette opinion est controversée.

On peut, et il faut renouveler son inscription après la faillite du débiteur, après sa mort, même quand sa succession est bénéficiaire ou reste vacante. Le créancier peut conserver une position acquise. Dans ce cas, l'inscription n'a pas produit son effet légal; les immeubles hypothéqués ne sont pas encore convertis en une somme d'argent.

Les créanciers doivent être dispensés de renouveler leurs inscriptions après l'adjudication de l'immeuble hypothéqué, à la suite d'une saisie immobilière; dans une vente volontaire, après que les tiers détenteurs ont fait les notifications prescrites par l'art. 2183 pour purger les hypothèques. Il y a de nombreuses controverses à cet égard.

Les inscriptions hypothécaires prises au profit des sociétés de crédit foncier sont dispensées, pendant toute la durée du prêt, du renouvellement décennal prescrit par cet article. (Voy. l'art. 47 du décret du 28 février 1852.)

CHAPITRE V.
DE LA RADIATION ET RÉDUCTION DES INSCRIPTIONS.

2157 et **2158**. — Il y a deux sortes de radiation d'inscriptions; elle est *volontaire* quant le créancier y consent librement; *forcée*, quand elle est ordonnée par la justice.

Radier, c'est mettre en marge: l'inscription ci-contre est rayée en vertu de tel acte; il n'y a pas de radiation matérielle, parce qu'elle pourrait être nulle.

Pour consentir valablement la radiation, il faut avoir la capacité de disposer de la créance pour sûreté de laquelle l'inscription a été prise. Ainsi une femme séparée de biens peut donner mainlevée d'une inscription hypothécaire, puisqu'elle peut donner quittance valable du remboursement de ses capitaux. Le tuteur peut consentir à la radiation sans une autorisation du conseil de famille, parce qu'il a qualité pour recevoir un payement dans l'intérêt de son mineur.

La radiation volontaire doit être consentie par un acte authentique dont il reste minute, puisque la loi exige ici le dépôt d'une expédition.

La radiation judiciaire ne peut être opérée qu'en vertu d'un jugement en dernier ressort ou passé en force de chose jugée, c'est-à-dire qui n'était pas ou qui n'est plus susceptible d'opposition ou d'appel.

2159. — Voyez les art. 548, 549 et 550 du Code de procédure.

2160. — L'expédition du jugement et les certificats de l'avoué et du greffier restent entre les mains du conservateur pour mettre à couvert sa responsabilité.

Le tribunal doit ordonner la radiation lorsque l'hypothèque pour laquelle on a pris inscription n'existe pas ; lorsqu'elle a cessé d'exister par le payement ou tout autre mode d'extinction, par la purge ou la prescription.

Le tribunal compétent est celui de la situation de l'immeuble hypothéqué, ou celui devant lequel les parties sont en instance pour la liquidation ou l'exécution de la créance (une action en garantie par exemple), ou celui fixé par la convention des parties.

2161 et **2162.** — A la différence de la demande en radiation, qui peut être formée par le tiers détenteur de l'immeuble grevé et par tout créancier intéressé à faire valoir la nullité de l'inscription, la demande en réduction d'hypothèque ne peut être formée que par le débiteur.

Le principe de la réduction s'applique spécialement à l'hypothèque judiciaire et légale.

La demande en réduction serait peut être admissible dans le cas prévu par l'art. 2130. M. Duranton ne l'admet pas ; Merlin et M. Toullier sont d'une opinion contraire.

« *Sur plusieurs domaines différents.* » Pour qu'il y ait réduction, il faut que l'hypothèque porte sur plusieurs immeubles ; c'est sans doute en vertu du principe de l'indivisibilité de l'hypothèque, qui ne permet pas de distinguer dans un immeuble la partie que l'hypothèque doit atteindre. Une raison meilleure, c'est que quand l'hypothèque frappe sur plusieurs immeubles et que le débiteur est forcé de les aliéner, il serait obligé de rembourser la créance quoique non exigible, ou de laisser, entre les mains de chaque tiers acquéreur, toute la somme due qui deviendrait indisponible pour lui lorsqu'il peut avoir besoin d'argent comptant, et multiplier inutilement des gages entre les mains de tous les acquéreurs de fonds hypothéqués.

L'art. 2165 indique la manière d'apprécier les immeubles sans imposer aux tribunaux des règles absolues; il a exclu la voie de l'expertise, sans doute comme étant trop dispendieuse.

2163. — Ce texte se réfère à l'art. 2132. Il est à craindre que le créancier ne fasse une évaluation trop élevée, et il n'était pas inutile que le législateur déclarât l'inscription de l'hypothèque générale réductible, alors même qu'elle sert de garantie à une créance indéterminée. On aurait pu soutenir que le vague de la créance ne permet pas d'arriver à une connaissance positive de l'exagération dans les inscriptions; mais s'il est juste d'interdire toute réduction lorsque l'étendue de l'hypothèque a été fixée par la convention des parties, il n'est pas moins équitable d'admettre d'autres principes lorsque, par l'indétermination primitive de la dette, le créancier l'a fixée par aperçu. Dans ce cas, comme l'événement peut prouver qu'il a exagéré ce qui pouvait lui être dû, le débiteur peut obtenir une réduction des inscriptions déjà prises.

CHAPITRE VI.

DE L'EFFET DES PRIVILÉGES ET HYPOTHÈQUES CONTRE LES TIERS DÉTENTEURS.

2166. — « *Les créanciers ayant privilége ou hypothèque inscrite.* » L'hypothèque, comme *droit réel*, produit deux effets : un droit de préférence sur le prix de l'immeuble hypothéqué et un *droit de suite.* Ce dernier consiste dans la faculté pour le créancier privilégié ou hypothécaire de considérer encore comme son gage l'immeuble sorti des mains du débiteur et d'en poursuivre la vente contre le tiers possesseur; pour en jouir, il faut être inscrit avant l'aliénation. Le Code civil a été modifié sous ce point de vue par l'art. 834 du Code de proc., qui accorde quinze jours à compter de la transcription faite par le tiers acquéreur pour prendre inscription.

D'après la loi nouvelle, les créanciers privilégiés où hypothécaires, aux termes des art. 2123, 2127 et 2128 du Code Nap., ne peuvent utilement prendre inscription sur le précédent propriétaire à partir de la transcription ; les art. 834 et 835 du Code de proc. sont abrogés. (Voy. les art. 1er et 7.)

L'art. 2166 ne s'applique pas aux hypothèques légales des femmes et des mineurs. (Voy. 2193, qui déclare que les immeubles passent à l'acquéreur grevés de ces hypothèques même non inscrites, et 2194 qui établit le mode de les purger.)

Si le débiteur grève d'usufruit l'immeuble hypothéqué, le créancier exercera son droit de suite sur l'usufruit, qui est un droit réel immobilier et susceptible d'expropriation (2204).

Il en serait de même si le débiteur avait établi sur l'immeuble grevé des droits de superficie et d'emphytéose, si l'on considère ce dernier droit comme réel immobilier, mais non des droits d'usage et d'habitation qui sont incessibles. Les créanciers auraient la ressource des art. 1188 et 1167, où la constitution des droits d'usage et d'habitation sera considérée comme non avenue à l'égard des créanciers hypothécaires.

2167 et **2168**. — Il résulte de ces deux textes que le tiers détenteur est *tenu* de *purger*, de *délaisser* ou de payer le montant intégral des créances inscrites.

Le tiers possesseur qui paye les créanciers inscrits est subrogé légalement dans tous leurs droits. (Voy. 1251.)

Par cette subrogation, il peut agir non-seulement contre le débiteur principal et ses cautions, mais encore contre les autres détenteurs de biens soumis à l'hypothèque. (Voy. Zachariæ, arg. de 1214, 1221, 1225 et 2033.)

2169. — Si le tiers détenteur ne réalise aucun des partis que lui offre la loi, cet article indique les formes au moyen desquelles le créancier hypothécaire ou privilégié exerce le droit de suite.

Le commandement fait au débiteur originaire est une mesure rationnelle; il faut le prévenir que le tiers détenteur reste dans l'inaction et ne fait rien pour se libérer. Le débiteur averti voudra peut-être lui-même éteindre la dette pour éviter l'expropriation.

La sommation est aussi une formalité utile; elle constate que le tiers détenteur n'a ni purgé, ni délaissé, ni payé.

La loi n'indique pas l'ordre dans lequel le commandement et la sommation doivent être signifiés; mais le débiteur originaire étant le principal obligé, il est plus logique de commencer par le commandement.

2170 et **2171.** — « *En requérir la discussion*, etc. » En invoquant ce bénéfice, le tiers détenteur arrête l'effet de la sommation qui lui a été signifiée par le créancier; mais il faut qu'il ne soit pas personnellement obligé à la dette, il faut qu'il ne soit ni héritier, ni légataire universel ou à titre universel, ni codébiteur solidaire ou conjoint, ni caution du débiteur primitif.

L'exception de discussion a pour objet de renvoyer le créancier a faire vendre les autres immeubles hypothéqués à la sûreté de sa créance, et qui seraient demeurés en la possession du débiteur, de ses cautions ou du tiers qui a constitué l'hypothèque. (Voy. M. Troplong.)

Le tiers détenteur ne peut opposer le bénéfice de discussion que pour résister aux effets d'une hypothèque générale; si l'immeuble sur lequel il est poursuivi est grevé d'une hypothèque spéciale, cet immeuble est le gage particulier du créancier; la convention tient lieu de loi entre les parties. Il en est de même à l'égard du créancier privilégié.

Il peut aussi opposer à l'action des créanciers soit l'exception de garantie, soit celle appelée *cedendarum actionum* qui est admise, lorsque le créancier a par son fait rendu impossible la subrogation dans ses droits contre le débiteur. (Voy. M. Troplong.)

2172. — « *Quant au délaissement par hypothèque.* » Le délaissement est l'abandon de la possession. Le tiers acquéreur reste propriétaire tant que l'immeuble n'a pas été exproprié. De là les conséquences suivantes :

2173 et 2174. — 1° Le tiers détenteur peut, jusqu'à l'adjudication, reprendre l'immeuble en payant la dette et les frais.

2° Si l'immeuble vient à périr par cas fortuit avant l'adjudication, il périt pour l'acquéreur. (Voy. Pigeau et Delvincourt.) M. Duranton accorde à l'acquéreur un recours en garantie contre le vendeur auquel par conséquent il fait supporter la perte. L'opinion contraire est rigoureuse pour l'acquéreur ; mais les principes paraissent conduire à son adoption.

3° Si le prix d'adjudication est supérieur au montant des créances hypothécaires, l'excédant reste au délaissant.

Le délaissement ne peut être fait que par une personne capable de disposer de l'immeuble, parce que c'est un acheminement à l'aliénation qui résulte de l'expropriation.

« *Personnellement obligés à la dette.* » (Voy. notre article 2170.)

2175.— « *Mais il ne peut répéter ses impenses.* » Jouit-il d'un privilége ? la loi ne le lui accorde pas, et les priviléges doivent être écrits dans la loi. Il pourrait avoir le droit de rétention ; et cependant le texte donne seulement un droit de *répétition*, une créance ordinaire, sans doute, pour ne pas paralyser l'exercice des actions hypothécaires et entraver l'exécution de l'art. 2169. Mais, comme il est responsable envers les créanciers des détériorations provenant de son fait ou de sa négligence, par compensation, ils doivent être considérés comme débiteurs personnels des impenses et améliorations qu'il a faites; il aura donc le droit de saisir et arrêter le prix d'adjudication dans la limite de la plus-value résultant de ses impenses, et de prélever sur le prix le montant de ses répétitions. La plus-value n'est pas le gage des créanciers hypothécaires, autrement ils s'enrichiraient aux dépens du détenteur. (Voy. M. Mourlon dans son examen critique sur M. Troplong.)

C'est une question de savoir si cet article s'applique aux impenses nécessaires, comme aux impenses utiles; il paraît n'accorder au tiers détenteur que le droit de réclamer la plus-value résultant des impenses. Cependant, d'après les principes généraux du droit; la justice et l'équité qui ne permettent pas de s'enrichir aux dépens d'autrui, l'acquéreur nous paraît fondé à réclamer tout ce qu'il a dépensé pour *conserver* l'immeuble hypothéqué.

Le tiers détenteur ne compense pas les améliorations avec les fruits; il est propriétaire, il les gagne *jure domini*. (Voy. notre article 548.)

2176. — « *Qu'à compter de la sommation*, etc. » Depuis cette époque, les fruits sont immobilisés pour être distribués avec le capital entre les créanciers privilégiés ou hypothécaires. (Voy. 689 Code de proc. Voy. M. Duranton.)

L'art. 682 du Code de proc. présente comme moment de l'immobilisation des fruits, celui de la transcription de la saisie; cette contradiction n'est qu'apparente. L'article 2176 suppose que la saisie a été pratiquée sur le tiers détenteur; et l'autre sur le débiteur lui-même.

« *Renaissent*. » Si les inscriptions ont été renouvelées en temps opportun et pendant la possession. (Voy. M. Troplong.)

2177. — « *Qui sont inscrits*. » Après la transmission de l'immeuble au tiers détenteur, les créanciers des précédents propriétaires sont privés du droit de s'inscrire d'après l'art. 2466, après la quinzaine de la transcription par l'art. 834 du Code de proc. ; et après la transcription du titre translatif de propriété, d'après la loi nouvelle. Alors, les créanciers personnels du tiers détenteur doivent leur être préférés, mais s'ils sont inscrits comme le veut la loi, ils priment ces derniers.

Le tiers détenteur accorde des hypothèques ; ses créanciers personnels s'inscrivent avant que des créanciers du précédent propriétaire aient pris inscription dans la quinzaine de la transcription, les créanciers personnels du tiers acquéreur l'emporteront sur ceux du précédent propriétaire inscrits après eux. En effet, le délaissement ne détruit pas les hypothèques consenties par le tiers détenteur, il ne constitue pas une aliénation, on ne peut donc pas appliquer la maxime : *resoluto jure dantis*, etc. Or, d'après la règle posée par l'art. 2134 entre créanciers, l'hypothèque n'a de rang que du jour de l'inscription. (Voy. Tarrible, MM. Persil, Dalloz et Troplong.)

2178. — « *A le recours en garantie tel que de droit.* » Si c'est un acheteur, conformément aux art. 1630 et 1631 du Code ; si c'est un donataire, en payant la dette du donateur, il acquiert l'action *negotiorum gestorum*, et il est d'ailleurs subrogé aux droits du créancier. (Voy. 1251, 2° et 3°.)

L'action en garantie est plus complète que celle-ci. Comme exception au principe que le donateur n'est pas tenu de la garantie proprement dite, voyez les art. 1440 et 1547.

CHAPITRE VII.

DE L'EXTINCTION DES PRIVILÉGES ET HYPOTHÈQUES.

2180. — Les priviléges et hypothèques s'éteignent :

1° *Par l'extinction de l'obligation principale.* Il est possible que la créance soit éteinte, et que l'hypothèque subsiste ; dans le cas de novation, par exemple, lorsque le créancier réserve les hypothèques attachées à l'ancienne obligation, pour garantir le payement de la nouvelle.

Il en est de même dans le cas de payement avec subrogation, au moins dans l'opinion des jurisconsultes qui pensent que la subrogation est l'attribution à la seconde créance des garanties de la première dont le payement opère l'extinction.

La *datio in solutum* éteint la créance et l'hypothèque, comme le payement. Mais si le créancier est évincé, l'obligation avec son hypothèque subsistera, il n'y a pas eu extinction de la dette, puisque le créancier n'a rien reçu, rien acquis, en compensation de sa créance ; il n'y a eu qu'une apparence de payement qui ne doit produire aucun effet ; si la caution est libérée, lorsque le créancier est évincé de la chose qu'il a reçue *in solutum*, c'est une faveur que la loi a voulu lui accorder pour les services qu'elle rend au crédit public en s'obligeant gratuitement pour autrui. D'ailleurs, elle a dû se croire libérée, et par conséquent, cesser toute surveillance du débiteur. C'est donc une disposition exceptionnelle qu'il ne faut pas étendre. Cette doctrine est controversée. (Voy. M. Troplong.)

2° *Par la renonciation*, etc. *tacite*. Lorsque le créancier capable d'aliéner consent expressément à l'aliénation de l'immeuble hypothéqué ou même à une nouvelle hypothèque sur cet immeuble sans réserver son droit.

S'il a reçu comme notaire l'acte de vente ou s'il l'a signé comme témoin, on ne peut en conclure la remise de son hypothèque, à moins peut-être que l'acte ne renferme la clause que l'immeuble est franc et quitte.

L'hypothèque s'éteint par la perte de la chose arrivée par cas fortuit : si, par la faute du débiteur (voy. 1188).

Les créanciers auraient-ils leur rang hypothécaire sur la somme due par les assureurs après l'incendie de la maison hypothéquée? Question controversée. Nous adoptons la négative, parce que la somme due par la compagnie d'assurance, ne constitue pas le prix de la maison, ce n'est qu'une indemnité qui est le résultat d'un contrat spécial ;

c'est la représentation des dividendes payés chaque année par l'assuré. Pour éviter les chances d'un procès, le créancier doit se faire céder les droits de son débiteur à la prime. (Voy. MM. Taullier et Troplong.)

3° *Par la prescription.* La loi en fait une mention spéciale, parce qu'elle ne veut plus que le droit accessoire se prolonge après l'expiration du temps fixé pour la prescription de l'action personnelle, comme cela avait lieu en droit romain et dans notre ancienne jurisprudence; et d'autre part, pour marquer la différence qui existe entre le temps de la prescription contre le débiteur et contre le tiers détenteur.

Il faut donc faire une distinction : si les biens hypothéqués sont dans les mains du débiteur, la prescription lui est acquise par le laps de temps requis pour la prescription de la créance. Ainsi, la créance résultant d'un prêt se prescrit par trente ans, l'hypothèque qui en est l'accessoire et qui en garantit le payement est prescrite par le même laps de temps.

L'hypothèque légale du mineur se prescrit par dix ans parce que son action contre son tuteur se prescrit par dix ans. (Voy. 475.) L'hypothèque accordée au propriétaire pour lui garantir le payement de ses loyers ou fermages, se prescrit par cinq ans. (Voy. 2277.) Si l'obligation est à terme ou conditionnelle, la prescription ne courra que du jour de l'arrivée du terme ou de l'événement de la condition. (Voy. 2257.) Si le créancier est mineur ou interdit, elle ne courra que du jour de la majorité ou de la levée de l'interdiction (Voy. 2252.)

Si l'immeuble est possédé par un tiers, et qu'il l'ait reçu *a domino*, il prescrit l'affranchissement de l'hypothèque. S'il l'a reçu *a non domino*, ou s'il s'est mis en possession sans titre, il prescrit et la propriété et l'affranchissement de l'immeuble hypothéqué.

Le temps nécessaire pour prescrire l'hypothèque est celui exigé pour prescrire la propriété, ce qui ne veut pas dire que l'hypothèque sera nécessairement prescrite en même temps que la propriété, puisque le point de départ des deux prescriptions n'est pas le même. En effet, la prescription de la propriété court du jour de la possession; celle de l'hypothèque du jour de la transcription du titre. Ensuite, si le propriétaire habite dans le ressort de la Cour où l'immeuble hypothéqué est situé, et le créancier hors du ressort, le tiers détenteur prescrira contre l'un la propriété par dix ans, et contre l'autre l'hypothèque par vingt ans. (Voy. 2265.) Il en est de même de l'hypothèse inverse.

Si le créancier est mineur ou interdit, la prescription de la propriété courra contre le propriétaire, et elle sera suspendue contre le créancier hypothécaire, jusqu'à sa majorité ou la levée de l'interdiction.

Si le tiers détenteur possède sans titre ou avec titre, mais de mauvaise foi, et il sera censé de mauvaise foi vis-à-vis des créanciers, quand au moment de l'aliénation il aura connu les hypothèques qui grevaient l'immeuble, il ne prescrira la propriété et l'hypothèque que par trente ans (voy. 2262), et la prescription de l'hypothèque pourra être accomplie en même temps; mais elle peut être acquise à une époque bien antérieure, comme accessoire d'une créance éteinte par une prescription plus courte. (Voy. nos articles cités.)

La prescription de l'hypothèque par le possesseur de l'immeuble étant *afin d'acquérir*, court contre le créancier conditionnel ou à terme. Le tiers détenteur est étranger à la créance et à ses modalités, et le créancier peut interrompre la prescription contre lui. (Voy. l'art. 1180.) L'article 2257 s'applique entre le créancier et le débiteur, à la prescription *afin de se libérer*. (Voy. cet article dans notre commentaire.)

« *Les inscriptions prises*, etc. » L'inscription n'est pas une action, ce n'est qu'un avertissement pour le public de l'existence de l'hypothèque. Pour conserver le droit que l'inscription annonce, il faut l'exercer ; si l'on ne poursuit que le débiteur direct, on ne produit pas d'interruption de prescription à l'égard du tiers détenteur. On admet qu'elle est interrompue par la sommation faite en vertu de 2169, par une assignation en reconnaissance du droit d'hypothèque, ce que l'on appelait sous l'empire des coutumes, *action en interruption*, ou par une reconnaissance volontaire.

CHAPITRE VIII.
DU MODE DE PURGER LES PROPRIÉTÉS DES PRIVILÉGES ET HYPOTHÈQUES.

2181. — « *Purger*, » c'est libérer un immeuble des priviléges et hypothèques dont il est grevé, par le payement des créanciers jusqu'à concurrence du prix d'acquisition, après l'accomplissement de certaines formalités.

Le but de la purge qui déroge à la convention des parties et aux règles qui établissent les hypothèques légales et judiciaires, est de rendre la circulation des biens plus facile et plus sûre ; de donner aux acquéreurs le moyen de s'assurer une possession paisible en se mettant à l'abri de toute poursuite ultérieure.

« *Les contrats translatifs*, etc. » La loi aurait dû parler de *titre* en général ; car si la propriété est transmise par testament, le légataire particulier devra faire transcrire l'acte testamentaire.

« *Seront transcrits.* » Effets juridiques de la transcription sous l'empire du Code :

1° Dans les donations d'immeubles, elle est nécessaire pour transférer la propriété à l'égard des tiers. (Voy. les art. 939, 944, 1069 et 1070.)

2° Elle conserve le privilége du vendeur.

3° Elle fixe le point de départ de la prescription de l'hypothèque au profit du tiers détenteur qui a juste titre et bonne foi.

4° Elle est la première formalité à remplir pour arriver à la purge des hypothèques.

5° Elle autorise le tiers détenteur à requérir du conservateur un certificat équivalent à un purgement à l'égard des hypothèques qui n'y sont pas mentionnées.

6° Elle fait courir le délai de quinzaine après lequel les créanciers du précédent propriétaire ne sont plus admis à s'inscrire. (Voy. 834 Code de proc.)

D'après la loi nouvelle qui ne sera exécutoire qu'à dater du 1er janvier 1856, la transcription est nécessaire pour transférer tous droits réels à l'égard des tiers, même *ceux* résultant d'une antichrèse, d'un bail de plus de dix-huit ans, etc. (Voy. les art. 1er et 2 de cette loi.)

2482.—Les formalités requises pour parvenir à la purge des hypothèques sont énumérées dans les art. 2482 et suivants. Le tableau sur trois colonnes est la partie vraiment utile de la notification. Il donne à chacun des créanciers inscrits le moyen de connaître le rang qu'il occupe, de voir ce qui est dû à ceux qui les précèdent, et de savoir s'ils ont quelque chance d'être payé sur le prix de l'immeuble, ou sur l'évaluation qui lui est donnée par le tiers détenteur, si c'est un donataire ou un coéchangiste, et, par conséquent, s'ils ont quelque intérêt à surenchérir.

Les servitudes ne sont pas susceptibles de purge légale, elles ne peuvent exister sans le fonds en faveur duquel elles sont établies; le propriétaire du fonds servant seul peut en faire le rachat, il en est de même d'un droit d'usage et d'habitation.

Il est reconnu que l'adjudication sur expropriation purge les hypothèques établies sur l'immeuble; le motif en est: que l'expropriation se fait avec une grande publicité; les affiches et notifications font présumer que tous les créanciers connaissent les poursuites, elles les avertissent que les hypothèques vont se convertir en droit sur le prix. (Voy. l'art. 695 Code de proc.)

On doit encore considérer comme purgeant de plein droit, les adjudications par surenchère à la suite de vente volontaire ; car ces adjudications ont lieu suivant les formes établies pour les expropriations forcées. (Voy. les articles 2183 et 2187.)

Il faut appliquer ces solutions aux ventes sur expropriation pour cause d'utilité publique, mais non aux ventes des biens des mineurs ou interdits, des immeubles dotaux, etc., quoique faites en justice. Les créanciers hypothécaires ne sont pas appelés à ces ventes qui ne se poursuivent que dans l'intérêt des propriétaires ; les créanciers ne sont pas touchés directement par les publications, comme ils le sont par les notifications dans la procédure sur expropriation forcée, ils peuvent encore les ignorer ; il faut donc remplir les formalités requises pour la purge.

Lorsqu'un immeuble a été l'objet de plusieurs ventes successives, le dernier acquéreur qui veut purger, doit-il faire transcrire non-seulement son acte, mais encore ceux qui ont précédé le sien, ou bien la loi se contente-t-elle de la transcription du titre qui lui confère la propriété ?

Plusieurs auteurs font une distinction : ou le dernier acte rappelle tous les précédents vendeurs et alors la transcription qui en est faite suffit pour avertir les créanciers. Dans le cas contraire, il faut transcrire tous les actes antérieurs. (Voy. Tarrible, Grenier, Merlin et Delvincourt.)

La Cour de cassation décide que la transcription du dernier acte suffit pour mettre en demeure les créanciers, et que s'ils laissent écouler le délai de quinzaine sans s'inscrire, ils sont déchus. Cette question, qui a une grande importance sous le Code de procédure, la perd sous l'empire de la loi nouvelle. (Voy. M. Troplong.)

2184 et 2185. — « *Du prix.* » Le prix se compose de ce que l'acheteur doit payer au vendeur et *les charges du prix*, de ce que l'acheteur est tenu de payer en vertu d'une convention, pour en libérer le vendeur ; comme une rente via-

gère établie au profit d'un tiers, les frais de la délivrance, etc. (Voy. M. Troplong.)

« *Ou non exigibles.* » Ce sont les créances à terme déterminées ou indéterminées, les créances conditionnelles,
le capital des rentes appelées autrefois foncières et des
rentes constituées. Mais non des rentes viagères qui n'ont
pas de capital, et dont l'immeuble ne peut jamais être
purgé. (Voy. 1979.)

2186. — « *Qui seront en ordre de recevoir.* » Ce qui présente de nombreux embarras dans la pratique : 1° s'il s'agit
de concilier l'intérêt des créanciers à hypothèques spéciales,
avec les hypothèques générales ; 2° lorsqu'il s'agit de satisfaire des mineurs, des femmes mariées dont les droits ne
sont pas ouverts ; 3° quand il s'agit de créances conditionnelles ; 4° de rentiers viagers. Pour la solution de ces difficultés, voyez MM. Troplong, Persil et Duranton.

2187, 2188, 2189. — Lorsque l'acquéreur est déposs-
sédé, il doit être absolument indemne ; par conséquent
l'adjudicataire doit lui rembourser les frais et loyaux coûts,
les impenses et améliorations qui ont donné une plus-value
à l'immeuble.

« *N'est pas tenu de faire transcrire,* » parce que l'adjudication ne le rend pas propriétaire, parce qu'il avait la
propriété en vertu de son contrat d'acquisition.

Il semble résulter de l'article 2189, par un argument
à contrario, que la transcription est nécessaire quand l'adjudicataire est un étranger ! mais la conséquence serait
fausse. On ne purge pas deux fois les hypothèques et la
transcription n'est pas sous le Code Napoléon comme sous
la loi de brumaire an 7, nécessaire pour transférer la propriété. Mais d'après la loi nouvelle, l'étranger adjudicataire sera forcé de transcrire pour être propriétaire à l'é-
gard des tiers.

2190 et 2191. — « *Tel que de droit.* » L'acquéreur évincé
par une surenchère a son recours contre le vendeur, non-

seulement pour obtenir de lui le prix qu'il a déboursé, mais encore à titre d'indemnité, la différence entre la valeur lors de l'acquisition et la valeur lors de l'aliénation. Le vendeur devait payer les créanciers hypothécaires ; s'il ne le fait pas, l'éviction procède de sa faute, il doit donc des dommages-intérêts. (Voy. 1630 et 1633.) Ce point est controversé. (Voy. Troplong.)

Le tiers détenteur qui, pour conserver l'immeuble, s'est rendu adjudicataire, a un recours à exercer contre son vendeur. S'il est donataire, il aura l'action *neg. gest.* contre le donateur, si les dettes acquittées avec le prix d'adjudication sont les siennes ; dans le cas contraire, contre le débiteur de ces dettes.

Le tiers détenteur adjudicataire conserve tout ce qui reste du prix d'adjudication après le payement des créanciers hypothécaires, sans que les créanciers chirographaires puissent y prétendre quelque droit ; ils n'ont de droit que sur le prix tel qu'il a été fixé par le contrat, et ce prix a été absorbé par les créances hypothécaires.

CHAPITRE IX.

DU MODE DE PURGER LES HYPOTHÈQUES QUAND IL N'EXISTE PAS D'INSCRIPTIONS SUR LES BIENS DES MARIS ET DES TUTEURS.

2193. — Le mode de purger dont le chapitre VIII trace les règles, suppose que les hypothèques sont inscrites, puisqu'il consiste dans des notifications faites aux créanciers, au domicile élu dans leurs inscriptions ; il est donc inapplicable à celles de la femme mariée, du mineur et de l'interdit, qui en sont dispensées, à moins, qu'en fait, elles n'aient été inscrites par les personnes qui en sont chargées. (Voy. 2136 et 2139.) Et encore dans ce cas, en doctrine, comment purger les hypothèques des mineurs et des interdits qui peut-être ne sont pas encore créanciers, et lorsque d'un autre côté, personne n'est chargé de requérir pour eux la surenchère ; mais comme l'acquéreur ne peut pas être indéfiniment exposé au danger d'une éviction, ce chapitre a pour but de donner aux détenteurs les moyens d'éteindre les hypothèques qui peuvent être clandestines.

2494 et **2495**. — « *Ils passent à l'acquéreur sans aucune charge.* » Lorsqu'il n'a pas été pris d'inscription du chef des mineurs, interdits, femmes mariées, dans le délai de deux mois, ils ont perdu tout droit de suite contre l'acquéreur ; mais conservent-ils un droit de préférence sur le prix non payé ? Cette question est importante pour l'affirmative que nous avons adoptée. (Voy. nos art. 2108 et 2109.) On dit :

Les formalités qui mettent les mineurs, les interdits et les femmes mariées en demeure de s'inscrire, sont accomplies par le tiers détenteur dans son seul intérêt ; c'est pour n'avoir plus à redouter une action hypothécaire, mais *entre les créanciers*, l'hypothèque des femmes, etc., existe indépendamment de toute inscription. (Voy. 2435 ; voy. M. Persil et Troplong, Zachariæ et Delvincourt.) La Cour de cassation a décidé que le droit de préférence est éteint comme le droit de suite.

« *Seront rayées.* » Cette radiation peut avoir lieu sans imprudence, lorsque les créances de la femme et du mineur, existantes et déterminées, sont supérieures au prix de l'immeuble. Mais elle ne doit pas avoir lieu, si elles sont éventuelles et indéterminées ; peut-être les créanciers postérieurs pourraient-ils être colloqués conditionnellement pour le cas où la fixation ultérieure de ces créances laisserait disponible en leur faveur une partie du prix, mais en donnant caution de le restituer.

CHAPITRE X.

DE LA PUBLICITÉ DES REGISTRES ET DE LA RESPONSABILITÉ DES CONSERVATEURS.

2496 et **2497**. — La publicité est un élément essentiel du système hypothécaire, c'est pourquoi la loi a donné à

toute personne le droit de consulter les registres sur lesquels sont transcrits les actes translatifs de propriété, et
inscrits les priviléges et hypothèques, afin qu'elle puisse
apprécier sûrement la solvabilité, et par conséquent le
crédit que méritent les tiers avec lesquels elle veut contracter.

La responsabilité des conservateurs est la garantie de
cette publicité. (Voy. l'art. 2197.)

Il faut évidemment assimiler au cas d'omission, la radiation faite contre le prescrit de la loi.

Il en serait de même si le registre ne reproduisait pas
exactement le contenu aux bordereaux.

2498. — Cet article, qui n'est pas en harmonie avec les
autres dispositions du Code sur la transmission de propriété, se trouve conforme au système de la loi nouvelle,
qui exige la transcription comme moyen de transférer la
propriété à l'égard des tiers. Sous le Code Napoléon, on
peut s'inscrire jusqu'à la transcription, et d'après l'art. 834
du Code de procédure, quinzaine après.

Le législateur a fait prévaloir la bonne foi de l'acquéreur
sur le droit du créancier; il réserve seulement à celui-ci,
outre son recours contre le conservateur, le droit de se
présenter à l'ordre tant que le prix n'est pas payé ou
l'ordre homologué, mais, pour qu'il en soit ainsi, il faut
que l'acquéreur ait déjà, lors de la réquisition du certificat, manifesté par la transcription la volonté de purger.
C'est un des cas où le droit de préférence survit au droit
de suite.

Les articles suivants n'ont pas besoin de commentaire.

Un décret du 28 février 1852 est venu apporter des modifications importantes au régime hypothécaire, en faveur
des sociétés de crédit foncier. (Voy. le texte de ce décret.)

TITRE XIX.

DE L'EXPROPRIATION FORCÉE ET DES ORDRES ENTRE LES CRÉANCIERS.

CHAPITRE PREMIER.

DE L'EXPROPRIATION FORCÉE.

2204. — Le nom d'expropriation forcée pourrait convenir à toute vente des biens d'un débiteur poursuivie à la requête de ses créanciers, mais sous cette dénomination, le Code Napoléon désigne spécialement la vente forcée des immeubles.

A l'énumération de cet article, il faut ajouter :

1° Les mines, envisagées comme immeubles distincts du fonds dans lequel elles se trouvent ;

2° Les actions immobilisées de la Banque de France, celles de la compagnie des canaux d'Orléans et de Loing.

« *De l'usufruit*, etc. » Nous ne considérons pas comme telles la jouissance légale des père et mère sur les biens de leurs enfants (voy. 381), ni celle du mari sur les biens propres de sa femme (voy. 1530, 1549), jouissance qui ne leur est point attribuée dans leur intérêt exclusif, mais avec une destination spéciale qui exclut toute autre affectation.

Les droits d'usage et d'habitation sont des droits immobiliers, mais ils sont incessibles et insaisissables, comme essentiellement attachés à la personne, et, dès lors, ils ne peuvent être l'objet d'une expropriation.

L'emphitéose, considérée comme droit immobilier, doit être saisie immobilièrement.

Les servitudes, considérés isolément, détachées de l'immeuble en faveur duquel elles sont établies, n'existent plus, elles ne peuvent être saisies qu'avec l'immeuble dont elles font nécessairement partie.

Mais les actions qui tendent à revendiquer un immeuble, telles que l'action en rescision pour lésion, en réméré, en revendication, en résolution de contrats, sont-elles susceptibles d'expropriation? Pour l'affirmative on invoque :

1° 2092 et 2093 ;

2° L'art. 2104 dit que le créancier peut poursuivre l'expropriation des biens immobiliers; or, etc., 526 ; donc

3° Ce n'est point par forme d'exclusion que cet article parle de l'usufruit, c'est par opposition aux droits d'usage et d'habitation.

Pour la négative, on dit que ces actions n'ont pas de base fixe, et souvent elles ne produisent qu'une somme d'argent; que d'ailleurs l'art. 1166 paraît suffire.

Des biens grevés de substitution peuvent être expropriés pour les dettes de celui qui les a données entre-vifs, si les dettes étaient hypothécaires; si sans hypothèques, on devra invoquer l'art. 1167.

2205. — Le principe de cet article doit être appliqué à la part indivise d'un associé et au partage de la communauté entre époux. (Voy. 1476 et 1872. Le résultat éventuel du partage, et la difficulté de vendre avantageusement des droits indivis, existent dans ces trois cas. *Ubi eadem ratio*, etc., controversé.

2206 et 2207. — Tous les biens du débiteur sont également le gage de ses créanciers. (Voy. 2092.) Rien n'oblige donc ceux-ci à discuter préalablement le mobilier. La loi a voulu accorder une protection spéciale aux mineurs et aux interdits, et témoigner plus d'égards pour la propriété immobilière.

2208 et 2209. — L'expropriation des immeubles personnels au mari ou de la communauté doit être poursuivie contre le mari seul. S'il s'agit d'immeubles personnels à la femme, c'est contre elle, autorisée par son mari, que les poursuites doivent être dirigées.

Les motifs de 2209 sont : 1° que les immeubles hypothéqués sont plus spécialement le gage du créancier; il est donc naturel qu'il poursuive d'abord la vente de ces immeubles; 2° il ne faut pas déposséder, sans nécessité, le débiteur de biens qui sont libres, qui peuvent lui conserver ou augmenter son crédit. Un autre motif se trouve dans les art. 552 et suiv. du Code de comm. C'est pour éviter les inconvénients des rapports, des reversements à la masse chirographaire.

2210 et 2211. — Voyez la loi du 14 novembre 1808.

Le seul but des dispositions particulières de ces articles est de procurer une vente unique et plus avantageuse pour les créanciers et pour le débiteur. Elles ne dérangent les règles hypothécaires sur aucun autre point. Ainsi, un débiteur qui aurait soumis à l'hypothèque conventionnelle les immeubles dépendants d'un domaine situé dans tel arrondissement, les immeubles situés dans l'arrondissement voisin, quoique dépendants du même domaine, ne séraient pas compris dans l'hypothèque.

2212. — Cette disposition modifie l'exercice du droit de gage que le créancier a sur tous les biens de son débiteur. Lorsque la délégation des revenus d'une année, offerte par le débiteur, offre des moyens de payement aussi sûrs et presque aussi prompts que ceux résultant de la vente forcée des immeubles, l'obstination du créancier dans la volonté de poursuivre une expropriation, n'aurait plus d'autre cause qu'un dessein de nuire que la justice ne tolère pas.

Si les fruits venaient à périr par cas fortuit, la perte retomberait sur le débiteur qui n'est libéré envers son créancier que jusqu'à concurrence des revenus perçus par celui-ci. Mais si c'est par de simples voies de fait de la part d'un tiers que le créancier a été empêché de percevoir les fruits, non seulement il ne pourrait reprendre les poursuites, mais il serait généralement responsable de la perte des fruits détruits ou enlevés.

2213. — « *D'un titre authentique et exécutoire.* » Ce qui comprend généralement les actes notariés et les jugements rendus en France.

Le jugement d'expropriation pour cause d'utilité publique, et les actes de cession amiable, ont pour effet, par eux seuls et indépendamment de toute formalité ultérieure, même de la *transcription*, de convertir les droits sur l'immeuble en droits sur le prix, de substituer aux actions réelles de simples créances privilégiées. La transcription est prescrite à l'administration seulement pour la garantie du trésor public, afin de ne pas l'exposer à payer deux fois; mais les tiers ne peuvent pas se prévaloir de son omission. (Voy. l'art. 19 de la loi du 23 mars 1855.)

2214. — « *Qu'après que la signification du transport*, etc. » Il en est de même dans le cas d'une subrogation consentie par le créancier au profit d'un tiers qui le paye.

Le cessionnaire par acte sous seing privé d'une créance authentique peut-il pratiquer une saisie immobilière contre le débiteur cédé? Grenier et M. Persil soutiennent l'affirmative avec un arrêt de la cour de Pau. Pour la négative, voy. Dalloz, Berriat-Saint-Prix et Merlin, avec arrêts de Rouen et Bruxelles.

TITRE XX.

DE LA PRESCRIPTION.

CHAPITRE PREMIER.

DISPOSITIONS GÉNÉRALES.

2219. — La prescription est un moyen d'acquérir par la possession, et de se libérer par le temps.

La présomption de propriété qui résulte de la possession reçoit, du silence des personnes intéressées à l'attaquer, une force nouvelle lorsqu'elle dure un certain nombre d'années. L'intérêt des familles et de la société exige la consolidation de la propriété. Il est donc utile et même nécessaire de fournir à celui qui possède le moyen de remplacer, pour établir son droit, les preuves que le temps détruit. La loi a dû transformer la possession prolongée en un droit de propriété. Cette prescription est fondée sur deux causes : 1° la présomption d'un défaut ou l'abandon d'un droit pour ceux qui n'exercent ni possession ni action, et qui, par là, se rendent indignes de la protection de la loi; 2° l'intérêt public qui réclame la stabilité des propriétés. Tel est le but de la prescription à l'effet d'acquérir.

Des motifs non moins impérieux exigent que le créancier ne puisse prolonger l'exercice de son action au delà du temps qui, le plus souvent, fait disparaître les preuves de la libération du débiteur; sa longue inaction autorise à présumer que sa créance est éteinte par un payement ou par une remise. Il est juste que la loi vienne au secours du débiteur, que des poursuites aussi tardives trouveraient presque toujours sans moyen de défense, et lui fournisse, par la prescription, pour punir aussi le créancier de sa négligence, un mode particulier de libération.

Organisée et réglée par la loi civile, elle est une institution du droit des gens; les étrangers peuvent l'invoquer, surtout depuis que la loi du 19 juillet 1819 est venue leur donner le libre exercice du droit de propriété.

Statut réel, la prescription à l'effet d'acquérir se règle par la loi de la situation de l'immeuble; statut personnel, la prescription à l'effet de se libérer est régie par la loi du domicile du débiteur. Des raisons spécieuses, néanmoins, militent pour faire considérer la loi du lieu où le payement devait être fait : « C'est là que les parties sont présumées avoir voulu exercer toutes les poursuites relatives à l'exécution du contrat. C'est dans ce lieu que se commet la négligence du créancier, dont la punition est une des bases de la prescription, etc. » Mais les questions douteuses en matière d'obligations se résolvent en faveur du débiteur.

2220. — La prescription repose sur des motifs d'ordre public et d'intérêt général. Il ne faut pas en rendre les garanties illusoires. On ne peut donc y renoncer d'avance, de semblables renonciations deviendraient de style dans tous les contrats. Mais quand elle est accomplie, chacun doit être libre de ne pas user d'un droit qui pourrait blesser sa conscience. On peut donc renoncer à la prescription acquise, on peut même renoncer à se prévaloir du temps pendant lequel a couru une prescription non encore accomplie; ce n'est qu'un acte de reconnaissance du droit de celui contre lequel on prescrit. (Voy. 2248.)

2221. — La renonciation est expresse ou tacite. Elle est tacite quand le possesseur reçoit à bail, du propriétaire, l'immeuble qu'il a prescrit : quand le débiteur poursuivi en payement demande un terme, donne une caution ou une hypothèque, oppose une compensation ; quand le débiteur d'une rente paye des arrérages après avoir cessé de les payer pendant plus de trente ans.

2222. — La renonciation est l'abandon d'un droit acquis; nul ne peut donc renoncer, s'il n'est capable d'aliéner ; ce qui exclut les mineurs, les interdits, les femmes mariées, à l'exception cependant des femmes séparées de biens et des mineurs émancipés qui peuvent, en payant des dettes prescrites, renoncer indirectement à la prescription. (Voy. 1449.) Les tuteurs et administrateurs des incapables sont par le même motif privés du droit de renoncer du chef de leurs pupilles, à moins peut-être qu'il n'aient rempli toutes les formalités voulues par la loi. (Voy. Marcadé et M. Troplong.)

Si la renonciation avait lieu dans le cours d'une instance, ils pourraient faire tomber par la voie de la requête civile le jugement qui l'aurait consacrée. (Voy. 481.)

2223. — Il n'est question dans cet article que des prescriptions en matière civile. En matière criminelle, correctionnelle et de police, c'est pour le magistrat non-seulement un droit, mais un devoir de suppléer d'office le moyen résultant de la prescription.

Le ministère public ne peut pas le proposer dans les causes qui intéressent les mineurs, les femmes mariées, etc., parce qu'il n'y procède que par voie de conclusions. Il en est autrement, quand il exerce un ministère d'action, dans le cas de présumé absent par exemple. (Voy. 114.)

2224. — La prescription est un moyen de défense péremptoire qui peut-être proposé en *tout état de cause*, même après les conclusions du ministère public qui, peut-être, font sentir au défendeur la nécessité de l'opposer. (Voy. Marcadé.)

M. Duranton est d'une opinion contraire. Pour plus de sûreté, il est prudent de l'opposer subsidiairement dans ses conclusions.

On peut l'invoquer pour la première fois devant les juges d'appel, mais non devant la cour de cassation qui n'est pas un degré de juridiction, qui ne décide que la question de savoir si les juges ont fait une juste application de la loi aux faits qui sont ressortis des débats. Mais on pourrait encore le faire valoir devant la cour à laquelle le procès serait renvoyé par un arrêt de cassation. Une renonciation, qui ne doit pas se présumer, serait seule un obstacle à l'emploi de ce moyen ; elle ne résulte pas nécessairement de ce qu'on aurait cherché à établir par d'autres moyens de défense sa propriété ou sa libération.

Ces principes ne sont pas applicables à la péremption qui, ne touchant pas au fond du droit et ne portant atteinte qu'à la procédure, se couvre par les actes valablement faits avant qu'elle ne soit invoquée. (Voy. 339, Code de proc.)

2225. — Le débiteur ou le possesseur ne sont pas les seuls qui puissent opposer la prescription. Leurs créanciers peuvent exercer leurs droits. La règle posée par cet article n'est que l'application des art. 1166 et 1167. Si le débiteur et le possesseur gardent le silence, leurs créanciers agissent en vertu de l'art. 1166. S'il y a une renonciation expresse ou tacite, les créanciers se présentent en vertu de l'art. 1167. Ils doivent prouver le *consilium fraudis* et *l'eventus damni*. Pour rechercher la fraude, il fraudra distinguer si la renonciation a été faite à titre gratuit ou à titre onéreux. S'il a renoncé, sachant qu'il était dans l'impossibilité de payer ses dettes, il ne peut pas loyalement payer une dette douteuse, peut-être éteinte, au préjudice de créanciers certains et vigilants. S'il y a procès, les créanciers peuvent intervenir. Si un jugement est rendu en fraude de leurs droits, ils peuvent y former tierce opposition.

« *Ou toute autre personne ayant intérêt.* » Le bon sens nomme la caution et le garant qui pouvaient trouver dans la prescription un moyen de libération. Ceux à qui le renonçant aurait concédé sur l'immeuble prescrit un usufruit, une servitude, une hypothèque avant sa renonciation.

2226. — « *Ne sont point dans le commerce* » la liberté, les facultés et l'état des personnes ; les choses consacrées à un usage public et qu'énumèrent les art. 538 et 540. Mais les idées d'inaliénabilité et d'imprescriptibilité n'ont pas entre elles une corrélation nécessaire.

Sont prescriptibles et inaliénables les biens de l'État, les immeubles dotaux dans certains cas. Sont aliénables et imprescriptibles les biens des mineurs, les servitudes continues non apparentes et les servitudes discontinues.

2227. — Ces personnes morales peuvent exercer des droits de propriété privée ; elles doivent donc être soumises à la même prescription que les particuliers.

Les grandes masses de bois appartenant à l'État sont prescriptibles, quoique supérieures à 150 hectares. Quest. imp. (Voy. Rev., t. XI, p. 296, arrêt de cass.).

CHAPITRE II.

DE LA POSSESSION.

2228. — La possession est la détention d'une chose corporelle ou la jouissance d'un droit.

Elle est l'exercice du droit de propriété qui se réalise par des actes sensibles ; la propriété est le droit ; la possession est le fait. Le droit et le fait ont ici une existence distincte.

On peut exercer la possession par autrui ; ainsi l'usurpateur d'un champ le possède par son fermier, par un usufruitier, un mandataire.

2229. — Cet article énumère les conditions que doit réunir la possession pour arriver à la prescription.

La continuité consiste dans une série de faits qui constituent une possession permanente. La discontinuité suppose une cessation volontaire ; l'interruption provient du fait d'autrui ou d'une reconnaissance émanée du possesseur.

« *Paisible.* » C'est-à-dire qu'elle ne doit pas reposer sur des actes de violence.

« *Publique.* » S'exercer par des faits connus de tous, afin que celui dont elle sacrifierait les droits puisse la connaître et la faire cesser.

« *Non équivoque.* » Il faut qu'il n'y ait aucun doute si c'est pour lui ou pour autrui que le possesseur détient. Exemple : un fermier vend la chose du propriétaire, à qui il continue le payement de ses fermages, et il reste le fermier de l'acheteur ; la possession de ce dernier est équivoque et ne peut être utile pour la prescription.

« *A titre de propriétaire.* » C'est-à-dire se croyant déjà propriétaire ou avec l'intention formelle de le devenir.

De ces six conditions, les unes sont absolues, les autres, celles de non-violence et celle de publicité, sont relatives, c'est-à-dire n'existent que par rapport à celui à qui la prescription est opposée , *ab adversario*.

Telles sont les qualités requises pour l'efficacité de la possession dans cette matière. Mais il est utile d'indiquer ses autres effets :

1° Elle est pour le possesseur une présomption de propriété qui lui fait jouer le rôle de défendeur, et rejette le fardeau de la preuve sur le demandeur : *melior est causa possidentis.*

2° Elle fait gagner les fruits perçus au possesseur de bonne foi.

3° Elle donne les actions possessoires.

4° En fait de meuble la possession vaut titre. (Voy. 2279 et 1141.)

5° Elle sert de base à la prescription de dix ou vingt ans.

6° Elle est peut-être, par des motifs d'équité, le fondement d'une action *publicienne*, passée du droit romain dans notre jurisprudence. (Voy. Delvincourt.) Cette opinion partagée par M. Duranton, est douteuse. Zachariæ ne l'admet pas. Il dit que les motifs qui l'avaient fait admettre en droit romain ne sont plus en harmonie avec les principes de notre législation. La possession sans titre ni bonne foi conduit à la prescription ; si la partie qui possède actuellement a la possession annale, elle a interrompu la prescription de son adversaire et acquis l'action possessoire, dont l'avantage ne peut lui être enlevé que par la preuve d'un droit de propriété; si au contraire le possesseur actuel ne possède pas depuis un an, et que son adversaire puisse se prévaloir d'une possession annale antérieure, il parviendra par l'action possessoire au même résultat que par l'action *publicienne*. Cette action est donc inutile dans l'un et l'autre cas, la possession actuelle, qui est une présomption de propriété et qui est un germe de prescription, doit l'emporter jusqu'à la preuve du droit de propriété.

2230.—Il est naturel que l'on possède pour soi en vertu de son droit de propriété ; c'est une présomption qui découle du fait même de la possession ; mais le contraire peut être prouvé ; pour cela il suffit d'établir que le détenteur a commencé à posséder pour autrui.

2230 et 2231. — « *Dans le temps intermédiaire.* » Mais la possession ancienne ne dispense pas de prouver la possession actuelle, et celle-ci ne fait pas présumer la possession ancienne, à moins que l'on n'invoque un titre de transmission de propriété ; alors on est censé posséder depuis la date du titre.

2232. — « *Les actes de pure faculté.* » Par cette expression, il faut entendre les actes que nous sommes libres d'accomplir ou de ne pas accomplir, en vertu d'une faculté que nous tenons de la loi, de la coutume, ou de la nature des choses. Par exemple, le fait d'avoir laissé couler pendant trente ans, les eaux pluviales qui tombent sur notre terrain, ne peut donner au voisin le droit de les recueillir à l'avenir ; la faculté de bâtir ou de planter sur mon fonds, que je n'exerce pas pendant trente ans, ne me prive pas du droit de bâtir ou de planter à une époque postérieure.

Il en serait autrement si la faculté d'agir nous venait d'un contrat ; une servitude accordée par convention s'éteindrait par prescription.

« *Et ceux de simple tolérance.* » C'est-à-dire qui supposent une permission tacite du propriétaire de l'immeuble sur lequel ils s'exercent, et qui sont ordinairement déterminés par les procédés obligeants, la familiarité et les bons offices du voisinage. Par exemple, je vous laisse passer sur ma propriété, puiser de l'eau à ma fontaine, abreuver vos bestiaux pendant trente ans. Vous n'aurez acquis aucun droit contre moi, cela n'est pas douteux, puisque d'après les principes, les servitudes discontinues ne s'acquièrent pas par prescription. Il faut donner des exemples d'actes de tolérance continue : je vous laisse placer votre bois dans un bûcher, vos fumiers, sur un terrain dont je suis propriétaire ; après trente ans, vous n'aurez acquis aucun droit ;

autrement tous procédés obligeants, tous actes de familiarité et de bonne amitié seraient bannis entre voisins.

2233. — Dans tous les cas, que la possession ait été acquise ou retenue par violence, dès qu'elle a cessé, la possession redevient utile pour la prescription, sans qu'il soit besoin de produire un titre nouveau.

2235. — « *Soit à titre universel.* » Il importe de distinguer entre les successeurs universels, à titre universel et les successeurs à titre particulier. Les premiers représentent la personne du défunt, ils en sont la continuation juridique, ils jouissent de la même possession. Le successeur particulier ne représente pas son auteur ; sa possession n'est pas une suite de la possession ancienne, elle a une origine distincte, il y a deux possessions. De là ces conséquences : Si une personne possède de mauvaise foi, son successeur universel ou à titre universel de bonne foi ne pourra prescrire que par le temps qui était nécessaire à son auteur. Il subit le vice qui existait à l'origine de la possession. En sens inverse, l'auteur est de bonne foi, le successeur de mauvaise foi ; celui-ci prescrira par dix ou vingt ans.

Au contraire, le successeur particulier, l'acheteur ou le donataire jouit en vertu d'un titre spécial. Il peut invoquer la possession ancienne, ou en fonder une nouvelle : la bonne foi est exigée de lui au moment de son acquisition, soit qu'il veuille joindre sa possession de bonne foi à celle du vendeur ou donateur, soit que ceux-ci étant de mauvaise foi, il veuille commencer lui-même une possession de bonne foi. Cet article est rédigé d'une manière incomplète.

« *Celle de son auteur.* » L'auteur est ici celui à qui le possesseur actuel a légalement succédé dans la possession.

Celui qui, après avoir été dépossédé depuis plus d'une année, rentre en possession, soit en vertu d'un jugement rendu au pétitoire, soit par le délaissement de son adver-

saire, peut profiter de la possession de celui-ci. Il sera privé
du bénéfice de son ancienne possession parce qu'elle a été
interrompue, mais il pourra, comme tout autre successeur
légitime, se servir de la possession de l'usurpateur, sans
distinguer, comme le fait M. Troplong, s'il est de bonne ou
de mauvaise foi, puisque les jonctions de possession ont
lieu dans un cas comme dans l'autre. (Voy. Marcadé.)

CHAPITRE III.

DES CAUSES QUI EMPÊCHENT LA PRESCRIPTION.

2236. — « *Pour autrui.* » A titre précaire, c'est-à-dire,
non *à titre de propriétaire.* A l'énumération du Code, il
faut joindre le créancier gagiste, l'antichrésiste, le mari
qui détient les biens de la femme pendant le mariage, le
tuteur qui détient les biens du mineur et de l'interdit pendant la tutelle, le mandataire, le gérant d'affaires, l'envoyé
en possession provisoire des biens d'un absent.

2237. — L'héritier succède à la personne du défunt, il
continue sa possession avec ses qualités et ses défauts. On
pourrait hésiter à appliquer cette règle aux héritiers de l'u-
sufruitier et de l'usager. Ils semblent posséder *pro suo*,
puisque l'usufruit et l'usage cessent par la mort. Mais la
loi ne fait pas de distinction; elle est formelle et absolue.

2238. — La présomption légale de l'art. 2231 cède à
la preuve contraire : tel est le cas ou la possession du détenteur précaire est intervertie. L'interversion peut venir
du fait d'un tiers : le possesseur à titre précaire achète la
chose d'un héritier apparent. Il a dès lors une possession
nouvelle, il possède pour lui et par conséquent il peut
prescrire; mais il faut que sa possession réunisse les conditions exigées par la loi, surtout qu'elle soit publique.

Une seconde cause d'interversion se trouve dans la contradiction opposée par le possesseur au droit du propriétaire. C'est une dénégation formelle, un refus positif, un

désaveu du droit contre lequel on prescrit. Cette contradiction, si elle est écrite, résulte d'une opposition avec ou sans ajournement; si elle n'est pas écrite, elle doit résulter de faits certains et non équivoques : par exemple le fermier coupe et vend un bois de futaie non mis en coupes réglées; il répond au propriétaire qu'il ne doit pas de fermages, quand il est poursuivi en payement.

2239. — La possession peut être intervertie par la vente que le possesseur précaire fait de la chose à un tiers. Mais le titre translatif doit être sérieux et légitime, et la possession doit satisfaire aux conditions de la loi. Il faut surtout qu'elle soit publique et non équivoque.

2240 et 2241.—Le détenteur précaire ne peut, par une interversion, se changer à lui-même le principe et la cause de sa possession, sans le fait d'un tiers ou le concours actif ou passif du propriétaire. C'est ce que l'on exprime par cette règle : on ne peut prescrire contre son titre, mais on peut étendre sa jouissance et prescrire au delà de son titre. Ce principe ne s'applique d'ailleurs qu'à la prescription acquisitive. Dans la prescription à fin de se libérer, c'est toujours contre le titre du créancier que l'on prescrit la libération de l'obligation que l'on a contractée.

CHAPITRE IV.

DES CAUSES QUI INTERROMPENT LA PRESCRIPTION.

SECTION PREMIÈRE.

DES CAUSES QUI INTERROMPENT LA PRESCRIPTION.

2242, 2243, 2244. — La prescription repose sur une présomption de propriété tirée de la continuité de la possession, ou sur une présomption de payement, et dans tous les cas sur une présomption de renonciation à son droit de la part de celui contre lequel on prescrit. L'une de ces présomptions sera détruite et la prescription interrompue, lorsqu'il y aura cessation de possession, manifestation de l'intention de ne point abandonner son droit par le propriétaire ou le créancier, ou reconnaissance de ce droit par le débiteur ou le possesseur; de là les trois modes d'interruption reconnus par la loi : l'interruption naturelle, l'interruption civile, l'interruption par la reconnaissance de la dette.

2248. — Il y a interruption naturelle quand le détenteur est privé de la possession pendant plus d'un an, avec ou sans violence, par le fait de l'ancien propriétaire ou d'un tiers.

L'interruption naturelle n'est possible que pour la prescription à l'effet d'acquérir et la prescription libératoire des servitudes. L'interruption civile a lieu dans toutes les prescriptions.

L'interruption naturelle produit des effets absolus; l'interruption civile ne profite qu'à son auteur, et ne nuit qu'à celui qu'il a poursuivi.

L'interruption civile résulte de cinq causes.

2244 et 2245. — 1° Une demande en justice. Elle interrompt la prescription du jour de sa date; elle rétroagit même au jour de la citation en conciliation ou de la comparution volontaire des parties devant le juge de paix, lorsqu'elle est suivie de l'assignation dans le mois. (Voy. 2245 et art. 48 et 57 Code de proc.) Et la prescription est interrompue, non-seulement pour le temps antérieur, mais pour tout le temps que durera l'instance.

2246 et 2247. — Peu importe que l'assignation soit donnée devant un juge incompétent, pourvu qu'elle ne soit pas nulle en la forme. Pourquoi cette différence? On a de la peine à la saisir. Raisons subtiles : on ne peut croire en rien la citation qui n'est pas revêtue des formes légales, au lieu que celle donnée devant un juge incompétent peut instruire celui auquel on l'adresse. La loi ne parle que d'un défaut de forme et nullement d'un défaut de capacité dans la personne qui agit : en appliquant les règles de la

justice et de l'équité au lieu du *summum jus*, la prescription sera interrompue par une assignation donnée à
la requête d'une femme mariée, d'un mineur, d'un interdit, d'une commune, quoique non dûment autorisés.

2° Un *commandement*. C'est un acte par lequel un re-
quérant commande à une personne d'exécuter un jugement ou un acte exécutoire. Il a sur la citation en justice
l'avantage que, ne tombant pas en péremption parce que
ce n'est pas un acte judiciaire, il interrompt la prescription
pour trente ans.

La sommation, une inscription hypothécaire, ne produisent pas l'interruption. Une exception doit être faite
pour la sommation au tiers détenteur en vertu de l'art. 2169.
Elle interrompt contre lui la prescription de l'action hypothécaire.

Une saisie signifiée est encore un moyen d'interruption
civile; ce qui ne peut guère s'appliquer qu'à la saisie-
arrêt, les autres saisies étant précédées d'un commandement. (Voy. M. Duranton.) Marcadé soutient qu'il s'agit de
toutes les saisies, puisque la loi ne distingue pas; elles
sont toutes des moyens d'exécution qui prouvent de la manière la plus certaine que celui contre lequel on prescrit
veut conserver son droit; elles seront utiles, puisqu'elles
interrompront la prescription qui aura couru depuis le
commandement. (Voy. les art. 819, 822 et 826 Code de
procéd.)

La citation en conciliation est-elle interruptive, quand
elle est donnée dans une affaire que la loi ne soumet pas à
cette formalité? Plusieurs opinions se sont formées : nous
adoptons l'affirmative dans tous les cas, c'est-à-dire que
l'affaire puisse être ou non l'objet d'une transaction. Ce
n'est qu'un cas de nullité pour incompétence; or cette nullité, à la différence de la nullité de forme, n'empêche pas
l'effet interruptif. (Voy. Marcadé et M. Troplong.)

Dans le cas inverse, lorsque le défendeur est directement

assigné sans citation en conciliation , quand elle est nécessaire, il y a également interruption , parce que le défendeur est appelé devant un tribunal autre que celui où il
devait l'être. (Voy. Marcadé.)

2249.—Cet article se trouve expliqué sous les art. 1225,
1206, 1199 et 870.

2250.—Mais l'interpellation faite à la caution n'interrompt pas la prescription contre le débiteur principal. Les
deux obligations ne sont pas identiques, l'une est subsidiaire. L'interpellation faite à l'obligé accessoire ne paraît
pas atteindre le débiteur principal. De même , la reconnaissance faite par la caution n'engage pas le débiteur
principal.

SECTION II.

DES CAUSES QUI SUSPENDENT LE COURS DE LA PRESCRIPTION.

2251. — Parmi les causes qui suspendent la prescription , les unes tiennent à la qualité de la personne contre
laquelle la prescription courrait, et sont fondées sur son
impuissance d'agir ou son incapacité d'aliéner; les autres
tiennent à la nature de la créance ou du droit que la prescription éteindrait.

En général, la prescription court contre toute personne
qui ne se trouve pas dans quelque exception établie par la
loi, contre les bannis, les absents, les majeurs pourvus
d'un conseil judiciaire ; et cependant, dans certains cas où
la loi garde le silence, il est difficile de ne pas suspendre
son cours, en vertu de la maxime : *contra non valentem
agere*, etc. Le sens de cette maxime est que la prescription
ne court pas contre celui qui se trouve , à raison de quelque
empêchement, soit légal , soit conventionnel, ou par suite
de force majeure , dans l'impossibilité de poursuivre son
droit. Ainsi , des voies de fait, la guerre , la peste , une
inondation et autres cas de force majeure, peuvent être
admis comme causes légitimes de suspension. C'est l'opi-

nion de Merlin et de M. Troplong ; MM. Duranton, Coin-
Delisle et Marcadé soutiennent que ces cas de force majeure sont exclus comme tous autres par la disposition formelle de cet article.

2252. — « *Contre les mineurs* » émancipés ou non. La
loi ne distingue pas, elle leur accorde une protection égale.

« *Sauf ce qui sera dit.* » La prescription court contre
eux toutes les fois qu'il s'agit d'un délai autre que celui
de dix, vingt ou trente ans ; on peut poser comme un principe sûr que les prescriptions établies par le Code de commerce et par les lois pénales concernant les délits et les
contraventions, et toutes les fois que l'expiration d'un délai
n'entraîne que la déchéance de la faculté de faire un acte
de procédure, et n'opère ni translation de propriété ni
extinction de créance, on ne doit pas appliquer les règles
sur la suspension. (Voy. les art. 1663, 1678, 398 et 444
C. de proc.)

2253. — « *Elle ne court point entre époux.* » C'est-à-dire
que le mariage de deux personnes, dont l'une est propriétaire d'un bien possédé par l'autre ou créancière de celle-ci,
suspend la prescription commencée par l'époux possesseur
ou débiteur.

Il serait contraire à la nature du mariage et à la bonne
harmonie qui doit régner entre les époux, qu'ils fussent
dans la nécessité d'exercer l'un contre l'autre des poursuites judiciaires ; il ne peut pas y avoir de prescription
là où il y a impossibilité morale d'agir. Il faut ajouter que
tous deux sont incapables de s'avantager irrévocablement
et même indirectement ; or laisser prescrire, c'est abandonner, sans compensation, la valeur de la chose due ou
possédée.

2254. — La position de la femme à l'égard des tiers est
différente ; elle est capable d'aliéner avec le consentement
de son mari, elle peut agir pour interrompre la prescription, soit par elle-même, en se faisant autoriser, soit par

le ministère de son conjoint. La prescription doit donc courir contre elle. Aux termes de la loi, cette règle s'applique aux biens que le mari administre; il en est à plus forte raison de même, en cas de séparation de biens, pour les immeubles qui sont gérés par la femme elle-même.

Le mari a l'administration des propres de sa femme. En cas d'usurpation, rien ne l'empêche, soit d'agir au possessoire, soit même de revendiquer le droit de jouissance qui lui appartient par l'action confessoire, soit enfin de dénoncer l'usurpation à la femme. Il y a donc négligence de sa part si la prescription s'accomplit contre elle, et pour se soustraire à un recours, il ne serait pas fondé à dire que la prescription a commencé avant le mariage, à moins qu'elle ne soit tellement imminente au moment du mariage qu'il n'ait pu prendre des mesures conservatoires. Le juge appréciera les circonstances.

2255. — Si les époux sont mariés sous le régime dotal, les biens dotaux stipulés aliénables et les paraphernaux sont prescriptibles : l'immeuble dotal inaliénable est imprescriptible, à moins que la prescription n'ait commencé avant le mariage ou qu'il n'y ait séparation de biens.

2256. — « *Qu'après une option*, etc. » On peut citer pour exemple le cas où la femme, usant du droit qui lui est conféré par l'art. 1509, retient, en le précomptant sur sa part, l'immeuble qu'elle a ameubli; son droit est subordonné à l'acceptation de la communauté, et lorsqu'il existe dans le contrat de mariage une prohibition d'aliéner faite au mari.

« *Réfléchirait contre le mari.* » On doit penser que cette considération l'a empêchée d'exercer une action qui aurait pu apporter le trouble dans le ménage. (Voy. notre art. 1561.)

2257. — Cet article ne reçoit son application qu'entre le créancier et le débiteur direct; il est étranger au tiers détenteur, dont la condition est réglée par l'art 1180 conféré avec 2265. Le créancier conditionnel n'est pas dans l'impuissance d'agir contre le tiers possesseur : un immeuble est légué sous condition, le légataire ne peut agir contre les héritiers du testateur avant l'événement de la condition ; ceux-ci vendent l'immeuble légué, l'acheteur pourra le prescrire. Le légataire pouvait et devait veiller à la conservation de ses droits. En matière d'hypothèque, le tiers détenteur n'est pas non plus soumis à la règle de cet article, qui doit être restreinte au créancier vis-à-vis de son débiteur, il prescrira contre l'hypothèque à compter de la transcription de son titre (Voy. 2180), nonobstant la suspension du droit du créancier, qui peut faire des actes conservatoires, agir par l'action en interruption de prescription hypothécaire.

Vazeille fait valoir avec force les motifs de l'opinion contraire.

2258. — La prescription est suspendue contre l'héritier bénéficiaire, non pas qu'il ne puisse agir contre la succession (voy. 966 C. de proc.), mais parce qu'étant en possession de toutes les valeurs de l'hérédité, il est comme le créancier nanti d'un gage.

En sens inverse, la prescription ne court pas au profit de l'héritier bénéficiaire à l'égard de sa dette envers la succession, car il doit faire tous les actes conservatoires dans l'intérêt des créanciers et légataires. (Voy. 803 et 804.) On doit dire de lui comme d'un tuteur débiteur envers le mineur, *a semet ipso exigere debuit.*

La prescription ne court pas non plus contre le légataire universel de l'usufruit, il est en jouissance des biens sur lesquels son payement doit être pris.

La prescription court contre une succession vacante, ses créanciers doivent s'imputer à faute de n'avoir pas fait nommer un curateur qui fasse les actes conservatoires.

Cependant, si plus tard la succession est acceptée par un mineur qui ne l'ait pas une première fois répudiée (voy. 462), à cause de l'effet rétroactif de l'acceptation, la prescription n'aura pas eu lieu.

2259. — Rien n'empêche le successible d'interrompre la prescription par un acte conservatoire sans prendre qualité.

CHAPITRE V.

DU TEMPS REQUIS POUR PRESCRIRE.

SECTION PREMIÈRE.

DISPOSITIONS GÉNÉRALES.

2260. — « *Par jours et non par heures.* » Donc le *dies a quo* n'est pas compris, et il faut que le dernier jour du délai soit révolu.

SECTION II.

DE LA PRESCRIPTION TRENTENAIRE.

2262. — « *Par trente ans.* » Le Code a fait disparaître la diversité des coutumes sur le temps nécessaire pour prescrire.

Il importe de remarquer que le propriétaire ne perd pas son droit de revendication par le seul laps de trente ans, il faut qu'un autre ait joui de l'immeuble à titre de propriétaire pendant le même laps de temps. La loi n'en dépouille l'un que pour en investir l'autre.

2263. — Le débiteur d'une rente soit perpétuelle, soit viagère (la loi ne distingue pas), dont le titre a plus de trente ans de date, en faisant disparaître les quittances qui sont ordinairement sous-seing privé, pourrait prétendre qu'il a cessé de payer les arrérages de la rente et qu'elle est prescrite; pour prévenir ce danger, le créancier est autorisé à exiger de lui, à ses frais, après vingt-huit ans, de la date du dernier titre, un titre nouveau qui aura pour effet d'interrompre la prescription. Le créancier d'un capital exigible ne pourrait pas user de la faveur de cet article, parce que l'on ne peut pas grever arbitrairement un débiteur d'obligations ou de charges qui ne lui sont pas imposées par son contrat ou par la loi.

SECTION III.

DE LA PRESCRIPTION DE DIX A VINGT ANS.

2265. — La loi exige trois conditions particulières pour l'accomplissement de cette prescription.

1° La possession pendant dix ans entre présents, et pendant vingt ans entre absents.

Lorsque le propriétaire, contre lequel on prescrit, est éloigné, sa négligence est plus excusable ; il a pu d'ailleurs ne pas connaître pendant un temps la possession qu'un tiers a de la chose. Il est donc juste d'étendre à son égard le temps de la prescription.

Si le domicile légal se trouve en opposition avec la résidence ou l'habitation de fait, nous croyons qu'il faut s'attacher à l'*habitation* de fait plutôt qu'au domicile de droit, pour déterminer le temps de la prescription. (Voy. Marcadé.)

Cette prescription n'a lieu que pour l'acquisition d'immeubles déterminés. Elle n'est pas applicable à des universalités de biens qui ne se prescrivent que par trente ans. Elle ne s'applique pas non plus aux servitudes réelles qui sont soumises à des règles spéciales. (Voy. notre art. 690.)

2° *Un juste titre*, c'est-à-dire un événement juridique qui aurait conféré la propriété, s'il émanait du propriétaire capable d'aliéner. La vente, l'échange, la donation, le legs, la dation en payement, constituent le juste titre : le jugement et le partage ne peuvent avoir ce caractère ; ils ne sont que déclaratifs du droit antérieur des parties. La transaction sera un juste titre si elle confère un droit nouveau de propriété à la partie, mais non, si elle ne reconnaît qu'un droit préexistant.

Le titre doit être valable ; une nullité de forme, une donation faite par acte sous-seing privé, ne peut pas servir de base à la prescription.

Le titre doit être définitif, il peut être soumis à une condition résolutoire, mais non à une condition suspensive.

3° *La bonne foi.* C'est la croyance ferme et positive qu'on est propriétaire. Il faut être convaincu que celui qui nous livre la chose a le droit et la capacité de l'aliéner, et la recevoir en vertu d'un contrat pur de toute fraude. La bonne foi est présumée, c'est à celui contre lequel on prescrit à prouver la mauvaise foi. Il suffit que la bonne foi ait existé au moment du contrat; quant aux fruits, le possesseur cesse de les faire siens du moment où il connaît les vices de son titre; néanmoins, si la possession devenue de mauvaise foi a duré le temps suffisant pour acquérir la propriété de l'immeuble, on ne sera tenu à aucune restitution de fruits; l'accessoire suit le principal.

La distinction de la possession de bonne et de mauvaise foi est donc utile: 1° relativement à la prescription, 2° relativement au gain des fruits, 3° relativement aux impenses auxquelles peut avoir droit le possesseur pour les améliorations et constructions opérées par lui sur la chose. (Voy. 2265, 549 et 555.)

SECTION IV.

DE QUELQUES PRESCRIPTIONS PARTICULIÈRES.

2271. — L'usage et l'intérêt public ont fait établir quelques prescriptions courtes dans les art. 2271 et suivants.

Les créanciers énumérés dans ces dispositions ont, la plupart, besoin d'être promptement payés; on les solde ordinairement sans exiger de quittances, ce qui exposerait souvent les débiteurs et surtout leurs héritiers à payer plusieurs fois. Elles préviennent de nombreux procès.

« *Au mois* » ou au cachet.

Si l'engagement est pour une année, ou pour plusieurs années consécutives, ou si l'on a fixé un prix unique pour tout le temps de l'enseignement, on applique la prescription d'un an de l'art. 2272, de cinq ans de 2277, ou enfin celle de trente ans.

La prescription d'un an de l'art. 2272 s'applique à l'action des marchands en gros comme à celle des marchands en détail; elle n'est pas applicable au cas où un propriétaire commerçant ou non vend les produits de ses récoltes.

2273. — Il faut remarquer que la prescription dont la loi frappe l'action des avoués pour leurs frais, et qui ne doit pas être étendue à une autre profession, est plus ou moins longue, suivant que les affaires sont ou non terminées. Dans ce dernier cas, le retard du payement est plus probable.

L'action des avocats pour leurs honoraires n'est soumise qu'à la prescription de trente ans; il suffit du silence de la loi pour qu'ils échappent aux prescriptions abrégées. Il en est de même des notaires.

La créance du marchand qui a fait plusieurs fournitures, celle de l'ouvrier qui a confectionné plusieurs ouvrages, celle du domestique qui a servi plusieurs années, sont composées d'autant de créances particulières qu'il y a eu de fournitures, d'ouvrages ou d'années de service, et chacune de ces créances donne lieu à une prescription particulière qui commence du jour de la livraison, ou du travail terminé, ou de l'année échue. La continuation de fournitures de service ou de travaux ne peut donc empêcher la prescription de courir.

Il faut toutefois admettre que si l'ouvrage se compose de plusieurs articles de compte liés entre eux, ou s'il s'agit d'une maladie qui a exigé un certain nombre de visites, tous les articles de compte, toutes les visites doivent être réunis pour ne former qu'une seule créance, et ne donner naissance qu'à une prescription unique.

2274. — Lorsqu'il existe entre les parties un arrêté de compte, une cédule ou une obligation, la prescription cesse de courir, parce qu'on ne peut plus supposer que le débiteur aura payé sans retirer quittance. Il n'y a plus lieu qu'à la prescription de trente ans.

2275. — Ces prescriptions de courte durée ne reposant que sur une présomption de payement, la loi permet de déférer le serment décisoire au débiteur et de crédulité ou de crédibilité à la veuve, aux héritiers, aux tuteurs des héritiers mineurs pour qu'ils aient à déclarer s'ils ne savent pas que la dette a été réellement payée.

Mais pourrait-on faire interroger son adversaire sur faits et articles? L'interrogatoire fait dépendre la décision du débiteur lui-même, et il est permis par la loi en toute matière et en tout état de cause. 324 C. de proc. et 1358, aff. (Voy. Marcadé, Toullier et M. Duranton ; pour l'opinion contraire, Zachariæ et M. Troplong.)

2277. — Par des considérations d'ordre public, et pour prévenir la ruine des débiteurs sous le poids d'arrérages accumulés, le législateur applique aux arrérages des rentes perpétuelles et viagères à ceux des pensions alimentaires, aux loyers des maisons, au prix de ferme des biens ruraux, aux intérêts des sommes prêtées, et généralement à tout ce qui est payable par année ou à des termes périodiques plus courts, la prescription de cinq ans.

La raison d'humanité qui a fait introduire cette règle exige qu'elle soit entendue dans un sens large ; il faut donc l'appliquer aux intérêts judiciaires ou moratoires, et à ceux d'un prix de vente ; la position du débiteur est la même ; il a pu compter sur sa libération des intérêts non réclamés par le créancier qui doit être puni de sa négligence. Il y a auteurs et arrêts pour et contre. (Voy. Marcadé et Vazeille.)

2278. — Les motifs qui ont fait admettre toutes les prescriptions de courte durée ne permettaient pas de les suspendre à l'égard des mineurs ; malgré la faveur qui leur est due, ils sont soumis à la règle générale.

2279. — « *En fait de meubles, la possession vaut titre.* »

Cet article n'est applicable qu'au possesseur de bonne foi. (Voy. 1141.) Mais cette possession remplace le titre et vaut propriété. Motifs : l'on n'a pas ordinairement d'autres titres pour les choses mobilières : chacun s'en contente. Il serait d'ailleurs le plus souvent impossible d'en constater l'identité et de les suivre dans leur circulation rapide de main en main. Il faut éviter des procédures qui seraient sans nombre, et qui souvent excéderaient la valeur des objets de la contestation.

Ce serait apporter des entraves au commerce si, quand on achète un meuble, il fallait, sous peine de courir le risque d'être évincé, s'assurer que le vendeur est propriétaire.

Le principe établi par cet article, dans l'intérêt seul du tiers possesseur, ne peut être invoqué par celui qui, en vertu d'un contrat, d'un quasi-contrat, d'un délit ou d'un quasi-délit, est personnellement obligé à la restitution d'un effet mobilier. Les actions personnelles se prescrivent par trente ans. (Voy. 2262.)

La loi admet deux exceptions en cas de perte ou de vol de la chose. Celui qui l'a perdue ou auquel elle a été volée, conserve pendant trois ans la revendication entre les mains du tiers possesseur ; car, à l'égard de celui qui l'a volée ou trouvée, il conserve évidemment son action pendant trente ans.

Il ne faut pas assimiler au vol l'abus de confiance ; il n'y a pas soustraction frauduleuse, puisque c'est le propriétaire qui a confié sa chose, et il doit s'imputer d'avoir mal placé sa confiance.

Cette maxime ne s'applique pas aux meubles par la détermination de la loi, aux créances, par exemple ; il ne suffit pas que le cédant remette ses titres au cessionnaire. Pour être saisi vis-à-vis du débiteur et des tiers, il faut que la cession soit signifiée au débiteur. Il faut excepter les titres au porteur.

Elle ne s'applique pas non plus à une universalité de meubles, par exemple à une succession mobilière. L'action en pétition d'hérédité appartiendra à l'héritier légitime contre l'héritier apparent, et elle dure trente ans.

2281. — Cet article contient une disposition transitoire dont l'utilité a disparu.

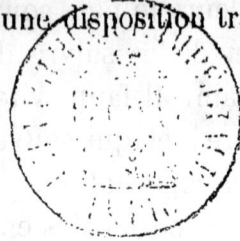

FIN.

TABLE DES MATIÈRES.

FIN DE LA TABLE DES MATIÈRES.

Paris. — Imprimé par E. Thunot et Cᵉ, 26, rue Racine.

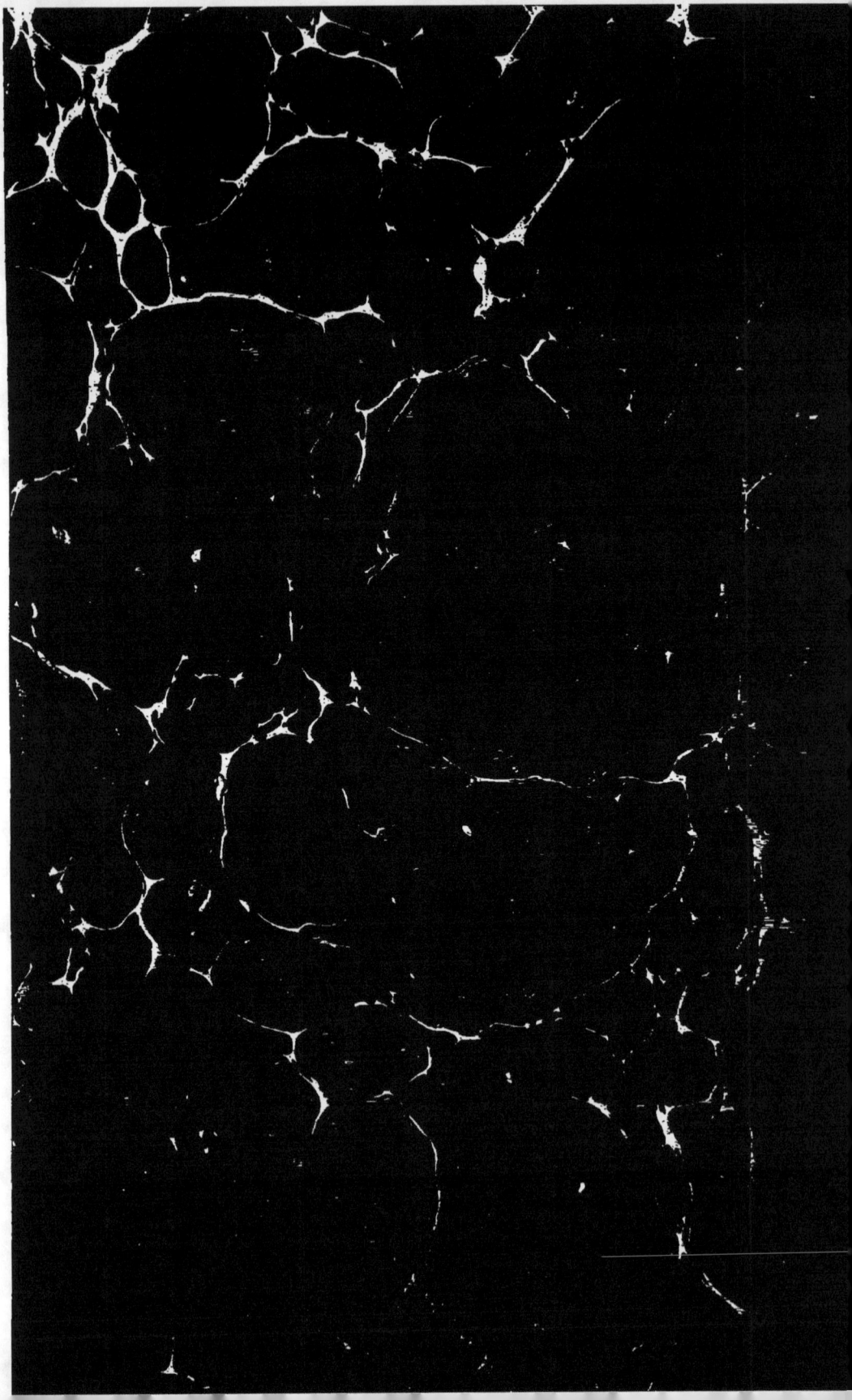

www.ingramcontent.com/pod-product-compliance
Lightning Source LLC
Chambersburg PA
CBHW061941220326
41599CB00014BA/1732